·重庆市社会科学规划项目研究成果（编号：2012YBZZ013）

·重庆市教育委员会人文社会科学研究项目成果（编号：12SKP04）

·长江师范学院引进人才科研启动项目成果（编号：2014KYQD12）

·长江师范学院质量工程项目成果（编号：TD201401）

农村民主管理制度
——法理分析与法治保障

胡建华 著

中国社会科学出版社

图书在版编目（CIP）数据

农村民主管理制度：法理分析与法治保障／胡建华著. —北京：中国社会
科学出版社，2016.6

ISBN 978 – 7 –5161 – 8195 – 9

Ⅰ.①农…　Ⅱ.①胡…　Ⅲ.①农村 – 民主管理 – 研究 – 中国②农村 –
社会主义法制 – 建设 – 研究 – 中国　Ⅳ.①D638②D920.0

中国版本图书馆 CIP 数据核字（2016）第 109548 号

出 版 人	赵剑英
责任编辑	梁剑琴
责任校对	季　静
责任印制	何　艳

出　　版	中国社会科学出版社
社　　址	北京鼓楼西大街甲 158 号
邮　　编	100720
网　　址	http：//www.csspw.cn
发 行 部	010 – 84083685
门 市 部	010 – 84029450
经　　销	新华书店及其他书店

印刷装订	北京市兴怀印刷厂
版　　次	2016 年 6 月第 1 版
印　　次	2016 年 6 月第 1 次印刷

开　　本	710 × 1000　1/16
印　　张	30.25
插　　页	2
字　　数	496 千字
定　　价	98.00 元

凡购买中国社会科学出版社图书，如有质量问题请与本社营销中心联系调换
电话：010 – 84083683

序　言

　　2008 年 10 月，党的十七届三中全会通过的《中共中央关于推进农村改革发展若干重大问题的决定》，把"健全农村民主管理制度"作为今后农村必须大力加强的六项制度建设之一，指出"发展农村基层民主，以扩大有序参与、推进信息公开、健全议事协商、强化权力监督为重点"，并把"农村基层组织建设进一步加强，村民自治制度更加完善，农民民主权利得到切实保障"等内容纳入到 2020 年农村改革发展的基本目标任务之中。2012 年 11 月，党的十八大报告指出，完善基层民主制度，健全基层党组织领导的充满活力的基层群众自治机制，以扩大有序参与、推进信息公开、加强议事协商、强化权力监督为重点，拓宽范围和途径，丰富内容和形式，保障人民享有更多更切实的民主权利。2013 年 11 月，党的十八届三中全会审议通过的《中共中央关于全面深化改革若干重大问题的决定》指出，紧紧围绕坚持党的领导、人民当家作主、依法治国有机统一深化政治体制改革，加快推进社会主义民主政治制度化、规范化、程序化，建设社会主义法治国家，发展更加广泛、更加充分、更加健全的人民民主。坚持和完善基层群众自治制度，发展基层民主，畅通民主渠道，健全基层选举、议事、公开、述职、问责等机制。开展形式多样的基层民主协商，推进基层协商制度化，建立健全居民、村民监督机制，促进群众在城乡社区治理、基层公共事务和公益事业中依法自我管理、自我服务、自我教育、自我监督。

　　于此背景下，农村基层民主的理论研究和实践探索蓬勃展开，取得了丰硕成果。

　　2008 年 12 月，我所在的华中师范大学政治学研究院，成功申报了国家社科基金重大招标项目《健全农村民主管理制度对策研究》（编号：08&ZD028）。课题立项后，组织以青年教师和博士研究生为主的团队进行研究，也取得了一定的成果。本书即为该成果的一部分。

　　作者胡建华以前是学宪法学的，考上博士学位研究生后，改为研习政治学。根据其个人的情况特别是其专业基础，我建议他以法治中国建设视野下农村基层民主制度建设为他在读期间研究的主攻方向与重点内容，并把博士学位论文的研究和写作与参与重大项目的研究结合起来。呈现在读者面前的这本书，正是胡建华几年努力的结果，是在他博士学位论文的基础上修改而成的。

　　本书以法治国家建设视野下农村民主管理制度建设为中心，从法理分析与法治保障两个基本分析维度，基于自下而上的社会演进型路径与自上而下的政府主导型路径协同发展的分析视角，坚持党的领导、人民当家作主及依法治国"三者统一"原则，从法理学层面，剖析了农村民主管理制度的概念、农村民主管理制度的价值理念、农村民主管理制度的生发基础及农村民主管理制度法治运行所面临的困境等。在法治保障层面，从动力机制、基本原则、宏观保障机制等方面分析了农村民主管理制度法治保障的宏观进路，围绕立法保障、执法保障及司法保障等方面重点探讨了农村民主管理制度法治保障的具体路径。总体上看，本书综合运用规范分析、历史分析、文献分析及比较研究等方法对农村民主管理制度进行了比较全面、系统的分析，观点明确，思路清楚，结构合理，论证材料丰富，语言规范流畅，对于健全和完善农村民主管理制度有一定的理论参考价值和实践指导意义。当然，本书如能在田野调查与实证研究方面进一步加强，则更为完善。

　　建华为人忠厚朴实，工作勤奋认真，在攻读博士学位研究生期间克服了很多困难，学习非常努力。本书的出版，是他这几年辛勤工作的一个总结和交代，值得祝贺。期待建华在今后学术研究与学术追求的道路上取得更大的成绩。我很高兴也很乐意向读者推荐本书。

　　是为序。

2015 年 10 月

内 容 摘 要

　　坚持走中国特色社会主义政治发展道路，建设中国特色民主政治制度，是中国共产党坚定不移的奋斗目标。我国现代化建设的主要目标之一在于实现社会主义民主政治与社会主义政治文明。中国特色社会主义政治文明的建设是个系统工程，其中心内容是要加快推进社会主义民主政治制度化、规范化、程序化，从各层次、各领域扩大公民有序政治参与，实现国家各项工作法治化。这就必须坚持党的领导、人民当家作主及依法治国的有机统一，以保证人民当家作主为根本，以全面增强党和国家的活力，着力提高广大人民群众的积极性为目标，扩大社会主义民主，建设社会主义法治国家，全面发展社会主义政治文明。这就要求必须重视各层次民主制度的建立健全，确保人民群众民主选举、民主决策、民主管理及民主监督"四个民主"的依法实现，充分发挥法治在国家治理及社会管理中的重要作用，切实保证人民群众广泛权利和自由的依法实现和享有。于此背景下，农村民主管理制度不仅是我国广大农民政治参与的重要制度形式，也是我国农村基层民主政治发展所面临的的重要理论与实践问题，更是法治中国建设进程里中国社会主义现代法治国家在农村基层的实践发展所面临的重要理论与实践问题。本书以马克思主义政治学及马克思主义法学基本原理为指导，从当代中国农村基层民主政治发展的社会现实出发，运用规范分析法、历史分析法、文献分析法、比较分析法及多学科交叉法等多种研究方法，从整体上将农村民主管理制度放置在中国社会主义现代法治国家建设视野下，围绕其法理分析与法治保障等问题进行了较为全面、系统性的研究。

　　中国社会主义现代法治国家的建设，其路径主要有自上而下的政府推进型和自下而上的社会演进型两种。政府推进型的主要特点是政府在法治国家建设中居于领导者和主要的推动者地位，法治主要凭借政府所控制的本土政治资源根据政府的目标进行指导设计和建构。社会演进型的主要特点是指法治国家的建设是在与政府相对应的民间社会生活中自然孕育和发展演变而形成的，是社会法治自然生发形成的结果。① 两种路径各有特点，政府推进型认为法治国家秩序建设是一种理性的秩序建构，由于中国法治传统的缺乏，主张通过理想制度的借鉴和政府的强制力推动法治国家秩序的建构，排斥社会传统资源的积极作用。而社会演进型则认为法治国家秩序的构建不是理性建构的秩序而是一种自然生发发展的秩序，其实现的基础须从社会传统中去为法治的制度性变迁和理性建构寻求基础，而不是理想制度的借鉴和政府的强力推动。

对此，本书认为，上述两种法治国家建设路径各有优劣，应辩证地分析与看待，政府推进型路径强调法治建设是国家必须凭借国家权力进行建设的职责，不重视民间传统社会的作用和中国法治建设的社会传统文化基础，选择这样的路径，难免导致国家法治建设与民间社会自治的冲突和摩擦，增加法治建设的难度和效度。社会演进型则单纯地强调国家法治建设的自发性和自然性，轻视国家和制度在法治建设中的作用，仅依据这条路径，社会主义法治国家的建设进程必将艰难而漫长。怎么办？本书认为结合中国建设社会主义法治国家面临的实际困难和问题，应高度重视法治国家建设路径选择的多元化，不宜走单一化的路径。结合中国法治建设的现实基础，应充分考虑到民间传统社会发育和国家权力在法治国家建设进程中的优势的发挥，走自上而下的政府推进型和自下而上的社会演进型互相结合、共同协调发展的符合中国国情的法治建设路径。通过国家法治建设的路径多元化，充分发挥国家和社会民众两方面的积极性，上下联动，共同促进法治国家的建设进程。

由此，在自下而上的社会演进型路径中对农村民主管理制度进行法理分析具有非常重要的理论研究价值与深刻的现实意义。基于马克思主义法学基本原理，从法理分析的视角对农村民主管理制度概念、价值理念、生发基础及其法治运行的困境等基本理论与实践问题进行比较系统的分析，这不仅是回应目前学术理论界与实务界对此问题持续关注和不断深入研究的一种努力尝试，也是本书展开研究的逻辑起点与前提条件。本书对农村民主管理制度的概念进行了探析，并将其与相关概念进行了比较辨析。在

---

① 蒋立山：《中国法治道路初探（上）》，《中外法学》1998 年第 3 期。

全面解构概念的基础上对农村民主管理制度的价值理念进行深度的剖析，本书认为农村民主管理制度的价值理念主要表现在基层民主自治性、基层制度性、基层治理模式性及农民活动方式性等方面，这是对农村民主管理相关理论与实践问题展开研究的制度价值基础。同时，农村民主管理制度在社会演进型路径的长期发展过程中有其经济、政治、文化及伦理等方面的生发基础。国家现有乡村关系相关法律法规规定语义的模糊性导致了农村民主管理制度法治化轨道的运行与发展面临外部、内部困境的制约与束缚。导致农村民主管理制度法治运行困境的原因也是多方面的，其与自上而下的政府主导型的法治国家建设路径的理性安排制度的矛盾与冲突，从法理学的角度分析，主要体现为：社会对国家的抵制与融合；自治权对行政权的消解与平衡；权利对权力的制约与平衡。

通过对自下而上社会演进型路径中农村民主管理制度的法理分析，可以发现，从自上而下的政府主导型路径中加强对农村民主管理制度的法治保障非常必要，这也是农村民主管理制度在现代法治国家建设视域下，基于社会演进型路径与政府主导型路径协同发展基础上，实现其对法治国家建设推动功能与作用发挥的题中应有之义。在国家政府的主导下，农村民主管理制度的法治保障是个系统工程，须从宏观进路与微观的具体路径两个方面进行建构。从宏观进路层面看，我们认为农村民主管理制度法治保障首先必须建构起由经济、政治、文化、制度及环境等动力机制要素所构成的一个全面系统的动力机制系统，其次需要明确由以人为本原则、权利保障原则、法治均衡原则、民主参与原则及服务社会原则等共同组成农村民主管理制度法治保障的基本原则。在此基础上，着力创设、完善与农村民主管理法律制度创设有机衔接、融合与高效运行的动态的农村民主管理制度法治保障机制。在农村民主管理制度法治保障的微观方略中，我们认为应遵循对制度实施法治保障的一般规律，重点应从立法、执法及司法保障等方面着手，切实解决农村民主管理制度法治化建设进程中所面临的难点与难题，从而构建起比较全面、系统的农村民主管理制度法治保障的完整框架。

本书立足于学界有关农村民主管理已有研究的基础，在现代法治国家建设视野下，尝试对农村民主管理制度社会演进型路径中的法理与政府主导型路径中的法治保障等问题进行比较系统性、全面性的分析研究，这不仅是政治学科研究的重要领域，而且还是法学、历史学及社会学等相关学科领域研究的重要内容。本书关注的着力点是如何在中国特色社会主义法治国家建设进程中，在国家与农村社会和谐互动关系中构建农村民主管理制度，笔者力图通过本研究为建设中国特色的农村基层民主政治及中国特色社会主义法治国家提供一定的智识基础。本书在理论上具有一定的探索性与创新性，进一步完善与深化了农村民主管理制度基本理论的研究，拓展了对农村民主管理制度实施保障的范围研究领域，在重点突出、综合系统、全面协调的中国特色基层民主政治法治化建设进程中，为我国各地推进农村民主管理改革提供了普适性的可资借鉴的法治对策的基本思路。诚然，囿于作者专业知识和学术水平的限制，本书中的有些论点与分析论述尚存在不足，个别地方也没有充分展开，这有待在今后的研究中进一步深入探讨。

关键词：农村民主管理制度；法理分析；法治保障

Abstract

That adheres to the path of socialism with Chinese characteristics, building a political democratic system is the steadfast goal of the Chinese Communist Party. One of our main goals is to achieve socialism democracy and political civilization. The construction of political civilization with Chinese characteristics is a systematic project. The central element is to accelerate the institutionalization, standardization and procedural of socialism democratic politics, so as to expand citizens, orderly political participation and achieve nomacracy in all national affairs. So we must uphold the Party's leadership, the organic unity of people's mastership and running the country in accordance with the rule of law. Ensuring the people's mastership, enhancing the vitality of the party and the country, with the target of improving the enthusiasm of the masses, the socialism democracy is being expanded and socialism country ruled by is gradually built as well as a comprehensive socialism political civilization is developed. It requires attention to the establishment of a sound democratic system at all levels, and ensuring the achievement of "Four Democracies", that is, democratic election, democratic decision-making, democratic management and democratic supervision. So the important role of nomocrcy in the state governance and social management has been exerted and the people's rights and freedoms have been ensured. In this background, the rural democratic management system is not an important form of political participation for farmers, but also an important theoretical and practical problem that rural democratic political development has to face. What's more, it is also a theoretical and practical issue in the practice of nomocracy in the process of building law-led countries. With the guide of Marxist thesis in political science and law basic principles of Marxism, from the social reality of contemporary Chinese grass-roots democratic development, and through a variety of research methods like standardized analysis, historical analysis, document analysis, comparative analysis and interdisciplinary method, etc, the book made a systematic and overall study about legal analysis and legal guaranty by placing rural democracy political management into the perceptive of modern law-led state construction with Chinese characteristics.

To build a socialism country ruled by law in China, two models exist: topdown government promotion model and bottom- up social evolution model. The main feature of the first one is the important role of government leadership, i. e. government is the major promoter in the nomocracy construction. Nomocracy is done mainly dependant on the local political resources controlled by government in accordance with the government's aim. Whereas, the social-evolution type refers that the nomocracy is breed and developed in natural civil social life that corresponds with the government and a natural result that comes from social nomocracy. Two models have their own characteristics, the former considered that building a country run by the rule of law is a rational order construction is not rational since the lack of nomocracy tradition in China. Its supporters advocated that the nomocracy construction has been promoted through drawing lessons from ideal system and relying on the government's coercive power, and they excluded the positive effect of social traditional resources. The latter believed that the nomacracy order construction is not rational but a germinal one. And its realization based on institutional change in social tradition, instead of the ideal system reference and government's strong push.

This book argues that the two models both have advantages and disadvantages, and should do a dialectical analysis and treat them objectively. The government-push model emphasized the nomocracy construction is a government's duty and responsibility that is resorted to the state power, and paid no attention to the role of civil society and traditional Chinese culture. Choosing this model only will inevitably lead to conflicts' and frictions between national rule of law and civil society autonomy, and increase some difficulty and inefficiency in the process. Social-evolution model attached too much emphasis on spontaneity and naturalness of nomocracy, and contempt at role of the state and institution. Based solely on this model, the process of building a socialism country ruled by law is bound to be difficult and lengthy. In his regard, how to deal with it? This book argues that, considering the actual difficulties and problems faced by China, much importance should be given to the model-chosen diversification. It is not so good to take simplified model only. Combined with the actual situation of China's legal construction, fully considered Chinese traditional development and national power, the association of the coordination of the two models is in line with Chinese current conditions. Through the diversity and the linkage of model and take advantage of initiative of country and people, the constructive process of nomocracy is jointly performed.

Thus, the Rural Legal Analysis of democratic management systems in this bottom-up type of social evolution mode has very importanttheoretical value and profound practical significance. Based on the principles of Marxism law, from the perspective of legal analysis, the systematic analysis for the rural democratic management system concepts, values, germinal condition and the plight of nomocracy operation is not only in response to the current academic theorists and practitioners' continuing focus on this issue and the deepening effort for the research, but also is the logical starting and prerequisite to the article. The book studied on democratic management system in rural areas, and analyzed the other related concept. On the basis of a comprehensive deconstruction of the concept, the in-depth analysis for the values of rural democratic management system has been done. The book considers the value of the rural democratic management system mainly shown in the autonomy, institution, and governance of grassroots democracy, as well as the pattern of farmers' activities which is the valuable basis for studying the related theoretical and practical issues of rural democratic management. Meanwhile, the rural social democratic management system has its germinal basis in political, cultural and ethical aspects in the development of social-evolution. Due to the ambiguity of the national existing laws and regulations related to rural relation, some restrictions and difficulties are posed in the development and operation of rural democratic management system on track. There are some reasons that caused the plight of running rural democratic management system. Through its contradictions and conflicts with rational arrangement system from top-down government-led model, from the perspective of jurisprudence, it mainly reflected in following aspects: the social versus national integration, autonomy rights versus administrative rights, and right checks versus power balance.

By Legal Analysis of rural democratic management in bottom-up social-evolution model, it is found necessary to strengthen the legal guarantee of rural democratic management system in top-down government-led model. It is significant for rural democratic management system to realize its promotional function in accordance to collaboration of social-evolution model and government-led model. Under the leadership of government, the law guarantee of rural democratic management system is a systematic project, which should be constructed from both macro and micro ways. From a macro perspective, we believe that, to ensure the legal guarantee in rural democratic management system must first build a dynamic mechanism that is consist of some dynamic mechanism elements. Then we should explicit people-oriented principle, the right-protection principles and the equilibrium principle, the principle of democratic participation and social-serving principle which composed of the fundamental principle of law guarantee in rural democratic management. In micro-perspective of law guarantee of management strategy, we think we should follow the general rules by which the system is implemented and protected. The main focus should be on legislation, law enforcement and judicial security, etc. , so as to effectively solve difficulties and problems in the process of building rural democratic management. Thus construct a more comprehensive and complete legal framework for the law-protection of the rural democratic management system.

This book is based on the academic research on rural democratic management. With the modern nation-building vision, the book tries to do comprehensive and systematical Legal Analysis of rural democratic management in social-evolution model and probes into legal guarantee in government-led model which in not only an important area of political science research, but also a main part of research related to disciplines of law, history and sociology. The focus of this book is how to make democratic management system build a harmonious interaction between nation and rural area in the process of socialism construction with Chinese characteristics. The author tries to provide some intelligent basis for constructing grassroots democratic politics and a nation ruled by law with Chinese own characteristics. In theory, the book has some exploration and innovation. It further improves and deepens the theoretical research on rural democratic management system, and expands the study realm on the implement legal guarantee of rural democratic management system. Moreover, the book provides a basic universal idea that can be referred and measured for the reformation of promoting rural democratic management in the process of constructing a comprehensive and coordinated grassroots democracy with Chinese characteristics. Admittedly, confined to the limitation of expertise and academic level, some issues may be not so adequate which will be discussed in the further research.

Key Words: rural democratic management system; jurisprudential analysis; law guarantee

目　　录

第一章　导论

一　选题背景与意义

以 1978 年 12 月党的十一届三中全会召开为标志，一场大规模的社会变革运动在中国开始了，也使得当代中国法治进入了重建与快速发展的历史新时期，也是中国法治现代化进程中的具有划时代意义的一场革命。邓小平曾经明确指出，必须在改革的基础上处理好人治与法治的关系，实行依法治国，建设社会主义法治国家。[①] 1997 年中共十五大召开，江泽民进一步提出，在坚持四项基本原则立场基础上，推进政治体制改革向持续深入方向发展，不断地实现社会主义民主基础的宽泛化，在建立健全社会主义法制的基础上，大力推进依法治国、促进社会主义法治国家建设。[②] 1999 年 3 月，九届全国人大二次会议通过的宪法修正案，把依法治国，建设社会主义法治国家的基本方略写进了宪法，为依法治国奠定了根本法的基础。2002 年 11 月召开的中共十六大，把依法治国的基本方略纳入了社会主义政治文明建设的整体框架之中。[③] 可见，从人治社会向现代法治社会的转变，建设现代法治国家，是当代中国法治建设的目标追求。

民主与法治是紧密联系、相互渗透的，民主是主要法治的基础，但法治又必须以民主为基础保障。随着国家对农村基层民主管理的理性制度安排的实施，这种农村民主管理制度的重点和主要内容包括以下方面：一是逐步扩大农民在农村基层民主管理过程中的有序参与；二是逐步推进农村民主管理内容的信息公开；三是逐步建立健全农村民主管理程序的议事协

---

① 《邓小平文选》第 1 卷，人民出版社 1993 年版，第 177 页。
② 《江泽民文选》第 2 卷，人民出版社 2006 年版，第 28 页。
③ 《江泽民文选》第 3 卷，人民出版社 2006 年版，第 553 页。

商；四是逐步强化和完善对农村民主管理权力行使事前、事中及事后的监督。与这种农村民主管理制度安排实施相应的是农村基层民主外部环境变化必然会引出许多新变化、新情况和新问题，如何在农村基层民主管理自下而上的社会演进型路径中形成的制度基础上，通过自上而下的政府主导型路径逐步地引导广大农民在法治国家建设视野下，通过法律框架规范与实现广大农民在农村民主管理过程中的有序参与、信息公开、议事协商，依法保障农民在农村民主管理过程中的参与权、表达权、监督权等各项合法权益，切实构建起以保障农民合法权益为主要内容的农村民主管理制度的法治保障机制、体制及制度等，都亟须学术界与实务界给予积极的回应并对其展开全面、系统的研究。从这个角度而言，将农村民主管理制度的研究置于法治国家建设视野下来展开具有重要的理论与实践价值。

与此同时，伴随着中国特色社会主义法治国家的发展，中国法治国家建设的路径与模式也是理论界和实务界持续关注和不断深入研究的课题。中国法治国家建设的路径主要有自上而下的政府推进型和自下而上的社会演进型两种。政府推进型的主要特点是政府在法治国家建设中是领导者和主要的推动者，法治主要凭借政府所控制的本土政治资源根据政府的目标进行指导设计和建构。社会演进型的主要特点是法治国家的建设是在与政府相对应的民间社会生活中自然孕育和发展演变而形成的，是社会法治自然生发形成的结果。① 两种路径各有特点，前者认为法治国家秩序建设是一种理性的秩序建构，由于中国法治传统的缺乏，主张通过理想制度的借鉴和政府的强制力推动法治国家秩序的建构，排斥社会传统资源的积极作用。而后者则认为法治国家秩序的构建不是理性建构的秩序而是一种自然生发发展的秩序，其实现的基础须从社会传统中去为法治的制度性变迁和理性建构寻求基础，而不是理想制度的借鉴和政府的强力推动。

对上述两种法治国家建设路径的优劣，笔者认为应辩证地分析和看待，政府推进型路径强调法治建设是国家必须凭借国家权力进行建设的职责，不重视民间传统社会的作用和中国法治建设的社会传统文化基础，选择这样的路径，难免导致国家法治建设与民间社会自治的冲突和摩擦，增加法治建设的难度和效率。社会演进型则单纯地强调国家法治建设的自发

---

① 蒋立山：《中国法治道路初探（上）》，《中外法学》1998 年第 3 期。

性和自然性，轻视国家和制度在法治建设中的作用，仅依据这条路径，社会主义法治国家的建设进程必将艰难而漫长。对此，怎么办？笔者认为结合中国建设社会主义法治国家面临的实际困难和问题，应高度重视法治国家建设的路径选择的多元化，不宜走单一化的路径。结合中国法治国家建设的实际情况，充分考虑到中国的民间传统社会发育和中国国家权力在法治国家建设进程中的优势，走自上而下的政府主导推进型和自下而上的社会演进型互相结合、共同协调发展的符合中国国情的法治建设路径，通过国家法治建设的路径多元化，充分发挥国家和社会民众两方面的积极性，上下联动，在合力形成中共同促进法治国家的建设进程。

于此背景下，笔者认为法治国家建设视野下的农村民主管理制度应通过法治手段予以建设作为民间农村社会的重要治理机制，在自下而上的社会演进型路径中对法治国家的建设是一种重要的推动和促进的社会资源和力量，同时在自上而下的政府主导推进型的法治国家建设路径中，农村民主管理制度又是中国民主政治在乡村实践的价值体现和重要的制度安排。自农村民主管理制度产生、发展、实施以来，虽然有力地推动了农村基层民主政治的建设与发展，为法治国家的建设奠定了良好的法治基础，但是，在农村民主管理进程中，农村民主管理制度在自下而上的社会演进型法治国家建设路径中作为一种重要的社会治理机制，必然有其生发的法理基础，非常有必要在法理范畴内对其在基本理论方面进行全面、系统的法理分析。同时，农村民主管理制度与自上而下的政府主导推进型的法治国家建设路径中的理性制度安排之间难免发生矛盾与冲突，由此必须正视农村民主管理制度在法治国家建设视野下运行存在的问题，从法治建设及保障的视角予以积极的审视和反思，从这个意义上讲，加强对农村民主管理制度的法理分析及法治保障研究无疑具有重要的理论研究价值与深刻的现实意义。

2008 年 10 月在党的十七届三中全会上通过的《关于推进农村改革发展若干重大问题的决定》将"健全农村民主管理制度"明确地作为中国农村今后改革发展中务必大力加强建设的六项制度之一，特别强调指出农村民主管理制度发展的重点内容必须围绕农村基层民主发展、有序参与扩大、信息公开推进、议事协商健全、权力监督强化等方面全面协同推进，并把农村民主管理制度建设发展到 2020 年的基本目标任务确立为：进一步加强农村基层组织建设、进一步完善村民自治制度、更加切实保障农民的各项民主权利等。因此，建立健全以民主管理、民主决策、民主选举及民主监督为核心内容的农村民主管理制度建设，不仅对于中国农村基层民主政治建设，而且对于社会主义法治国家的建设，在理论与实践方面均具有重大的价值。但是，由于中国历史上长期存在与发展沿袭至今的非法治传统所存在的消极与负面影响，要确保农村民主管理制度的真正建成与实现，就要求必须对农村民主管理制度进行法治化建设，以实现其对农村基层治理的规范化、程序化及法治化。同时，随着国家自上而下的围绕农村民主管理中有序参与、信息公开、议事协商及权力监督等为主要内容的系列理性制度安排，势必要求将农村民主管理制度建立在法律的框架之下，走法治化建设的道路，逐步引导广大农民在农村民主管理中实现在各项村级公共事务中的有序参与、在各项村级事务管理中的信息公开、对各项村级事务决策之前的议事协商，从而依法保障和实现农村民主管理过程中农民的参与权、表达权、监督权等各项合法权利，不断推进以保障农民权益为主要内容的农村民主管理依法治理机制的建立和完善。

综上所述，本书将农村民主管理制度置于中国特色社会主义法治国家建设视野下，对农村民主管理制度的法理及其保障的法治进路展开较为全面、系统的研究。这不仅有利于农村基层民主政治在自下而上的社会演进型路径中的理性发展，而且也有利于国家依法治国方略在自上而下的政府主导型路径中通过法治的手段有序实施，从而共同推进社会主义法治国家的建设。

（一）学术研究理论价值

本书研究关注的核心点是如何在中国特色社会主义法治国家的建构中建立党、国家、社会、基层民主管理制度和公民之间的良性互动关系。现代法治国家构建是中国现代社会实现转型发展的一个核心层面。在法治国家建设路径多元化的过程中，在自下而上的社会演进型路径中，不断地健全与完善作为农村社会重要治理机制的农村民主管理制度，从农村基层社会基础性资源层面充分发挥其对现代法治国家建设的作用，并使得农村基础配置性资源高度有效地运作，这不仅有利于提高农村基层社会民主管理的效率，增强党和国家在农村基层的执政能力及其合法性，而且还有利于充分发挥农村民主管理社会组织弥合社会裂隙、整合民众利益，进而使得民意能够理性有序地表达到政治领域的功能，保持中国现代社会法治转型过程中法治国家的稳健发展。有鉴于此，本书将在前期研究的基础上，科学总结实践经验，通过对法治国家建设视野下农村民主管理制度基本理论的法理分析，探究农村民主管理制度的概念、制度价值理念、生发基础及村民自治视域中农村民主管理制度的法理基础，分析当下农村民主管理制度法治化的运行困境，对中国未来农村民主管理制度的法治保障进行整体设计和探讨，力求理出一条比较系统、完整的改革思路。可见，从法治的视角对农村基层民主管理的推进及其制度的完善展开法理分析与法治保障研究，不仅是政治学科的一个重要研究领域，而且还是法学学科、历史学科及社会学学科相关领域研究的重要内容。通过本书的研究，不仅能够助推农村基层社会相关实践的法治化发展，而且能够为发展具有中国气派及中国风格的农村基层民主政治理论及中国特色社会主义法治国家理论提供重要的智识基础。通过本书的研究，不仅可以进一步地促进政治学科的理论研究和社会实践，在一定程度上也有利于对法学等相关学科的横向渗透、协同发展。

（二）实践应用研究价值

1. 本书致力于围绕制度结构和运行机制等内容从法治的角度对农村民主管理制度进行深度的法理分析，有利于为健全农村民主管理的法治保障提供法律制度选择。虽然中国农村基层民主管理已经走过了 30 余年的制度探索和经验积累过程，但是农村民主管理的法治实践仍然存在诸多不足。由此，社会各界对农村民主管理的改革方向难免存在一些疑虑，对如何健全农村民主管理制度在各自思考并献计献策基础上不断地开展持续的探讨，但是在一些问题上有时也显得努力不够，有时更是一筹莫展、莫衷一是。对此本书重点围绕法治国家建设视野下农村民主管理制度在法理层面如何确定其内涵与边界；农民在农村民主管理中参与权、知情权、表达权、监督权等如何通过对其载体（农村民主管理制度）的法治保障予以实现，在法治保障层面如何构建起包括立法、执法、司法等环节的完整框架，特别是在立法层面如何全面完善以农村民主管理为主要内容的相关涉农法律法规，在执法层面如何系统加强以农村民主管理制度为主要内容的相关涉农执法工作，在司法层面如何实现对农村民主管理制度的全面保障、加强对农村民主管理中农民各项合法权益的保护与救济，以切实深入推进农村依法治理等问题展开研究。本书将对农村民主管理理论与实践中的组织制度和运行机制从法治角度进行全面的探讨，能为农村民主管理制度的相关立法和农村民主管理中的实践决策工作提供一定的借鉴参考。

2. 本书致力于探讨法治国家建设视野下农村民主管理制度在法治层面实践运行中外部及内部方面存在的困境及造成此种困境的原因，有利于农村民主管理制度法治保障的工作重点及发展方向明晰化、明确化。加强农村民主管理制度的法治保障有利于在农村民主管理的基层法治化实践中实现农村社会的和谐稳定发展。当前中国农村社会的发展总体上处于和谐发展的局面，但是，伴随着农村民主管理制度的深入推进实施，出现了一些影响农村社会稳定有序发展的问题与矛盾，尤其是在一些农村地区，一些经济性事务的管理纠纷与矛盾时有出现，诸如农村集体土地征用、农村村民宅基地拆迁及农村生态环境污染与破坏等方面所产生的纠纷与冲突比较突出，更有甚者，在一些地方因为这些问题所引发的群体性暴力与非暴力事件呈现出连续性、多发性的发展态势。同时在农村民主管理过程中民主选举、民主决策及民主监督等方面存在诸多的非法治化现象，诸如在民主选举中所存在的贿选、家族势力及村霸等恶势力介入等问题，在农村民主决策中所存在的程序欠规范，村级事务民主管理决策中不能有效实现一事一议等问题，在村级事务民主管理中存在的异化现象，在民主管理监督中存在缺位与管理者独断专行等问题。近年来，随着国家大量惠农、强农资金进入广大的农村地区，如何对这些资金进行有效的管理、分配与利用，确保广大农民群众共享国家惠农强农的各项权益等，不仅是农村基层民主管理发展过程中所面临的难题与必须解决好的重点问题，而且也对农村民主管理制度的健全与完善提出了严峻的挑战。在解决这些问题的对策中，法治的途径无疑是较佳的选择，如何从法治的角度解决农村民主管理制度实施过程中所长期存在的诸多问题，以不断地满足广大农民群众在农村民主管理过程中日益增长的对各项村级事务政治参与的需求，不仅是当下农村基层民主政治发展进程中亟须直面并给予研究解决的一项重要的课题，而且也是农村民主管理制度法治化建设迫切需要解决的重点问题之一。本书将在对农村民主管理制度进行法理分析的基础上，对其法治保障予以系统的研究，这有助于实现党的领导、人民当家作主与依法治国的有机统一，有助于在促进农村基层民主政治建设中实现国家农村改革发展在农村民主管理制度建设方面的目标任务，有助于在扩大农村民主管理范围的过程中为广大农民各项合法权益的实现提供相关的立法、执法及司法建议，也有助于为国家基层政府在农村民主管理制度的实施过程中提供相关的政策咨询。

3. 本书在研究健全农村民主管理制度的法治策略的基础上，结合中国特色社会主义法治国家建设的要求，为农村民主管理制度建设提供具有可操作性的法治保障实施方案。2007 年 10 月党的十七大报告将基层民主的发展明确地定位为社会主义民主政治建设的基础工程予以重点实施推进。同时，党的十七大报告在确定全面建设中国特色社会主义小康社会的奋斗目标中，围绕基层民主的发展也提出了非常明确的新要求，那就是要致力于对农民合法权益及社会公平正义的维护与保障，实现社会主义民主范围的不断扩大，更加健全与完善国家基层民主制度。但是现实的情况表明，农村民主管理制度在中国广大农村地区的建设总体上尚处于实验及经验探索与积累的发展阶段，不仅对其基本理论的法理分析有待进一步总结、厘清，而且对农村民主管理制度实施过程中的法治保障体系、方案建设也有待进一步加强研究。尤其是中国目前仍然属于社会主义发展中国家，经济社会发展水平总体上不平衡，广大农村地区的自然地理环境条件存在较大差异，导致中国广大农村地区经济社会发展水平各异，处于非均衡发展状态。基于中国农村民主管理制度现实发展所面临的经济社会背景，立足于中国农村基层民主管理发展的实际情况，从法治的角度推进农村民主管理制度实施的保障制度建设是当前中国农村基层民主政治发展进程中所面临的重要实践问题。对此，本书将在比较分析及历史考察的基础上，分别从立法、执法及司法层面对农村民主管理制度法治保障建设的范围、内容、模式、途径和措施进行详细、深入的探讨，实现农村民主管理制度实施的规范化、制度化、民主化、法治化，为各地推进农村民主管理改革提供普适性的法律对策参考。

二　研究综述与评析

（一）国外有关中国农村民主管理的相关理论研究述评

自从村民自治于 20 世纪 80 年代开始在中国广大农村地区产生并得以试行之后，国内学术界对此给予了持续深入的关注并逐渐掀起了学术界有关农村基层民主研究的热潮。伴随着村民自治在中国农村地区的广泛实施，中国农村基层民主问题开始被西方学术界一些学者及海外华裔学者所关注，这其中颇具代表性的专家学者主要包括何包钢、郑永年、Zhaohui Hong、Xu Wang、Mette Halskov、Shi Tianjian、Rozelle、Bernstein、Jean Oi、Kevien J. O'Brien、Kelliher、Manion、Lawrence Michelles、Mood、Hansen 等人，他们围绕中国农村基层民主管理相关理论问题开展了广泛的学术研究，一些专家、学者经过长期持续的跟踪调查与学术研究，围绕中国农村基层民主问题产生了诸多学术论文与学术专著，使得中国的农村基层民主管理相关问题开始得到国际社会广泛、高度的关注。归纳起来，国外学者围绕中国农村基层民主相关理论问题的研究主要集中表现在以下方面：一是围绕中国农村基层民主的价值及其与中国民主政治发展之间的相互关系的研究，二是围绕中国农村基层民主产生原因及其与产生诸多因素之间的相互关系的研究，三是围绕中国农村基层民主与乡村治理机制及其相互之间关系的研究。

1. 围绕中国农村基层民主的价值及其与中国民主政治发展之间的相互关系的研究

西方一些学者对中国基层民主的价值的研究主要启迪于中国村民自治在中国广大农村地区的实施这一实践，围绕中国基层村治实践中"四个民主"的主要内容载体，重点从中国农村基层民主管理过程中所实施的基层民主选举、基层民主决策、基层民主管理及基层民主监督等方面着手展开了系列研究，一些学者从中挖掘、发现、认识、归纳了中国农村基层政治民主化方向发展的价值取向。有的学者认为，中国农村基层民主的发展主要得益于中国共产党主要领导集体的民主价值意识及其对民主价值的追求。[①] 有学者认为以村民自治为主要内容范畴的中国农村基层民主不仅是中国民主政治发展进程中的重要民主实践，而且也是影响中国民主政治发展进程中的重要事件，这从中国共产党以邓小平为核心的第二代领导集体，以及以江泽民为核心的党的第三代领导集体的民主政治发展价值观中都能得到比较集中的体现，事实上，中国共产党的第二、三代领导集体都

---

① 郑永年：《地方民主、国家建设与中国民主发展模式》，载陈明通、郑永年主编《两岸基层选举与政治社会变迁》，月旦出版社 1998 年版，第 136 页。

热衷并致力于中国农村基层民主政治实践的推动与发展。① 有学者认为，由中国政府自上而下理性制度安排所主导的在广大农村地区所推行的村民自治实践，不仅体现了在中国农村基层民主政治发展过程中农村基层政府与广大农民通过村民自治的一种相互赋权，而且通过农村基层民主选举及村民自治过程中的民主管理使得中国基层政府对农村的管理权力与农民的自治需求有机地结合起来，从而也使得政府对广大农村地区实现了名正言顺的治理及对广大农村地区治理的合法性。中国大量的村民自治实践案例证明，中国政府在村民自治过程中对广大农村地区各种社会自治组织及社会自治力量的赋权，从短期来看，不仅不会使政府对农村地区社会治理的能力受到削弱，相反，从长远来看，还有利于中国农村基层民主政治的发展在村民自治过程中实现和谐有序的变迁。②

在关注与研究宏大叙事视野下中国农村基层民主政治理论与实践的价值的基础上，国外学者也关注到并开展了对中国农村基层民主政治发展过程中一些重要的关系范畴的比较集中的研究。这主要表现在中国农村基层民主政治发展实践过程中的诸如"乡村关系""村民自治中村委会与村党支部的关系"及"两委关系"等。一些学者认为，对这些关系范畴的研究非常重要，因为这些关系不仅深刻地体现了中国基层政府对农村地区治理的能力，同时也深刻地反映着广大的农民在农村民主管理的过程中是否能够真正地实现对各项村级公共事务在民主基础上的广泛参与、全面管理及有效监督。国外有学者认为，从起源上讲，中国政府对农村社会的治理在经历了新中国成立后人民公社制度的实践，随后人民公社被废止，国家继而在农村社会开始推行了联产承包责任制及"包产到户"之后，不仅国家对农村地区的治理能力开始出现了弱化的现象，而且使得先前国家在农村地区的一些基层组织机构的运转也失灵甚至陷于停顿。更有甚者，国家在农村基层民主政治中通过理性制度安排的正式权力的行使出现了异化的现象，即正式权力非正式化运行的现象产生。由此，中国政府开始思考对农村社会治理的新思路，出于国家对乡村社会的重新整合的需要，中国

---

① O'Brien, Kevin, Li Lianjiang, "Accommodating 'Democracy' in a One-Party-State: Introducing Village Elections in China", *The China Quarterly*, 2000, No. 162: 465—489.

② 王旭：《乡村中国的基层民主：国家与社会的权力互强》，《二十一世纪》1997 年第 4 期。

由此开启了农村基层民主发展的新路，这就是以村民自治为主要内容范畴
的农村基层民主管理。

在农村基层民主管理中，围绕乡村关系的协调处理，其中一个重要的
路径就是通过村民的民主选举产生村委会组织，通过这个自治组织来实现
对农村社会的治理，其目的主要是通过在农村民主管理过程中赋予农民广
泛的民主自治管理权力，这不仅有利于中国政府在农村地区的大量政策、
措施能够得到广大农民的支持，而且也有利于在农民的自治民主管理中实
现农村社会的稳定与和谐发展。[1] 但是，由于中国的农村基层民主管理都
是在中国共产党的领导下，有序依法进行的，这由此又产生了在中国农村
基层民主管理过程中的又一个重要的关系范畴，那就是如何协调与处理好
作为村民自治组织重要载体的村委会与中国共产党在农村地区的基层组织
即村党支部之间的关系，也就是学术界所谓的"两委关系"。围绕"两委
关系"的研究，国外学者普遍关注的一个焦点问题是，在村民自治过程
中，通过村民自己选举产生的村委会干部是否能够真正成为选举他们的农
民的忠实的利益代表，村委会权力的行使是否会使得同级的农村党支部的
权力被削弱，村委会对农村地区的普遍自治管理是否会削弱、消减国家对
农村地区的控制与管理能力。通过研究，一些西方学者普遍的观点是通过
村民自治，村民通过自己选举产生的村民委员会对村级事务施行民主管理
的行为，确实使农村村级党支部在农村传统管理中的权力中心地位受到了
挑战，也使得农村地区管理的传统权力结构被改变，但是在中国农村村民
自治的实践中，农村党支部在村级民主管理中的主导地位与作用仍然没有
变。有学者经过研究，认为在中国的农村基层民主管理中，通过村民自己
选举产生的村委会在村级事务民主管理中只是名义上的村级组织权力中心
及其代言人，村级党支部在村级民主管理活动中具有最后的发言权与决定
权，而村民委员会在村级自治组织的民主管理活动中缺乏最后的发言权与
决定权。[2] 有学者通过对中国浙江地区村民自治的实地调研考察所得出的
研究结论与上述观点也大体一致，认为，在中国的村民自治中，虽然产生

---

[1] O'Brien, Kevin, "Implementing Political Reform in China's Villages", *Australian Journal of Chinese Affairs*, 1994, 32: 33—60 (July).

[2] O'Brien, Kevin, Li Lianjiang, "Accommodating 'Democracy' in a One-Party-State: Introducing Village Elections in China", *The China Quarterly*, 2000, No. 162: 465—489.

了"两委"，村民通过自己选举产生的村民委员会在村级公共事务自治中确实也发挥了重要的作用，但是村民自己的民主选举未能改变村级党支部在村级自治中的控权地位，只是使得村级党支部在农村地区的管理权力结构体系中由先前的绝对优势地位开始朝着相对优势地位的方向发展而已。①

2. 围绕中国农村基层民主产生原因及其与产生诸多因素之间的相互关系的研究

在美国学术界，以美国式民主发展道路为指引，为了逐步引导亚非拉地区一些新兴独立的国家向美国式民主道路上发展，于 20 世纪五六十年代，开始在美国学术界逐渐形成了一种现代化的理论，这种理论学术思潮的核心研究对象主要表现为对广大发展中国家的民主政治进行研究。围绕现代化理论进行研究的西方学者在研究的过程中，其参照系主要是西方资本主义社会现代化发展的变迁，重点诠释亚非拉等非西方的发展中国家工业化以及现代化能够得以实现的条件以及由此能够使这些发展中国家社会发展变动的根源。这种现代化理论一个核心的普遍观点认为，亚非拉等非西方发展中国家在向现代化发展的过程中，其核心的发展动力在于以工业化作为主要的推动力并以此实现国家经济的发展向工业化方向的转型。发展中国家在实现经济的工业化发展的路径中，要不断地将与经济的工业化发展相契合的各种社会发展制度及其理念有机地融合到国家经济领域、政治领域、文化领域，从而使得发展中国家获得与现代的工业社会转型发展相一致的发展道路。西方学者在研究的过程中，其普遍的研究方法体现为，为了有力地解释亚非拉等发展中国家现代政治民主化发展方向与进程中存在所谓诸多问题的原因，这些西方学者通常极力地以美国、英国及法国等发达国家的民主政治化发展为参照系，从经济发展、文化水平发展及现代民主意识发展等方面探寻非西方发展中国家与发达国家之间存在的诸多差异，他们总是试图从经济发展、文化水平、民主意识中寻找发展中国家与美国等发达国家的差异，解释发展中国家政治民主化进程中种种问题的原因，并对发展中国家基层民主产生的原因及其与诸多产生因素之间的相互关系做出他们认为的相关性分析。同时，在西方现代化理论中的经典

---

① 何包钢、朗友兴：《寻找民主与权威的平衡》，华中师范大学出版社 2002 年版，第 137 页。

政治学理论研究中，一些学者普遍认为一个国家或者地区能够施行自由选举的先决条件在于经济发展的水平与受教育人口的数量这两大主要因素。认为经济发展和受教育人口是实施自由选举的先决条件。①② 有学者甚至持这样的观点，认为一个国家现代民主发展机会的多寡主要取决于这个国家受教育人口的多少，这两种是呈正相关关系的。③ 对中国农村基层民主产生的原因及其与诸多产生因素之间的相互关系等问题的研究，西方学者大体上也是在这种所谓的现代化理论的指导下开展的。对于农村基层民主的产生因素，西方学者大多是沿着经济发展、思想观念变迁、民主意识发展等角度与层面来予以分析和进行系列探讨的。

首先，围绕中国农村经济社会发展与中国农村基层民主的生发关系问题方面的研究，西方学者们在研究开始之初，首先的切入点一般都是围绕农村经济社会的发展与农村基层民主政治发展之间的相互关系，并且极力要对农村经济社会发展对农村基层民主发展的影响进行深度的剖析。但是，从已有相关研究来看，西方学者们围绕这个问题的讨论分歧比较大。有学者认为农村地区经济发展水平与民主选举之间的关系是正相关的关系，经济发展水平比较好的农村地区，实施村民选举成功的机会就越大。以一个比较富裕的农村村落为例，由于这个村委会干部集体经营有力，导致这个村经济发展比较好，村民普遍从村庄经济发展中受到了实惠，在这样的村庄推行村民自治比较顺利，民主选举也比较容易成功，因为村干部也乐于村民自治，靠自己努力工作、辛苦经营，为村民们致富做了大量的工作，即便在村民选举中，这样的村干部也很有自信心，不担心选举失败，村民们也不希望选举出不能让他们过上富裕生活的村干部，也乐于参加民主选举，同时，通过村民们的民主选举，也有利于增强村干部对村庄进行管理的权力的合法性。④ 也有学者经过研究认为，农村地区的经济发

① Dahl, R. A., *Polyarchy: Participation and Opposition*, New Haven, CT: Yale University Press, 1971.

② Feng, Y., "Democracy, political stability and economic growth", *British Journal of Political Science*, 1997, 27 (3): 391—418.

③ Lipset, S. M., "Some social requisites of democracy: economic development and political legitimacy", *American Political Science Review*, 1959, 53 (2): 74—81.

④ O'Brien, Kevin, "Implementing political reform in China's villages", *Australian Journal of Chinese Affairs*, 1994, 32: 33—60 (July).

展水平与村民参与民主选举积极性的相互关系是属于"强相关"的关系，但是，农村地区民主发展的水平在促进该地区经济发展的功能与作用方面，其与该地方农村经济的发展之间的相互关系则体现为"弱相关"的关系。① 也有学者的研究与上述研究观点相反。他们认为，农村地区村民民主选举的成功得益于这个地区经济发展水平的落后，越是农村经济发展落后，越是偏僻、闭塞的农村地区，其试行农村民主管理的可能性越大；越是农村经济发达的地区，其推行村民民主选举的成功性越低，会面临许多压力。其理由是，在现行的中国村民自治制度中，围绕村民选举与村民自治的诸多事项，对于村支书权力保障的相关制度措施比较缺乏，而且在中国一些经济发展水平比较高的农村地区，管理村庄的权力实际大都被一个村的村支书所掌握，而村支书由于担心自己的职位丢失，在其任期内必然会通过其手中所掌握的现实权力资源对村委会选举实施操控，以此降低其在连任及在村庄中权力中心地位丧失的政治风险。② 围绕农村地区经济发展与村民自治中村民开展民主选举相关性问题的研究，有学者认为，最容易成功实施村民民主选举的地方是经济增长适度发展的农村地区，而经济发展水平越高与经济发展水平越低的农村地区实施村民民主选举的成功性越低。③

其次，西方一些学者围绕中国农村基层民主选举过程中所产生的民主意识、权利意识及其相互之间的关系等问题展开了深入的研究与探讨。有学者认为在中国农村基层村民自治中所推行的自由、公正的村民民主选举，对于中国广大农村地区农民的民主、权利意识的激发与培育起到了很好的促进作用；反过来，中国农村地区农民民主意识、权利意识的生长与发育不仅有效地维护了大部分农民自身合法的权益，而且也有力地推动了

---

① 何包钢、郎友兴：《寻找民主与权威之间的平衡：浙江村民选举之经验研究》，华中师范大学出版社 2002 年版，第 127 页。

② Oi, Jean, "Economic development, stability and democratic village self-governance", *China Review*, 1996, pp. 126—144.

③ Epstein, A., "Village election in China: experimenting with democracy", In Joint Economic Committee, Congress of the United States (Ed.), *China's Economic Future*, New York: M. E. Sharpe, 1997, pp. 412—430.

中国农村基层民主政治的发展。[1] 也有学者指出了中国农村基层民主选举中的三个非相关性的因素问题。[2] 也有学者受卡特中心邀请，于 2002 年对中国云南省第 14 次乡村选举进行了实地参观考察，在此基础上深刻地揭示了在中国农村基层民主选举发展过程中所存在的三个不相关现象。一是农村地区的经济发展水平与农村村民民主选举并不必然相关，比如，在中国云南省楚雄彝族自治州禄丰县高峰乡海联村，这个村地理位置偏远，不仅经济发展水平低，村民普遍比较贫困，而且通信也不发达，与外界处于相对封闭、隔绝的状态，这个村的村民文化素质偏低，文盲比例高，按照常理，这个村实施村民民主选举是不可能的，但是，这个村村民却成功地进行了村民民主选举。二是在中国的农村村民自治进程中，村民所实施的民主选举与村民民主意识的成长并非必然相关。有学者根据西方国家现代民主的长期发展实践作为例证，表明农村基层民主的长期实践会促使农民民主意识的生长，民主意识的生长发展会促使农村地区民主管理的形成与发展。[3] 但是，在中国广大的农村地区，有的农村地区所推行的村民民主选举，只是村民可以参加农村基层民主直接选举的一个象征符号，这些农村地区的村民自己并不理解农村基层民主选举，甚者有的村民并不喜欢选举，而且还厌恶选举，讨厌民主。三是中国农村地区基层民主选举和城市地区较高层次的民主选举并不必然相关。通过研究，一些西方学者认为，在中国农村地区所推行的农村基层民主选举并没有对中国城市地区居民的民主选举及城市地区其他各种层次的民主选举产生什么实质性的影响和冲击。

3. 围绕中国农村基层民主与乡村治理机制及其相互之间关系的研究

为了应对西方国家现代社会的剧烈变革、学术界理论研究范式的不断变化及民主化思潮的风起云涌等复杂社会背景，作为一种理论上的回应，从 20 世纪 80 年代开始，发端于西方学术界的地方治理理论逐渐引起了广泛而普遍的讨论。作为现代民主政治理念一种内在隐含性的体现，治理与

① Li Lianjiang, "The politics of introducing township elections in rural China", *The China Quarterly*, 2002, No. 171: 711—730.

② Zhaohui Hong, "Three disconnects and China's rural election: A case study of Hailian village", *Communist and Post-Communist Studies*, 2006, 39: 25—37.

③ Bowles, S., Gintis, H., *Democracy and Capitalism: Property, Community, and the Contradictions of Modern Social Thought*, New York: Basic Books, 1987.

统治这两个概念在西方现代政治思想体系中是具有比较明显的区别的。治理在政治学中的研究主要是围绕地方治理予以开展的，这种政治学中的"治理"主要涉及的是地方治理，在地方治理研究中的地方化价值取向是与西方国家"小政府，大社会"的国家治理理念相适应的，同时，这种地方治理中的地方化价值取向也是与西方国家所主张的在"小政府"的管理理念下所赋予社会自主行动空间紧密相关的。在这样的背景下，西方学者在对中国的农村基层民主管理进行研究的过程中，也开始高度关注与重视有关乡村治理问题的研究，特别是围绕中国农村基层民主与乡村治理机制及其相互之间的关系展开了系列研究。如美国弗吉尼亚大学的王淑娜等学者在对中国 48 个村庄 1986—2002 年的财政赋税等相关资料进行深入研究的基础上，他们得出了这样的观点：中国农村基层民主的选举在成本降低与政府对农村基层民主的管控能力之间存在着一种逻辑上的悖论。比如：其一，在一些村庄的财政预算之中，村级民主选举虽然使得村庄在村级公共事务管理中的成本及村庄向国家政府上缴的各项税费等减少了，但是村级民主选举却导致村级财政在公共开支方面的增长比较大。村庄选举直接导致公共开支较大的增长，但缩减了管理成本和向政府缴纳的税费。其二，一些农村地区的村级民主选举对基层政府的财政有弱化的倾向，而且也使得基层政府对村庄的管控能力有所削弱，与此同时，村级民主选举在一定程度上强化了村级民主管理组织的职责与职能。其三，一些农村地区的村级民主选举对国家基层政府对农村地区的公共物品的供给及在农村地区公益事业的发展产生了复杂影响。其主要表现反映在许多方面，譬如村级民主选举使财政预算分配弱化的同时，势必会导致基层政府对农村地区公共物品的供给及农村地区公益事业的发展受到不同程度的影响。因为一般来说，农村地区的公共物品的供给或者公共事业的发展，可以通过国家各级地方财政来予以实现，在一些经济发展比较好的农村地区，也可以通过农村集体收入来予以实现。村级民主选举的弱化财政分配功能必然会导致基层政府或者农村地区的村委会组织等对村级公共物品及公共事业发展的财政安排受到不同程度的影响，由于中国地域广阔，各地区经济发展水平参差不齐，这必然会使得各地区公共物品供给及公益事业发展的差异化现象的产生，总体上看，其实质主要表现为中国政府对农村地区的管控能力呈现减弱趋势。特别是随着中国政府农业税的废除，基层政府及村级民主管理组织传统集资的法理权力与依据不存在了，那么农村地区的公共物品配给及公共事业的发展，就必须通过各村级民主管理组织根据一事一议的规则予以实现，这样的话，就使得在农村民主管理过程中，如何处理好民主管理组织与农民个体之间的合作关系，是一个必须正面直视的挑战。① 与此同时，全球结社革命现代政府治理方式必然发生改变与实现转型发展，总体的发展趋势主要表现为一个国家政府与各种民间非政府社会组织之间的战略合作伙伴式的协同治理机制，由传统的依靠国家政府对各种社会管理事务的单一的垄断式管理机制转向以政府为中心的各方共同参与的多元协同治理机制。国外许多学者对中国农村地区的一些非政府组织的产生与发展也给予了高度的关注，普遍认为在中国农村地区各种非政府社会自治组织的产生与发展对于农村民主管理非常重要，对于该地区公共物品供给及公益事业发展及公共服务的完善等方面，这些非政府农村社会自治组织所起到的功能和作用都是不可低估的。② 国外也有学者认为，中国农村地区的地方治理发展进程中的一个非常重大的发展，主要表现为在中国农村地区大量的各种非政府社会自治组织的产生。这对于中国政府实现对农村地区治理的有效性是非常必要的，一些农村地区非政府社会自治组织可以为国家在农村地区的基层政府在资金、社会组织资源等方面给予大力的支持，应在确保这些农村地区非政府社会自治组织合法性的基础上，实现它们与国家各级地方政府之间的互利合作的相互关系。③ 同时，在中国的农村地区，一些非政府社会自治组织还能在农村地区实现公共物品及公益事业的发展方面，独立提供帮助予以实现，这些社会自治组织还能在农村地区经济发展规划等方面实现与国家在农村地区的基层政府之间的合作，并且还能为一些国家在农村地区的政策措施的贯彻落实提供其独

---

① 王淑娜、姚洋：《基层民主和村庄治理》，《北京大学学报》（哲学社会科学版）2007 年第 2 期。

② Vanesa Pesqué-Cela, Ran Tao, Yongdong Liu, Laixiang Sun, "Challenging, Complementing or Assuming 'the Mandate of Heaven'? Political Distrust and the Rise of Self-governing Social Organizations in Rural China", *Journal of Comparative Economics* (Impact Factor: 1.03). 01/2009; 37 (1): 151—168.

③ Mette Halskov Hansen, *Frontier People: Han Settlers in Minority Areas of China*, C. Hurst & Publishers Limited, 2005, p. 267.

立的支持与帮助。[①]

　　总之，国外学者对中国农村民主管理的相关问题所展开的学术研究，其内容主要涉及农村基层民主、乡村治理及中国现代民主政治等主要研究议题。概括起来，国外学者围绕中国农村民主管理所开展的相关研究，从研究的视角层面看，可以归纳为以下几个主要方面：第一，从政治文化的视角展开研究。所谓政治文化，是一个国家公民个体对政治行为及其规范的内化并通过其对相关政治活动的参与而外在地予以表现出来。政治文化对一个国家公民对政治的关心程度及公民个体民主权利行使的力度都有着深刻的影响与制约作用，一个国家的政治文化不仅能够凭借其执着如一的政治目标对国家公民的政治行为进行深刻的指导，而且对国家公民在政治行为方式选择问题上有着比较鲜明的难以替代的支配作用。国外学者从政治文化视角对中国农村民主管理展开的研究普遍表明，在中国农村地区所推行的民主选举总体上对于中国公民文化建设起到了强有力的推动作用，但是，与中国广大农民在农村基层民主选举的参与中实现向现代化的转型发展目标还有一定的距离。第二，从现代主义的视角展开研究。国外学者从这个视角所展开的研究，其理论基础主要是西方经典的现代化理论，对中国农村基层民主产生的理由，大都根据西方国家现代民主发展过程中的若干变量因素及其相互之间的关系予以阐释，特别是运用经济发展变量因素以及中国农村地区经济发展及其与中国农村基层民主之间的相互关系来展开系列研究。第三，从制度主义的视角展开研究。国外学者从这个视角对中国农村民主管理所展开的相关研究，其理论基础主要是结构功能主义。国外学者们普遍认为，在中国农村地区普遍开展基层民主直接选举，对于中国民主政治的合法性的确立与巩固会起到很大的促进与推动作用，这其中也包括对中国农村基层民主政治合法性的推动。如果在中国农村地区所实行的基层民主直接选举是中国农村基层民主政治合法性确立的决定性因素的话，那么这也势必会使中国政府通过实施农村基层民主管理这种制度，在实现对中国乡村社会的整合基础上确立其政治上的合法性。同时，中国农村基层民主管理制度也会对在农村民主管理中通过直接选举产生的管理干部实施一种结构性的约束。与之相对应的是，中国广大农民在

　　① White, Gordon, Jude Howell Shang Xiaoyuan, *In Search of Civil Society Market Reform and Social Change in Contemporary China*, Oxford: Clarendon Press, 1996.

农村基层民主直接选举中进行政治参与，是根据国家民主政治在农村地区的制度性社会结构安排，从而以国家农村基层民主政治参与人的角色在农村地区开展相关的政治参与活动。

从研究方法的运用来看，国外学者围绕中国农村民主管理相关问题的研究主要是采用了学术界一般的规范分析的研究方法，同时辅之以中国一些农村地区进行实地考察、调研的实证分析研究方法，在对中国农村民主管理现象与问题进行一般理论分析的基础上，通过实证研究方法对这些现象及问题展开相关性分析研究。从研究分析框架的采用上看，国外学者对中国农村基层民主相关问题所开展的研究，通常运用的分析框架是国家与社会二元分析框架。正如国外学者 Oi Jean 所论述的那样，研究中国农村基层民主问题，农村通常被大家认为是这个国家与社会进行接触的交界点。[①]

毫无疑问，一个普遍的共识是，国外学者们对中国农村基层民主管理及其相关问题所展开的系列研究，普遍都具有较强的理论价值，但是这些学术研究始终大都是以西方国家的政治话语体系进行诠释的，对中国农村基层民主问题所开展的相关理论与实证研究，其参照系主要是以西方国家现有的民主政治制度及其发展演变为其主要内容的，有的研究对中国农村地区的具体情况缺少现实的关注，而且其所进行的相关分析也显得深度不够，存在分析简单化的现象，因此，一些国外学者们对中国农村基层民主相关问题分析所得出的结论的可靠性与可信度是有待商榷的，而且有的研究所形成的观点与得出的结论存在自相矛盾的地方。

同时，从国外围绕中国农村民主管理所进行的上述研究来看，西方国家学术界，很少从中国现代法治国家的角度对中国农村民主管理制度法理分析与法治保障展开全面、系统、深入的研究，这是什么原因呢？笔者对此深感困惑，或许正是这种疑问使笔者对这个课题研究的兴趣更加浓厚。

（二）国内关于农村民主管理的理论研究述评

1. 国内有关农村民主管理相关理论问题研究的总体状况

国内围绕农村基层民主管理相关问题的研究，涉及的学科领域主要包

[①] Oi, Jean, *State and Peasant in Contemporary China: The Political Economy of Village Government*, Berkeley: University of California Press, 1989.

括政治学、法学、社会学及管理学等领域，这些学科领域的专家学者们主要是从以下研究视角对农村基层民主管理相关理论问题展开大量较为长期的学术研究：一是政治话语研究视野，二是现代国家建构研究视野，三是社会环境变迁研究视野，四是实证研究视野。国内学者从上述研究视野对农村民主管理相关理论问题所开展的研究在数量及质量等方面都取得了较为丰硕的成果，这不仅有利于推动中国广大农村地区农村民主管理实践的理性发展，而且也有助于促进农村民主管理制度在实践中的不断丰富与完善。与此同时，全国各地区在探索构建农村民主管理制度建设的具体实践中，在各地区农村资源和经济社会发展的基础上，形成了具有一定共性又有自身特色的多种模式。因此，本书研究内容能够得以开展的重要基础不仅源于当下在中国广大农村地区实施农村民主管理过程中所积累的实践经验及教训，而且也来自于国内不同学科领域学者们在多维研究视角下围绕农村基层民主管理的相关理论问题进行的研究及由此产生的系列学术研究成果。

（1）政治话语研究视角下所开展的有关农村民主管理理论研究

学界从政治话语研究视角所开展的有关农村民主管理相关理论问题的研究，主要是通过对党和国家领导人在新中国成立前后有关农村基层民主的相关重要讲话及有关农村基层民主政治发展的重要文件及政策的阐释与深度解读展开的。学界从这个视角所展开的有关研究，不仅有助于广大民众对不同时期国家有关农村基层民主政治相关文件、政策及制度的理解，而且有利于保证学术界正确地理解与开展有关农村民主管理相关理论问题的研究。

概括起来，学术界从这一研究视角所开展的相关研究，从纵向的历史发展时期来看，主要包括对以毛泽东为核心的第一代中央领导集体、以邓小平为核心的第二代中央领导集体、以江泽民为核心的第三代中央领导集体及以胡锦涛为核心的第四代中央领导集体等有关农村民主管理的重要讲话、文件、政策及相关制度的集中解读。

围绕以毛泽东为核心的第一代中央领导集体有关农村民主管理政治话语的解读主要体现在农民当家作主方面的有关研究。中国共产党在广大农村地区动员广大农民积极投身于中国民主革命建设的一个重要的宣传话语就是要实现农民当家作主，在新中国成立之前，事实上，在20世纪三四十年代中共在革命根据地及自己管理的地域都曾经实行过各种形式的基层民主选举与基层民主管理。新中国成立后，也在这方面继续深入向前推进，对此，有学者经过研究，认为在新中国成立以后，即在 1949 年以后，中国共产党对广大农村乡土社会实施重构的一种基本的手段形式，就是通过土地改革方式进行的，在农村地区实际采取了比较大规模的对广大贫困农民群众的动员，促使他们积极地参与到土地改革之中。特别是在 1953 年，国家开始实施的各种合作化运动，尽管从当时的各种相关文件、政策文本中看，主要规定的是农民根据自愿原则加入，而且要求必须坚持对合作社进行民主管理的原则，合作社成立之前及之后都必须坚持这一原则。但是，在合作社成立的实际运作过程中事实上采取了一些强制性措施和手段予以推进，其初衷主要还是强调要保证广大农民在农村各种合作社里行使其民主管理的权力。① 也有学者认为，这种在农村地区采取各种手段与措施强力推行的民主管理，其实质在于实现农民在农村民主管理中的"还政于民"，而这种改革的动力主要来自以毛泽东为核心的第一代中央领导集体对民主政治发展道路的理解，尤其是毛泽东认为，他找到了一条可以使新中国摆脱中国历史上沿袭的治乱兴替的周期律的最好解决办法，就是实施民主政治。毛泽东认为，民主就是解决历史上王朝治乱兴替周期律问题的新路子，通过实施民主，动员广大的人民人人都以主人翁的精神负起责来，对政府实施有力的监督，只有这样，政府才会勤政，也不会出现历史上所谓的人亡政息的局面。② 而且毛泽东谈到，如果中国民主主义者不依靠三亿六千万广大农民群众的支持与援助，不以这些农民群众作为中国民主政治发展的主要力量，那么最终，中国的民主政治是不会成功的，很可能还会出现一事无成的结局和命运。③ 由此可见，以毛泽东为核心的第一代主要领导集体有关农村基层民主管理的思想，其核心内容主要是积极地动员广大农民群众对各项农村公共事务及国家事务的广泛参与，实现广大农民在农村基层民主政治发展中的当家作主地位，确保广大农民通过民主管理的方式实现对国家权力的强有力的监督，以实现社会主义民主政治发展道路。

---

① 周晓虹：《从国家与社会关系看中国农民的政治参与——毛泽东和后毛泽东时代的比较》，《中国社会科学季刊》2000 年秋季卷。

② 金冲及：《毛泽东》（下），中央文献出版社 1996 年版，第 719—720 页。

③ 《毛泽东选集》第 3 卷，人民出版社 1991 年版，第 1078 页。

以邓小平为核心的第二代中央领导集体，其有关农村民主管理的思想的核心内容可以概括为：通过建立健全相关民主管理制度，以实现农村基层民主管理发展的稳定性与持续性，通过民主管理制度的实施切实保障广大农民在经济方面的物质利益，在政治方面的各项基本民主权利的行使与享有。事实上，自十一届三中全会以来，大力加强农村基层民主建设一直是邓小平理论的重要组成内容。第二代中央领导集体认识到，要推进中国农村基层民主政治的建设与发展，必须采取民主管理的方式充分地调动起中国几亿农民参与社会主义农村管理的积极性，结合中国的农村基层民主政治发展的现实国情，农村民主管理的推进应在立足于中国现实国情的基础上，高度重视广大农民对农村公共事务民主管理的有序参与过程的实现。①

以江泽民为核心的第三代中央领导集体有关农村民主管理建设的思想，归纳起来，其核心的思想就是要通过农村基层民主管理，实现对广大农民群众合法权益的有力保障，同时，围绕农村民主管理建设中的农村基层民主选举、议事协商民主及村务信息公开等过程环节，在内容与实现形式方面的相关制度规定得更加具体与明确。这些有关农村民主建设的思想理念主要体现在江泽民代表党中央对若干重大问题的阐述上。主要包括：其一，1991 年 7 月 1 日，江泽民代表党中央在中国共产党庆祝其成立七十周年大会上的讲话；② 其二，1992 年 12 月，在武汉主持召开的安徽、江西、河南、湖北、湖南、四川六省农业和农村工作座谈会时的讲话；③ 其三，1997 年 9 月，江泽民代表党中央所做的党的十五大报告；④ 其四，1998 年 1 月江泽民在中央农村工作会议及 1998 年 3 月的九届全国人大一次会议上对健全村级民主制度提出的相关要求。

进入 21 世纪以后，以胡锦涛为总书记的党中央有关农村民主管理建设的思想，其核心内容主要表现为，党和国家领导人认为，在新时期农村民主管理建设过程中，应不断地对农村基层民主选举进行规范与完善，依法切实保障广大农民在农村基层民主选举中的各项合法权益，诸如农民在

---

① 《邓小平文选》第 3 卷，人民出版社 1993 年版，第 252 页。

② 《江泽民文选》第 1 卷，人民出版社 2006 年版，第 151—166 页。

③ 同上书，第 257—277 页。

④ 《江泽民文选》第 2 卷，人民出版社 2006 年版，第 1—49 页。

村民选举中的提名权、直接推选权、投票权及对不称职干部的罢免权，同时应广泛推行各项村务信息公开，逐步建立健全农村民主管理过程中对有关村级公共事务实行答疑纠错的监督制度，切实有力地保障广大农民群众在农村村级公共事务治理过程中主体地位和作用的发挥。可见，以胡锦涛为总书记的党中央领导集体对农村基层民主管理建设的内涵以及外延等都进行了更加丰富、细致的解读。这些思想内容主要体现在一系列党中央的文件、政策等材料中，主要包括：一是 2005 年 1 月颁布实施的中共中央、国务院的一号文件《关于进一步加强农村工作提高农业综合生产能力若干政策的意见》；二是 2006 年 1 月颁布施行的中共中央、国务院的一号文件《关于推进社会主义新农村建设的若干意见》；三是 2007 年 1 月颁布施行的中共中央、国务院的一号文件《关于积极发展现代农业扎实推进社会主义新农村建设的若干意见》；四是 2008 年 1 月颁布施行的中共中央、国务院的一号文件《关于切实加强农业基础建设进一步促进农业发展农民增收的若干意见》；五是 2009 年 1 月颁布施行的中共中央、国务院的一号文件《关于促进农业稳定发展农民持续增收的若干意见》；六是 2010 年 1 月颁布施行的中共中央、国务院的一号文件《关于加大统筹城乡发展力度进一步夯实农业农村发展基础的若干意见》。

（2）国家建构视角下的农村民主管理研究

围绕现代国家建构的视野，学术界对中国农村基层民主政治发展所展开的系列研究，不仅是近些年来中国"三农"问题研究中最为重要的研究成果之一，而且围绕这方面研究的专家学者也大量涌现，成果颇为丰硕，比较有代表性的专家学者有徐勇、项继权等人。在徐勇的诸多论著中，围绕这一视角所开展的研究具有代表性的主要包括：《乡村治理与中国政治》①、《"回归国家"与现代国家的建构》②、《"行政下乡"：动员、任务与命令——现代国家向乡土社会渗透的行政机制》③、《"政党下乡"：现代国家对乡土的整合》④、《国家整合与社会主义新农村建设》⑤、《当前

---

① 徐勇：《乡村治理与中国政治》，中国社会科学出版社 2003 年版。

② 徐勇：《"回归国家"与现代国家的建构》，《东南学术》2006 年第 4 期。

③ 徐勇：《"行政下乡"：动员、任务与命令——现代国家向乡土社会渗透的行政机制》，《华中师范大学学报》（人文社会科学版）2007 年第 5 期。

④ 徐勇：《"政党下乡"：现代国家对乡土的整合》，《学术月刊》2007 年第 8 期。

⑤ 徐勇：《国家整合与社会主义新农村建设》，《社会主义研究》2006 年第 1 期。

农村研究方法论问题的反思》①、《公民国家的建构与农村公共物品的供给》②、《面向未来——深化村民自治研究》③ 等著作论文，在上述论著中，徐勇在有关现代国家建构视野下农村基层发展的一个重要的观点是，如果偏离现代国家建构的视角，单纯地认为当下的中国农村社会是自然形成的，这不仅不能从学理的角度对此现象作出合理的解释，而且也不能对中国当前的农村社会进行准确的把握。同时，在相关研究中，徐勇指出，在中国农村基层治理中，要构建起主要以农民群众为主体的一个乡村治理体系，不能仅仅单纯地通过国家自上而下的外部力量予以推动，从学术研究的视野来看，必须将此放置在特定的历史发展背景下，通过对中国农村村民自治及农村基层民主发展的相关历程的协同探究，才能有效地实现相关研究目标。项继权以现代国家建构为研究视角，围绕农村民主管理发展也开展了系列深入研究，并发表了在学术界比较有影响力的诸多论著，比较有代表性的有：《村民自治：理论与实践的创新》④、《现代国家建构中的乡村治理》⑤、《公民国家的建构与农村公共物品的供给》⑥ 等。与此同时，华中师范大学中国农村问题研究中心的许多年轻学者围绕现代国家建构这一研究范式，也对农村基层民主管理展开了系列专题研究，在此基础上产生诸多丰富的研究成果，主要有：刘义强的博士论文《民主和谐论——现代国家构建中的基层民主与社会和谐》以及与徐勇共同所撰写的学术论文《我国基层民主政治建设的历史进程与基本特点探讨》、吴理财所撰写的博士论文《治理转型中的乡镇政府》、黄辉祥所撰写的博士论文《村民自治的生长：国家建构与社会发育》、陈荣卓所撰写的博士论文《"草根"法律服务组织：属性变迁与进路选择》、张丽琴所撰写的博士论

---

① 徐勇：《当前农村研究方法论问题的反思》，《河北学刊》2006 年第 2 期。

② 徐勇、项继权：《公民国家的建构与农村公共物品的供给》，《华中师范大学学报》（人文社会科学版）2006 年第 2 期。

③ 徐勇：《面向未来——深化村民自治研究》，《华中师范大学学报》（人文社会科学版）2005 年第 2 期。

④ 徐勇、项继权：《村民自治：理论与实践的创新》，《华中师范大学学报》（人文社会科学版）2007 年第 6 期。

⑤ 徐勇、项继权：《现代国家建构中的乡村治理》，《华中师范大学学报》（人文社会科学版）2007 年第 5 期。

⑥ 项继权：《公民国家的建构与农村公共物品的供给》，《开放时代》2008 年第 3 期。

文《村委会的职能改革研究》、赖晨野所撰写的博士论文《农村民主管理的社会基础》、赵鲲鹏所撰写的博士论文《公民参与乡镇治理机制研究》等。

（3）社会环境变迁视野下的农村民主管理考察与分析

学术界从社会环境变迁视野对农村民主管理相关问题所展开的考察分析，主要是基于农村社会环境两大重要的环境因素变量而进行的系列学术研究，这两大农村社会环境因素变量主要是指农村社会的人口流动与中国政府在农村地区所实施的农业税费改革，事实上，这两大农村社会环境因素变量也对农村基层民主管理的相关发展、贯彻落实及创新等问题提出了全新的挑战，归纳起来，学术界围绕这两大农村社会环境因素变量所展开的系列学术研究主要表现在以下两个方面：

一是围绕农村社会人口流动这一农村社会环境变迁所进行的农村民主管理相关问题的研究，主要体现在农村社会人口流动对农村村民自治及农村基层民主管理发展所产生的影响等方面，这方面的系列学术研究成果主要有：《挣脱土地束缚之后的乡村困境——农村人口流动以及乡村治理的一项相关性分析》[1]、《社会排斥与经济歧视——东部农村地区移民的现状调查》[2]、《农民流动与村民自治——流出村与流入村的分析》[3]、《中国农民的社会流动》[4]、《寻求生存——当代中国农村外出人口的社会学研究》[5]、《社会流动与社会重构——京城"浙江村"研究》[6]、《走出乡村——中国农村劳动力流动实证研究》[7]以及《当代中国人口流动与城镇

---

[1]　徐勇：《挣脱土地束缚之后的乡村困境——农村人口流动以及乡村治理的一项相关性分析》，《华中师范大学学报》（人文社会科学版）2000年第2期。

[2]　姚洋：《社会排斥与经济歧视——东部农村地区移民的现状调查》，《战略与管理》2001年第3期。

[3]　徐增阳、甘霖：《农民流动与村民自治——流出村与流入村的分析》，《浙江师范大学学报》（社会科学版）2006年第3期。

[4]　袁亚愚：《中国农民的社会流动》，四川大学出版社1994年版。

[5]　黄平：《寻求生存——当代中国农村外出人口的社会学研究》，云南人民出版社1997年版。

[6]　王春光：《社会流动与社会重构——京城"浙江村"研究》，浙江人民出版社1995年版。

[7]　杜鹰、白南生：《走出乡村——中国农村劳动力流动实证研究》，经济科学出版社1997年版。

化》① 等。

二是围绕国家后农业税时期的农村社会中的基层民主建设方面的学术研究。近年来围绕这方面的学术研究产生了比较丰富的论著，限于篇幅，笔者实在难以做到逐一枚举。从总体上分析，围绕这方面的研究，不管是理论界还是实务界都形成了一种共识，那就是农业税费改革对于农村基层民主管理是具有非常重要的积极意义的，但是，对于农业税费改革以后农村基层民主管理所面临的诸多问题，学者们各自从不同的角度进行了深度的思考与探索。有学者认为，税费改革之前，农业税费收入占一些农村基层乡镇政府财政收入的比例达到近70%，农业税费改革以后，其减免对农村基层民主政治发展所产生的负面影响也是显而易见的，不仅导致国家在农村地区所设置的乡镇政府财政的运转出现了空前的困境，而且也对农村的村级民主管理产生了一定程度的负面、消极影响。② 此外，也有学者指出，农业税费的全面取消在导致中国农村地区乡级财政困境的同时，也势必使得国家在农村地区的基层政府对农村地区公共服务产品的供给能力受到了削弱。这不仅导致农村基层民主管理中社会自治组织机构改革陷入新的困境，而且还大大地冲击着农村民主管理中大多村级组织干部的传统管理思想及新型管理职能角色的转变。③ 也有学者认为，农村税费改革对农村民主管理中的村民自治、村级公共事务信息全面公开及民主管理中的民主决策等治理范畴所产生的负面影响是全方位的，不仅使其面临财政经济支持方面的短缺困境，而且还使得上述自治范畴的有效运行与开展面临着来自国家在制度及技术方面的有效支持与帮助。④ 也有学者认为，国家在农村地区所实施的税费改革，在一些农村地区的贯彻落实过程中产生了异化现象，甚者出现了"废税造费"的新现象，这必然会使国家在农村地区推行的农业税费改革的实质意义与效果大打折扣，而且也不利于国家新农村建设战略的顺利实施与深入推行。⑤ 也有学者指出，一些农村地区

① 辜胜阻：《当代中国人口流动与城镇化》，武汉大学出版社1994年版。

② 杨正喜、唐鸣：《农村税费改革对基层政权的影响》，《农村经济》2006年第8期。

③ 党国英：《论取消农业税背景下的乡村治理》，《税务研究》2005年第6期。

④ 项继权：《短缺财政下的乡村政治发展——兼论中国乡村民主的生成逻辑》，《中国农村观察》2002年第3期。

⑤ 秦晖：《后农业税时代的乡村社会建构》，中国改革论坛网（http://www.chinareform. org. cn/cirdbbs/dispbbs. asp?boardid=11&id=68965&move=next&page=0）。

的农民在国家实施农业税改革之后，其只是具有了对村级公共事务进行充分的自主管理的理论上的自主管理权力，但是在农村民主管理的现实实践中却难以奏效。① 也有学者指出，在国家实施农业税改革以后的未来的一定时间段内，农民的实际负担可能会出现不减反增的可能性，从而会产生国家农业税费改革的内卷化现象的出现，这必然会对农村民主管理的继续深入发展带来诸多不确定性的负面影响。②

与此同时，围绕后农业税时期农村民主管理的建设与完善问题，学者们也从不同的角度进行了研究与探讨，提出了各自的观点与看法。有学者认为在后农业税时期，结合国家所实施的社会主义新农村建设，应围绕农村民主管理中的"四个民主"（即农村基层民主选举、农村基层民主决策、农村基层民主监督、农村基层民主管理）建设继续采取有力措施予以建设和完善。③ 有学者认为在后农业税时期，应围绕农村民主管理建设的形式与手段的有效性狠下功夫，应构建多元化的发展机制，可以考虑在农村民主管理中构建财政分担机制、村务公开等民主管理制度以及培育农村社会各种自治组织。④ 也有学者主张对于后农业税时期的农村基层民主管理改革与发展，可以沿着"科学行政"的角度进行深入的探讨。⑤ 也有学者建议对于农村基层民主管理诸多问题的研究可以从社会转型的角度切入进行深入的分析。⑥

（4）实证研究范式视野下的农村民主管理相关问题的探讨与分析

近年来，在国内学术界，充分运用实证研究范式对中国"三农"问题及农村基层民主管理问题开展的研究比较广泛而普遍，围绕中国农村基层政治建设与农村基层民主管理等相关问题所产生的研究成果也比较丰硕，一些学术研究成果不仅质量高，而且在相关研究领域所产生的影响力

---

① 赵树凯：《乡镇改革谈何容易》，《中国发展观察》2006 年第 1 期。

② 王景新：《免征农业税后的农民负担问题》，《现代经济探讨》2005 年第 12 期。

③ 陆学艺：《发展变化中的中国农业、农村与农民》，《中国社会科学院研究生院学报》2006 年第 4 期。

④ 项继权：《"后税改时代"农村基层治理体系的改革》，《学习与实践》2006 年第 3 期。

⑤ 陈少勇：《关于当前我国乡镇机构改革实践走向的研究》，《福建师范大学学报》2006 年第 1 期。

⑥ 王长安：《传统政治整合机制的变迁与当代中国的政治发展》，《西北成人教育学院学报》2007 年第 1 期。

也比较大。根据笔者的理解与思考，在这方面的研究的主要学术成果有：《村治变迁中的权威与秩序——20世纪川东双村的表达》①、《集体经济背景下的乡村治理——南街、向高和方家泉村村治实证研究》②、《乡村政治——中国村民自治的调查与思考》③、《江村自治——社会变迁中的农村基层民主》④、《村民自治面临的社会焦点问题透析——对全国第一个村民自治示范县追踪》⑤、《岳村政治——转型期中国乡村政治结构的变迁》⑥、《中国农村村级治理——22个村的调查与比较》⑦、《村治中的宗族——对九个村的调查与研究》⑧、《中国村民自治理论与实践探索》⑨等，上述系列学术研究成果都围绕中国农村基层民主政治、村民自治及农村基层民主管理等问题，通过运用实证主义研究的范式各自从不同的视角开展了颇有深度的研究。

2. 农村民主管理与乡村依法治理相关问题研究的状况

随着20世纪80年代村委会组织法的颁布和农村民主管理制度在全国的推进，基层民主迅速成为学术研究的热点问题之一。学者们首先从基层民主、政权建设的路径展开系列研究，这个时期的研究从共时性看，研究内容可归结为草根民主的价值、制度架构、运作机制等，从历时性看，经历了从微观实证调研到宏观建构理论分析的转变，研究方法涵盖个案实证研究和规范研究，研究框架主要是国家与社会、现代国家建构等。同时诸多学者围绕基层民主中"民主选举、民主决策、民主管理、民主监督"

---

① 吴毅：《村治变迁中的权威与秩序——20世纪川东双村的表达》，中国社会科学出版社2002年版。

② 项继权：《集体经济背景下的乡村治理——南街、向高和方家泉村村治实证研究》，华中师范大学出版社2002年版。

③ 王仲田、詹成付主编：《乡村政治——中国村民自治的调查与思考》，江西人民出版社1999年版。

④ 薛和：《江村自治——社会变迁中的农村基层民主》，江苏人民出版社2004年版。

⑤ 尹焕三：《村民自治面临的社会焦点问题透析——对全国第一个村民自治示范县追踪》，山东人民出版社2004年版。

⑥ 于建嵘：《岳村政治——转型期中国乡村政治结构的变迁》，商务印书馆2001年版。

⑦ 张厚安、徐勇、项继权：《中国农村村级治理——22个村的调查与比较》，华中师范大学出版社2000年版。

⑧ 萧唐镖：《村治中的宗族——对九个村的调查与研究》，上海人民出版社1991年版。

⑨ 王振耀：《中国村民自治理论与实践探索》，宗教文化出版社2000年版。

的种种问题开始进行制度分析和法律分析，初步实现了与政治学研究的对接，主要体现在以下方面：

（1）农村民主管理制度及法理基础研究

这方面的研究，一是就村民自治权利和国家行政权力之间的矛盾与冲突展开研究，主要认为村民自治权利既需要国家行政权力的支援，又时时受到行政权力的干预和阻碍。① 二是围绕村民自治权利的界定、村民自治权与基层政权的法律关系和地位的调整展开系列研究。如在处理基层党的领导权与村民自治权关系问题上，协调二者关系应有其理论切入点和实践检验标准和方法。② 而在处理村民自治权与国家行政权关系方面，国家行政权与村民自治权都具有不可替代性，这两种权能的行使机构不同，性质不同，来源不同，运作的方式不同，行使的保障不同，制约的机制不同，使用的法律救济方式也不同。也有学者认为农村民主管理制度的法理基础主要体现为：社会对国家的抵制与融合；自治权对行政权的消解与平衡；权利对权力的制约与平衡。③

（2）农村民主选举问题及法律规制研究

在农村民主管理中，围绕民主选举的选民资格、候选人资格、竞选、贿选等一系列问题，学界展开了积极的研究。选民资格问题主要围绕居住在本村但户口不在本村的村民能否具有本村的选民资格、参加本村的村委会选举展开研究。一种意见认为，由于村民自治包括有地域自治的含义，村民民主权利的具备和行使不能因村民户籍的不同而给予差别待遇，因此应当确认这些村民具备所居住村的选民资格，允许他们参加居住地村的村委会选举。另一种意见认为，由于村民自治讲的是本村的村民自治，我国村民自治主要以集体经济为背景，因此不能给户口不在本村的村民予以本村村委会选举的选民资格。④ 有学者根据现有的相关省级法规中有关农村村委会成员候选人资格条件等方面的相关规定在法律意义上的确定性与

---

① 唐鸣、杨正喜：《村民自治视野中乡村矛盾的法理分析》，《湖北行政学院学报》2006年第4期。

② 张景峰：《对村民自治概念的法学分析》，《社会主义研究》2003年第4期。

③ 唐鸣、胡建华：《宪政视野下农村民主管理的理念分析》，《理论与改革》2012年第3期。

④ 唐鸣：《关于村委会选举选民登记的几个法律问题——对省级村委会选举法规一个方面内容的比较与评析》，《华中师范大学学报》（人文社会科学版）2004年第1期。

否，围绕村委会成员候选人资格问题展开了研究；特别是对于村委会成员候选人规定高于村委会选民的资格条件，以及这些条件与我国村委会组织法及宪法相关规定是否一致，与我国有关村委会选举的基本原则是否一致，与我国村民自治中的基层民主原则是否一致等问题，以及如果存在问题的话，那么又应当对村民自治中村委会成员应当具备的候选人资格条件作何规定等相关问题，学者们提出了各种不同的观点并进行了相关论证。① 关于竞选问题，有学者主张应允许有组织的竞选；但也有人主张，在村民选举委员会组织候选人竞选的同时，应当允许候选人自己搞一些竞选活动，如登门拜访选民等。②

贿选问题比较复杂。尽管学者们较为普遍地主张，应当对贿选的内涵作出明确的界定、外延作出严格的划分，并对贿选行为规定恰当的处罚，但究竟应当如何界定、划分和规定，却存在着较大的意见分歧。许多学者认为花钱拉选票的行为就是贿选，但也有学者认为花钱拉选票的行为不属于贿赂或贿选，只有国家工作人员或受政府委托从事政府工作的人员，利用职务之便，收取钱财才是受贿，把钱财送给国家工作人员才构成行贿。花钱拉选票者是候选人，对象是选民。选民不是国家工作人员。因此，收受钱财的选民不构成受贿，花钱拉选票者当然也就不构成行贿。③ 针对上述情形，以唐鸣为代表的学者认为，在基层民主实践中，村委会组织法规定过于原则、缺乏可操作性等问题已经暴露出来，所以有必要修改。但无论怎么修改，现行的村委会组织法对村民自治中的民主管理、民主决策及民主监督等方面的相关规定不全面、不完善的状况都不能得到完全有效的改变。如果制定村民自治组织法，则不仅可以保留和完善现行的关于村委会的规定，而且可以对村民会议、村民代表会议等作出较为全面的规定，从而大大改变农村民主管理法律规定的面貌。④

（3）村民自治中村民的农村民主管理权利法律救济相关问题的研究

① 唐鸣、王林：《关于村委会成员候选人资格条件问题的思考》，《华中师范大学学报》（人文社会科学版）2005 年第 4 期。

② 辛秋水：《"组合竞选制"的实践与理论——村委会民主选举模式的重大创新》，《学术界》2001 年第 5 期。

③ 詹成付：《正确看待村委会选举中的"拉票"现象》，《乡镇论坛》2002 年第 7 期。

④ 唐鸣、陈荣卓：《村委会组织法修改：问题探讨和立法建议》，《社会科学研究》2006 年第 6 期。

　　无论是理论界还是实务界均对此问题进行了研究探讨。村民选举权、知情权等自治权利的法律救济特别是司法救济等引起了学界诸多学者的极大关注，认为现行的法律体制无法充分保障村民自治权的顺利实现，一旦权利受侵害很难提供有效的法律救济。① 有学者认为村民自治的法律救济存在着救济途径不通畅、救济程序不规范、责任追究不明确等不足。② 在分析村民自治中的侵权现象后，有学者主张通过诉讼和非诉讼等途径加强对村民权利的保障和救济。③ 有学者则从法律社会学和法理学的角度对村民自治的法律救济进行了宏观研究。④ 实务界的高海等人还研究了民主决策、村务公开和民主管理的司法救济问题，认为应当尽快完善立法，建立全方位的村民自治权利救济法律机制。⑤

　　（4）法治国家视野下的农村法制建设研究

　　与法治国家建设的要求不相适应的是，农村法制建设缺失问题凸显。围绕农村法治问题，诸多学者从农村法治意义、农村法律发展道路、法治社会基础、农民法律意识培育、农村法律服务、农民权益保护等方面展开了比较深入的研究，代表性的学者有郑永流、李昌麒、张德友、丁关良、涂永珍、王晨光等。诸多社会学学者围绕现代国家的建构及送法下乡展开研究，一方面在解构传统性的民间法并压缩其在乡村的空间，使现代法治得以在乡村成长；另一方面，法律制度在下乡的过程中被乡土社会习俗上的知识传统重新解读，普适的现代法律被破解为地方性知识，在二者结构性互动中促进了农村法治的建设。正是基于此，国内学者如苏力、强世功、王亚新、傅郁林、应星等对乡村秩序、现代法律及二者张力给予持续关注。有学者在"依法治乡"的进程中，发现作为法治实践主体的基层法院时常表现出法律工具主义而非法律价值主义。法院的着眼点并不只是解决纠纷，而是试图通过对合同纠纷的处置，帮助党和政府改进和加强对

---

　　① 焦洪昌：《从王春立案看选举权的司法救济》，《法学》2005 年第 6 期。

　　② 王旭宽：《村民自治权冲突及其法律救济的不足与完善》，《社科纵横》2006 年第 12 期。

　　③ 仝志辉：《村民选举权利救济与村民自治的社会基础建设》，《江苏社会科学》2004 年第 4 期。

　　④ 马明华：《村民自治权及其法律救济探析——以法社会学为视角》，《河南省政法管理干部学院学报》2003 年第 4 期。

　　⑤ 高海：《论农村土地承包中的民主议定原则》，《山东农业大学学报》（社会科学版）2007 年第 3 期。

农村和农民的治理。①

综上所述，国内关于农村民主管理制度相关研究多是从政治学、社会学和历史学或者实际工作者的角度进行论证和阐述，卓有成效。但是，总体上看还缺少在现代法治国家建设视野下，对农村民主管理制度沿着自下而上的社会演进型路径发展的法理分析与对农村民主管理制度沿着自上而下的政府主导型路径发展的法治保障，从法治的角度展开比较全面、系统的研究。对此，本课题的研究或许是在已有研究基础上的一种新的尝试。随着依法治国战略的深入实施，法治国家建设的强力持续而深入推进，国家对农村民主管理理性制度安排不断健全与完善，农村基层民主内、外部环境必然会出现许多新变化、新情况和新问题，如何在法治框架下对农村民主管理制度从基础理论和实践层面予以全方位的建设与保障，必然是中国特色社会主义法治国家建设、发展和转型过程中需要高度关注的重要课题。

三 分析思路与方法

（一）分析思路

在课题开展研究之初，笔者试图提出这样的一种理论假设：在中国特色社会主义法治国家的建设进程中，自上而下的政府推进型与自下而上的社会演进型这两种路径对法治国家建设的推动应该是均衡、协调进行的。但是随着对课题的深入开展研究，笔者却发现，农村民主管理制度作为中国农村基层社会的重要治理机制，其在自下而上的社会演进型路径对法治国家的推动与自上而下的政府推进型路径对法治国家建设的推动不是均衡、协调进行的。于是，笔者陷入了深深的沉思之中：是什么原因导致这一现象的出现？究竟应该怎样来破解这一问题？于此，笔者尝试性地运用"国家—社会"二元分析框架，沿着国家—制度—农村社会的分析路径，从对农村民主管理制度的基本理论从法理层面分析入手，特别是对农村民主管理制度的概念重新进行了解构，对农村民主管理制度的概念大胆地进

① 赵晓力：《通过合同的治理——80 年代以来中国基层法院对农村承包合同的处理》，《中国社会科学》2000 年第 2 期。

行了厘定，在对相关概念的区别与联系进行比较分析的基础上，对农村民主管理制度的性质与特征进行了归纳与总结，同时深度地剖析了农村民主管理制度的制度价值及农村民主管理制度的经济、政治、文化及伦理等方面的生发基础。基于上述有关农村民主管理制度的法理层面的基本理论分析，结合中国特色社会主义法治国家建设的现实背景，笔者对农村民主管理制度法治运行的内、外部困境及导致其运行困境的原因进行了研究。自此，笔者逐步感到农村民主管理制度这一农村重要的社会治理机制，其自下而上的社会演进型路径对法治国家建设的推动与自上而下的政府推进型路径对法治国家建设的推动，之所以会产生不均衡、不协调的重要原因之所在。但是，怎么来解决这一问题？根据中国特色社会主义法治国家建设的要求，结合对农村民主管理制度的法理分析，笔者对其保障的法治进路从宏观与微观的视角小心地进行了求证，企图构建全面、系统、完善的农村民主管理制度的法治保障系统，最终实现自下而上的社会演进型路径对法治国家建设的推动与自上而下的政府推进型路径对法治国家建设的推动实现均衡、协调发展。

（二）研究方法

1. 规范分析

以马克思主义法治基本理论为指导，借鉴学术研究最新成果，对农村民主管理制度基本理论及其法治保障的相关理论和实践进行学理性研究，提出本课题的基本概念、基本假说、核心范畴、逻辑线索和主要观点。在学术研究中，本课题将严格遵循科学规范，以客观事实为依据，进行规范的学理分析，对农村民主管理制度法治保障存在问题、发展方向提出自己的分析与判断，并作出相关的理论解释和论证。

2. 历史分析

马克思主义政治学的历史分析方法首要的绝对要求，就是把政治现象和政治事务放到特定的历史范围和背景中去加以考察和研究，正如列宁所指出的，"马克思主义的方法首先是考虑具体时间，具体环境里的历史过程的客观内容……"① 对此，本课题的研究运用历史分析方法就是要把农

---

① 《列宁全集》第26卷，人民出版社1988年版，第140—141页。

村民主管理制度的法治保障置于法治国家建设的历史中去进行分析考察，从历史发展的因果联系中去把握农村民主管理制度法治保障的本质、特征及其发展规律；同时考察不同历史条件下农村民主管理制度法治保障之间存在的因果联系，即是说，"要看某种现象在历史上怎样产生、在发展中经过了哪些主要阶段，并根据它的这种发展去考察这一事物现在是怎样的"。①

3. 文献分析

文献分析法是通过对各种文献进行分析，以间接的方式获取研究对象信息的方法。在本书的写作过程中，由于某些内容特别是一些具体的政策和法律制度所处的时代久远，直接获取资料的难度很大。因此，对相关报纸、杂志、论文进行对比分析，将分散的资料联系起来，是还原这些内容的重要手段和途径。此外，近年来学者关注农村民主管理制度及其法治建设等相关问题，并且积累了一些研究成果，这也对本研究起了重要作用。

4. 比较研究

比较方法是对彼此有某种联系的同一类事物进行比较，以揭示其规律的方法。比较方法可以分为横向比较和纵向比较，横向比较是对同时期两种或两种以上的现象进行比较，有助于获得对被比较的事物异同的认识；纵向比较是对不同时期的现象进行比较，既包括对一国不同时期的政治现象的比较，也包括不同国家不同时期的政治现象的比较，纵向研究有助于探究某一政治现象发展变化的特征及规律等。② 本课题将影响现代农村民主管理制度法治保障的基本理论作为研究的切入点，并将农村民主管理制度的立法保障分解为宪法层面、基本法层面、法规规章层面、村规民约层面及自治章程等层面，对其进行横向的比较分析。此外，在分析农村民主管理制度的经济基础问题时，就不同历史时期农村市场经济的发展及在此基础上的农村民主管理制度的历史发展进行纵向比较分析。

---

① 《列宁全集》第 37 卷，人民出版社 1988 年版，第 61 页。

② 陈振明主编：《政治学——概念、理论和方法》，中国社会科学出版社 2004 年版，第 70—71 页。

四　基本框架与内容

（一）基本框架

农村民主管理制度在中国的产生与发展，是现代民主法治国家在农村乡土社会建构历史逻辑的自然延伸及适应现实社会发展的必然需要。由此，以自上而下的集中权力纵向一体化为主旨的"民族—国家"的建构及自下而上横向的分散的公众扩大的参与权利一体化为主旨的"民主—国家"的建构，① 应该是我们全面理解与分析新时期法治中国建设视野下农村民主管理制度的法理基础与法治保障的逻辑基石与基础框架。从现代民主法治国家建设的视角来看，在 1949 年以前，国家通过革命战争及系列群众运动实现了对整个社会的权力与行政管理的集中渗透，直至新中国的建立，基本解决了现代主权民族国家的外部性问题，为现代民主法治国家的建设奠定了有力的国家权力基础。但是，现代民主法治国家的建设，不仅需要国家的集中权力统治以确保国家整体发展的稳定有序，而且需要国家在各阶层民众广泛的政治参与的基础上不断地建立健全对行政权力进行有效监督及协调的民主机制，以确保现代法治国家的可持续发展。这就需要解决现代民主法治国家建设的民众参与的社会法权基础。事实上，中国是一个农民占多数的大国，即便是农村地区，各地方发展的情况也千差万别，对在农村乡土社会整合基础上实现农村民主参与扩大的法理层面的内在机理机制有待进一步加强研究，农村民主管理制度自身的一些基本理论及其保障的法治进路在理论与实践中也面临诸多问题。对此，本书在已有研究的基础上，从法理的视角在重新解构农村民主管理制度概念基础上，对农村民主管理制度的价值理念进行深刻的剖析，深入挖掘其生发理论基础，以为其法治运行中面临的困境寻求可能的原因，进而提出法治保障的思路，企图寻求农村民主管理制度在法治中国建设视野下基于自下而上的社会演进型路径与自上而下的政府主导型路径协同发展机制在法治层面应有的理论与实践价值。本书具体的研究框架如图 1 - 1 所示。

---

① 徐勇：《现代国家的建构与村民自治的成长》，《学习与探索》2006 年第 6 期。

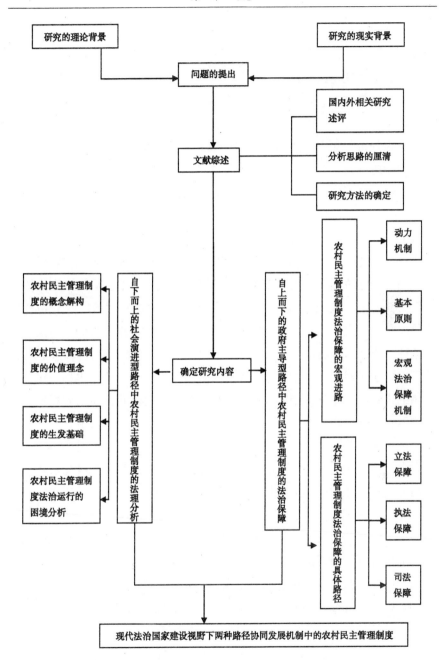

图 1 -1

（二）研究内容

根据上述理论构想及研究框架，除作为导论（即本章）和结语（第八章）各一章之外，本书主体部分共有六章，其主要研究内容如下：

在第二章中，笔者主要是对农村民主管理制度的概念进行了重新的解构。首先分析了对农村民主管理制度概念重新开展分析研究的重要意义，这有利于更准确地规范基层政府的公共权力，有利于更全面地保障村民的合法权益，有利于更扎实地贯彻落实党在农村的基本政策，也有利于更有效地促进农村基层民主政治建设。其次，对现有对农村民主管理制度概念分析的相关理论学说进行了比较全面的评述分析，就农村民主管理制度建设而言，主要存在"权利说""利益说""民主说"等观点，就农村民主管理制度的定位而言，主要存在"法治说""村务公开说""法律体系说"等观点，但是笔者发现上述有关农村民主管理制度概念的分析比较零星、分散，且通常从某一个方面就农村民主管理制度概念的本质属性展开论述，未能对农村民主管理制度形成一个比较完整系统且清晰的概念，这不仅影响了对农村民主管理制度的整体理解与认识，而且也在一定程度上制约了农村民主管理制度概念在不同场域的正确运用，也对农村民主管理制度在理论与实务界的进一步深入研究产生了诸多不利影响。对此，作者尝试运用层层分解的方法从"农村""民主""管理""民主管理""制度""农村民主管理制度"等层次对农村民主管理制度相关概念重新进行厘清与界定，在此基础上给出了农村民主管理制度的定义：在广大农村地区，农民在国家宪法、法律规定的权力、权利范围内，依法行使自治权，自主平等地参与农村基层社会事务的管理，通过农村基层自治组织中的管理者运用计划、组织等职能及相应的管理方法和手段，充分调动自治组织内的全体成员去实现经济性、政治性、文化性及社会综合性等事务的实践活动，以及由此形成的被农村基层事务民主管理组织及广大村民所共同遵守的，坚持按照民主管理的程序与做法，坚持按照大多数人的意见实行民主选举、民主决策、民主管理及民主监督，确保决策的正确性，以实现村民的自我管理、自我教育和自我服务的各种办事规程和行为准则的总称，它是中国解决基层直接民主的一项基本政策，是一项基层民主制度，确保村民在农村基层事务中民主管理权利与权力的充分体现和实现。接着，为进一步地说明和理解农村民主管理制度的概念，笔者将农村民主管理制度与村民自治、城市居民自治、地方自治、社会自治、乡镇治理机制、农村依法治理机制、农村社会组织机制等相关概念进行了详细的比较分析。最后，笔者对农村民主管理制度的性质与特征进行了分析，笔者认为农村民主管理制度体现了国家的性质、村民自治的性质，是具有多层次统一体性质的制度。同时农村民主管理制度具有高度的自主性特征、广泛的参与性特征、过程的直接性特征及鲜明的时代性特征。

在第三章中，笔者对农村民主管理制度的价值理念问题进行了探讨。笔者认为，在全面解构概念的基础上对农村民主管理制度的价值理念进行深度的剖析，是对农村民主管理制度相关理论与实践问题展开研究的前提与基础。在研究的过程中，笔者发现农村民主管理制度是一个多层次、多向度、多维度的综合性概念，从制度的价值理念角度看，农村民主管理制度具有基层民主自治理念性、基层民主管理制度性理念、基层民主治理模式性理念及基层民主活动方式性理念等。首先，就基层民主自治理念性而言，农村民主管理制度的核心价值理念主要体现在其"民主自治"方面，因为它不仅充分体现了人民当家作主的理念，同时表达了广大农民建设社会主义现代化新农村的强烈愿望。民主自治理念是比民主思想意识和自治思想意识更加抽象、理性层次更高的理念，是对民主、自由、权利、平等等自治理想、原则、精神的高度抽象和概括。据此，笔者认为农村民主管理制度的基层民主自治价值主要体现在民主理念、自由理念、权利理念及平等理念等方面。其次，从基层民主管理制度性理念角度看，农村民主管理制度其实质表现为农村的基层政治制度、基层民主制度、社会管理制度及农民组织制度。再次，从基层民主治理模式性理念角度看，农村民主管理制度其实质是一种农村基层治理模式，其本质在于对农村民主管理制度的标准形式或规范的指导。最后，从基层民主活动方式性价值理念角度看，农村民主管理制度实质是一种农民活动方式。在农村民主管理制度实施过程中，活动方式性价值理念主要表现出以下方面的特点：参与农村民主管理活动主体的多元化、形式的多样化、意识复杂的多元化。

第四章重点分析了农村民主管理制度的生发基础。这一部分笔者主要探讨了农村民主管理制度的经济基础、政治基础、文化基础及伦理基础。通过研究分析，笔者认为农村民主管理制度的经济基础在于农村市场经济的发展，政治基础在于协商民主理论在中国农村的孕育，文化基础在于中国传统"和合文化"的理性回归，伦理基础在于中国农民传统道德修养的进步。

第五章主要探讨了农村民主管理制度在中国法治语境下运行所面临的困境。笔者认为由于现有国家乡村关系的相关法律法规规定语义的模糊性导致农村民主管理制度法治化轨道的运行与发展面临外部、内部困境的制约与束缚。农村民主管理制度法治化建设与发展所面临的外部困境主要表现在以下方面："两务"关系导致农村民主管理制度法治化建设目标环境不明；"两导"关系导致农村民主管理制度法治化建设体制环境不畅；"两心"地位不定导致农村民主管理制度法治化建设自治环境缺失；"两权"相互冲突导致农村民主管理制度法治化建设法理环境模糊。农村民主管理制度法治化建设与发展所面临的内部困境主要表现在以下方面：缺乏严格的法治保障主体；缺乏适格的法治保障载体；缺乏规范的法治保障内容；缺乏全面的法治保障客体。导致农村民主管理制度法治化建设内、外部困境的原因是多方面的。笔者认为主要表现在以下方面：重视农村民主管理制度施行中民主外部运行的手段性和方法性，忽视了农村内部民主管理过程中农民民主权利意识的培养和民主权利的保障；重视农村民主管理制度在政治层面的实践和运行，忽视了在法制层面的施行和保障；重视农村民主管理制度实施中国家基层公共权力的传输的单方性，忽视了国家基层公共权力与农民民主权利"沟通与协商"的平衡性；重视农村民主管理制度实施中制度的单一性，忽视了与相关制度并行实施的协调性与统一性。

第六章重点研究了农村民主管理制度实施法治保障的宏观进路。农村民主管理制度的法治保障在中国特色社会主义法治国家建设中是一个相对独立的子系统，是国家依法治国理念与方略在农村基层民主政治领域的体现和贯彻落实。要实现农村民主管理制度的法治保障，不仅需要一个内容结构安排科学合理的静态农村民主管理法律制度体系，而且需要一个与农村民主管理法律制度创设有机衔接与融合和高效运行的动态的农村民主管理制度法治保障机制。对此，在该章中，笔者首先以马克思主义的社会发展动力理论为基础，对农村民主管理制度法治保障的动力机制进行分析，认为，随着中国特色社会主义新农村在经济、政治、文化及社会等方面的全面发展，农村民主管理制度法治保障的动力机制也主要是由经济、政治及文化等动力机制要素所构成的一个全面系统的动力机制系统。其中经济动力机制是农村民主管理制度法治保障的根本内生动力；政治动力机制是农村民主管理制度法治保障的主导驱动力；文化动力机制是农村民主管理制度法治保障的关键驱动力；制度动力机制是农村民主管理制度法治保障的核心驱动力；环境动力机制是农村民主管理制度法治保障的外部驱动力。其次，笔者对农村民主管理制度法治保障的原则进行了分析，原则是行动的具体指导，是行动方向和绩效的直接影响因素，农村民主管理制度法治保障的原则就是农村民主管理制度法治化建设及保障路径选择的基本依据和行为指导，它以实现农村民主管理制度法治保障的目标诉求——和谐有序的农村民主管理秩序为依据来思考和设计，认为，农村民主管理制度法治保障的基本原则主要由以人为本原则、权利保障原则、法治均衡原则、民主参与原则及服务社会原则等组成。最后，笔者集中论述了农村民主管理制度宏观法治保障机制的建构，认为，从宏观的视角看，应重点完善农村民主管理制度法治保障的以下方面的机制：完善村民民主权利保障体系和民主法治意识的培育机制；完善农村民主管理外部法律规制机制；完善民主选举法律保障和规制机制；完善民主决策、民主管理、民主监督的法治规范和约束机制；完善民主管理制度法治化运行中的外部执法监督和司法保护机制。

第七章详细分析论证了对农村民主管理制度实施法治保障的微观方略。该章从微观层面探讨了对农村民主管理制度施行法治保障的具体路径，结合农村基层民主政治领域的要求及中国特色社会主义法治国家建设在农村法治领域的具体落实，笔者认为从微观视角分析，要实现对农村民主管理制度的法治保障，应重点从立法保障、执法保障及司法保障等方面着手，切实解决农村民主管理制度法治化建设进程中所面临的难点与难题。对农村民主管理制度的立法保障、执法保障及司法保障从整体上看是个紧密联系的综合系统工程，在各自领域又是一个相对独立的子系统工程，在各自领域内都需要厘清与解决诸多实际问题。在立法保障领域，就需要从宪法层面、基本法律层面、行政法规和部门规章层面，地方性法规及规章层面，农村基层规章制度层面等方面实现对农村民主管理制度全方位的立法保障。在执法保障领域，笔者集中围绕农村民主管理制度执法保障的含义、特征、基本原则、主要依据和主要领域、体系框架、所面临的主要问题、主要措施等方面进行了分析，企图构建一个完整的农村民主管理制度执法保障体系。该章的最后，笔者比较系统地分析论证了农村民主管理制度的司法保障问题，主要就农村民主管理制度司法保障的含义、加强农村民主管理制度司法保障的必要性、农村民主管理制度司法保障的特征、农村民主管理制度司法保障存在的主要问题、农村民主管理制度司法保障存在问题的原因分析、完善农村民主管理制度司法保障的措施等方面的内容进行了全面的研究，力图构建起有关农村民主管理制度司法保障的完整框架。

第二章　农村民主管理制度的概念解构

作为国家自上而下在农村地区的一项基层民主制度的理性安排，确保农村民主管理制度在自下而上的社会演进型路径中的良性运行对我国法治国家的建设无疑具有重要的理论价值与深刻的现实意义。2008年10月，在中共十七届三中全会上审议通过了《关于推进农村改革发展若干重大问题的决定》（以下简称《决定》），该《决定》指出：必须坚持中国共产党的领导、人民当家作主及依法治国的有机统一，在此基础上大力发展农村基层民主，其重点内容主要围绕广大农民在农村民主管理过程中的有序政治参与、各村级公共事务民主管理信息公开的推进、民主管理过程中议事协商制度的建立健全以及对各村级民主管理组织权力监督的强化等方面进行。《决定》要求农村民主管理制度的核心内容是保证广大农民在更广范围内更确实的各项民主管理权益得以保障与实现，其主要途径在于不断地扩大村民自治的实施范围，其主要目标在于实现国家在农村地区的基层民主政治的大力发展。同时，该《决定》首次将农村民主管理制度与国家在农村地区的其他发展制度的安排一起纳入国家六大制度发展范畴，其他五项制度的安排主要包括国家在农村地区推行的农村基本经营制度、农村土地管理制度、农业支持保护制度、农村现代金融制度及促进城乡经济社会发展一体化制度等。这不仅充分体现了中共十七大关于现代法治国家建设在广大农村地区基层民主政治建设领域的制度发展及其贯彻落实的具体要求，也是全面建设法治国家在农村地区发展目标的具体要求。但是，长期以来，农村民主管理制度在我国现代法治国家建设进程中实践层面的运行状态并不理想，笔者认为导致这样一种局面产生的重要原因之一在于我国学术理论界与实务界没能很好地从法理分析的视角对农村民主管理制度的概念进行比较全面、细致的界定，这不仅阻碍了农村民主管理制度在自下而上的社会演进型路径中沿着法治国家建设的道路目标进一步生长与发展，而且这也在一定程度上制约和影响着我国基层民主政治建设的进程和步伐。

一　概念解构的意义

（一）有利于更准确地规范基层政府的公共权力

明晰农村民主管理制度概念，确保农村民主管理制度的良性运转，可以促使国家与农村社会的良性互动，我国现代化后发外生的特征及赶超战略的选择，决定了国家在推进现代化与法治国家建设的同时，必然以对农村社会的深度介入为基础。[①] 要实现国家与农村社会的良性互动必然要以农村社会民主管理制度日益健全和完善为前提。但是在过渡转型期，国家必然要保持对农村社会的约束与强制能力，为此国家必然通过乡镇一级公共权力来实现对农村社会的管理，乡镇行政就成为推进国家在农村社会意志的基层公共权力代言人。新中国成立后，国家尤其强化对农村社会的整合，并在20世纪50年代中后期逐步确立了公社、生产大队和生产队的三级管理体制，并由党的各级委员会来实现领导，导致"曾经在国家政权和普通民众之间起沟通和交流作用的地方精英或职业性精英阶层消失了，有地方精英维护的社会自治领域也一同消失了"[②]。20世纪80年代初，人民公社和生产大队政社合一的管理体制被取消，实行政社分开，乡镇政权遂成为国家权力延伸至农村社会的末梢，在乡镇之下，逐步确立了村民委员会是国家基层群众性自治组织的正式法律地位，其特征主要表现为在农村民主管理过程中通过依法自治的途径实现广大农民群众对各项村级公共事务的自我管理，在此基础上实现自我教育，从而发展起自我服务的民主管理意识，这也标志着在我国广大农村地区"乡政村治"格局逐步确立与形成。

但是，农村民主管理制度在"四个民主"方面的核心内容范畴的强化与发展必然要求在国家与农村社会之间划定一个界限，以维护农村社会民主管理领域的相对独立性，从而抑制国家对农村社会领域的不适当入

---

① 贺雪峰：《乡村治理与秩序》，华中师范大学出版社2003年版，第248页。

② 董炯：《国家、公民与行政法——一个国家社会的角度》，北京大学出版社2001年版，第163页。

侵，为实现这一目标，虽然国家现行的基本法律——《村民委员会组织法》从法律层面对国家与农村社会的边界进行了相应的规定，即国家在农村地区所设置的乡级政权机关对于相关法律规定的属于村民自治范围之内的事项不得实施干预，其职责只是对农村地区各村民委员会等自治组织所开展的工作进行相应的支持、指导及给予必要的帮助。然而由于对农村民主管理制度的概念没有一个明确的界定，尤其是其内涵和外延都比较模糊，加之我国较长时间实行全能型政府治理模式，导致国家与农村社会几乎没有边界，作为国家基层公共权力代表的各乡级政府机关在农村地区常常对属于农村自治范畴的民主管理事务通过各种形式进行过多的干预，如乡镇政府非法干预农村民主管理事务中的人事、财务及生产经营等自主性管理权力。基于此，如果能明确界定农村民主管理的概念，势必有助于更加准确地规范基层政府的公共权力，确保国家与农村社会的良性互动。

（二）有利于更全面地保障村民的合法权益

党的十七大明确要求，把发展基层民主作为社会主义民主政治的一项基础性工程予以重点推进，将基层民主建设作为中国特色社会主义民主政治发展道路的重要内容范畴予以坚持与发展，并且将基层民主制度建设与国家的根本政治制度人民代表大会制度、基本政治制度比如多党合作和政治协商制度以及民族区域自治制度的建设与发展放在同等重要的地位。其根本目标就是要实现广大人民群众当家作主的权利的落实与依法保障，通过在国家大力发展基层民主的过程中最大限度地减少甚至杜绝社会中各种不和谐因素的产生、实现社会和谐因素的存量发展。农村民主管理制度更应充分体现这一精神实质，但是由于学术界对农村民主管理制度的概念的定义和理解的多元化和不确定性，尤其是对农村民主管理制度概念从法理层面的分析缺失，导致农村民主管理制度在保障村民合法权益方面离理想状态还有较大差距。现代法治国家建设的视野实际上体现了一种民主政治发展中人权与法治的紧密结合，据此笔者认为，从法理的角度来分析农村民主管理制度的概念，有利于更加全面地保障村民的合法权益。首先，更加重视将农村民主管理制度建设在"四个民主"层面定位的重大意义，更加强调农村民主管理在实施民主决策、民主选举、民主管理以及民主监督这四个方面的相互渗透、衔接以及相互融合与促进。同时更强调在农民民主权利基础上的参与机制平台的建设，确保在农村民主管理中关乎村民利益的许多重要问题上村民的全员广泛参与，确保在农村民主管理过程中多数人与少数人的意见都能够得到充分的尊重与详尽的表达。其次，更强调从法治的角度来保障村民的合法权益，加强以保护农民合法利益为核心的农村民主管理制度建设，不仅有利于在使广大农民权利意识增强基础上国家在农村地区的有关农村民主管理各种法律知识的普及与应用，而且也有利于在广大农民对相关法律实施监督基础上进一步完善农村民主管理法律体系。最后，更注重村民自治权的建设和保障。农村民主管理制度建设的核心是村民自治，应将村民自治定位为农村民主管理制度建设的组织形式。在保障村民自治权利的同时，有利于实现对广大农民人权结构在全面性建设基础上的完善，也有利于在农民全面参与农村民主管理过程中实现广大农村社会在经济、政治及文化、社会等方面发展水平的进一步提高。

（三）有利于更扎实地贯彻落实党在农村的基本政策

加强农村民主管理制度建设，明晰其概念与内涵，不仅是农村法治建设的重要内容，也是农村法治建设的必然要求。农村民主管理制度无疑在农村法治建设中起着非常重要的桥梁和载体作用，加强农村民主管理制度概念研究，有利于党在农村基本政策更扎实有效地贯彻落实。这主要是基于以下三种情由：一是党的农村政策在推动农村改革、发展和稳定中发挥重大作用，应当说，我国农村过去很多改革的发端和深化，主要是依靠不同时期党和国家发布的政策大量地通过农村民主管理制度予以推动和实现的。二是健全完善农村民主管理制度也有利于克服政策在治理农业和农村时固有的缺陷。由于政策具有原则性规定强、变动不居性及弱法律制裁性等缺点，单纯依靠政策难以消除其在治理农业和农村社会、经济活动中无规则和规则不力的状态。于此背景下，农村民主管理制度具有其他社会规范所不具有或者不完全具有的特性，正好弥补了政策的缺陷，无疑更有利于更扎实有效地贯彻落实党在农村的基本政策。三是有助于促使党对农村工作领导方式的转变。通过依法治国方略的实施及农村社会主义市场经济条件的改善，党对农村社会工作的领导，不仅依靠政策、法律，而且还依靠农村民主管理制度，据此在明晰农村民主管理制度的概念的基础上，不断建立健全明确、稳定、权威的制度规范，同时辅之以相应的农业和农村政策，有利于改变长期存在的主要以政策治理农村社会的局面，实现由政策、法律及农村民主管理制度共同协作治理农村社会的格局，构建更加和谐的国家与农村基层社会关系。

（四）有利于更有效地促进农村基层民主政治建设

农村民主管理制度不仅是农村社会管理体制的变革与创新，而且在实践中也是国家开展农村基层政权建设中的一项重要的基础工程，有利于实现农村社会民主在更深程度上实现发展，有利于农村基层各政治组织的关系在法治的基础上实现全面的理顺，有利于农村基层权力运行机制向法治层面的规范转变，进而能为更有效地推动农村基层民主政治建设提供重要的经验和支持。农村民主管理制度概念的模糊性，导致其对农村基层民主政治建设的推动缓慢，为此，明晰农村民主管理制度概念，有利于更有效地促进农村基层民主政治建设，首先，加强农村民主管理制度研究，有利于启蒙村民民主意识，进而提高民主参政能力，发展基层社会民主，扩大社会权力，强化社会力量对国家基层公共权力的监督和制约，有利于从社会民主基础和外部环境层面为农村基层民主政治的健康发展奠定良好的基础性条件。其次，有利于调节农村社会基层组织关系，合理配置农村基层权力资源，重构农村基层民主政治权力结构。加强农村民主管理制度建设，有助于农村基层社会组织关系的改善和调节，农村基层社会组织是在人民公社解体以后，农民自发创造的在农村社区中执行一定社会管理职能，完成一定社会任务，按照一定形式建立的共同活动群体。[1] 传统农村基层社会组织在结构上具有较强的宗法性、结构的单一性及职能分工的模糊性，通过从法理层面明晰农村民主管理制度概念，加强农村民主管理制度建设，高度重视村民的农村民主管理过程中的充分自主选择权利的行使，突出其具有的提供社会秩序、公共服务及抑制农村基层社会组织不良行为的功能，强调村民在农村公共事务管理方面权益与义务的结合，始终坚持农村民主管理中"四个民主"环节的落实，有助于农村基层社会组织在形式、结构和功能等方面发生变化，使农村基层社会组织关系由简单向复杂，由松散到严密，由习俗到契约化方向发展过渡。村民通过以直接、平等、差额、无记名投票等为基本原则的民主选举制度，按照现代民主政治的要求，增强农村基层社会组织权力资源的合法性和多元化，改变

---

① 王颉等：《多维视角下的农民问题》，江苏人民出版社 2007 年版，第 182 页。

传统的单一的自上而下的权力资源来源渠道。在此基础上，以农村基层社会组织权力资源的合理配置为契机，不断促使农村基层国家公共权力机构转变职能，提高工作效率，实现农村基层社会组织与国家的关系实现真正的"指导与被指导"及一定程度上的"二元分离"，进而通过扩大民意基础，不断地强化农村基层社会组织的权力机构"村民代表会议"，并逐步地实现其与国家基层权力机构"人民代表大会"的连接与沟通，以此不断地丰富和完善农村基层民主政治的权力结构体系。

二　农村民主管理制度的概念界定

关于农村民主管理制度一词，自中共十七届三中全会在《决定》中首次以官方文件正式提出以后，该词便在理论界与实务界被频繁使用。但是，对于什么是农村民主管理制度，学术界对其尚无统一的认识和明确的界定，这在一定程度上影响了它的正确使用以及对其进行规范研究，对此，笔者拟从法理层面对农村民主管理制度的概念进行探析，并将其与相关概念进行辨析，以期能对农村民主管理制度概念进一步加深认识，进而为农村民主管理制度的深入研究奠定了坚实基础。

（一）对现有农村民主管理制度概念分析的相关学说的评析

对于什么是农村民主管理制度，学术界也是众说纷纭，莫衷一是，首先，就"民主管理"而言，这是一个多义词，其不同的含义体现在不同的语境之中。就农村民主管理制度的概念来说，归纳起来，学术界主要存在以下方面的几种观点：一是"权利说"，有学者认为，应在农民民主权利基础上的实现参与机制这一平台视野下对农村民主管理制度建设予以定位理解。通过对农村民主管理建设从新中国成立以来的经验总结，笔者认为传统对农村民主管理权利的理解比较重视单纯地从口头层面予以宣传，而轻视农村民主管理在实践中的具体落实。二是有学者主张从"利益说"的角度对农村民主管理制度予以定位性的理解，这种观点对农村民主管理制度建设的学术理解片面地认为，农村民主管理制度建设的目标与宗旨应立足于农村民主管理过程中，围绕对村级公共事务的民主管理，第一是要实现最大范围的村民的参与度；第二是在农村民主管理过程中对相关问题讨论时，大多数村民的意见能够得到实现与采纳；第三是在村级公共事务民主管理过程中少数村民的意见能够得到全面充分的表达。三是围绕"民主说"对农村民主管理制度的定位理解,有学者主张,对农村民主管理制度建设的内容范畴应重点从农村基层民主决策、选举、管理、监督等层面予以重点把握,而且应对这四个民主的内容范畴之间的相互关系进行深入的分析与挖掘,这是理解农村民主管理制度核心内容的重点与难点。四是"自治说",有的学者认为,农村民主管理制度建设的组织形式是在广大农村社会中所存在的各种非政府社会自治组织,这不仅是农村民主管理制度建设的重要组织基础,而且也表明农村民主管理制度建设的核心与关键问题在于在民主管理基础上实现最广泛范围内的农民群众自治。

其次,农村民主管理制度中的"制度"一词也是个层面多维、丰富含义的多义词,学界有较多的学者认为,"制度"一词的精义在于规范各种行为的实体内容与程序内容的合法性,这有利于实现对各制度行为主体的规范依法监督,其核心价值理念在于实现对制度行为主体与制度实施对象之间权利与权力之间的平衡与协调。具体到农村民主管理制度建设领域,也必须体现这种制度建设的核心价值观念。如果不能对农村民主管理制度进行行为合法性的规范与研究,从法治层面对农村民主管理制度概念的理解就缺乏充足的法理基础。基于此,学术界从法治层面对农村民主管理制度建设相关问题的研究,归纳起来,主要有以下方面的主要观点:一是围绕"法治说"进行的理解与思考,有学者主张,在一个法治社会里,如果实施法治,就意味着制度的制定主体与执行主体地位提升,不仅制度主体所制定的制度具有至上的地位,必须得到其实施范围内的广泛遵守与执行,具体到农村民主管理制度建设范畴,也必须从这个意义上对其进行理解与建设,农村民主管理制度的法治化建设才有实现的可能与基础条件的具备。二是"村务公开说",有学者认为,农村民主管理的重点应围绕对农村民主管理中各村级自治组织所实施行为合法性的监督,其方式应侧重于通过村务信息公开,使村民与村级组织管理者双方都处于透明的环境下开展各种民主管理活动。三是"法律体系说",有学者认为,农村民主管理制度建设应定位于保护农民为核心的利益,继续普及法律知识,增强农民的维权意识,提高法律监督的力度,并在此基础上,进一步完善农村民主管理法制体系建设与管理。

综上所述,我们发现目前关于农村民主管理制度的概念分析,主要是从民主政治和法治建设的角度进行了零星、分散的论述,这对从不同角度解决农村民主管理制度面临的不同的问题有一定的理论指导意义。尽管学者们对农村民主管理制度的概念界定不一，但是都忽视了辩证逻辑的基本原理，须知任何概念都必备两个特征：一是在实践基础上由特定的现象、事物、外部世界的对象所产生的；二是必然反映着它们的本质、必然的属性。① 因此，我们从辩证逻辑的角度来分析上述对农村民主管理制度概念的解析，就会发现存在某些不足之处，比如"民主权利说"，它对农村民主管理制度的实践考察分析，只是对农村民主管理制度体现出的本质属性要素之一进行了揭示，这有助于从属性认识的角度深化对农村民主管理制度概念的理解，但是并未提及对农村民主管理制度的外部形态的理解与认识。根据马克思主义的相关基本原理，我们认识到：现象是事物的外部联系和表面特征，其与本质是揭示客观事物的外部表现和内在联系相互关系的一对范畴。但是本质与现象存在较大的区别，"如果事物的表现形式和事物的本质会直接合二为一，一切科学就都成为多余的了"② 。由此可见，在界定社会科学的概念时，在揭示其本质属性时表述其现象特征是非常重要的任务。同时，"村民利益说""民主说""村民自治说"及"法治说"等在对农村民主管理制度的概念进行分析时也存在类似的问题，它们在揭示农村民主管理制度概念的本质属性时，都仅仅是从农村民主管理制度本质属性要素的一个方面来阐述，论述时往往用内涵比较大的概念诸如权利、利益、民主、自治及法治等作为农村民主管理制度的本质属性要素。事实上，对于农村民主管理制度这一内涵非常丰富的概念，从不同的角度要列举的本质属性要素很多，不易穷尽，而问题的关键是，上述诸种概念在探讨揭示农村民主管理制度的本质属性要素时，都仅仅拘泥于从某一个方面，农村民主管理制度概念的本质属性到底有哪些要素？这些本质属性诸要素之间是什么关系？而且这些本质属性要素哪些是感性认识，哪些是理性认识？对此都没有一个较好的阐述和论证，这些问题不解决，人们就难以对农村民主管理制度形成一个完整而清晰的概念，难以从整体上理解农村民主管理制度，这也就在一定程度上影响了农村民主管理制度概念在不同场域的正确应用。而"村务公开说"与"法律体系说"则偏重于通

---

① ［俄］米·历·阿历克赛耶夫：《思维形式辩证法》，马兵译，上海人民出版社 1961 年版，第 25 页。

② 《马克思恩格斯全集》第 25 卷，人民出版社 1975 年版，第 923 页。

过对农村民主管理制度的实践考察，分析了农村民主管理制度概念表现出的外部形态，即阐释了农村民主管理制度所表现出的现象，这对于推动农村民主管理制度的实践建设具有积极意义，但是，它们对农村民主管理制度概念的本质属性却没有提及，而辩证唯物主义基本原理强调，本质是事物的内部联系，是决定事物性质和发展趋势的东西。由此可见，这种外延式的概念解析方法不能很好地解释农村民主管理制度的含义，而且即便是揭示农村民主管理制度的外部表现形态也不周全，存在以偏概全的弊端。

由上可知，我们发现上述诸种学说都未能很好地解释农村民主管理制度的概念，导致了在理论与实践中使用农村民主管理制度概念时存在一定程度的混乱现象，这对于推动我国农村基层民主政治的发展十分不利，作为国家一项有关基层民主政治理性制度安排的农村基层民主管理制度，其在法治国家建设的轨道上的良性运行以充分发挥其对我国基层民主政治的积极建设作用具有非常重要的法理意义，在现代法治国家建设的视野下，农村民主管理制度的运行虽有较好的实践基础，但是在我国农村基层民主政治发展实践中未能得到很好的运行，笔者认为其主要原因在于没有很好地从法理的角度对农村民主管理制度概念进行全面的解构与界定。对此笔者不揣浅陋，在借鉴上述诸种农村民主管理制度概念分析有益启示的基础上，拟将农村民主管理制度的概念置于现代法治国家建设视野下。从法理层面来略陈管见，以期能引起学界同人的关注并有利于该问题的深入研究。

（二）农村民主管理制度概念的界定

那么什么是农村民主管理制度呢？究竟怎么来界定其概念，对此笔者认为宜采取层层分解的方法将农村民主管理制度的相关概念一一厘清，在此基础上，对农村民主管理制度的概念予以解析，或许能从中有所突破。

1. 农村民主管理制度之"农村"概念

什么是农村？所谓的农村地区，意味着农业生产者的住所，大多是人口聚集居住的村庄或处于散居状态的田野。这主要起源于人类开始定居的原始农业时期，之前经历了采集阶段、渔猎阶段以及农耕阶段的发展历程，生产水平开始从有社会分工以后逐渐得到提高，后来，从事手工业以及商业的人口不断地向城市地区集中，由此产生了农村地区与城市之间的差别，其差异的特点主要表现在：人口密度低，居住较为分散；大多从事农业产业，家庭聚居，成员之间相互协作，而且大多存在浓厚的血缘关系；农业生产和农民生活与工商业相互之间紧密联系，总体上农村地区经济文化水平发展比较低，而且发展速度缓慢。随着一个国家经济社会的不断发展和文化水平的不断提高，在农村地区的兼业农户逐渐增多，这也使得农村地区与城市之间的区别逐步缩小。[①]也有人认为，所谓农村，指的是不同于城市、城镇而从事农业的农民聚居地。[②]

　　事实上，农村、乡村等概念是研究中国农村问题必须廓清的基本概念，学界普遍认为，农村、乡村等都是 20 世纪现代化进程中发明的若干带有现代化特征的概念。[③]实际上，我国的"村"区别于以户籍管理为主要内容的"乡""里"概念，最初出现在三国时期，"聚落"称为"村"，村落居民简称为"村民"。[④]笔者发现目前从事三农研究的学者们对农村、乡村等概念的分析往往是从历史学和社会学的意义和角度入手的，但是对农村等概念的解析还有待进一步深入，长期以来，学界主要过分强调我国自古以来的城乡差别，忽视了"城乡差别"的本质区别，比较热衷于按照所谓的城乡二元政治结构理论的路径来讨论农村民主管理等自治现象，[⑤]这样是不会对农村得出正确的理解的。本书讨论的农村是处于"现代的历史，是乡村城市化，而不像在古代那样，是城市乡村化"[⑥]的过程中，生产、生活和文化方面的熟人社会的永久性居民点。与此同时，过分偏重于从共同地域、共同经济、共同生产方式的角度解析"农村"，就会侧重农村和城市的表面区别，忽视近代农村在熟人社会和古代"乡村在经济上统治城市"[⑦]及"在城市的各种关系上模仿着乡村的组织"[⑧]。于此，过分重视"乡土"，偏重于聚居性的生产、生活和文化方面共同性的"熟人社会"，极易忽视国家权力对农村治理方式法理性权威的树立。因

---

① 《辞海》，上海辞书出版社 2010 年版，1386 页。

② 《农村》，百度百科网（http：//baike. baidu. com/view/56057. htm）。

③ 王圣诵：《中国乡村自治问题研究》，人民出版社 2009 年版，第 1 页。

④ 侯旭东：《北朝村民的生活世界——朝廷、州县与村里》，商务印书馆 2005 年版，第 23、27 页。

⑤ 杜润生：《中国农村制度变迁》，四川人民出版社 2004 年版，第 311 页。

⑥ 《马克思恩格斯全集》第 46 卷（上），人民出版社 1979 年版，第 480 页。

⑦ 《马克思恩格斯全集》第 21 卷，人民出版社 1965 年版，第 189 页。

⑧ 《马克思恩格斯全集》第 46 卷（上），人民出版社 1979 年版，第 45 页。

此，笔者认为本书所指的"农村"是适用《中华人民共和国村民委员会组织法》（以下简称《村委会组织法》）的农村地区，从此意义上说，本书的"农村"是一个重在从政治和法律的角度表示地域的概念。

2. 农村民主管理制度之"民主"概念

什么是"民主"？"民主"概念的界定对于农村民主管理制度的概念界定至关重要，关系到其价值取向与制度运行机制的路径选择等基本问题。"民主"是个多义性的概念，在不同的语境下有不同的含义，一般意义上的"民主"的概念，指的是：①庶民之主宰；②解决人民内部矛盾的方法，即讨论的方法、批评的方法、说服教育的方法；③集中的对称，指领导征求意见，了解下情，群众发表意见，开展讨论，上下通气。① 政治意义上的"民主"的概念，主要是体现在如下几个方面：一是民主是属于上层建筑的范畴。"民主"这个词在德语里意思是"人民当权的"②。"民主只是政治方面的一个范畴"③。二是"民主"是一种国家形式，一种国家形态。"民主因素应当成为在整个国家机体中创立自己的合理形式的现实因素。"④ 三是"民主"的消亡是随着国家的消亡而消亡的。"民主也是一种国家形式，它必然会随着国家的消失而消失，但是，这只有在最终胜利和巩固了的社会主义过渡到完全的共产主义的时候才能实现。"⑤上述"民主"的含义都是一个相对确定的概念，在不同的语境下有不同的表达，本书所主张的"民主"概念是将之置于农村基层民主的视角来理解的，从这个角度来分析，"民主"究竟应是什么含义呢？在现代宪法理论中，民主的基本含义是政治事务中最基本的权力应属于人民。关于人的价值与尊严的道德信念是民主理论的基础：人是万物之灵，是理性动物。他们必须受到国家和社会权力的尊重。社会与国家尊重个人的实际方式就是给予个人高度的自治权，使其能够充分参与社会管理。⑥ 事实上，

① 《辞海》，上海辞书出版社2010年版，第1311页。

② 马克思：《哥达纲领批判》，载《马克思恩格斯选集》第3卷，人民出版社1995年版，第312页。

③ 《列宁全集》第40卷，人民出版社1992年版，第206页。

④ 《马克思恩格斯全集》第1卷，人民出版社1995年版，第389—390页。

⑤ 列宁：《社会主义革命和民族自决权》，载《列宁选集》第2卷，人民出版社1972年版，第716—717页。

⑥ 白钢、林广华：《宪政通论》，社会科学文献出版社2005年版，第124页。

农村民主管理的民主化过程是充满着各种矛盾冲突的过程，其中最主要的矛盾冲突是民主向既存权威体制的挑战，具体到农村民主管理制度建设领域，重点就是如何发现和总结现实农村民主管理实践中的民主与世俗权威的平衡协调问题，如何在维持农村基层社会秩序与权威的平衡条件下尽可能发展出更多的民主因素。具体到农村民主管理实践中，在探讨"民主"一词含义时，必须要注意搞清一些同农村民主管理制度相关的一些理论问题。一是单纯用一个简单的高标准的民主理念和标准来评判农村民主管理制度是不妥当的。二是农村基层民主性质是非国家意义层面的民主，中国领先在非国家层面的农村基层管理中尝试民主，本身就是一个追求和保持基层自治领域民主与世俗权威平衡协调的努力。三是从理论视角分析，农村基层民主管理领域中的行政化与民主化是不冲突的。单纯认为农村基层民主反对行政化的看法也忽视了自上而下的国家理性制度安排的客观必然性。四是农村民主管理制度中民主理念的重点和难点应体现在如何平衡农村基层事务管理中民主与世俗权威之间的紧张关系方面。五是农村民主管理制度中的民主理念要突出体现权威和民主的平衡是中国基层民主政治民主化过程中的重点问题，不仅是个政治艺术问题，而且也是政治学界所面临的挑战之一。面对这种挑战，我们应力避极端化立场与中间路线道路走向，应坚定地探索民主在农村基层事务管理中平衡世俗权威的机制、条件及策略等基本理论与实践问题。基于此，笔者认为农村民主管理制度中的"民主"概念实际上是一种直接民主，体现的是国家权力在政府命令和法律的导向下，自上而下的变迁路径，是以国家法制权威为直接的权力依托，其基本特点是国家向农村基层和农民下放权力，旨在增强农民在农村基层事务管理中的自主性，强调的是参与与平等。正如彭真所说："发展社会主义民主，凡是关系群众利益的事业，群众自己当家，自己做主，自己决定，上下结合就会加快社会主义民主进程，……使人人养成民主生活的习惯，这是发展社会主义民主的一项重要的基础工作。"①

3. 农村民主管理制度之"管理"概念

什么是管理？在不同的学科视野下对管理的含义也是众说纷纭，比如管理在管理学中的定义的内涵就非常丰富，有的学者认为管理是指某种社

---

① 白益华：《我所经历的村民自治制度改革》，《中国社会报》1998年12月29日第7版。

会组织中所开展的以人为中心的系列协调活动，这些协调活动都是围绕该组织既定预期目标的实现而进行的，管理的本质要义在于协调，从而使该组织中个人的努力与组织集体的预期目标相一致、相吻合。协调必然产生于某种社会组织里面。协调的中心要素是该组织中一个个具体的人，在组织协调过程中，围绕该组织及其中的人所产生的相关要素，诸如人的价值观、社会文化背景、历史传统、社会制度、物质利益、精神状态、素质形象、信仰理念等，这些势必对该组织里围绕人所开展的相关协调活动产生重大影响，协调的方法是多样的，需要定性的理论与经验，也需要定量的专门技术。① 管理，就是管辖治理的意思，也有的认为管理就是对人的管理及组织他人去完成一定事务的活动；也有的认为管理就是决策；有的认为管理是实行计划、组织、指挥、协调和控制等。上述表达各异的定义，都从某个侧面揭示了管理的本质，但是都不全面，对此笔者认为应从广义和狭义的角度去理解管理，广义的管理不仅包括组织中的管理活动，还包括个人对自己活动的安排。而狭义的管理仅指前者。面对如此众多的关于管理的定义的解析，笔者认为本书立足于法治国家建设视野下的农村基层民主事务，应从广义的角度理解农村民主管理制度中的"管理"的概念，指的是村民在国家宪法、法律规定的权力、权利范围内，通过农村基层自治组织中的管理者运用计划、组织等职能及相应的管理方法和手段，充分调动自治组织内的全体成员去实现经济性、政治性、文化性及社会综合性等组织目标的实践活动。

4. 农村民主管理制度之"民主管理"的概念

什么是民主管理？民主管理的本义就是让员工参与决策的管理，是人本管理的重要内容，管理者在作出决策前，应广泛听取员工的意见。它有利于提高决策的正确性，提高员工的士气，使决策易于为员工所接受。② 结合农村民主管理的实际，民主管理的含义实际上是要坚持有利于农村工作逐步走上规范化和制度化的轨道，坚持有利于发展农村基层民主，活跃农村基层民主生活，保障村民直接行使民主权利；有利于调动广大农民群众建设社会主义新农村的积极性和创造性；有利于加强农村基层自治组织建设，密切基层党群、干群关系。据此，笔者认为我们要坚持以邓小平理

---

① 《辞海》，上海辞书出版社 2010 年版，第 636 页。

② 同上书，第 1311 页。

论、"三个代表"重要思想、科学发展观以及党在新时期的基本路线、方针、政策为指导，确保党的各项制度措施在农村地区的正确贯彻落实，实施好民主管理。具体而言，就是在农村基层各村级公共事业与事务的民主管理中，坚持完善好各项民主会议制度，比如村民会议和村民代表会议制度等，特别是要定期召开好村民代表会议，按照国家宪法、法律、法规及相关政策，明定村民代表会议的人员组成及其条件、职责与权利，明确民主议事的内容及议事规则，在处理村民关注的热点、难点问题及村务民主管理中的重要事项时，一定要根据在村级事务实施民主讨论时大多数人的意见实施相应的民主决策，严格遵循实施民主管理的严密程序与做法，以确保决策的正确性，确保村民在民主管理过程中权利与权力的充分体现和保障。

5. 农村民主管理制度之"制度"概念

什么是制度？关于制度的定义，许多学科都从不同的角度进行过解释，在社会学领域，"制度是稳定地组合在一起的一套价值标准、规范、地位、角色和群体，它是围绕着一种基本的社会需要而形成的，它提供了一种固定的思想和行动模范，提出了解决反复出现的问题和满足社会生活需要的方法"[1]。由此，社会学者们从此定义出发，延伸出了一系列诸如教育、科学、政治、经济、法律等制度。人类学和文化学的研究经常涉及制度，其对制度的定义也有独到的见解，如马林诺斯基认为制度就是组织，意味着很稳定的结构和配置，其主要元素普遍地存在，适用于所有组织化的群体，而组织化群体的典型形式又是普遍地存在于整个人类，他建议将这样的人类组织单位称为制度，它意味着人与人之间，人与自然或人工环境的特定物理部分之间都有着确定的关系，在自身目的或传统要求的宪纲之下，遵循着其团体的特定规范，使用着受其控制的物质装备，人们共同行动以满足他们的某些欲望，同时也对环境产生影响。[2] 可见人类学是把形成人类群体的组织作为制度，而作为组织的制度还包括文化传统、特定规范和物质装备等要素。

法学与政治学界学者普遍认为制度通常表示种种内在联系着的社会规

---

① 　[美] 伊恩·罗伯逊：《社会学》，黄育馥译，商务印书馆1994年版，第109页。

② 　[英] 马林诺斯基：《科学的文化理论》，黄建波等译，中央民族大学出版社1999年版，第55页。

则给人们的相互作用以一定的方向性并使之定型化。① 有的也认为，任何一套相互作用都可以被称为制度，如果观察者能找出或者划出真实界限。② 法学家们在论及制度时，普遍地把制度定义为"规则"或"规范"。③ 事实上，关于制度的定义，主要集中在旧制度主义经济学与新制度主义经济学为主要内容的西方经济学领域。④ 综上，从关于制度定义的分析来看，制度定义并不是单纯的制度的问题，而是与制度研究及其相关的综合性的问题，关于这个问题的答案很多，难以穷尽，但归纳起来，大体上可分为三大类：一是强调制度与精神观念紧密联系，如最早的凡勃伦和最近的青木昌彦、格雷夫等人；二是强调演进而来的稳定行为和秩序，如以哈耶克为代表的奥地利学派和尼尔森与温特为代表的新熊彼特派；三是强调制度乃人为的行为规则，以新古典理性分析方法为代表的新制度主义学派基本上都持此种观点。对于制度研究为什么会有如此众多的解释，一个重要的原因就在于制度研究是一个涉及学科范围非常广泛的重要领域，制度研究不是一个单独学科所能涵盖的研究，而是涉及经济学、社会学、政治学、文法学、哲学及教育学等几乎所有的人文社会学科领域。可见，制度研究不仅与所有的学科研究密切相关，而且是所有学科研究中的基本问题和逻辑起点。研究农村民主管理制度问题，界定好制度的定义，以展开对农村民主管理制度相关问题的一系列研究具有非常重要的意义，直接关系到在农村基层民主政治领域研究中如何回答和解释农村民主管理制度面临的矛盾、冲突、困境及诸如此类的难题。对此应该如何理解制度呢？在这个视野下制度的定义也是纷繁复杂的，主要有以下一些，有的认为制度就是要求大家共同遵守的办事规程或行动准则。⑤ 有的认为制度主要是指规则、法度、章程、规矩等。秩序通过成文规章形式表现出来，就

① ［日］棚濑孝雄：《纠纷的解决与审判制度》，王亚新译，中国政法大学出版社 1994 年版，第 4 页。

② ［美］劳伦斯·M. 弗里德曼：《法律制度——从社会学角度观察》，李琼英、林欣译，中国政法大学出版社 1994 年版，第 5 页。

③ 曾小华：《文化·制度与社会变革》，中国经济出版社 2004 年版，第 115 页。

④ 同上书，第 117 页。

⑤ 《辞海》，上海辞书出版社 2010 年版，第 2454 页。

是制度。①"制度是办事规程和行为准则。"② 概而言之，制度是办事规程和行为准则的总和，有实体性、程序性制度之分，也有根本制度、基本制度及工作制度之分，制度是一个完整的体系，本书阐述的是实现农村民主管理中的有关制度，主要指的是农村事务民主管理组织和村民所共同遵守的，按一定程序办事的各种规程的总称。

6. 农村民主管理制度的概念

所谓农村民主管理制度，笔者认为就是，在广大农村地区，农民在国家宪法、法律规定的权力、权利范围内，依法行使自治权，自主平等地参与农村基层社会事务的管理，通过农村基层自治组织中的管理者运用计划、组织等职能及相应的管理方法和手段，充分调动自治组织内的全体成员去实现经济性、政治性、文化性及社会综合性等事务的实践活动，以及由此形成的被农村基层事务民主管理组织及广大村民所共同遵守的，坚持按照民主管理的程序与做法，坚持按照大多人的意见实行民主选举、民主决策、民主管理及民主监督，确保决策的正确性，以实现村民的自我管理、自我教育和自我服务的各种办事规程和行为准则的总称，它是我国解决基层直接民主的一项基本政策，是一项基层民主制度，确保村民在农村基层事务中民主管理权利与权力的充分体现和实现。据此，笔者认为，农村民主管理制度是一个多层次、多向度、多维度的综合性概念，是一种基层民主自治理念性概念，是一种基层民主管理制度概念，是一种基层民主治理模式概念，也是一种基层民主活动方式的概念。

三　与相关概念的联系与区别

（一）农村民主管理制度与村民自治

如上所述，所谓农村民主管理制度，笔者认为，是一个综合性概念，具有"三多"特点，即多层次、多向度与多维度的特征。村民自治制度，作为我国现代民主政治与法治国家建设进程中农村法治改革的产物，自

---

① 中共中央党校党建研究室课题组编：《党的制度建设新路》，湖北人民出版社1989年版，第15页。

② 杨世文等：《党的制度》，中国展望出版社1989年版，第1页。

20 世纪 80 年代以来，特别是 20 世纪 90 年代末以来，村民自治逐渐成为我国学者关注的一个热点和焦点问题。迄今为止，围绕村民自治的研究，成果颇丰，已经发表了数万篇论文，出版了百余部专著。对于何为村民自治，学术界也众说纷纭，观点颇多，归纳起来，比较有代表性的主要有以下一些观点：有的认为，村民自治是我国解决基层直接民主的一项基本政策和基层民主制度，其中心内容是通过农村基层群众按照法律规定设立的村委会来实现自己管理自己的基层事务。① 有的认为，村民自治的含义就是自我管理、自我教育、自我服务。② 有的认为，村民自治是一种新型的社会组织管理制度，其主要是依靠农民通过其自我管理、自我教育和自我服务的途径来实现。③ 也有的认为，村民自治是一种基层群众自治制度，农民在广大农村地区依法行使自治权，在农村基层社会生活中自主管理自己的事务。④ 有的学者认为，中国农村村民自治是村民通过自治组织依法参与与村民利益相关的村内事务，以实现农村基层人民群众自治。⑤ 有的学者认为，村民自治是农民围绕基层社会生活方面的事务进行依法管理的活动。⑥ 此外，还有其他的学者从不同的学科的角度在各自的论著中对村民自治的概念进行了界定和论述，使村民自治的内涵更加丰富。笔者认为在法治视野下，村民自治指的就是村民依法行使自治权，实现在教育、管理及服务等方面的充分自主性的基层群众自治制度。从两者各自的定义来看，农村民主管理制度与村民自治是密切联系的两个概念，村民自治制度是农村民主管理制度的重要组成部分。温家宝总理在 2006 年 9 月 1 日的讲话中指出："实行村民自治，扩大基层民主，是新农村建设的重要任务，也是社会主义民主政治的重要内容。没有村民自治，就不可能建成社

---

① 全国人大常委会法制工作委员会国家法行政法室、国务院法制办公室政法劳动社会保障司、民政部基层政权和社区建设司编：《村民委员会组织法学习读本》，中国民主法制出版社1998 年版，第 84 页。

② 国务院法制办公室政法司编：《村民委员会组织法讲话》，中国法制出版社 1999 年版，第 21 页。

③ 王仲田、詹成付：《乡村政治——中国村民自治的调查与思考》，江西人民出版社 1999年版，第 3 页。

④ 民政部基层政权建设司编：《乡村基层政权建设与村民自治理论教程》，教育科学出版社1998 年版，第 104 页。

⑤ 徐勇：《中国农村村民自治》，华中师范大学出版社 1997 年版，第 3 页。

⑥ 许安标编：《农民如何行使民主权利》，法律出版社 1999 年版，第 14 页。

会主义新农村。没有基层民主，就不可能有社会主义民主政治。"① 而农村民主管理制度是一个在内涵和外延上都比村民自治宽泛得多的概念，具体来说，通过比较分析，笔者认为这两个概念主要存在以下方面的区别：

首先，两者在参与主体的范围方面存在不同。

农村民主管理制度属于农村政治的范畴，农村民主管理问题不仅仅包括政治事务的管理，还包括经济事务、文化事务及社会事务等的管理，因为在农村，由于农村经济社会的发展使得以农民为主体包括农村新的利益群体、农村权力结构、农村政治参与及农村政治控制等各种政治关系也随之发生了重大的变化，从而为农村基层各项管理工作带来了新的问题，对这些问题应从政治的高度加以认识和重视，应从农村政治的角度理顺农村各种政治关系，以利于农村经济体制改革深化及整个国民经济的顺利推进。② 农村民主管理制度就是在这样的背景下应运而生的，党的十七大提出了保证人民群众在扩大农村基层民主过程中直接行使民主权利的精神要求，要求在推进农村基层民主建设中使党群、干群关系联系更加密切，以实现农村社会的改革、发展和稳定的有机统一。为此 1998 年中共中央与国务院办公厅联合发布了《关于在农村普遍实行村务公开和民主管理制度的通知》，明确指出在全国农村普遍实行民主管理制度。在此意义上的农村民主管理制度应是一种宏观角度的农村政治制度，③ 主要围绕我国农村的政治变迁、农村社会政治稳定与发展、农村民主化建设、农村政治制度化建设及农村基层政府的管理效能等问题而展开的农村基层民主管理的一种农村基层政治制度建设活动。可见，农村民主管理制度的参与主体的范围是比较广泛的，主要包括广大农民群众、农村的各种社会组织、农村基层政权组织及广大的农村基层干部等。村民自治作为我国在农村推行的一种社区制度，其主要特点是村民独立于其他组织和政府，自己决定属于本村内部的公共事务和公益事业，调解民间纠纷，维护社会治安，主要通过民主自治的路径来予以实现。作为农村基层群众自治制度，村民自治是农村民主管理制度的重要组成部分，其参与的主体主要是广大的农村村

---

① 温家宝：《推进农村改革为新农村建设提供体制保障》，新华网（http：//news. xinhuanet. com/politics/2006 – 09/03/content_ 5042600. htm）。

② 余力：《中国农村政治：一个紧迫的课题》，《社会主义研究》1991 年第 2 期。

③ 程同顺：《当代中国农村政治发展研究》，天津人民出版社 2000 年版，第 4 页。

民，在我国现行的村民自治制度中，村民是自治的主体，村民自治是以村民个人权利的确认和保护为前提的一种乡村治理制度，目前在我国乡村实行的村民自治的乡村政治领域，村民个人成为乡村政治关系的权利主体，① 可见，村民自治的主体主要是村民这个群体。

其次，两者管理的对象范围不同。

《村民委员会组织法》第 2 条明确规定，村民委员会办理本村的公共事务和公益事业，调解民间纠纷，协助维护社会治安，向人民政府反映村民的意见、要求和提出建议。我国《宪法》第 111 条规定，我国的基层群众性自治组织主要包括城市和农村按居民居住地区所设立的居民委员会或者村民委员会。村民自治是群众自治而不是地方自治，群众自己办理自己的事情，其管理的对象主要是本村的公共事务和公益事业，其针对对象的管理具有群众性、民主性及法制性。2004 年中共中央、国务院联合发布的《关于健全和完善村务公开和民主管理制度的意见》指出，在农村地区健全和完善村务公开和民主管理制度的重点内容是使村务公开制度更加健全，使民主决策机制更加规范，使村务管理的监督制约机制进一步强化，切实保障农民群众在民主管理中的知情权、决策权、参与权及监督权等权利的实现，把农村事务的治理权交给农民群众。从管理的内容来看，农村民主管理制度实施者对农村事务的管理是全方位的，主要包括：第一，农村经济性事务管理，诸如村财务收支管理与债权债务管理；村集体土地、物业等资产经营性管理、村集体企业的管理；村办企业、工程项目承包经营及招标、投标管理；村集体经济收益分配与使用管理；政府下拨给村的各项补助经费及专项资金的收支管理；村级事务管理干部的工资、奖金和补贴等的发放标准制定；农村经济发展规划的制定与执行等方面的管理。第二，农村政治性事务管理。这主要指的是村民的各项民主选举权利的实现，比如，广大村民直接选举产生村民委员会、村民直接选举产生村级各自治组织的管理机构等，都是农村民主管理制度对农村政治性事务进行管理的体现和落实。第三，公共性事务管理。主要包括村里各项公共设施的兴建与管理、村级合作医疗事务的管理、村民各项福利事务和公共活动的组织与管理、村容村貌建设规划与环境卫生设施的建设与管理等。

---

① 袁金辉：《乡村治理与农村现代化》，郑州大学出版社 2007 年版，第 53 页。

第四，社会性事务管理。主要包括村级各项精神文明活动的开展与管理、村级各项对外交往联系活动的开展与管理、对村里各种弱势群体的管理等。可见，农村民主管理制度管理的对象具有范围广泛、民主性强、参与主体多元等特征。

再次，两者的制度价值取向侧重不同。

村民自治作为一种具有中国特色的基层直接民主形式，它是由其自治主体即广大的村民在国家相关法律的规范和约束下实行自我管理、自我教育、自我服务及自我监督的农村基层群众自治制度，在国家治理农村的社会主义基层民主建设路径中具有重要的地位，是中国本土特征鲜明的基层政治治理模式和村民直接民主实现形式的有机结合，其制度价值取向偏重于实现农村社会和谐有序及稳定发展的乡村治理模式，其制度内涵的伦理价值重在实现作为政治生活中普遍具有的道德价值：自由与秩序。在村民自治制度实施过程中，通过比较特殊的方式和途径来实现自由与秩序的价值取向，村民渴望在农村自由地生存和发展，因为自由是人的本质，向往自由不仅是人的天性，而且还是人的终极目的与回归。[1] 在村民实现自由的同时，村庄的整体秩序才能逐步实现并在此基础上实现村庄与村民之间和谐有序的村民关系，自由存在于社会秩序之中，自由得到增长的前提是社会秩序的健康发展。[2] 村民自治制度在实现这一价值取向的过程中，必须认识到村庄的自由与秩序是一对相互矛盾的统一体，面对村民自治过程中村民之间关系在自由与秩序之间的种种矛盾，诸如农村政治性组织与活动开展的公正性与公平性问题，农村政治行为影响到村民的自由发展问题，农村政治活动群体道德素养和职业道德水准问题等，解决此类问题就必须通过相应的伦理规范和约束机制来实现村民自治的这一价值取向，重在建立健全与上述问题相适应的伦理原则和道德规范，以此实现村民自治制度重在追求实现的价值目标，即实现村民自由发展，稳定村庄整体秩序，最终达到实现村民与村庄之间，村民自由与村庄秩序之间的双向融合与协调统一的制度价值目标。

农村民主管理制度的价值取向侧重于保证农民群众直接行使民主权利

---

① 李龙：《依法治国论》，武汉大学出版社 1996 年版，第 92 页。

② ［美］查尔斯·霍顿·库利：《人类本性和社会秩序》，包凡一等译，华夏出版社 1999 年版，第 278 页。

的落实，协调农村各种社会关系，加强农村基层民主建设，确保村民对农村各项事务在民主管理的体制下实现改革、发展与稳定的良性循环的格局和动态均衡的实现机制。传统的民主含义多属于政治范畴，自 20 世纪以来，才出现社会民主、经济民主及工业民主等概念，[①] 农村事务中的民主管理事务涉及经济性事务、政治性事务及社会性事务等，对这些的民主管理要充分保障村民的民主权利的直接行使，通过在农村各种组织内管理权力的享有者即广大农民群众真正独立自主地通过诸如村民委员会这样的农村基层自治组织来实现民主管理等权利，是农村民主管理制度价值取向的重要体现。[②] 虽然农村民主管理制度常面临多种价值目标冲突的困扰，但是对于协调农村民主管理中各种社会关系，推进农村基层民主建设这一制度价值取向的奋斗目标，农村民主管理制度却从未懈怠。党的十五大指出，扩大基层民主，保证人民群众广泛民主权利的依法直接行使，是健全社会主义民主制度的重要内容，实行村务公开和农村民主管理，使农村各项工作逐步走上民主管理规范化和制度化的道路。不仅有利于进一步扩大人民民主，发展农村基层民主，保障农民群众直接行使民主管理权利，也有利于在新农村建设过程中广大农民群众积极性和创造性的充分调动，使基层党群、干群关系在农村地区更加密切，促进农村的改革、发展和稳定。在实现农村民主管理制度这一重要价值目标的过程中，要注意克服和解决其在农村实践中所面临的体制性困境，首先，是在价值整合方面所面对的难题。其次，是在农村直接民主中所直面的现实困境。这有以下方面的主要体现：一是农村民主管理中的直接民主在实施中面临基层政府的控制与民主管理中自治之间的矛盾与冲突。二是农村民主管理中各自治组织自治能力欠缺导致直接民主无法实现村民个体利益。三是农村直接民主管理在制度实施中面临的多数人暴政与少数人暴政之间的矛盾与冲突。四是落后农村地区实现民主管理中面临的自然地理环境障碍的困扰等。[③]

最后，两种制度救济机制方面存在区别。

---

① ［美］乔·萨托利：《民主新论》，冯克利、阎克文译，东方出版社 1993 年版，第 3—9 页。

② 王晓慧：《以管理民主为核心的中国社会主义新农村建设》，《经济问题探索》2006 年第 7 期。

③ 朱秦：《农村基层民主实践：体制困境与组织重构》，《理论探索》2007 年第 4 期。

　　村民自治制度的救济机制主要体现在司法、行政等方面。我国《村民委员会组织法》第 36 条对其救济机制从司法和行政方面作了专门规定。在司法方面，如果村民合法权益受到了村民委员会或者其成员所作出决定的侵害，受侵害的村民可以申请人民法院予以撤销该决定并且使相关侵权责任人按照法律规定承担相应的法律责任。在行政方面的救济，主要体现在以下两个方面：一是乡级人民政府可以责令村民委员会改正其不依照法律、法规的规定所应必须履行的法定义务；二是在农村地区的各乡级人民政府的上一级人民政府可以对下级政府对法定的村民自治范围的事项实施干预的行为责令其改正。同时，为了更好地处理村民自治中出现的问题与纠纷，围绕村民自治权利的保障，应建立健全村民自治的法律救济制度，切实实现村民自治有法可依和违法必究，建立和完善村民自治违法行为的处理机制，重点做好以下几方面的法律救济机制的完善：一是要建立健全村民自治的诉讼救济机制，将村民自治违法行为纳入诉讼受案范围，确保村民自治权受到侵犯时通过诉讼实现其权利救济；二是在行政复议、行政处分、人大监督和信访制度等方面建立健全村民自治的救济机制，对村民自治权实行全方位的保障；三是建立健全全面的围绕村民自治相关主体的法律问责体系，明确基层政府、村级党组织、村民委员会及村民等相关主体在村民自治过程中应履行的法律义务及违反村民自治相关法律法规时应承担的法律责任，确保村民自治制度执行的有效性与严肃性。

　　农村民主管理制度的政治实践是在特定的历史条件下发生和发展起来的。在我国的现代国家构建历程中，继政权下乡和政党下乡之后，在经历了"吸纳—参与—主体""制度—示范—创新"这样一种历史进程之后，[①] 以农民群众为主体的农村民主管理制度的建立和发展成为历史的必然，"沟通—整合—法治—组织"成为农村民主管理的基本运行趋向。基于此种特点，面对新时期农村民主管理面临的新变化、新情况、新问题，农村民主管理制度的救济机制的健全与完善也是全方位、多角度的，主要体现为以下几个方面：

　　一是与农民政治参与积极性不断提高相适应的乡镇治理保障机制。随着国家公共财政在农村的不断推进，乡镇政府职能由管理向服务转换，非

---

　　①　徐勇：《现代国家的建构与村民自治的成长》，《学习与探索》2006 年第 6 期。

政府组织的广泛兴起，乡镇治理的基础、主体、过程等都正在发生着重大变化，建立能适应新形势的、民主的、和谐的、有效的乡镇治理机制，成为新时期我国农村民主管理制度建设关键所在。这就要求在政治层面不断地完善与农民政治参与积极性不断提高相适应的民主制度，在行政层面不断地完善与农民政治参与积极性相应的乡镇服务型政府，在非正式制度层面构建官民良性互动的乡镇民间参与机制等，这些都有利于促进农村民主管理制度的健全和顺利实施。

二是由村级党组织领导的充满活力的村民自治保障机制的建立健全。村民自治制度是农村民主管理制度的重要组成部分和运行范畴制度，加强村党组织领导的充满活力的村民自治制度建设不仅是农村民主管理制度的重要内容建设范畴，而且也是其重要的司法救济和法治保障机制。在村民自治保障机制的建设和完善过程中要重视坚持党的领导，确保村民自治保持正确的前进方向；通过村民自治保障机制不断提高党在农村的执政能力，巩固党在农村的执政基础。要将农村基层党组织纳入村民自治的框架内获得和证明其先进性并发挥政治整合功能，要健全村党组织的领导与村民自治的良性互动机制；健全以直接选举、公正有序为基本要求的民主选举制度；健全以广泛参与、议事协商为基本前提的民主决策制度；健全以信息公开、形式多样为主要特点的民主管理制度；健全以权益保障、规制权力为根本要求的民主监督制度；健全村民自治物质保障机制等，以此切实加强农村民主管理制度的有效运转。

三是以保障农民权益为主要内容的农村依法治理保障机制。民主是法制的基础，法制是民主的保障。随着国家在农村民主管理方面的制度安排的发展，基层民主外部环境变化必然会引出许多新变化、新情况和新问题，要重视在法律框架下引导农民有序参与、推进信息公开、健全议事协商，依法保障农民参与权、表达权、监督权。在乡村民主互动中提升乡镇政府的依法行政能力。有鉴于此，应从"四个民主"法律保障与规制、乡镇政府依法行政能力提升和法律规制、民主管理执法监督和司法保护、乡村社会民主与法制的生成等几个方面加强以保障农民权益为主要内容的农村依法治理保障机制的建设和完善，切实加强农村民主管理制度救济的法律机制保障。

四是以完善社会自治功能为导向的农村社会组织保障机制。随着农村经济社会的不断向纵深方向发展，伴随着农村民主管理制度的建立和实施，各种专业合作社、专业协会等社会组织在农村不断涌现，在极大地改变农村社会治理结构的同时，也在不断地拓展农村民主管理制度的内涵和外延。同时应完善以社会自治功能为导向的农村社会组织的保障机制，也是农村民主管理制度的重要社会保障机制，在这种保障机制的建立完善过程中，要重视鼓励、引导和支持农民建立、参与各种组织并充分发挥其主体作用，让农民为自己的事情做主，真正实现农民自我组织、自我管理和自我服务，加强这些组织发育机制和物质保障建设，大力提高村庄社会资本和公共产品供给效率，通过这种机制的建设积极引导广大的农民参与到农村基层民主管理中，从而构建起有广泛民众基础的社会组织保障机制。

（二）农村民主管理制度与城市居民自治

农村民主管理制度和城市居民自治制度都属于基层群众性自治范畴，虽然两者在制度性质、主要任务及主要自治组织形式等方面有共同的特征和紧密的联系，但是两者在许多方面也存在区别和差异，这主要体现在以下三个方面：

首先，自治管理的地域范围不同。居民自治地域的范围在城镇，城镇居民是自治主体。农村民主管理的地域范围是在广大的农村地区，农民是自治管理的主体。

其次，自治管理主体的构成不同。居民自治的主体绝大多数是城镇居民自治区域内各个社会组织的成员，分散在城镇各个不同的国家机关与企事业单位，而且大多数成员其居住生活单位与生产工作单位是分离的，纯粹的居民不是主要的主体构成。农村民主管理的主体主要就是农村居民，其既是在农村区域从事农业生产的成员，又是在农村居住生活的成员，生产和生活联系紧密。

最后，自治管理的功用不相同。城镇居民委员会主要是办理本居住地区退休、无业居民的公共事务和公益事业，而在职居民的经济、政治、文化及其他社会事务大都通过其生产工作单位进行处理，居委会在这方面的管理功能和作用不是很集中。农村民主管理主要是就各村自治区域内所有村民的经济、政治、文化及其他社会事务等进行全方位的民主管理，各民主管理组织要组织村民自我管理、自我教育及自我服务，办理村内有关村民利益的各项公共事务与公益事业，在选举、决策、监督等方面通过民主的方式予以实现，确保广大农民群众知情权、参与权、决策权及监督权的实现和保障。

（三）农村民主管理制度与地方自治

农村民主管理制度与地方自治虽然都有自治的含义，但是在国家制度层面的地位与性质特征却有着诸多的区别：

首先，两者在国家层面的制度地位不同。地方自治是一个国家层面的、政治色彩浓厚的概念，指的是根据宪法和法律的规定，全体居民在一定的领土范围之内组成法人团体（地方自治团体），在国家监督之下，按照自己的意志组织地方自治机关，根据本地区的财力，自主处理本区域内公共事务的一种地方政治制度。它是基于中央和地方政府的一种分权形式，目前多数资本主义国家实行这种地方政权体制。而农村民主管理制度却是我国基于国家与社会二元架构，为更好地建设社会主义民主政治而推行的一种具有中国特色的基层群众性自治制度，不是一级地方政权体制，也不是国家的一种基层政权体制。

其次，两者行使职能的性质不同。地方自治通过地方自治机关组织地方政权，行使自治权，这种自治权通过强制性的管理手段予以保障，具有国家政权性质的职能，这种职能即便是法定的中央政府也不能侵犯或者代行。农村民主管理制度不是国家的一级政权体制，只是围绕农村区域的公共事务通过各种自治组织行使比较单一的民主管理职能，其管理手段具有非强制性。

最后，两者自治管理的事务范围与权限、界限不同。地方自治的自治范围与权限在总体上并无严格的划分，在一些国家地方自治与地方政府、地方行政及地方制度等通常是等同概念。地方自治机关决策的范围包括辖区内的各种公益事业，诸如教育、卫生、交通、环境、商业、市政及社会福利等。而我国的农村民主管理制度其自治的范围及权限并无明确的划分界限，在农村民主管理中，各自治组织只参与、决策、管理和监督本村与村民利益息息相关的公共事务和公益事业。

（四）农村民主管理制度与社会自治

所谓社会自治是全社会各个组织普遍行使自治权的一种自治制度，它是一种广泛联系的完整的自治体系，在这个体系内所有的经济组织、社会组织、政治组织及各种团体都是自治单位，通过这些自治单位能把所有社会成员组织起来，共同在国家权威和自治权的推动下广泛地开展自治。农村民主管理制度则主要是在广大的农村地域和该地域范围内的各种自治组织中实行，参与的主体主要是广大农村村民，其民主自治的范围对应的是村庄事务在选举、管理、决策及监督等方面的民主自治活动的开展，是在国家基层政权组织的指导下有限地开展的。

（五）农村民主管理制度与乡镇治理机制

国家在农村地区实施税费改革以后，在农村社会治理中所存在的一些矛盾与冲突并没有随着国家农业税费的废除而得到根本性的解决，加上一些农村地区，农民的利益表达与合理的诉求因为一些渠道不够畅通而难以实现。导致在一些地方引发了比较严重的村庄治理事件，甚至受到了党和国家高层的关注与重视，遂提出了"乡镇治理机制"这一概念。为与农村税费改革相适应，迫切要求我们在农村社会治理过程中逐步建立健全具有和谐、民主及高效等特点的乡镇治理机制。而乡镇治理机制的建立和完善有赖于农村民主管理制度的建立与完善，由此可见，农村民主管理制度与乡镇治理机制是相互紧密联系的两个概念。农村民主管理制度有助于农民在全面的政治参与中充分表达其合理合法利益诉求，也有助于将一些可能引发的因为利益纠纷而产生的矛盾和冲突，消减在农村基层治理中的萌芽阶段，这样也有利于在实现农村民主治理合法性基础上，使农村基层政府在治理方面的权威形象得以树立。不仅能维护农村社会的基层稳定基础，而且也有利于和谐农村与和谐社会的最终发展与实现。同时，我们看到乡镇治理的权力固然来自上级的授权，这是乡镇治理中的重要基础权威，但是，乡镇治理的群众基础也不容忽视，这主要体现在乡镇治理中广大农民群众在农村基层治理中的广泛参与及其对国家在农村地区的乡镇治理权威的政治认同。此外，在新形势下，特别是在传统乡镇治理的基础、治理主体及治理过程等因素都发生了全新变化的基础上，还须重视在乡镇治理中农村社会非正式组织作用与功能的发挥，这有利于在乡镇治理过程中通过这些社会自治组织及时地反馈各种有效的信息，以防止农村社会治理中突发情况的发生。可见，新时期建设与完善我国农村基层民主管理制度的一个关键所在，就是不断建立与农民政治参与积极性逐步提高相适应的乡镇治理机制。这也是党的十七届三中全会《关于推进农村改革发展若干重大问题的决定》所做出的一项有关农村基层民主管理制度发展的战略决策。可见，农村民主管理制度与乡镇治理机制之间是相互联系、密切互动的，乡镇治理机制的不断健全完善对于农村民主管理制度逐步地趋于完善不仅具有重要的意义，而且也是一种重要的动力机制，具体而言，主要体现在以下几个方面：

1. 政治层面。农村民主管理制度的发展，有利于完善与农民政治参与积极性不断提高相适应的乡镇治理机制的基层民主制度的构建。当前，随着我国 30 余年改革开放的发展，农村社会里的农民在视野、信息、思维及理性方面都有很大的进步，其公民意识、公民素质及文化素质等都有了很大的提高，已经不同于先前传统意义上的小农。从我国农村基层民主发展的现状来看，我国地方政府发展的方向主要从民众政治参与与责任政府的构建两个维度展开，现实的情况是我国农村地区的基层政权机关不是自治机关，必须对其上一级政府机关负责。基于这样的背景下的乡镇治理机制构建的目标就是建立健全乡镇政府的“双向”负责机制，既要向其上级政府负责，也要向农村社会的农民负责，使广大村民通过各种民主制度和渠道在乡镇治理中成为主体与基础。也要通过农村民主管理制度的完善以增强农民对乡镇基层政府的政治认同感，从而在乡村治理中确立起治理权力的合法性及治理能力的权威性。在农村地区经济市场化的改革过程中产生了不同的利益群体，这些利益群体在非均质的农村社会发展中必然面临利益分配的不同诉求，在一些农村地区常常因为利益的分配问题产生系列上访及相关的群体性事件，这势必影响到农村基层社会的和谐与稳定，同时也对各地方乡级政府如何通过民主制度的理性引导与实施来解决这些问题提出了新的挑战，既要让民众通过正式的制度渠道来表达自己的公平正义要求，也要在农村基层民意表达机制建立和健全的基础上实现对农民表达权的维护，在此情境下，农村民主管理制度无疑是最好的选择。

2. 行政层面。农村民主管理制度的建设，有利于完善与农民政治参与积极性不断提高相适应的乡镇服务型政府的构建。在我国，来自中央自上而下的国家层面的行政管理体制如何与乡村基层社会治理体制实现有效的对接，这是一项重大实践课题，需要展开深入的研究。经过多年的努力，我国的乡镇政府机构改革仍然存在一些问题，农村基层行政管理与运行机制体制还未能完全实现行为的规范性、运转的协调性。学术界围绕这方面的研究产生了诸多观点与政策主张。比如有的主张乡镇撤销，有的主张按照县政—乡派—村治的思路予以改革，有的主张在国家乡镇层面实现自主治理等。这些研究表明人们对乡镇一级政府的性质、基本功能与定位等方面的价值判断存在争议。事实上，根据我国宪法的规定，乡镇机构是我国的政权系统中处于县级政权与村庄之间的一个基础层级，也是我国最低一级的地方政府机构建制，它具体体现着国家与农民在治理事务方面适度的分权关系。在这样的国家制度层面安排的背景下，建立和完善农村民主管理制度不仅有利于克服乡镇政治生态中刚性的责任制度的缺陷，而且有利于大力推进与农民政治参与积极性不断提高相适应的服务型政府的构建，围绕基层民主化的行政机制和氛围而不断完善乡镇治理机制。

　　3. 非正式制度层面。农村民主制度有利于乡镇民间参与机制在官民良性互动中的构建。中国农村社会存在差序格局。因此，在我国现有的民主政治制度体系建设中，不仅需要政治参与制度途径的建立与完善，而且还须拓展广泛的渠道以非正式的方式不断提高农民在基层民主政治中的参与积极性。比如渝东南秀山自治县一些农村地区的院坝会、民主恳谈会等农村民主非正式参与形式，这些非正式制度形式的广泛拓展，有着非常重要的意义。首先，可以从各个层次、各个领域扩大公民有序政治参与，通过这些非正式的民主参与机制去对乡镇政府的决策和公共政治生活实施直接或间接的影响，在最广泛的基础上组织和动员广大人民群众实现对其所在地区经济、社会等事务的民主管理，使在农村民主管理中的不同利益群体都可以通过各自意愿参与到对话与解决问题的制度轨道上来，有利于及时化解农村民主自治中存在的冲突与矛盾，从而实现乡村生活的和谐发展。其次，这些非正式制度的建立与完善也有利于克服基层乡镇政府在村庄治理中存在的政策失灵现象，有利于农村精英参与到乡镇治理中来，这既履行了他们对农村社会建设应尽的职责与义务，又在乡镇民间参与机制中实现了官民之间的良性互动，对于乡镇基层政府在乡村治理中的政务公开及农村民主建设相关政策的有效实施起到助推作用。另外，这些非正式制度政治参与途径也是保持农村社会活力与创造力的动力与源泉，通过这些制度途径可以吸纳大量的乡村精英人物参与到乡镇治理中来，在大力推动乡镇民间参与机制构建的过程中使地方政治精英对地方政治的发展作用得到充分的发挥。

　　4. 物质保障层面。加强农村民主管理制度建设有利于增强乡镇治理机制的物质保障能力。在国家取消农业税以后，农村乡镇基层政权的经济来源渠道变窄，这必然会使乡镇政府一级财政为农村地区提供公共服务与公共产品的能力受到一定程度的削弱，在导致乡镇级政权机关事权减少的同时，可能会使其在农村基层民主治理中被置于边缘化的地位，也使国家在农村地区的乡镇治理机制物质保障能力下降的同时，使其在农村治理中的威权降低。而农村民主管理制度的建立和完善则有利于从基层民主的层面促使现有公共财政体系改革，加大对农村财政转移支付的力度；有利于促使基层政府加大对公共产品和公共设施的投入，强化农村公共服务；有利于发展民间企业，扩大民间经济来源，通过民间经济的发展和利益分配机制的完善来实现基层政府农村治理机制的物质保障等。通过农村民主管理制度的不断健全和完善，有效地推进乡镇基层政府的公共服务职能在农村民主管理中得到实现，根据农民在农村民主管理中的利益相关性以实现利益整合，从而最终实现广大农民对乡镇事务主动参与的积极性与主动性。

（六）农村民主管理制度与农村依法治理机制

民主是法制的基础，法制是民主的保障。改革开放以来，民主管理在我国农村领域已基本做到有法可依，但一些法律原则仍然过于抽象，缺乏可操作性，不仅造成了一些问题，同时也增加了处理问题的难度。在总结历史和现实经验的基础上，结合中共十七届三中全会强调的精神，应加强农村法制建设，完善涉农法律法规，增强行政能力，加强执法和与农业相关的司法保护的监督。加强法制教育在农村地区的推广，提高法律服务，提高农民的法律意识，依法促进农村治理。目前，农村民主管理制度在中央层面提出了更具体的要求，在国家政策层面的宗旨也是非常清楚的，所以我们要打造以依法保护农民在农村的核心利益的农村依法治理机制，促进民主管理在农村地区的制度化、标准化和程序化发展。可见，农村民主管理制度与农村依法治理机制是紧密联系的，以保障农民权益为主要内容的农村依法治理机制，不仅是农村民主管理制度的重要构成范畴，同时，农村依法治理机制的构建和完善对于促进农村民主管理制度的不断健全和完善也具有重要的推动作用，概括起来，主要体现在以下几个方面：

1. 完善农村民主管理制度中的民主选举法律保障和规制机制，有利于确保农村依法治理机制的有序化与规范化。我国农村基层民主选举是"以直接选举、公正有序为基本要求的民主选举实践"，党对民主选举的基本要求是"民主"和"有序"。但是在实践中，在基层民主选举过程中出现违反法律及侵权的现象时有发生，这主要表现在两个方面：一是由于滥用外力，如地方政府不当干预，政府直接指定人员组成的村民委员会，或者以"停职"或变相使用管理权限对村委会成员进行更换；二是内部冲突中村民自治权利行使存在的问题，如比较常见的有"两委"矛盾，家庭、宗族势力干预造成一定的农村事务受到影响，村民选举时使用威胁、贿赂等手段破坏和干扰民主选举。因为这方面因素的存在，尽管村民自治制度经过近30年的运行，在某些地区民主选举仍然步履蹒跚，一个重要原因是与支持民主选举等相配套的监管保障机制尚未建立，导致村民表决权很难实现。因此，建立和完善法律和监管保障机制不仅是完善民主选举制度的前提，更是落实党对农村民主选举"民主"与"有序"要求的关键，而且也是确保农村依法治理机制有序与规范的基础。

完善农村民主管理制度中的民主选举法律保障和规制机制重点要围绕以下方面的问题进行：

第一，如何统一选民资格标准？选民资格认定的核心在于如何认定"村民"，一种意见认为应当以户籍为准，另一种意见认为居民经常居住地是判断村民身份的标准，因而造成了各地区立法存在冲突或缺位的情况。应以法律的形式明确选民资格标准，消除区域性立法存在的冲突，要求在设计相关制度时一定要注意村民居住地选举权与村民户籍所在地选举权之间的配置，既要防止村民享有双份选举权，更要杜绝村民无法行使选举权。第二，如何明确候选人资格？部分学者认为，村委会候选人作为"预期"的村务领导者和管理者，自然应当具备比选民更高的素质。据此认为应当对选民和候选人资格做分别规定。这种认识并不符合村民自治、自我管理原则的要求，对候选人资格的认定不应以特定的标准一概而论，而应当尊重村民手中的选票，让选举权与知情权、参与权、监督权等权利来决定适当的村务领导者，制度设计者更应专注于如何保障、维护和真正实现村民的知情权、参与权和监督权。第三，如何完善村民选举权的救济？对此，我们可以从如下方面采取措施予以完善：首先可以考虑以立法、司法解释的形式扩大民事诉讼中选举资格诉讼的适用范围；其次可以考虑以行政法规制行政权，干预村民民主选举，将这一类案件纳入行政诉讼受案范围，并明确规定行政权非法干预选举权的后果与责任；最后，对于那些严重干扰村民民主选举并造成严重后果的危害行为，还可以考虑扩大刑法规定中破坏选举罪的适用范围，以刑罚威慑贿选、胁迫等在实践中出现的违背村民自治意愿的行为。

2. 提高民主管理、民主监督及民主决策中的监管和约束决策机制，有利于保证乡村治理的民主在法律层面的程序和实践做法的和谐统一。坚持党的领导、人民当家作主和依法治国的有机统一，完善在农村地区的民主管理制度，我们必须坚持"扩大有序参与，推进信息公开，提高协商的程序，加强对权力监督"为出发点，以促进基层政府职能转变，扩大村民自治，保障决策、管理和民主监督的范围。

为此，首先要加快推动基层政府职能转变，根据法律规定提供公共服务的意识与能力，坚持政务公开，信息透明，加强对农村居民参与权、监督权、知情权的法律保护，增强其救济权利的能力，加强乡镇政府管理的法治化。其次，健全村民自治制度，完善党组织领导，积极推进村民会议、村民代表会议的民主决策实践，自我教育、自我管理、自我服务的民主管理实践。同时，要确保农村依法治理机制实现程序与实践的和谐统一，关键是要实现政府职能转变及村民自治制度的程序化和规范化。其难点在于还需要处理好如下问题：一是要有效地防止在民主决策过程中存在的以间接民主代替直接民主的现象发生。二是要重视通过有效的制度设计预防村民自治演变为村干部自治的现象产生，高度关注在农村依法治理过程中出现的非民主现象，诸如村民会议召开难的问题、一事一议难的问题、村民会议决定难、做出决定难以执行等问题。三是重视以制度规范民主管理建设，解决农村依法治理中突出的问题，诸如村"两委"之间的矛盾、村书记与主任"一肩挑"、村"两委"成员交叉任职等，并努力将这些问题的解决方式通过农村依法治理机制的程序上升到法律制度的层面予以规范。四是通过强化民主监督，进一步提高村务管理的民主程度，在更大程度上满足农民的政治参与需求，使农民的利益诉求通过农村依法治理机制能够有效表达并得以实现。

3. 乡镇政府依法行政能力的提升和相关法律规制机制的完善，有利于在农村依法治理中实现"限权与服务"的农村民主管理和谐外部体制格局。20 世纪 80 年代，以在农村地区撤掉人民公社建置乡及推行村民自治为象征，逐步形成了"乡政村治"的新治理结构。改变了传统乡镇与村落之间的关系，也使得农村地区先前沿袭的"任务—动员—命令"的行政逻辑面临多重困境。"动员令的任务"行政逻辑面临多重障碍。以村民自治为主要内容的农村民主管理制度逐步地缓解了这些问题，这主要表现在以下方面：第一，村民自治改变了村级自治组织与国家政权组织之间的关系；第二，村民自治极大地限制了乡镇行政权力对村里的事务在深度和广度方面的干预，第三，村民自治改变了主要公权力权威和村干部及其所依托的村组织的行动逻辑，对村组织与村干部支配和控制力下降也显著削弱了农村基层政权的权力来源；第四，作为村民自治主要内容和行动逻辑起点的村民民主选举逐步增强与唤醒了农民的民主权利意识和法律意识，这从根本上弱化了传统的行政模式运行的政治和文化基础；第五，农业税的废除逐步解体了传统的资源汲取型体制，在农村依法治理机制的逐步完善中对乡镇政权实现有效的"限权"，进一步突出乡镇政权的"服务"功能，为农村民主管理制度逐步创造了和谐的外部体制环境。

在农村依法治理机制中要实现农村民主管理制度的和谐外部体制格局的一个核心问题是通过"法律规制行政"的途径提升乡镇政府的依法行政能力，以改变乡镇政府通过"政治支配行政"路径的传统行政机制面临的困境，从本质上讲，"政治统治行政"是人的管理法则，而"法律规制行政"体现了现代法治精神。随着民主和法律的精神对基层乡镇政府民主权威的重塑，通过行政权力与国家法律在更全面基础上、结合与发展，从而修改或重建农村行政机制的原则、规则，在两者更严格整合的基础上来提升和保护国家权威与能力在农村地区实施的意愿，已成为时代和国家民主制度发展的现实要求。在这个过程中，一个重要的关键环节，即如何在国家行政运行机制上实现由"政治规制行政"到"法律支配行政"的转变，理应成为乡镇政府依法行政能力提升的核心所在。对此，需要解决好以下的关键问题：第一，要将行政权力严格控制在法律限度内，促使依法行政逐步成为主要的行政法理念和行政主体的自觉行动；第二，逐步用非强制性的行政指导管理代替强制性的行政控制管理，并逐步以此成为乡镇政府管理的主要形式；第三，要让实现正当性法律程序的观念和原则在乡村行政过程中得到贯彻和体现；第四，建设乡镇行政法制监督制度，以确保并促进根据法律逐渐加强农村民主管理。

4. 健全完善农村民主管理制度运行中的执法监督和司法保护机制有利于农村依法治理机制对村民合法权益的全面介入与保护。以村民自治制度为主要内容的农村民主管理制度在我国经历了长期的实践，由于受到经济和社会发展因素的制约，并没有完全达到预期的效果，主要的原因之一是没有建立支持村民自治的执法监督和司法救济系统，造成农村村民无法开展民主管理及进行有效监督，即便其自治权受到侵害也很难得到合理和有效的补救。

农村民主依法治理的实践已经表明，相关配套制度系统的缺乏是国家基层民主制度运行中存在的薄弱环节，主要表现为：监督机构不明确，监督方式的不合理，监控程序的不完善，不充分的监督救济权等。同时，缺乏司法保护机制，主要有以下方面的表现：行政权力侵犯村民民主管理自主权时，村民不能对其提起行政诉讼，村民自治体内部有关村民自治方面的纠纷很难进入民事诉讼并且适用其有关违法和合同契约方面的条款，予以裁决，本身制度不合法的村民自治章程和村规民约等制度条款在村民自治中"合法"地侵害村民自治权利的现象也时常发生。当然，造成这种情况的原因是多元的，既有来自政治体制改革方面的，也有来自社会传统以及历史和文化等方面的，但制度系统整体设计的欠缺无疑是执法监督和司法保护机制缺位的首要因素。为此要实现农村依法治理机制对村民合法权益的全面介入和保护，实现其与农村民主管理制度的良性互动，就需要从法治国家建设和乡村基层民主建设需求的角度出发，对现行执法监督和司法保护机制重点从以下三个方面系统地予以研究完善：首先，在《村民委员会组织法》关于划分政府权力与村民权利边界的基础上，进一步明确行政权不得干涉村民自治体内部的合法事项，并明确规定对干预行为的规制和责任追究。其次，应进一步扩大行政诉讼受案范围，建立村民自治权行政诉讼救济制度，当行政权侵犯村民自治权时，应当允许村民或村民委员会提起行政诉讼。最后，条件成熟时可以扩大《民事诉讼法》"选举诉讼"的范围，将村民自治中选民资格纠纷纳入民事诉讼中选举诉讼的范畴，以保障村民自治主体所享有的选举权与被选举权，最终以程序化的司法救济保障村委会选举的合法秩序。

5. 建立健全乡村社会民主与法制的生成机制，有助于农村民主管理制度在送法下乡与法律服务的农村依法治理路径中逐步地趋于完善。依法治国，建设社会主义法治国家，已经成为中国政治发展的基本战略，成为日益深化的执政治国的基本方略。法治的精髓在于通过对政府的权力进行限制与规范，确保其在法律轨道中运行，同时还体现在各层面的社会主体必须以法律作为其基本的信仰与理念，这对于中国特色社会主义法治国家的建设至关重要。在我国农村基层地区，实施民主管理中体现现代法治的精义，还显得比较困难，这不仅在于历史上封建专制文化中人治理念对农村地区的深刻影响，使得广大农民群众法律意识普遍淡薄，还在于许多乡土习俗与乡规民约在许多场合取代了法律，导致完善农村依法治理机制困难重重。因此，在农村民主管理制度健全的基础上，建立农村社会民主与法治的生成机制，要求在送法下乡与法律服务的农村依法治理路径中予以实现。具体而言，在这样的路径中重点应从三个方面对乡村社会民主与法制的生成机制进行建设：一是加强对"送法下乡"工作的重视。其目的是继续加强农村干部和群众的法治意识和现代法律观念，从而提高他们的法律信仰。法治是一项伟大的事业。任何一项伟大的事业后面必须有一种无形的精神力量。支持法治这个伟大事业的重要精神力量主要是全体社会成员的法律意识和法律信仰。这也是整个国家、民族、社会法律制度得以产生、实施、完善及高效运转的必要精神条件与精神动力。因此，在推进法治国家建设的进程中，国民法律意识的增强不但是乡土社会民主与法治的生成机制的文化基础，而且也是农村民主管理制度建设和完善及以依法治理机制为中心的农村法治建设的重要路径。二是加强农村依法治理机制中"良法规则"的建设。所谓良法规则，根据亚里士多德的理解，就是指一个很好的法律如果已经设立，每个人都应该服从和遵守这个法律。[①]良法的最高价值就是公平正义。那么对于农民而言，如何在农村民主管理活动中通过对现有涉农法律法规的完善，使其能够充分反映农民的正当要求，有效地维护"良法"所赋予农民的合法权益，便是农村依法治理机制建设中的一项亟待开展和完善的工作。三是加强对"法律服务"研究。现代法律在新中国成立后的大量下乡，使其成为主导、规制乡村社会与国家之间相互关系的主要规范，但乡土文化往往改造现代法律使其以能被当地人所接纳的形式来运作，从而出现乡土社会内生惯例习俗、同化法律的情形得以产生。如何增强农民法律运用的能力，提升其法律体验，法律服务是有效手段之一。而通过何种形式来提升农民运用法律的能力，通过何种方式来增强农民的法律体验，现有的农村法律服务体系并没有有效地加以解决，这也需要完善法律服务，实现农村依法治理机制和农村民主管理制度的发展和完善。

---

① ［古希腊］亚里士多德：《政治学》，吴寿彭译，商务印书馆1997年版，第199页。

（七）农村民主管理制度与农村社会组织机制

农村社会组织的成熟，能帮助分散的农户和大市场建立一个连接机制，与其他利益相关者开展对话。随着农村税费改革和农村综合改革的推进，农村基层治理结构将进一步变化。从社会实践的角度来看，农村社会组织的缺乏造成农民组织能力低下，对村里的公共建设的社会动员能力也贫乏甚至没有。农村社会缺乏有效的利益组织整合和表达机制，很难使农民理性地表达其利益需求；国家对农业发展的强农及惠农政策缺乏与农村社会组织的正确对接，很难在农民家庭中得以实施，农民面临较大的市场风险，需要建立相应的合作机制，以共同应对，但缺乏合作机制和管理经验，往往难以成功；分散的个体农民往往缺乏公共精神与合作的习惯，在按照一定的规则召开的会议上，农民面对公众不善于公开演讲和辩论，农村基层民主管理制度缺乏社会民主基础。因此，如何提高村民自治组织和各类农民组织的对接，建立政府与农民之间及正式组织与非正式组织之间的有效联系，成为新时代农村基层民主管理制度建设需要解决的一个重大挑战。农村民主管理制度与农村社会组织机制的建立和完善，是密切联系的。农村社会组织机制的构建是农村民主管理制度的重要内容范畴，重点是要从社会自治功能构建出发，以新农村建设的需要为其发端，针对农村社会组织发展中存在的问题，围绕农村社会组织机制的建立健全，重点研究具有服务性、公益性和互助性等特征的社会组织机制建构的基本方法、功能、作用与保障机制，进而也以此促进农村民主管理制度的健全和完善。

1. 加强农村服务性、公益性和互助性社会组织的发育机制建设。开展对具有这样特点的社会组织的生长、发育和维护机制的研究要重点围绕社会自治能力提高而展开。从内部管理机制和外部引导扶持机制两个角度予以展开，在明确界定农村社会组织的性质和范围的基础上，分别探讨服务性社会组织、公益性社会组织和互助性社会组织三种组织发育的不同机制。要重点围绕影响组织发育主要问题、不同类型组织发育的动力因素、不同类型组织动员村民参与机制、不同类型组织成熟的内部管理经验和外部运作规范以及政府和社会如何引导扶持社会组织成长等问题加强上述三类社会组织的发育机制建设，同时在上述机制建设中通过相应法律规范的建设，在系统研究和具体实验的路径中，不断地总结出发展农村社会组织的成功经验模式，并作为依据服务于政府相关部门的决策。

2. 加强农村服务性、公益性和互助性社会组织在村庄社会资本和公共产品供给效率提高方面的机制建设。重点围绕农村社会组织如何在自身的运作和活动中，根据组织成员需要和村庄建设的状况，提高村民自我管理和自我服务的能力，提高村庄社会的社会资本，加强村民之间的信任和合作，进而协助政府和村庄公共权力组织更为有效和公平地提供公共产品。为此需要重点加强以下方面的内容建设：农村社会组织的运作提高村庄的社会资本的方式、农村社会组织参与村庄公共产品供给的方式、乡镇政府原来承担的一些公益事业建设和社会管理功能在乡镇改革之后向社会组织转移的路径、政府的行政管理机制与社会的自我管理机制的有效衔接和良性互动机制。同时在实证调研和实验研究的成果基础上，分类型研究不同的社会组织如何能够在满足成员利益的基础上，发展成为乡村社会公共产品的有效提供者和协助提供者，开发出社会组织承担一些公益性服务和公益事业建设的政策框架，从而确保社会组织的发展与农村经济社会发展相互促进。把重点放在农村社会组织如何提高自身的业务和活动水平上，根据成员需要和村庄建设的情况，提高村民自我管理、自我服务的能力，以改善乡村社区的社会资本，增强村民之间的信任和合作，协助政府和村级公共权力组织更有效、更公平地提供公共产品。这需要重点加强以下领域的建设：社会组织对农村社会资本经营改善的能力；社会组织参与农村的公共产品供给的能力；与乡镇社会管理职能建立有效的衔接和互动机制的改革路径。

3. 加强农村服务性、公益性和互助性社会组织参与农村基层民主管理的机制建设。随着农村的经济社会发展，当前农村社会出现了许多诸如蔬菜协会、养鸡协会、老年协会、禁赌协会等新的社会组织。这些组织对于农村的民主管理将会产生重要作用。为此应从以下方面重点加强这种机制建设：一是规范农村社会组织内部的结构，在自主、平等和民主的原则基础上形成组织成员之间民主的公民文化；二是大力协调农村社会组织与"两委"及村民代表会议等之间的相互关系，以充分发挥其在重大村庄事务决策中的积极功能；三是将党的领导、民主和法治相结合，形成农村社会组织良好发展与良性运作的制度框架，有效阻止农村社会组织异化现象的发生；四是对参与农村基层民主管理的各种社会组织进行吸收，特别是要引导农村宗族组织发展转变为农村公益性组织、扩大社会组织在农村活动空间的服务性与互助性。同时，我们要将核心关注点放在农村社会组织社会自治能力提高方面，从乡村社会的底层对社会组织施以整合，在农村社会组织有序参与乡土社会的民主管理过程中构造民主制度在农村运行的结构基础，从而推动农村基层政治参与范围的进一步扩展以及社会组织在民主管理中议事协商水平的提高，保障农村社会组织与农村基层民主管理制度的相互促进，使其自治与发展能力继续深化和完善。

4. 加强农村服务性、公益性和互助性社会组织发展的物质保障机制建设。发展农村社会组织需要积极完善物质保障机制，为社会组织在农村地区围绕服务性、公益性及互助性方面发展运作提供便利条件。这需要重点从以下方面开展建设：一是在充分借鉴国（境）内外经验的基础上，积极建立社会组织项目建设与基层政府经费支持的有效衔接机制，避免社会组织的行政化发展趋向，建立支持社会组织运作的新型制度，构建基层政府积极引导与社会组织自我管理之间的良性互动。二是加强社会组织自身在农村服务性和公益性中运转中的资源积累，确保其持续运行资源保障机制的建立。这就要求农村社会组织实现对其内生发展资源的扬弃，真正使其发展成为农村社会所需要的机制载体。三是积极构建农村社会组织与基层政府之间协同的运转模式。着力探索农村基层政府在职能转变过程中费随事转、权随责走的新型事业发展运行机制，切实加强农村社会亟须的公益事业与公共服务事业的建设。四是进一步完善农村社会组织政策协调机制，使其活动场地、业务培训及人力资源建设得到有效保障。

四　概念的性质与特征

（一）农村民主管理制度的性质

所谓性质，是指事物的本质，是一个事物所固有的以此区别于其他事物的根本属性。任何事物都具有自身固有的特性。农村民主管理制度作为具有中国特色的农村基层社会管理制度，它不仅是国家上层宏观政治体制改革促使基层民主政治扩大的产物，而且也是国家政治制度体系中的一个制度层次，作为一种农村基层民主管理制度，其又具有自己独特的固有属性。

1. 农村民主管理制度体现了国家的性质。

社会主义不仅是一种国家社会制度，而且也是一种思想体系。农村民主管理制度比较充分地体现了中国特色社会主义的社会制度和思想体系。

首先，农村民主管理制度充分地体现了社会主义国家的本质要求。

解放和发展生产力，消除两极分化，消灭剥削，实现共同富裕，这是中国特色社会主义的本质要求。自十一届三中全会以来，伴随着农村经济体制改革的不断发展，农民日益增长的物质文化需求与农村相对落后的社会生产力之间的矛盾日益突出，为实现这些矛盾与冲突的有效解决，国家开始实施和发展农村家庭联产承包责任制。农村家庭联产承包责任制度的不断完善和健全，也不断地推动着农村基层民主政治体制改革的发展，农村民主管理制度就是在这样的基础上开始逐步建立和发展起来的。农村民主管理制度建立和发展的目的也充分体现了社会主义发展的本质要求，那就是要充分地调动起广大农民群众的生产积极性和创造性，广泛地实现其民主政治权利，在实现广大农民群众当家作主的基础上，大力发展农村社会生产力，改变广大农村的贫穷落后状态，实现共同富裕。须知，贫穷与落后不是社会主义，社会主义要消灭贫穷，不发展社会生产力，人民的生活水平得不到提高，这与社会主义的要求是不相符合的。邓小平同志说，改革开放前我们国家搞的平均主义，吃大锅饭，实际上是追求共同贫穷与落后，国家和人民在这方面是吃了亏的。① 可见，社会主义发展的本质要求体现在社会主义农村发展方面，其根本的任务就是要不断地解放和发展农村的社会生产力，使广大农民群众能够实现共同富裕，在这样的目标追求下，农村民主管理制度的建立和实施也充分地体现了中国特色社会主义发展的本质要求。

其次，农村民主管理制度比较充分地体现了社会主义市场经济体制改革和发展的要求。

社会主义市场经济体制改革能在有效发挥市场经济优势的同时充分地体现和发挥社会主义制度的优越性。党的十一届三中全会以来，农村经济体制改革不断发展和完善，在施行家庭联产承包责任制度的基础上，1984年废除人民公社体制，在逐步废弃计划经济发展模式以后，在中国广大农村不断地建立起与社会主义市场经济发展要求相适应相协调的农村社会经

---

① 《邓小平文选》第 3 卷，人民出版社 1993 年版，第 155 页。

济发展新体制。党的十五届三中全会在 1998 年通过了《中共中央关于农业和农村工作若干重大问题的决定》，该决定全面深刻地总结了中国农村社会 20 年改革所取得的成就和积累的宝贵经验。决定认为，在中国广大农村废除人民公社体制，突破计划经济模式的束缚，实行家庭联产承包责任制，大力发展社会主义市场经济，不仅使亿万农民的社会生产积极性得到了极大的调动，而且解放和发展了农村的社会生产力，实现了中国广大农村经济与社会发展的历史性巨大变化。

同时，为调动广大农民群众的生产积极性，充分保障广大农民群众的生产自主权，十五届三中全会提出国家基本经济制度、基本经营制度及基本分配制度的发展思路，基本经济制度要以公有制为主体、实现多种所有制经济共同发展，基本经营制度要以家庭承包经营为基础、实现统分结合，基本分配制度要以劳动所得为主并且与按生产要素分配相结合。同时要求必须长期坚持与发展上述三种基本制度，以有效的方式不断地实现对农村公有制的探索和完善，以持续推动与农村生产力发展要求相适应的农村生产关系的发展，以农村市场发展需求为取向，增强农村经济发展的活力，在充分尊重广大农民群众首创精神的基础上，以充分保障广大农民群众的民主权利为出发点，实现各项改革在农村社会经济发展中的扎实推进，实现城市与乡村社会经济改革的最终协调发展。可见，这不仅是对以村民自治为主要内容的农村民主管理制度适应和体现了中国特色社会主义市场经济发展要求的高度概括和总结，而且也逐步地探索和开创出了在依靠市场机制优化配置各类资源基础上，大力发展农村社会主义市场经济的新路径。

最后，社会主义民主政治建设与发展的要求在农村民主管理制度的发展中也得到了深刻的体现。

所谓中国特色社会主义民主政治就是在坚持中国共产党的领导和广大人民群众当家作主的基础上，体现了党的领导和人民民主的高度统一，依法治国，大力发展社会主义民主政治。农村民主管理制度比较全面、切实地贯彻落实了这些内容要求，主要体现在以下三个方面：

一是农村民主管理制度充分体现了社会主义民主要求。农村民主管理制度是建立在广大人民群众当家作主基础上的，村里的一切公共事务的管理权力属于全体村民，在村里各种公共事务的管理、决策和实施过程中，民主贯穿于农村民主管理制度的始终，也体现在制度的每一个环节，村里各种公共事务的管理最高权力归全体村民集体所有。从内容上看，大量地体现为村民民主，村民不仅通过民主管理方式直接选举、选择自己拥护的村干部，努力使农村公共事务的管理体制从"单个的村级干部"向"集体的所有村民"发生改变和转变，在农村民主管理制度不断建立健全的基础上，不断地巩固和加强广大村民在村级公共事务管理中的主人翁地位，也使广大村民在参与村级各类公共事务管理中的主动性、积极性得到了充分增强和调动。从程序环节来看，在农村公共事务管理的议题选择、组织村民民主听证讨论、村级事务决策的形成及结果的评议等各阶段都贯彻体现了民主管理的精神。广大村民直接对事关最大多数村民利益的重大问题与公共事务进行直接决策与管理，对村里的各项民主管理工作及村级干部的工作直接进行监督，重视和采取民主的方式与方法对村民在公共事务管理中产生的各种内部矛盾及由此产生的各种社会关系进行处理与解决，这也充分体现了人民民主的精神。

二是农村民主管理制度充分体现了党的领导与人民民主的高度统一。农村民主管理制度不仅是以中国共产党领导的农村基层民主政治制度为基础和载体，也是广大农民群众在党的领导下对农村基层民主管理进行创造性探索和改革的智慧结晶。从农村经济体制改革开始实行家庭联产承包责任制度开始，到村民委员会及其他各种村级公共事务管理组织的建立，村民自治各项基本原则及各种制度的建立健全，再到农村民主管理制度的建立健全等，这些阶段和环节，都离不开各级党组织的领导。在农村民主管理制度的建立健全及实施过程中，也深刻体现了党的领导、党内民主及人民民主的统一性。从诸多村级政治类方向性公共事务管理的内容上看，也体现了党内民主与村民民主的有机结合，在这些村级公共事务的管理中，农村村级党组织大量地通过民主选举党员代表，在村级党组织中建立起党员代表议事会，在充分调动党员行使参加村级党内公共事务民主权利的同时，也不断地激励和调动起广大党员对村级公共事务进行民主管理的主动性和积极性，努力使党在农村的各项方针政策与村级各项公共事务的民主管理有机地结合起来，从而使党在农村的文件精神能很好地得到贯彻和落实。在农村民主管理制度的贯彻实施过程中，党在农村的领导核心地位也不断地得到巩固和加强。这主要体现在，在农村民主管理过程中，村级党组织在对村级公共事务民主管理议题的选择、党员代表会及党员民主评议会的召开等方面都比较充分地发挥了领导核心作用，确保了各项重大的村级公共事务的民主管理在各级党组织的领导下有序开展和进行。

三是农村民主管理制度也充分体现了社会主义法治建设的要求。作为一项基层民主管理政治制度，其最终发展的价值取向必须与社会主义法治国家建设的精神和要求相一致，就是要实现农村民主管理制度的制度化、法治化，以制度和法律来保证在农村民主管理制度的贯彻实施过程中广大农民群众都能行使直接民主和享有各项村民自治的平等权利，这就是法治原则贯穿于农村民主管理过程中的依法治理和依法办事原则的具体体现。

2. 农村民主管理制度充分体现了村民自治的性质。

关于农村民主管理制度的性质，由于国家没有一部专门的农村民主管理法，在《宪法》和《村民委员会组织法》中对此也无非常明确的规定，所以至今缺乏比较权威的解释和界定，对此，笔者认为，农村民主管理制度的性质可以理解为村民自治。其理由主要体现在以下三个方面：

首先，这是由事物的性质决定的，事物的性质通常是在事物运动的过程中逐步表现出来的，由此一种政治制度的性质也往往通过这种制度的实施过程表现出来，农村民主管理制度的性质也是通过村级公共管理组织的自治管理活动表现出来的。由此，农村民主管理制度的价值追求和行为规范必然在农村各种村级事务管理组织及村民对村级事务的民主管理行为中得到体现。我国《宪法》明确地在其第111条中规定，基层群众性自治组织在我国主要表现为按照居民居住地区设立的居民委员会或者村民委员会，由此可见，作为村民民主管理自治组织表现形式的各种村级公共事务管理组织的性质就是基层群众性自治组织，农村民主管理制度的性质也必然体现为基层群众性自治。

其次，制度的物化形式常常表现为组织载体。农村民主管理制度是国家层面安排的中国特色社会主义的农村基层社会民主管理制度。农村民主管理制度是伴随着农村经济体制改革的过程，在农村生产方式发生改变的基础上产生的。在这种制度产生之初，并不是很快就形成了一种完善的民主管理制度，而是主要表现为农村民主管理理念、思想的形成和发展，以及在这种思想的指导下开展的各种农村公共事务的民主管理活动，这时候的农村民主管理制度通常以各种村级事务的民主管理组织为载体，物化为这些组织。也就是说，是各种农村民主管理自治组织为农村民主管理制度的产生、发展及完善定型奠定了坚实的基础。在农村民主管理活动开展的过程中，随着各种农村民主管理组织功能和作用的加强，在民主管理活动推进的同时其民主管理思想不断地得到强化，在此基础上，农村民主管理制度逐步形成并得到实施。一种制度不会自动形成、发展和实现，农村民主管理制度也是如此，其最终必须依存于各种村级事务民主管理组织，依赖于法律来确认、规范、强化和实现。由此我们可以清晰地总结出农村民主管理制度形成的物化轨迹：农村生产方式改革导致农村民主管理自治思想的形成→广大农民群众开始尝试农村民主管理实践→农村民主管理各种村级事务自治组织的建立→农村民主管理的广泛实践→农村民主管理制度的建立。可见，农村各种村级事务自治管理组织是农村民主管理制度的物化形式，农村民主管理制度是农村各种村级公共事务管理组织的既定发展目标，它们是有机统一的，基于这种统一性，农村民主管理制度和村级公共事务管理组织之间才能实现良性互动。

最后，农村民主管理制度的性质决定其所赖以建立的村级公共事务自治管理组织的性质。就社会组织体系范畴而言，任何一种社会组织的产生、发展一般都围绕实现某一既定制度的目标，其发展的终极目标也在于实现其所追求的制度、所追求的价值目标。从这个角度而言，社会组织的特性是由其所追求实现的制度的性质所决定的。由此可见，社会组织和社会制度是有机联系，紧密结合的，而不是相互分离，彼此孤立存在的，两者之间具有极强的关联性。就农村民主管理制度而言，农村村级公共事务管理组织与农村民主管理制度两者都是发轫于共同的思想和理论，两者的理论价值目标和实践价值、追求目标都是共同的，同时，在农村民主管理的制度框架内的各个组成部分都要依赖于农村各村级民主管理公共事务组织载体来实现，这些结构组织也是在农村民主管理制度建立健全的基础上而构建和完善的。基于这种情由，如果两者的性质相一致，两者的发展就是和谐共生的；相反，如果两者的性质相悖，两者之间的发展必然出现不协调的现象，在实践中，会发生向相反方向发展，相互分离的现象。因此，农村民主管理公共事务组织的性质取决于农村民主管理制度的性质，也就是说，农村民主管理制度的性质决定了农村民主管理中各自治组织的性质，农村民主管理各自治组织的性质也就是农村民主管理制度的性质。

3. 农村民主管理制度是具有多层次统一体性质的制度。

农村民主管理制度的性质是基层群众自治，这是农村民主管理自治区别于其他类型自治的质的方面的差别和重要体现，同时，农村民主管理制度的这种性质的体现又深刻地表现为多层次的统一体。

　　首先，农村民主管理制度具有自治性。自治性是农村民主管理制度最重要的本质属性之一。农村民主管理既是国家将农村基层组织的各项公共事务划归给各组织属地村民自己管理、自己处理，也是国家将民主自治管理作为村民民主权利实现的主要形式。从法律的层面来讲，即是在农村民主管理中赋予广大村民对村级公共事务进行自我管理、自我教育以及自我服务的各项民主权利，这不仅是农村民主管理制度的核心内容，也因此构成了农村民主管理制度的基本属性。同时，农村民主管理是农村各村级公共事务管理的主体行为，也必须在依靠其主体能力的基础上充分发挥其在农村公共事务管理中的主观能动性。因为，自治表明和体现的是人类自觉思考、自我反省及自我决定的能力。[①] 这意味着，在农村民主管理中，广大村民自己当家作主的思想贯彻始终。这种自治性质，从国家对农村民主管理制度的相关法律规定及农村民主管理制度的实施运转来看，都表现得非常全面和充分，对于农村民主管理范围的事项，其他任何社会组织、团体及个人都不得非法介入和干预。

　　其次，农村民主管理制度具有基层性。从社会机构层面来看，民主有高层民主和基层民主之分，所谓基层，是相对于上层而言的处于社会结构的基础层面单位。广大的行政村作为我国农村的基层单位，是广大村民长期生活、居住并且进行生产及开展各项活动的基层单位组织。农村民主管理活动大量地发生在这些处于最低层面的社会组织之中。由是观之，所谓农村民主管理的基层性，主要指的是在农村民主管理制度的实施中作为各民主管理主体的基层群体、基层单位及这些主体、组织所开展活动的属性。

　　最后，农村民主管理制度具有群众性。对这一点，可以从以下几个方面来进行分析。一是从农村民主管理制度的功能来看，农村民主管理具有群众性。比如，在村民的民主选举问题上，《村民委员会组织法》等相关法律规定，具有选举权和被选举权的村民在村民会议讨论决定重大问题时必须达到法定人数，避免个人或者少数人的意见左右了决定。农村民主管理制度体现和维护的是绝大多数村民群众的意志和利益。二是从农村民主

---

　　① ［英］戴维·赫尔德：《民主的模式》，燕继荣等译，中央编译出版社 1998 年版，第 380 页。

管理组织的性质看，农村民主管理是发生在农村基层社会群众组织中的活动，不是发生在国家一级基层政权组织中的活动。三是从农村民主管理活动规模性质的角度来看，群众性意味着一种规模，但是作为农村民主管理活动中的群众性也有一定的界限，这里所谓的群众，主要指的是作为农村民主管理主体的广大农村村民，从这个意义上讲，具有集合性概念的村民便具有了非常广泛的群众性意义。

由上可见，农村民主管理制度具有自治性、基础性及群众性，这几者之间是彼此紧密联系、相互依存、相互依赖、互不可缺的，共同构成了农村民主管理制度的基本属性。在这当中，农村民主管理制度的性质突出地体现为基层群众自治。

（二）农村民主管理制度的基本特征

农村民主管理制度的基本特征取决于农村民主管理制度的性质，其基本特征是农村民主管理制度性质的外在表现形态，也是农村民主管理制度区别于其他类型的民主管理制度的显著特征和标志。

1. 农村民主管理制度具有高度的自治性特征。

民主管理也就是自我管理，农村民主管理制度的特征主要表现为自我管理、自我教育、自我服务及自我发展。农村民主管理制度的自治性特征在一定程度上就是广大农村村民在对村级事务民主管理过程中主体意识最大程度的释放及其主体的民主管理能力最大限度的发挥。

所谓自我管理，就是指在农村民主管理过程中，村民自己管理和约束自己，自主决定自己的民主管理事务，他人不能干涉，自我管理不仅是农村民主管理制度的基本特征，而且也主要体现为广大农村村民在民主管理过程中对其自治权力资源配置的一种民主的赋予和落实，也体现为农村民主管理制度实施运行过程中广大村民自治权力实现的一种民主管理模式。

所谓自我教育，就是指在农村民主管理制度的实施过程中，村民开展的民主管理自治活动在很大程度上就是一项民主教育活动。在这种民主教育管理活动过程中，广大村民既是教育者，也是被教育者，在农村民主管理过程中，每个村民的民主管理思想和行为对其他村民都可能产生影响，其他村民的民主管理思想和行为也反过来影响这些村民。在农村民主管理过程中某些村民身上表现出来的先进思想、优良的道德品质及模范表率行为通过农村民主管理活动与其他村民相互影响、熏陶，这也是一种启发式互动，在这个民主管理教育过程中，广大的村民有机地实现"四个统一"：教育者和被教育者的统一，自我活动和教育活动的统一，教育过程和教育目的的统一，教育与学习的统一。

所谓自我服务，是指在农村民主管理制度的实施过程中，广大村民参与民主管理活动，实际上也就是村民自己为自己办理公共事务和公益事业，在民主管理过程中，每个村民为自己服务，把村里的公共事务都当作是自己的事情进行民主管理，这也意味着这是一种扩大意义上的服务，就不仅仅是村民只是为自己的事情服务，而是包含着为村民服务，为绝大多数村民办事和谋利，为村民服务也就是为广大村民群众服务。因此，在农村民主管理过程中，不能将村民参与民主管理活动理解为少数人的利益着想，否则，这就违背了在农村民主管理制度实施过程中自我服务特性的本来意蕴。

自我发展在农村民主管理制度中体现出来的发展性实际上是全方位发展的概念，主要包括农村经济、政治、文化及社会等的协调健康发展。要实现农村经济的发展，就是要在着力提高农村经济发展水平的基础上实现广大村民的经济收入水平的普遍提高；要实现农村政治的发展，就是通过大量的村民民主管理活动的开展，着力培养和增强广大村民的民主管理、民主自治能力及民主管理意识，使农村基层民主政治发展的能力大力提高；农村社会发展的主要目标是要实现农村社会的全面整合，其主要途径就是在农村地区通过农村民主管理制度的广泛普遍的实施，努力构建农村和谐的人际关系与和谐、合理的社会结构，确保农村社会的持续稳定；农村文化生活的发展，就是要通过农村民主管理制度的实施，通过发展农村教育、科学、文化、体育等事业来加强农村精神文明建设，丰富和完善广大农村村民的文化精神生活。须知，发展才是硬道理，发展是事务存在的基础，也是农村民主管理制度的生命力，农村民主管理制度所体现出来的自我发展的特征对于其自身的建立健全也具有重要的意义。实现自我发展既是农村民主管理制度自身发展的客观规律，而且也是在农村民主管理活动开展过程中不以人们意志为转移的、客观的内在必然性。①

2. 农村民主管理制度具有广泛的参与性特征。

农村民主管理制度是农民直接参与农村基层群众自治活动的直接民主

___

① 民政部基层民主建设司主编：《农村基层政权建设与村民自治理论教程》，教育科学出版社1998年版，第128页。

形式，广大村民在民主管理理念的影响和支配下，其社会参与意识在农村民主管理活动中不断得到增强，并在农村社会基层民主管理活动中不断地付诸实践，在此基础上，逐步形成了广大农民的社会政治参与制度。所谓政治参与，指的是公民的政治行为，这种行为是公民对各种政治生活以合法、自愿形式参与的行为。① 政治参与的要素是多元的，主要包括：政治参与的主体、政治参与的对象、政治参与的方式、政治参与的类型及政治参与的目的等。可见，在农村民主管理过程中，村民的政治参与内容是非常广泛的，村民的这种政治参与是具有独立价值的一项农村基层政治社会活动，其不仅具有农村民主管理的显著特征，而且也有其自身丰富的内在特点，主要表现在以下方面：

一是农村民主参与主体具有广泛性。政治参与主体，主要指的是在一个政治体系内的任何人。由此可见，所有的村民在农村民主管理制度的实施过程中都是参与的主体。在农村民主管理制度视域中，政治参与指的是全体村民通过各种合法方式参与农村民主管理这种政治生活，并由此影响到农村基层民主管理制度体系的构成、运行方式、运行规则及管理制度制定过程的行为，它是村民的政治权利得以实现的重要方式，反映着村民在农村基层社会政治生活中的地位、作用及选择范围，体现了农村基层政治关系的内容。农村民主管理行为是一般的政治行为，这种政治行为的主体就是全体参与村级事务民主管理的村民。

二是农村村民的参与形态多样化。所谓政治参与形态，指的是公民的行为对政治系统的决策过程所发生的推动和影响作用，它是政治参与的常态，主要包括公开参与、直接参与、主动参与、合法参与及均衡参与等。② 农村民主管理作为村民广泛参与农村基层民主政治的常态，国家相关法律法规及政策文件对其实现形式的具体合法性进行了非常明确的规定，确保了广大村民民主权利在农村民主管理的过程中能得到充分的实现和有力的保障。

三是村民政治参与的内容丰富多彩。政治参与是公民对共同利益的行为主张，这种行为实际上是以公民的政治行为为载体的公民政治权利行使的体现。由此，公民政治参与的内容主要指的是公民对于共同利益的主

---

① 《中国大百科全书》（政治学卷），中国大百科全书出版社1992年版，第485页。
② 陶东明、陈明明：《当代中国政治参与》，浙江人民出版社1998年版，第125页。

张。具体到农村民主管理领域，广大村民在村级事务民主管理过程中对共同利益的主张涉及农村基层社会政治生活的方方面面，涉及农村基层社会政治生活的几乎所有内容和过程，内容非常丰富。在民主管理过程中，广大村民对于村里的经济、政治、文化及社会生活等方面的各种事务，都有权参与管理、决策及监督。

由上可见，建立在农村民主管理基础上的村民的广泛政治参与已经成为扩大农村基层民主及推动农村基层社会民主政治发展的重要形式。

3. 农村民主管理制度具有过程的直接性特征。

农村民主管理是一种直接民主形式。这种直接性特征表明，村民在农村民主管理的过程中，是村级事务民主管理自治权力的支配者和被支配者，不是通过中介和代表，而是自己在当家作主的基础上进行对自己事务的直接管理。在农村民主管理制度实施过程中，每个村进行民主管理的最高权力机构是村民会议，也是村民开展民主管理活动的重要载体，广大村民开展了许多直接性的农村民主管理活动。一是直接选举各村级事务管理组织者，对其不称职者也有权力直接予以罢免；二是直接对村里重大的公共事务进行决策，对村民的自身合法权益进行直接的维护；三是对村里的公共事务进行直接的参与管理，直接对公益事业进行有效的维护；四是对各级村级公共事务管理组织者及其工作进行直接的监督，防止其以权谋私；五是根据国家相关法律、法规及政策对农村民主管理行为直接建章立制，对广大村民的农村民主管理行为进行直接的规范。

4. 农村民主管理制度具有鲜明的时代性特征。

任何制度的产生、发展都具有鲜明的时代烙印，农村民主管理制度也不例外。作为当代中国农村社会的基层政治制度，农村民主管理制度是自改革开放以来，中国新时期社会经济、政治体制等综合发展的产物，是国家进行政治体制改革，推进政治民主化进程，扩大基层民主，进而在广大农民民主意识不断增强等因素综合发生作用的基础上而产生的必然结果。农村民主管理制度的发展与健全是伴随着农村经济体制改革过程在农村生产方式发生重大变化基础上的必然产物，其产生前提是农村生产力的解放和发展。与此同时，农村民主管理制度的产生也具有世界性意义，它是中国适应世界民主政治潮流发展的必然选择。因此，从这个意义上讲，农村民主管理制度具有鲜明的时代性特征，并随着历史的进步及时代的发展而不断地得到进一步的改进和发展。

第三章 农村民主管理制度的价值理念

一 基层民主自治理念

农村民主管理制度是一种基层民主自治制度，在一定意义上，农村基层民主管理制度的创新，主要体现在"民主自治"上，因为它不仅充分体现了人民当家作主的理念，同时表达了广大农民建设社会主义现代化新农村的强烈愿望。毋庸置疑，民主自治理念是比民主思想意识和自治思想意识更加抽象、理性层次更高的概念，是对民主、自由、权利、平等等自治理想、原则、精神的高度抽象和概括。根据马克思主义基本原理，理念性的概念实质上是对客观现实的反映形式，是客观存在的主观印象，是移入人的头脑并在人的头脑中改造过的物质的东西。即是说，民主自治的理念不仅能反映农村民主管理的客观现实，而且还能根据对该客观现实的反映，为农村民主管理的实践创造理念的对象，以此作为实践的目的来统摄农村民主管理的实践活动。于此，农村民主管理制度的基层民主自治理念，主要体现在民主理念、自由理念、权利理念及平等理念等方面。

（一）民主理念

民主的含义非常广泛，民主的实质是"人民"与"权力"的结合，原意主要指的是人民的统治。近代意义上的民主多指一种国家形式及形态。"民主是国家形式，是国家形态的一种。"[1] 民主也指的是人民治理国家的平等权利，"民主意味着在形式上承认公民一律平等，承认大家都有决定国家制度和管理国家的平等权利"[2]。有人认为民主就是人民自治的

---

[1] 《列宁选集》第3卷，人民出版社1995年版，第201页。

[2] 同上。

制度，首先是指无产阶级和劳动人民在国家政治生活中的不容侵犯的主人翁地位，国家的一切权力属于人民。① 有的人认为人民民主是多数人的政治利益和权利，"民主是多数人决定、支配和监督少数人行使国家权力的主要方式"，"根本目的在于确保多数人的利益和政治权利，把多数人的意志确认为最高意志"②。有人也从法理学角度出发认为民主是个综合性的概念，"民主既是观念，更是实践；既是国家形式，更是国家本质；既是人民权利，更是国家制度"③。本书立足的民主指的是社会主义民主，社会主义民主作为一种国家制度，其主体是人民，其本质和核心是一切权力属于人民，是通过民主制度的政治形式来保障和实现绝大多数人的统治。

于此背景下，所谓民主理念主要指的是人民意识升华和对直接民主参与追求这一客观现象的主观认识，民主理念是意识形态的民主，是由一定经济基础决定并为其服务的。有学者认为经济发展是民主化的重要促进因素。"把政治系统和社会其他方面联系起来的最普遍的根据或许是，民主关系到经济发展的状况。一个国家越富裕，它准许民主的可能性就越多。"④ 这反映到农村领域也比较充分地体现了这一点，随着我国农村经济体制改革的不断深入发展，尤其是在农村广泛实行家庭联产承包责任制以后，农村的经济基础不断得到发展和提高，农民的经济水平逐步得到改善和提升，当物质需求不再是农民生存的基本问题时，农民的非物质需求欲望不断得到发展，农民的民主意识、民主精神及民主素质不断得到增强，民主逐步成为农民追求政治自由的一种普遍的价值理念追求。民主的价值追求必然外化为民主制度，农村民主管理制度就是在这种民主价值理念的指导下不断发展、演变、延伸、拓展及实践的，也是顺应我国基层民主政治发展的要求而产生的。同时基层民主制度在一定程度上决定和影响着基层民主政治的发展前景和趋势，国家政策、法律的介入使得农村基层民主的命运逐步地由村民自己掌握。为此中共十五大提出，"扩大基层民

① 郭根山、岳长利：《论毛泽东的人民民主权利思想》，《政治学研究》2007 年第 3 期。

② 周叶中：《代议制度比较研究》，武汉大学出版社 1995 年版，第 2—3 页。

③ 李龙：《法理学》，武汉大学出版社 1996 年版，第 205—210 页。

④ ［美］西摩·马丁·李普赛特：《政治人——政治的社会基础》，张绍宗译，上海人民出版社 1997 年版，第 27 页。

主，保证人民群众直接行使民主权利的精神，推进农村基层民主建设，密切党群、干群关系，促进农村的改革、发展和稳定"，随后中共中央办公厅、国务院办公厅于 1998 年联合发布的《关于在农村普遍实行村务公开和民主管理制度的通知》指出："以邓小平理论和党的基本路线为指导，正确贯彻落实党在农村的各项方针政策，以推行村务公开为基础，坚持实行民主选举、民主决策、民主管理和民主监督，推进农村的民主、法制建设，促进农村的改革发展和稳定，推动农业、农村经济与农村社会的全面发展和进步。"1998 年 11 月《村民委员会组织法》公布施行。2004 年中共中央办公厅、国务院办公厅联合发布的《关于健全和完善村务公开和民主管理制度的意见》就进一步健全村务公开制度、规范民主决策机制、完善民主管理制度、强化村务管理的监督制约机制，以切实保障农民群众的知情权、决策权、参与权及监督权等内容提出了要求。中共十六大提出"健全基层自治组织和民主管理制度，完善公开办事制度，保证人民群众依法直接行使民主权利，管理基层公共事务和公益事业，对干部实行民主监督"。

由此可见，农村民主管理制度概念的核心理念之一就是民主，重点体现村民"四个民主"权利的行使与实现，确保村民自己管理自己的财产、财务以及自治组织的各项事务，实现基层民主各项事务中的管理、服务、教育等工作的自治，对农村基层民主自治组织中各项事务的办理与否、办理的方式方法、办理的先后顺序等都由村民自己民主决定，其他任何组织和个人都不能干预。农村民主管理制度的不断深入与广泛实践，确保了广大农民在自治组织事务管理中民主享有的实现，从而切实参与到农村基层自治组织经济、政治、文化及社会综合性事务的管理过程中去。"有民主就有了积极性。农村改革的成功之处可以概括为四个字：'民主、实惠。'"①

（二）自由理念

在现代性的政治视域下，自由是现代社会里最重要的政治价值理念之一。自由的内涵极其丰富，"从辞源学考察，西语自由有两个不同的概

---

① 万里：《论人民民主与法治建设》，中国民主法制出版社 1996 年版，第 95 页。

念：Freedom 和 Liberty，前者来源于条顿民族，其意指原始生活中无任何羁束的自然生活状态；后者则源自罗马法，含有权利和义务双重含义"①。综合许多教科书、辞典及学界关于自由的含义，从法律的角度看，普遍认为自由指的是在社会关系中受到宪法和法律保护或得到认可的、可以按照自己意志进行活动的权利，是权利与义务，自由和责任的统一。西方民主社会主义思潮中，有人认为，"所谓自由权，就是在现代文明中，保障个人幸福所必需的社会条件的存在，不受任何限制的意思"②。另一方面，拉斯基指出，相异于资本主义社会，在民主社会主义社会里，自由权利是能够予以保障的。在这个社会里，自由建立在生产资料公有制的基础之上，物质产品十分丰富，人们逐步形成了一种不愿为陈规旧习所束缚的心理，从而"为自由的概念开辟了新的个人和制度的前景"③。由此在民主社会主义社会里所形成的"自由概念是积极的"④，体现了一种积极主动的精神。而马克思则认为，自由是主体的意志与客观规律的统一。它是对客观规律的认识和对必然的驾驭，是对客观规律的认识，是不断由意志自由转化为行动自由的一系列过程。自由不仅是个人与社会的统一，而且是个人自由的发展与社会发展的统一，也是自由与社会责任的统一，以至于在共产主义社会，"人终于成为自己与社会结合的主人，从而也就成为自然界的主人，成为自身的主人——自由的人"⑤。于此"人的自由程度是人主体性地位的实质性标志，人的主体性地位基于人的自由实现程度"。所以"自由是人的本质，向往自由是人的天性，实现自由是人的终极目的回归"⑥。可见，人类社会的发展史就是人类自由发展的历史。

毋庸讳言，中国有着较长期的半封建半殖民地社会的历史，在那个制度环境下，人民是不可能享有自由的。直到新中国成立后，广大劳动人民群众翻身做了国家的主人，才开始享有真正的自由。新中国成立后，随着

---

① 齐延平：《论法治：理念·制度·运作》，转引自李龙主编，徐亚文、吴家清副主编《依法治国论》，武汉大学出版社 1997 年版，第 89—93 页。

② ［英］拉斯基：《现代国家中的自由权》，何子恒译，商务印书馆 1959 年版，第 33 页。

③ ［英］拉斯基：《论当代革命》，朱曾汶译，商务印书馆 1965 年版，第 381 页。

④ 同上书，第 395 页。

⑤ 《马克思恩格斯选集》第 3 卷，人民出版社 1995 年版，第 443 页。

⑥ 齐延平：《论法治：理念·制度·运作》，转引自李龙主编，徐亚文、吴家清副主编《依法治国论》，武汉大学出版社 1997 年版，第 92 页。

社会生产力的不断解放和发展，中国的农村改革不断向纵深推进，特别是十一届三中全会以后，随着中国改革开放在各领域的不断深化和发展，对中国农村各项改革的推动和影响也是非常大的，农村的经济结构开始逐步转型，由自给半自给的产品经济社会向社会主义市场经济结构过渡。随着社会思想解放运动的不断开放发展，人们也在追求着更高的自由价值理念目标，促使社会不断地从封闭、半封闭向开放转型，从人治社会逐步走向法治社会。党的十五大明确"发展民主必须同健全法治紧密结合，实行依法治国"，随后依法治国方略被写进宪法，"中华人民共和国实行依法治国，建设社会主义法治国家"。随后，国家不断加大对农村各项改革包括法治建设等推进的力度，在这样的背景下，广大农村人民群众自由理念开始得到了更好的张扬和体现。在中国共产党和各级基层党组织的领导下，广大农村村民的自由发展理念不断地得到各种政策和制度的保障。尤其是党的十七届三中全会通过的《中共中央关于推进农村改革发展若干重大问题的决定》明确把"健全农村民主管理制度"作为今后农村必须大力加强的六项制度建设之一，指出"发展农村基层民主，以扩大有序参与、推进信息公开、健全议事协商、强化权力监督为重点"，并把"农村基层组织建设进一步加强，村民自治制度更加完善，农民民主权利得到切实保障"等内容纳入到 2020 年农村改革发展的基本目标任务之中。于是广大农村村民有了实现自由理念重要的制度途径——农村民主管理制度，通过民主选举、民主决策、民主管理及民主监督，实现自我管理、自我教育及自我服务，最大限度地实现自由。"要寻找出一种结合的方式，使它能以全部共同的力量来卫护和保障每个结合者的人身和财富，并且由于这一结合而使得每一个与全体相联合的个人又只不过是在服从其本人，并且仍然像以往一样自由。"① 无疑，在我国，村民自由理念实现的制度路径——农村民主管理制度，得到了国家层面的政策和制度保障，而且农村民主管理制度的一个重要范畴——村民自治，得到了国家宪法的确认和保护，使得村民有了实现真正自由的最高法律依据和保障。《村民委员会组织法》则具体规定了村民自治的各项制度，明确界定了村民在民主管理村级各项事务中自由的限度。这样，农村民主管理制度不仅使得村民自

---

① ［法］卢梭：《社会契约论》，何兆武译，商务印书馆 2010 年版，第 19 页。

由的发展和国家与社会的发展紧密结合起来，而且，通过国家对农村民主管理从政策、法律及制度等多元角度的不断健全和完善，使得村民在农村民主管理中将村民自己个人的主体意志与农村经济社会发展的客观规律统一协调起来，村民在村级事务管理中的自由理念得到了最大程度的实现和保障。须知，农村民主管理制度的贯彻落实中需要广大村民自由理念的彰显和浸润，自由是农村民主管理制度基层民主自治理念的核心要素之一。

（三）平等理念

平等与自由、民主一样，是民主政治的基础和人类追求的基本价值目标。那么，什么是平等？"平等者，非待遇同样之谓"，"亦非酬劳同样之谓"。① 平等不是指的是人们在待遇和酬劳方面的简单相等，而主要包含两方面的意思：第一，平等意味着同等的机会，即 "平等的观念显然就是置身于同等地位的意思，这就是尽可能使每一个人都有同等的机会去运用他所具备的才能"②。第二，平等意味着同等的权利，即是说，社会 "在作出影响他的决定时，他会想到凡是任何其他公民所具有的法律权利，他也同样具有；社会对于不同的人们作出不同的待遇时，那些原则也必就可以用共同的福利原则加以说明"③。即是说，没有平等的意识，即不可能有自由民主的社会状态，不平等会导致不自由和不民主的现象发生。萨托利认为，"平等表达了相同性概念，……两个或更多的人或客体，只要在某些或所有方面处于同样的、相同的或相似的状态，那就可以说他们是平等的"④。其观点的核心是平等，是人们相互之间的相同性，但实质上人们相互之间的这种相似性并不都是平等，平等的本质重在与利益相关的相似性，平等可以分为自然平等和社会平等，"自然平等与社会平等虽然都与利益相关，……社会平等则不仅是个利益问题，而且根本说来，是应该不应该的权利问题"⑤。故从社会平等的意义上说，平等是指

---

① ［英］拉斯基：《政治典范》（卷上二），张君劢译，商务印书馆1931年，第89页。

② ［英］拉斯基：《现代国家中的自由权》，何子恒译，商务印书馆1959年版，第36页。

③ 同上。

④ ［美］乔·萨托利：《民主新论》，冯克利、阎克文译，东方出版社1993年版，第340页。

⑤ 王海明：《公正平等人道——社会治理的道德原则体系》，北京大学出版社2000年版，第64页。

不同社会主体在社会各领域一定历史阶段的交往过程中，确保平等社会地位，享有同等权益及履行同等义务的理念、原则和制度。① 平等实际上是一种权利平等，马克思认为，从唯物史观的角度，平等的实质是保证"一切人，或至少是一个国家的一切公民，或一个社会的一切成员，都应当有平等的政治地位和社会地位"②。美国 1776 年的《独立宣言》第一次把平等的理论在宪法中及革命性文件中体现出来："人人生而平等"，随后 1789 年法国《人权宣言》第 1 条规定"在权利方面，人民生来是而且始终是自由平等的"。1948 年联合国代表大会通过并颁布的《世界人权宣言》第 1 条规定："人人生而自由，在尊严和权利上一律平等。"我国《宪法》第 33 条规定："……中华人民共和国公民在法律面前一律平等。国家尊重和保障人权……"另外，我国《宪法》第二章还集中规定了我国公民所享有的基本权利。

在我国，农民问题是我国"三农"问题的实质与核心，也密切关系到我国社会各方面的健康发展，伴随着我国农村政治、经济及社会管理体制改革的不断深入发展，农民平等理念的充分实现也是我国农村经济社会发展和现代化过程中必须正视的重要问题，尤其是在农村民主管理制度的贯彻落实过程中，农民在农村民主事务管理中的平等理念的充分体现，不仅有助于农民的政治平等发展权利的实现，而且对于推动我国基层民主政治的健康发展也有着非常重要的意义。而农村民主管理制度概念中的"平等"理念的展现，主要指的是村民在农村各项属于村民自治的民主管理事务中享有平等的参与权，主要体现在享有平等的民主选举、民主决策、民主管理及民主监督等方面的权利及平等地建立与参与农村民主管理事务中的各种自治组织，以使村民能在农村基层民主事务管理中依法有效地维护自身的合法权益及平等地表达自己的合理诉求。因此，在充分体现农村民主管理制度概念中的"平等"理念的途径中，笔者认为，应高度重视法治的力量及农村民主管理中所面临的各种复杂的社会背景和环境因素的影响，农村民主管理中的平等问题不仅仅是单纯的农民自身的平等问题，而且也是涉及城镇建设、国家经济社会发展、政治安定的重大问题，必须将农村民主管理制度概念中的"平等"理念落实放置在整个国家的

---

① 洋龙：《平等与公平、正义、公正之比较》，《文史哲》2004 年第 4 期。

② 《马克思恩格斯选集》第 3 卷，人民出版社 1995 年版，第 304—444 页。

社会公平的实现中予以实现。须知"社会公平的实现，和谐社会的构建是多种因素交织作用下的合力结果，当前，社会公平问题相对凸显。应当综合运用法律、制度、经济、行政等手段与途径，将社会不同利益主体对社会公平的合理诉求法律化、制度化，逐步将社会不同利益主体追求实现社会公平的途径程序化、公开化、法治化，将法治作为社会公平的最后一道防线"①。为此，我们应高度重视运用法治的手段和力量确保村民平等地参与农村各项事务的民主管理，实现在农村民主管理中各项平等的权利。重点通过法治的建设和完善，鼓励支持农民建立健全农村民主管理中的各种自治组织，促进以保护农民利益为中心和主要内容的各项农村民主管理机制的形成和完善，进一步理顺基层政权与农村民主管理组织之间的关系，不断地强化农民在农村民主管理中的平等意识和各项权利理念，逐步健全农村民主管理制度，确保农村民主管理各种自治组织享有广泛的活动空间，让农民在平等参与农村事务民主管理中真正实现自我管理、自我发展，同时促使我国基层政府治理模式实现"民主合作型体制"，改变传统的"压力性体制"，为农村民主管理的发展和村民的平等参与农村事务的民主管理提供便利的条件和稳定的环境，尽可能减少和避免基层政府对农村民主管理的干预和控制，因为"如果政府介入这些领域，就会造成泛政治化和权力、职能、规模及行为方式不受限制的政府，造成政治肥大症"②。

（四）权利理念

权利是法治国家建设视野下的一种重要的社会价值取向，与平等、民主、自由等密切相关。民主是自由、平等的民主，权利是民主、平等的权利，自由是建立在权利义务平衡的基础上的自由，自由、民主、平等是权利追求的目的。不同的学科对权利有不同的解释和阐述，其不但是法学的重要概念，也是政治学、哲学的重要概念范畴，从其起源和产生的过程来看，权利是多种学科多元文化要素的积淀和融合而成的概念。就其起源而言，就有"神示权利""天然权利""天赋权利""君授权利"及"法定

---

① 刘常庆：《社会公平的实现需要法治推动》，《社会科学报》2006 年 11 月 2 日第 4 版。

② 杨明伟：《公民社会对民主政治的意义和作用》，《中共成都市委党校学报》2003 年第 6 期。

权利"等理论。① 就权利的含义而言，有的学者认为权利就是自由，权利就是利益，权利就是能力，权利就是资格；② 有的学者主张宜从权利和义务的各个要素诸如利益、资格、权能、自由、规范、合理预期及选择等多方面进行综合分析，认为权利规定于法律规范之中，在法律关系中实现，主要包括规范、主体、自由、利益等四个要素。③ 也有学者认为，利益、主张、资格、权能及自由等是一项权利成立所具备的最基本的和不可或缺的要素，其本质具有多元性。④ 也有学者认为，权利是由个体的自主地位、利益、自由和权力有层次性地组合而成的一种价值体系，其中核心是个体的自主地位，物质因素是利益，环境条件是自由，其实现的社会力量是权力，同时权利的这几个层次之间是密不可分的。⑤ 可见，对权利概念的探讨可谓众说纷纭，莫衷一是，而且在对权利概念的进一步探讨中，学者对权利本质的分析有三种说、八种说及九种说，三种说认为权利的本质可以归纳为意思、利益及法力三种；⑥ 八种说认为权利的本质可以归纳为自由说、利益说、法力说、资格说、主张说、可能说、规范说、选择说八种；⑦ 九种说认为权利中的本质可以分为：意思说、利益说、范围说、自由说、折中说、法力说、法能说、选择说及依属—支配说九种。⑧ 上述对权利本质的分析总体上讲，偏重于权利本质中的要素分析，而轻视或者忽略了权利的多元属性及这些属性之间的内在联系。

　　那么，我们在法治视野下来分析，农村民主管理制度概念的权利属性或者说农村民主管理制度概念中权利理念，这里的权利又应该如何理解呢？党和国家高度关注农村的改革发展，连续多年以发一号文件的形式加强对农村各项改革发展工作的推进，这其中就包含许多健全和完善农村基层民主权利生态的精神要求，农村民主管理制度也在这样的背景下得到进一步的加强。农村民主管理制度的核心理念之一是保障农民的各项合法民

① 何泽中：《当代中国村民自治》，湖南大学出版社 2002 年版，第 14 页。
② 同上。
③ 张文显：《法哲学范畴研究》，中国政法大学出版社 2001 年版，第 309 页。
④ 夏勇：《人权概念的起源》，中国政法大学出版社 1992 年版，第 42—44 页。
⑤ 葛洪义：《论法律权利的本质》，《当代法学》1988 年第 3 期。
⑥ 梁慧星：《民法总论》，法律出版社 1996 年版，第 61—62 页。
⑦ 张文显：《法哲学范畴研究》，中国政法大学出版社 2001 年版，第 300—305 页。
⑧ 陈云生：《权利相对论》，人民出版社 1994 年版，第 6—8 页。

主权利的实现和改善现实不尽理想的权利生态环境，在促进基层民主政治发展的同时，加强农村基层民生政治的发展。农村民主管理制度不仅是我国社会主义民主政治制度的重要组成部分，而且也是其重要基础。自改革开放以来，总体上我国基层民主政治建设的深入发展，使广大的农民群众的民主生活出现了丰富多彩的格局，权利意识也不断地得到增强，参与农村事务民主管理的方式、手段及水平都有了很大的提高，但是由于农村各种客观社会条件的制约及农民自身主观的因素，导致我国农村基层民主管理中不可避免地出现了诸多困难和问题，对农村基层民主管理制度中的权利理念的理解有待进一步加强和完善。

从法治的视角看，我国《宪法》第 33 条规定"国家尊重和保障人权"，第 46 条规定"公民有受教育的权利和义务"，第 42 条规定"公民有劳动的权利和义务"，第 6 条规定"实行各尽所能，按劳分配的原则"，第 21 条规定"保护人民健康"，第 14 条规定"国家建立健全同经济发展水平相适应的社会保障制度"，第 45 条规定"公民在年老、疾病或者丧失劳动能力的情况下，有从国家和社会获得物质帮助的权利"，第 13 规定"公民合法的私有财产不受侵犯"，第 39 条规定"公民的住宅不受侵犯"，第 25 条规定"保护和改善生活环境和生态环境，防止污染和其他公害"等，都与农村民主管理中农民的各项民主、民生权利息息相关。同时，其他国家基本法律法规如《刑法》《民法通则》《物权法》《劳动法》等不同的部门法律通过各自的法律规定赋予并保护着民众的各项民主、民生权利。具体到农村民主管理制度中的权利理念理解，就是要重视农民在农村事务民主管理中的经济、政治、文化及其他社会各项权利的实现和保障，尤其要突出体现农民在农村事务民主管理中的权利理念的民生政治价值取向。所谓民生，就是指公民的生计、生存和生活。[1] 民生问题从表面上看是个社会和经济问题，但其实质是个权利问题。[2] 具体到农村民主管理制度中的权利理念的理解时，也应充分地体现这一点。农村民主管理制度中的权利理念，是农村民主管理制度的关键理念之一，它不仅是一种理念，更是一种民主管理行为的指南。我们是社会主义国家，国家的一切权力属于人民，广大村民在农村民主管理中自然享有宪法及其他基本

---

① 何士青：《保障和改善民生的法治向度》，《法学评论》2009 年第 3 期。

② 付子堂、常安：《民生法治论》，《中国法学》2009 年第 6 期。

法律、法规规定的各项基本权利，随着农村基层各项改革的持续深入推进，广大村民在农村村级事务民主管理中的政治、经济、社会文化权利必须得到有力的实现和保障，尤其是在农村民主管理中围绕民主选举、民主决策、民主管理及民主监督等"四个民主"的各项权利的落实，这些都需要通过农村民主管理制度中的权利理念得到充分的体现。

综上所述，在农村民主管理制度的基层民主自治理念中，自由、民主、平等及权利等是其主要的理念要素，这几个理念要素之间是互相联系、互相影响，互相渗透的。自由与平等是权利理念的根据和基础，民主理念是权利理念的保证，权利理念是自由、民主、平等理念在农村基层民主白治领域中的具体化。自由是精髓，平等是前提，民主是关键，权利是核心。自由、民主、平等及权利等共同构成了农村基层民主自治理念，也是农村民主管理制度的价值理念和价值取向，这些理念彼此之间既各自具有相对的独立性，又互相之间紧密联动，互为前提，互相支持，相辅相成，使得农村民主管理制度领域里的相关思想、观念、意识、机制、模式、方式、方法等围绕这些理念产生、发展、延伸及拓展并由此统摄和运用于农村民主管理的广泛实践中，从而使得农村民主管理理论与实践的结合更加紧密，共同推进农村民主管理制度的不断健全与完善，为农村基层民主政治发展奠定更加有力的制度基础。

二　基层制度性理念

（一）农村民主管理制度是农村的基层政治制度

什么是政治制度，有学者认为，政治制度是指围绕公共利益的增进和维护而调整规范相关阶级、集团及个人的政治活动的规则体系。① 也有的认为，政治制度主要指的是统治阶级实现其阶级专政的统治方式及方法的总称，这其中的表现形式主要包括国家的管理形式、结构形式、政党制度、选举制度、官吏制度及政策制定的体制与程序；操控舆论的制度和手段及实施民主和专制的统治方法等。② 有的认为，政治制度从社会中产生

---

① 马德普：《论政治制度及其功能》，《郑州大学学报》2000 年第 5 期。
② 许崇德主编：《中华法学大辞典》（宪法学卷），中国检察出版社 1995 年版，第 790 页。

又高于社会，集国家本质和形式于一体，是国体和政体的总和。[①] 由此可见，国家性质的不同，国家之间政治制度也会不同，为实现各自的政治制度，各个国家都会在本国不同区域、部门及相应组织机构中规定具体的途径和方式、方法。我国的国家性质是社会主义国家，我国的根本政治制度是人民代表大会制度，国家在政治权力运行过程中，必须通过国家与社会的"连接领域"来确保政治权力和规范得以顺利地进行和实现，这就需要对政治制度在国家与社会"连接领域"的各个具体运行领域里实现的途径和方式方法进行具体的规定。由此，农村作为国家与社会的重要"连接领域"，如何实现国家政治制度在农村的贯彻落实？农村与国家政治制度的连接点应如何实现并且采取何种具体的实现途径和方式方法呢？为此，笔者认为将农村民主管理制度作为农村基层政治制度范畴就能很好地回答这一问题，事实上，在我国农村，基层政治制度主要包括两个层面，即乡镇基层政权与农村民主管理制度。乡镇政权是国家政权的最基层延伸，而农村民主管理则是作为农村社会主体的村民自己管理自己，参与国家事务最直接、有效的制度的途径。可见，农村民主管理制度是我国农村基层民主的政治制度，属于我国农村基层政治体制范畴，这也是国家不断致力于建立和完善的基层政治制度和政治体制改革的领域。

尤其是自 21 世纪以来，党的十七大明确要求，把发展基层民主"作为发展社会主义民主政治的基础性工程重点推进"，并将基层民主制度与人民代表大会制度、多党合作和政治协商制度、民族区域自治制度等并列在一起，使之成为"坚持中国特色社会主义政治发展道路"的重要方面，其根本目的就是希望通过发展基层民主，依法保障和落实人民当家作主的权利，最大限度地减少不和谐因素，为社会主义现代化建设服务。此后，党的十七届三中全会通过的《中共中央关于推进农村改革发展若干重大问题的决定》对我国基层民主制度中涉及人口数量最多、范围最广的农村民主管理制度，进行了更加系统、全面的阐述。这表明在改革开放 30年制度探索和经验积累的基础上，农村民主管理制度建设将更加重视民主质量的提升。可见，农村民主管理制度不仅是我国村级传统政治制度的深刻变革的价值体现，也是我国农村政治体制改革的重要范畴，也在一定程

---

① 白钢主编：《中国政治制度史》，社会科学文献出版社 2007 年版，第 1 页。

度上有力地影响和促进我国政治体制改革的总体进程。

（二）农村民主管理制度是农村的基层民主制度

民主，是一种国家制度，当今世界的时代主题之一的重要表现，也体现为对民主的追求，归纳起来，民主制度的类型、层面及组织形式等方面的表现是非常丰富多彩的，有直接民主、间接民主、代议制民主、无产阶级民主、资产阶级民主、基层民主、社会民主、社会主义民主等。[1] 我国实行的是社会主义民主制度，在社会主义建设与改革的实践中，最大限度地发挥民主让人民群众参与到管理社会和国家的事务中来，不仅是我国广大人民群众的基本政治权利，而且是社会主义民主的重要实现方式。随着市场经济体制的逐步建立和完善，社会开始出现了多元利益阶层，社会结构逐渐发生了深刻的变化，于此背景下，如何构建与市场经济体制相适应的民众民主权利的实施与民主参与机制，便成为转型期中国民主政治建设的一项重要研究课题。对此，笔者认为在这样的背景下比较好的路径选择就是加强基层民主制度建设，这不仅是社会主义政治体制改革和民主法制建设的重要内容，也是社会主义民主制度的重要组成部分。为此邓小平曾经指出，让人民获得更多民主权利的重要途径是给基层、企业及乡村中的农民与其他居民更多的自主权。[2] 在谈到农村改革时，邓小平也曾经谈到，我国农村改革成效显著的重要原因在于给了农民更多的自主权，由此调动了农民的积极性。[3] 邓小平还从社会主义民主建设的高度来谈这个问题，他说社会主义最大的民主及其重要内容就是把权力下放给基层和人民，在农村就是下放给农民。[4] 由此可见，加强基层民主制度建设是保证基层管理事务决策民主化、科学化的前提基础和重要手段。党的十五大报告中也明确指出，通过基层民主实践范围的扩大，以保证人民群众在社会主义最广泛的社会主义民主实践中，其民主权利能够得到最直接的行使，对自己的事情能够实现依法自主管理，最终创造自己的美好幸福生活。2007 年 10 月，党的十七大首次将基层民主自治确定为社会主义的民主制

---

① 何泽中：《当代中国村民自治》，湖南大学出版社 2002 年版，第 16 页。

② 《邓小平文选》第 3 卷，人民出版社 1993 年版，第 210 页。

③ 同上书，第 242 页。

④ 同上书，第 252 页。

度形式。

在农村，村民实践民主管理的主要内容就是通过从选举、决策、管理及监督等采取民主的形式对村级事务进行管理，并且根据多数人的意志对相关管理事务进行决定，并且在国家法治建设方略下，逐步建立健全农村民主管理的基本范畴、运作条件、实现程序及救济机制等一整套的民主制度，这就是基层民主制度，也就是农村民主管理制度。其实质就是由农村基层人民群众自己直接行使当家作主权利的制度。农村民主管理制度作为基层民主制度的一项重要内容，指的是广大人民群众在其所居住的基层农村社会区域内，自主平等地参与农村基层社会事务的管理，依法行使自治权，充分调动农村民主管理自治组织内的全体成员，通过民主的方式去实现经济性、政治性、文化性及社会综合性等事务的实践活动，坚持按照大多数人的意见对农村公共事务与公益事业实行民主选举、民主决策、民主管理及民主监督，确保最大范围内决策的正确性，以实现村民的对与自己各项合法权益紧密相关事务的自我管理、自我教育及自我服务的一种基层民主制度。它不仅是马克思主义自治理论与我国农村基层民主政治发展的实践相结合的产物，而且是社会主义民主在我国农村基层民主管理事务中的重要体现。实践证明，农村民主管理制度是具有中国特色的一项基层民主制度，其实施在调动广大农民群众民主管理积极性的同时，不仅有利于培养他们的民主习惯和民主意识，也有利于加强他们与基层政府的密切联系，从而有力促进基层民主政治的健康与和谐发展。

（三）农村民主管理制度是农村的社会管理制度

所谓管理制度，指的是组织、决策、协调及调控某种事物的规定性程序与准则，其变革主要取决于生产力的发展。农村作为以从事农业生产为主的聚居居民共同生活的社会区域共同体，加强农村社会管理，不仅有利于维护农村社会稳定，而且也是促进农村经济社会全面发展的内在要求和有效途径。自党的十一届三中全会以来，尤其是党的十六大以来，党中央先后提出全面建设小康社会、科学发展观的确立和贯彻落实、城乡统筹发展、社会主义新农村的建设、社会主义和谐社会的构建等重大战略目标，这些战略目标在推动农村社会管理不断健全完善的同时，促进了农村社会结构的深刻变革。从社会结构的转变角度看，主要表现在从以家庭为中心，按血缘关系划分的差序格局逐步向现代社会分层结构的转变，开始从封闭、半封闭的社会转向流动开放的社会。① 由此可见，传统的农村社会管理制度已不能适应农村社会发展的新要求，尤其是在社会主义市场经济进一步发展的转型期，农村社会管理亟须新的制度与之相适应，农村民主管理制度无疑是加强农村社会管理的一种比较好的制度选择，其实施也证明其是农村的社会管理制度。

实行农村民主管理，可以使广大的农民实行自己的事情自己管，在村级事务管理中做到自我管理、自我教育与自我服务，使广大农民在农村基层社会生活中能够独立，不再依赖于国家和集体管理组织。由此可见，农村民主管理制度作为一种农村基层社会管理制度，不仅是我国基层社会管理制度的重要组成部分，而且是适合我国农村村级组织的农村社会组织管理形式。同时，作为一种农村村级事务民主管理制度，农村民主管理制度在农村社会管理制度概念层面还具有以下的特点，首先，具有鲜明的目标性，农村民主管理的根本目标是要实现建设社会主义新农村"二十字"方针提出的"乡风文明、村容整洁、管理民主"，促进农村生产发展、生活宽裕，创造农民自己的幸福生活，实现农村社会的现代化发展。其次，具有管理过程的有序性。农村民主管理是个动态的协调管理过程，其目的就是要提高村民有序参与村务管理的主动性与积极性，在实现农村事务民主管理的过程中，不仅充分体现了广大村民有组织、有意识地协调参与民主管理的有序性，也有利于实现村民对村级事务的自我管理、教育与服务。三是管理内容范畴覆盖的全面性。农村民主管理在内容方面的表现非常宽泛，涉及农村地区在经济、民主、政治、文化事业及社会生活等方面的发展内容，农村民主管理作为一项农村的社会管理制度，应充分地体现其管理内容的统筹兼顾与全面覆盖性。四是管理意识的自主性。作为一项农村的社会管理制度，农村民主管理制度的目的是村民自主地按自愿原则组织起来，自己当家作主，实现自己管理自己事务的目标。

（四）农村民主管理制度是农村的农民组织制度

所谓农民组织制度，指的是农民为执行一定的社会管理职能、实现特定社会管理目标而按照某种组织原则和管理思想及一定形式组织起来进行

① 袁方等：《中国社会结构转型》，中国社会出版社1998年版，第121页。

共同活动的制度。农民组织是农民自愿结合而成的一种社会组织。自党的十一届三中全会以来，农村民主管理体制随着农村社会经济全面发展的变化，也在诸多方面发生了深刻的变化，农民组织的变迁也是显著的，尤其是在农村现代化转型时期，农民组织作为连接国家与农民的中介与桥梁，因其运作成本低、运作效率高的特点而在沟通国家与农村社会的联系、协调政府与农民具体利益的矛盾及处理乡政与农村民主管理的关系等方面都具有重要的意义。①

作为农村的农民组织制度的农村民主管理制度，其产生和发展是伴随着农村经济、政治和社会体制改革的发展而发展的，农村家庭联产承包制在农村的实施改变了人民公社制度的基础，随着人民公社制度的解体，农民不再受先前政社合一的集体经济组织的束缚，逐步开始成为具有相对独立性的市场经济主体，并获得了生产经营自主权。由此导致原来行政性的生产大队和生产小组不再具有对农民进行管理和组织农民进行生产的功能，与此同时，作为中国基层政权的末梢的乡镇政府也失去了组织和管理农民进行生产经营活动的组织基础。随着农村税费改革和乡镇综合配套体制改革的并行推进，乡村基层治理结构将进一步转变。从社会实践的角度来看，没有造就农民自治组织，这就缺乏对农村大量公益事业实施公共建设的社会动员，同时，在农村社会生产力发展水平比较低的基础上，产生的农村社会组织，由于缺乏有效的组织整合和表达机制，使得广大农民围绕其社会福利方面的利益诉求无法实现理性的表达。与此同时，尽管国家在农村地区社会主义市场经济发展战略深入推进及一系列助推农村经济发展政策措施强力推进，但由于农村地区社会自治组织缺乏，也使得其在农村地区的发展难以有效地惠及每位农户家庭。农民在农村社会主义市场经济的发展过程中，由于面临的市场风险的不可预期及不可控性，迫切需要建立起相应的社会组织及其相互之间的合作机制，以有效应对其在农村社会经济发展中面临的可能风险，但是由于缺乏机构合作机制和管理经验，往往很难得以成功，再加上在农村地区农民个体的大量分散，造成农民之间通常缺乏合作与公共参与的精神，农民的文化素质普遍不高及传统生活习惯，也使得其不善于在农村民主管理过程中按照一定的会议规则，公开

---

① 贺雪峰：《乡村治理与秩序》，华中师范大学出版社 2003 年版，第 126 页。

地发表演讲和开展辩论，这就使得农村基层民主的深化缺乏民主管理制度的社会基础。因此，如何建立健全村民自治组织及各类农民自治组织与基层政府之间、与农民之间及正式组织与非正式组织之间的有效沟通与协调机制，进而促进基层民主在农村地区的发展，深入推进农村各项公益事业和公共事务的发展，已成为新时期农村基层民主管理制度建设与发展过程中所面临的一项重大挑战。

可见，直面农村社会组织变迁分化的现象，重新整合农民的力量，构建一种能够良性运行的农村社会组织机制，确保村民居于一种和谐状态的社会调控和联系方式之中，促进农村经济、政治、文化及社会的和谐、健康有序发展，就显得尤为重要。以服务性、公益性和互助性为主要特征的农村基层群众性自治组织能得以产生，在此基础上得以建立的农村民主管理制度其实质也是农村的一种农民组织制度，比如作为农村民主管理制度的重要组织载体之一的村民委员会不仅是农村村级自治组织，也是农村的农民组织。这一农民组织制度在改变国家与社会关系的同时，也昭示着国家与社会的分权原则，因此作为农村的基层组织制度的农村民主管理制度其承载的是一种新型的农民组织方式。

三　基层治理模式性理念

从治理的角度而言，农村民主管理是一种基层治理模式，农村民主管理制度是一种基层治理模式概念。所谓治理，其本意是指控制、引导与操纵，源于拉丁文和古希腊语，逐渐发展为英文（governance）一词，大量地与统治一词交叉使用，并主要是指与国家公共事务相关的政治活动与管理活动。[①] 自 20 世纪 90 年代以来，政治学与社会学界不断地对治理在传统经典含义的基础上给出了新的界定，如有学者认为，在一系列活动领域中的管理机制就是治理，其与统治含义不同的主要内容在于，治理是一种由共同目标支持的管理活动，这些管理活动的主体是多元的，无正式授权，也没有强制力保障，但却能有效发挥作用。[②] 1995 年发表的《我们的

[①] 俞可平：《治理与善治》，社会科学文献出版社 2000 年版，第 1 页。

[②] ［美］詹姆斯·罗西瑙主编：《没有政府统治的治理》，张胜军、刘小林等译，江西人民出版社 1995 年版，第 5 页。

全球伙伴》研究报告对治理的界定是，治理是各种公共或私人的个人及机构管理其共同事务诸多方式的总和，其管理活动是个整体联动的持续过程，在这个持续的过程中使相互冲突各方或不同的利益得以协调平衡，围绕管理活动既有利用权力管理的正式制度和规则，也有各种人们同意或认为符合其利益的非正式的制度规则。① 总体上看，治理具有如下特征，一是具有管理活动的过程性，二是管理过程具有民主协商性，三是治理领域的广泛性和社会性，四是治理活动具有连续的互动性。

由此可见，在法治视野下，在农村民主管理的基层治理模式概念语意中，其治理主要指的就是在农村民主管理中确保村民各项民主权利实现的指导与引导并重，领导与民主共存的上下协调、多方互动的管理过程。而该模式主要是农村民主管理中各种具体制度基本规定性框架的运行原则的总称，也即对农村民主管理制度的标准形式和规范的高度概括是对农村民主管理制度的标准形式或规范的领导、管理和协调的模型，主要指的是国家在依法治国方略的指导下自上而下地对农村基层管理提供的一种规范的管控模式，也是一个实现农村基层民主管理体制运行的原则和过程。随着农村不断发展变化的民主管理事务的大量出现，基层治理模式在农村的实施也会随着农村发展面临的各种客观条件和社会环境的变化而出现新的发展规律性，因此迫切需要新的管理模式与管理形态与之相适应。自 1978 年以来的我国农村体制改革的历程就充分地说明了这一点。党的十一届三中全会以来的农村农村改革，在解体人民公社制度的同时，也不断地建立和完善了新的农村经济、政治和社会体制，尤其是农村经济体制改革，在极大地促进农村经济发展的同时，也对农村基层社会的治理模式提出了新的课题。伴随着农村政治体制改革，在党和国家的领导下，农民逐步开创了以村民自治为主要载体和内容的农村民主管理制度，农村民主管理制度作为一种新的农村治理形态和模式，是农民民主管理的治理理念和方法的集中体现。经过广大农民群众的实践，国家又不断对农村民主管理制度中需要完善的内容以法律形式予以规范和固化，使之以新的农村基层治理模式不断地更换旧的不适应农村经济社会发展的治理模式，从而使得国家对农村的治理不断地法治化、制度化与程序化，由直接管理不断地转向由农

---

① 何泽中：《当代中国村民自治》，湖南大学出版社 2002 年版，第 19 页。

民自我管理，依法充分行使对农村各项事务民主管理的自治权利。可见，农村民主管理制度是一种崭新的基层治理模式。

四　农民活动方式性理念

农村民主管理是一种活动方式，所谓活动方式，一般是指为达到某种目的而采取的方式和形式，作为社会主义国家，人民群众当家作主，在农村地区，农民就各项村级事务选择了民主管理方式，党和国家也先后确立了将农村民主管理作为广大农民群众实现当家作主的重要方法和形式，并将之上升到国家基本制度的层面予以保障。《中共中央、国务院关于切实加强农业基础建设，进一步促进农业发展农民增收的若干意见》作为2008年中央一号文件，明确指出，民主管理在农村地区要进一步规范和完善，保护农民在民主选举中的投票权、直接提名权、罢免权。完善村民民主决策，民主管理，民主监督，充分发挥农民村级治理中的主体作用，切实落实村务公开，建立纠错答疑的监控制度体系。

2008年10月，党的十七届三中全会通过的《中共中央关于推进农村改革发展若干重大问题的决定》明确提出今后农村必须大力加强的六项制度建设之一就是"健全农村民主管理制度"，并强调指出，促进农村基层民主发展，以实现有序参与扩大、信息公开推进、议事协商健全、权力监督强化等方面的全面协调发展为重点内容。并将国家农村改革发展到2020年的基本目标任务之一确立为，农村基层组织建设进一步加强，村民自治制度更加完善，农民民主权利能得到更加切实的保障。可见，农村民主管理制度作为一种理念、制度和模式，是广大人民群众对基层社会事务进行直接管理的活动，其目标是要实现自己管理自己。农村民主管理活动是在民主管理理念指导下同时与相关制度与模式等诸多因素相互作用的农民在村级事务民主管理中活动方式的外在行为和表现。从此意义上看，农村民主管理是目的与过程的统一，并通过具体的方法和形式来予以实现，因此，农村民主管理也是一种重要的农民实施民主管理的活动方式和手段。

农村民主管理作为村民的一种活动方式，其与村民权利的实现始终是紧密联系在一起的，村民参加农村事务的民主管理是一种公共参与，而公共参与是公众通过自己的政治行为影响改变政治过程的活动，同时也是一种由合法性制度赋予和规范的权利。① 为此作为农民活动方式的农村民主管理在其实施过程中主要具有以下几个方面的特点：

一是参与民主管理活动主体的多元化。根据农村民主管理领域及村民对民主管理权力的分配及这种分配背后的利益关系，可以看到参与农村民主管理的主体主要包括管理者、具有特殊地位的村民群体及被管理者。管理者主要包括农村"两委"成员及村各小组组长等，他们是由国家有关法律规定或我国政治传统确定的农村民主管理正式组织的代表者，其拥有在农村民主管理中不同的权力，也同时具有多种身份，既是农村居民，也是村民民主管理事务的直接参与者，更是农村民主管理事务的主要组织实施参与主体。具有特殊地位的村民群体主要指的是不拥有法定农村民主管理权力身份，事实上在农村民主管理中具有一定的并能得到民主管理体制确认和保护的民主管理权力拥有者，主要包括具有特殊身份（国家干部或国家工作人员）而退居在农村的数量比较少的群体，但是他们也是农村民主管理事务的积极参与者。党员在农村民主管理事务中的地位也相当特别，既作为村民参与农村民主管理活动，又以党员身份通过相关的农村基层党组织获得其在农村民主管理中的组织管理者的身份。经济能人群体作为在农村先富裕起来的群体，其因致富道路和财富的多少情况的不同而对农村民主管理活动的影响方式和程度也会不同。被管理者主要指的是在农村社会接受农村公共组织管理的乡村居民，其参与农村民主管理活动主要就是一种农村社区公共生活的参与。

二是参与民主管理活动形式的多样化。农村民主管理的活动形式，主要是指农村民主管理主体通过什么样的路径和方式来实施民主管理。目前农村民主管理活动的形式主要有制度化和非制度化参与，而制度化参与又包括制度化正式参与和非正式参与，所谓制度化正式参与明确规定参与的程序和形式，② 并以由法律或正式制度认可的正式组织作为依托，主要表现形式有，组织村民进行民主选举，通过各种农村民主管理组织参与对村级事务的决策、管理和监督。制度化非正式化参与没有明确的行为程序和规范，主要依据农村民主管理体制框架下的民主管理精神理念进行参与，

---

① 张厚安、徐勇、项继权等：《中国农村村级治理》，华中师范大学出版社 2000 年版，第 67 页。

② 于建嵘：《岳村政治》，商务印书馆 2005 年版，第 407 页。

比如组织各种讨论和座谈会等。所谓非制度化参与，指的是没有制度和程序规范的公共参与，主要包括非制度化的合法参与和非法参与，其在农村民主管理实践中大量地表现为消极抵制与积极抗议等形式。

三是参与民主管理活动的意识的复杂化。农村民主管理意识主要指的是在农村民主管理活动中，各参与主体所持有的对村级事务进行民主管理的价值和知识的综合反映，集中体现为农村民主管理主体对民主管理权利的认知和态度，同时又与民主管理主体的参与动机和意愿紧密联系，也是参与主体对参与程序和意义的认同度的反映。随着国家深入推进农村民主管理体制改革步伐的加快，村民在农村民主管理活动里的参与意识也在不断地发生变化，这实际上是在重新启发与激活农民群体的主体意识，使得农民开始以社会主体的角色和观念审视社会，并积极地参与到农村基层民主管理的政治生活中去。① 但是在农村民主管理的具体实践中，村民参与民主管理活动的意识随着各地农村经济社会发展的非均衡性及文化传统的差异，开始变得复杂起来。村民参与农村民主管理意识的突出特征大量地表现为参与目标经济化及在此基础上的追求自身合法的各种权利的最大化实现。

---

① 徐勇：《中国村民自治》，华中师范大学出版社 1997 年版，第 177 页。

第四章　农村民主管理制度的生发基础

一　经济基础：农村市场经济的发展

（一）农村市场经济与农村民主管理制度的关系逻辑

农村民主管理制度是以村民自治为主要内容的农村民主治理模式。作为一项基本的农村基层社会政治制度，广大农民群众依法办理自己的事情，直接行使民主权利，主要围绕民主选举、民主决策、民主管理及民主监督等方面实行自我管理、自我教育及自我服务。农村民主管理制度的兴起可以说是农村经济体制改革与社会发展的产物，是在市场经济体制下国家行政权力与社会自治权利关系的重新调整，也是新的历史时期我国乡村政治格局的一次重大变革。[①] 有学者认为，我国农村经济发展的转型期农村公共权力及公共物品提供者的缺位使得当前我国农村民主管理制度主要以村民委员会为主要组织形式。[②] 可见，农村民主管理制度是我国农村经济发展所引起的农村基层民主政治变革的必然结果与集中体现，从一定程度上看，这种变革揭示了我国民主政治建设的基本路径，也孕育着我国政治民主建设的基因。

同时，农村民主管理制度的发展与农村经济发展之间的关系也是紧密联系、相互影响、相互促进的。根据马克思主义政治经济学原理，特定的社会经济关系决定特定的政治上层建筑，这主要体现在两个方面：一是政治上层建筑的根本性质取决于占支配地位的所有制及分配关系及由此形成

[①] 贺文华：《农村自治的经济学思考》，《观察与思考》2003 年第 8 期。

[②] 张璐：《农村自治制度的完善对促进农村经济发展的作用》，《中国石油大学胜利学院学报》2008 年第 3 期。

的利益关系；二是社会政治权力的构成、运行方式及规则取决于产品的实现价值方式及在此基础上形成的社会成员利益实现方式。在我国，农村经济一直是国家经济发展的基础，国家发展市场经济要求相应的民主政治与之相适应，同时通过市场调节的手段来调控经济发展与产业的合理布局。市场经济的基本原则、规则及规范在政治权力的组织运行方式与政治权利的实现方式中的运用必然体现为民主政治的基本原则与规则。广大农民群众作为市场经济条件下的利益主体要求市场经济的公平自由原则对其利益实现保障。由此，农村民主管理制度的建立和发展也是由农村市场经济决定的。

根据马克思主义经济学原理，政治上层建筑也能够对经济基础产生巨大的反作用。由此，农村民主管理制度发展程度与农村市场经济发展程度是成正比例关系的。农村民主管理制度发展的水平也影响着农村市场经济的快速发展与否，农村民主管理制度发展水平越高，农村市场经济发展的速度就越快；反之，农村民主管理制度发展水平越低，广大农民群众利益越得不到有效的保障，农村市场经济发展就会受到影响和阻碍。

（二）农村市场经济与农村民主管理制度共生的历史演进

农村市场经济的发展在我国整个国民经济产业发展格局中处于基础性、根本性的地位，也是国家工业、其他产业经济得以突破及实现国家稳定的基础。农村经济体制的发展在我国也经历了一个漫长的过程，不同的历史阶段，其发展的状况也不同，不同的农村经济发展阶段，农村基层民主政治发展程度及水平也会不同。

近代以前，我国农村经济发展是典型的自然经济模式，与这种经济发展模式相适应的农村政治体制是宗法社会，在这种体制下，由家族长老行使农村公共权力，广大村民主要负责自己的农业生产。在自然经济条件下，由于农民具有经济上的相对独立性，其对村庄范围内的公共权力的依赖性不强，由此，这个时候农村的公共权力结构不够紧密。在生产力水平不高的情况下，农民依靠村庄公共权力解决村级事务问题的情况不频繁，在多数情况下选择了交易成本不高的组织形式予以解决，这主要是大量地选择家族式权力结构，以尊重长老权威为主要形式，具有较强的血缘纽带性。农民选择这种村级事务管理制度模式，主要是基于当时农村的经济基础，在当时的经济基础条件下，农村生产力与生产关系发展水平不高且保持相对稳定，村民对农村民主管理的权力行使方式也保持相对稳定，虽然近代以前在农村，国家基层公共权力对农村及村民的管理方式比较严格，但是长老在农村事务管理中拥有的权力及权威地位也得到基层公共权力机构事实上的承认和尊重。农村国家基层公共权力机构诸如行政机构及法制机构等来自国家制度安排，而作为非国家制度安排的农村民主管理的民间权威，诸如村庙及民间的权威①等在农村社会则长期存在，这是与当时农村的经济基础及建立在此基础上的广大农村村民的民意基础相适应的。

进入近代以后，我国的自然经济受到了比较严重的破坏，农产品商品化程度很低，农业生产技术与生产方式虽然有改进和提高，但家庭还仍然是农业生产的基本生产单位并在农业生产当中起着主要作用。与自然经济时代条件有所不同的是，很多农村家庭的收入来源开始出现多元化，单纯依靠农业生产的现象有所改变，与此同时，家庭的生产能力与抵御来自自然的各种风险的能力有所增强。因此，与以前相比较，从事农业生产的农民对来自农村内部的公共权力的关注度和兴趣度没有很明显的提高，主要表现为广大村民对大量农村事务的民主管理参与度不高，这种状况对农村民主管理制度的建立健全和完善有较大的负面影响。②

与此同时，随着农村生产方式及生产产品的多元化，农村经济基础不再局限于自然经济或单纯的农业生产，农村经济开始出现多样化的发展，农村的村民结构也逐步趋于复杂化，开始由单一的农民阶级向多元化的农村阶层社会转变，主要包括农业生产者阶层、村务管理者阶层、自主经营者阶层、农民工阶层、知识性职业者阶层等。③ 农村村民结构的多元化要求农村基层公共权力提供更多有利于农村市场经济发展的公共产品，这也为农村民主管理制度的实施奠定了有力的经济基础，而农村民主管理制度的实施也体现了广大村民的民主意愿，适应广大村民根据各自的情况实施农村民主管理的多元化需求。

可见，农村市场经济发展的变革引起的农村民主管理模式的改革，特

---

① 兰世辉、徐杰舜：《中国乡村权力的研究进程及其启示——人类学视野中的权力研究之三》，《青海民族研究》2009 年第 3 期。

② 罗志勇：《农村基层民主建设中的农民政治参与研究》，硕士学位论文，苏州大学，2007 年，第 24 页。

③ 金卓：《新时期农村阶层分化与农村基层民主政治建设新契机》，《重庆工学院学报》（社会科学版）2009 年第 2 期。

别是农村民主管理制度的实施所产生的积极效应是不可忽视的，一是能有效地解释村民的农村民主管理的低参与度及农村民主管理中的民主成分缺少的缘由；① 二是能有效地缓和农村民主管理中体制性权力与内生性权力之间的制度性冲突；三是能有效地克服农村民主管理中农村基层正式权力与非正式权力之间制度规范缺失的"权力结构断裂"现象。② 因此，农村民主管理制度的施行及由此产生的相关问题都决定于农村的经济基础，决定于农村的生产方式和生产关系。

　　虽然农村民主管理制度的实施对于调动广大村民参与村级事务及村级公共事务决策等方面的积极性有很大的推动和促进作用，但是由于各地农村经济发展及农村生产方式的水平参差不齐，农村集体经济的物质基础受到削弱，难以为村民参与民主管理提供有效的公共产品和最基本的社会服务，从而使得村民参与农村民主管理的积极性难以有效持续，农村民主管理制度的实施效果未能达到理想的效果。③ 即便是农村集体经济发展较好的地区，村民对农村公共产品与农村民主管理中的基层公共权力的需求也不能得到较好的满足，由此引发了农村民主管理中的各种社会矛盾的冲突。尤其是农村民主管理中的村委会与党支部，作为农村民主管理中农村基层公共权力的两支主要力量，由于存在制度设计方面的缺陷，加之在农村民主管理中传统文化观念诸如宗族观念、派性观念等的影响，使得村民在农村民主管理中的利益冲突时常存在且常表现为农村"两委"之间的矛盾与冲突，使得很多农村地区出现了贿选以及乡镇基层公共权力与村级民主管理自治组织之间的冲突，甚至产生了农村集体财产管理不善及国家在农村地区的管理受阻等不良的现象。④

　　当然，对于农村民主自治与农村经济之间关系的研究，尤其是农村经济发展水平与农村民主管理水平之间的关系，学界已有的研究结论始终处于矛盾的状态，大体上主要存在两种主流观点：一种观点认为农村民主管

　　① 刘汉成、程水源：《中部欠发达地区新农村建设中"管理民主"的调查与思考》，《乡镇经济》2009 年第 10 期。

　　② 罗重谱：《农村权力结构的断裂与制度化弥合策略》，《理论参考》2009 年第 4 期。

　　③ 张小华：《改革开放以来中国农村基层民主建设的成就与历史经验》，《兰州工业高等专科学校学报》2009 年第 2 期。

　　④ 陈伟：《论农村基层民主建设中的几个辩证关系》，《中国井冈山干部学院学报》2010 年第 1 期。

理制度与农村经济发展之间紧密相关：要么认为农村集体经济发展水平越高的地区，农村民主管理水平越高，因为农村集体经济不仅为农村民主管理的主要管理者提供了财力保障，而且有利于充分调动广大村民参与农村民主管理的积极性；要么认为农村民主管理在农村经济发展水平较低的地区更容易实现，农村经济发展与农村民主管理之间是负相关关系。另一种观点认为农村民主管理发展水平与农村经济发展之间不仅仅是单一的正相关或负相关的关系，而是呈现出曲线发展的相互关系，认为农村经济发展只是影响农村民主管理发展水平众多因素中的一种，而在这众多因素中，有时候最关键的因素是国家基层公共权力对农村民主管理发展的意志和态度。[1]

笔者认为，农村民主管理制度与农村经济发展之间紧密相关，根据马克思主义原理政治经济学中提到的"经济基础决定上层建筑，上层建筑必须为经济基础服务"这一原理，农村民主管理制度作为一项国家在农村基础社会的政治制度安排，是由农村经济发展基础决定的，而农村民主管理制度又在促进农村经济发展的同时，也服务于农村经济的发展。从新中国成立后我国农村经济体制改革与农村民主管理体制的发展变化的互动过程之中我们可以清楚地看到这一点。

新中国成立后，我国农村经济制度的发展与农村基层民主政治制度的发展经历了三个主要阶段：一是经历了早期的农村土地制度改革和农业合作化运动；二是经历了人民公社化体制时期；三是经历了十一届三中全会以后的农村经济体制改革时期。

1. 早期的农村土地制度改革和农业合作化运动（1950—1957 年）

这一阶段先后经历了以下几个阶段：（1）土地改革阶段（1950—1952 年）；（2）从互助组到初级社阶段（1952—1955 年）；（3）出台农产品统购统销政策阶段（1953 年）；（4）从初级社到高级社阶段（1955—1957 年）。

（1）土地改革阶段（1950—1952 年）

从 1950 年秋天开始，按照中共七届三中全会的安排部署，在新解放区的农村地区进行了以土地改革为重要内容的农村经济体制改革。旧中国

---

① 魏建：《两种公共产品的供给与中国农村的发展》，《西北大学学报》（哲学社会科学版）2009 年第 6 期。

农村的土地占有和分配情况极不合理，这是由当时半殖民地半封建社会的性质决定的，当时占农村人口比例90%以上的贫农、雇农、中农及其他劳动人民占有土地的比例只有20%—30%，而占有农村土地80%—90%的地主和富农阶层的人口比例占农村人口比例却不到10%。土地作为重要的农村经济发展的生产资料，这样的分配体制不能有效激发和调动广大农民的生产积极性，为此要解放农村生产力，重要的措施是彻底废除封建地主土地占有制度，实行耕者有其田的农村土地政策。早在第二、第三次国内革命战争时期，中国共产党就对辖区的农村土地进行过比较彻底的土地改革。新中国成立初期，占全国土地面积约1/3的华北及东北的老解放区及半老解放区等基本完成了土地改革。但是，占全国土地面积约2/3的其他解放区的土地改革还没有完成，封建土地占有制度依然存在，为进一步解放农村生产力，促进农村经济的快速发展，从1950年秋天开始对新解放区广大农村地区的土地制度进行了比较全面、系统的改革。① 这个阶段在农村进行的土地改革，有如下的特征：

①以没收地主土地、其他生产资料及多余的粮食及房屋的政策取代原来的没收地主全部财产的政策。采取这种政策，是根据当时国情，为了避免地主对其他财产的藏匿与分散，导致农民因为对这些财产的关注与寻找而引发的混乱现象的产生，有利于对社会财富的保护和节约，从而顺利推进农村土地改革及农村经济社会的发展。这个时期土改推行的政策，使得地主未被没收的财产可以继续维持其生活，同时还使其增强对土改的支持，使地主阶级主动地将未被没收的财产积极投入到农业生产发展中去，有利于农村基层社会秩序的稳定和农村经济社会的恢复与发展。

②重视保护富农经济而不是将其消灭。在当时的条件下，在土改中对富农经济实施保护是非常必要的，一是有利于国民经济的恢复和农村生产力的发展，作为农村中的资本主义经济，富农经济的生产能力较强。二是有利于更好地保护中农，扫除他们在农业生产发展方面的疑虑，从而全身心地投入到农业生产发展中去。三是有利于促使富农阶层在农村土改中保持中立，从而有效地对地主阶级实施孤立和打击。

③在土改中重视团结和保护中农。这是当时农村土改中的一个关键措

---

① 程同顺：《当代中国农村政治发展研究》，天津人民出版社2000年版，第10页。

施，当时为确保农村土地改革顺利进行，在总结过去经验的基础上，采取了一些新的措施，一是当时的土地改革法明确规定保护中农的土地及其他财产，对少数中农附带出租的土地也加以保护；二是在土地分配方法上，把从地主那里没收来的土地，按照乡或等于乡的行政村为单位，依据公平合理的原则，以抽补调整的方法分配给少地和无地的农民。三是规定中农在各级农会领导成分中的比例不低于1/3，积极吸收中农中的积极分子参与到农会的领导工作中来。

④对不超过当地每人平均土地数200%的土地出租者的土地予以保护。那时的小土地出租者，主要包括革命军人、烈士家属、工人、自由职业者、小贩、职员及因为从事其他职业或因劳动力缺乏而出租少量土地者，当时人民政府对这些人不以地主论，一则出租土地数量小，二则这些人多是劳动者或丧失劳动力的人。当时国家对丧失劳动力和失业的人员没有社会保险，这些土地多是所有者依靠个人劳动所得购买的，所以人民政府出台了这个政策措施，允许这些人继续出租或者自耕，这种合乎情理的做法在当时来讲，不仅得到了各阶层人民的拥护，而且有利于农村社会各民主阶级和阶层的人士团结起来共同组成反对封建主义的统一战线。

（2）从互助组到初级社阶段（1952—1955年）

为巩固土改成果，确定地权，保护农民的私有财产权，1951年，中共中央首次召开了农业生产互助合作会议，倡导农民在保持生产资料私有基础上根据自愿互利原则，实现各种形式的生产互助合作，以使农民个体生产的积极性得以充分调动。会议在对各地农业生产互助合作开展经验进行总结的基础上，提出临时互助组、常年互助组与生产合作社三种农业生产互助合作形式。①，在当时的社会条件下，中共中央关于农业生产互助合作实施的决议是一种积极和进步的选择，受到了广大农民群众的拥护和支持，截至国民经济恢复时期结束时的1952年年底，全国参加了互助合作组织的农民有4542万户，全国范围内累计共组织的互助组有800多万个，农业生产合作社有1092个。②

但是，在随后的互助合作运动中，在这种农村经济体制改革继续实施

①　林蕴晖等：《凯歌进行的时期》，河南人民出版社1989年版，第272—275、336—339、532—540页。

②　程同顺：《当代中国农村政治发展研究》，天津人民出版社2000年版，第16页。

的过程中出现了违背农民自愿原则的措施，致使互助合作运动在冒进中偏离了最初的方向，走向了另一个极端，一是 1952—1953 年的第一次冒进，这期间由于某些干部单纯完成任务观点严重，在不少地区出现了形式主义倾向，片面追求高级形式和数字，违背自愿两利原则，采取简单生硬办法胁迫群众编组，在广大农民群众中产生了不良的影响，甚至有的互助组和生产合作社以过低代价取得或者白用属于组与社员私有的耕畜等生产资料，为此中共中央在 1953 年 3 月采取措施予以纠正。二是在 1954 年出现了新的冒进，主要表现为重视以土地分红及土地入股为特征的农业生产合作社的发展，在这个过程中，由于农业社发展偏快，工作方式简单粗暴，使广大农民的利益受到损害，对农村生产力造成了很大的破坏，农村各种关系也不正常，农村民主管理秩序无法得到保证。

（3）出台农产品统购统销政策阶段（1953 年）

这个政策的出台是新中国成立以后对农村、农民及农业生产影响深远且持久的一项政策。这个政策出台在当时有其特殊的背景：一是初级社逐步成为农村中的基本核算单位，农村中生产互助合作组织在 1952—1955 年期间的发展过程中经历了由互助组过渡为初级农业生产合作者，即初级合作社的发展历程。二是农业生产尤其是粮食生产不能满足工业建设的需求的矛盾开始显现。1953 年上半年的表现最为突出，粮食的销售量远超粮食的计划收入量。三是在受灾和粮食脱销的小城市及集镇地区出现混乱现象。为此，《关于实行粮食的计划收购与计划供应的决议》于 1953 年由中共中央出台实施。在全国范围内对粮食实行统购统销，通过这个措施以解决粮食供求矛盾，在稳定物价和节约粮食的基础上，将分散的小农经济统一到国家计划中来，是对农民和农业进行社会主义改造的重要措施。同年 11 月 19 日，政务院通过了《关于实行粮食的计划收购和计划供应的命令》，对粮食实行统购统销的具体办法进行了规定，11 月 15 日中共中央做出了《关于在全国实行计划收购油料的决定》，12 月 1 日，中共中央批准了中央财经委员会的《关于目前副食品的产销情况及今后措施的报告》，1954 年 9 月 9 日政务院出台了对棉花实行计划收购和计划供应的命令。

在当时，国家对粮、油、棉及副食品等农产品实施统购统销政策，与当时农村的经济体制受传统的小农经济与自由市场的影响所产生的很多消极因素有关，由于这些因素的影响，使得当时农村的经济发展与国家推行的高度集中的计划经济产生矛盾与冲突。对此，国家出台了这个政策在对传统的小农经济进行改造的同时，也进一步强化了国民经济高度集中统一的领导体制。

（4）从初级社到高级社阶段（1955—1957 年）

1955 年，《关于农业合作化问题》作为报告由毛泽东在中共中央主持召开的省、市、自治区党委书记会议上作了宣讲。报告是基于农村合作化运动中出现的问题，中央希望改变广大农民土地不足、生活欠富裕的现状，加快农业合作化变革，迅速引导农民向共产主义过渡。

对此，在报告中，毛泽东指出，现在必须看到，农村中不久将会出现不可避免的全国性的社会主义改造的高潮。1958 年春，全国将有全体农村人口的一半加入半社会主义性质的合作社。同时，将有若干省份完成农业经济的社会主义改造，全国各地也将有小部分合作社由半社会主义变为全社会主义。①

会后，各省、市、自治区相继学习、传达了毛泽东的报告，掀起了农业合作化运动的高潮，到 1955 年年底，全国建成 190.4 万个农业社，全国有 63.3% 的农户，即 7500 多万加入农业社。1956 年 5 月底，全国有91.2% 的农户加入了农业合作社，数量达到 11013 多万户，其中加入高级社的农户达到 7472 多万户，占总农户的 61.9%，加入初级社的有 3542 多万户，占总农户的 29.3%。到 1956 年 11 月底，全国农业生产合作社达到 76.4 多万户，加入的农户有 11674 多万户，占全国总农户的比例达到了96.1%。其中高级社 48.85 万个，入社农户有 1 亿多户，占全国总农户的87.7%，平均每社 206 户。② 其中 1956 年年底加入高级社的农户达到87.7%，到 1957 年进一步达到 96%。③

这种农村体制改革措施在当时有其积极的一面，主要体现为有效地阻止了农业生产下降的现象发生。但是，也产生了一些消极因素，主要表现在以下方面：一是存在比较严重的平均主义现象，当时，由于各地区生产力与合作化发展水平参差不齐，加之干部管理水平不高，在短时间内突击

---

① 《毛泽东选集》第 5 卷，人民出版社 1976 年版，第 188 页。

② 1957 年《人民手册》，第 197、474 页，转引自林蕴晖等《凯歌行进的时期》，河南人民出版社 1989 年版，第 576 页。

③ 从进：《曲折发展的岁月》，河南人民出版社 1989 年版，第 68 页。

办起高级合作社并且以之为核算单位，在公有程度提高的同时，平均主义现象严重。二是村民对村级事务的民主管理权基本被剥夺和丧失。这种高度集中的高级社管理体制实行高度的公有化，在公有化过程中，采取行政化的措施一刀切，将村民所有的生产资料，诸如耕畜、农业工具、林木等强行地低价或无价归入高级社。同时，在公有化过程中，涉及面过于宽泛，不但将村民私有的生产资料强行入社，甚至将村民的存款冻结、强行投资。在农业生产发展上，不是在民主管理、民主协商及实地调研的基础上做出规划，而是盲目、片面地重视农业生产，忽视农村经济作物及家庭副业的生产，导致农村经济结构发展极度不平衡，也影响了广大农村村民的生活发展水平的提高。在高级社管理中，缺乏民主基础，导致在实践中，管理混乱，浪费了大量的人、财、物，违反政策、强迫命令及管理混乱等现象普遍存在，极大地挫伤了农民的生产积极性。诸如当时浙江省就发生了 20 余起社员殴打社干部的事件。① 河南临汝县的一个区，闹社的规模涉及共 3 万人口的地区，波及 13 个乡 67 个自然村、35 个生产社 84 个生产队。② 同时，据统计，河南的夏邑、虞城、商丘等 12 个县，闹社、退社涉及 273 个高、初级社，700 多个生产队，当时这些地区共殴打干部 63 人，拉走牲畜 4916 头，社内粮食被私分 125000 斤，私分种子粮 24000 余斤，私分饲料 25000 斤，私分饲草 25 万多斤，私分油料 390 多斤，分掉农具 200 多件，私分柴禾 52000 余斤。③

　　总之，在这一阶段，由于国家公权力的强力推动，新中国成立后全国范围内的土改得到了推行，其历史的进步性是不言而喻的，使农民拥有了土地，实现了耕者有其田，促进了农村生产力的发展。但是这时的农村经济的发展主要是一种权力经济，是高度集中的权力基础上的农村经济的发展，农村民主管理基本没有。随后，国家在此基础上组织农民走合作化的道路，以克服由于农民个体分散小规模生产所产生的问题，这在当时的历

---

　　① 中央农村工作部简报：《关于退社和大社问题》（1956 年 12 月 6 日），转引自丛进《曲折发展的岁月》，河南人民出版社 1989 年版，第 68—69 页。

　　② 《关于临汝县"闹社"问题的报告》（1956 年 12 月 21 日），转引自丛进《曲折发展的岁月》，河南人民出版社 1989 年版，第 69 页。

　　③ 《中共河南省委农村工作部关于处理部分地区部分农业生产合作社发生闹社退社情况的简报》（1957 年 3 月 28 日），转引自丛进《曲折发展的岁月》，河南人民出版社 1989 年版，第 69 页。

史条件下，是具有历史进步意义的正确选择。但是，由于对公有制经济的认识不够，加之没有充分考虑到当时农村经济发展的客观条件，使得这种合作化发展违背了农业生产力发展的要求，而其后的人民公社制度的确立和推行，更是使这样的趋势走到了顶峰。

2. 人民公社体制时期（1958—1977 年）

这个时期主要经历了如下几个阶段：（1）人民公社制度的确立时期（1958—1960 年）；（2）人民公社制度的修正时期（1960—1962 年）。

（1）人民公社制度的确立时期（1958—1960 年）

在确立时期，首先是经历了由小社并大社转为办公社时期。由于需要对土地和人员集中连片组织管理，农村在 1958 年春天开展了大规模的农田水利建设等"大跃进"活动。在 1958 年 3 月的成都会议上，毛泽东提出了小社合并为大社的问题。随后制定了文件《中共中央关于把小型的农业合作社适当地合并为大社的意见》，文件要求，为适应农业生产和文化革命的需要，在有条件的地方将小型的合作社合并为大型的合作社。同时还通过了《中共中央关于农业机械化问题的意见》，要求在 7 年内实现农业生产力的大发展，全国基本实现农业机械化与半机械化。之后，全国开始了小社并大社的工作。1958 年 7 月 1 日，陈伯达在《红旗》杂志第 3 期上发表题为《全新的社会，全新的人》的文章，文章表达了办农业和工业相结合的人民公社的想法。7 月 16 日，陈伯达又在《红旗》杂志第 4 期上发表《在毛泽东同志的旗帜下》文章，清楚地表达了毛泽东提出的关于新的社会基层组织建设的思路和构想。此后，由小社并大社转为办公社的高潮在国家一些地区开始出现。遂平县嵖岈山卫星人民公社根据毛泽东关于公社问题的意见，正式建立了河南省第一个人民公社，随后全国各地都纷纷建立人民公社。

当时由小社并大社到兴办人民公社的这种转变的发展，实际上是国家准备搞"大跃进"运动与过渡到共产主义的一种探索，政社合一的人民公社具有的"一大二公"及集中统一领导、集体进行劳动及集体共同生活的组织形式与制度方法正好适应了"大跃进"的组织形式的需要，正如毛泽东所说：公社是"大跃进"的产物。[①]

---

① 丛进：《曲折发展的岁月》，河南人民出版社 1989 年版，第 143—145 页。

其次是经历了人民公社的初期形态。《中共中央关于在农村建立人民公社问题的决议》于 1958 年 8 月在北戴河会议上通过，决议指出，人民公社的建立要做到农林牧副渔全面发展，工农商学兵相结合，作为一种基本方针指导农民加快建设社会主义，在提前建成社会主义的基础上逐步向共产主义过渡。决议实际上表达了人民公社的初期形态，而且初期形态主要应具备如下特征：一是实行一乡一社，政社合一；二是由建立所有制公社逐步过渡到全民所有制；三是由实行按劳分配逐步向按需分配过渡。

最后是经历了人民公社化运动一哄而起的高潮时期。《关于在农村建立人民公社问题的决议》文件在北戴河会议上通过后，人民公社化运动在各地掀起了高潮，纷纷进行并社和升级改造。截至 1958 年 9 月底，全国 27 个省、直辖市、自治区中 100% 的农户加入人民公社的有 12 个，85% 以上的农户加入人民公社的有 10 个，基本实现公社化的省区有 4 个。全国有 2.6 万多个人民公社是在 74 万多个农业社的基础上改组而形成的，全国参加到公社的农户有 1.2 亿，这占当时全国总农户的比例达到了 99% 以上。① 当时另据 13 个省的统计，有一县一社或县联社这类超大规模的公社达到 94 个。②

（2）人民公社制度的修正和稳定时期（1960—1962 年）

由于"左"倾思想的发展，自然灾害的影响及中苏关系的恶化，致使当时的国民经济受到了严重的挫折，尤其是农业生产的发展更是艰难。为此，中共中央从 1960 年 10 月起，开始采取政策调整措施对人民公社制度中所发生的问题予以修正。1960 年 11 月，周恩来总理受中共中央的委托，主持起草了《中共中央关于农村人民公社当前政策问题的紧急指示信》（以下简称《紧急指示信》），这封信中所提出的 12 条政策重点是对人民公社化过程中农村工作中所存在的"左"倾现象予以修正和纠偏，如要求纠正"共产风"等"五风"及强调实行生产小队的小部分所有制等，《紧急指示信》是对当时人民公社问题进行修正的一个重要转折点。

但是，在人民公社运行过程中，各生产小队之间及社员之间的平均主义问题仍然突出。对此，毛泽东于 1961 年亲自主持制定了《农业 60 条》，即《农村人民公社工作条例（草案）》，重点对农村工作中的"左"

<hr>

① 丛进：《曲折发展的岁月》，河南人民出版社 1989 年版，第 157 页。

② 林蕴晖等：《人民公社猜想曲》，河南人民出版社 1995 年版，第 324—325 页。

倾错误进行纠正，这对于解决公社化以来农村工作中的弊端，稳定农村形势及农业生产的恢复和发展，产生了积极的作用。此后，为了解决人民公社集体经济中长期存在的生产与分配不相适应的矛盾，1961 年 10 月 7 日中共中央制定了《关于农村基本核算单位问题的指示》。1962 年 2 月，中共中央又正式发出《关于改变人民公社基本核算单位问题的指示》，再次要求以生产队为基本核算单位，实行生产队为基础的三级集体所有制。中共八届十中全会在 1962 年正式通过《农村人民公社工作条例（草案）》（《农业 60 条》），这个规定的出台，使全国进入了人民公社体制相对稳定的发展阶段，这个阶段长达 20 余年，一直延续到 1978 年十一届三中全会以后。

可见，"三级所有，队为基础"的农村集体经济体制是广大农村在人民公社时期的经济基础，而且这是农村主要且唯一的经济形态，这种经济基础的基本特征主要体现为：农民被剥夺了私有财产权，农民家庭在农村经济中没有主体地位，农业经济的发展主要表现为通过指令性计划进行严格管理的单一的集体农业。

这种农村经济制度所体现出来的政治本质就是，通过在农村建立健全严密的行政组织控制系统，大量没收农民的剩余产品，以支持实现国家工业化奋斗目标。与这种经济基础相适应的农村政治结构保持了高度的统一性，[1] 主要体现为：

一是管理权力高度集中。作为农村基层社区组织，人民公社具有基层行政管理与社会生产管理的多重功能，是一个集经济、政治、文化与社会功能为一体的行政管理组织体系，对农村基层乡村实行统一领导下的分级管理，主要分为公社、生产大队及生产队三级。在这种体制下，农村公共资源的支配权集中于自上而下的农村基础党组织，具有高度的组织化与纪律性，在这种制度安排下，农村公共资源自下而上地集聚，从而使国家的公共权力延伸到了农村最基层。

二是农村经济发展高度计划化。在人民公社体制下，农业的经济发展模式是高度计划化的，国家将农业经济发展纳入统一计划，尤其是将最难计划的农业经济发展纳入计划，而农村经济计划的重点是种植，在计划之

---

① 　郭正林：《中国农村权力结构》，中国社会科学出版社 2005 年版，第 25 页。

下农民没有自由，严格按照计划执行。每年开始新的农业生产的时候，农村各级干部按照"上下结合，以上为主"的模式制订农业生产计划，先由县、公社下达年度计划指标，经过大队、生产队的讨论后再上报，订下计划。① 这样，国家在确保农村经济计划发展的有效性的同时，对农村经济发展活动实施了全面控制，更有利于更廉价地从农村和农民手中获得粮食及工业发展所需的大量原料。国家通过人民公社制度在农村建立起了特殊的农村经济秩序，在这种经济秩序下，市场对农村商品经济发展的影响非常有限，使得农村自然村与市场的商品交换活动更多地体现为自给自足的特征。② 农村产品的交换因为这种经济秩序的特殊性质大量地表现为原始的产品交换，而失去了农村市场经济商品交换的本来意义。

三是对农民实行集中统一的严格管理。在人民公社制度下，农民的民主管理权利几乎没有，为了确保管理的有效性，人民公社建立了一个针对农民管理的全方位、全天候的管理控制体系。这个体系主要是由国家基层党组织系统及其领导下的行政系统构成，它主要通过如下的途径对农民的生产劳动、政治活动及家庭生活实行高度集中的统一管理。一是实施严格的思想意识形态规范管理。这主要是通过党组织及其领导下的群团组织对广大的农民开展思想政治教育，在教育过程中，将社会主义意识形态通过农民自我规范及相互约束等方式内化为其自觉的思想政治意识，并且使农民在言论行为上保持高度一致。二是通过严格的组织约束，确保广大农民行为活动的高度一致性。人民公社制度通过三级组织，即公社、生产大队、生产队将农民严格地规约在各自所隶属的单位里，从而实现对广大农民的规范与管理，在这种管理方式下，农民不仅没有自己生活的自由与价值，而且也失去了择业、迁徙及生产经营等方面的自主权，突出地体现了农民在人民公社时期生产及生活方式的准军事特征。

可见，通过人民公社这种制度形式，农民没有独立自主的可供自己支配的家庭财产，对人民公社这种集体经济具有高度的依赖性与服从性。在这种制度下，农民面对"不服从不得食"的现实原则，没有自我发展，农村市场经济由于人民公社制度极端地排斥自由市场经济而没有任何发展，致使农村社会经济陷入了停滞不前的局面，国家与广大农民之间的利

---

① 张乐天：《告别理想——人民公社制度研究》，东方出版中心1998年版，第280页。

② 同上书，第327页。

益关系被严重扭曲，也由此导致广大农民的贫困及对民主管理制度的渴望与期盼。人民公社制度对农村经济政治社会发展所产生的负面影响是显而易见的。

第一，严重阻碍了农村经济的发展。

人民公社制度推行的生产方式与分配方式具有高度的集体性与计划性，使农民家庭成为生产单位的基本功能无法发挥，农民的劳动热情无法得到激发，农村经济发展的活力受到严重的压制，农村经济不能得到正常发展，农业生产水平低下，严重破坏了农村生产力的发展，不仅农村经济自身发展缓慢，而且其对工业发展的作用也无法实现正常化，还使农民的生存压力加大。

第二，严重阻碍了农村民主政治的发展。

人民公社制度对农民的管理权力高度集中，其体制由于结构与功能上的缺陷，不仅不能针对农村基层社会复杂多变的形势予以有效治理，而且还对农村民主政治的发展产生了阻碍作用，使农村政治在人民公社制度的作用下陷入了恶性循环发展的路径之中，农村基层政治发展恶性循环发展的怪圈主要体现为：管理权力过分集中—管理过程中的结构功能障碍—农村发展受到制约—管理权力更加集中—管理过程中的结构功能障碍更加严重—农村政治受到更加严重的制约。[①] 在这样的恶性发展的怪圈中，农村民主政治几乎没有发展，而且国家政治体系的结构与功能对农村基层民主政治理想的作用与功效也无法得以实现。

第三，严重阻碍了农村社会阶层的多元化发展。

农村民主管理发展的社会基础应该是一个活跃的充满活力的农村社会多元化的社会阶层的产生与存在。但是，在人民公社制度下，农村阶层变迁不仅发展迟滞，而且连农村社会正常的分化与流动也难以实现。这也主要是因为：其一，自新中国成立以来，以阶级身份系列为特征的社会层级结构的形成使农村社会结构多元化的发展面临外部环境不畅；其二，在土改中，为适应整个国家社会变革的需要，对农民阶层实行了成分划分，比如分为贫农、雇农、中农、富农及地主等，但是在人民公社制度下，这种农村社会阶层的身份结构因其先赋性、继承性及相对固定性而被日益固

---

① 程同顺：《当代中国农村政治发展研究》，天津人民出版社 2000 年版，第 37 页。

化，严重地阻碍了农村社会的流动。随着后来更加严格的户籍制度，广大农民在人民公社制度下被管理得更加精细化，城乡对立分明，广大农民社会阶层不能改变其既定的职业与身份，农村社会阶层的发展受到了严重的阻碍。

3. 十一届三中全会以来的农村经济体制改革时期（1978 年至今）

这个时期主要经历了如下阶段：（1）建立和稳定家庭联产承包责任制；（2）农产品流通体制改革；（3）农村集体经济与农民新型合作经济组织发展；（4）农村产业结构调整；（5）城乡"二元"户籍制度改革；（6）实施农村税费改革。

（1）建立和稳定家庭联产承包责任制

家庭联产承包责任制的建立不仅是自十一届三中全会以来中国农村经济体制改革的起点，其建立及广泛的推行也是我国农村改革的开端，伴随着十一届三中全会的实事求是、一切从实际出发的基本原则在党和国家的全面确立，家庭联产承包责任制也在我国农村普遍地推广。

在 1978 年十一届三中全会系统总结农业发展经验教训，进而对我国多种形式农业生产责任制肯定基础上，中央及时地在 1980 年召开了各省级行政区党委第一书记座谈会，专题对农村生产责任制问题如何加强进行了讨论，在座谈会上，明确指出，家庭联产承包责任制是建立在社会主义经济基础之上的，没有资本主义经济成分，不会偏离社会主义道路，会后形成会议纪要。这一会议解放了长期束缚人们对家庭联产承包责任制的意识形态包袱，使得包产到户随后迅速在全国发展起来。截至 1980 年 11 月，全国有 15% 的生产队实行了包产到户。为此，在 1982 年 9 月召开的中共十二大上对包产到户的发展方向进行了肯定。随后，于 1982 年 12 月，中央出台《当前农村经济政策若干问题》文件，并作为中共中央文件在 1983 年印发。文件指出，我国农民在党的领导下开展实行的包产到户，不仅是我国农村改革发展中的一项伟大创造，更是马克思主义农业合作化理论在我国农村改革实践中的新发展。[①] 此后，包产到户作为我国农村经济发展的主要模式，在全国得到了迅猛的发展，截至 1983 年年底，全国 94.5% 的农户都采取了包产到户的农村经济发展形式。家庭联产承

---

① 中共中央文献研究室、国务院发展研究中心：《新时期农业和农村工作重要文件选编》，中央文献出版社 1992 年版，第 165 页。

包责任制的实施不仅促使人民公社制度瓦解，而且也促进了农村经济、社会及政治体制改革的全面展开，成为我国农村体制改革的重要历史转折点。为进一步稳定和巩固家庭联产承包责任制度，中央在 1993 年明确规定，土地承包期在第一轮土地承包合同到期之后再延长 30 年不变，同时，规定在承包期内"增人不增地，减人不减地"，农民可以就土地使用权在自愿的基础上有偿转让。这种制度的相关规定不仅符合了农民对土地承包关系长期稳定的愿望，而且也实现了土地作为生产要素流动起来的目标和要求。为此，在 1997 年的十五大报告中，江泽民总书记明确指出，在我国广大农村长期稳定以家庭联产承包责任制为主的制度，同时完善统分结合的双层经营体制。① 从此，家庭联产承包责任制这一农村经济发展结构便成为我国农村长期的政策选择。

（2）农产品流通体制改革

事实上，从 1953 年我国第一个五年计划开始实施起，我国对农产品流通的管理体制就具有严格的计划经济特征，这也是当时农村得以发展的重要经济基础。那就是国家对很多重要的农产品诸如粮食、棉花及油料等实行统购、统销制度。这种农产品流通体制的历史局限性是显然的，它使得农村的生产和消费环节脱节，在阻碍农业生产发展的同时，也使农民的利益普遍受到损害，其长期实施也使得农村商品经济发展迟滞不前甚至萎缩，农村商品市场萧条。

随着 1978 年农村以家庭联产承包责任制为主要内容的经济体制改革的推行，农业生产开始得到全面快速的发展，主要农产品的生产供应能力较之以前得到了很大的改善，这就为农产品的流通体制改革奠定了一定的经济基础。为此，1985 年元月，中共中央、国务院出台了《关于进一步活跃农村经济的十项政策》，该文件规定，从即年起，所有农产品统购统销指令计划不再由国家向农民下达，国家根据不同情况对农产品实行合同定购和市场收购，其中对粮食和棉花由统购实行合同定购。同时，从 1991 年起，国家进一步完善了粮食流通体制，设立专项基金建立粮食风险基金制度及专项储备调节制度。在 1994 年和 1996 年，中央为解决多年粮食订购价格偏低的现象，两次较大幅度提高粮食价格。1997 年开始出

---

① 江泽民在中国共产党第十五次全国代表大会上的报告，新华社北京 1997 年 9 月 21 日电。

现好转，一些地方开始朝着中央预定的目标实现了粮食定购价格高于市场价的现象。为进一步深入推进粮食流通体制改革，国务院在 1998 年九届全国人大会议之后，出台了《关于进一步深化粮食流通体制改革的决定》。这也为后面的农村集体经济与农民新型合作经济组织的发展打下了较好的基础。

（3）农村集体经济与农民新型合作经济组织发展

广大农民群众组织化程度的高低是解决农民问题的关键因素，传统农业社会向现代工业社会的发展演进过程，实际上也是一个农民组织化不断发展变化的历程。从最初的主要按照血缘、地缘为联系纽带的传统型组织逐步向以业缘为主要纽带的现代型组织转变和过渡。现代型农民组织不但有利于增强分散化的农民自组织性，而且也有利于对传统农民利益型组织的缺陷实现有效的克服，在引导农民逐步走向市场的过程中增强其与政府之间的互动，在一定程度上是政府与农民之间平衡的中介角色。作为我国传统的农民经济组织的农村集体经济组织、农村供销合作社及农村信用合作社，它们对我国农村经济发展起到了有力的促进作用，但是由于其是当时国家计划经济时期的产物，所以在发展过程中也存在诸多的不足，比如农村集体经济组织行政化现象突出，对农村社区内部事务行政管理职能强，对农户的服务与合作职能弱。农村供销合作社与农村信用合作社是作为农民的合作经济组织而设立的，农民与他们出资设立的组织缺乏实质的产权关系，只有名义上的产权关系，这使其难以真正成为农民的合作经济组织。

自改革开放以来，在发展新型农民合作经济组织方面也在不断地探索，在农村集体经济的有效实现形式方面也经历了一个不断发展的历史过程。自 1982 年首个中央一号文件以来，历次一号文件围绕大包干形成的农村经济新体制都用不同的政策语言对其特征进行过不同的描述。1986 年的中央一号文件，则首次正式提出"统一经营和分散经营相结合的双层经营体制"这一称呼。在中央的有关政策性文件中，统一经营的内容主要包括：生产服务、管理协调、资产积累及资源开发。这反映在中央的相关政策性文件中，对其含义的界定就是"家庭分散经营与集体统一经营的有机结合"。自此，围绕农村改革在发展农村集体经济路径方面的探索日益兴盛。自 20 世纪 90 年代以来，一些地区尝试将社区合作经济组织作为发展集体经济的重点，一些省将"村合作经济社"普遍建在了村庄一级。这类集体经济组织的发展主要是政府行政干预的结果，农民自愿选择的意愿体现不够。

同时，在20世纪80年代和90年代初，发展集体经济组织的途径也在不断扩展之中，诸如大力发展集体所有制性质的乡镇企业及新兴的租赁业。许多地区通过乡镇企业的发展完成了村庄的资本原始积累，随着20世纪90年代中期乡镇企业产权制度改革的开始，许多乡镇企业转变为民营企业后，乡镇企业对农村集体经济的发展的推动力量受到一定程度的削弱，这也促使原有的农村集体经济的实现形式和发展途径不断得到拓展性发展，一方面通过对传统集体经济组织进行以社区股份合作社为重点内容的产权制度改革，以解决村级原集体经济组织产权虚置的现状。另一方面，打破"村集体经济即村办企业"传统思维的束缚，在农村经济体制发展面临诸多客观条件变化的实际情况的基础上，积极探索农村集体经济多元化的实现路径，发展大量的集体经济组织实现形式。而新兴的租赁业作为当前农村集体经济组织形式，其收入主要是通过"三地"资源的开发利用：一是地下资源，主要是集体所有的小储量的矿产资源开发收入；二是地面资源的开发利用，主要通过集体土地的出租、出让与开发来实现；三是地上资源的开发利用，主要是通过对集体林地、草场等资源的出租来实现。

总体上看，集体经济发展主要走的是"集体物业经济"发展的路径，对少数地区的农村增加其集体收入有积极的促进作用，但大多数农村村级集体经济发展路径狭窄，村级集体组织收入主要来源于上级财政拨款。大多数农村村庄缺乏农村集体经济发展的有效路径，缺乏集体经济发展的原生性动力及外生性资源诸如资金、人力、技术及资源等生产要素的支持。

与此同时，农村集体经济组织的功能也发生了重大变化，逐步由过去开展自主性的生产生活性事务向被动性开展政府在农村的行政性事务转变。对于农村集体经济组织的功能的变化，应辩证客观地分析，自改革开放以来，农村集体经济也经历了一个不断发展的过程，各地区因为地理、区位及政策等因素的差异，农村集体经济的发展也参差不齐，西部经济发展比较落后，由于各种条件的限制，农村集体经济的发展主要围绕村级债务的清偿问题展开，一些村庄由于各种条件的限制，甚至难以发展农村集体经济。相较之下，东部地区大部分农村集体经济发展则普遍较好，尤其是在东部的一些发达地区、城市近郊区及新型工业化发展地区的农村，集体经济组织在大力发展的同时，其功能也不断地拓展和丰富，这些地区的农村在集体经济产权改革、集体资产管理体制及集体经济发展的路径等方面进行了大量的改革，有力地推动和促成了农村集体经济组织功能在新形势下的过渡和转型。对此，国家应对西部地区广大农村集体经济发展方面加大财政支持力度和覆盖面，增强农村集体经济发展的基础设施诸如饮水、道路、环境卫生及教育、文化、医疗等方面的公共服务供给能力。

　　事实上，发展农村集体经济关键在于不断地深化农村集体产权制度改革，而改革的基础在于坚持农村家庭联产承包责任制，对农民的合法权益进行充分保护，使其不受侵害，更为重要的是，在改革农村集体经济组织的问题上，要着力解决产权关系，在理顺与农民权益关系基础上不断建立健全农村内部民主决策和管理制度，致力于将农村集体经济组织改造成为按份额共有的所有者共同体，以此促进农村集体经济的不断自我完善和发展。在这方面，北京、苏南、广东、浙江等地区进行了以“资产变股权，农民当股东”为核心的乡村集体资产产权界定改革，逐步建立起了具有产权清晰特征的新型集体经济组织。农村集体资产既是广大农民群众数十年辛勤劳动的结晶，也是广大农民群众一项重要的财产权利，这也是广大农民充分行使民主管理权利的重要经济基础。近年来一些地区农村集体资产流失的实际情况，与之相应，广大农民的民主管理权利的行使也受到一定的负面影响，对此应对农村集体资产管理方式进行改革，解决农村集体资产管理长期存在的种种弊端，诸如产权不够明晰、管理缺位、群众监管及参与力度小等，确保农村集体资产的保值和增值。[①] 同时积极推进农村社区股份合作制改革，强化和健全农村集体经济组织的经营管理制度，逐步规范有关集体资产重大事项的决策制度，日益完善围绕广大农民群众财产权利的民主管理与民主监督制度，在此基础上完善村级财务监督组织和管理制度，不断提高村级集体经济组织的财务民主化管理水平，以此为契机和基础，不断地向政治性、文化性及社会综合性的农村民主管理制度的建立健全予以辐射和影响，以夯实农村民主管理制度的集体经济组织基础，从而不断地为全面提高农村民主管理制度的综合性水平奠定有力的经济基础。

---

　　① 韩俊：《中国经济改革三十年（农村经济卷 1978—2008）》，重庆大学出版社 2008 年版，第 95 页。

我国农村新型合作组织的发展也经历了三个重要的历史发展时期。一是雏形发展时期，这起始于改革的初期，此时的合作经济组织的发展以农民专业技术协会为主要发展类型，其成立和发展的宗旨主要是解决农民生产中的技术问题。二是自发发展阶段，这主要集中在 20 世纪 90 年代以后，主要是基于农产品市场化进程的快节奏而促使了新型合作组织的自发产生，最初主要表现为以生产经营性为主要功能的新型合作社组织。三是自主发展与政府主导型发展相结合的阶段。这开始于 21 世纪以后，伴随着生产经营型合作组织的快速发展，在政府的主导下，大量的新型的新生代投资性合作社开始出现。

农村新型合作经济组织在我国发展的政策演变也恰好证实了其在我国发展的阶段性特征。改革开放以后，国家对农业合作社的发展采取鼓励政策，自 1983 年以来，党中央、国务院多次发布有关文件指导、鼓励、支持农民新型合作经济组织的发展，《当前农村经济政策的若干问题》第 4 条提出，要在适应商品生产需要的基础上，发展多种多样的合作经济。1985 年《中共中央、国务院关于进一步活跃农村经济的十项政策》对自愿互利原则进行了强调，指出，大力发展和完善农村合作制要遵循商品经济发展的规律和要求，在自愿互利原则的基础上进行。同时针对当时农民新型合作经济组织名称混乱的情况，诸如当时已经出现了"农民联合购销组织""专业协会""专业合作社"及"研究会"等名称的农民合作经济组织，中央对这些组织的建立必须是基于自愿互利这一原则的态度是非常明确的。1986 年《中共中央、国务院关于 1986 年农村工作的部署》指出，中央及地方各有关部门对近些年来出现的一些农民联合购销组织必须给予大力的支持和帮助，在这些经济组织中，有乡与村合作组织兴办的农工商公司及多种多样的经营服务公司，以及同行业的专业合作社及协会等，文件还要求推动农村商品生产的发展，要从生产服务社会化的角度入手对农民合作制进行完善。1987 年《把农村改革引向深入》第 5 条指出，农村合作经济组织的发展要实现形式多样化。1991 年《中共中央、国务院关于 1991 年农业和农村工作的通知》强调将农业社会化服务的形式延伸到农业专业技术协会及农业专业合作社，同时要求各级政府要支持农民通过自办和联办成立的服务组织，在保护其合法权益的基础上对其加强管理和引导，使之能得到更加健康的发展。可见 1983—1991 年这一阶段，是农民新型合作组织的萌芽和初步发展阶段。

农民新型合作组织的实质性发展则始于 1993 年，此后关于农民专业合作社管理和服务的实质性措施规定的文件政策陆续出台。《中共中央、国务院关于当前农业和农村经济发展的若干政策措施》指出，要逐步建立比较完备的包括社区集体经济组织、国家经济技术部门及各种民办专业技术协会等组织相结合的农业社会化网络服务体系。地方各级政府要加强对农村各类民办的专业技术协会的指导和扶持，使其在农业服务过程中能够逐步形成技术经济实体，在自我发展、自我服务的发展路径中成长为农业社会化服务体系的新生力量。1994 年中共中央强调引导农民专业协会真正成为民办、民管、民受益的新型经济组织，并围绕这一中心制定《农民专业协会章程》。为此，《关于加强对农民专业技术协会指导和扶持工作的通知》于 1994 年由农业部和中国科协联合下发，文件责成财政部等有关部门也出台相关扶持政策，并在有关部门及部分省市有步骤地组织开展相关试点工作。1998 年《中共中央、国务院关于农业和农村工作的意见》指出，农民自主建立的各种专业合作社、专业协会及其他形式的合作与联合组织，多数是集体经济，其特征主要表现为：以农民的劳动和资本联合，要大力鼓励和支持，引导农民逐步进入市场，开展多种形式的联合与合作，不断完善农业社会化服务体系。为此，中国共产党十五届中央委员会三次全体会议于 1998 年 10 月 14 日通过《中共中央关于农业和农村工作若干重大问题的决定》，该文件指出，要进一步鼓励发展以农民的劳动和资本联合为主要内容的集体经济，支持农民采取多样化的形式以股份合作制形式兴办经济实体。经过了这些实质性发展阶段以后，农民新型合作组织逐步进入了飞跃和快速发展阶段。

在中央层面，主要通过以下政策文件来大力发展农民新型合作组织。《中共中央、国务院关于促进农民增加收入若干政策的意见》提出了鼓励发展各类农民专业合作组织的具体政策，主要内容包括：积极推进有关农民专业合作组织的立法工作；各级财政安排专门资金支持农民专业合作组织开展信息、技术培训等相关服务工作；深化供销社在带动农民进入市场的方面作用发挥的改革等。农业部很快在 2004 年，启动新的支持农民专业合作社的试点工作，全国重点支持 100 家由农民领办的专业合作社。2005 年《中共中央、国务院关于进一步加强农村工作提高农业综合生产能力若干政策的意见》重点指出，对专业合作组织及其所办加工、流通实体适当减免有关税费，为了减轻农民专业合作社的负担，以支持农民专业合作组织的发展。2006 年《中共中央、国务院关于推进社会主义新农村建设的若干意见》指出，采取措施积极加大扶持力度，加快相关立法进程，以建立健全有利于农民专业合作社发展的信贷、财税和登记等制度，以引导和鼓励农民发展各类新型专业合作经济组织。2007 年《中共中央、国务院关于积极发展现代农业，扎实推进社会主义新农村建设的若干意见》进一步强调和指出，为支持农民专业合作组织加快发展，要求认真贯彻落实《农民专业合作社法》，同时要求各地推动农民专业合作社发展的实施细则的加快制定。

（4）农村产业结构调整

新中国成立后很长一段时间，我国城市、工业的粮食和原料基地在农村，农村的农民当时的主要任务就是向国家出售粮食和农副产品。1959—1961 年三年困难时期，我国出现的粮食匮乏的局面非常严峻，国家提出了"以粮为纲"的口号，结果使得我国农业经济成为农村经济的主要经济发展形式，而农业经济又大量地表现为纯粹的粮食经济。

为此，中共十一届三中全会制定的《关于加快农业发展若干问题的决定（草案）》，重新肯定了农业生产责任制，明确提出农民大力发展家庭副业、发展社队企业，积极开展多种经营的方针政策。为巩固这一决定，国务院开始逐渐解除原有体制对农民经营自由的限制，准许农民发展第二、第三产业，发展商品生产，为此，国务院陆续出台了一系列重要的文件政策予以明确。经过努力，到了 1985 年左右，乡镇企业开始成为我国农村经济的一大支柱，截至 1992 年，全国乡镇企业总产值达 17685 亿元，占农村社会总产值的比例达到 60%，占到全国社会总产值的比例达到 25% 以上，这其中乡镇工业产值达到 12500 亿元，占全国工业总产值的 33%，逐步开辟了一条有中国特色的农村工业化道路。这充分地调动了农民的生产积极性和创造性，随着乡镇企业及各种非农产业的快速发展，从根本上改变了农村产业结构的单一性，不断地完善了农村的结构，促进了农村经济的繁荣与不断地发展。

（5）城乡"二元"户籍制度改革

在 1958 年 1 月 9 日的第一届人大常委会九十一次会议上，通过了《户口登记条例》，开始对农民进城实行严格的限制，从而也使得我国成为世界上目前唯一实行"二元"户籍的国家，而且这种严格的城乡二元户籍制度一直到现在都还在实施。此后，国家陆续制定了户籍管理法规多达 30 余项，直到改革开放前这段时间，逐渐严密的户籍制度不仅使广大农民在阶层和身份上的自由流动受到了严格的制约和束缚，而且使农民逐渐变成了"世袭农民"，也使很多农民普遍感受到"二等公民"的境遇。①

党的十一届三中全会以后，随着我国改革开放的不断深入推进，我国社会经济的快速发展，原有的户籍制度的局限性日益显现，为了适应地方经济社会的发展，在 20 世纪 90 年代，一些地方开始逐步对传统的户籍制度进行改革，比如，1991 年 11 月，浙江省温州市开始实行"绿卡制"的户籍制度，这种制度的主要内容是持卡者除不统一发放户口证和不统一安排就业外，在其他方面同温州市民享受同等待遇。1993 年，上海市推行"蓝印户口制"，其主要内容是只要在上海投资或者购房达到一定规模者均可以向当地户籍管理机关申请常住户口。1995 年，深圳也制定了内容更加宽松的"蓝印户口制"。对城乡"二元"户籍制度冲击最大的是 1995 年吉林省的县级公务员招考制度，在当年的县级国家公务员招录考试中，打破身份限制，赋予农民平等报考的机会和权利，这在全国也是一个首创，在这次招录考试中全省有 512 名农民参考，其中 13 人被录取为公务员。随后，1996 年 5 月，西安市也允许农民报考乡镇公务员，当年该市共有 1500 名农民报名应试。截至 1998 年 5 月，全国共有 2600 多名农民通过了国家公务员考试并在国家各级政府部门工作。② 允许农民打破身份限制报考国家公务员这种户籍制度改革其意义非常重大，其不仅有利于为农民从社会最低阶层向社会较高阶层转变提供平等条件，也为农村民主管理制度的发展和完善更好地融入国家民主政治发展的主流中创造了更有利的社会经济基础条件。

令人欣喜的是，1996 年 7 月 1 日，中国最新启用的常住人口登记表和户口簿更多地采用了国际通用的登记办法，在我国实施的常住人口登记表和户口簿中取消了"农业"与"非农业"两种户口的划分。这为我国全面地打破身份界限和束缚，将更多的权利和机会赋予农民奠定了基

---

① 薛晖：《二元户籍，何时并轨》，《中国农民》1996 年第 11 期。
② 《中国日报》（英文版）1998 年 5 月 6 日第 3 版。

础。[①] 1998 年 7 月，国务院发布了《国务院批转公安部关于解决当前户口管理工作中几个突出问题意见的通知》，对我国传统的户籍制度进行了比较具体重大的调整，这不仅有利于顺利实现我国"二元"户籍制度的改革，而且也有利于我国农村民主管理制度实施扫除社会经济发展的制度壁垒和障碍。

（6）实施农村税费改革

农村税费改革从 2000 年开始，到 2006 年结束，历时 6 年，这项改革在我国农村经济发展史上具有划时代的意义。农村税费改革实际上是国家与农民分配关系由"由予向取"向"由取向予"方式的重大改革和调整。

改革开放前，由于长期推行人民公社制度，广大农村的各种主要的生产资料诸如土地等都属于集体所有，农民个人没有所有权，只是集体经济组织里面的生产者，当时的收入分配制度是先扣除集体和国家的，剩下的才分配给农民所有，这个时候农民并不直接承担税负开支，没有税负负担。

随着家庭联产承包责任制在党的十一届三中全会以后的逐步推行，农民在农村经济发展中的身份和地位开始发生了变化，开始成为相对独立于集体经济组织的农业生产经营者，在生产经营过程中，逐步形成了新的分配制度，即是"交够国家的，留足集体的，剩下的都是自己的"，这一切都是农民自己从生产经营中支付，开始成为税费的直接负担者。事实上，随着 1983—1985 年"社改乡"改革的推进，原先的人民公社和生产队被 61766 个乡镇政府和 847894 个村民委员会取代，[②] 这不仅仅是简单的机构调整，而且从公社到乡镇的转变，涉及一套复杂的政府组织体系需要重新构建，政府领导班子、办公人员的配备等都要重新思考，而且要维持这些机构的正常运转，需要大量的财政开支，这些财政开支的来源主要是本级税收和上级财政的补充。当经费来源不够时，基层政府就会以各种名义向农民收取各种费用，以维持基层政府庞大机构的运转。为此国务院出台一系列文件，力图减轻农民的税费负担，如 1985 年的《关于制止向农民乱

---

① 朱光磊、程同顺等：《当代中国社会各阶层分析》，天津人民出版社 1998 年版，第 247—248 页。

② 韩俊：《中国经济改革三十年（农村经济卷 1978—2008）》，重庆大学出版社 2008 年版，第 112 页。

派款、乱收费的通知》，1991 年的《农民承担费用和劳务管理条例》，1992 年的《关于减轻农民负担的紧急通知》，1993 年的《关于涉及农民负担项目审核处理意见的通知》等，这一时期虽然出台了这些政策文件，但是农民的负担并未有所减轻，相反在实践中显得更加繁重。

为此，在 1993 年年底，国务院决定实行分税制，出台了《关于实行分税制财政管理体制的决定》，从 1994 年 1 月开始实施。但是这次只是就中央和地方财权进行了划分，由于体制改革的不彻底和不全面，使得中央上收了更多的财权，省级以下政府又不断地上收财权，下放事权，结果到乡镇一级政府，负担就逐渐转移到农民身上，这一时期，在一些地方农民的负担很重，甚至引发了一些恶性事件的发生。为扭转这一现象，1996 年国务院出台了《关于切实减轻农民负担的决定》，这一决定的实行，虽然使农民负担的增长趋势得到了抑制和缓解，但是由于导致农民负担增长的体制性障碍仍然存在，导致农民负担迅速反弹，比如 1998 年的农民人均负担占到人均纯收入的 10.1%，比 1997 年上升了 8.5%。

这一时期农民负担总体上看有以下特点：一是税费负担项目多且税费负担数额比较大；二是当时农村农民的税费负担不均衡，这主要体现为不同地区和不同农户之间的税费负担差别比较大。当然造成这一现象的原因是多方面的，主要的因素有以下方面：其一，国家的公共产品供给长期放在城市，国家的公共财政在农村长期投入不足和缺位。其二，由于当时国家基层县乡机构不断地反弹和膨胀，基层政府机构财政负担不断加重。

基于此，国务院决定启动农村税费改革。这个过程主要经历了以下阶段：一是从启动到全面推进阶段，这个阶段是 2000—2003 年；二是 2004 年以后的全面取消农业税阶段。

在第一阶段，农村税费改革经历了从无到有、从试点到全面推进的阶段。4 年间经历了四个主要步骤，试点在 2000 年，2001 年进行了观察和完善，2002 年进行了扩大，2004 年全面推进。

在 2000 年启动农业税费改革时，当时决定在安徽省实行农村税费改革试点，为此，中共中央、国务院颁布了《关于进行农村税费试点工作的通知》，通知规定，其余省份可自主选择县（市）单位进行试点，其中，湖南、甘肃、河南、陕西、河北、黑龙江、内蒙古及吉林 8 个省、自治区选择了 32 个县（市）级单位进行改革试点。这一阶段进行试点改革的主要内容是三个取消：（1）取消乡统筹、农村教育集资等专门面向农民征收的行政事业性收费与政府性基金及集资，（2）取消屠宰税，（3）取消统一规定的劳动积累工和义务工；两个调整：（1）调整农业税，（2）农业特产税政策；一个逐步取消：在3年之内逐步取消先前统一规定的劳动义务工与积累工；一项改革：改革村提留征收使用办法。同时，出台了4个配套措施以便配合试点改革：对农村收费管理规范化、对乡镇机构和人员进行精简压缩、对县乡财政管理体制逐步改革和完善、对农民负担监督机制的建立健全。

随着试点过程中各种问题和矛盾的出现，农村税费改革随即进入完善农村税费改革政策的阶段，国务院2001年在总结经验的基础上，发布了《关于进一步做好农村税费改革试点工作的通知》，农村税费改革的原则在文件里明确规定的是"减轻、规范、稳定"，但省级单位农村税费改革试点扩大在文件里未作出统一规定，农村税费改革主要涉及的政策内容是有关计税面积、常年产量和计税价格的确定问题，税费负担不均问题，农业特产税的税率和征收环节问题，村级三项费用（主要包括村办公经费、村干部报酬、五保户供养经费）的开支问题，取消"两工"的时限和用工问题及农村教育经费的投入问题。同时在配套措施方面对财政转移支付、"一事一议"的筹资筹劳制度及乡村债务等问题提出了改革思路和措施，同时，继续强化精简机构、压缩人员、规范开支及加强监督等措施。基于农村问题和农村税费负担问题的复杂性，2001年4月，由国务院办公厅下发《关于2001年农村税费改革试点工作有关问题的通知》，明确规定：各地区农村税费改革的全面试点工作的开启没有经过国务院批准不得擅自进行，所以，除安徽省在这一年继续在全省实施农村税费改革试点以外，在全省范围内根据自己的财力情况自主实施了改革试点工作的只有江苏省，同时国家其他的27个省、自治区、直辖市（除上海、西藏外）选择了102个（县）市进行了局部改革试点工作。

在上述改革的基础上，农村税费改革进入了扩大范围阶段。在2001年农村税费改革不断完善，积累成功经验的基础上，2002年3月国务院下发了《关于做好2002年扩大农村税费改革试点工作的通知》，该文件首次就农村税费改革成功与否的标志进行了规定，即是否实现"三个确保"：确保明显减轻农民负担、不反弹；确保正常运转乡镇机构和村级组织；确保正常需要的农村义务教育经费得到及时开支。同时该文件规定将农村税费改革的试点主要省份扩大到16个省（自治区、直辖市），主要包括河北、青海、宁夏、陕西、甘肃、四川、贵州、湖北、重庆、山东、河南、江西、吉林、黑龙江、内蒙古等，对于试点省（自治区、直辖市）由该省自己决定是进行局部试点还是全省试点，对于经济发达的省（直辖市）主要包括上海、浙江及广东等地可以根据各自全面改革条件的情况自主自费进行改革，在文件的贯彻落实过程中，上海和浙江自费进行了扩大改革试点工作。截至 2002 年年底，农村税费改革试点工作在全国 20 个省份全面展开，其他 11 个省份在各自辖区内的部分县（市）的试点改革工作继续进行，据相关统计数据显示，农村人口进行农村税费改革试点的比例占到了全国农村人口的 3/4，涉及相关税费累计高达 6.2 亿元。

　　至此，按照国务院的统一部署，经过几年的努力，为全面推进农村税费改革奠定了成功经验基础，《关于全面推进农村税费改革试点工作的意见》在 2003 年 3 月由国务院颁发并予以实施，除试点范围以外的相关规定内容以外，文件侧重就农村税费改革的相关制度及措施的完善进行了详细规定，确保农村税费改革的结果达到理想目标，为此，国务院办公厅在 2003 年 9 月，又发布了《关于进一步加强农村税费改革试点工作的通知》，确保农村税费改革的成果取得实效，文件除强调全面贯彻落实中央政策外，还就落实"三个不准"进行了详细规定，即超过国家规定的税率上限的农业税及其附加税不准为之，超范围与标准通过"一事一议"进行筹资筹劳不准执行，农业税及其附加和"一事一议"之外进行任何形式的摊派和收费不准进行。另外，还就减轻农民负担的"四项制度"的落实进行了详细的规定：涉农税收价格收费"公示制"、贫困地区农村义务教育收费"一费制"、农村订阅报刊费用"限额制"、违反减轻农民负担政策"责任追究制"；确保专项转移支付专款专用；搞好配套改革等。

　　2004 年以后，随即进入了第二阶段，即全面取消农业税改革阶段。这一阶段国家税费改革关注的重点是农民的负担问题，而对农业税收制度本身的改革给予充分的关注，致使税费改革试点后的新农业税制度仍然达不到理想的效果，存在一些不容忽视的问题：一是试点后农业税的税率并没有实质性地降低，当时农业税税率统一为不高于常年产量的 7%，附加税率为不高于正税的 20%，合计为不超过常年产量的 8.4%，大多数地方落实的税负基本上都是 8.4%，但实际上，与我国历史上的税率和其他国家农民的税负相比较，按照土地常年总产量的 8.4% 征收仍然偏高。二是农民税制不科学的问题没有得到彻底的解决。税费改革试点后农业税的征收没有考虑当年总收入扣除生产耗费后的实际所得，仍然是按照土地的常年总产量计征，以农产品的产出来计税，从而导致有的农民种地赔钱仍然照章纳税的现象发生。三是税费负担不均衡现象依然存在。农村税费改革试点后总体上减轻了农民的负担，但是税负不公现象产生了，同时加重了纯农户的负担，出现了人多地少负担轻，人少地多负担重的现象。

针对上述问题的存在，中央考虑到国家财力不断增强及征税成本远远高于征税收入的现实国情，中共中央、国务院于2004年2月下发了《关于促进农民增加收入若干政策的意见》，开始逐步尝试免征农业税，文件指出2004年农业特产税除烟叶的取消外，总体上农业税税率要实现比上年降低1个百分点的目标任务。

2004年年底，中共中央、国务院为进一步扩大农业税免征范围，同时进一步加大减征的力度，下发了《关于进一步加强农村工作提高农业综合生产能力若干政策的意见》，免征农业税试点在国家扶贫开发重点县实行的同时，降低农业税税率在其他地区也进一步得以实行。经过努力，截至2005年7月，全国28个省、自治区、直辖市决定全面取消农业税，2006年河北、山东及云南三个省也全部取消了农业税。

农村税费改革取得的成效是显著的，其为农村民主管理制度的不断健全和完善打下了坚实的经济基础。经过农村税费改革以后，一是农民的负担得到了明显的减轻。实现了村村减负，户户收益。据统计，2004年全国农民直接负担的税负总额是581.7亿元，人均64.4元，分别比2000年的总额1259.6亿元、人均141.42元下降了53.8%和54.4%，从2000—2004年这五年的情况来看，农民负担状况的重要指标均呈逐年下降趋势，详见表4-1：

表4-1　　　　　　　　2000—2004年农民负担重要指标一览

项目　　　　　　年份	2000	2001	2002	2003	2004
全国农民负担总额（亿元）	1259.6	1200.9	1030.5	869.3	581.7
农民人均税费负担（元）	141.42	134.93	115.8	96.6	64.4
劳均"两工"及一事一议筹劳（个）	16.3	16.2	10.5	8.3	2.1

可见，2004 年开始的农村税费改革具有划时代的历史意义，不仅结束了在我国长达 2600 多年历史的农业税，而且消除了依附于农业税的各种农民负担存续的土壤。

二是通过农村税费改革，进一步深化和推动了农村基层政权改革。这主要体现在以下两个方面：首先，通过农村税费改革推动了乡村撤并工作。2000 年以来，乡镇撤并力度不断加大，根据改革的原则意见，在平原丘陵地区，3 万人以下的乡镇不再保留，山区对 100 平方公里及 2 万人以下的乡镇原则上不予以保留。这样，经过改革，截至 2006 年年底，全国乡镇减少到 34675 个（其中乡 15306 个，镇 19369 个），行政村即村民委员会减少到 55000 个。据统计，1999—2006 年，平均每年撤并乡镇 1438 个，行政村（村民委员会）每年减少 26000 个，与此同时，各地还通过行政区划规模调整、人员编制的压缩等措施来实现减少财政开支的目标。其次，采取多种措施来实现机构精简和职能的转变与优化。在税费改革中，各地区普遍通过"三减"措施即"减人、减事、减支"以实现机构的精简，实现改革的需要。同时，试点乡镇在行政机构改革方面普遍通过设立 3—5 个综合性办公室以整合原来乡镇的内设机构，对事业单位的改革，试点乡镇有的把事业单位的行政职能纳入新设立的行政机构，以整体撤销原有的事业单位，将其经营性的职能交给市场，同时设立几个承担公益性职能的综合服务中心，以整编所有事业单位，从而实现事业单位整体转制的目标改革任务。

三是通过农村税费改革，对农村教育管理体制改革实现了有力推动。在农村税费改革之前，农村义务教育实行的是"分级办学、分级管理"的教育管理体制，"以县为主"的农村教育管理体制在农村税费改革以后得以逐步建立，中间管理层级与人员减少了，加强了对农村教育的集中管理。与这种新的教育管理体制相适应，一方面政府加大了对农村教育的投入力度，使农村教师的工资待遇得到保障，确保农村教育资金来源的稳定性；另一方面，政府对农村教育实行"一费制"收费制度，取消了农村教育附加费和集资收费，切实减轻了农民的教育负担，实现了农村义务教育负担的转移，"由农民负担"向"由政府负担"的过渡，也促使国家中央财政对农村中、小学教育的投入力度加大了，农村义务教育公共经费经过多年的努力，其增长逐步高于全国平均水平，新的农村教育管理体制不断地得到巩固和完善。

四是通过农村税费改革，有力地保障了农村的社会稳定。税费改革后，将农村基层干部从农业税征收的繁杂事务中解放了出来，既缓和了农村基层干群关系，避免了农村基层干群之间的摩擦和纠纷，又使农村基层干部能够集中精力落实好农村的各项工作，使得农村原先事关涉农负担的群体性事件和恶性案件比以前显著减少，由于农村税费负担引发的农村社会矛盾也明显得到缓和，实践证明，农村税费改革得到了农村广大干部群众的支持和拥护，有利于农村社会的稳定和农村经济社会的和谐可持续发展。

（三）　农村市场经济与农村民主管理制度历史发展的启示

国家农村经济发展的市场化发展与改革，即是说农村市场经济的发展是我国农村民主管理制度得以产生发展的重要经济基础。作为文本制度的重要体现，农村民主管理制度是国家对农村社会实施民主管理的正式制度安排的结果，但是这种制度安排要受到农村经济制度发展及由此经济制度决定的农村社会各方利益结构的制约和影响，并不是国家单方面进行制度安排就可以顺利实现的。我国农村社会经济发展有两个基本的经济体制规定性维度同时存在，即坚持农村土地的集体所有制与坚持农村经济发展的市场化。[①] 我国农村市场经济体制改革事实上的初始起点是从 1980 年开始实行的农业土地经营体制改革，这项改革是以家庭联产承包责任制为核心内容的，这项改革的主要内容是在坚持农村土地的集体所有制基础上对传统的土地经营制度进行变革，使农民与农村集体经济组织之间的关系得以改变，其逻辑演化过程实质是通过对农村经济体制的改革，发展农村市场经济的微观基础，使广大农户真正成为独立的农村市场发展主体，[②] 在此基础上，通过加强农村民主政治体制的改革与发展，建立健全农村民主管理制度，重塑农村社会的基层民主权威，使广大农民群众的民主权利逐步成为自己的自觉行为实践，真正当家作主。为此，中共十一届三中全会决定中明确指出，全党当前必修集中精力把农业尽快赶上去，要实现这个目标，在经济上必须充分关心农民的物质利益，同时在政治上切实保障农

①　于建嵘：《新时期中国乡村政治的基础和发展方向》，《中国农村观察》2002 年第 1 期。

②　张新光：《论再造农村市场经济的微观基础和基层民主权威》，《社会科学》2007 年第 4 期。

民的民主权利。这个基本指导思想的出台，确立了我国农村市场经济体制改革与发展的前景和空间，但是，理论上的方向性规定并不意味着实际上问题的解决，尤其是当问题涉及各方重大利益调整时尤为突出，至今看来这个问题仍然未能解决。① 虽然农村市场经济发展面临的问题很多，但是，长期以来我国农村市场经济和民主化的发展进程朝着积极乐观的方向发展，经过 20 多年的改革，农村经济运行机制基本上步入了市场经济发展的轨道，已经突破了农村传统经济发展中自然经济成分和影响突出，经济发展底子薄、弱等不利因素的束缚。② 而且，在农村市场经济大力发展的同时，农村基层民主政治也得到了大力的发展，通过扩大基层民主，实行村民自治，党在领导农民发展农村经济的同时，也领导广大农民在中国农村开辟出了有中国特色的社会主义基层民主政治发展的道路。③ 为此温家宝也说，近三十年的中国农村改革，我们主要实现了三大目标，一是实行以家庭联产承包经营为核心的农村经营体制改革，二是实行了以农村税费改革为核心的国民收入分配关系改革，三是实行了以推进农村基层民主政治改革为核心的农村上层建筑综合改革。这三大农村改革目标的实现都是围绕一个中心展开，那就是在维护和保障广大农民物质利益基础上实现农民的民主权利，切实解放和发展农村生产力。④

　　事实上，我国 30 年来的改革的历程是比较曲折而复杂的，但其中心始终是以解放和发展生产力为基本目标，使农村经济体制的各项改革沿着市场化的方向逐步向前予以推进和完善，与此相适应，也是我国农村基层民主政治制度发展变革的 30 年，农村经济的市场化改革发展对农村经济发展的影响是显而易见的，但是作为经济基础的经济制度其与农村民主管理制度也是紧密联系、相互影响、相互促进、相互渗透的，农村民主管理制度的建立完善和兴起是农村市场经济体制改革与农村社会发展的产物，也是我国新的历史时期农村基层民主管理政治体制的重要变革，也是国家

---

　　① 杜润生：《中国农村体制变革重大决策纪实》，人民出版社 2005 年版，第 145 页。

　　② 李铁映：《伟大的实践，成功的经验——纪念中国共产党十一届三中全会 20 周年》，载《中国改革开放 20 年丛书》，《中国社会科学》1999 年第 2 期。

　　③ 《人民日报》评论员：《农村基层民主的重要保障》，《人民日报》1998 年 11 月 19 日第 3 版。

　　④ 温家宝：《不失时机推进农村综合改革，为社会主义新农村建设提供体制保障》，《求是》2006 年第 18 期。

市场经济体制下行政权力与社会自治权利关系的重新调适。① 目前，我国农村民主管理制度主要是以村民自治为主要载体，其产生和发展的实质是我国经济发展转型期农村公共权力及农村公共产品的供给缺位导致的。从根本上而言，这种农村经济体制变革发展孕育着我国农村基层民主政治建设的经济因子，这也在一定程度上预示和决定着我国农村基层民主政治建设发展的基本路径。农村民主管理制度的施行实质上也是农村市场经济发展过程中农民自主发展出来的政治民主要求，也是农民为追求自己合法利益的有效实现和保障而推行的一种基层民主政治管理制度和模式，农村市场经济发展水平的高低也直接影响着农村民主管理水平的高低。

我国 30 多年的农村经济体制改革的基本历程也很好地揭示了这个道理。从 1978 年开始的我国农村改革探索与实践，在市场化方向的发展上大体经历了四个主要的发展阶段。

一是 1978—1984 年的农村基本经营制度发展阶段。这个阶段即是从十一届三中全会到十二届三中全会之间。这一阶段的重点是取消人民公社制度，实行以家庭联产承包经营责任制为基础、统分结合的双层经营体制，从而在此基础上建立和完善了乡镇体制。同时，中共中央在 1978 年下发了《中共中央关于加快农业发展若干问题的决定（草案）》，1983 年下发了《关于实行政社分开建立乡政府的通知》，中共中央、国务院 1984 年联合下发了《转发农牧渔业部和部党组〈关于开创社队企业新局面的报告〉的通知》，这些政策文件的贯彻落实，使农民的生产积极性得到了极大的提高，根据相关部门的统计数据显示，1978—1984 年，我国农业产出年平均增长速度是 7.7%，农村贫困人口的绝对数量从 2.5 亿下降到了 1.3 亿，贫困发生率也从 30.7% 下降到 15.1%，② 创造了人类贫困消除史上的优异成绩。

二是 1985—1991 年的农村经济改革市场化探索发展阶段。这一阶段的改革与发展的重点是大力发展乡镇企业，改革农产品统购派购制度。中央在 1985 年颁发了中央一号文件着手将农产品的统购派购制度改革为合同定购制度，主要解决农村增产后卖粮难的问题。1990 年为继续保护农

---

①　贺文华：《农村自治的经济学思考》，《观察与思考》2003 年第 8 期。

②　宋洪远：《中国农村改革三十年历程和主要成就》，《中国经济时报》2008 年 4 月 24 日第 5 版。

民的生产积极性，又将合同定购制度改革为国家订购制度。1986 年为进一步促进乡镇企业的发展，中央于该年发布的一号文件的重点内容是提出放宽乡镇企业贷款条件。总体上看，这个时期虽然城乡体制在改革的进程中矛盾与冲突时常发生，农民收入增长缓慢，但是乡镇企业发展迅速，在 1991 年其总产值超过了 1 万亿元。①

　　三是 1992—2002 年的农村农产品和农村要素市场体系发展和完善阶段。这一阶段实际上也经历了党的十四大到十六大这段历程，为顺应党的十四大提出的建立社会主义市场经济奋斗目标，同时中共中央在党的十四届三中全会上通过了《关于建立社会主义市场经济体制若干问题的决定》，在构建社会主义市场经济体制改革基本框架的基础上，提出了农业市场化和产业化发展的战略目标，为农村市场经济的改革与发展注入了强大的生机与活力。所以该阶段农村市场经济发展的重点就是逐步深化农产品流通体制改革，不断地推进农业、农村市场经济结构的战略性调整。中共中央、国务院 1993 年共同颁发了《关于当前农业和农村经济发展的若干政策措施》，主要是为了稳定农村土地承包关系，进而调动农民的生产积极性。同时，为了加快农业产业化发展和工农一体化建设步伐，中共中央、国务院 1996 年下发了《关于"九五"时期和今后农村工作的主要任务和政策措施》，为进一步巩固前段成果，1998 年，中共中央在党的十五届五中全会作出了《关于农业和农村工作若干重大问题的决定》等。通过努力，在这一阶段，即 1992—1996 年，乡镇企业总产值年均增长率达到 41.86%，从 17659.7 亿元增加到 68343 亿元，1996 年粮食产量超过了 5000 万吨。②

　　四是 2002 年以来统筹城乡经济社会发展阶段。这一阶段重点是实施以工补农，以城带乡，建设社会主义新农村，构建统筹城乡发展制度体系。为此，自党的十六大以来，通过采取一系列政策措施，确保农民增收，重在开放农村粮食市场和价格、全面取消农业税、对农民实行直接补贴、实施新型农村合作医疗试点改革及农业国际化战略等。

――――――――――

　　① 吴桂韩：《20 年农村改革发展的基本回顾与思考》，《江苏省社会主义学院学报》2009 年第 1 期。

　　② 孔祥智、涂圣伟、史冰清：《中国农村改革 20 年：历程、经验和前景展望》，《教学与研究》2008 年第 9 期。

在这个阶段，党的十五届五中全会是个重要的转折点，其通过的《关于农业和农村工作若干重大问题的决定》，对我国农村改革 20 年的基本经验作了全面客观的总结，充分肯定了党的十一届三中全会以来广大农民的伟大探索，开辟了新世纪我国农业、农村改革与发展的新局面。

通过努力，在该阶段农村经济发展的各个方面都取得了较好的成就。截至 2007 年，全国 1.5 亿农村学生义务教育免交学费并免费获得教科书。在这阶段，农业和农村政策的最大亮点和变化是减免直至全面取消农业税，开辟了我国"以工补农、以城带乡"的农村经济发展新阶段。2005年 12 月 29 日十届全国人大常委会第十九次会议，通过决议正式废除新中国成立以来实施了 50 余年的农业税，通过减免农业税，全国农民负担每年减轻达 1335 亿元。社会主义新农村经济发展综合配套改革体系的一个重要方面是开展新型农村合作医疗改革，2003 年 7 月至 2004 年 10 月底，全国有 31 个省、自治区、直辖市计 333 个县市进行了新型农村合作医疗试点改革工作。试点覆盖 10691 万人口，实际参合农民达到 8040 万人，参合率达到 75%。[1] 通过努力，全国 86% 的县已经不断完善了新型农村合作医疗制度，参合农民达到 7.3 亿人，而且从 2008 年开始，国家预计用两年的时间将筹资标准由 50 元提高到 100 元，在全国全面推行新型农村合作医疗制度。粮食流通体制改革取得历史性的突破，1998 年国务院颁发《关于进一步深化粮食流通体制改革的决定》，实施"三项政策，一项改革"，即按保护价敞开收购农民余粮、粮食收储企业实行顺价销售、粮食收购、资金封闭运行三项政策和加快国有粮食企业自身改革。2004年，国务院通过了《关于进一步深化粮食流通体制改革的意见》，实施粮食购销完全市场化，实施最低保护价收购政策，我国农村农产品流通体制改革正式结束。这一时期农村市场经济体制改革的另一重要内容是实施农业国际化战略。我国在 2001 年 11 月 10 日正式加入世贸组织，标志着我国农业发展进入一个新时期。按照加入世贸组织协议的相关要求，我国重点围绕农产品贸易的国内市场准入、国内支持和出口补贴等方面进行了大力度改革，通过改革，使农产品平均关税从 2001 年的 23.2% 降至 2006 年的 15.23%，这个数字远低于美国、日本和欧盟等发达国家水平，仅为世

---

[1]　国家统计局：《中国 2004 年国民经济和社会发展统计公报》，http：//www.stats.gov.cn。

界农产品平均关税 62% 的 1/4。① 通过改革，我国逐步成为世界上农产品关税总水平最低的国家之一，随着我国农业越来越高的外贸依存度，新时期我国农业正在快速融入国际农业经济发展体系。

从 30 多年农村经济体制改革发展的历程来看，一个很重要的经验就是农村的经济改革发展坚持了市场化这个基本的主线，也即是说坚持了农村市场经济的发展。这一时期，围绕社会主义市场经济发展的主要目标的实现，农村市场经济的发展在农村基本经营制度、农产品流通体制、农村金融和财税体制、国家宏观调控体制等方面进行了较为全面的制度设计和实施。② 这些农村市场经济发展的改革措施，极大地解放和发展了农村的生产力，为农村市场经济的可持续发展奠定了坚实的基础，也为中国农村经济发展的市场化改革指明了方向。

（四）农村市场经济发展的困境

尽管如此，我国农村经济市场化发展的进程中仍然面临诸多的困境。我国农村经济体制改革的一个首要的目标，是致力于解决农村经济发展微观经营机制，这个机制的重点就是将人民公社体制转变为家庭联产承包责任制，这个目标完成后，农村经济发展的宏观运行机制，即农村市场经济机制问题的解决就显得尤为紧迫和重要。③ 1982—1986 年的 5 个中央一号文件致力于解决农村经济发展的三个主要问题，即农户自主权的确立，农村市场体系的发育及农村经济产业结构的优化。发展至此，农村市场经济进一步发展又受制于城市国有经济改革和政治体制改革，而这个问题的解决周期更长，正是由于该原因，农村经济体制改革初期阶段的一系列中央一号文件的历史使命暂告一段落。④ 直到 1992 年邓小平南方谈话后，我国农村经济发展正式进入"市场化改革"的新阶段，但由于城乡二元体制的长期存在，农村生产要素市场发展的滞后制约了农村市场经济体制的进一步发展，伴随着"市场失灵"和"政府失灵"的双重困境，我国农

---

① 孔祥智、涂圣伟、史冰清：《中国农村改革 30 年：历程、经验和前景展望》，《教学与研究》2008 年第 9 期。

② 宋洪远：《中国农村改革的基本经验与发展趋势》，《中国发展观察》2008 年第 5 期。

③ 杜润生：《中国农村体制变革重大决策纪实》，人民出版社 2005 年版，第 146 页。

④ 同上。

村基层民主政治的发展也受到了不利的影响，在一定程度上也制约了农村民主管理制度的建立健全。农村经济发展市场化进程中面临的困境主要体现在如下方面：

1. 农村集体土地所有制制度的缺陷制约了农村土地要素市场的培育与发展。

我国现行的农村集体土地所有制存在"成员权平等"与"推出机制缺失"的双重缺陷，致使广大农民长期无止境地要求均分土地，出现了农业生产发展过程中劳动强度高和种植模式过密的现象，从而产生了一些负面现象，诸如土地报酬递减、土地边际效益下降等。当然自十一届三中全会以来作出这样的决策在当时是必然的选择，尽管现在看来不是最佳的制度。[①] 诚然，虽然国家决定产权结构，而且国家最终要对决定经济增长与否的产权结构的效益负责，但是一种无效益的制度一旦选择并且沿着既定的路径实施下去，就会出现初始的制度设计不但会强化、刺激既定的制度惯性，而且还会使这种制度进入一种"固化"状态。[②] 同时，马克思也曾经指出，小块土地所有制从其本质来说对社会劳动生产力的发展是具有排斥性的，而且现代社会发展的税收等制度也与这种制度是相互抵触的，小块土地所有制长期发展的结果还必然导致生产条件恶化，生产资料成本增加等现象的发生。[③] 恩格斯也曾经指出，长期保持农民的小块土地所有制，这对党和农民本身都不是理想的制度选择。[④] 但另一方面也要看到，由于我国的国情需要，中央不断强调，在深化农村改革的基础上，必须长期稳定以家庭联产承包责任制为基础的双层经营体制，并且将这个作为党在农村经济发展政策的基石，对这点的认识在任何时候都必须予以坚持。[⑤] 这在客观上导致我国农业生产的微观经济组织始终停留在小块土地规模及小农经济的低水平基础上的重复发展，很难实现其有大的作为与长远发展。据来自农村固定观察点 1986 年的统计资料显示，全国每个农户的平均承包耕地面积是 9.2 亩，并且这承包的土地面积且被划分为 9 块，

①　杜润生：《中国农村制度变迁》，四川人民出版社 2003 年版，第 151 页。

②　［美］道格拉斯·C. 诺思：《经济史中的结构与变迁》，陈郁、罗华平等译，上海人民出版社 2002 年版，第 11 页。

③　［德］马克思：《资本论》第 3 卷，人民出版社 1995 年版，第 830 页。

④　《马克思恩格斯全集》第 4 卷，人民出版社 1995 年版，第 501 页。

⑤　中共中央组织部主编：《农村基层干部读本》，党建读物出版社 1999 年版，第 58 页。

这样平均下来，每块耕地面积仅有 1.02 亩，最小地块仅为 0.03 亩，最狭窄地块也仅仅只有 50 厘米。全国耕地总面积截至 1986 年年底已经减少到 18.51 亿亩，农民人均占有耕地不到世界人均耕地面积水平的 2/5，仅为 1.2 亩。全国还有 1/3 的省份人均耕地面积达不到 1 亩，全国共有 660 个县的人均耕地面积还不到 0.5 亩，较大幅度地低于联合国粮农组织确定的人口/土地承载力范围之内的 0.8 亩的"警戒线"。①

　　事实上，我国现行的农村土地集体所有制度自实施以来的绩效也是非常有限的。以 1978—1984 年农村经济发展的相关数据为例，这期间我国农产品实现了 42.23% 的增长幅度，其中有来自家庭承包制取代集体耕作制度改革 46.89% 的增长绩效，这当中化肥施用量的绩效份额占的比例达到了 32.2%，农产品提价的绩效份额占到了 15.98%，而其他的制度改革绩效所占的比例则微乎其微，几乎可以忽略不计。当然基于这种制度变迁的经济刺激效应明显达至顶点的一个重要的表征是 1984 年家庭联产承包责任制在全国范围内推行之后，这与先前其对农业生产的影响主要表现为一次性的激发效应有所不同。② 同时，就其制度实施范围而言，我国现行的农村集体土地所有制度也仅仅是解决了国家坚决守住 18 亿亩耕地红线的部分问题，除耕地之外其他的国土资源（这主要包括 60 亿亩草原、42.7 亿亩林地、42 亿亩大陆架渔场等）的发展改革还处于相当滞后的状态，在现实发展中普遍存在权责划分不清、主体归属不明、利用效度不够、经营方式粗放的状态。从某种程度上讲，这已经成为比较严重地制约我国农村市场经济体制改革发展路途中的一个重要障碍。特别是 1978 年之后，国家全面推行改革开放战略以来，每年全国各种建设占地面积平均达到了 400 万亩以上，截至 2004 年年底的相关统计数据显示，全国累计共征用的农村耕地面积已经高达 1 亿亩左右。而在耕地被征用的过程中农民从失去的被征用耕地中所得到的经济补偿总额仅有 5000 亿元，而在农村集体土地转让中国家和城市工商业从中所积累的资产则高达 9 万多亿

---

　　① 张新光：《论再造农村市场经济的微观基础和基层民主权威》，《社会科学》2007 年第 4 期。

　　② 胡书东：《当代中国经济学家学术评传·林毅夫》，陕西师范大学出版社 2002 年版，第 20 页。

元，这两者之间的差距实在是太大了。① 据有关专家估计，这也直接或者间接导致全国失去土地的"三无农民"（无地、无业、无保障）的人口总数累计达到4500万人左右，这不仅对农村市场经济的发展产生了诸多的负面影响，而且也在不同程度上影响到整个社会的和谐与稳定发展。

2. 农产品流通市场体系的缺陷制约了国内市场需求的进一步发展。

我国农产品流通市场体系经过30多年的改革，仍然存在诸多的问题，诸如农村农产品流通市场主体完备程度比较差，整体实力不强，处于比较薄弱状态，农产品流通业态原始而传统，农产品经营流通方式比较陈旧等。以国有粮食企业流通体制改革为例，国家在这方面的改革总体上看存在不完善的地方，1986—1991年这5年的期间内，我国虽然开始着手在农产品流通体制领域实行"双轨制"改革，但从运行的结果来看不是很理想，这期间，中央财政对农产品的补贴总金额达到1363亿元，主要体现在粮、棉及油等农产品方面，但是到1992年国家对粮油价格全面放开的时候，国有粮食企业亏损总额已经高达545亿元，1992—1998年持续发展的6年时间里，国家中央财政围绕粮食企业改革，也为其支付了高达3000亿元的成本。总体上看，农产品流通市场体制存在以下主要的问题：一是农民对农产品生产选择上的盲目性，这主要是由于广大的农民对农业流通市场信息的分析研判能力比较薄弱所导致，对于究竟生产什么农产品能够适销对路，没有很好的判断和思路，往往是跟风，看见别人种什么就跟着种什么，结果导致市场销售前景黯淡，没有什么盈利，极大地挫伤了广大农户农业生产的积极性。二是广大农户在农产品经营上的家庭分散性。广大农户在农产品生产上往往各自为政，生产规模小，产品能力有限，规模经济形成能力非常有限。三是在农产品的流通经营方式上存在比较封闭的特点。由于农户的分散性，加上生产经营方式的小而全的现状致使农产品的社会化和专业化生产不仅受到了相当程度的排斥，而且也难以形成大气候。四是农产品交换存在滞后性，一方面大宗农产品难卖，另一方面畅销农产品又短缺，这是个矛盾。五是在农产品流通的比较利益的共享方面存在普遍制约性因素。大多数农户都处在农产品原料产品生产的一般发展阶段，这不仅导致农民比较收益普遍较低，而且这也在一定程度上

① 乔新生：《工业反哺农业应当从土地入手》，《人民论坛》2006年第18期。

制约了农产品的可持续发展，使农业生产发展后劲不足。我国农村市场经济体制改革的任务还比较长期和艰巨。

3. 农村金融管理体制的滞后发展对农村市场经济体制的完善也起到了制约作用。

随着农村经济社会的不断发展，农民的收入水平自农村经济体制改革以来不断提高，相应地，资金也得到了一定的积累，国家允许和鼓励在自愿互利的基础上，广大的农村集体和农民将资金有组织地集中起来，对各种开发性的农村经济发展项目进行联合投资兴办。据统计，截至1997年年底，我国乡镇企业增加值突破20740亿元，占整个农村社会增加值的比例达到60%，在全国工业总产值中占47.3%，在国内生产总值的比例达到27.7%，累计有1.35亿人的各类人员从事农村经济活动，占整个农村劳动力总量达到了29%，这其中农民增加的收入部分有大约一半来源于各种乡镇企业的收入。这有利于解决农村劳动力富余、资金短缺及耕地紧张的困境。但是，国家从1998年开始，对金融体制改革政策的发展目标实施了"企业化管理"发展改革思路的调整，为此，国家纷纷撤销了县级行政单位的金融服务网点达3.1万多个，基于农村经济发展投资领域的成本高、收益低及高风险的特点，国家主要商业银行都撤离了农村地区，农村合作基金协会1999年被国务院取消了。这样国家在农村只有农村信用合作社是正规金融组织，而农村信用合作社各项存款余额只有国家正规金融机构的12%，各项贷款余额占全国的比例也只有11%，农村信用社的不良资产率普遍在50%以上，也显得很不理想，甚至于个别省份不良资产率高达90%，运行情况总体上欠佳。截至2005年年底，全国3.2万多个邮政储蓄网点存款余额有75%的比例来自农村地区，其金额数量达到了1.3万亿元，同时每年农村地区流出资金数额达到6000亿元。占整个农村资金的比例高达60%—70%，这意味着一个县每年至少有3亿元资金流向城市工商企业，同时，全国2亿多农民工每人每年平均创造的经济价值25000元中的有17000元都留在了城市，占68%，而拿回农村的资金只有32%，也就是说，每年农村有3400亿元资金流向了城市，这必然导致"资金断流"及"金融真空"等困境在农村经济发展过程中出现，这必然在一定程度范围内制约农村市场经济体制改革的进一步发展。

4. 农村科技体制的滞后发展性也制约了农村市场经济体制的完善。

农村市场经济的进一步发展必然得益于农村科技快速发展的助推，但是长期以来，我国农村科技的发展由于制度的局限性，存在农业科技发展技术需求和技术供给双重不足的特征，这不仅制约了农村科技体制自身的发展，而且还影响了农村市场经济发展的进程。尽管多年来，国家对农业生产的发展始终强调科学技术发展的重要性，而且从政策、科技及增加投入等方面不断地加强发展，但还是存在发展不足的问题，主要表征有：农村基层科技管理体制没有理顺、农村科技管理运转机制失灵、农村科技队伍发展的不稳定性、国家对农村科技发展的经费投入不足等。截至 2009 年，全国农业科技人员也只有 135 万人，占全国各类专业技术人员总数的比例仅为 4.4%。同时，调查的数据表明，全国农村劳动力接受过农业科学技术培训的比例也相当低，这当中仅有 20% 的人接受过短期技术培训，仅有 3.4% 的人受到过初级职业技术培训，接受过中等专业技术培训的比例仅占 0.13%，高达 76.4% 比例的农村劳动力没有接受过任何农业技术培训，以河南省新县为例，每 1 万农民中仅有 1 名农业科技人员，全县平均 4 万 1 千亩林地才有 1 名林业科技人员，1 个实体型的农技站。事实上，我国农村基层科技体制发展处于"线断、网破、人散"的现状，这已经成为我国农村市场经济体制改革进一步发展的重要制约因素。

（五）基于农村市场经济滞后性发展的农村民主管理制度面临的困境

根据经济基础决定上层建筑的原理，在一定程度上，农村市场经济发展的滞后性也阻碍了农村基层民主政治发展的进程，改革开放后，我国农村民主管理制度的发展，主要体现在以村民自治为主要内容的一系列经济性、政治性、文化性及社会综合性民主管理制度的不断建立健全，这些民主管理制度在我国农村政治生活中能得以产生、发展和变化，其重要的现实基础在于农村市场经济的建立和发展，也即是在农村市场经济不断发展基础之上的政治上层建筑的不断变化和发展。两者之间应该是相互影响、相互渗透和相互促进的关系。但是当农村市场经济发展迟滞时，农村民主管理制度的进一步发展就会受到制约和影响，导致农村基层民主政治缓慢发展的经济根源不断凸显，从而出现了农村基层民主政治与农村经济发展之间的不协调现象，这主要表现在以下方面：

1. 农村市场经济发展的薄弱性制约了农村民主管理制度进一步发展的权威性。

农村民主管理制度的权力来源主要从两个方面取得：一是自上而下的来自国家基层公共权力机构的授权，二是自下而上的来自各农村民主管理组织民众的授权。在农村民主管理制度的这两种权力来源中，自上而下的来自国家基层公共权力机构的授权，由于具有自上而下的强制命令性的特征，其权力来源对农村民主管理制度的发展具有一定的牵制性和先入为主的导向制约性，使农村民主管理制度的发展在广大民众中的权威性无形中受到削弱和影响，也在一定程度上制约了农村民主管理制度自主发展的积极性。相反，有自下而上权力来源的农村民主管理制度的权威性则不一样，这种由民主授权方式产生的民主管理制度的管理和执行机构，其管理权力行使的积极主动性相较前一种要强得多，因为其权力的权威来自民众的授权，要有权威性，就必须向群众负责，同时这种权力来源的民主管理组织其民主管理权力的行使，还有利于调动广大农民群众的积极性，促进农村基层民主社会的政治发展。但是，由于我国农村市场经济目前发展的相对滞后性，由自下而上的路径层面发展的农村民主管理制度所体现的村民自治的权威性还有待进一步发展。与此同时，由于农村市场经济发展的不足，在影响农村民主管理组织权威性发展的同时，也使得农村民主管理较多地选择了自上而下的权力来源及管理行使模式。这主要是因为农村市场经济发展的薄弱使农村民主管理组织的发展出现了一些滞后和消极现象，这在一定程度上也阻碍了农村基层民主政治的进一步发展。这主要体现在以下四个方面：

一是农村民主管理组织缺乏较强的吸引力。随着农村市场经济的不断发展，在农村经济不断迈向现代化的过程中，将传统的以家户为主要单位的农村生产者不断推向陌生的市场环境，这就势必向农村民主管理组织提出了更高的要求，尤其是在农村经济发展的产前、产中及产后等环节提出了更高的服务要求，而在农村市场经济发展薄弱的地方，农村民主管理组织显然难以为广大村民的经济发展等提供良好的服务，其对广大村民的吸引力也不断减弱。

二是农村民主管理组织缺乏较强的协调力。由于我国是后发现代化国家，在农村民主管理的过程中，国家基层公共行政机构的权力意志与广大村民在村级事务民主管理过程中的权利意志不可避免地会发生矛盾与冲突，加上农村市场经济发展的相对薄弱和滞后性，这也势必使得我国农村民主管理制度的实施普遍缺乏强有力的经济基础作为支撑和保障，当农村民主管理制度实施过程中其与国家基层公共权力之间发生冲突时，没有较好的经济基础予以协调和平衡，也使得广大村民对农村民主管理组织的协调能力常产生不满情绪。

三是农村民主管理组织缺乏较强的凝聚力。现实的情况大量地表现为，农村市场经济不发达，村级农村民主管理组织经济基础薄弱，在这样的环境下，农村民主管理组织者看不到前景，其工作的积极性会受到影响，而大量的农村民主管理组织也由于没有强大的经济基础作为后盾，难以真正成为满足群众需要、为群众负责的组织，其凝聚力在农村民主管理内部都显得比较薄弱，更不用说在农村民主管理制度实施过程中其与国家基层公共权力之间发生矛盾与冲突时会有什么凝聚力。

四是农村民主管理组织缺乏较强的自主发展能力。由于农村市场经济发展的薄弱性，农村民主管理组织没有强大的经济基础作为发展的保障，使得其对国家基层公共权力机构的依赖性增强，而国家在农村的基层公共权力机构也趁此机会加强了对农村民主管理组织的渗透和控制，从而使得大量的农村民主管理组织的自主发展能力大大削弱，在农村民主管理组织缺少大量村民支持的现实背景下，农村民主管理组织的领导者也大多习惯于国家在农村的基层公共权力机构的行政性管理和控制。

2. 农村市场经济发展的薄弱性制约了农村基层政治权力机构的规范运作。

由于农村市场经济发展的相对薄弱使得农村经济的整体发展缺乏实力，也导致国家农村基层政治权力机构的运作缺乏有力的物质保障，从而使得实然的农村基层政治权力机构运作制度与应然的运作制度存在较大的反差。这主要体现在以下方面：一是基层权力机关乡镇人大代表缺乏相对稳定的物质保障。根据我国法律的相关规定，对于代表脱产参加本级人民代表大会或者本级人大主席团安排的活动的经费要统一列入本级财政预算，以保证开展活动的代表有足够的经济支持，不至于对其产生经济损失。同时规定，对于没有固定经济收入的代表在开展活动期间要给予适当的经济补贴。事实上，在许多乡镇，由于乡级财政基础薄弱，不能保障人大活动必需的经济开支，有的乡镇甚至没有经济能力给予代表适当的经济补贴，导致国家基层权力机关人大代表的工作热情度不高，其代表的作用难以有效正常地发挥。二是基层权力机关乡镇人大代表选举的物质保障不够充分。乡镇人大选举活动的开展，包括选举机构的成立和运作，选举的前期动员和宣传，选民积极性的调动等都需要相应的经济基础予以保障，但是事实上，据有关调查，由于农村市场经济发展相对滞后，事实上大部分乡镇经济不够充实，难以为人大选举活动提供充足的财政支持。三是基层权力机关乡镇人大代表会议经费保障不足。根据我国法律的相关规定，乡镇人大每年都要召开一次会议，但是由于经费投入不足等原因，一些乡镇的人大会议常常推迟召开或者缩短会期，使乡镇人大权力的行使效果大打折扣。四是乡镇人大法定功能实现的物质条件薄弱。乡镇人大的许多法定的功能，诸如选任权、决定权及监督权等重大权力的行使都需要代表开展大量的活动，这些活动的开展都需要乡镇财政给予支持，事实上由于许多乡镇财政投入不足，使得基层国家权力机关的人大代表没有进行必要调研和考察的经费保障，从而使许多乡镇人大许多法定权力虚置，没有正常履行其法定职能。

3. 农村市场经济发展的薄弱性制约了基层政府推进农村民主管理的积极性。

广大村民对农村民主政治的关注和参与都是建立在一定的物质基础上的。政治参与在本质上讲是民主政治发展的产物，民主政治是政治参与得以存在和发展的政治条件，[1] 而农村市场经济的发展是国家基层公共行政机构和广大民众政治参与赖以存在和发展的经济条件。我国农村民主管理制度的发展是广大农民主动参与创新与国家基层政府强制性变迁相结合的互动式发展过程。作为一种政治行为，政治参与必然要受到来自政治自身发展相关因素的影响。[2] 从根本上讲，国家在农村的基层公共行政机构对农村基层民主政治发展的推动具有重要的决定和影响作用，尤其是在经济文化相对落后的农村地区，农村基层民主政治的发展更是离不开基层政府的大力支持和推动。事实上，由于农村市场经济发展相对落后，在一些经济落后的农村地区，基层政府机构与国家在农村政策的贯彻实施问题上存在矛盾与冲突，致使国家农村政策的实施在基层政府机构这里受到了一定的阻碍，地方政府在这个过程中要求加强地方行政机构的行政功能，导致一些地区的农村民主管理形同虚设，没有实质性的内容。同时我们也看到，在同一地区的不同发展时期，基层政府对农村民主管理推进的积极性

---

① 王浦劬等：《政治学基础》，北京大学出版社 2006 年版，第 175 页。

② 同上书，第 177 页。

和力度也是不同的。一般而言，当农村市场经济发展呈上行趋势时，乡镇基层政府对农村民主管理推进的力度比较大，极力推动农村民主管理制度的建立健全，放手让广大村民自主发展农村民主管理制度，并以此达到让广大村民群众有效监督农村民主管理组织的目的，以顺利贯彻实施农村民主管理制度。相反，当农村市场经济发展水平相对较低时，乡镇政府对农村民主管理的推动力度较小，普遍倾向于消极地采用自上而下的行政命令的方式来加强对农村民主管理的推动，因为农村市场经济发展落后，基层政府对广大村民自主发展农村民主管理的积极性持怀疑态度，在这样的情况下，极力主张利用国家基层行政机构的行政权力来主导农村民主管理的发展。由此可见，农村市场经济低水平的发展会制约国家基层政府推进农村民主管理的积极性。

4. 农村市场经济发展的薄弱性制约了广大农村民众参与农村民主管理制度建设的积极性。

广大村民对农村民主管理的政治参与是农村民主管理制度得以建立健全及提高发展水平的重要政治条件。在农村民主管理中，广大村民个人既能管理各项村级事务，又能直接或者充分管理各项村级事务。所谓村民能够民主管理各项村级事务，是说每位村民都有权利参加村级事务的民主管理，而且有能力在一定范围内施加其影响力；所谓村民不能直接或者充分参与每项村级事务的民主管理，是指并非所有的村级事务都需要或者有可能由全体村民直接进行管理。从这个意义上讲，广大村民的政治参与行为与农村民主管理制度的发展是紧密地联系在一起的，即是说，在农村民主管理过程中，少数人对多数人的民主管理是与多数人对民主管理过程的参与紧密结合的。

村民在农村民主管理制度建设方面的积极性是由基层民主政治的诸多社会经济、政治、文化影响因素决定的，在这些因素中，农村市场经济的发展是最关键的因素，其发展水平决定着村民参与农村民主管理的积极性。村民的农村民主管理参与水平与农村市场经济的发展程度也是紧密相关的。一般来说，市场经济在农村的发展水平与村民的政治参与水平表现为正相关关系。首先，在民主时代，随着农村市场经济的发展，会造就更多的参与型农民。农村市场经济的发展会提高村民的财富和教育程度，也为人们提供了在社会地位较高的职业中就业的机会，也就会增强广大村民的参与意识和参与能力。其次，农村市场经济的发展必然带来农村社会利益关系的不断变化，使农民不得不诉诸农村民主管理等政治行为来维护并进一步实现自身利益。再次，农村市场经济的发展也会促使基层政府职能扩大，这也意味着基层政府扩大了其在农村社会中的作用，受到基层政府作用影响的村民为了反过来影响政府，就不得不提高其在农村民主管理中的参与程度。最后，市场经济在农村地区发展的载体主要还是农村基层社会。也就是说农村市场经济的发展还是通过农村基层社会的整体发展表现出来的。因此，就广大的农村村民来说，农村市场经济的发展使得村民个人与农村基层社会的关系变得越来越重要，无形之中增加了每个村民的集体意识和责任感。而现代集体意识很重要的一个方面在广大农村地区就主要表现为村民在农村民主管理过程中对集体事务的权利和义务感。由权利和义务共同构成的公民概念，为农村民主管理中的大众性参与奠定了广泛的基础。

而现实的情况是，在一些农村市场经济发展相对落后的贫困地区，生活的贫困促使更多的农民只关注自己的经济利益，而很少关注农村基层民主政治的发展。同时，农村经济基础的低水平发展性，也在很大程度上降低了广大农民参与农村民主管理的能力和积极性。如在我国西北的一些地方，在乡镇人大选举及村委会选举中，仍然采取"扔豆子"的原始方法，据 1999 年对黑龙江省两个相邻的村的调查发现，农村市场经济发展较好的村集体固定资产接近千万元，这个村的村民参与农村民主管理的积极性比较好，在村级事务的民主管理参与率达到 90% 以上；[①] 而另外一个农村市场经济发展比较落后的村，集体经济基本上处于"空壳"状态，村民参与村级事务的民主管理的积极性和参与率都比较低，广大的村民也不注意文化水平的提高，在这个村，很多民主管理事务难以进行，更谈不上农村民主管理制度的建立与有效实施。由此可见，广大农民群众在农村民主管理制度建设中的参与积极性与农村市场经济的发展水平是紧密正相关的。

---

① 毛玉萍、孙胜堂：《乡村民主政治建设存在问题的经济根源》，《理论前沿》2002 年第 13 期。

（六）实现农村市场经济与农村民主管理制度的和谐共生发展

对此，我们深刻地认识到，要从根本上解决农村民主管理中的种种问题，切实地建立健全农村民主管理制度，确保深入地贯彻落实农村民主管理制度，扎实有效地推动农村基层民主政治的发展，最根本、关键的措施还在于采取各种措施大力发展农村市场经济，推动农村经济发展和农村生产方式变革，使农村民主管理制度真正发挥维护村民民主权利，使农村各项社会改革顺利推进的作用。[①] 结合我国农村市场经济发展实际情况，宜采取的原则是实现"整体发展"与"重点突破"相结合，实现农村市场经济体制、政治体制、文化体制及社会管理体制的综合配套改革的全面深化和协调发展，夯实农村市场经济发展的微观基础，[②] 对农村基层民主政治权威进行重塑，筑牢有力的社会主义新农村民主管理制度建设的经济基础和体制动力保障，不断激发农村民主管理发展的内部活力，持续推进农村基层民主政治建设。

1. 坚持农村经济发展的市场化改革方向。

在坚持农民在农村市场经济发展中的主体地位的基础上坚定农村市场经济改革的发展方向，这不仅有利于增强农业发展活力，而且有利于增加农民收入；不仅是农村基本经济制度发展的必然要求，而且也是顺应农业现代化发展趋势、实现农业现代化的客观要求。实践证明，大力发展农村市场经济，使之朝着以市场需求为导向、科技创新为手段、质量效益为目标的方向改革和发展，不仅有利于构建现代农业产业体系，而且还有利于在经济全球化及加入世贸组织的时代背景下，提高统筹利用国际国内两个市场及两种资源的能力及拓展农业对外开放的深度和广度。同时有利于充分调动农民生产积极性，尊重农民的首创精神，充分发展农业市场，深入解放农业生产力，大力发展农业生产关系。结合我国农村经济发展的实际情况，历史和现实也证明，只有大力发展农村市场经济，不断增强农业发展的科技因子，才能保持农业在市场经济条件下的抗风险能力、国内与国

---

① 朴明珠：《论农村民主自治的经济基础》，《前沿》2011 年第 2 期。

② 张新光：《论再造农村市场经济的微观基础和基层民主权威》，《社会科学》2007 年第 4 期。

际竞争力及可持续发展的能力。

2. 大力发展农村教育，不断提高农民的市场经济观念和意识。

自改革开放以来，虽然农民的商品经济观念有所提高，必须肯定，这是农村市场经济发展的动力源泉，但是，一个客观的现实是由于农村市场经济发展不足，农村市场体系特别是要素市场的发育不完善，这使得农民虽然有进入农村市场的愿望，也面临许多实际困难，尤其是一些障碍性的社会因素，即便是进入了市场，许多农民抗市场风险的能力也是相当有限的。农村教育落后以及农民的市场经济观念和意识普遍淡薄是造成这一问题的重要根源之一。

为此，我们必须要采取各种措施大力发展农村教育，增强广大农民的综合素质，开发农村人力资源，在我们这样一个农村人口大国，要大力发展农村市场经济，抓好这一点显得尤为重要。德国经济学家舒马赫曾经说过，在发展中国家，压倒一切的问题主要是两大问题，即农业问题及使农村生活活跃起来的问题。[①] 十届全国人大二次会议政府工作报告也指出，解决农业、农村及农民问题，是我们全部工作的重中之重。农民是农业及农村发展的根本，解决"三农"问题的关键是提高农民的素质，提高农民素质的关键是要用现代市场经济的意识和理念来武装农民的头脑，使其摒弃旧的意识观念，从而用新的意识观念来引导农民的思想和行动。要实现这一点，最有效的措施就是要加强对农民的教育。

围绕农村市场经济发展开展对农民的教育是一项复杂的社会系统过程，也是一项长期、渐进的工程，要做好这项工作，需要结合农村教育的实际，有重点、有步骤地推进，也需要各方面密切配合，协调整体推进。具体而言，要从以下方面采取切实有效的措施：

（1）要筑牢农村义务教育发展的基础。抓好农村义务教育是推进农民知识化的重要手段，这也是培养我国社会主义劳动者的基础性工作。不管经济发达还是落后的地区，都要保证农村100%的适龄人口接受九年义务教育，农村孩子入学后，也要采取各种措施防止农村中、小学生辍学。同时，各地应把普及高中阶段教育，尤其是职高和职专的教育作为奋斗目标，以各地农业技术学校为依托，积极开展各种农业技能培训，为培养现

---

① 黄圣周：《舒马赫关于农村发展与教育的思想概述》，《咸宁师专学报》1998年第1期。

代意识的农民做好人才培养和储备。

（2）大力发展农业高等教育，积极为农村市场经济发展培养留得住、下得去的高层次人才，这既是有力支撑农业及农村市场经济发展的关键性举措，也是加快农民知识化进程的重要方法。这需要国家、学校和社会各方面协调共同努力。一方面需要国家政策、资金的倾斜与支持，尤其是发展农业高职教育和农业高等成人教育；另一方面学校也需要结合农村市场经济发展的需要，不断地改革教育内容和模式，提高教学质量和办学水平，不断完善学校内部管理机制，坚定办学方向。同时全社会都要高度重视和支持高等农业教育工作，为农村市场经济的发展提供良好的社会教育环境。

（3）不断建立健全农民教育培训体系。应充分利用农广校、农函大、农校、农技中学等多种机构对农民进行培训。同时紧紧围绕农村市场经济发展的需要积极探索适农民的教学组织方式，为广大农村青年提供更多的入学机会，根据实际情况改进招生方式，简化考核程序，降低入学费用。改革完善教育教学内容，尤其是要丰富和充实农村市场经济发展方面的知识培训，提高农民科技文化综合素质。

（4）加强有关农村市场经济发展相关的政策法规和科技知识的宣传普及力度。充分利用各种大众媒体如广播、电视等，通过讲座、咨询、培训等手段，综合运用"文化下乡""政策下乡"等灵活宣传形式，以增加对农民的有关农村市场相关的政策和法规知识的宣传，使农民能够实现对各种政策和法规及时、准确的认识和了解。通过广泛使用信息传播和信息网络的现代化手段以及其他形式的现场指导等手段，加大科技宣传，有利于助推农村市场经济的发展。在此基础上，政府应该出台相应的政策，以鼓励科技部门和机构以各种形式帮助指导农民掌握应用先进的农业科技成果。积极引导农民通过各种方式与各种科技企业建立积极的伙伴关系。

（5）加强宏观调控，优化农民教育的社会环境。一是各级政府应逐步建立和完善户籍制度，改善农村就业、土地承包、宅基地使用等相关政策，促进城镇化进程中农村市场经济改革，帮助农民提高对农村市场经济发展进程及其相关系列概念的认识和理解，帮助农民提高法规和政策水平。并建立完善农村劳动制度，创造农民受教育的有利条件，吸引高素质的农民在一些农村地区从事更多的技术工作，以促进劳动者素质的提高。二是要加强舆论引导，营造尊重知识、尊重人才的良好社会氛围。深入宣传各项惠农政策法规，使农民了解基础教育的重要性，以提高自己的劳动品质意识。三是要通过相关的政策和法规的完善，广开渠道吸引所需资金，加大对农民素质教育的经费保障。四是各级党政部门要加强领导，真正把农民教育问题提到重要议事日程。切实把农民教育当作一项基础性工作来抓，因为这不但事关农业和农村市场经济发展，而且事关农业现代化全局的发展。把提高农民素质和发展农村市场经济放在同等重要的位置来抓。总之，在农村市场经济发展条件下，农民教育问题是一项复杂的系统工程，应根据各地农业经济发展的实际情况统筹兼顾，全面规划，强化措施，常抓不懈。

3. 大力发展农村经济的各种市场主体及产业组织，奠定农村市场经济新机制、新体制运行的微观基础。

一是积极推动农村产业结构调整。农村产业结构的调整要有利于增加农民的收入，市场经济条件下农村产业结构的调整与自然经济条件下的农村产业结构调整是不一样的，自然经济条件下农村产业结构的调整关注的重点是如何提高粮食生产，在此种生产方式下，农民之间的联系不多，对村级事务的民主管理淡漠，"小农意识强烈"，农村市场经济条件下农村产业结构的调整要求由传统的以家户为单位的生产模式向资源整合后的具有工业化和技术化的现代农业生产方式推进，这也是农村市场经济发展的必然要求。在这个过程中，伴随着农村市场经济的发展，村民之间的经济利益关系会逐步由分散与冲突走向集中与合作，村民之间的经济联系也会不断得到加强，与此同时，村民对农村民主管理过程中村级事务的权力决策关注和参与程度会不断提高，农村民主管理制度也必然会不断地得到发展和完善。二是大力推动非农产业和乡镇企业的发展。不能仅仅依赖和局限于农业在农村市场经济中的发展地位和作用。[①] 大力发展非农产业也是农村市场经济发展的重要领域和范畴。因此在发展以农民个体或者家庭为单位的非农产业的同时，积极推进乡镇企业的发展也是促进农村非农经济发展的重要途径，当然乡镇企业的发展仅仅依托农村是不行的，乡镇企业的发展需要相应的市场空间及相关技术产业发展的支持，必须依靠推进农

---

① 农业有广义和狭义之分。广义的农业包括了农、林、牧、渔、副等多个产业。狭义的农业仅指粮食种植业。本书中所指的农业使用的是广义概念上的农业。

村产业结构调整、乡镇企业发展及农村城市化进程等多维路径的积极发展。这是解决农村非农产业发展面临瓶颈问题的关键和根本，不仅是加强农村市场发展基础的根本所在，也是农村民主管理制度得以进一步发展的经济基础。三是积极推进农村金融体制改革。农村金融体制改革是农村市场经济发展的重要经济基础。农村金融组织与国家正规金融机构相比较，其在民间融资渠道方面具有独特性，主要表现为具有社区性、分散性、层次性及灵活性等特征，这些特征使得农村金融组织在简便手续、低成本及低风险等方面具有借贷的比较优势，这也与农村市场经济发展在融资方面的需求相适应。据统计，截至 2007 年，我国民间融资规模在 8000 亿—14000 亿元之间，这当中有 70% 的农户获得了农村金融组织贷款。可见，积极采取措施逐步构建起以农村信用合作社为主体的农村金融体制与运行机制，重视国家商业银行和政策性金融机构之间的分工协作，强调民间借贷的补充作用，[①] 有利于实现农村市场经济发展所需要的多元化、多层次及多样化的金融服务的纵深促进与健康发展。

4. 积极推进农村市场经济发展的综合配套改革。

在这方面的相应的改革是要求基层政府为农村市场经济的发展在制度、教育、财政及社会等方面提供全方位的支持和保障。要重点围绕以乡镇基层行政机构、农村基础教育及县乡财政管理体制改革为核心内容的综合配套改革的整体推进。[②] 随着农村市场经济的进一步深入发展，对国家基层政府职能改革的要求会不断提高，加之农村经济的发展具有相对的分散性，必须改变政府传统的直接干预农村经济发展的方式，将政府对农村市场经济发展的职能逐步转变到引导、支持、保护与调控上来，政府在农村市场经济发展中的作用主要是提供各种制度上的支持和保障。在政治方面，对乡镇一级基层政府机构应当精简，在此基础上实现对公共行政资源在农村地区的整合，重视与农村市场经济发展相适应的农村基层行政管理体制和运行机制的逐步建立和完善。结合税费改革以后农村市场经济发展的实际，乡镇政府应重点强化和改革以下方面职能：一是完善对农村市场

---

① 张新光：《论再造农村市场经济的微观基础和基层民主权威》，《社会科学》2007 年第 4 期。

② 同上。

经济发展的宏观管理职能及农村市场经济发展的社会化服务体系等。二是完善对农村市场经济发展的服务职能。这主要是要求对农村公共服务产品由基层政府予以供给和保障，完善市场经济农村发展的公共服务体系和社会事业发展基础。三是确保农村市场经济发展的稳定职能。要及时地化解农村市场经济发展中的各种矛盾与冲突。在经济方面，要放宽对农村市场经济发展的各种限制，使农村市场经济发展中各种经济成分及经济个体都能得到自主充分的发展。在教育方面，政府要不断加大对义务教育及与教育发展相关的资金投入，逐步建立起由国家资助的农村教育服务体系，为农村市场经济发展奠定有力的智力支持和精神动力。在财政方面，要逐步改变村级农村民主管理组织的行政与财政双重紧约束状态，应加强对非行政主体的村级自治组织的财政支持，改变其在国家利益代理和农民自治权利行使方面的弱化功能现状，使农村民主管理组织在农村基层社会中的管理和服务水平不断提高，持续推动农村民主管理制度在农村基层民主政治中和谐健康的发展与完善。

由是观之，农村市场经济与农村民主管理制度的产生、发展是紧密相关的。农村市场经济的发展水平决定农村民主管理制度的发展水准，两者之间也是相互作用、相互促进的。农村民主管理制度功能与作用的充分发挥，会使得农村市场经济的发展得到进一步推动。伴随农村民主管理制度深入持续的改革和发展，也必将在两个方面促使农村市场经济的改革和发展实现根本性的突破：一是自给自足的传统农业在农村市场经济发展过程中会逐步淡化，与农村市场经济发展相适应的新型农业会得到大力发展；二是实现农村公共资源配置由传统计划经济向市场经济的根本性转变。以村民自治为主要内容的农村民主管理制度也必然随着农村市场经济的完善不断向前发展。马克思说，任何政治权利都不能超出社会的经济结构以及由经济结构制约的社会文化。农民的民主权力和民主权利的享有与行使也会随着农村经济改革及农村经济社会发展水平的提高而不断地提高，对村级事务的民主管理的参与热情和水平也会不断地得到发展。最终促进农村民主管理制度不断健全和完善，推动我国基层民主政治不断向前进步，为全面建设社会主义新农村提供强有力的经济基础和政治组织保障，确保我国农村经济社会实现协调可持续发展。

二　政治基础：协商民主理论的孕育

（一）普适性：协商民主的要义

协商民主（deliberative democracy）一词，是约塞夫·比赛特于 1980年于其文章《协商民主：共和政府的多数原则》中首次从学术意义上使用。[①] 从词义上分析，协商主要是指，在自由开放的讨论中参与各主体地位平等，在对问题进行理性思考和批判性审议中通过协商达成共识，在这个过程中，参与者对讨论的各种理由自由、公开地倾听或表达，通过某种平衡对讨论的问题作出合理的选择。[②] 自 20 世纪后期以来，其开始成为西方学界关注的新领域，并逐步在对传统自由主义民主进行批判和反思的基础上提出了协商民主理论，作为一种民主体制的理论基础，协商民主重在强调公民、法人等在自由、平等的机制与氛围中对公共事务开展理性探讨和公开审议，基于公共利益的诉求，在充分尊重普通公民的意见和建议，在参与者达成共识的基础上实现决策的科学化、民主化及合法化。其在西方的兴起，虽然有其特殊的社会基础及政治文化基础，但作为人类社会政治文明发展的结晶，其精神能为我国农村基层民主建设提供有益的借鉴和支持，如何将其合理内核运用于我国农村基层民主实践，使农村社会形成协商民主的生成土壤，对于推动我国农村基层民主管理的可持续发展具有重要的理论价值与实践意义。须知，民主的真谛体现在其不断的运行之中，虽然不同的组织体系其民主运行的方式、规则不同，但在基本精神和原则方面则有共同之处。[③] 民主政治建设的目标不仅仅是实现某种固定的模式及抽象的理念，重点是建立起在具有普适性的民主理念指导下能有效维护最大多数人利益的制度，在农村基层民主政治建设中，农村民主管理制度的建设就是其重要目标，其理论基础就是能为这种制度的建立健全

---

① Joseph M. Bessette, "Deliberative Democracy: The Majority Principle in Republican Government", Robert A. Goldwin, William A. Schambra, *How Democratic Is the Constitution?* Washington: American Enterprise Institute, 1980, pp. 102—116.

② 陈家刚：《协商民主引论》，《马克思主义与现实》2004 年第 3 期。

③ 徐勇：《论党内民主与人民民主的有机衔接和良性互动——以基层民主发展为视角》，《社会主义研究》2008 年第 4 期。

奠定先进的具有普适性的民主发展理念，协商民主理论的精神和理念无疑具有很好的借鉴价值，透视人类历史的进程，政治文明的发展其实质是共性与个性的统一体，社会主义政治文明的发展也不例外。①

协商民主理论作为西方发达资本主义国家为走出竞争性民主困境而对民主理论的新发展，在民主体制的视角下，其强调基于理性的参与，在政治决策过程中应该立足于公共利益的诉求，充分尊重、听取、参考普通公民的意见和建议，在多方达成共识的基础上形成决策，协商民主理论使得传统政治理论与实践对公民美德、理性思考和合法决策的重视得以恢复和进一步发展，不仅在学界，在政务实践中也引起了高度的重视，甚至批评者也对协商民主的自然魅力膜拜有加。② 库克认为，协商民主的民众基础在于其具有如下方面的重要功能和价值：一是在公共协商过程中的教育作用；二是有助于在公共协商过程中形成和增强共同体的作用；三是有助于确保公共协商程序的公正性；四是有助于在认识平等的基础上达成公共协商的结果；五是有利于协商民主表述的政治理想具有广泛性和民众性。③ 也有学者认为，协商民主具有综合性的价值，其基础在于实质性的公共协商过程，根据公民共同的善及政治社会的正义提出，其在公共协商过程中的平等具有正义要求的内在价值。④ 也有学者认为，协商民主是以处理政治生活中的道德分歧为基本目标的正当性概念，同时与其在此意义上紧密相关存在四个目标：一是确保集体决策的合法性；二是促使公民立足于公共精神来考虑公共问题；三是有助于在决策过程中促进利益各方的相互尊重；四是克服集体行动缺陷和失误的有效工具。⑤

（二）契合性：协商民主与我国农村基层民主的融合

虽然协商民主理论根植于西方政治语境，有其特殊的政治文化及社会

---

① 齐卫平、陈朋：《协商民主：社会主义政治文明建设的生长点》，《贵州社会科学》2008年第5期。

② 陈家刚：《协商民主》，上海三联书店2004年版，第43页。

③ 同上书，第44页。

④ ［美］詹姆斯·博曼、威廉·雷吉：《协商民主：论理性与政治》，陈家刚等译，中央编译出版社2006年版，第184—185页。

⑤ Amy Gutman, Dennis Thompson. *Why Deliberative Democracy?* Princeton University Press, 2004, pp. 8—9.

基础，但作为人类政治文明发展的成果，其所主张的平等参与、公共协商等精神与我国农村社会基层民主本土资源具有一定的契合性。两者虽然产生于不同的文化土壤，但都是直接民主的形式，我国农村基层民主管理其实质是农民行使当家作主的权力、自己管理自己事务的一种直接民主，因此，将其合理内核运用于我国农村民主管理实践，对于推动我国农村基层民主的持续健康发展具有重要的理论价值与实践意义。于此意义上，笔者认为，所谓协商民主，作为农村民主管理制度的政治理论基础，其实质主要是村民对农村事务实施民主管理的一种决策方式和治理形式，是村民以平等自由的公民身份通过公共协商，以公共利益实现为目标，通过对话、协商及评议等方式纠正个人偏好倾向，围绕公共利益的实现达成决策上的一致和共识。这一含义主要有以下几个方面的特征：一是强调村民在参与村级事务民主管理中的平等性；二是协商民主以公共协商为中心和主旨；三是协商民主侧重于农村民主管理中村民对村级事务的个人认识偏好的转换与统一；四是协商民主以公共利益为民主管理的导向；五是以协商民主中村级事务的民主决策的程序的公开性为保障。①

作为一种民主范式的复兴，在西方话语体系范畴下的协商民主在政治实践中具有与既有政治模式不同的意义。② 这主要体现在以下几个方面：

第一，有利于在促进政治共同体形成的基础上加强对公民精神的培育。

健康民主政治的重要基础在于良好的公民精神，协商民主则是构筑这一基础的重要路径和手段。一则健康民主政治所必需的公民美德能够被协商民主培养出来，通过政治共同体成员之间的相互理解与尊重，其身上的优良品质诸如尊重他人的道德利益和需求，节制和让渡个人需求等在其参与协商过程中会得到最大程度的体现和发挥，这就使得协商民主的过程成了公民公平、正义、法治等美德价值形成的过程。二则协商民主有助于公民集体责任感的形成，通过协商民主的过程，政治共同体的每个成员逐步认识到自己是社会的一个成员，其责任意识有助于促进政治共同体的繁

---

① 张等文、刘彤：《协商民主理论本土化的可行性与路径选择》，《学习与探索》2011 年第 2 期。

② 陈家刚：《协商民主理论的价值、挑战与前景》，《中共天津市委党校学报》2008 年第 3 期。

荣。三则协商民主有助于促进不同公民文化之间沟通、交流、理解与融合，在民主协商过程中，通过公开的协商交流，各种文化团体之间形成和维持的深层次的理解构成了参与持续性协商合作行为所需的社会信任基础。四则有助于在促进多元文化国家的政治合法性的基础上，平等、公正地对待公民精神的差异性，在包容不同种族、文化团体公民精神的同时，促进公民精神的多元化健康发展。

第二，有利于制约国家公共权力和国家行政机构自由裁量权的过度扩张。

自由民主制度在 20 世纪面临的困境主要在于国家行政机构的公共权力和自由裁量权日益扩大，同时国家行政机构通过行使这些权力按照自己的规则制定公共政策时的免责权力也日益膨胀。那么，怎样来解决这个问题呢? 有学者认为，应通过强化立法机构的监督来控制国家行政机关权力的膨胀，但事实证明立法机构有限的监督权力并不能很好地解决这个问题。对此，应该走真正的公共行政道路来予以解决，即在协商民主理论指导下将国家行政机构的行政制度及其决策与协商、争论、论证的途径与相关组织紧密地联系起来，使国家行政机构的权力在公共行政的途径中通过协商讨论的形式实现决策的公开性、平等性及最大化的包容性，同时，通过协商民主的形式使得国家公共行政机构的行政决策人员在决策过程中对其表达的关乎公共决策的符合公共理性的观点、言论负责。① 另外，协商民主理论还有一个重要的功能在于，通过施行协商民主及在此基础上建立协商的民主立法模式，是有效控制国家行政机构自由裁量权的重要途径。② 事实证明，现代公共行政只有在协商民主基础上才能规范地建立和完善，因为协商民主的参与过程是各种不同利益、观点及价值冲突与融合的过程，其参与者在议程形成、观点争论及问题确定等方面享有同等机会，从而能在相关问题的讨论、决策中实现公共行政的公开性、平等性及包容性等。

第三，有利于克服自由民主主义在民主决策中存在的缺陷。

随着国家政体、公共行政机构在国家政治生活中的地位及角色的发展

---

① Christian Hunold, Corporation, "Pluralism and Democracy: Toward a Deliber Ative Theory of Bureaucratic Accountability", *Governance*, 2001, (2).

② Ibid.

变化，传统的自由民主制度中的代议民主及其管理模式，在21世纪已经不适应国家政治生活中出现和面临的各种新问题，因为以代议制为平台的传统自由民主体制，其民主模式的基础是以个人主义和利益为主，其在具有私人化的倾向中完成对政治过程的理解。第二次世界大战以后，代议制民主体制实现民主政治的核心理想的局限性日益凸显，与此同时，随着利益集团政治的日益兴起，其对西方国家经济与科技发展的重要推动，促使其要求直接参与政治决策的欲望日益增强。为此，他们要求必须创造一种新的民主政治制度，这种制度有助于公民参与公共对话，有利于在保留传统民主政治优势的基础上深化民主生活，通过新的民主政治生活使其能更好地把握未来。① 而协商民主理论的兴起恰恰适应了这种要求，其有助于实现民主政治的核心理想，诸如，充分调动公民的政治参与积极性；在对话交流的基础上形成政治共识；制定并实施有利于社会经济健康发展的公共政策；确保公民最大范围地共享国家福利。同时，协商民主强调达成共识的决策过程，有助于克服传统自由民主中的轻视平等而重视自由的现象，也有利于矫正个人主义和自利道德在当代自由民主中的流行泛滥，通过重视公共利益责任支配的决策程序，也有助于克服自由民主规范实践重视政治讨价还价与契约性市场交易存在的缺陷。总之，协商民主在克服传统自由民主在决策方面不足的同时，表达了新的民主政治决策模式的理想，这种理想民主政治决策模式的核心要素主要体现为重视公共讨论、重视民主决策中公众的推理与判断、重视参与民主决策中公众观点的包容性与调和性。

第四，有利于充分发挥理性在协商民主决策中的作用。

公共协商的要义和主要目标是要解决那些重点围绕人际协作与合作才能解决的问题，这些问题的解决过程实际上也是参与民主协商的公众的理性充分表达与交流的互动的对话过程。② 作为协商民主的核心概念，公共协商主要的优点在于其重视理性在民主决策中的重要地位，一项民主决策的通过或采纳应该是参与决策的公众或代表在充分听取和评议相关理由之

① Bruce Ackerman, James S. Fishkin, "Deliberation Day", *The Journal of Political Philosophy*, 2002, （2）.

② ［美］詹姆斯·博曼：《公共协商：多元主义、复杂性与民主》，黄相怀译，中央编译出版社2006年版，第24页。

后，在理性的基础上共同认可该政策的正当性，而不是在政治权力干预下最有影响力的利益左右决策的通过与否。① 可见，协商民主理论重视公众理性的诉求在民主决策过程中的重要作用，伴随着协商的开放程度，理性的质量也会逐步提高，且理性因素在确保政治决策正当性中的地位和作用也越来越重要，因为理性反映了受到影响的协商者更加广泛的要求，其公共性程度高，理性因素的质量会决定到决策结果的质量，确保民主决策的政治正当性。

第五，有利于提高民主决策的质量，增强民主决策的合法性。

一项正确、恰当与完善的政治决策是在全面把握决策对象真实想法的基础上，通过信息的广泛收集与获取等途径而作出的，同时，一项政治决策也只有在取得合法性基础上才能有效地加以实施，得到政治决策对象的普遍支持与认同。那么如何实现上述目标呢，协商民主无疑是一条重要的途径。这主要是基于以下两种情由：

首先，民主协商的决策过程能确保受决策影响的利益相关者平等地参与政治讨论，在改善民主决策结果的基础上提高民主决策的质量。因为，公共协商应当服务于高质量决策这一目标，否则它就不具有这方面的工具价值。② 经由协商的决策过程对决策利益相关影响者具有包容性，确保其在民主协商过程中享有真正的平等，而不允许存在超越别人优先性现象，正义最基本的要求就是每个人都能平等地参与公共协商，同时，讨论和协商又使我们的民主决策接受批判性的审视，增强公民对其社会及社会主流道德原则的理解，从而改善和提高决策的质量。由此，民主协商创造的公民能平等参与讨论和评议的形式，能充分地吸纳公众对公共事务决策的选择性建议的优点，有助于扩大民主决策公正性的社会基础，确保民主决策过程立足于法律与社会制度要求的正义性，提高民主决策的质量。

其次，通过讨论、评议等过程的程序正义，赋予了民主决策实质内容的合法性。须知，协商民主过程的政治合法性是基于在政治上平等参与过

---

① Iris M. Young, "*Communication and the Other: Beyond Deliberative Democracy*", S. Benhabib (ed.), *Democracy and Difference: Contesting the Boundaries of the Political. Princeton*, NJ: Princeton University Press, 1996, pp. 120—135.

② [美] 詹姆斯·博曼、威廉·雷吉:《协商民主: 论理性与政治》, 陈家刚等译, 中央编译出版社 2006 年版, 第 194 页。

程中，尊重所有参与公众道德与实践关怀的政策，确定活动的集体理性反思的结果。[1] 同时，民主决策的结果与协商过程中平等民众之间的自由、理性相符合的时候，这些民主决策结果才是民主合法的。[2] 对于协商民主参与者而言，经由这种程序性正义的过程达致的决策结果不仅具有政治上的正当性，而且，通过民主协商的程序公民的理性才能围绕民主决策中立法因素的优点达成一致，从而增强民主决策的合法性基础。

可见，协商民主理论作为西方兴起的一种新的民主理论范式，在有力地推动西方民主理论与实践发展的同时，也为探讨中国民主政治建设的实践提供了可资借鉴的内容与视野。但是，我们借鉴西方民主理论的合理内核，要充分考虑到协商民主理论是深植于西方社会多元文化的社会背景及自由民主的框架之中的，不能简单地移植运用其基本理论解决中国民主政治建设和发展中的现实问题，正如有的西方学者所说，即便协商民主理论的有些原则可以适用于中国，但也必须经过解释、修正以后，才能更好地适应其制度发展的需要。[3] 为此要充分发挥协商民主理论的价值与功能，以其作为理论基础推动我国民主政治的发展尤其是基层民主政治的发展，这就必然要深入研究协商民主理论的本土化问题，以在此基础上寻求协商民主与我国农村基层民主的契合点，为我国农村基层民主的更深入发展提供强有力的理论基础和精神动力支撑。

探讨协商民主理论本土化的内涵，这涉及何为"本土化"的概念。[4] 关于本土化的概念，不同学者从不同的视角进行了不同的理解，有学者认为，"本土化"一词，英文为"indigenization"（这个词由 indigenous 变化而来，indigenous 一词来源于拉丁语，其强调本土的、当地的含义，为国内学者常用）。按照现在英文的含义，可以翻译为"本地化""本国化"及"民族化"等意义，从这个语义上讲，所谓"本土化"就是指使某事

---

① Orge M. Valadez, *Deliberative Democracy, Political Legitimacy, and Self-determination in Multicultural Societies*, USA Westview Press, 2001, p. 32.

② Joshua Cohen, *Deliberation and Democratic Legitimacy*, Alan Hamlin Philip Petti, The Good Polity, Blackwell, 1989, p. 22.

③ ［美］阿米·古特曼、丹尼斯·汤普森：《民主与分歧》，杨立峰等译，东方出版社 2007 年版，第 2 页。

④ 这一概念是自 20 世纪 70 年代以来，中国港台地区的一些社会科学学者率先对中国知识体系的"西化"问题有所关注，并开始进行学术反思，率先提出了"本土化"的概念。

物产生转变，以适应本地、本国及本民族的实际情况，以更好地在本国、本地生长，从而具有本国、本地及本民族的特征和特色。①　在参考上述学者所界定的"本土化"概念基础上，我们如何来理解协商民主理论的本土化内涵呢，对此，笔者认为可以从广义和狭义的角度来对此展开理解。从广义的层面来看，协商民主理论的本土化主要包括协商民主理论本身即协商民主实践形式的本土化，即是说根据我国民主政治发展的现实状况，在吸收和借鉴西方协商民主理论与实践经验的基础上，积极发展具有本土特色适应我国民主政治发展的协商民主理论与实践。从狭义的层面来看，协商民主理论的本土化，主要是指协商民主理论的本土化，即是说结合我国民主政治发展的话语体系，将西方协商民主理论适应我国发展部分借鉴到国内发展，以形成能够对我国民主政治建设与发展提供有力解释和指导的适合我国国情、具有本土特色的协商民主理论。本书努力试图从广义的层面来将协商民主理论作为我国基层民主政治发展的重要范畴——农村民主管理制度的政治理论基础来予以分析，企图从中寻找到我国农村民主管理制度发展的政治理论基础源泉和持续发展的动力。

以协商民主作为推动我国农村民主管理制度发展的重要理论基础和动力源泉，不仅可以推动我国基层民主政治的持续、健康发展，而且对于中国特色社会主义政治文明的和谐发展也具有重要的理论价值和实践意义。

自改革开放以来，随着我国社会主体多元化发展及社会阶层的不断分化，导致了不同利益主体之间价值观的分歧与利益的冲突日益成为社会关注的中心问题。②　尤其是在我国广大的农村地区，在农村民主管理制度的实施过程中，如何通过农村民主管理使广大农村地区多元利益主体之间在民主协商基础上就共同关心的公共事务及公共利益目标的实现达成平衡与妥协，以此推进农村地区的稳定与发展，不仅关乎我国农村民主管理制度的实施和发展，而且也是我国乡村治理及基层民主发展所必须面对和解决的一个重要的理论与实践问题。

为此，党的十七大报告指出，人民民主是社会主义的生命，发展社会主义民主政治是中国共产党矢志不渝的追求和奋斗目标，我们要坚持中国

---

①　郑杭生、王万俊：《论社会学本土化的内涵及其目的》，《吉林大学社会科学学报》2000年第1期。

②　吴兴智：《协商民主与中国乡村治理》，《湖北社会科学》2010年第10期。

特色社会主义政治发展道理，坚持党的领导、人民当家作主及依法治国的有机统一，不断坚持和完善人民代表大会制度、中国共产党领导的多党合作与政治协商制度、民族区域自治制度及基层群众自治制度，以此不断地推进社会主义政治制度的自我完善和发展。[①] 可见，党的十七大首次将基层群众自治制度上升到我国社会主义民主政治发展的高度予以重视和推动，以村民自治为重要范畴的农村民主管理制度是我国农村基层民主政治建设的核心内容，也是我国创造的具有中国特色的农村基层群众自治制度。农村民主管理制度在我国广大农村地区实践中的充分发展，不断地显示出其魅力和特色的生命力，已经成为具有中国特色社会主义政治制度体系的重要组成部分。近年来，随着我国广大农村地区经济社会的不断深入发展，我国农村基层民主也出现了新的发展特征，协商民主在我国很多地方的农村基层民主政治发展与建设中开始出现，并呈现出不断深入发展趋势，虽然我国基层民主政治建设的实际情况从总体上看与西方民主政治建设所面对的问题在阶段性发展方面存在一些差别，但是我国民主政治在发展过程中开始显现出协商民主的一些特征和趋势。[②] 实际上，在西方政治学界兴起的协商民主理论其主要目标是通过理性的社会交往模式以应对社会不断多元化发展的现实，这在很大程度上符合了我国农村基层民主管理中寻求有效的基层公共权力与村民之间良性互动机制的要求。所以，自20 世纪末协商民主理论被学界译介引入国内以后，迅即在我国一些地方的农村基层民主管理过程中通过多种形式予以实践。

　　协商民主与我国农村基层民主管理两者虽然产生于不同的政治文化和经济社会背景，但是两者都是直接民主，协商民主理论中所倡导的平等参与、公共协商等精神理念与我国农村基层社会民主发展中的一些本土资源具有一定的契合性，这主要体现在以下四个方面：

　　第一，两者都以公共利益实现的最大化为最高追求目标。协商民主理论的核心是公共协商，强调在一个政治共同体中各成员在决策具有集体约束力的公共政策的过程中，要在公共讨论中给予批判性的审视，以达成通

---

① 胡锦涛：《高举中国特色社会主义伟大旗帜，为夺取全面建设小康社会新胜利而奋斗》，《浙江日报》2007 年 10 月 15 日第 1 版。

② 朱勤军：《中国政治文明建设中的协商民主探析》，《政治学研究》2004 年第 3 期。

过公共理性制定能够最大限度地满足所有公民的利益要求的政策的目标。① 可见，协商民主要求参与主体为公共利益的最大化实现而转变或者妥协其个体的利益偏好。而我国农村民主管理制度的实施，不仅改变了农村基层干部在民主管理中传统的与被管理对象之间领导与被领导的关系模式，而且通过民主合作、平等协商等形式的引入，促使农村基层民主建设中农村公共事务管理的多元主体之间以协商、合作等方式来决策公共事务为常态模式，从而高效地促进农村基层民主建设的质量和水平。

第二，两者都重视利益相关者平等参与公共事务决策的权利保障。协商民主与自由主义民主不同，后者重视自由而忽视了平等，前者强调公民在自由与平等统一基础上的平等协商，从而在理性一致基础上达成决策的一致，为使决策合法化，必须平等地关注和考虑每个公民的理由。② 这种平等表明决策所有参与者影响其他协商参与者的可能性都是对等的，人们参与决策都是出于自愿而非强制的。我们是人民当家做主的社会主义国家，我国民主的本质就是人民当家作主，这就赋予了每个公民平等参与国家与社会事务管理的权利，农村民主管理制度是一种具有中国特色的基层直接民主制度，其重要特征在于它的直接性与平等性，因此，两者都重视对政治决策利益相关者平等参与决策权利的保障。

第三，两者对公共事务决策的过程其实质都是一个协商讨论、妥协，最终达成共识的过程。协商民主的核心理念是民主协商与平等参与，公民在公共事务决策的讨论协商过程中，对于自身利益相关或自己关注的问题向他人平等地表达自身利益要求，最终达成一致。而在我国农村民主管理制度的实施中，以《村民委员会组织法》为例，第四章村民会议和村民代表会议中第21—28条，系统地规定了涉及村民切身利益方面的事务如何通过召开村民会议及村民代表会议进行民主讨论和商议以后作出决策，同时特别强调村委会对村内事务应当进行民主管理，管理过程中要坚持群众路线，充分发扬民主，认真听取村民的不同意见，村民在民主决策会议上有自由发表与会议主题相关的不同的见解和主张，村委会应当在广泛听取、吸收民意基础上就公共事务作出民主决策，不得对持有不同意见的民众实施强迫命令和打击报复。

---

① ［美］乔治·瓦拉德兹：《协商民主》，何莉编译，《马克思主义与现实》2004 年第 3 期。
② 陈家刚：《协商民主》，上海三联书店 2004 年版，第 141 页。

第四，协商民主是我国农村民主管理制度的重要手段和方式。当前，我国农村社会各项改革正处于关键时期，尤其是在农村基层民主管理中各种社会利益关系日趋复杂，新问题、新矛盾及新的各种利益冲突也不断产生，为此，必须进一步深化基层政治体制改革，坚持走人民民主的具有中国特色的社会主义政治发展道路，最大限度地将农村基层民众的民主参政的需求和潜力在现行农村基层民主政治体制的框架内予以实现和挖掘发挥，协商民主理论的引入无疑为我国基层民主政治的大力发展提供了可资借鉴的理论指导和实践的制度设计参考，为此中共十七大报告明确指出，人民民主是社会主义的生命，并提出将政治协商纳入决策程序，明确和肯定了协商民主在我国社会主义民主政治发展中的地位和作用。

（三）本土化：我国农村协商民主的现实基础与生长

在当前我国农村基层民主实践中，协商民主作为农村民主管理的一种有效的手段和方式、方法，已经取得了较好的成果。比如 2005 年开始在浙江省温岭市泽国镇推行的民主恳谈会就是协商民主在我国农村民主管理中的实践方式，也是中国式协商民主在农村基层民主政治发展中的运用。这种实践的成功，不仅体现了实践是检验真理的唯一标准，而且也说明协商民主在我国农村基层民主中的运用也是符合中央提出的"权为民所用，情为民所系，利为民所谋"的执政理念的，因此协商民主作为我国农村基层民主管理的重要手段和方式，其与我国农村民主管理制度实施是完全能够有效结合的，这种结合有助于村民民主权利意识的培育与觉醒，有助于村民正当利益的集中表达，有助于社会主义新农村建设目标的实现，也有助于中国公民社会的发育、成长和壮大。

综上分析，协商民主理论与我国农村基层民主管理制度在根本性问题上是一致的，具有一定程度的契合性，虽然两者产生于不同的社会经济、政治、文化及历史背景下，但是协商民主理论作为我国农村基层民主管理制度发展的理论基础，对于推动我国农村基层民主政治的进一步发展具有重要的理论价值和实践意义。在我国乡村治理农村民主管理制度的实施过程中推行的多种多样的协商民主治理模式，把具有不同利益诉求的农村基层民众之间的平等协商作为实现农村"善治"的重要环节与途径，同时将通过协商民主形式把最广大的农村基层民众吸引到参与农村基层公共事务的管理中来，作为农村基层民主发展的核心价值。这实际上揭示了协商民主内涵的本土化，大体上是与我国民主政治发展的现实条件、肩负的历史责任及基本政治理念等相符合及适应的，这也说明我国在民主政治发展过程中以协商民主理论为其基础及借鉴是可行的，是适应我国农村基层民主政治发展的客观现实的。① 从我国乡村治理农村民主管理制度的实践来看，近年来，虽然国家高度重视农村基层民主政治建设，中央就解决"三农"问题制定了大量的文件和政策，但是在农村民主管理制度的实施过程中，一些地方存在农民与国家基层政府之间的矛盾与冲突，有些地方甚至演变成严重的群体性事件。这些问题的产生，一个很重要的根源在于在农村民主管理中，对于事关农民利益的公共事务在决策时没有很好地发挥协商民主的功能和作用，导致村民的合理合法诉求未能得到最大程度的观照，从而引发了在农村民主管理过程中所发生的种种弊端和不利事件。如果在农村民主管理制度实施过程中，引入协商民主相关理论并付诸农村基层民主管理的实践，则对推动我国基层民主政治的发展具有非常重要的意义。

首先，有利于促进农村基层社会的政治稳定。协商民主理论运用于农村民主管理的实践过程中，在与农村民主管理制度的结合中，结合农村民主管理的实际情况，致力于农村公共事务管理的协商式治理制度创新，有利于提高和激发农村基层民众的民主管理参与意识，有助于村民利益的充分表达和实现，在有效地规避村民传统的非制度化参与形式的极端表现诸如吵闹、交通围堵及违规上访等的基础上，最大限度地减少村民在村级事务公共决策过程中盲目的主观随意性及无理的猜测误会，实现农村社会政治的稳定。

其次，有利于改变农村基层公共权力的领导方式，增强国家基层公共权力的合法性基础。按照《村民委员会组织法》的规定，农村党支部是村民自治的领导核心，农村党支部按照宪法和法律，支持和帮助村民直接行使民主权利，依法开展自治管理活动。但是由于在农村民主管理中长期存在农村党支部的一元化领导体制，农村党支部书记在农村民主事务管理中成为传统的事实的决策主体，习惯于对本应属于农村民主管理的由村民自主决策的事务包办代替，村委会在大量的农村民主管理实践中实际上成

① 林尚立：《协商政治：对中国民主政治发展的一种思考》，载陈剩勇、何包钢主编《协商民主的发展》，中国社会科学出版社 2006 年版，第 77 页。

为村党支部委员会决策机构的执行部门，这与其名义上的属于村民会议决策机构的执行机构地位、身份不相符合，难以在农村民主管理中充分地发挥其自主管理的功能和作用。对此，应将协商民主理论引入农村民主管理制度的实施中，通过对农村基层公共权力的运行机制进行调整，将协商民主的理念融入农村基层公共权力的运行机制中，使村民真正参与到村级事务的决策、管理与监督过程中去，通过协商民主的机制，畅通村民与国家基层公共权力组织机构的渠道，最大限度地减少传统决策体制的弊端及其在农村民主事务决策管理中的阻力，从而更有效地深化和拓展农村民主管理制度，尤其是村务公开、民主决策、民主管理及民主监督等制度在协商民主理念的指导下更进一步地完善和落实，在此基础上增强国家在乡村的基层公共权力的合法性基础。① 同时，伴随着村民民主意识的提高，村委会应有作用的切实发挥，国家在农村的基层公共权力组织合法性运转机制的增强，农村民主管理制度在协商民主理念指导下的实施，国家基层公共权力组织在农村民主管理中的战斗力与凝聚力必然得到进一步的增强。

第三，有利于充分体现国家公共政策的公共性，从而使国家在农村的公共政策得到有效贯彻执行。从真正民主的决策逻辑来说，其遵循的是这样一个顺序：决策的事实—国家的认定—社会的接受。② 但是，长期以来，在农村公共政策的制定中，由于缺少基层民意的基础，在实践中，基层公共政策与基层民众的真实意愿偏离较大甚至相差甚远的现象时有发生，致使国家在农村的公共政策的公共性体现程度低。协商民主理论则主张公民在共同理性的基础上通过其积极参与公共事务的公共决策，从而实现民主合法的决策，可见，通过协商民主理性的决策制定的政策相较之没有通过协商民主途径制定的公共政策其公共性更强，因为这种决策在制定过程中充分地考虑了在农村民主管理事务中各不同利益主体的不同利益偏好要求，而制定出来的政策也正是民众所期望的，这就有效地避免了农村公共政策偏离实际的现象，有助于其在农村民主管理中得到有效的贯彻执行。

第四，有利于农村基层民主管理廉洁机制的建立和完善。《村民委员会组织法》第29条对村委会及其成员的工作方法进行了规定，"村民委

---

① 吴兴智：《协商民主与乡村治理》，《湖北社会科学》2010年第10期。

② 姜裕富：《村民决策中的协商程序》，《调研世界》2006年第10期。

员会应当实行少数服从多数的民主决策机制和公开透明的工作原则，建立健全各种工作制度"。第30条对村务公开的事项进行了专门规定，该条的核心是要落实村民对村级事务的民主监督权，督促村委会及时公布村务公开事项，全面落实村务公开制度，接受村民的监督。村委会成员应定期向村民会议或村民代表会议报告工作，并接受村民会议和村民代表会议的民主评议。这些制度规定对村民在农村民主管理中对村级事务实施民主监督是必要的，但是在现实的农村民主管理制度的实施过程中，当村民把公共权力委托给村级事务民主管理组织代表成员行使时，民主监督机制往往难以奏效。而一旦引入协商民主理念进入这个领域，情况就可能会大为改观，极大地推动农村基层民主管理廉洁机制的建立和完善。一方面，可以真正实现在农村民主管理过程中村民与管理者之间信息的对称，使村民真正参与民主管理和决策，在全面了解决策的整个过程的基础上建立健全信息的透明机制；另一方面，有利于进一步加强和完善村级民主事务管理的决策监督机制，比如像温岭通过实施"民主恳谈"的协商民主模式便很好地建立健全了便民绿色通道工作制度及挂牌销号制度等民主监督反馈机制。①

　　毋庸讳言，作为一种民主范式的复兴模式，协商民主理论在现实基层民主政治的实践中具有超越既有政治模式的重要意义。这主要是基于其有利于促进民主决策的合法化，抑制国家基层公共行政权力的扩张，有利于公民精神的培育，有效地克服自由主义的缺陷。② 近些年来，在我国农村基层民主管理制度的实施过程中，协商民主在一些地方的实践创新不仅有力地激发了我国基层民主化深入发展的活力与潜力，而且也开启了我国乡村治理极具启发意义的"善治"探索之路。但是作为一种晚近兴起的民主理论范式，协商民主理论是西方国家在以选举民主为核心的民主理论陷入困境的局面下，主要作为对选举民主的一种补救或进一步的补充而提出来的一种理论范式，在这种情况下将其引入我国作为我国民主政治发展政治理论基础的一种补充和完善，不仅涉及其"本土化"问题，同时在我国农村民主管理中尤其是村民民主选举还未达到充分发展的情况下，将其引入并作为我国农村民主管理制度的政治理论基础是否具有可行性，以及

---

　　① 谢庆奎：《基层民主政治建设的拓展》，《浙江社会科学》2003 年第 1 期。
　　② 陈剩勇：《协商民主理论与中国》，《浙江社会科学》2005 年第 1 期。

期待它能够对我国农村基层民主政治的发展产生什么样的现实功效等问题都是学术界有待进一步深入研究的焦点课题。基于我国乡村民主政治的运行逻辑及农村社会复杂的治理环境，伴随着我国农村民主管理制度的实施，在乡村协商民主治理的启蒙和不断发展过程中，尚存在许多不可回避也不能忽视的困境，有些甚至是协商民主在农村民主管理发展实践中面临的瓶颈问题。

首先，基层公共权力对基层民主政治发展的主导性与公民对基层协商民主政治发展的主体性地位之间存在矛盾与冲突。

中国农村基层民主制度的设计、施行、推行等发展变迁几乎都是在国家基层公共权力的主导下开展的，这也体现了传统的"强国家、弱社会"的国家社会关系发展的制度变迁逻辑，倘若协商民主制度应用于我国基层民主政治领域，也离不开这一制度发展逻辑，同时协商民主制度在农村基层民主管理领域的实施过程中，其与基层公共权力之间的博弈态势更趋明显，政府在博弈中的双刃剑式的功用愈益显现。这最重要的一个因素在于，对于国家基层公共权力来说，虽然其在基层民主政治建设中与农村社会基层民众有着价值取向目标的相似性与趋同性，但是对于基层公共权力而言，仍然有着比协商民主发展更多的需求和利益实现的主导愿望，这就使得协商民主在农村民主管理制度实施中面临基层公共权力主导性与农村公共事务利益主体的多元性之间的矛盾与冲突，这种冲突的结果是，常常由于基层公共权力的主导型地位和作用决定了协商民主的存废与功效，使得在很多地方协商民主实践产生了不确定性和随意性，这就使得协商民主在我国农村基层民主政治领域实施发展陷入了困境。

其次，基层民众对协商民主的政治参与与理性认识能力不足。

公共协商其要义在于完成理性交换的对话过程，其目的是要解决那些主要通过人际合作与协作才能解决的问题。[①] 协商民主作为对共和主义式民主和自由主义式民主的一种补充和修正，其质量是其顺利成功实现的前提条件。其在农村民主管理领域的实现也是如此，要使其在农村基层社会顺利实现，就要求农村社会普通的民众具备良好的理性与协商沟通能力，而事实上，由于城乡之间在经济发展、文化教育发展水平及现代信息技术

---

① ［美］詹姆斯·博曼：《公共协商：多元主义、复杂性与民主》，黄相怀译，中央编译出版社2006年版，第25页。

的覆盖及利用等方面存在的强烈反差，这样的基础对于我国农村社会民主管理的协商民主实践来说极其薄弱，同时农村基层民主管理的参与主体在协商民主的运作方面存在欠缺与不足，这在很大程度上也影响到协商参与农村公共事务的管理中自身利益与需求的参与协商与平等维护。这也深刻地体现出农村基层民主管理中协商参与主体理性欠缺与政治能力的不足是制约农村基层协商民主进一步发展的主要困境之一。

再次，协商民主实践创新的空间具有现实有限性。

理想协商式治理模式的构建本身不能完全依赖协商本身，协商民主中的参与者获得的主要是实质性的政治权力而不是其理念性的影响力，哈贝马斯认为，人们之间的交往活动在话语民主的基础上能成为现实，但在话语民主中体现的交往权力无法表达为制度化民主的权力，其本身不具有统治功能。[①] 这实际表明，影响协商民主顺利实现的不利条件的存在与否，是基于协商民主基础上产生的共识对政府政治过程产生影响的重要因素。这一点在我国当前农村基层民主管理协商民主实践中有明显的体现，农村基层社会协商民主实践的实效性具有较强的不确定性，因其主要取决于基层公共权力主体的民主意识。乡村协商民主发展实践在我国农村民主管理体系内的发展，以农村民主管理制度的重要范畴——村民自治制度为例，当前主要存在着代表制与协商制两制度的交替与混合发展，但在实践中代表制在现行基层民主管理制度框架内受支持的力度大于协商制，同时其在实践中发挥作用的余地也较协商制充分。[②] 因此，协商民主机制在提高基层公共权力决策合法性与引导基层民众充分表达利益的同时，在农村基层民主创新的民主空间中面临现实有限性的困境。

最后，协商民主制度在基层民主发展中的定位比较模糊。

尽管在农村基层民主治理中，协商民主实践是其重要的有机组成部分，但学术界及基层实务界在协商民主制度自身的发展定位问题方面却远未达成共识，这也是协商民主制度在我国农村基层民主发展中未能有力推进的重要原因，因为不同的发展定位就有不同的制度设计价值取向，以及不同制度设计的重点、标准及设计方案。怎么定位？或者将农村基层民主

[①] 吴兴智：《协商民主与中国乡村治理》，《湖北社会科学》2010 年第 10 期。

[②] 毛丹：《农村协商民主面临的限制》，载陈剩勇、何包钢主编《协商民主的发展》，中国社会科学出版社 2006 年版，第 160 页。

协商式治理制度定位安排为重在改善农村基层公共权力理性不足及基层民众利益表达的一个有效渠道？或者将其作为农村基层民主管理制度的合法性基础？但是，必须认识到，基于我国农村民主管理制度的现实情况，将其定位过高或者过低，都会导致协商民主在农村基层民主管理中的实践难以达到理想的效果。同时，我们也必须清醒地看到自由主义式民主对社会现实的不平等的漠视也一直为话语民主所诟病。因此，在协商式民主制度发展正确定位的基础上，必须使农村基层民众的道德话语在协商民主中取得理性的话语共识，从而有效地保证大多数人所达成的话语共识具有真实性、公正性及合法性。

虽然经济基础、社会基础、制度资源及实践条件等方面为协商民主在我国农村基层民主政治领域提供了诸多可行性的条件，但是协商民主理论在我国基层民主政治领域的实践面临着本土化的问题，这些问题促使我们必须深刻地认识到，协商民主理论的兴起，是为了弥补由于自由主义民主竞争带来的负面效应，试图通过话语的充分交流及公民之间的讨论和争辩来为政治权力及公共政策提供合法性基础及更广泛的民意共识基础，其实质是要在"民主"走向"协商"的路径中去追求更真实的民主。

（四）从"协商"到"民主"：完善我国农村基层民主的路径选择

协商民主理论能够在我国受到基层民主政治的垂青，不仅因为其适应了我国基层公共权力在农村社会基层民主管理领域拓展体制内民主的要求与愿望，而且还因为其理论本身在协商过程中兼顾了各方的利益，并有效地避免了自由主义式民主与共和主义式民主的缺陷而直接进入实践操作层面。但同时我们也应该看到，协商民主在我国农村民主管理领域的实践所面临的困境不仅在于协商民主自身理论在中国本土化过程中存在的问题，更重要的是与我国农村基层民主的实践现状有密切的联系。我国农村民主管理制度实施重视协商民主的重要原因在于，希望通过其来平衡和整合基层民主政治结构的一元化与农村经济社会结构发展的多元化之间的矛盾与冲突，加之我国农村基层民主管理领域的协商民主实践没有自由主义式民主与共和主义式民主的基础，也缺乏牢固的政治制度建制的基础，因此，要解决协商民主在我国基层民主管理领域所面临的问题，应该沿着"协商"到"民主"的路径，以实现更有效的民主治理。对此，可以从以下方面从多路径的角度予以同时推进。

1. 培养公民协商意识,实现农村民主管理主体传统文化意识的转型。

作为农村民主管理主体的农村村民,其民主意识的增强,民主参与、民主管理能力的提高,不仅是顺利推进农村民主管理制度建设坚强的政治保证,而且也是社会主义民主形态本质和内在价值的要求。要真正实现人民群众独立自主和民主自主,造就负责的、全面发展的自由人。为此,就必须大力摒弃农村民主管理主体受到的传统顺民型政治文化的负面影响,着力培育农村民主管理主体良好的公民精神与协商意识,以实现协商民主在农村民主管理制度实施中的重要推动作用。须知公民的协商意识与有序的政治参与是公共协商在农村民主管理中得以实现的重要因素,协商民主的有效实现是公民自由平等共同参加讨论、协商及互动的结果,协商民主能使公民在共同有序及理性协商中表达其不同利益诉求,达成共识。由于受传统的顺民型政治文化的影响,在农村民主管理中,村民协商与合作意识普遍不强,对民主的理解和运用能力较低,这不仅影响到农村民主管理主体在基层民主政治建设中的作用的发挥,也影响到农村民主管理制度的有效实施。对此,需要大力培养公民的协商意识,培养其公共精神,发展参与型政治文化,以充分调动广大农民群众参与农村民主管理的主动性、积极性与创造性。

参与型政治文化主要指的是以平等、参与、效率、信任与合作等价值观念为核心的政治文化,其具有如下特点:一是公民具有较强的政治参与意识,对政治系统的输入与输出高度关注,尤其是对政治系统输出功能的去向;二是公民的政治认同感与效能感较强;三是公民政治活动体现为高理性基础上的高参与度与高频度。[①] 通过这种参与型政治文化的培育,有利于促进公共协商及参与在相互理解与克制的环境中进行,培育公民的理性与宽容、尊重、公益心、节制及妥协等公共精神与协商意识。这些意识的形成和发展,有助于促进农村民主管理中不同管理群体之间的沟通与理解,增强公民对公共利益的道德与责任,促使人们认识到在一个政治共同体中每个人都是其中的一员和一部分,其共同利益也必须借助于其在共同体中承担的属于其自身的那份集体责任的意愿,以及推动公民持续性参与

---

① 吴光芸、李建华:《协商民主与和谐社会的政治发展》,《学术论坛》2007 年第 1 期。

公共事务的讨论及协商所需要的社会信任。① 同时，参与性政治文化有助于农村民主管理主体在公共协商中正确地处理相互之间的矛盾与冲突，增强相互之间的理解、信任与宽容，进一步培养农村民主管理主体的民主与自立意识、合作与参与意识，从而摒弃传统文化意识的不足，使农村民主管理主体进一步了解农村基层民主管理的基本规律、原则，熟悉农村基层民主的活动程序规则与技能，通过实现传统文化意识的转型不断提高农民的民主素质，积极引导农民参与农村民主管理各项活动，使协商民主的相关知识和技能通过在农村基层民主管理实践中的应用被村民普遍了解和掌握，从而为村民参与农村基层政治生活创造良好的文化基础，实现村民权利与义务在协商民主过程中的协调发展。

2. 大力发展公民社会，实现协商民主在农村基层民主管理领域的功能转型。

恩格斯曾经指出，市民社会不是由国家制约和决定的，相反，市民社会制约和决定国家。② 相对于政治国家来说，公民社会的逻辑前提是基于国家与社会的二元划分。作为协商民主的社会基础，公民社会不仅培养了协商民主的参与者，也拓展了协商民主的社会生存空间，还培育了公民参与公共协商所必备的各种技能，诸如表达与辩论、对话与审议，对此，有学者认为，公民社会作为协商民主发展的社会平台，使协商民主的主体和参与各方实现了平等化，使协商方式和渠道实现了多样化，使协商的过程和结果实现了有效化。③ 也有学者指出，公民社会的组成要素是非国家、政府所属的各种公民组织，其是非国家、政府的所有民间关系或民间组织的总和。④ 同时，公民社会所主张的人本主义、多元主义、合作意识、宽容精神及平等理念等价值观与协商民主所主张的价值理念诸如平等参与、重视公共利益及理性合作等具有契合性。公民社会对协商民主的良性运行意义重大。在农村民主管理领域也是如此，要想通过协商民主协调与缓解农村民主管理领域中各个平等参与主体之间的利益冲突，就必须大力发展公民社会，实现协商民主在农村基层民主管理领域的功能转型，在为不同

① 陈家刚：《协商民主》，上海三联书店 2004 年版，第 9 页。

② 《马克思恩格斯选集》第 4 卷，人民出版社 1995 年版，第 196 页。

③ 张爱军、高勇泽：《公民社会与协商民主》，《社会主义研究》2010 年第 3 期。

④ 俞可平：《治理与善治》，社会科学文献出版社 2000 年版，第 328 页。

利益诉求的各平等参与主体开辟利益表达的合法渠道的同时，实现协商民主在农村基层民主管理领域的从民意表达到民主治理的功能转型。

协商民主在农村基层民主管理领域促使各参与主体充分表达其利益诉求，不仅有力地推动了我国农村基层民主政治的创新性实践，而且也有效地缓解了农村基层公共权力与公民权利之间的矛盾与冲突。但农村民主管理领域进一步发展的关键是还必须充分发挥协商民主在农村基层民主选举、民主管理、民主决策及民主监督等方面的治理功能。农村基层民主管理的实质是农村公民社会自下而上的公民权利对自上而下的国家在农村的基层公共权力的制约与平衡。要实现这种制约与平衡的有效实现，不仅要充分发挥协商民主在农村基层民主管理领域的民意表达功能，而且还要充分实现其在农村民主管理领域的治理功能。协商民主通过公民的民意表达在农村民主管理各参与主体之间实现有机的联系，但是要实现各参与主体之间进一步的平等交流及合作并在此基础上达成共识，就必须使协商民主在农村民主选举、民主管理、民主决策及民主监督等领域的治理功能得到充分的体现。协商民主在民主选举方面的治理功能有利于农村基层社会的民主管理实现从社会到政治层面的转型，以及农村民主管理的传统单一模式逐步走向多元化模式；协商民主在民主管理方面的治理功能不仅有利于增强村民对农村公共管理事务的参与积极性，也有利于加强村民与农村基层公共权力之间的有效互动；协商民主在民主决策及民主监督方面的治理功能有利于加强农村民众对农村基层公共权力的常规性监督与制约。

要能在农村基层社会持续深入健康发展，有力推动农村基层民主政治的进步，也必须正视我国农村公民社会培育的现实困境及加快农村公民社会建设的紧迫性。与西方国家公民社会的成长经历不同的是，由于我国长期计划经济模式下强国家、弱社会的特征，大量的社会团体受到严格管制，这影响到作为公民社会重要组成部分的"第三部门"的发育、发展及其与国家公共权力机构之间关系的和谐发展，这个时候"第三部门"普遍的特征就是公私不分及官方、民间的混合身份。① 可见我国公民社会的发展由于受到国家公共权力的管控比较严格，处于"半官半民"的状态，缺乏独立性与自治性，在农村基层社会，公民社会的发展更是缺乏。

① 熊跃根：《转型经济国家中的"第三部门"发展：对中国现实的解释》，《社会学研究》2001 年第 1 期。

为此要充分发挥协商民主在农村民主管理领域的治理功能，就必须加强农村公民社会的培育，增强农村公民社会在农村民主管理方面的独立性与自治性，促使农村基层公共权力对农村公民社会组织的管理由直接管制向宏观管理转变，切实发挥农村公民社会在基层公共权力与民众之间的桥梁与纽带作用。促使农村公民社会组织的良好发展，通过国家基层公共权力与农村广大民众之间公民社会的构建，为协商民主在农村民主管理领域的治理功能的充分发挥拓展广阔的公共领域空间，真正实现协商民主在农村民主管理领域由民意表达到治理功能的转型，夯实农村民主政治发展的民众基础和社会基础。

3. 充分挖掘协商民主制度性资源，实现协商民主在农村基层民主管理领域的体制性转型。

作为一种超传统的，有别于常规政治框架的议事形式，协商民主在我国农村基层民主管理领域的实践不单纯是机械的结构性的内容，相反，大多数实践是互动性的内容，这也是在处理农村基层民主管理领域重大、复杂问题时最凸显协商民主功效性的核心内容所在。要实现这一目标，就要充分挖掘协商民主的制度性资源，开辟协商民主在我国农村基层民主政治体制内发展的路径，实现协商民主在农村基层民主管理领域的体制性转型，借助协商民主的制度性资源，将协商民主在农村基层民主管理领域的实践创新形式融入国家基层公共权力在农村社会的结构体系之中，积极拓展协商民主在农村民主管理领域中从体制边缘到制度中心的空间。

要实现协商民主在农村民主管理领域的体制性转型，充分挖掘协商民主的制度性资源，重点是改造和培养协商民主的社会资本性资源，为协商民主在农村基层民主管理领域的体制性转型创造有力的社会基础。所谓社会资本，指的是一套非正式的价值观或准则，供一个群体成员共有及作为互相之间合作的基础。[①] 协商民主得以发展和完善的重要条件是以信任、互动互惠的规范及公民参与网络为核心的社会资本，社会资本对政治民主化及政治稳定具有极为重要的作用，这也符合协商民主的要求，协商民主主张公民在平等自由的基础上以公共利益为导向，通过协商对话及审议等方式，达成能为广泛社会成员所普遍接受的决策共

---

① ［美］罗伯特·D. 帕特南：《使民主运转起来》，王列等译，江西人民出版社 2001 年版，第 102 页。

识，这种共识的实现与社会资本所倡导的社会信任、社会规范及公民网络是一致的。

对此，为拓展协商民主在农村基础社会发展的社会空间，就需要大力培育和扩大社会资本存量的发展，充分挖掘协商民主的制度性资源。首先，以社会资本理念培育公民意识及公共精神，增强农村社会公民的协商民主意识。这些意识和精神能促使公民在农村民主管理领域遵循相互认同的互惠规范，通过协商民主的方式在公共利益的基础上就民主管理事项达成共识。其次，要增加诚信与信任为主要内容的社会资本的存量，因为信任资本要素为农村民主管理各参与主体之间进行民主协商创造了良好的心理基础，诚信资本要素有利于建立健全各参与主体之间就不同利益诉求进行民主协商的机制并使之逐步趋于制度化与理性化，也有利于农村基层公共权力主体责任意识与诚信意识的培育。最后，加快农村社会现代型公民社会组织团体的建设发展，同时积极加快农村社会公民参与网络的建设，为公民就农村民主管理事务进行民主协商打造良好的平台，充分利用协商民主的制度性资源为农村民主管理制度的实施服务。

要实现协商民主在农村基层民主管理领域的体制性转型，使其逐步走向我国农村民主政治制度的体制内部，还应重视农村基层社会的现实基础条件，在充分发挥协商民主制度性资源实现农村基层民主实践创新的同时克服其局限性，不断为协商民主寻找有利于其在基层民主政治领域发展的体制内资源。这种路径选择的根本目的在于实现农村民主管理领域治理的创新，实现农村民主管理中各参与主体利益的均衡化的最大实现，优化农村基层公共权力资源的配置，在农村民主管理各参与主体利益均衡中实现农村和谐社会的构建。同时，在实现协商民主在农村基层民主管理领域的体制性转型的基础上，对农村民主管理实行现代性的改造，逐步确立在协商民主基础上以法治为基础的一系列治理规则及制度安排，确保协商民主在农村基层民主管理领域的体制性转型的实践，在最本质的意义上与国家对农村基层民主的政治制度安排的价值取向保持一致。

三　文化基础："和合文化"的回归

国家的政治制度文明建设都有其文化基础，文化及其传统是政治制度文明发展的源泉，不仅是政治制度文明的思想基础，也是政治制度得以实施发展的内在依据，对政治制度文明的实施主体还具有塑造功能。[①] 农村民主管理制度作为我国基层民主政治制度，其发展也有其文化基础，笔者认为其文化基础是我国传统"和合文化"的回归。

（一）文化与政治制度之间的相互关系

在农村民主政治文化区域范围内，农村基层政治制度文明所体现的政治理念文明、行为文明在内容、形式以及发展模式等方面都有不同的特点。农村基层政治制度的上述内容不仅受到农村社会经济发展水平、农村经济制度发展结构及农村政治结构等的制约和影响，而且还受到农村文化因素诸如农村风俗习惯、农村政治心理、农民政治思维方式、农民政治价值取向及农村民族精神等文化因素的影响。

所谓文化传统，有学者认为是在人类文化进化历程中的一种特殊现象或特殊成分，是一定的文化系统在其历史进化过程中保存、遗传及存留的诸多文化性质、要素及结构关系等，这些文化因子具有相对稳定性，同时这些文化因子能够使文化传统在其历时性结构中保持其文化的根本特性和文化系统的根本特质。[②] 也有学者认为，民主须在一定的社会与文化环境中才能得以发展繁荣，不是单靠制定了合适的法律就能轻易实现的。文化在实行民主制度方面所起的作用，要比过去 20 年来相关文献的主张和看法重要很多。[③] 在这方面非常推崇美国式民主的托克维尔认为美国的国家统治模式并不是民主能够提供的唯一形式。[④] 历史和现实证明，任何一种政治制度文明都离不开一个国家特定的历史文化传统及经济、文化发展现状，所有的政治制度都须有相应的文化基础并以此作为其不断向前发展的重要支撑和推动力量。可见，文化与政治制度之间是紧密联系的，其相互关系主要体现在文化对政治制度及其文明发展的重要推动作用方面。

1. 文化是政治制度意识文明的源泉。

---

① 吴自斌：《文化传统与政治文明发展》，《学海》2006 年第 2 期。

② 欧阳康：《哲学研究方法论》，武汉大学出版社 1998 年版，第 672 页。

③ ［美］塞缪尔·亨廷顿：《文化的重要作用：价值观如何影响人类进步》，程克雄译，新华出版社 2002 年版，第 143、146 页。

④ ［法］托克维尔：《论美国民主》，朱尾声译，商务印书馆 1998 年版，第 362 页。

由于社会经济、制度等多种因素的共同作用，政治制度意识文明得以不断地形成、发展和完善，并逐步确立其在一个国家社会诸种制度文明中的地位，在这个过程中，文化起到了非常重要的作用，来自国内外的文化及其传统的影响是多元的，而且其丰富的内涵对政治制度意识文明的发展的影响是持久而且非常深刻的。这主要体现在以下方面：一是促进内生式政治制度意识文明的发展。内生式政治制度意识文明的形成和发展是依托于一定的人类共同体，在一国本土文化长期的浸润和滋养中不断地丰富和完善的，这也是一个国家或民族政治制度文明特色形成的源泉和渊源。比如，东方国家普遍的集权政治制度意识的形成和发展就是长期受到东方传统的文化影响所导致的。西方国家的普遍的民主法治意识的生长和发展是基于西方的文化传统所致。二是促进外生式政治制度意识文明的发展。这是基于中西方不同文化的交流与融合而促使的政治制度意识文明的发展模式形态。一个国家的政治体制改革和发展过程中，不可避免会受到其他国家的政治制度意识文明的影响，在中西方政治制度意识冲突和碰撞过程中，一个国家的文化传统会产生积极的作用和影响，通常来讲，一国主流的传统文化的本位主义思想占主导地位，常常以基于自己文化发展出来的政治制度意识形态为主并以此作为自己的价值评判标准来吸收与自己文化及其传统相吻合的其他政治制度理论信息，而排斥与抵制与其文化价值观相悖的政治制度理论，以此增加与其传统文化价值观相一致的政治制度理论的本土化和接受度。由此，在实践中，常常表现为外生式政治制度意识文明的形成和发展通常是在中国传统文化与西方文化相互交流过程中，与中国传统文化主流价值观相吻合的政治制度理论首先被本土化，然后再结合中国的实践情况不断对此加以学习和借鉴，使其不断地与中国的实践情况相适应、相融合，协调发展并能最终为我所用，最终形成外生式政治制度意识文明。马列主义在中国的传播并成为我国主流的政治制度意识文明形态就比较充分地说明了这一点。须知，马列主义所主张的人类理想社会及其民主思想在一定程度上具有共同之处，这种共同之处就是马列主义在中国传播的文化基础，也是中国主流思想界能接受马列主义的主要因素。① 一国政治制度意识文明的形成和发展也是如此，只有在中西方交融

① 李鹏、陈立立：《关于传统文化与马克思主义传播的几点思考》，《江西社会科学》2001年第7期。

的过程中被本土化以后，才能在一国和民族中具有强大的生命力。一个国家，如果领导人和大部分公民能够对一种民主的价值、观念及其实践给予大力的支持，这种民主制度意识文明就具有比较稳定的发展前景，同时，这些信念与价值倾向能够融入这个国家的主流文化中去的话，其中大部分能够在这个国家里实现代际传承、发展和支持的话，那么就意味着这个国家实现和拥有了一种民主的政治文化。①

由此可见，作为政治制度意识文明的源泉，文化及其传统在一国政治制度意识文明及主流政治思想观念的形成和发展过程中起着非常重要的作用，不管内生式还是外生式政治制度意识文明的形成和发展，一国文化因素在其中的作用都是举足轻重的。当然，由于每个国家的文化及其传统具有各自的特色，因此在政治制度意识文明的形成和发展过程中也会表现出各自的特点，即便都是资本主义国家和社会，英国、美国和日本的主流政治制度意识文明也各不相同，各自具有与其主流文化传统相适应的政治制度意识文明。由此，中国社会主义民主政治制度意识文明也是深深根植于中华民族传统文化之中的，具有鲜明的中国特色。

2. 文化是政治制度行为文明的内因。

思想和动机的外在表现形式主要为行为，而物质利益的体现是个体思想和动机的主要本质，而这种反映主要体现为一种过程，这个过程中文化起到了非常重要的作用，主要是通过文化的传输、过滤及选择实现这种行为的反映的，这个过程也是文化的多种功能的综合作用过程，即是说文化的信息传递功能、认识功能、社会整合功能及塑造人的多种功能的综合作用的过程。② 可见，文化及其传统是政治制度行为文明的重要内在根据。具体而言，有如下的理由：

（1）文化是政治行为动机的重要影响因素。

这主要表现在政治活动和政治参与行为等方面。以政治活动为例，人们的文化意识清晰与否直接影响到政治行为动机的明确度与持久性。可以明确一点的是，在外部环境各种条件相对明确的形势下，人们政治活动动机的形成及其程度受制于人们对政治系统的原始认知。也就是说，清晰的政治行为动机的形成是与人们对政治系统内外部及其各组成部分的清晰认

---

① ［美］罗伯特·A. 达尔：《论民主》，李凤华译，商务印书馆1999年版，第165页。

② 吴自斌：《文化传统与政治文明发展》，《学海》2006年第2期。

知度紧密相关的。① 同时，不同文化传统的政治共同体，其政治行为的动机也存在差异，进而其政治行为也不相同。比如政治参与行为，政治参与水平高低与一国主流政治文化导向性紧密相关，主流政治文化倾向于政治参与的国家，政治参与水平相对较高；相反，主流政治文化偏向于政治冷漠的国家，其政治参与的水平相对较低。②

（2）文化有利于引导和指导政治行为方式。

文化及其传统可以决定公民个人对政治体系、政治目的、政治决定及政治现象的情感和态度，也可能决定社会成员的思维方式和行为方式，同时社会成员对政治体系的整体看法及反应模式也往往由此决定。③ 这其中主要反映出以下方面的基本问题：一是先进的文化较之落后的文化更容易引导和指导人们的政治行为方式；二是文化背景不同的个体其政治行为的方式也表现各异，这主要是因为文化背景不同，人们对一国社会政治系统的认知和理解是不同的，同时其政治行为表现出来的动机和情感也各不相同。三是在文化背景相同的国家和社会里，人们政治行为方式的表现常常颇为相似，以民主的方式问题为例，在我国主要表现为"人民代表大会制度""民主集中制度"及"政治协商民主"等政治行为方式，而在西方资本主义国家，则普遍采用"普选制度"及"三权分立"等政治行为方式。

（3）文化是政治行为效果的重要制约因素。

基于上述分析，我们可以看到，文化及其传统对人们政治行为动机及情感的左右、对政治行为方式的指导、对政治行为模式的规范等都具有重要的影响，由此文化及其传统对政治行为效果的制约也是非常显著的，是政治行为效果的重要制约因素。当然，先进的文化、优秀的文化传统必然催生文明的政治行为，也是政治行为效果优良的重要内在依据。反之，则可能相反。同时，不同国家和民族看似相同或者相近的政治行为，但是对其政治行为效果的解读却是不同的。以游行示威为例，在西方国家，普遍将其与公民政治意愿联系在一起，但是在我国，却往往被解读为政治不稳定因素。

---

① 王卓君：《文化视野中的政治系统》，东南大学出版社 1997 年版，第 152 页。

② 施雪华主编：《政治科学原理》，中山大学出版社 2001 年版，第 786 页。

③ 姜涌：《政治文化简论》，山东大学出版社 2002 年版，第 114 页。

3. 文化是政治制度文明的思想基础。

文化及其传统是与一个国家和民族的政治制度密不可分的，那些完善的现代政治制度及其附属的指导大纲、管理规则如果没有与其相适应的文化及其传统作为其思想基础，可能会成为一具空壳，与此相反，如果一个国家的民众具有广泛的文化基础，这种文化基础就能给予这些政治制度真实的生命力。同时，这些现代政治制度的执掌者，如果其文化缺乏现代化的转型，尤其是在心理、思想、态度及其行为方式等方面，那么则有可能出现失败和恶性畸形发展的结局。①

文化作为政治制度文明的思想基础，不仅是一国社会政治制度确立、巩固、运行及发展的外在条件与内在根据和支持，而且其对政治制度文明的促进作用也是积极和多元的。

（1）文化观念是政治制度确立的思想先导。

文化及其传统是社会政治制度的思想基础，其变化会使社会政治制度的性质和形式发生改变。一种新的政治制度的确立不仅是一种精神与物质转变的过程，而且其确立必然伴随着新的文化观念的产生，而且这种文化观念应当广为人们所接受。

（2）文化是影响政治制度模式变化和差异的重要思想因素。

一般来说，处于同等水平生产力发展阶段的国家与民族，不同历史发展道路会伴随着不同的文化及其传统背景，其政治制度模式也会随之发生变化，变得丰富多彩。比如由于比较浓厚的封建政治文化历史传统的影响，英国和日本都采取的是议会君主制的政治制度模式。美国在反对欧洲封建专制统治的文化基础上选择了总体共和制模式，摒弃了传统的政治形式。法国的文化传统决定了其采取半议会半总统的共和制模式，德国的文化传统决定了其选择了议会共和制模式，中国的文化传统及其历史发展的道路决定了其最终选择了人民代表大会制度模式。

（3）文化是确保政治制度稳定与良性运行的重要思想力量。

文化传统在一定意义上是保证和维持一种民主政体能够有效运行的思想动力来源。② 一种政治制度所包含的基本理念、基本要求、基本原则、

---

① 殷陆君编译：《人的现代化》，四川人民出版社 1985 年版，第 4 页。

② ［美］阿尔蒙特、维巴：《公民文化》，张明澍译，浙江人民出版社 1989 年版，第 578 页。

政治体系等被广大社会成员所认识、接受、理解及认同，才能确保其运转的稳定和正常。同时，一种政治制度只有当其内在逻辑化为一个国家或社会的主导文化，并被人们所信仰、信赖时，才能确保这种政治制度在稳定、正常的基础上进入巩固和良性的运行状态。可见，文化及其传统对政治制度的影响和作用是全方位的、深刻而重大的。先进的文化及其传统是一个国家政治制度文明建设的坚实社会基础和强大的精神动力支持，相反，则需要对一个国家的政治制度的主导文化基础进行深刻的反思。

4. 文化是政治制度文明主体的塑造者。

政治制度文明的主体主要包括国家、公民和社会组织，这类主体不仅是一国政治文明的主要建设者和承载者，而且也是一国社会的政治主体。[①] 在这些主体中，公民是最基本的主体。一个国家的政治制度文明主体的能动性和创造性使得这个国家政治文明获得持续发展的动力和丰富多彩的发展形式，没有政治制度主体的支持和发展，一国的政治制度文明就会变成抽象的毫无意义的空壳。在此意义上，我们可以看到，文化及其传统不仅对于政治制度文明主体的影响和塑造具有巨大的功能，同时，文化及其传统对政治制度文明主体的塑造功能也正是其推动一个国家政治制度文明建设的根本途径。可见，文化是政治制度文明主体的塑造者，其对政治制度文明主体的塑造功能是多角度的，主要体现在以下几个方面：

（1）文化及其传统能对政治制度文明最基本的主体——人进行有力的改造和塑造，有力地促进人的政治社会化。

文化对人具有较强的塑造功能，在政治人格方面，文化对人的塑造功能主要表现为其能有力地促进人的政治社会化。文化及其传统对人的政治社会化的形塑过程是渐进的、动态的过程，不是一次性就能完成的。人们都生活在各种各样的文化及其传统氛围中，都自觉不自觉地接受这些文化及其传统的熏陶。在这当中，政治文化及其传统就很努力地通过各种途径对公民的政治能力、政治角色及政治人格进行积极的形塑，在持续的发展过程中，很自然地将公民"自然人"转化为"政治人"，而这个过程是持续的，不是一蹴而就的，随着社会经济的快速发展和变化，一国的政治文化及其传统也在不断变迁和发展，这也必然要求对公民政治社会化过程的

---

① 虞崇胜：《政治文明论》，武汉大学出版社 2003 年版，第 241 页。

再次改造和形塑，以适应不断发展变化的政治文化生活发展的各种需要。而这些被改造的政治制度文明主体又不断地创造着各种先进的政治文化，这些先进的政治文化又不断地按照政治文明发展要求影响各种政治制度文明主体，从而使得一个国家和社会的政治文明在这种双向良性循环互动中不断地向前发展和进步。

（2）先进的文化及其传统能有力地对一国的社会组织和社会团体进行改造和塑造，使其能适应时代和社会发展的要求，以此推进国家和社会政治制度文明的发展和进步。

各种各样的社会、经济、政治组织，诸如工会、职业协会、社团、政党及国家机关等，它们也是政治社会化的重要途径。这些社会组织及团体不仅是一个国家和社会构成的要素，而且也是一个国家社会化的重要手段，其组成是人们在社会生活中为了实现一定的经济、社会、政治目的而联合形成的，在这些组织中，通过宣传自己的主张、信仰，从而在不断地吸收和接纳新成员过程中希冀过上一种有组织的社会生活，并在其中学习和获得特定的政治文化。① 通过这些政治文化的不断熏陶和浸润，又使得这些社会组织和团体得到更好的塑造，使之更有利于国家和社会发展的需要。

（3）文化及其传统的发展和变革是国家和民族政治文明的重要推动力量。

这主要体现在文化对政党这种社会组织的塑造从而体现出来的强大功能。在社会生活的所有组织中，政党是现代社会最重要的政治社会化途径之一。一个国家的政党在现代社会政治生活中通过宣传党的纲领、政策主张等，不断影响着社会大众的政治文化态度，同时在发展新的成员过程中使其在党组织中能受到政治社会化的培养和训练；通过政治文化对这些政治主体的改造和塑造，进而通过党的各项组织活动，实现其成员和政党拥护者和支持者的广泛政治参与。可见，政治文化对政治团体具有强大的政治社会化功能，政治社会团体对于社会成员的政治观念、心理等又有着重要的养成、训练和改变功能。通过这些政治文化的不断发展和变革，通过政党的作用，促使国家的管理理念、方法、手段的不断进步，为国家和社

---

① 王浦劬等：《政治学基础》，北京大学出版社 2006 年版，第 285 页。

会政治文明的进步和发展提供强有力的精神动力和技术支持。以民主文化为例，随着经济全球化的快速发展，其不断地为越来越多的国家和民族所接受和传播，从而推进这些国家和民族的政治民主化进程，进而推动一个国家和社会政治文明的发展和进步。

综上所述，文化及其传统与一个国家和社会的政治文明的进步和发展是紧密相关的。从历史和现实的视角来看，没有一个国家和公民不与一个国家和社会的文化及其传统发生密切的关系，从普通公民到国家和社会的政治精英们，概莫能外，都没有与本民族文化及其传统发生过分离和决裂，在这个过程中，也没有一个国家和民族能够完全地摒弃自己的文化及其传统进入现代化。[①] 从以上分析来看，文化及其传统对一国社会政治文明的作用是双向双重而且复杂的，不是单向单重单纯的，在相互作用过程中，或者顺利推进政治制度及其文明的发展，或者起阻碍和制约的作用。对此，我们应立足于各国的实际情况，充分运用辩证的方法全面进行分析，在整体把握思考的基础上，对本国固有文化及其传统采取扬弃的手段，弃其糟粕和短处，发挥其精华和长处，充分发挥各类政治主体的主观能动性和创造性，在传承和创新中发展，在鉴别过程中剔除不好的东西，以创造更先进的政治文化，发扬更优良的传统，最大限度地发挥文化及其传统对国家政治文明发展的推动作用，积极推动国家和社会政治文明的和谐发展和全面进步。国家宏观层面的政治制度及其文明的发展是如此，国家微观层面的农村民主管理制度及其文明的发展也是如此。在此背景下，积极寻求我国传统文化及其传统与农村民主管理制度的契合性，并充分地发挥传统文化对农村民主管理制度的促进作用，对于实现我国农村社会的和谐与稳定，推动我国基层民主政治的发展，无疑具有非常重要的理论价值和深刻的现实意义。

（二）和合文化的基本内涵及其与农村民主管理制度的契合

和合文化是我国传统文化的精髓，也是当代中国和谐文化和科学发展观的重要内涵和核心文化元素之一。中共十六届六中全会上作出的《中共中央关于构建社会主义和谐社会若干重大问题的决定》（以下简称《决

---

① 丰子义：《现代化的理论基础》，北京大学出版社 1995 年版，第 283 页。

定》），非常明确地提出了努力建设和谐文化与和谐社会的理论和思想。《决定》指出，建设和谐文化、完善社会管理、增强社会创造活力，推动社会建设与经济、政治、文化建设协调发展。建设和谐文化是构建社会主义和谐社会的重要任务。可见，继承并努力弘扬中国传统民族文化中的和合思想和价值观无疑具有非常重要的现实意义。

众所周知，文化对国家、民众、个人的心理和行为及社会具有潜移默化的影响和形塑作用，纵观古今中外，许多国家的政府非常重视文化在促进国家和社会稳定与和谐发展中的重要作用。在大力建设社会主义和谐社会的时代主题背景下，正确解析和合文化的丰富内涵并将其与农村基层民主政治建设有机结合，充分挖掘其文化资源，为农村民主管理制度的不断健全和完善提供充足的精神动力和智力支持，将其文化之精华服务于社会主义新农村的建设，最终促进农村基层民主政治的不断发展和进步，实现社会主义和谐社会。

和合文化是贯穿以儒道文化为主导的中国传统文化的思想主线，其包含的文化内容历史悠久，其体现的文化思想博大精深，从某种意义上讲，和合文化在一定程度上代表着中国传统文化。[1] 和合文化其实是一种中国人观察和处理事务的独特方法与视角，它体现着一种双赢型的文化类型，这种文化发展类型以包容事物发展差异为中心内容的辩证哲学思想为基础，关注事物的共生、共存与共同发展，也体现着中国人特有的为人处世的哲学思想，也体现着我国重要的民族精神和文化传统。具体而言，结合其对农村民主管理制度的契合性而言，其基本内涵主要体现在以下几个方面：

1. 体现了人与自然协调发展的伦理自然观思想。

这实际上是和合文化中"天人合一"为核心内容的人与自然观思想，指导调节人与自然的关系。"天人合一"强调人与自然的和谐相处，这在儒家的天命论里比较深刻地体现了这一内涵，儒家思想里将人与自然的关系称为天命论，所谓天命论指的就是先哲们围绕人与自然关系而形成的一种系统的生态观，其核心思想是关注人在宇宙中的位置。[2] 这其中，"仁爱万物"思想也重视对人与自然关系的协调，强化一种"泛生命"意识，

---

① 邓遂：《论和合文化及其现实功能》，《兰州学刊》2008 年第 6 期。

② 张岱年：《中国哲学大纲》，中国社会科学出版社 2004 年版，第 167 页。

提倡一种依靠自然、适时劳作的生产方式，这实际上体现了一种高尚的道德思想境界，也是中国传统儒家思想关于人与自然关系协调发展的伦理思想的终极追求目标。

老子的思想当中也充分地体现了"天人合一"的人与自然和谐发展的思想。老子的"人法地，地法天，天法道，道法自然"的思想揭示了和分析了宇宙各种事物之间的矛盾关系，分析了人、天、地及道之间的相互关系，用朴素的思想阐述了宇宙万物之间和谐运行所应遵循的规则。尤其应强调的是，在道法自然之中，作为道生天地的万物之母是所谓的"道"，其发展变化是非常自然的，而"自然"又是"道"的本质，这实际上说做事情要量力而行自然去做，切不可违背事物发展变化的本质规律。在老子思想的基础上，庄子进一步发展了这种朴素的哲学思想，庄子在《庄子·齐物论》中提出了一种大和谐的思想，也就是庄子主张的，"天地与我并生，而万物与我为一"，这种思想意在阐明，人与人之间、人与事物之间没有本质上的分别，天地万物与人之间是非常自然地合为一体的，这种朴素道家学说提出了对大自然的尊重和敬畏是非常自然而然的，最终实现人与自然的大和谐的辩证思想。这种思想，反映在农村民主管理制度领域，也就是广大村民在协商和处理村级公共事务时，追求和谐是终极目标，要通过对各村级公共事务的处理实现人与人、人与事及人与自然的和谐一致。

2. 体现了调整国家治理结构关系的社会结构观思想。

和合文化是一种重视调整以"家国同治"及"家国一体"为核心的社会治理结构关系的社会结构观思想。这种和合文化思想体现非常关注事物之间发展的平衡与和谐及共赢。这种思想表现在国家社会结构方面主要就体现为"国家之和"，我国和合传统文化一直主张国家与社会冲突关系调整的基本原则是"和"，并以此促成国家级基层社会各阶层、各群体之间和谐相处的道德准则。这也反映了我国儒学思想中的一项重要内容——政和国治，这种思想重视国家政治职责的履行和国家政治使命的承担，实际上是以德治国思想的侧面反映和深刻的体现，主张一个国家社会和谐的前提条件和基本保障是政治和谐。这其实也是孔子治国思想的体现，孔子主张"为政以德，譬如北辰，居其所而众星拱之"，这追求的是一种政治的道德化，"道之以德，齐之以礼"①。这其实反映的是我国先贤圣哲的文化修养和执政理念。②

这种思想反映在国家社会结构的治理上主要体现为"家国一体"及"家国同治"。传统文化认为，家及家庭是一种初级群体组织，这种组织也是国家的一种基本构成单位，国家是一个扩大的家庭，家及家庭与国家在根本利益上是一致的，国家治理的基础是家庭的治理，《礼记·祭统》提出，"忠臣以事其君，孝子以事其亲，其本一也"③。与这种思想相适应的是，中国传统社会治理结构和社会治理模式开始逐步形成，这种社会治理结构以社会基层家族自治为基础，社会治理模式重视国法与传统的家族礼法相结合。在这种社会治理结构及社会治理模式的基础上，与此相适应的儒家修身文化开始得到了大力的发展，这种儒家修身文化以"修身、齐家、治国、平天下"为基本宗旨。可见，在我国现行的农村民主管理制度的实施中，其所反映的农村基层社会治理结构和治理模式也具有传统中国社会治理的一些因素，在这些因素中，其所蕴含的文化传统的精华思想到现在也具有强大的生命力。

3. 体现了调节国家治理关系的统治执政理念。

儒家文化的本质和核心是仁爱思想，这反映在国家治理关系方面，主要表现为以"民本""仁爱"及"礼仪"等为核心内容的执政治理思想。所谓仁爱，是要求在国家治理社会中，对他人具有慈爱之心，普通常人之间也要相互关心，在国家治理社会中的日常交往中形成的行为模式也要求以"仁爱"为主要特征。古代传统和合文化中的"仁"及"爱"具有非常丰富的内涵，这里的"仁"与善同义，要求国家在治理社会过程中要对民众具有慈善、同情之心，"爱"就是要有爱护、珍惜之心。这与中国古代墨家主张的"兼爱"及"非攻"行为模式思想相吻合。同时在这种传统文化思想中，非常强调管理者对被管理者要具有仁爱之心，以人为本，孟子曾明确地提出"民为贵，社稷次之，君为轻"的民本思想，在传统儒家文化思想中，仁爱与礼仪是紧密结合在一起的，这其实也是传统文化中体现的国家治理社会的一种行为规范要求，这种规范是一种传统道

---

① 杨庆中：《评张立文先生的和合学体系》，《社会科学家》1999 年第 5 期。

② 刘辉、邵汉明：《儒家和谐观与和谐社会构建》，《山东社会科学》2007 年第 12 期。

③ （宋）洪兴祖：《楚辞补注》（缩本四部丛刊初编）卷三，商务印书馆 1936 年版。

德与法律相融合的规则体系，这种规则的核心思想要求国家管理者与被管理者在各自的公共空间和生活领域里要遵循规范的行为，这种行为要处处体现出以人为本的理念。

4. 体现了指导人与人之间及人自身和谐发展的人际交往思想。

这其实是我国传统和合文化的核心思想的体现。和合文化非常重视指导调节人与人之间的关系，其目标就是要实现人与人及人自身之"和"，这种和谐共生的原理建立的精神基础是所谓的"天地之大德曰生"，重视在融合冲突之中孕育和实现共生，并以融合冲突实现和谐为其追求之价值目标。中国古代的诸子百家都从各自的角度对"和合"进行了各自的理解和阐释，比如孔子主张的"己欲立而立人""己所不欲，勿施于人"的行为标准，其精神理念的高度体现为"和立原理"，强调每个人都要实现自己的"立"，这种"立"是按照自身的发展方式来逐步确立的，而不是按照别人的不能"立"来实现的，其核心是强调在人与人之间相处时要有开放、宽容的胸怀，而不是闭塞、狭隘的思想意识。在当前广大的农村社会农村民主管理制度的实施过程中，广大村民在处理各种复杂的村级公共事务时，面对多元文化、多元发展及多元模式的错综复杂的村级公共事务交融情景要实现和谐共同的发展，这种和合文化中的"和生"而"立"的原理无疑具有非常重要的现实意义。

事实上，孟子、荀子、墨子以及老子等诸子百家也对和合文化作了各自的阐释，虽然各自的重点不同，但是共同的中心思想都是追求一种共同的价值目标，那就是主张在人与人之间交往的过程中妥善解决相互之间差异和分歧的基础上，形成并保持一种求同存异的包容性人际关系。费孝通先生曾经指出，体现中国人大智慧的中国文化的核心就是追求和而不同。[①]

5. 体现了指导个人道德修养的思想观念。

在我国传统和合文化思想中，对个人道德修养的思想观念的体现也是非常丰富的，儒家思想认为，人与动物的区别就在于人具有伦理道德情感，在人的道德情感中，"孝道"是基础，并要求人们不断地提高自己的道德修养，常常进行自我反思和反省，铸就理想的人格。在日常行为中，

---

① （东汉）赵晔：《吴越春秋》，中华书局 1985 年版，第 128—129 页。

提倡"谦而不争""无欲则刚",道家则提倡"清净""无为"。孔子的弟子曾子则提出为人考虑不能不尽心,与朋友交往不能不诚信,传授的学业不能不复习。这其实与孔子主张的"内省不疚,夫何忧何惧"思想在根本上是一致的,这就是要求人要做到符合仁、义、礼的话,在行为上要坚持进行反思,从而使自己表里如一,内心没有恶念、坦然,对外不做坏事,无所畏惧。从这些我们可以看出,中国传统和合文化指导调节个人道德修养的核心内容主要体现为:"克己""复礼""自省"及"寡欲"等,事实上这些思想也不是简单空洞的道德说教,在礼仪规则中大量地体现为道德与法律紧密结合在一起的行为规则,而且要求人们在各自的职业和日常生活行为中遵守相关领域行为道德与法律的最低要求和底线,行为要有规则意识,不能没有秩序,以人为本,最终实现人与人的和谐相处。反映在农村民主管理领域,实际上也就是要求在处理村级公共事务时,大家不仅要有良好的道德修养意识,还要有法治意识和观念,要坚持按照国家相关法律法规、规章制度及政策文件的精神来处理村级公共事务中所出现的各种冲突、纠纷及矛盾,最终实现农村民主管理制度的法治化,使广大村民的农村民主管理行为不仅有良好的道德保障,还有严明的法制保障,在此基础上实现农村和谐社会的构建。

(三) 和合文化的功能及其对农村基层民主管理制度的促进

事实上,以中国儒家、道教传统文化为主要内容的和合文化深刻地体现在人与自然关系思想、和谐社会治理结构理念、国家对社会的统治执政思想、人与人之间交往的思想及公民个人思想道德修养等方面。可见,和合文化其内容不仅具有深刻的广泛性,而且具有宽泛的完整性,其所体现的思想更是具有普遍的实用性,作为一种文化基础,反映在新时期农村民主管理制度的建立健全方面,和合文化更是体现出了其在对社会主义新农村和谐社会的建设实践所具有的积极作用和强大功能。其对农村民主管理制度的促进具有广泛的适用性及强大的文化塑造功能。

文化的塑造功能主要体现在文化在人的社会化过程中的重要教化作用。须知,文化在人的社会化过程中是一个重要的变量。它不但对人们的心理和人格进行塑造,而且给人们以丰富的知识、技能和经验,规范人们的行为,使人们在对其身份和地位认同的同时促使其由生物人转变为社会的合格一分子。① 通过文化的这种塑造功能，最终实现其对和谐社会的整合功能。当然，我们也必须认识到，基于文化塑造功能的潜移默化特征，其对和谐社会建设的功能和作用的体现是一个长期性的历史过程。对此，结合农村民主管理制度的实施及我国农村基层社会民主政治的实际情况，根据我国传统和合文化对和谐社会构建的实践形塑功能，充分发挥和合文化对农村民主管理制度建立健全的促进功能和作用，以此从文化层面推动农村基层民主政治的发展和进步，助推中国特色社会主义和谐新农村的建设和实现。

1. 有助于构建农村民主管理和谐社会主体。

和合文化对和谐社会主体的塑造功能主要从心理和行为两个方面来体现，在对农村民主管理制度的实施过程中，其对农村和谐社会主体的形塑功能也主要体现在这两个方面。

首先，和合文化对农村民主管理中和谐社会主体中个体心理和社会心理塑造功能的体现，有助于使农村和谐社会主体的心理朝着健康、理性、和谐及稳健方向发展。农村和谐社会的构建、形成及发展也需要社会主体普遍具有稳定、温和、理性及和谐的社会心态予以支撑，这是农村和谐社会得以形成、发展和维持的重要社会心理基础。在这样的背景下，和合文化对于农村和谐社会主体的社会心理的塑造功能就主要体现在以下方面：一是和合文化重视用"天人合一"的辩证思想来克服农村民主管理中存在的社会个体及群体的以客观归因为主体的社会认知心理，为实现农村民主管理中人与自然的和谐起到有力的思想支持作用。二是主张利用和合文化中的"克己"及"寡欲"等思想塑造农村民主管理中的社会个体的良好心态，以此避免和力戒村级事务民主管理中农村社会个体与社会群体心理需要的无限恶性膨胀，实现农村社会个体与群体心理需要的平衡及良性发展。三是通过和合文化中的修身思想培养符合农村民主管理需要的道德法律情感，这种情感思想的核心主要体现为"自省""实用"及"礼仪"，从而使农村民主中管理中的社会个体及社会群体的道德法律意识不断增强，促进农村民主管理制度的有效实施。可见，在农村民主管理中，构建农村和谐社会需要的和谐性社会心理特征主要表现为：克己、理性、

---

① 郝海洮：《儒家文化的和谐理念及其当代价值》，《理论探索》2006 年第 1 期。

睿智、温和及稳健，而这些特征的形成可以通过和合文化的社会心理形塑功能的发挥来实现。

其次，和合文化对农村民主管理主体的社会行为具有极强的形塑功能。在农村民主管理中，其管理主体的行为主要包括个体行为和群体行为。在农村民主管理中，各种村级公共事务众多，有些是自然性的公共事务，这就必然要求在这些事务民主管理中实现人与自然的和谐相处。要实现这个目标，在协调人与自然的关系中，作为民主管理主体的人是非常重要的因素，他们对人与自然的和谐共生肩负着重要的责任，因为在对这些村级公共事务进行民主管理时，主要是通过农村民主管理主体的各种行为与大自然发生各种关系的。

农村民主管理主体的行为包括个体和群体两个层面，这些行为的本质都是一种社会行为，都是具有一定社会影响力基于独特的社会背景而产生的社会性行为。而这种社会行为又是协调和处理人与人之间及人与自然之间关系的重要中介。其性质对人与人、自然之间关系的性质和状态起到直接决定和影响作用，进而对社会关系的性质和现状起到决定性作用。可见，在农村民主管理中，农村民主管理主体的社会行为的和谐性对于农村和谐社会的构建具有重要的意义。

社会行为的文明、理性及和谐需要和谐社会心理的支持，和合文化农村民主管理主体和谐社会心理的塑造是农村民主管理主体和谐社会行为产生的心理基础。农村民主管理主体的和谐性社会行为结合和合文化中传统的治国理念及人际关系协调思想，诸如"和而不同""仁爱""礼仪"及"非攻"等，对于农村民主管理主体在农村民主管理中的和谐民主管理行为模式的倡导、形成及实现具有重要的推动和促进作用。

和合文化的这种形塑功能对农村民主管理制度的促进作用和功效是非常明显的。它有利于以温和、理性、仁爱、睿智、和谐等为主要特征的社会心理成为农村民主管理主体的基本心态；有利于以文明、理性、温和及和谐等为主要特征的农村民主管理社会行为模式成为农村民主管理主体的主导型社会行为模式；有利于将农村民主管理主体形塑成以理性、和谐、健康及稳健等为主要特征的主体。这些都有利于农村和谐社会的形成及巩固，最终为农村民主管理制度的建立健全奠定强有力的决定性的文化基础。

2. 有助于构建农村良好的基层社会治理结构。

我国实施和谐社会构建的伟大战略工程主要基于两大社会现实背景，

一是基于社会主义市场经济的建设，二是基于具有长期浓厚血缘、地域传统基础的乡土中国社会的背景。这两种背景决定了中国社会治理结构的发展趋势和特点。市场经济的发展要求限制国家权力，突出社会力量的社会治理功效；各种利益力量博弈错综复杂的乡土社会决定了国家权力沉入社会基层的治理会导致治理成本偏高和效率偏低的现象发生，于是国家围绕和谐社会治理结构构建的目标，选择了理性的社会治理形式，这种治理形式的基础就是在城市实行居民社区自治以及在农村实行村民自治。这种中国基层社会治理结构不仅是广大人民行使直接民主的重要形式，而且也顺应了中国民主化发展的趋势和潮流。

这种中国基层社会良性治理结构的构建也是与和合文化的功能分不开的，也是在中国传统文化的影响下逐步建立起来的。当然，我们要建立的是现代意义上的基层社会治理结构，这种治理结构必须要以现代社会的民主契约精神来取代传统的家族礼法，在现代民主政治的基础上实现农村基层自治与国家治理的有机结合与协调发展。以村民自治为核心和基础的农村民主管理制度所表现的农村基层社会治理结构，是以传统和合文化中"家国同治"及"家国一体"等思想中蕴含的自治精神紧密相关的，这种和合思想在农村民主管理的现实实践中对国家与地方及家庭、个人利益的平衡与协调，对农村民主事务管理中农村社会各方利益的考量与均衡都起到了很好的文化基础作用，进而有力地促进了农村民主管理制度的建立健全，有力地推动了农村基层民主政治的进步与发展。

3. 有助于完善农村基层民主政治体制。

和合文化中以"民本""礼仪"及"仁爱"等为核心内容的传统执政治理思想对于转变现代农村基层民主政治管理者的政治理念，完善农村基层民主政治体制都具有重要的意义。目前，在我国农村基层民主政治组织体系中，有部分管理者存在脱离群众、官本位思想比较严重的现象，执政为民、以人为本的政治意识比较缺乏，导致了在农村基层民主管理中普通民众与管理者的矛盾、冲突与对立，致使部分民众对农村基层民主管理活动缺乏政治认同，继而对之采取漠视与旁观的态度，这不利于农村民主管理制度的良性运行。

对此，我们要充分发挥传统和合文化中的积极因素，以此来改变这种农村民主管理中的不利与被动局面。充分汲取"民本"及"仁爱"传统执政思想中的积极因素，来加强农村基层民主政治管理者的政治修身理念，努力培养其执政为民的政治意识，促使其"先正其身而后行其令"，从而在农村民主管理实践中促使广大村民与管理者良性互动，共同参与村级公共事务的民主管理，在此基础上构建和谐的农村基层民主政治运行体制，从而为农村和谐社会的实现和维持打下坚实的社会结构与政治制度基础。

4. 有助于农村基层民主管理和谐社会环境的营造。

由前文可知，和合文化社会心理的形塑功能首先能塑造出的是健康、理性、仁爱及稳健等社会和谐心理，使农村基层社会广大民众的社会心态逐步远离偏激与躁动，慢慢回归理性与平和；其次，在此基础上逐步形成农村社会主流行为的和谐性特征，这些特征比如文明、温和及理性等逐步促使农村民主管理中和谐性社会主体的形成；最后，和合传统文化"家国一体"思想指导下以农村民主管理为基础的基层社会治理结构及基层民主政治体制的形成与发展，进一步助推了农村和谐社会的建设。

伴随着农村和谐社会的构建，农村民主管理中和谐型的社会大环境逐步形成，在这种社会环境里，和平共处、友爱互助、互相促进的和谐型社会关系占据主流地位。这势必又会进一步地促进农村民主管理中社会心理的和谐，社会行为的文明、社会主体的更加和谐及农村基层社会治理结构及基层民主政治体制的进一步优化，能最终营造出一种农村基层民主管理和谐社会环境，为农村民主管理制度的建立、实施和完善创造更加良好的文化环境条件。

四　伦理基础：农民道德修养的进步

所谓"伦理"，在中国传统的词义里，含义非常丰富，《说文解字》里解释为"伦，从人，辈也，明道也；理，从玉也"。"伦"是指根据一定的规矩和准则处理人际关系，并且要注意其延续和传承性。后来，指出"父子有亲，君臣有义，夫妇有别，长幼有序，朋友有信"，进一步对"伦"的意义进行了解读，伦即为人伦、人道之意，特别强调根据封建社会的等级宗法制度来调节社会人际关系，特别是父子、君臣、夫妇、长幼及朋友之间的关系。所谓"理"，其原意是按照玉本身的纹路来雕琢玉器，以使玉器能够成型有用，后来，在此基础上逐步将其意义引申为对社会生活和人际关系的治理、协调之意。实际上，在中国传统意义上，伦理与道德同义，主要是指社会和个人经过一定的方式的治理、协调，使社会生活和人际关系符合一定的秩序和准则。① 基于此，笔者认为农村民主管理制度的伦理基础，也就是农村民主管理制度的道德基础，但是制度总是通过其实施主体来体现的，农村民主管理制度的实施主体就是广大的农民，农民的伦理及道德基础就构成了农村民主管理制度的伦理基础。

那么农村民主管理制度的伦理基础究竟是什么呢？笔者认为，农民道德修养的进步是新时期农村民主管理制度建立健全及保持良性运行的重要伦理基础。农业、农村、农民等"三农"问题始终是中国社会的重要问题，这三者在中国现代化进程中的地位和重要性各自有所侧重，共同构成了中国农业现代化发展的重要主体和内容。农业是核心，其发展水平和程度直接关系到农村的稳定和农民的福祉；农村是重要的物质基础和载体，是我国农业、工业发展的重要基础和阵地。农民是主体和关键，广大的农民群众是农业和农村发展现代化的重要力量。

基于此，在农村民主管理制度视域下，如何促进农民的现代化问题，促使其由传统向现代转型，不仅是农村民主管理制度的重要伦理基础问题，也是解决我国"三农"问题的关键之一。

这不仅是党和国家农业发展战略提出的新课题，也是我国农村经济、政治及社会发展的现实需要。从经济角度来看，农村社会主义市场经济的发展迫切需要加强农民的道德建设；从政治发展的层面来看，农村社会的发展稳定是国家政治和社会稳定与安定的重要保证；从社会思想文化层面来看，广大农民的思想文化素质和道德发展水平是整个国家民众思想文化素质和道德水平发展的重要影响因素。为此，中共中央于2001年颁布实施了《公民道德建设实施纲要》，纲要对加强农村道德建设的重要地位和作用进行了深刻的论述，明确指出，加强农民伦理道德建设不仅是确保农村稳定发展的重要条件和有力保障，而且是加强农业现代化建设的重要内容，还是中国公民道德素质提高的重要任务和路径。因此，围绕农民道德修养的发展和进步，从伦理道德的视角来探讨农村民主管理制度的伦理基础问题无疑具有重要的理论价值和实践意义。

---

① 章海山、张建如编著：《伦理学引论》，高等教育出版社2002年版，第1页。

（一）农民伦理道德建设对农村民主管理制度建立健全及良性运行的重要意义

1. 农民伦理道德建设是确保农村稳定发展的重要条件。

"三农"问题始终是中国社会发展的基础性问题，农村的社会稳定问题在我国社会稳定与发展中具有重要地位。农村社会稳定工作是一项系统性的工作，涉及诸多要素的共同作用和合力，比如经济、民主、道德、文化、法制及组织建设等多重因素。在这些因素中，广大农民的道德建设具有非常重要的地位，是农村社会稳定发展的重要条件，其对农村社会稳定和发展的渗透性作用是非常广泛而深刻的。一个社会是否和谐稳定，一个国家的长治久安实现与否，全体社会成员的思想道德素质在很大程度上是决定性因素，没有良好的道德规范及共同的理想信念，社会的和谐是无法实现的。我国和谐社会实现的关键在于农村社会的稳定与发展，农村民主管理制度的建立健全与良性运行也是个系统的工程，涉及农村社会发展的方方面面，广大农民的伦理道德建设也是农村民主管理制度建设和发展的重要基础性工程。农村民主管理制度则将对农村社会的稳定与发展起到非常重要的促进和推动作用，从此意义上讲，广大农民的伦理道德建设是实现农村社会稳定发展的重要条件。

马克思指出，人的本质是一切社会关系的总和。在农村社会中生活的广大农民，由于文化与思想的差异与分歧必然导致各种矛盾与冲突的发生，加之随着农村市场经济的发展，农村社会不稳定的因素不断增加，这其中广大农民在农村经济发展过程中的新旧伦理道德价值观念的冲突和矛盾是一个重要的体现，特别是随着农村市场经济的快速发展，而农村的社会事业发展相对滞后，从而使得农村经济社会发展出现不协调的现象，增加了农村社会发展中不和谐与不稳定的因素。须知，在中国压倒一切的问题是稳定，没有稳定的环境，不仅什么干不成，连已经取得的成果也会失去。[①] 在这样的情况下，随着农村民主管理制度的广泛建立和实施，对农民的伦理道德建设的要求也会更高。通过加强广大农民的伦理道德建设，不仅可以使广大农民正确地理解和宣传党的方针政策，而且还可以有效地

[①] 《邓小平文选》第3卷，人民出版社1994年版，第284页。

抵制广大农村中不利于农村社会经济协调发展的思想认识和道德观念，从而使广大农民的道德价值思想观念统一到国家的社会主义新农村建设路线、方针及政策上来，从而使得农民的伦理道德成为农村和谐稳定发展的精神支柱，为农村民主管理制度在社会主义新农村建设中作用的充分发挥创造良好的伦理基础环境。

2. 农民伦理道德建设是农业现代化发展的重要内容。

所谓农业现代化，主要指的是一种先进的农业发展状态，这种状态具有一定国际可比性，同时具有基础设施发达、科学技术先进、组织方式高效、服务体系完善及具有较高的土地产出率、劳动生产率及资源利用率等特征。[①] 农业现代化是现代农业生产及科技发展的产物，也是现代农业发展在经历了两个重要转变过程后必然实现的农业发展阶段，这两个重要转变过程一是传统农业向现代农业转变，二是现代集约化农业向高度商品化农业的转变及两者的高度统一。要不断地推进农业现代化发展，才能不断地提高农民的经济收入及思想文化素质和水平，确保我国农业的可持续协调发展。

与农业生产力及农村社会经济发展水平相适应的农业现代化发展的一个非常重要的指标就是广大农民伦理道德水平的提高。比如勤俭、节约及诚信等传统的伦理精神，民主、法治及权利等现代民主政治思想，平等、互助、协作等现代意识等广大农民的伦理道德水平的进步，不仅有力地助推了农业现代化的发展，而且也为农村民主管理制度的有效实施和良性运行打下了坚实的伦理基础。

3. 农民伦理道德建设有利于新型农民的培育。

在社会主义新农村建设中，农村民主管理制度的实施是个系统工程，涉及农村各村级经济性、政治性、文化性、社会性及党建性等公共管理事务。而农村民主管理制度的有效实施和良性运行必须依靠农村民主管理制度的实施主体——农民。广大农民不仅是社会主义新农村建设的主体，而且在农村民主管理制度的有效实施中需要广大的农民管理主体具有较高的伦理道德素质和水平，农民素质的提高不仅筑牢了农村民主管理制度的伦理基础，同时具有这样伦理基础的农村民主管理制度实施，在加强广大农

---

① 柯炳生：《对推进我国基本实现农业现代化的几点认识》，《中宏决策》2001 年第 7 期。

民伦理道德建设的基础上也有利于社会主义新农村建设中新型农民的培养和塑造。

首先，农民伦理道德建设有助于促使农民思想观念的转变。在农村民主管理制度实施过程中，加强农民伦理道德建设有利于广大农民不断地摆脱和摒弃传统落后的思维方式和行为习惯，逐步在农村民主管理中树立起独立自主的管理主体意识，在农村民主事务管理中树立起较强的法治观念，在农村生态性事务管理中树立起环境保护生态意识，在农村经济性事务民主管理中树立起规范的市场经济观念和意识。①

其次，农民伦理道德建设有助于农民思想道德新品质的培养，有助于广大农民在农村民主管理中树立起与时俱进的时代品质，也有助于广大农民在农村民主管理过程中正确处理好国家、集体与个人之间的各种矛盾和冲突，处理好其相互之间的利益关系，克服在农村民主管理中村民道德价值取向的功利化、本位化及个体化趋向，逐步避免和杜绝部分农民唯利是图、见利忘义及急功近利等负面现象的发生，扭转农民在对各村级公共事务管理中集体主义观念淡薄、社会责任感缺乏、个人主义严重及无组织无纪律等不良思想道德品质的滋生。通过农民伦理道德建设，从而逐步在农村民主管理中遵纪守法及诚实守信等优良的品质，调动起广大农民在农村民主管理中的积极性，将农民塑造和培养成为社会主义新农村建设的合格者，也为农村民主管理制度的有效实施与良性运行奠定有力的伦理道德主体性基础。

4. 农民伦理道德建设有利于农村市场经济的健康发展。

在农村民主管理制度的实施中，农民的伦理道德建设是农村基层民主政治上层建筑和意识形态建设的重要内容，根据经济基础与上层建筑的关系原理，加强农民的伦理道德建设必然会促进农村市场经济的健康协调发展。

首先，农民伦理道德建设有利于为农村市场经济的发展及良性运行提供强有力的道德力量。这主要是通过对广大农民与农村市场经济发展相适应的伦理道德品质的提升来予以实现的，农村市场经济的健康发展最终也必须是在农村人力资源得到最大程度的开发与利用的基础上得以进行的，

---

① 何春歧、区赫：《农民道德建设对社会主义新农村建设的意义探究》，《齐齐哈尔大学学报》（哲学社会科学版）2011 年第 8 期。

而提高农民人力资源综合素质的关键在于提高农民的伦理道德素质，通过加强农民的伦理道德素质，提高农民的整体道德素质，从而使得农村市场经济发展的农村人力资源能得到良好的道德训练和培养，促使其竭尽全力融入农村市场经济的建设中去。

其次，这也是农村市场经济自身健康协调发展的需要。农村市场经济的发展是农民伦理道德建设的基础，农村落后、农民生活水平不高的根本原因还在于农村经济发展落后，中国农民传统的伦理道德意识支配下的经济发展观念使得在几千年的中国农村发展史上，农民单纯以靠天、靠地的农村经济发展模式，致使其生活经常陷入困境，部分地区农民基本生活难以得到有效的保障。[①] 对此，在新时期社会主义新农村建设中，农村市场经济的发展迫切需要加强农村的精神文明建设，使之与农村市场经济发展中的物质文明建设相协调，管仲曾说，"仓廪实而知礼节，衣食足而知荣辱"。根据马斯洛的需求层次理论，人高层次的精神需求必须以低层次的生理与安全需求为基础。因此，大力发展农村市场经济，实现农村生产力的解放，必须在重视农村市场经济发展的同时坚持物质文明、政治文明及精神文明的同步协调发展，[②] 发展农村市场经济势必对农民的伦理道德建设提出更高的要求和标准，促使农村经济发展主体的综合素质提高，在推进农村精神文明建设的基础上从伦理基础的角度推动农村民主管理制度的有效实施和良性运行。

最后，这也是农村市场经济的性质和特征所决定的。市场经济是法治经济，也是道德经济。农村市场经济也是这样，其发展不仅需要建立健全的法律规范予以保障，也需要农村市场经济发展主体道德素质的约束与保障。农村是我国经济发展的最大市场，农村市场经济的发展必然伴随着农村的市场化和城镇化进程，在这个进程中，广大农民的伦理道德素质高低是确保农村市场经济健康发展的重要影响因素。为此，应从传统的伦理道德文化中去挖掘与农村市场经济发展相适应的伦理道德文化，以此来武装广大农民群众，使之转化为农民自觉的伦理道德意识，着力提高广大农民的思想道德修养水平，以此提升农村市场经济发展的人力资源素质，为农

---

① 赵丽霞：《当前农村公民道德教育存在的问题及其对策》，《经济研究导刊》2009 年第 4 期。

② 赵云周：《新农村建设务必提高农民的思想道德素质》，《决策论坛》2006 年第 9 期。

村市场经济的有序、规范、健康、协调性发展提供有力的基础和保障，进而为农村民主管理制度在农村市场经济发展中的有效实施和不断完善奠定有力的伦理基础条件，扎实有序地推进农村基层民主政治建设，最终建成社会主义和谐新农村。

5.农民伦理道德建设有利于促进社会主义农村文化的繁荣。

加强农民伦理道德建设，有利于为社会主义农村先进文化确立主体性的价值观导向，为农村民主管理制度的实施营造规范的农村民主管理社会行为文化基础，为社会主义农村文化的繁荣创造良好的社会伦理道德环境。为此，我国《公民道德建设实施纲要》指出，社会主义思想道德建设是社会主义先进文化的重要内容与中心环节，也是社会主义和谐社会建设的重要组成内容，决定着社会主义先进文化的性质和方向，也是人心凝聚、情绪疏导、矛盾化解及实现社会稳定的主要途径。

可见，农民伦理道德建设不仅是社会主义新农村文化发展的道德基础，也是社会主义和谐新农村建设的理想信念支柱。在农村民主管理制度视野下，农村文化建设要确保其社会主义性质和正确的发展方向，必须依靠广大农民的伦理道德建设。农民伦理道德建设对农村文化的促进和繁荣是一个由多层次与多要素组成的系统工程，在这个系统工程中，农民的伦理道德建设不仅是中国特色社会主义和谐新农村建设的重要组成部分，也是农村民主管理制度伦理基础建设的重要组成部分；是农村民主管理制度实施和完善的客观要求，也是农村基层民主政治建设在文化层面的客观需要和发展趋势。

农民伦理道德建设对社会主义农村和谐文化的丰富和发展的体现也是多方面的。

首先，有利于促进农村优秀传统道德的传承与发展。我国农村村民的伦理道德及精神文明生活与农村经济发展水平长期发展不同步，甚至滞后于农村经济发展。我国传统的道德规范及文化传统对广大农民的影响非常深厚。在传统道德文化中精华部分的影响下，勤劳、淳朴、诚实守信、尊老爱幼及友爱互助等优良的传统伦理道德仍然是农民及农村伦理道德建设的主流价值观，这些主流价值观不仅有助于农民整体道德水平的提高，对农村市场经济的发展也有积极的促进作用。但是，随着农村市场经济的进一步纵深发展，一些传统道德文化中不好的因素，诸如一些封建迷信思想也逐步抬头并对农民的伦理道德观念产生了不好的影响，这必然对农村社会主义和谐文化的顺利发展有一定的制约和阻碍作用。在此情形下，我们必须重视加强农民的伦理道德建设，特别是重视发挥农村优秀传统伦理道德文化对农民整体伦理道德素质及精神素质的提升及促进作用。对中国广大农村各地区具有乡土特色的优秀传统伦理道德文化的传承、挖掘与发展，不仅是社会主义新农村和谐文化进一步丰富和发展的重要路径，也是社会主义新农村建设的重要内容和组成部分。

其次，有利于社会主义核心价值观在农村的确立和践行。社会主义核心价值观是我国社会主义发展的时代需要和特色，在社会各方面和各领域都应起到引领的作用，在社会主义新农村及农村民主管理领域也是如此。在农村民主管理中，对农民加强伦理道德建设，有利于广大农民提升自己的道德素质及道德选择能力，能够积极主动地确立和践行社会主义核心价值观。社会主义核心价值观在社会主义农村的确立，符合广大农民集体利益，也充分体现了农村经济社会发展的道德规范要求，必须对此予以重视，在对农民进行伦理道德建设时，要将社会主义核心价值观作为主要内容予以贯彻和落实，不仅使广大农民深刻地认识到农村确立社会主义核心价值观的重要意义，而且要将社会主义核心价值观内化为他们的价值观追求，并且在对村级事务进行民主管理的过程中自觉地践行社会主义核心价值观，实现农民的伦理道德建设与社会主义核心价值观的有机融合，共同提升农民的思想道德素质和在农村民主管理中的参政水平，为农村民主政治的发展与进步打下坚实的伦理道德基础。

（二）我国农民伦理道德建设的历史分析

我国农村社会的稳定与发展关系到党和政府提出的全面建设小康社会的历史任务的顺利完成。尤其是在当今，我国正处于社会发展的转型期，面对农村人口占全国总人口多数的现实国情，加强公民道德建设尤其是加强农村及农民的伦理道德建设，不仅有利于推进社会主义新农村精神文明建设，而且有利于促进农村社会经济的协调健康发展。党的十七大报告指出，大力弘扬爱国主义、集体主义及社会主义思想，以增强诚信意识为重点，全面加强社会公德、职业道德、家庭美德及公民个人的品德建设。

为此，学术界近年来开始重视对农村伦理道德问题的研究，从已有主要研究来看，重点从静态的视角、广大农村现有的农村道德发展状况及农村农民伦理道德建设的内在评判维度等方面展开研究，普遍认为农村的道德建设在农村市场经济发展的大背景面临下降的现象和趋势，需要对农村道德建设进行重新建设与建构。在继续深入推进已有研究成果的基础上，笔者认为还应高度重视对我国农村、农民伦理道德建设的历史分析，尤其是新中国成立以来我国农村社会伦理道德的历史发展，在此基础上以期能对现今我国农村经济社会发展中农民的伦理道德建设提供历史的有益的借鉴。

　　自新中国成立以来，在对我国传统优秀伦理道德文化传承和发展的基础上，社会主义道德建设总体上取得了很大的成绩和进步。但是，伴随着农村经济体制改革的发展，我国农村及农民的伦理道德建设并没有想象中那么顺利，取得了一些成绩，但也经历了曲折的历程，走了一些弯路。笔者根据新中国成立以来我国农村道德建设的发展过程，主要分成以下三个时期来对我国农村及农民的伦理道德建设状况进行简要的历史分析，以期从中发现在我国农村经济体制改革基础上进行的农村基层民主政治体制改革的伦理基础的得与失。进而对现今农村民主管理制度的完善和发展有所启示和借鉴。

　　1. 新中国成立以后至"文化大革命"之前时期农民的伦理道德建设（1949—1966年）

　　新中国成立初期，国家在社会道德、学术文化及意识形态诸多领域都面临重新建设的任务，1949年通过的具有临时宪法性质的《中国人民政治协商会议共同纲领》对文化教育方面建设的主要任务进行了专门的规定：要发展为人民服务的思想，彻底肃清封建、买办及法西斯主要思想，提高人民文化水平，培养国家建设人才。当时道德文化建设的重点是围绕新民主主义文化建设，集中进行了对旧文化的批判改造，特别是在伦理思想与道德改造方面，20世纪50年代初对农村社会从旧社会遗留下来的愚昧腐朽的道德传统习俗及污毒丑恶等现象进行了严厉的打击。

　　从1949年开始到1959年这10年的时间里，我国农村的伦理道德建设是一个重要的发展时期，当时主要是从两个方面着手进行：

　　一是对旧社会遗留下来的封建腐朽的道德现象进行了集中的清理和整治。新中国成立后，国家开始系统地对旧社会遗留下来的不良道德现象进行禁止和消除，重点围绕禁毒、禁赌及旧式婚姻的废除等方面进行。

　　在禁毒方面，当时的政务院总理周恩来于1950年2月24日亲自签发了关于严禁鸦片烟毒的通令，通令中对帝国主义将鸦片输入中国以后对中国社会产生的各种危害性进行了深刻的谴责，并强调指出新中国成立后，为了恢复与发展生产，保护人民健康，在全国严禁鸦片烟毒及其他毒品。经过两三年的共同努力，我国农村基本上禁绝了鸦片。

在禁赌方面，当时各级政府开展了广泛动员农村人民群众禁赌的斗争，对农村存在的各种赌博场所进行了查封，对农村中存在的各类赌头及赌棍进行了严厉的打击和制裁，对一般参与赌博的村民进行了教育与劝导，通过治理，在旧社会农村中盛行的赌博恶习及因为聚众赌博所发生的打斗等破坏农村良好道德伦理秩序的丑恶现象得到了根治，为农村经济社会的健康发展创造了良好的伦理道德基础和外部条件。

对于旧式婚姻的废除工作，也是新中国成立以后国家在农村社会进行新伦理道德建设的重要基础性工作。旧社会农村的婚姻制度以夫权为中心，剥夺男女婚姻自由，具有野蛮、落后及歧视压迫妇女的特征。1950年新中国颁布了新的《婚姻法》，《婚姻法》第1条规定："废除包办强迫、男尊女卑、漠视子女利益的封建主义婚姻制度。实行男女婚姻自由、一夫一妻、男女权利平等、保护妇女和子女合法利益的新民主主义婚姻制度。"第二条规定："禁止重婚、纳妾。禁止童养媳。禁止干涉寡妇婚姻自由。禁止任何人藉婚姻关系问题索取财物。"经过几年的努力，在婚姻制度上的民主改革取得了非常明显的成效，为农村伦理道德建设创造了非常好的家庭组织基础条件。

二是集中进行了爱国主义、集体主义等社会主义新道德的建设和弘扬。新中国成立后，围绕意识形态和思想文化建设领域里"除旧布新"这一主题，主要是对封建主义、帝国主义及资产阶级性质的腐朽的道德思想观念进行了批判和摒弃，同时在此基础上加强了以共产主义道德为核心的社会主义新道德的宣传、提倡和弘扬。

其中，《中国人民政治协商会议共同纲领》第42条提出，提倡爱祖国、爱人民、爱劳动、爱科学及爱护公共财物作为新中国全体公民的公德。也即是说，确立了中国人民的新道德建设标准。在这种道德建设思想的激励下，在我国广大农村，农民当家作主的主人翁意识不断增强，新中国农村健康向上的良好道德风尚逐步形成。

与此同时，在中国农村积极开展了集体主义思想的宣传与建设工作，鼓励、提倡和动员广大农村青年将自己的主要精力投入到社会主义建设工作中去。为此，1954年，有中国保尔·柯察金之称的吴云铎专门出版了以弘扬集体主义为主题的日记体著作，以此鼓励全国青少年积极树立集体主义精神，在农村的影响也很显著，鼓励广大的农民要以模范榜样的精神奋发向上，改变农村旧道德思想影响下的愚昧落后面貌，以树立积极健康、文明科学的社会主义道德新风尚。

虽然这个时期在农村进行的伦理道德建设具有较强的政治色彩，但是对农民综合素质的提高和促进作用是非常明显的。通过这个时期的建设，在继承和发扬革命传统道德精神的基础上，广大农民通过农村合作社这一农村基层民主政治的载体，在共同生产、生活及共同进行社会主义建设过程中，初步形成了农村民主管理制度的道德基础，比如在农村生产劳动过程中，为了更好地认识与处理人与人之间的关系，形成了集体主义原则及团结友爱、互相帮助的新型人际关系。广大农村掀起了建设社会主义的高潮，广大农民在继承和发扬优良革命传统的基础上，形成了以克服一切艰难困苦为核心的社会主义道德精神，这些积极的道德因素对我国广大农村物质和精神两个文明的建设起到了有力的推动作用。

2. "文化大革命"时期的农民伦理道德建设（1966—1976 年）

"文化大革命"时期，总体上看，我国的道德伦理建设进入了艰难曲折的发展时期。在"四人帮"及其极"左"路线的影响下，社会主义道德遭到了严重的践踏，使社会主义积极主流的道德规范和道德原则变成了空洞的说教。在农村，十年"文化大革命"时期不仅对农村的人际关系造成了严重的破坏，而且对人性的摧残也是非常明显的。虽然如此，在这个时期，广大农民在社会主义和共产主义的道德原则和规范的引导下，始终坚持在社会主义农村劳动生产的第一线，为国家长期的农业可持续发展做出了应有的积极的贡献，也使得社会主义和共产主义的伦理道德思想在农村得到持续不断的弘扬和建设。这也为后来农村基层民主政治及农村民主管理制度的产生、发展及完善奠定了良好的伦理道德思想基础和条件。

3. 改革开放以后农民的伦理道德建设（1978 年至今）

改革开放以后，邓小平作为总设计师提出将发展社会生产力及建设社会主义现代化强国作为改革开放的目标任务，因其深刻地认识到中国传统的计划经济模式对中国经济社会发展所产生的弊端。在改革开放以后，在国家全面推行经济社会发展全新战略的同时，社会主义思想道德建设也重新得到重视，广大农村及农民的伦理道德建设也放到了重要的地位。

综合起来看，改革开放以后，国家对农村及农民的伦理道德建设是放到整个国家社会主义道德思想建设的总体战略里来思考的，概括起来，重点是围绕以下几个方面来予以推进和加强的：

一是加强了对社会主义本质的认识和思想道德教育。

这主要是围绕贫穷不是社会主义的本质进行的。根据邓小平理论，如果社会主义长期贫穷且贫穷普遍化的话，在失去社会主义优越感的同时会使旧社会遗留下来的习俗及伦理道德思想重新占领中国广大农村，会使农民的价值观发生扭曲和改变，会助长"越穷越革命"及"富则变修"等思想观念盛行，而且也会使得贫穷道德化、神圣化，从而使得广大农民失去了发展农村经济以脱贫致富的思想动力机制。通过这种思想道德教育，使大家认识到社会主义虽然在相对落后的中国产生，但贫穷不是社会主义的本质，相反，社会主义必须加快发展社会生产力，摆脱贫穷。这些思想道德教育对于扭转广大农村及农民错误的价值观起到了非常正面的积极作用。

二是进行了重视通过合法经营及诚实劳动致富的思想道德教育。

长期以来，中国传统的伦理道德中不患寡而患不均的平均主义道德观念在广大农民的脑海中根深蒂固。对此，邓小平认为，必须打破平均主义思想观念的束缚，解放和发展生产力，充分调动起广大农民的生产积极性、主动性及创造性，并进一步指出，不能搞平均主义，不能吃大锅饭，在一个研究所和大学，好的研究员和教授的工资可以比所长或校长高，这样才能激励上进，出人才。① 在经济社会生产发展中，在广大城市及农村各行、各业都要加强这种思想道德教育，鼓励拔尖人才的成长，不能为了各种平衡，搞各种平均主义。要允许一部分地区、企业及工人与农民走先富的道路，这样的话就必然会产生极大的力量，以此带动其他地区、单位的人们向他们学习。② 这样的思想道德教育必然会促进广大农民参与农村各项生产的积极性，由此在良好的经济基础的条件上，进一步地以更大的热情主动积极地参与到农村各项村级公共事务的民主管理活动中去，为农村民主管理制度建立健全创造伦理道德基础。

三是进行了公平竞争及开拓创新的思想道德教育。

这种思想道德教育主要的精神理念就是要着力通过竞争和风险意识的

---

① 《邓小平文选》第 2 卷，人民出版社 1993 年版，第 224 页。

② 同上书，第 152 页。

教育培养国家和民族的民族自尊心、自信心及自强不息的精神，在广大农村领域，其对农村民主管理制度的积极促进作用和意义也是非常重要的。它是农村基层民主政治逐步向民主文明方向发展的思想动力机制；它有利于在农村经济发展中通过竞争和冒险意识的培养促使广大农民在农村生产中开展各种改革创新活动，积极营造充满生机与活力的社会道德风尚；有助于促使广大农民在积极参与解放和发展农村社会生产力的基础上，以农村民主管理制度的建立健全为中心，逐步营造以开拓进取为主要内容的思想道德文明建设。

四是进行了科技是第一生产力的思想道德教育。

人才和知识不仅是人类社会文明发展的重要成果和标志，其对农村社会发展的推动作用也是非常重要的。自改革开放以来，邓小平同志多次倡导和强调要在全国全社会真正尊重知识分子及发挥知识分子的作用。努力使尊重知识和人才成为党的主流认识。① 继而提出科技是第一生产力的论断，充分尊重知识和人才，不仅有助于实现科学技术的现代化，有助于实现工业、农业及国防的现代化，促使农村社会生产力得到进一步的解放和发展。这种思想道德教育有利于鼓励广大农民积极学习，成长为农村经济社会各行各业的精英人才，这当中也包括了农村基层民主政治精英人才的成长。有了大量的农村民主政治精英人才的积极参与，农村民主政治才会不断向前发展，农村民主管理制度也才会不断地建立健全和完善。

五是进行了社会主义精神文明与道德主旋律建设的思想道德教育。

改革开放以后，国家对以爱国主义、集体主义及社会主义为主题的社会主义精神文明及道德建设的思想道德教育工作从未放松，在1994年1月24日的全国宣传思想政治工作会议上，江泽民同志指出，要在建设有中国特色社会主义理论和党的基本路线的指导下，弘扬时代的主旋律，大力倡导和发扬一切爱国主义、集体主义及社会主义的思想和精神，大力倡导有利于民族团结、人民幸福及社会进步的思想和精神，倡导用诚实劳动追求和实现美好生活的思想和精神。② 广大农村社会，这种主旋律的伦理道德思想文化建设也得到了大力的开展，在这个过程中，广大农民的道德

---

① 《邓小平文选》第2卷，人民出版社1993年版，第41页。

② 中共中央文献研究室编辑：《十四大以来重要文献选编》（上），人民出版社1996年版，第179页。

修养和伦理道德水平也得到了很大的提高，为社会主义新农村的各项建设工作打下了坚实的思想道德文化基础和条件。

总体上看，自改革开放以来，伴随着农村联产承包责任制政策的落实以及农村市场经济的不断发展，广大农村的生产力得到了解放和发展，农民的生产积极性得到了极大的提高，农民的经济生活也不断得以改善，农民开始不断地树立起健康、文明及科学的生活方式。在此基础上形成了与农村市场经济发展相适应的农村新型的人际关系，同时随着建设中国特色社会主义的理想道德信念的不断深入，中华民族优秀的传统伦理道德观念与美德不断地融合，发展演变成为广大农村伦理道德建设的主流。虽然部分农村地区部分农民还面临着市场经济影响下产生的拜金主义思潮及人际关系经济化、商品化等伦理道德滑坡现象的影响，但是自改革开放以来我国农村及农民的伦理道德建设取得的进步和成绩是主流。这些无疑都为我国农村基层民主政治的发展打下了扎实的伦理道德基础。

（三）农村民主管理制度视域下农民道德建设的现状分析

从前述分析可以看到，当代中国广大农村及农民的伦理道德建设取得了很大的进步和发展，总体上看，通过新中国成立后多年的发展，社会主义的集体主义道德原则基本上得到确立，初步实现了由传统伦理道德观念向现代伦理道德观念的转型，社会主义市场经济条件下新的伦理道德观在广大的农村得以确立。但是，随着社会主义市场经济的逐步深入发展，农村经济社会的发展也正处于关键而深刻的转型期，这个转型期是全面的，包括农村经济、政治、文化及社会等方面发展的转型。就农村民主管理制度而言，其作为农村基层民主政治发展的重要范畴和领域，伴随着农村市场经济的不断深入发展和物质财富的不断增加，相较于农村物质文明的发展，却相对落后。作为农村上层建筑的农村民主管理制度的建设相对滞后于农村经济的发展，以广大农民的伦理道德建设为主要内容的精神文明建设的发展也相对滞后。广大农民的伦理道德建设与农村市场经济发展的要求相比较，尚存一些不适应的地方，农民伦理道德建设存在的问题不仅制约了整个农村道德建设及精神文明建设的水平，也制约了农村民主管理制度在广大农村的建立健全和良性实施，还需要进一步加强建设与发展。归纳起来，农民伦理道德建设的不足主要表现在以下几个方面：

1. 部分农民伦理道德价值迷失和扭曲。

这主要表现在以下三个方面：

一是部分农民出现信仰缺失、理想模糊及精神空虚等现象。这有历史的原因，也有现实的因素。在我国传统乡土社会，农村的权威是有等级秩序的，通常情况下，有较高农业技术和经验及积累财富越多的人，特别是年长者，在农村社会的权威性就越高，于是传统的广大农民将中国乡土社会固守的传统及孝顺、孝敬等伦理道德价值观念继承并使其不断地在广大农村经济社会发展活动中使其进一步得到发扬。由于传统乡村社会文化水平落后，广大农民获取知识的手段和途径有限，这个时候农民传统道德价值观里面对权威的尊重其实也代表着其对传统乡土社会里存在的知识、财富及稳定的生存模式等为主要内容的系列道德规范的遵守和尊重。甚至在新中国成立后一段时间，广大农民对传统伦理道德权威和规则的敬仰都是根深蒂固的，很少有人对此进行质疑和挑战。后来，乡土社会的传统伦理道德权威在广大农村家庭结构发生很大变化的情况下开始受到挑战，特别是其中经历了 1949—1956 年新民主主义的五种经济成分并存到对农业、手工业及资本主义工商业的社会主义改造，这时期对人们思想道德教育的主题就是"崇公斗私"，在人们思想上形成的"公"就是社会主义，"私"就是资本主义的观念，各方面要求追求实现纯粹的"大公"，在思想上要求实现革命化，行动上普遍要求做到"无私"，这个时候一切为公成为人们自觉遵守的社会伦理道德行为准则。在这样的背景下，传统道德权威开始衰落，从而传统道德制度规范的约束力也开始出现减弱的现象。这导致在广大农村社会对优秀传统伦理道德的漠视及理想信仰虚无主义的滋生；对传统孝道的敬畏之心开始淡化，也意味着传统孝道文化的衰落。改革开放以后，随着国家社会经济的快速发展，社会进入了急剧的转型期。在农村社会，伴随着农村市场经济的不断深入发展，农村传统的伦理道德信仰受到多方面诸多因素的影响，部分农民出现了信仰危机，心中没有理想、目标和动力，对农村基层公共事务管理的政治参与意识淡薄，部分农民没有长期的发展规划目标，缺乏明确的人生价值观和世界观，农民的伦理道德思想基础弱化，同时这也是导致农村民主管理制度进一步发展的伦理基础得不到巩固的表现。

二是在农村出现了私利至上与利己主义现象。所谓私利至上，主要就是指个人主义与利己主义，有这种思想的人，普遍缺少互助友爱的精神，对他人和集体利益漠不关心。党的十一届三中全会以后，国家进行了经济体制改革，原有的单一公有制结构发生了很大的改变，出现了多种经济成分共同发展的局面。在这种经济结构发生变化的情况下，原有的社会公私观念发生了很大的变化，人们不再以传统的公私观念作为判断事物的标准，而是凡事以个人利益出发，市场经济使个体的独立性要求进一步彰显，在经济发展中公民个人的主体意识也日益突出，伴随着开放的深入发展，西方的商品交换原则及以个人为中心的资产阶级思想也逐渐渗透。这在一定程度上对广大农村传统的以崇高信仰、高尚道德等为主要内容的伦理道德思想构成了不小的冲击和危害。与之相随的各种唯利是图及极端利己的拜金主义的思潮开始在农村地区出现和蔓延。在农村市场经济的深入发展过程中，农民在农村经济领域中的活动范围不断扩大，农民之间利益关系的调整不断出现多样化的特征，加之有的农村地区放松了对农民的社会主义核心价值观的教育，农村思想政治工作松弛，致使部分农民集体主义观念日益淡薄，政策法纪观念缺失，实用主义盛行，部分农民过分追求眼前短期的实用性利益，缺乏支持其可持续创业的伦理道德思想文化基础。

三是部分农村地区部分农民诚信意识出现衰退现象。随着农村经济社会的快速发展，部分农民为了获取个人私利，出现了一些不诚实守信的现象，比如有的地方农民买卖病猪，制造假鸡蛋，有的农民的农村商业银行贷款到期不还或者赖账。这其中固然与农村基层政权组织没有认真履行对农村及农民的诚信教育职责有关，但是农村基层政权组织也有责任，因为有些基层地方政府在农村地区的政策不够稳定，出现了使农民合法利益受到损害的事情，这势必引起部分农民的伦理道德思想出现变化，诚信意识开始松弛，这对农村民主管理制度在农村的良性实施必然会产生不利的影响，也会对社会主义和谐新农村建设产生危害。

2. 部分农民伦理道德观念倒退和失范。

由于农村经济社会发展处于转型时期，与农村经济发展相适应的伦理道德体系尚未完全建成，一些地区部分农民道德观念出现混淆，道德行为也出现系列失范现象，这主要表现在以下四个方面：

一是家庭伦理道德观念出现不良的现象。

在这方面又主要体现在农村婚姻观念异变、亲子教育缺失及孝道观念沦丧等方面。在婚姻观念方面，由于经济社会转型及农民伦理道德价值观念的多元化，在农村婚姻观念中，经济因素逐渐占据首要因素，有时候，有房有车及彩礼成为缔结婚姻的重要决定性因素。未婚同居、未婚先孕等现象在一些农村地区也比较常见，有的农民婚姻道德观念也比较混乱。由此可见，一些农村地区农民的择偶观、婚姻观、家庭观等出现偏差，对于农村民主管理制度而言，意味其伦理基础受到挑战，对农村民主管理也带来了一定的挑战和冲击。与此同时，在部分农村地区，由于一些农民夫妇文化素质偏低，在亲子教育方面做不到尊重孩子，简单粗暴的教育导致问题儿童的出现，一些父母外出打工，更是产生了大量的留守儿童，这些为农村民主管理带来了诸多问题。另外，农村长期存在的"养儿防老"伦理道德观念在农村现代化进程中逐渐淡化和弱化，一些农村青少年逐渐将赡养老人视为一种经济负担，而不是神圣的义务，一些农村地区农民家庭内部存在对老人的赡养互相推诿的现象，一些农村子女对父母的态度也渐趋冷淡，致使农村夫妇被子女边缘化的感觉日益增强。这些家庭伦理道德观念的不良变迁既不是农村民主管理所希望实现的目标，也表明了农村民主管理的伦理基础的重要性。

二是财富伦理道德观念错位。

在一些农村地区，出现了消费主义和拜金主义等不良的财富伦理道德观念。随着农村经济社会的不断向前发展，农民的收入不断增加，但是在财富的消费使用上出现了炫耀、攀比、跟风等不良的伦理道德观念，无形之中助长了农村的奢靡之风。同时，市场经济的负面影响，也使得拜金主义在一些农村开始盛行，一些农民追求经济财富的手段不再是遵循传统的君子爱财，取之有道，而是选择诸如投机倒把等不良的手段来予以实现，在一些农村地区甚至出现了乞讨村、诈骗村、卖血造假村，一些农村地区赌博现象也经常发生。[1] 不择手段追求金钱逐渐成为一些农村地区农民的财富伦理道德价值观，也使得农村民主管理制度在地区实施面临伦理困境。

三是村庄伦理道德观念失序。

这主要表现为一些农村地区农民之间的人际关系渐趋淡薄，一些农村地区舆论评判标准混乱。伴随着农村市场经济的发展对农村传统社区的渗

---

[1]　刘红云、张晓亮：《关于建设新农村背景下的伦理道德体系的重建问题》，《理论学刊》2007 年第 9 期。

透，传统的"熟人社会"及"走邻串户"等人际关系伦理出现淡化现象，农民各自忙于挣钱，也由此农民因为经济利益发生的矛盾与冲突日益增加，这与社会主义新农村建设要求实现的"乡风文明"相距甚远。加之在农村经济社会发展的转型期，由于一些农村地区共同的是非、荣辱及善恶观缺乏原有的共识性的规范伦理标准，一些村民在对村级公共事务的民主管理涉及一些问题时常选择沉默，因为惧怕得罪人，致使农村民主管理的质量不高，也使得村民的舆论评判、参照标准出现混乱无序的失范现象，这无疑加剧了农村民主管理制度实施的伦理困境。

四是环境伦理道德观念缺失。

在一些农村地区，这主要体现在农业生产污染严重、农民生态保护意识淡薄及农民卫生意识不强等方面。我国广大农村地区生产方式长期以来普遍落后，以小农经济为主，但随着农村市场经济的发展，国家城镇化发展战略的深入推进，农民在生产过程中面临的各种污染日趋严重。[①] 在一些地区，农用化肥等对地下水和大气的污染非常严重，一些乡镇企业排污设施缺乏，农村生态系统的破坏也非常严重。这其中有地方政府单纯重视经济发展政绩的原因，但是也与农民生态环境保护意识淡薄有关，由于农村市场经济发展的影响，农民往往重视短期的经济利益，对传统的生态伦理道德观念中的优秀传统诸如"三月不上山狩猎""四月不下网捕鱼"等生态伦理置若罔闻，[②] 代之以乱捕滥杀、乱砍滥伐等破坏环境的行为来取得一时的经济增长或者短期的财富效应，这种漠视生态环境保护的伦理道德观念对农村经济的可持续发展带来的负面影响是极大的，这当然有农村农民自身素质的原因，但是也与农村民主管理制度在这方面的规章制度不够完善有关，也说明一些地方农村民主管理制度在生态伦理基础方面的欠缺。同时，由于一些农村地区传统生产方式和生活习惯落后，农民的公共卫生、环境保护意识淡薄，农民对生活废弃物和生活污水的处理随意性大，缺乏有效的统一的民主管理措施，加上农村公共环境基础设施缺乏和落后，一些农村公共卫生防疫工作无法有效地开展，影响到农民自身的身

---

① 赵增彦：《社会主义新农村道德建设面临的挑战及其成因探析》，《内蒙古师范大学学报》2007 年第 6 期。

② 周苏玉、张丰清：《关于当代农村道德观念善变的思考》，《零陵师范高等专科学校学报》2002 年第 4 期。

体健康。

3. 部分农民权利义务等法治观念淡薄。

在中国传统的伦理道德文化思想中，也有权利义务和法治观念，但是与现代文明社会所要求的法治观相比较，存在诸多不足，以崇尚权威、宗族意识及因果报应等为主要内容。新中国成立后，这种权利义务伦理道德观念虽然在现代文化及商品经济的冲击影响下在根本上得到改变，但是在一些农村地区依然是支配农民思想和行为的深层伦理道德文化基础。比如对权威崇尚，使得一些农民不理解自己的民主权利，独立意识缺乏，不知道用法律武器保护自己受侵犯的权利；因为宗族意识浓厚，使得一些农民在处理矛盾纠纷时，不是依据法律，而是根据人情关系，或者往往以家法代替国法；因为相信因果报应思想，逐步形成了"善有善报，恶有恶报"的消极忍受的怠惰习惯，一些农民把惩恶扬善的希望寄托于虚无的超自然的力量，而不是法治的力量。

新中国成立后，广大农民不但享有宪法及法律规定的各项基本权利，比如广大农民享有的政治权利主要就是参与国家社会事务管理活动的权利，包括选举权、被选举权及监督权，农民享有多种基本人身权利，比如人格权、人生自由权及受教育权等；而且还享有根据农业及农民独具的特征所设立的其他权利，诸如作为小生产者，农民享有的最基本的权利是其私人个体所具有的财产所有权及其对土地的承包经营权。自改革开放以来，虽然农民整体受教育的水平有所提高，但是对自身的权利义务认识还比较肤浅和模糊，总体上看权利义务观念淡薄，法治意识不强。

这主要表现为一些农村地区农民对法律的认知水平不高，守法观念、依法监督及依法保护自己合法权利的意识差。在农业生产生活中，农民们经常会与基层政府部门、乡镇企业及其他农民发生种种纠纷，从这些纠纷的解决途径看，在处理农民与基层政府部门之间的纠纷问题时，51.14%的农民选择找上级领导，28.81%的农民选择找熟人关系来解决，仅有9.93%的农民想到了要找有关法律部门通过法律途径来解决。在处理农民相互之间的矛盾纠纷时，首选的解决方式是找中间调解人，其次是找有关领导，选择通过法律途径予以解决的非常少。有学者对这个问题进行了问卷调查，根据年龄及受教育文化因素对被调查者自身条件进行了设定，从调查的情况来看，50岁以上的农民在处理农民之间的纠纷时，有40.94%的人选择找领导解决，有47.24%的人选择通过找中间人予以调解，仅有

3.94%的人选择找相关法律部门通过法律途径予以解决。30 岁以下的农民处理农民之间的纠纷时，找领导解决的比例占 37.31%，找中间人调解处理的占 44.28%，找法律部门解决的仅占 9.95%。从受教育文化因素来看，大专文化程度及以上的农民在处理农民之间的矛盾和纠纷时，找领导解决的比例占 35.09%，找中间人调解的比例占 38.6%，选择通过法律途径解决的比例占 14.4%。从一份对农村宅基地纠纷的解决方式的问卷调查来看，选择与侵权人私了的比例占 27.6%，从农村发生的刑事案件的解决方式来看，选择私了虽然不合法但是合理的比例占 22.8%，在农民自己的消费权利受到侵犯时，有 25.3%的人选择忍了。[①] 上述类似的情况在我国经济不发达及欠发达农村地区农民中表现较多。

　　上述农民传统权利义务观念存在问题的原因是多方面的，从根本上讲，农村生产力的发展是决定性因素，广大农民居住地区及农民自己的经济发展水平，决定了其权利义务等法治观念水平的高低。一般来讲，农村经济发展水平越高，农民法律维权意识就较强；在经济落后地区，生产和生活的基本单位是一家一户，这种生产主要是自给自足的自然经济状态，这虽然使农民与其他人之间发生经济纠纷的机会减少，但是也使这些地区的农民接触、认知和运用法律的内在动因缺失，从而使这些农民与现代社会的联系无形之中也减少了。同时，农民的受教育水平与其权利义务等法治观念的树立也紧密相关，农民受教育水平越高，其与现代社会接触的机会就越多程度就越深，其所涉及的相关法律问题就会越多，这就自然对农民掌握法律及其运用法律解决相关纠纷问题的能力提出了更高的要求。对于落后地区农民存在的权利义务等法治观念淡薄的现实必须予以正视和重视，因为这对于农村民主管理制度的建立健全及良性实施极其不利。

（四）农村民主管理制度视域下完善农民道德建设的路径思考

　　在社会主义新农村建设中，必须深刻地认识到加强"三农"工作的重要性，中共十七大提出，要建立起以工促农、以城带乡的长效机制，形

---

① 刘建荣：《新时期农村道德建设研究》，中国社会科学出版社 2004 年版，第 53—56 页。

成城乡经济社会发展的一体化格局，开拓中国特色农业现代化发展道路，必须加强农业的基础地位。党的十七届三中全会也指出，在中国，安天下、稳定民心的战略产业是农业，国家繁荣稳定的基础在于农村的繁荣稳定，全国小康社会的建设离不开广大农民的全面小康。可见，加强农村社会的发展对于国家整个战略的发展非常重要，社会主义新农村建设及"三农"问题的解决是个系统工程，需要从农村经济、政治、文化及社会等方面综合考虑，协同发展。从加强农村基层政治体制改革的角度看，农村民主管理制度的建立健全是非常重要的基础。针对上述存在的问题，笔者认为农村基层民主政治发展的关键是广大农民，而农民的素质是非常重要的因素，在农民的素质中，伦理道德思想文化素质又是核心。要与农村民主管理制度的要求相适应，必须加强广大农民的伦理道德文化教育。按照农村民主管理发展对广大农民伦理道德文化的要求，在社会主义新农村建设中，在对传统的小农经济建设伦理道德观念进行反思的基础上，应对新时期农民的伦理道德观念进行全方位、多角度的审视和思考，以建成与社会主义新农村要求相适应的全新的农民伦理道德文化。在农民伦理道德建设过程中，必须从多维角度出发，充分发挥广大农村社会多重角色的作用，解构和重构农村现有的农民伦理道德体系，在加强农民伦理道德建设过程中将务实教育与务虚教育相结合，将农民个体的教育与农村社会的整体教育相结合，积极选择和设计农民伦理道德建设的正确路径。

1. 大力发展农村市场经济，奠定农民伦理道德建设的物质基础。

总体上看，我国广大农村地区生产力发展水平偏低，农村市场经济发展还不够充分和完善，一些地区农民的物质文化生活水平不高，要为全面建设小康社会奠定坚实的物质基础，就必须大力发展农村经济，着力提高广大落后农村地区农民的自我发展水平和能力。提高农村地区广大农民的自我发展能力，不仅是促进农村民主管理制度伦理基础发展的要求，而且也是广大农民自身发展的要求。而广大农民伦理道德的健康良性发展是建立在广大农民经济发展、物质财富比较丰富的基础上的，如果一些农村地区经济发展落后，农民相对的稳定收入得不到保证，势必会造成这些农村地区农民的发展陷入两极分化的境地，以集体主义为主要核心价值观念的农村民主管理制度和体制的发展就会失去直接的经济利益基础，这也会使社会主义优秀的伦理道德文化在农村的发展陷入困境。对此，针对当前一些农村地区经济发展比较落后、贫富差距比较大的现实，国家应该高度关注这些地区的"三农"问题，努力使国家的各项惠农政策向这些地区倾斜，从而加大对落后农村地区经济发展的扶持力度，在极力增加贫困农民财富收入的基础上，改变落后农村地区贫富差距比较大的现实状况。同时，要重视农村经济发展的公平竞争环境的打造，帮助贫困农民通过合法途径致富脱贫，依法限制和遏制一些农民通过不法手段牟取不正当财富，在合法致富的基础上让先富帮助后富以此实现共同富裕。广大农村地区经济得到了大力的发展，农民的伦理道德建设才有坚实的经济基础，农村民主管理制度伦理基础的发展才有更强有力的保障。

2. 完善农民伦理道德建设体系，构筑新型农村伦理道德建设的制度设计基础。

现代农村社会的发展形态与传统农村社会的发展形态已经有了本质的区别。十一届三中全会以后，推行家庭联产承包责任制，以家庭为基本经济核算单位取代了以原来的生产队为基本经济核算单位，这种生产关系的转型从形式上看与传统社会的农耕文明制度似乎颇为相同，致使农村地区一度时间开始重视传统家庭宗族伦理观念，在 20 世纪 80 年代曾经出现的"家谱"修订热潮也在一定程度上表明了这一点。但现代社会与传统社会发展对农民伦理道德建设的要求是不相同的，特别是随着国家统筹城乡发展战略的实施，城乡一体化进程加快，广大农民的生产及生活方式都发生了很大的变化，加之农村社会经济发展的转型期农民价值取向的多元化发展也导致一些农村地区农民伦理道德价值观念变得多元化。对此，必须对新时期农民的伦理道德体系建设进行系统的梳理和思考，必须对我国农村社会伦理道德发展的历史过程进行深刻的反思。目前，适应社会主义新农村建设要求的农民伦理道德建设理论和体系尚未完全构成。为与加快广大农村地区农业科技发展及农村社会保障体系建设相适应，必须高度关注农村民主管理制度伦理基础的建设和完善，对传统农村社会伦理道德文化做好扬弃、继承与创新，重视社会主义新农村文化建设，搞好新型农村伦理道德建设，构筑和夯实农村民主管理制度的伦理基础。

3. 切实加强伦理道德文化与认同教育，夯实农民伦理道德建设的主体基础。

广大农民不仅是社会主义新农村建设的主体，也是农村民主管理制度实施的主体，也是广大农村伦理道德建设的主体，提高广大农村民主管理制度实施主体的伦理道德素质的重要途径就是教育。曾经有学者针对农民对目前伦理道德教育期望心态做过调查统计，[①] 详见表4-2。

表4-2　　　　　　　　　农民伦理道德教育期望心态调查一览

您认为目前农村的伦理道德教育应该怎样？	回答：应下大力气加强教育	回答：应适当加强教育	回答：任其自然
受调查农民对不同问题回答所占的比例	75.6%	19.2%	1.9%

可见，广大农民自身认为加强伦理道德建设教育是非常必要和重要的，将一个复杂的农村社会的一切伦理道德资源和成就通过各种教育途径是可以灌输到广大农民的头脑之中的。[②] 通过各种途径，尤其是正规的途径以加强广大农民的伦理道德，不仅能促使广大农民自觉地树立优秀的传统伦理道德及现代社会公民伦理道德观念，而且也能促使广大农民了解伦理道德教育对自身影响的直接性和重要性。当然对广大农民实施伦理道德教育也必须在比较和选择中采取多种多样的途径围绕农民综合道德素质的提高全方位地展开，在教育过程中实现农民伦理道德主体意识的真正觉醒，使农民的内心达到对社会主义核心道德价值观的自觉认同与内化。

农民伦理道德水平由于诸多因素的影响，其总体水平不高、表现层次多元，加之长期以来，农民的伦理道德建设总体上是在一个相对封闭和自我循环的传统与现代冲突与交融的体系中生存和发展。对此，在对农民进行伦理道德教育时，必须对这些因素进行充分的考量。结合各地农村经济社会及农村民主管理发展的实际情况，因地制宜，有步骤、有计划地采取系统性、综合性教育措施，实现对广大农民伦理道德教育个体效应及社会效应的最优化和最大化。

对此，结合农村及农民伦理道德建设的实际情况，笔者认为在对农民进行伦理道德教育时，宜循序渐进地采取多种具体教育形式，让广大农民在潜移默化中自觉地接受与农村民主管理制度发展相适应的伦理道德思想文化观念，教育和引导村民不断地提高其伦理道德水平。一是通过农村教育优先发展战略，提高农民科学文化素质。具体而言，要高度重视并提高

---

① 庞卫国：《自律性组织在乡村公民道德建设中的地位和作用调研》，《伦理学研究》2005年第2期。

② ［美］约翰·杜威：《民主主义与教育》，王承绪译，人民教育出版社2001年版，第13页。

农村九年义务教育发展和普及水平；重视发展农村职业技术教育和农村成人教育；重视农村科技普及宣传教育。二是要对农民的伦理道德进行有效的教育规范。重视用邓小平理论和"三个代表"重要思想武装农民的思想政治素质；重视对农民的无神论和马克思主义唯物论教育，使农民树立起与现代文明相适应的道德思想观念，摒弃落后的封建思想文化观念；重视对农民人文素质的拓展训练，建立训练基地并在合适的时间与地点对农民进行以社会主义核心价值观为主要内容的训练；重视农民伦理道德水平提高的实践训练，使广大农民在道德实践训练中接受道德教育，增强文明意识和道德修养。三是努力提高农民的法律素质。具体而言，要重视农村法制学校的创建工作；大力开展送法下乡活动；重视农民伦理道德教育和法制教育的协调发展。四是通过农村先进文化示范工程的实施，提高农民的文明和体能素质。重视农民伦理道德教育的基础设施建设；重视农民群众性精神文明活动的经常性开展；重视农村体育基础和卫生基础设施的建设，增强农民的体能素质。五是通过积极开展各种就业技能培训，促进农民的就业素质提高，为其伦理道德水平的提高提供有力的经济增长基础保障。

4. 妥善处理农村个体伦理道德建设和群体伦理道德建设的关系，构建农民伦理道德教育的和谐基础。

所谓农村个体道德就是指农民个人的道德，指农民个人所具有的道德和品行，在现实农村社会民主管理活动中，这大量地表现为广大村民在公共场域中表现出来的利他行为，这也能比较好地反映我国农民的个体伦理道德建设水平。在现实实践中，伴随着农村社会经济生活日益市场化的发展趋势，农民对自己切身的物质利益日益关注，但一些农村地区的农民对自身获取物质利益手段的正当性未给予高度的重视，导致农民个体道德的发展面临一些现实困境，这也使得依赖传统伦理道德秩序的一些农村经济生活开始发生变化，当然，这些变化的正常发展也必须要有合理的伦理道德基础及农村民主管理中多数农民的参与和认同。在农村公共民主管理社会生活中，公共伦理道德生活秩序必须在多数村民对公共福利的占有和分配形式满意的基础上才能形成，如果这个基础不能实现，广大村民的个体伦理道德意识就会向消极的利己主义伦理道德秩序方向发展，这不仅影响到农民的个体伦理道德水平的提高，也会影响到农村公共伦理道德秩序的稳定与和谐。由此可见，必须加强广大农民个体伦理道德思想的建设，妥善处理其与农村群体伦理道德的关系，竭力避免农村公共伦理道德危机的发生，使农村社会的群体道德得到良性和谐的发展。农村社会的群体道德是每个农民个体的伦理道德有机结合的统一体，脱离了这一点，农村社会群体伦理道德就失去了其存在基础，同样的道理。农民个体伦理道德的建设与发展也不能脱离农村社会群体伦理道德而孤立发展。

因此，在加强农民伦理道德建设过程中，要重视对农村伦理道德建设规律的把握，在充分重视农民个体对自身伦理道德发展的主观能动性作用发挥的基础上，有针对性、有层次性及有重点地对农民个体伦理道德进行培养和塑造，尤其要重视广大农民家庭伦理道德行为的建设。在我国传统伦理道德文化中，农民家庭伦理道德行为是农村公共群体道德行为的基础。我国传统家庭伦理道德中的"齐家"等思想表明家庭的稳定是农村社会和谐的前提。同时"亲慈子孝""夫义妻顺"及"兄友弟悌"等传统中华伦理道德思想的优良传统在家庭伦理道德中具有非常重要的地位。[①] 有学者曾经对我国 1092 名农民的家庭伦理道德进行过调查，结果显示，对家庭冲突纠纷问题的解决，主张以"交流沟通"及"容忍体谅"等积极的传统伦理道德行为予以解决的比例高于主张以"吵闹打架"及"逃避忽视"等消极伦理道德行为予以解决的比例。[②]

可见，在当前农村商业化、市场化经济发展的背景下，农民的家庭伦理道德思想观念总体上受到的负面影响比较小，传统积极伦理道德行为在农村家庭伦理道德行为中仍然占据主导地位，我们应抓住这个难得的基础，积极以全社会所倡导的关爱、责任、诚信及奉献等伦理道德思想文化来武装和发展农民个体道德及其以此为基础的农民家庭伦理道德行为，妥善处理农村个体伦理道德建设和群体伦理道德建设的关系，积极促进农民个体伦理道德要求与农村社会伦理道德要求的有机统一，构建农民伦理道德教育的和谐基础。

5. 农村伦理道德建设要以农民的全面发展为根本出发点，重视农民在农村民主管理中的主体地位和首创精神。

社会主义新农村建设的终极发展目标是要实现社会的全面进步，这反

---

① 罗国杰：《中国传统道德：规范卷》，中国人民大学出版社 1995 年版，第 537 页。

② 腾瀚、汪保根、蒋书祥：《中国农民道德行为调查报告》，《安徽农业大学学报》（社会科学版）2010 年第 3 期。

映在农村社会，最终体现为农民的全面发展和现代化，而实现这一点必须提高农民的思想道德素质。加强农民的伦理道德建设是其中的应然之义，在农村对农民进行伦理道德建设时，必须以人为本，围绕农民的全面发展，根据广大农民的伦理道德需求和伦理道德素养发展的要求来开展相应的道德教育和实践，将广大农民群众的利益和需要放在首要的位置。

这就要求在农村民主管理过程中，对农民的伦理道德建设尤其要注重农民在村级各公共事务民主管理中的主体地位和首创精神的体现和彰显。农村精神文明建设是一项群众性的事业，没有广泛的农民群众的参与是不可能成功的。因此，在农村民主管理中，要充分尊重农民意愿，以农民为本，根据广大农民对伦理道德价值的评价与选择，在农村民主管理中建立各项伦理道德教育阵地，通过各种渠道，不断地拓展伦理道德教育的内容及载体，创新教育方式，以全面、有效地发挥农民在农村伦理道德建设中的主体性地位，使广大农民通过参与农村民主管理，大胆实践、探索及创造，使其积极性、主动性及创造性始终与广大农民群众在农村伦理道德建设中的主体地位与首创精神相适应，从而使农村思想道德建设和精神文明建设取得实效性的发展，也为农村民主管理制度夯实更加坚实的伦理基础。

6. 加强优秀传统伦理道德文化的传承和弘扬，构筑农民伦理道德建设厚实的历史文化基础。

几千年的农业社会文明发展历史为中国留下了丰富的极具农业文明背景的传统伦理道德思想文化。在这些传统伦理道德思想文化中，有积极的内容，也有消极的内容，这实际上也涉及我们如何扬弃传统伦理道德文化及传统伦理道德文化与现代农村伦理道德建设衔接和契合的问题。对此，笔者认为应坚持辩证唯物主义的观点，既要认识到传统伦理道德文化中优秀的思想对现代农村及农民伦理道德建设的积极作用，也要认识到在社会主义新农村建设背景下，尤其是在农村民主管理制度的建立及实施过程中农民伦理道德建设与传统伦理道德文化契合面临的现实困境，对此应在对立统一思想的指导下，因地制宜、因时制宜地采取多种措施加强对优秀传统伦理道德文化的传承和弘扬，构筑农民伦理道德建设厚实的历史文化基础。

从文化的普适性意义上来讲，作为支配社会行为的风俗、传统、态度、观念及符号等文化因素，其支配和指导社会的物质、精神产品的生产、价值取向及行为模式等的显性或隐性载体通常是以全社会共享且共同传递的知识、信仰、道德、艺术、教育、法律、心理及习俗等文化载体，这些载体通过教育和示范不断地由一代人传向下一代人。由社会存在决定的伦理道德文化，其自身发展变化运动的规律是随着社会存在的变化和挑战而不断地发生新的变化和发展的。在这个过程中，农民阶级在中国20世纪的革命发展历史中发挥的巨大作用不可忽视，有学者曾经指出，中国的城市文明不管是过去、现在还是将来，只是被广大农村包围的一块"绿洲"，中国的农村、农民及广大农村的乡土传统伦理文化才是决定中国社会发展面貌的根本文化因素。[①] 发展到今天，中国农村传统伦理道德文化的传承与发展也面临着与中国社会主义新农村建设相适应的转型发展。

在中国传统伦理道德文化中，许多思想文化观念在广大农村社会依然具有很强的生命力。如深植于中国传统伦理道德文化土壤中的"家"的概念，依然是许多中国农民的行为核心伦理；"有国有家者，不患寡而患不均，不患贫而患不安"的平均主义思想，以"明人伦、讲执中、求致和"为核心的为人处世指导思想，以亲疏远近决定关系、三六九等划分人等为中心思想的宗族等级观念等传统伦理道德思想仍然在农村社会具有较强的生命力和影响力。对此，笔者认为应积极对此进行扬弃，使优秀传统伦理道德文化发挥其对农村思想道德及农村基层民主政治建设的正面导向作用。

如传统家族法规虽然因封建宗法制度的消亡而不复存在，但是其形式内容与积极因素应予以继承和弘扬。比如勤劳俭朴、尊老爱幼、正直廉洁等优秀个人品质的提倡，保护生态环境，邻里和睦相处等社会伦理规范的倡导，禁止赌博、奢侈浪费、乘人之危的非道德恶习等优秀中华传统伦理道德文化中的民主性的文化精华作为伦理基础对农村民主管理制度的建立健全和良性实施会起到很大的促进作用。与农村市场经济发展相适应，传统伦理道德文化与现代农村伦理道德建设也有许多契合之处。可以将传统伦理道德中的重义与农村市场经济发展中的义利思想相结合；可以将传统伦理道德中的知礼转化为农村民主管理中的新公共秩序与新型伦理道德规

---

① 何清涟：《现代化的陷阱》，今日中国出版社1998年版，第97页。

范；可以将传统伦理道德中的整合精神转变为农村公共道德建设中的集体主义原则等。与农村民主管理的制度化建设相适应，传统伦理道德中的家族法规文化中处理家族与国家、家族与家族及族人与族人之间关系的思想中的积极伦理道德规范因素对于农村民主管理制度的法治化建设也具有重要的促进作用。

可见，作为一种具有现代性的传统伦理道德文化的传承与弘扬，农村社会道德教育实践运动中传统伦理道德的现代化与农村民主管理的现代化建设是在开放的文化环境下进行的双向互动。对优秀传统伦理道德的继承和弘扬，不仅是农村伦理道德自身建设与发展的要求，也是农村民主管理制度伦理基础发展和完善的迫切需要，两者互为基础、互为动力，共同推动农村经济社会的协调可持续发展。

7. 建立健全农村伦理道德建设的组织机制，强化农村民主管理各类组织伦理道德建设的主体意识。

社会主义新农村建设背景下的农村伦理道德建设是一个复杂而综合的系统工程。加强农村民主管理制度建设的对农民伦理道德建设的组织机制提出了更高的要求，特别是在当前经济社会发展形势及农村基层民主政治建设出现了新的变化和特点的情况下，创造性地建立健全农民伦理道德建设的组织保障机制，强化各类组织伦理道德建设的主体意识具有十分重要的意义。这有利于有针对性、全方位的农民伦理道德组织机制的建设，促进农民伦理道德观念的良性健康发展。

农村民主管理制度是自改革开放以来农村进行政治体制改革的产物，1983 年中共中央、国务院联合发出通知，实行政社分开，改人民公社为乡政府。随后，1988 年全国人大通过了《村民委员会组织法》，1999 年中共中央通过《农村基层组织工作条例》。对此，有学者将这种在农村推行的由农村党支部与村委会共同对村级公共事务进行民主管理的权力配置形式称为"二元混合结构"的农村民主管理组织模式。[①] 由此可见，在农村民主管理中，存在诸多的村级公共事务民主管理组织主体。在这些主体中，村党支部委员会和村民委员会是重要的组织主体，作为农村基层民主管理最主要的组织主体，它们不仅是农村经济社会发展的重要组织建设

---

① 白钢：《中国基层治理的变革》，《民主与科学》2003 年第 6 期。

者，也是农村基层民主政治建设的重要主体，更是农村民主管理制度的重要组织载体，也是农村及农民伦理道德建设的主体力量，可以说它们是农民伦理道德建设的重要内在组织主体。除此之外，笔者认为，在农村民主管理过程中，还存在对农民进行伦理道德建设的诸多外在组织主体，包括国家在农村设置的各级基层党委和政府机构组织、围绕农村进行伦理道德建设宣传的大众传媒、各类第三部门及致力于农村及农民伦理道德建设研究的各类高校及其相关的专家学者。

农村民主管理的大量基层组织，在农村民主管理制度的建立健全过程中，对农村及农民的伦理道德建设、教育与制度建设做了大量的工作。这当中，村民委员会是重要的主导力量，也是对农民进行伦理道德教育的主要阵地。据统计，截至2009年，全国共计有9218万个村委会组织，在这些村委会组织中，超过60%的村委会制定了村规民约，[①] 这在很大程度上表明了随着农村经济社会的不断发展，在农村民主管理过程中，广大农民对农村现代伦理道德建设的自觉诉求。一些农村地区社会发展处于特殊的转型期，一些农民的伦理道德观念存在诸如是非观念混乱、价值观念模糊及善恶标准迷失等现象，从而使其道德评判与行为选择茫然失措，导致一些农村地区伦理道德行为失范和整体水平下降现象的产生。[②] 对此，通过村委会这个组织主体中广大党员干部的力量和集体作用，一方面积极将以德治国的理念贯穿到农村民主管理的过程中，将党和国家有关农村社会发展的基本路线、方针及政策通过农民的伦理道德教育在农村进行宣传和贯彻落实，既有效地解决了在农村民主管理过程中农民之间的伦理道德纠纷问题，也在一定程度上强化了农村伦理道德自律机制。另一方面，通过村委会这个组织主体，在农村大力开展诸如"文明户""文明村""五好家庭"及"道德模范"等精神文明创建工作，既能实现对广大农民伦理道德思想教育的常态化、规范化及系统化，也有利于进一步完善新时期具有中国特色的农村思想道德教育。

农村基层党委和政府部门，在助推农村基层民主政治不断向前发展的同时，在农村民主管理过程中对广大农民的伦理道德教育也扮演着重要的

---

① 江士华：《新农村伦理道德建设问题探索》，《今日南国》2009年第7期。
② 赖海燕：《社会转型期农民道德观念嬗变的若干思考》，《南昌工程学院学报》2007年第5期。

组织者和执行者的角色。农村基层党委和政府部门要认识到当前农村思想工作的重要内容是道德教育，农村思想政治工作的核心是在尊重农民的基础上教育好农民。为此必须坚持以科学发展观为指导，根据各农村地区的实际情况，制定可操作的农民思想道德教育任务，在对农民进行伦理道德教育的过程中，必须将宣传学习公民道德规范和社会主义核心价值体系作为农民思想道德教育的重要内容，坚持以科学的理论武装人，以正确的理论引导人，以高尚的精神塑造人，以优秀的作品鼓舞人。重视增加对农村道德教育的投入，对农民进行伦理道德教育的方式方法要注意其可操作性与可评价性的有机结合，务实主义与务虚主义的有机结合。必须认识到在农村地区对农村进行伦理道德教育的过程，其实质是农民思想道德教育与农民思想道德教育实践相结合的过程，不仅要在理论上大力加强广大的农民伦理道德教育，努力提高其道德修养，还要在实践中开展大量的行之有效的伦理道德教育实践活动。①

在对农民进行伦理道德教育的过程中，大众传媒及第三部门等组织主体扮演了宣传者与参与者的重要角色。有研究表明，广大农民对农村以外的世界包括对国家大政方针、政策的了解，主要是通过电视广播、报纸杂志、文学艺术作品等大众传媒。可见，大众传媒在农民伦理道德教育中发挥了极其重要的作用，其可以通过制作反映新农村新型道德建设的各种传媒作品，对农民树立道德楷模、树立社会主义新农村道德进行宣传和引导，使广大农民在喜闻乐见中潜移默化地提高伦理道德素质，这不但有利于农村社会发展和农民伦理道德新风尚的宣传和反映，也有助于拓展对农民进行伦理道德教育的发展空间。各种在农村社会开展工作的第三部门及非政府组织（NGO），对农民进行伦理道德教育的作用也非常重要，在加强农民伦理道德教育过程中，承担了许多基层政府及农村的乡镇企业无法、无力承担的工作。它们可以直接走进农村，深入农户，在深入了解广大农民伦理道德面临的困惑与需求的基础上，积极有效地采取各种方式帮助农民解决各种伦理道德冲突和纠纷，从而使得先进的伦理道德思想观念在农村得到有效的宣传和贯彻落实。

围绕农村道德教育开展相关研究的各类高校和相关专家学者在农民伦

---

① 蔡应妹：《城镇化进程中农民思想道德观念的嬗变与超越》，《理论观察》2005 年第 4期。

理道德教育中扮演了推动者和咨询者的角色。提高这类主体对于农民伦理道德教育的意识，对于社会主义新农村道德建设有不可忽视的重要作用。各类高校应结合其所处地区的农村地区经济社会发展的实际情况，充分利用其丰富的人力资源优势，积极参与到社会主义新农村的各项教育活动中去，比如可以通过开展"三下乡"活动，组织教师和学生深入到农村去，对农民开展各种社会主义先进道德教育，促进农民伦理道德水平和修养的提高。关注农村和农民道德教育发展的专家学者，不仅要关注开展理论研究对农民伦理道德教育的现实意义，更要积极地探究适合广大农村社会和农民需求的思想道德教育形式和途径，使正确的伦理道德评价及伦理道德价值选择标准能够为广大农民所接受并在其心中真正地树立。同时，在对伦理道德开展理论研究的过程中，要重视实证主义研究方法的应用，深入到广大农村基层社会中去，通过各种实地调查，切实对农民的伦理道德需求进行充分的了解和掌握，再结合理论研究为各级农村基层政府和农村中各公共事务民主管理组织提供有价值的咨询和对策，真正使农民的伦理道德修养和水平得到提高。

综上所述，我们可以看到，作为农村民主管理制度的伦理基础，伴随着社会主义新农村的建设农民伦理道德修养水平的提高，是一个长期的渐进的过程，同时是一项长期的系统性工程，不能一蹴而就。为此，在农村民主管理制度视域下，必须深刻地认识到其制度建设中的伦理特点及其功能，积极地从多方面寻求加强农村民主管理制度及农村基层民主政治伦理建设的多元化路径，从而切实夯实农村民主管理制度的伦理基础，促进农村基层民主政治的发展和进步。

众所周知，伦理在阶级社会是人们在社会生活中的各种道德观念和行为规范的总和，是统治阶级的伦理道德对社会活动的特殊要求，从这个角度而言，其具有鲜明的阶级性。与其他伦理相比较，农村民主管理制度中的伦理基础，在中国特色社会主义新农村建设的视野下，具有自身的特色。

一是具有鲜明的政治性。

从学理上来讲，伦理道德反映了统治阶级的基本政治立场和政治价值观念，服务于统治阶级的政治统治，它是具体的而不是抽象的。这反映在人们的现实生活中，要求人们要按照统治阶级的政治主张来规范自己的行为，采取符合其政治主张的行动以维护统治阶级的利益。为进一步强化伦理道德约束力，增强其权威性，统治阶级往往通过立法使伦理道德法律化。具体到中国基层民主政治建设领域中的农村民主管理制度建设的伦理基础，必须认识到，作为中国农村基层政权建设及基层民主政治建设的重要范畴，农村民主管理制度的伦理道德也具有政治伦理的特性，加强其伦理基础的政治伦理特征，通过农村民主管理制度的建立健全和良性实施，不仅有利于促进中国广大农村社会的稳定和发展，也有利于巩固和发展广大人民当家作主的社会主义国家政权。

二是它是深植于社会主义农村市场经济发展中的一种观念形态。

作为上层建筑领域的一种观念形态，伦理道德是根源于一定社会的经济基础的。因此，一定的社会经济基础决定了伦理道德的性质、产生及其发展变化的方向和规律。由此，基于一定经济基础产生的伦理道德从产生时开始就有其自身独特的发展规律，当它与一定的社会经济发展生产方式的矛盾运动和发展趋势相适应时，就会表现出推动社会发展的进步性和革命性。反之，当一个社会的伦理道德不顺应历史发展的时候，就会成为腐朽势力和旧制度的舆论道德工具，从而表现出落后性和反动性。可见，当适应经济基础的性质和发展要求时，伦理道德才会在实践中不断地实现其适应历史发展的新要求和创新。与社会主义农村市场经济发展相适应的农村基层民主政治建设中的农村民主管理制度的伦理道德规范总体上是适应农村经济社会发展的要求的，所以，加强农村民主管理制度的伦理基础建设不仅有利于解放农村的生产力，也有助于农村市场经济基础的巩固和发展。

三是体现了中国乡村治理的双重性。

基于一定治理环境生存和发展的伦理道德具有社会属性和公共属性的双重特征。就治理的社会属性来说，伦理由于受同时期的社会制度、意识形态等因素的影响和制约，必然体现统治阶级的利益和要求，为统治阶级的统治服务。就治理的公共属性而言，与同时期的社会生产力发展水平相适应，伦理被要求在国家公共权力行使过程中，必须将更多的公共产品和服务提供给公众。可见，治理所具有的双重属性，由于不同时期发展的具体情况不同，其在不同社会制度及同一社会制度的不同发展时期的治理过程中的侧重也有所不同。所以，伦理道德与治理的两重性相适应，其不仅要反映和维护统治阶级统治的要求，也要在不同程度上反映公众的利益和要求。在我国农村基层政权建设过程中，伦理道德的双重属性也同样存在，随着以公共性为核心和主要内容的农村民主管理领域的拓展，特别是作为农村民主管理制度的伦理基础，农民伦理道德规范的农村基层治理中的公共性属性将日益凸显，较之其社会属性，将日益上升到主导地位。

四是具有历史的继承性和发展的社会主义方向性。

作为人类社会文明实践的产物，伦理道德规范属于观念形态，它在已有的传统伦理道德发展的基础上，通过批判性的借鉴和吸收而不断地实现新的发展，从此意义上讲，伦理道德规范具有历史的继承性，这反映在我国农村民主管理制度领域，作为其伦理基础的农民伦理道德规范也是在中国不同历史时期农民伦理道德发展的基础上而不断地实现新的变化和发展。同时，作为中国特色社会主义新农村建设背景下的农村基层民主政治发展的伦理基础，我国农民伦理道德规范集中地体现着社会主义的伦理道德要求和风貌，在整个中国乡村社会伦理道德体系中，农民的伦理道德建设始终处于主导地位，其作为农村民主管理制度伦理基础不断地规定和影响着其他伦理道德的发展方向，始终体现出其所依附的制度发展的社会主义方向性。

上述农村民主管理制度伦理基础的特征不是外部强加的，而是与它在农村基层民主政治活动中功能的发挥紧密相关的，农村民主管理制度伦理基础的功能主要是通过广大农村地区农民在村级公共事务中的民主管理活动实现的。其功能主要体现在以下几个方面：

第一，具有约束功能。所谓农村民主管理制度伦理基础的约束功能，主要指的是在农村民主管理活动中通过社会舆论和个人内心信仰的互动，使农民具体的道德要求及伦理道德规范能在农村形成广泛的道德氛围，从而在潜移默化中使农民的言论和行为能得到有效的规范。在传统农村乡土，社会伦理道德规范的制度约束力所表现出来的权威是通过等级差异形式体现出来的，在传统乡土社会，农业技术经验越丰富、财富越多的人加之又是年长者，其在村庄里的权威性就越高，这主要源于中国传统伦理道德规范里的孝敬、顺从等固守的伦理价值理念。在中国传统农村社会，农业生产力不发达，农业科学技术发展落后而缓慢，最安全最好的农业生产经验需要逐步地积累，这些积累的经验在帮助农民致富的同时也使得拥有经验的人成为村庄里权威的象征，这些乡村权威基本代表着知识、财富和稳健的生存模式，加之传统乡土社会里的农民获取知识的途径有限，所以对村庄权威的尊重其实也导致人们对农村传统伦理道德规范的尊重和遵守，这其实也是伦理道德规范的约束功能在发挥作用，由此，在农村民主管理制度的实施过程中，也要充分发挥其伦理基础对村民不良行为的约束，使其能更好地在农村民主管理活动中发挥积极的作用。

第二，具有激励功能。农村民主管理制度的伦理基础能激发农民在农村民主管理中的潜能，鼓励广大农民和各村级公共事务民主管理组织通过加强自身修养，以达到在农村民主管理中政治目标和道德目标的内在有机统一。具体到农村民主管理视野下，伦理道德规范的激励功能有内在与外在之分。内在激励功能主要表现为对伦理道德的认同感与荣誉感，它是通过在民主管理中对激励对象的自我作用的一个由内到外的外化过程来体现的，它促使广大农民在民主管理中对公共伦理道德的理想及信念等在产生认同的基础上付诸实践，以达到对村级公共事务民主管理社会效益的最优化。外在激励功能主要是指伦理道德规范在农村民主管理中通过其规范理想、信念等从外部对村民进行激励的一个由外到内的内化过程。在农村民主管理的伦理基础道德激励中，内在与外在激励是相互联系、缺一不可的，共同作用于农村民主管理制度，使其能在伦理道德范围内良性运行达到最佳效果。

第三，具有教育与引导功能。在农村民主管理制度的实施中，通过农民伦理道德规范的教育与引导，有利于培养和造就农民的理想人格，有利于形成村级公共事务民主管理的清正廉明、公正及公平的管理风尚。在农村民主管理中，伦理的教育与引导功能不仅能积极地引导农民个人及各村级公共事务民主管理组织围绕民主管理目标而充分发挥其主观能动性，而且在民主管理过程中有利于将公共伦理道德价值体系、行为及观念等伦理道德准则自觉地灌输到广大农民的思想意识中去，从而使农民及农村中的公共管理组织的道德发展朝着积极健康的方向发展。这也符合在中国广大农村社会"四有"公民培养的道德倡导，使广大村民在科学道德价值观的指导下，形成"我为人人，人人为我"的良好社会风气，营造健康向上的农村社会道德氛围。

第四，具有协调功能。在农村民主管理制度的实施中，其伦理基础的协调功能具有一定的强制性，通过在农村民主管理中利用公共社会道德舆论以及公共道德习惯对农民的言行进行评价，使广大的农民能时刻保持一种内省的压力，实现内心深处道德的觉醒。农村民主管理制度伦理基础的协调功能的发挥有着非常积极的意义，随着农村市场经济的纵深发展，农村经济成分日益多元化，导致了在广大农村社会利益多元化与村民价值观念多元化现象并存，从而产生了各种利益矛盾和纠纷冲突。在村级公共事务的民主管理中，通过伦理基础的协调，既能够统筹兼顾民主管理中不同利益主体的特殊利益，以此化解这些利益主体之间的矛盾，又能够确保在农村民主管理中实现村民个人利益与集体利益的统一，确保国家利益不受损失，从而实现农村民主管理制度实施经济效益和社会效益的有机统一。

　　由此可见，伦理在农村不同历史发展时期有不同的政治要求，因而反映在不同时期的乡村治理中，其具体内容和表现形式也是各不相同的。在当代中国，农村基层群众自治作为国家基层政权建设的有机组成部分，对其伦理基础的考察不能脱离历史发展阶段来展开。我国国家基层政权的性质决定了农村基层群众性自治组织建设的性质及其发展方向，这也规定和影响着其伦理基础的性质与发展方向。这并不是说两者完全等同，以农村民主管理制度建设为主要内容的农村基层群众性自治制度建设和发展有其自身独特的特点，其伦理基础也应有不同的具体内容。因此，从这个意义上来讲，我们必须立足中国农村社会发展的实际情况，坚持马克思主义的唯物辩证法，用普遍联系和发展的观点，从社会和历史的角度去看待农民的伦理道德建设，走出一条适应中国农村民主管理制度建设实际的伦理发展道路。我们必须深刻地认识到，农村民主管理制度的伦理诉求是普遍性与特殊性的统一。一方面，它必须符合伦理的一般规定，遵循国家伦理发展的一般规律。为此，它还必须坚持马列主义、毛泽东思想、邓小平理论、"三个代表"重要思想及科学发展观，坚定共产主义信念，贯彻执行党和国家的路线、方针、政策，坚持从群众中来到群众中去的群众工作路线与领导工作方法，坚持公正、公平与效率相统一的原则。另一方面，它是基于我国农村基层群众性自治制度建设的具体实践产生的，不可避免地带有农村民主管理制度这一具体实践的鲜明特色，为此它也必须反映这一具体实践的具体要求，这就决定了在农村民主管理制度伦理建设路径的选择上，必须坚持普遍性与特殊性的统一，不仅要重视借鉴和吸收人类伦理建设的具有普适性的积极成果，而且还要重视和研究农村民主管理制度建设面临的新情况、新问题，以保持其伦理建设的乡土个性。同时，在伦理路径的探索过程中，还必须重视理论与实践相结合的方法论，基于中国特色社会主义的国情，在农村民主管理制度建设中，必须坚持马克思主义的基本立场、观点与方法，解放思想、实事求是、与时俱进，确保伦理选择的正确方向，树立新时代农村社会发展需要的道德观念。将马克思主义理论运用到农村民主管理制度建设的具体实践中去，进行具有中国农村特色的伦理创新，为中国特色社会主义现代化及新农村建设提供坚实的精神支柱。

第五章　农村民主管理制度法治运行的困境分析

党的十七届三中全会通过的《中共中央关于推进农村改革发展若干重大问题的决定》明确把"健全农村民主管理制度"作为今后农村必须大力加强的六项制度建设之一，指出"发展农村基层民主，以扩大有序参与、推进信息公开、健全议事协商、强化权力监督为重点"，并把"农村基层组织建设进一步加强，村民自治制度更加完善，农民民主权利得到切实保障"等内容纳入到 2020 年农村改革发展的基本目标任务之中。由此可见，加强以民主选举、民主决策、民主管理及民主监督为核心内容的农村民主管理制度建设对于推进农村基层民主政治建设，具有重大的理论和实践价值。鉴于我国历史上长期存在的人治传统的负面影响，要真正实现农村民主管理制度就必须实现由人治到法治的转换，而且国家以扩大有序参与、推进信息公开、健全议事协商、强化权力监督为重点的农村民主管理的制度安排，要求农村民主管理制度必须建立在法律的框架之下，走法治化建设的道路，在法治化道路下引导农民有序参与、推进信息公开、健全议事协商，依法保障农民参与权、表达权、监督权，不断推进以保障农民权益为主要内容的农村民主管理依法治理机制的建立和完善。由于现有相关法律法规中规定语义的模糊性导致了农村民主管理制度发展的缓慢，正确地分析相关法律法规规定存在的问题，采取积极有效的措施不断地予以完善，不断加强农村民主管理制度法治化建设，不仅有利于推进农村基层民主政治的进步，而且也是不断克服相关成文法规定缺陷的有效路径。

一　外部困境

随着国家经济社会的不断发展及新农村建设的不断推进，农村民主管理制度建设面临着新的问题与挑战，从法治的角度分析，现有相关法律规范对乡村法律关系规定的语义模糊性导致了农村民主管理制度法治化建设面临严峻的外部困境。现有规范乡村关系的法律规范主要集中在《宪法》、《地方各级人民代表大会和地方各级人民政府组织法》（以下简称《组织法》）、《村民委员会组织法》（以下简称《村委会组织法》）及《中国共产党农村基层组织工作条例》（以下简称《条例》）。其中，《宪法》对于乡村关系只是作了一个原则性的规定，《宪法》第 111 条规定村民委员会与基层政权的关系由法律规定。《组织法》第 61 条规定了乡镇政府的 7 项职权。《村委会组织法》第 5 条集中规定了乡镇政府与村委会的法律关系，即乡镇人民政府对村委会的工作给予指导、支持和帮助，但是不得干预依法属于村民自治范围内的事项。《条例》第 2 条规定，乡镇党委和村党支部是党在农村的基层组织，是党在农村全部工作和战斗力的基础，是乡镇、村各种组织和各项工作的领导核心。

　　由上述相关法律法规文件可以看出，目前我国乡村关系主要是由乡镇党委与村党支部、乡镇政府与村委会之间的关系构成。《村委会组织法》和《条例》是规范乡村关系的两个重要的法律性文本，但是由于这两个重要的法律性文本的相关法律规范对乡村关系的规定存在原则、粗略和模糊的特点，导致农村民主管理制度法治化建设面临外部环境的困扰，制约了农村民主管理制度法治化的进一步发展，这主要表现在以下几个方面：

（一）"两务"关系导致农村民主管理制度法治化运行目标环境不明

　　现行《村委会组织法》对乡镇政府的"政务"及村的"村务"的规定比较笼统，不明晰。《村委会组织法》第 5 条规定既没有明确乡镇政府"指导、支持和帮助"村委会的内容、方式及方法，也没有明确村委会"协助"乡镇政府的范围和形式。① 由于乡镇政府是基层行政权力的拥有者，谙熟基层行政系统的游戏规则，导致了在实际操作中通常将"指导、支持和帮助"关系演变为上下级行政隶属关系。这势必使乡镇政府的"政务"与村委会的"村务"之间的衔接出现了制度的"真空地带"，这

---

① 白钢：《中国村民自治法制建设平议》，《中国社会科学》1998 年第 3 期。

使农村的民主管理制度出现了"附属行政化"及"过度自治化"等极端现象，甚至可能导致农村的民主管理制度名存实亡，难以实现。① 这使得农村民主管理制度法治化运行的目标环境陷入困境。

（二）"两导"关系导致农村民主管理制度法治化运行体制环境不畅

《条例》规定了乡镇党委与村党支部对村委会的领导关系，《村委会组织法》又规定了乡镇政府对村委会的指导关系。《村委会组织法》规定村党支部"发挥领导核心作用，领导和支持村民委员会行使职权"，"支持和保障村民开展自治活动、直接行使民主权利"。但是对于农村基层党组织如何领导、支持和保障村民开展民主管理活动没有具体明确可操作性的规定。同时，在实践中乡镇长往往同时又是乡镇党委副书记，这就使得理论上的乡镇政府与村委会之间的"指导关系"变成了实际上的领导关系，这必然导致农村民主管理制度行政化的趋势出现。同时，由于乡镇党委和村支部之间的领导关系及乡镇政府与村委会之间的指导关系的协调不畅，导致了村支委和村委会"两委"之间职责不清，出现争夺农村民主管理决策权的现象，还导致在农村民主选举、民主管理、民主监督等方面都出现不同程度的负面影响，这些现象的产生从法治的根源来说主要是由于现有法律在乡村"领导"与"指导"关系方面规定的缺陷导致的，使得农村民主管理制度法治化运行的体制环境不畅。

（三）"两心"地位不定导致农村民主管理制度法治化运行自治环境缺失

"两心"主要指的是农村基层党组织（包括乡镇党委和村党支部）在各自组织的"领导核心"及乡镇人大和村民会议是各自组织的"权力中心"。《条例》规定乡镇党委和村党支部分别是乡镇和村级组织的领导核心，依据《宪法》和《村委会组织法》的规定，乡镇人大和村民会议分别是各自的权力中心，加之《村委会组织法》对村民会议的组成和工作程序无明确规定，又要求村委会向村民会议负责并报告工作，这样的规定

---

① 彭真：《通过群众自治实行基层民主》，载《彭真文选》（1941—1990），人民出版社1991年版，第606—611页。

导致了在实践中如何处理农村基层的"核心"与"中心"的关系及乡镇党委、人大及村支部、村委会在有关农村民主管理制度重大问题方面的决定权等方面陷入了困境。由此可能对农村民主管理制度在民主选举、民主决策、民主管理及民主监督等方面的"自治"产生一系列的负面影响，导致农村民主管理制度法治化运行的自治环境不畅。

（四）"两权"相互冲突导致农村民主管理制度法治化运行法理环境模糊

这主要表现为乡镇政府的行政权、村委会的准行政权与村民在农村民主管理中的自治权之间的相互冲突和矛盾。① 从相关法律规定来看，我国乡镇政府与村委会的行政管理角色比较明显，根据《组织法》第 61 条的规定，乡镇政府拥有管理经济、教育、文化、卫生、体育事业及财政、民政、公安、司法行政、计划生育等职权。据此，乡镇政府必须通过自己的行政管理权力和资源，在管辖范围内行使各项组织管理职能，以完成各项法定职责。在村委会的自治职责规定方面，据学界研究，许多省市在制定《村委会组织法》实施办法时，都规定了"完成国家下达的各项任务""组织村民完成乡、镇人民政府依法布置的各项任务"等，在中央立法层面，有关村委会的法律文件有 127 部，其中有 40 余部规定了村委会的职责。② 这就是说，为保证国家行政管理的顺利进行，在规定乡镇政府相关行政权力同时，又在相关法律法规中规定了村委会的义务，使村委会政务、义务法定化，这使得村委会在一定程度上具有了准行政权的身份。这就导致在这种行政管理中建立起来的乡村关系实际上是一种控制和依附的关系。"村庄似乎被纳入政府的直接管理体系。"③尤其是在后税费时代，村委会在乡镇政府与村民之间的"双重角色"冲突和矛盾依然存在，从实际调查的情况来看，在各地的乡村矛盾冲突中，乡镇政府大多数是矛盾的主要方面，村委会往往是站在乡镇政府的立场，从而大量地表现为行政

---

① 唐鸣：《村民自治视野中乡村矛盾的法理分析》，《湖北行政学院学报》2006 年第 4 期。

② 何海波：《国家治理视角中的村民委员会》，载刘亚伟《无声的革命——村民直选的历史、现实和未来》，西北大学出版社 2002 年版，第 129—131 页。

③ 胡森：《选择性控制：行政视角下的乡村关系》，载刘亚伟编《给农民让权》，西北大学出版社 2002 年版，第 27 页。

权、准行政权与村民自治权的冲突和矛盾。这从一个侧面表明农村民主管理制度法治化运行面临的法理环境模糊。

二　内部困境

如上分析，由于相关法律法规对乡村关系的规定存在抽象化、原则化等问题，常常导致乡镇政府与村委会、村党支部与村委会之间产生角色错位，在实践中形成了非常态的异化的乡村关系。① 在这种法治背景下，农村民主管理制度内部出现应然供给富足与实然供给不足的制度供给相对缺失的矛盾和冲突。面对这样的制度供给短缺的现实，乡镇政府的行政权、村委会的准行政权与村民的民主管理自治权之间开始进行某种较量和博弈，实践中在很大程度上制约了村民民主管理自治权的良性发展，而且还致使乡镇政府在现有乡村关系法治语境下强化自己的行动逻辑，即乡镇政府是乡镇党委决策的执行者，乡镇政府自然决定着村委会，村委会受制于村党支部，村党支部受制于乡镇党委。② 因此，乡镇政府经常通过多种方式对以"民主选举、民主决策、民主管理和民主监督"为主要内容的农村民主管理制度进行干预，从而导致了乡村关系与村级民主管理制度内部运行的行政化，极大地阻碍了农村民主管理制度内部法治化建设及基层民主政治的进一步发展。据此，经过综合分析，笔者认为当前我国民村民主管理制度法治化内部建设还存在以下方面的主要问题。

（一）民主选举缺乏严格的法治主体

民主选举作为农村民主管理制度中"四个民主"的第一个民主，在农村民主管理制度的建设和发展中具有非常重要的地位和作用，民主选举也是村民自治制度的重要组成部分，所以加强民主选举的法治化建设对于农村民主管理制度法治化建设的整体实现具有重要意义。对于民主选举，《中共中央关于推进农村改革发展若干重大问题的决定》（以下简称《决

---

① 吴忠权：《乡村关系规制语意模糊审视下的乡村民主建设》，《行政论坛》2011年第1期。

② 甘信奎：《中国农村治理模式的历史演变及未来走向——从"乡政村治"到"县政乡社"》，《江汉论坛》2007年第12期。

定》）的要求是：直接选举，公正有序，即民主选举的法治主体是村民，民主选举以村民直选为主要方式。但是，在现有乡村法律关系语境下，农村的民主选举通常被乡镇组织控制，导致农村民主选举的法治主体倒置。依据《村委会组织法》《条例》和一些组织原则规定：村民委员会成员及党支部成员应分别由村民群众和支部党员民主选举产生。但是实际上，乡镇党委、政府组织通过控制村级组织的人员组成在民主选举过程中成了事实上的法治主体，在实践中，主要通过以下方式控制农村的民主选举：一是选配和干预村党支部和村委会的选举；二是控制村级组织干部的选配权；三是操纵村党支部及村委会干部候选人的提名、竞选和投票的各个选举环节；四是想方设法让自己满意的候选人当选，动辄以各种理由否定选举的结果，甚至取消村委会的直接选举，以达到直接指定或委派村委会主任和村委会其他干部的目的。由此可见，农村民主选举的法治主体是不严格的，需要从法治的角度予以规范和治理。

（二）民主决策缺乏适格的法治载体

按照《决定》的要求，农村民主管理制度中的民主决策要以"村民会议、村民代表会议、村民议事为主要形式载体"，这就明确了民主决策的法治载体，民主决策法治建设的重点是建立健全以村民会议、村民代表会议、村民议事为中心的决策制度机制，在涉及具体的重大村务的决策时要有民主、公开和透明的决策机制和运作程序。如在进行土地征用等与村民利益和权益保障密切相关的重大村务的决策时，必须通过村民大会和村民代表大会等民主决策的法治载体予以决定。但是在实践中，由于"村财乡管"，乡镇政府会利用对村级财务的管理来加强对村委会及村干部的控制，从而达到左右和影响村级事务民主决策的目的，这极大偏离了民主决策法治化建设的目标和要求，导致在民主决策法治建设实践中存在着用间接民主代替直接民主的倾向。比如，在有些农村村委会民主决策的实践中存在法治载体没有充分发挥作用的现象：[1] 有的农村村委会长期不召开村民会议；有的未经村民会议授权就由村民代表会议对法律规定必须由村民会议决定的事项作出决定；有些村民代表开会时以个人意见代表村民意

---

① 杨丹娜、李有旺：《推动村民自治实践，完善村民自治机制》，《现代乡镇》2008 年第12 期。

见；有的农村村民代表会议违背《村委会组织法》的立法宗旨，行使村务的代议权、决策权、人事罢免权；还有些村庄在决策重大村务时，不召开村民会议和村民代表会议，而是由党组织或村委会决定，导致村民自治变成村干部自治。

（三）民主管理缺乏规范的法治内容

《决定》要求民主管理的重点是建立和完善自我教育、自我管理、自我服务的制度机制，尤其是在村民的各种权利上应有具体的制度机制保障和规范，真正体现自治，而不被替代。在实践中探索出了以村民自治章程、村规民约为主要内容的民主管理制度。在民主管理中存在着不同程度的形式主义，这主要体现在两个方面：一是村级民主管理事务经常被乡镇政府指令性任务和指标替代，村民自治章程和村规民约形同虚设。乡镇政府处于国家政权科层组织末端，在压力型体制下，乡镇政府把上级政府分派的任务分摊到村委会，再由村委会分摊到农户，基于这种摊派，乡镇政府对农村的民主管理大多从利己角度采取选择性政策执行措施，从而导致农村民主管理制度中的民主管理模式运行行政化，[①] 致使民主管理内容空壳化。二是存在农村民主管理内容不规范的现象。[②] 有的村民自治章程、村规民约由少数村干部制定，约束村民的内容规范多于约束村干部的内容规范；有的农村村务公开内容不真实、公开的形式随意性大，有些农村村务管理既不让村民参与，也不向村民公布情况。上述这些现象的存在一方面说明农村民主管理缺乏规范的法治内容；另一方面，这些现象的存在极大地阻碍了农村民主管理内容规范的法治化建设。由此可见，要真正提高村务管理的民主化程度，加快农村民主管理内容规范的法治化建设是重要的路径和选择。

（四）民主监督缺乏全面的法治客体

《决定》要求农村民主管理中的民主监督是：深入开展以村务公开、

---

① 姚锐敏：《乡村行政机制转型：从政治支配到法律规制》，《华中师范大学学报》（人文社会科学版）2008 年第 6 期。

② 杨琳：《农村民主制度升级，村民自治更开放》，《农村，农业，农民》（A 版）2008 年第 11 期。

财务监督、群众评议为主要内容的民主监督实践。民主监督的重点是要建立健全村务公开和政务公开的制度机制，尤其是"三务"（村务、财务、政务）公开方式与范围，以及如何构建群众在参与基层公共事务和公益事业中更广泛监督客体范围的制度机制。但在现有乡村关系法治语境下，在民主监督环节的法治建设还比较薄弱，主要体现为村民实施民主监督的法治客体不够全面，法治监督客体被缩小，这在实践中极大地阻碍了民主监督的法治建设进程和实效。比如，有的村委会只向村民会议或村民代表会议报告工作，但不组织或不许对村委会成员进行评议，殊不知村委会成员也是实施民主监督的重要客体；有的村委会完全不向村民会议或村民代表会议报告工作，也不接受村民或村民代表评议，使得民主监督流于形式；有的农村实行村财乡管，使村民失去了民主监督村级财务的权利；有的地方乡镇党委、政府掌握了村委会成员享受误工补贴标准的决定权，使村级民主监督的权利虚置。由于民主监督缺乏全面的法治客体，导致了村级民主管理实践中，民主监督制度的有效性低，① 这主要表现在如下方面：一是民主监督制度建设滞后。未建立起与新形势下农村民主管理实践相适应的健全完备的民主监督法规制度体系，在民主监督中，未充分发挥监督法治客体的全面性，导致民主监督可操作性差，监督乏力。二是民主监督制度不能形成有效的合力。近年来，有的地方虽围绕对村级权力的监督和制约，构建起由乡（镇）党委、纪检监察部门负责，依靠村民群众支持和参与的监督体制，但从实践上看，由于民主监督缺乏全面的法治客体，导致农民群众对村级权力的运作缺少参与权、知情权、发言权，民主监督作用很难发挥。

三　困境的原因审视

农村民主管理制度作为现代基层民主的新制度模式，主要包括国家权力运作规范和公民权利保障规范，伴随着国家公权力机构的组成及授权，其内容涉及国家公共权力及其实施过程，同时也是公民宪法性基本权利的规范及其保障。农村基层民主管理制度作为一项基层民主政治制度安排，

---

① 张开平：《新农村建设中我国乡镇政府与村委会关系探讨》，《安徽农业科学》2010 年第1 期。

其良性运行对充分发挥其对我国基层民主政治的积极建设作用具有非常重要的意义。但是农村民主管理制度的运行虽然从国家宏观层面来看有较好的法治基础，但是在微观的国家基层的实践中未能得到很好的运行，其根源是多方面的，没有很好地界定农村民主管理制度的概念是其中的一个重要的因素。对此探讨农村民主管理制度的概念，在明晰农村民主管理制度概念及其制度价值分析的基础上，积极地对农村民主管理制度的运行进行深刻的反思，以期构建农村基层民主良性运行机制，在农村民主管理制度的实施过程中真正实现基层政府公权力与村民基本权利的法治保障与平衡，以期切实推动基层政治制度文明的建设。

（一）重视农村民主管理制度施行中民主外部运行的手段性和方法性，忽视农村内部民主管理过程中农民民主权利意识的培养和民主权利的保障

自党的十一届三中全会以来，伴随农村经济改革的深入推进，我国农村基层民主政治改革也随之得到极大发展，以村民自治制度的全面推进为主要标志，我国农村民主管理制度开始逐步走进国家基层民主政治制度设计与改革的视野，1982 年我国《宪法》第 111 条对村民自治进行了专门规定，村民委员会作为"基层群众性自治组织"的法定地位得以确立，1987 年 11 月全国人大常委会通过《村民委员会组织法（试行）》以后，村民自治制度在全国农村正式实施，1997 年党的十五大提出，扩大基层民主，保证人民群众直接行使民主权利，推进农村基层民主建设，密切党群、干群关系，促进农村的改革、发展和稳定。为此，1998 年 4 月中共中央办公厅、国务院办公厅发布《关于在农村普遍实行村务公开和民主管理制度的通知》，农村民主管理制度作为基层民主政治改革的重要概念开始出现在党和国家的重要文件中，1998 年 11 月，在村民自治制度试行 10 年之后，全国人大常委会正式审议通过了正式的《村民委员会组织法》。随后，为进一步加强农村民主管理制度建设，1999 年 2 月，中共中央印发了《中国共产党农村组织工作条例》，为农村民主管理制度的建设提供了强有力的组织保障。2002 年党的十六大提出，健全基层自治组织和民主管理制度，完善公开办事制度，保证人民群众依法直接行使民主权利，管理基层公共事务和公益事业，对干部实行民主监督。2004 年 6 月，为进一步贯彻落实党的十六

大的这一要求，中共中央办公厅、国务院办公厅印发了《关于在农村普遍实行村务公开和民主管理制度的通知》，以进一步推动农村基层民主政治的改革与发展。2007 年胡锦涛在党的十七大报告中指出，发展基层民主，保障人民享有更切实的民主权利。让农民依法直接行使民主权利，管理基层公共事务和公益事业，实行自我管理、自我服务、自我教育、自我监督……是人民当家作主最有效、最广泛的途径，必须作为发展社会主义民主政治的基础性工程重点推进。① 2010 年 10 月全国人大常委会对《村委会组织法》进行了修订，围绕《村委会组织法》的内容和结构进行了较大幅度的修改，进一步完善了农村基层民主民主选举、民主决策、民主管理及民主监督等方面的内容。中共十七届三中全会《关于推进农村改革发展若干重大问题的决定》首次将农村民主管理制度与农村基本经营制度、农村土地管理制度、农业支持保护制度、现代农村金融制度、促进城乡经济社会发展一体化制度等，一并列入农村六大制度建设，这充分体现了国家对基层民主政治建设的高度重视。

在一系列围绕农村民主管理制度改革的党和国家的文件、政策及法律的指导下，全国各地高度重视农村民主管理制度的建立健全及实施，在关注和研究农村民主管理制度发展进路的同时，各地在农村民主管理制度的实施中，都非常重视农村基层民主外部运行的手段性与方法性，自 20 世纪 90 年代以来全国各地农村亦不断涌现出丰富的民主管理制度创新实践活动。总体看来，这些针对农村民主管理制度实施中村民政治参与不足、信息不全、议事无序、权力监督失范、"两委"掣肘、行政管理与村民自治脱节以及民主管理方法落后等问题的草根实践，主要呈现出以下几种代表性做法：一是浙江省温岭创新等的民主恳谈会制度和山东省日照市东港区农民创造的村务公决制度；二是广东省云浮的"阳光村务工程"和重庆市开县麻柳乡的"八步工作法"；三是浙江省武义县和河南省渑池县的农民创造出的有效避免村干部权力失范的"村务监督委员会制度"和"农村基层民主监督体制"；四是广西扶绥县的"公推直选""两委"联动选举和河北武安市的村级"一制三化"制度；五是陕西眉县的"政务、村务公开"四级联动制度和湖北的村务公开民

---

① 胡锦涛：《高举中国特色社会主义伟大旗帜，为夺取全面建设小康社会新胜利而奋斗》，《人民日报》2007 年 10 月 25 日第 1 版。

主管理观察员制度；六是湖北省通山县的村民票决村干部工资的方式以及山东省潍坊市坊子区的村级事务契约化管理制度；七是广东蕉岭县实行村民议行合一制度的"广育模式"；八是河北青县实行村民代表会议制度的"青县模式"；九是贵州省湄潭县实行村民集中诉求会议制度的"湄潭模式"以及河南中牟县实行家庭联户代表制度的"中牟模式"、河南邓州农村首创的"4+2"工作法（即"四议两公开"制度）等。这些制度的建立与探索实际上就是农村民主管理制度在实施过程中高度重视农村基层民主外部运行的手段性与方法性的集中体现，通过这些基层民主外部运行手段和方法的探索，逐步将农村民主管理制度实施中传统单纯地重视村民自治制度中民主选举环节进一步扩展到村民直接参与民主决策、民主管理和民主监督等全过程，通过这一大批农村民主管理制度施行中农村民主治理手段性模式的实践探索，使得我国农村基层民主外部运行的实践形式丰富多彩，有效地促进基层民主政治的发展。但是，我们也要看到在这个过程中，忽视了农村内部民主管理过程中农民民主权利意识的培养和民主权利的保障。

　　自农村民主管理制度创设以来，基层民主的质量总体上在不断地提高，尤其是自中共十一届三中全会以来，随着农村经济、政治、社会体制改革的不断深入，农村基层民主的总体水平也在不断地发展，但是在农村民主管理制度施行中长期以来忽视了农村内部民主管理过程中农民民主权利意识的培育和民主权利的保障。农村民主管理制度要能很好地良性运行，一定要高度重视农村民主管理过程中农村民主权利意识的培育和彰显，在农村民主管理过程中，每个村民都应平等地享有民主管理权利，以利于国家基层农村民主管理制度从广大民众民主权利意识的内心深处真正地被接受，而有效地防止农村民主管理过程中民主管理权利的异化现象发生，防止个人对农村基层公共民主管理权力的垄断及对他人民主管理权利的侵犯。在我国广大农村，由于长期封建专制社会的影响，民众缺乏民主权利意识的基因，村民民主权利意识淡薄，民主素养普遍不高，这就尤其需要我们在农村民主管理制度的实施过程中，在注重民主外部运行手段和方法的实效性的同时，要在农村内部的民主管理过程中通过各种方式的民主教育，从理论与实践两方面培育农民的民主权利意识与民主权利观念，在此基础上提高、优化村民的民主管理能力，使之形成强大的基层民主政治发展的推动力量，使农村民主管理制度在广阔的农村领域扎实有效地推进，切实推动农村基层民主政治不断地向前发展。

　　同时，在农民民主权利意识培育的基础上，还要通过各种措施加强对村民各项民主权利的保障，强化村民在农村民主管理过程中的主体地位及在农村各项村级事务民主管理中的决定性作用，确保农村民主管理制度良好运行的民众基础。重点是要采取有力措施有效地防范国家基层行政权、基层司法权及其他基层社会主体对村民民主管理权利的侵害。一是国家基层行政权力对村民民主管理权利的侵害。主要表现为在农村民主管理过程中，通过行政强制性命令、行政干预、不当行政处罚、行政不作为及行政特权化等方式对村民在民主管理过程中的民主权利进行侵犯。二是基层司法权对村民民主权利的侵犯。在农村民主管理制度实施中，当相关权利主体发生冲突，诉诸基层司法机关寻求救济时，基层司法机关在案件受理、案件审理准备、案件审理及案件判决等阶段都有可能对村民在农村民主管理过程中的自治权等权利造成不同程度的侵害。① 三是其他社会主体，如各种经济性组织、政治性组织、社会团体及其他村民等，在农村民主管理过程中，也会对村民的民主管理权利造成侵害，尤其是在农村民主管理过程中，村民之间权利侵害现象的发生也是客观存在的。我国《宪法》第51条规定，中华人民共和国公民在行使自由和权利的时候，不得损害国家的、社会的、集体的利益和其他公民的合法的自由和权利。从这条规定来看，在农村民主管理过程中，村民之间对各自民主管理权利的侵害是有可能发生的。对此，我们要重视综合运用司法救济、行政救济、调解救济等方式加强对村民在农村民主管理过程中各项民主权利的保障，实现村民民主管理权利的规范化、制度化、程序化及法治化，保护村民的合法权益，扎实有效地推进农村民主管理制度在广大农村的深入实施，促进农村基层民主政治的有效建设。

（二）重视农村民主管理制度在政治层面的实践和运行，忽视在法治层面的施行和保障

　　所谓制度，从最一般意义上而言，可以被理解为社会中个人遵守的一

---

① 徐显明：《公民权利义务通论》，群众出版社1991年版，第62页。

套行为规则，①而这套行为规则又可以被理解为一种制度安排。②农村民主管理制度作为一种国家对基层民主政治的正式的制度安排，在国家的政治制度结构体系中，其核心的指导思想还是来自国家对基层民主政治发展的系列理论，为此，国家对农村基层民主政治的制度安排大体上遵循制度结构—制度安排—制度绩效这样的思路，自上而下。就农村民主管理制度来说，自党的十一届三中全会以来，主要有以下一些国家的政策、宪法、法律及文件等制度性安排，一是1982年我国《宪法》第111条对村民自治进行了专门规定，确立了村民委员会作为"基层群众性自治组织"的法定地位；二是1987年11月全国人大常委会通过《村民委员会组织法（试行）》以后，村民自治制度在全国农村正式实施；三是1998年4月中共中央办公厅、国务院办公厅发布《关于在农村普遍实行村务公开和民主管理制度的通知》；四是1998年11月，在村民自治制度试行10年之后，全国人大常委会正式审议通过了《村民委员会组织法》。五是1999年2月，中共中央印发了《中国共产党农村组织工作条例》，六是2004年6月，中共中央办公厅、国务院办公厅印发了《关于在农村普遍实行村务公开和民主管理制度的通知》等。

由上可见，国家对农村民主管理制度的安排大多是从政治层面出台相关制度安排的，从法治的层面主要是体现在《宪法》第111条及《村民委员会组织法》的制定和实施。村民自治是农村民主管理制度的一个重要组成部分和范畴，也是农村基层民主的重要实现形式，而农村民主管理制度还包括其他方面的制度，对这些制度国家还鲜有从法治层面予以安排和实施，可见国家对农村民主管理制度的实践和运行侧重在政治层面着手进行，对村民自治虽从法治角度予以规范，但在实践运行中大多还是偏重从政治层面予以施行。村民自治虽然源于农民的创造，但究其实质而言，是国家治理乡村社会的一项制度安排，农村村民的民主自治权利来源于政治国家的权利让渡，其在实践中的实施主要是通过国家行政管理体系采用行政权予以推动。因此，村民自治的发展并不是以法制手段来推动民主的

---

①　林毅夫：《关于制度变迁的经济学理论：诱致性变迁与强制性变迁》，载［美］科斯等《财产权利与制度变迁》，刘守英等译，上海人民出版社2004年版，第375、377页。

②　［德］柯武刚、史漫飞：《制度经济学：社会秩序与公共政策》，韩朝华译，商务印书馆2001年版，第35页。

过程，而是应用行政权力推动基层民主自治发展的过程，在这个过程中，村民自治大量地担负起了在农村民主管理制度体系中对农村基层社会实施管理的责任。

同时，在农村民主管理制度的实施过程中，农村民主管理自治组织在现有国家乡镇基层治理机制中偏重其政治和行政层面的运行，加之现有乡村关系相关法律法规中规定语义的模糊性导致农村民主管理制度在法制层面施行与发展的缓慢，现有规范乡村关系的成文法主要集中在《宪法》、《地方各级人民代表大会和地方各级人民政府组织法》（以下简称《组织法》）、《村民委员会组织法》（以下简称《村委会组织法》）及《中国共产党农村基层组织工作条例》（以下简称《条例》）。其中，《宪法》关于乡村关系只是作了一个原则性的规定，《宪法》第 111 条规定村民委员会与基层政权的关系由法律规定。《村委会组织法》第 61 条规定了乡镇政府的 7 项职权。《村委会组织法》第 5 条集中规定了乡镇政府与村委会的法律关系，即乡镇人民政府对村委会的工作给予指导、支持和帮助，但是不得干预依法属于村民自治范围内的事项。《条例》第 2 条规定，乡镇党委和村党支部是党在农村的基层组织，是党在农村全部工作和战斗力的基础，是乡镇、村各种组织和各项工作的领导核心。由上述相关法律法规文件可以看到，目前我国乡村关系主要是由乡镇党委与村党支部、乡镇政府与村委会之间的关系构成。《村委会组织法》和《条例》是规范乡村关系的两个重要法律性文本，但是由于这两个重要的法律性文件的相关法律规范对乡村关系的规定存在原则、粗略和模糊的特点，导致规范乡村关系和村民自治为主要内容的农村民主管理制度在平衡性发展方面的缺陷，导致农村民主管理制度实施过程中"附属行政化"等极端现象的出现，也淡化了农村民主管理制度在法制层面的施行与保障，进而制约了农村民主管理制度法治化建设的进一步发展，这主要表现在以下几个方面："两务"关系（现行《村委会组织法》对乡镇政府的"政务"及村的"村务"关系的规定）导致农村民主管理制度运行政治目标环境突出，法治化运行目标环境不明；两导关系（《中国共产党农村基层组织工作条例》规定的乡镇党委与村党支部对村委会的领导关系及《村委会组织法》规定的乡镇政府对村委会的指导关系）导致农村民主管理制度运行政治体制环境鲜明而法治化运行体制环境黯淡；"两心"地位（农村基层党组织包括乡镇党委和村党支部在各自组织的"领导核心"及乡镇人大和村民会议在各自组织的"权力中心"）不定导致农村民主管理制度运行自治环境政治性强而法治化运行环境缺失；"两权"（主要表现为乡镇政府的行政权、村委会的准行政权与村民在农村民主管理中的自治权）相互冲突导致农村民主管理制度运行政治性基础强化而法治化运行的法理环境模糊。

可见在正确地分析农村民主管理制度运行中面临的乡村关系相关法律法规相关规定存在的问题的基础上，采取积极有效的措施不断地予以完善，结合我国基层民主政治发展的实际，不仅重视农村民主管理制度在政治层面的实践和运行，而且也要高度重视农村民主管理制度在法治层面的施行和保障，不断加强农村民主管理制度法治化建设，不仅有利于推进农村基层民主政治的进步，而且也有利于在不断克服乡村关系成文法规定缺陷的有效路径中，促使农村民主管理制度逐步地走上良性运行的轨道。

（三）重视农村民主管理制度实施中国家基层公共权力传输的单方性，忽视国家基层公共权力与农民民主权利"沟通与协商"的平衡性

农村基层公共权力作为国家政治权力体系的基础，其在农村的实施和运行主要是通过农村民主管理中各种自治组织作为载体来予以实现的。随着20世纪70年代末开始的农村经济政治体制系列改革的深入推进，我国农村基层公共权力运行机制发生了变化，原来的人民公社治理模式解体，在农村新的经济、政治和社会制度逐步确立的基础上，逐步形成了"乡政村治"的农村基层公共权力运行机制，这种机制在农村民主管理制度的实施中，出现了重视农村基层民主公共权力传输的单方性，这种单方性主要是通过基层公共权力组织体系与农村民主管理制度的各种自治组织载体来予以完成和实现的。在传输的过程中，逐步形成了农村基层公共权力传输运行的单方性体制，一是通过乡镇政府向农村民主管理制度的重要组织载体——村民自治委员会进行权力输送，二是通过乡镇党委向农村民主管理中基层党组织——村党支部委员会进行权力输送。虽然《村委会组织法》规定，乡镇政府与农村民主管理中的基层自治组织之间是指导与被指导的关系，但是在实际运行中，乡镇政府常常以国家的名义以维护公共利益为目标，广泛地运用基层公共行政权力来实现对农村民主管理制度实施中村级各项民主管理实务的领导。

同时，乡镇党委常通过村支部委员会来实现对农村民主管理中各项村

级自治事务的领导权，导致在农村民主管理制度的实施中"两委"关系出现矛盾与冲突的现象时常发生。按照《村委会组织法》的规定，乡镇党委和村党支部是领导和支持村民委员会行使职权，依照宪法和法律，支持和保障村民开展自治活动、直接行使民主权利。村民自治制度实施后，在村委会的权力来源问题上改变了以前农村基层政治权力"一元化"结构，村委会的基层自治权力来源于广大的村民群众，由村民选举产生，在原来农村基层党组织自上而下的权力来源结构的基础上形成了双向授权的权力结构，由此形成了在农村民主管理制度实施过程中农村基层自治组织中的权力"二元制"结构，即来自上面的执政党的基层执政权力与来自下面的农村基层自治组织中民选权力。① 在农村民主管理制度的实施中，基层政党组织的执政权力与村民自治权利之间经常产生冲突，这些冲突问题在实践中常表现为片面强调党组织的领导，致使农村基层党组织的权力绝对化，以此取代了农村民主管理中村民的自治权。这种冲突现象的产生实际上是长期以来农村基层公共权力运行中自上而下的单方性的集中体现和表达。这极大地妨碍了农村民主管理制度的有效实施和农村基层民主的实现。

事实上，上述现象的产生一个重要的根源在于农村民主管理制度实施过程中忽视了国家基层公共权力与农民民主权利"沟通与协商"的平衡性，也即是说忽视了协商民主对基层民主建设的价值和功能，而片面地强调国家基层公共权力运行中体现出的间接民主，对公民协商在国家农村基层公共权力运行中的功能和作用重视不够。加强农村基层民主建设不仅是发展国家民主政治的基础，也是国家与社会实现动态协调平衡发展的共同追求目标。② 广大农村社会要实现这一基层民主政治发展的理想目标，关键在于实现国家基层公共权力传输过程中其与农民民主权利"沟通与协商"的平衡性，其核心是提升和扩大村民在农村民主管理中参与村级事务的自治性与民主性，让广大村民在农村民主管理这个民主舞台上，充分行使其民主权利，真正实现在农村民主管理过程中的当家作主。在农村民主管理制度实施过程中，基层民主运行的主体是广大的农民，基层民主运

---

① 骆翔翔、吴建华：《论我国农村基层公共权力的制约与平衡》，《特区经济》2009 年第 8 期。

② 林尚立：《公民协商与基层民主》，《学术学刊》2007 年第 9 期。

行的理论与实践表明，基层民主的重要形态是以公民为主体而开展的协商民主，发展协商民主也是基层民主建设的重要途径。[①]

事实上，农村基层公共权力的传输与农村民主管理实施中村民民主权利的"沟通与协商"是对立统一的，是客观存在的，其共生共存的逻辑起点还是来自国家建设的民主需求这个客观事实。将基层协商民主逐渐融入国家民主发展与建设的战略平台，也经历了一个不断演进的历史过程，这个过程实际上也是国家农村基层公共权力传输过程中，针对其单方性突出的特征，广大农民为了争取自己广泛的民主权利而不断与国家基层公共权力进行"沟通与协商"求得相互之间的平衡的一个动态的抗争的一个过程。1981 年中共十一届六中全会通过的《关于建国以来党的若干历史问题的决议》指出，在基层政权和基层社会生活中逐步实现人民的直接民主。1982 年，中共十二大报告强调指出，要将社会主义民主扩大到政治、经济、社会和文化生活的各个方面，扩大到基层，发展基层社会生活的群众自治，使民主成为人民群众进行自我教育的方法。1982 年《宪法》首次将农村的村民委员会作为基层群众自治组织。1987 年 4 月，第六届全国人大原则通过《村民委员会组织法（草案）》。1987 年 10 月，中共十三大报告将基层民主与完善国家制度及协调国家与社会关系，提高到党和政府治理能力及维护社会稳定的战略高度，强调指出，在党和政府同群众组织关系上，要充分发挥群众团体和基层群众性自治组织的作用，由此进一步提升了基层民主在中国政治生活中的战略地位。1987 年 11 月，全国人大常委会通过《村民委员会组织法（试行）》。1992 年 10 月召开的中共十四大，第一次将村委会与职代会、居委会并列划定为中国基层民主的三大组成部分。1997 年 9 月，中共十五大提出了扩大基层民主的政治建设目标，在报告中进一步指出，扩大基层民主，保证人民群众直接行使民主权利，依法管理自己的事情，创造自己的幸福生活，是社会主义民主最广泛的实践。可见在将城乡基层政权的民主建设纳入基层民主范畴的同时，不断地扩大了基层民主的运行空间并以民主选举、民主决策、民主管理及民主监督作为主要运行原则。2002 年召开的中共十六大在坚持扩大基层民主建设目标的同时，出现了一个显著的变化就是，强调人民群众依

---

① 陈剩勇、何包刚主编：《协商民主的发展》，中国社会科学出版社 2006 年版，第16—26页。

法直接行使民主权利、管理基层公共事务和公益事业，同时将人民群众对基层政权机关的民主参与民主监督纳入基层民主范畴。这实际上扩大了农村民主管理制度实施过程中基层民主的实践空间。中共十五大、十六大对基层民主边界划定的细小差异之处，实际上表达了这样一个深刻的民主政治问题，就是在农村民主管理制度实施的过程中，伴随着国家基层公共权力传输的单方性，农村广大村民在争取自己广泛权利的同时，其与国家基层公共权力之间存在着一种博弈关系，这种博弈关系实际上体现的是以"沟通和协商"为主要特征的协商民主理念，其实质就是在农村民主管理制度实施中所蕴含的广大村民行使各项村级事务民主管理权利的一种直接民主。

在农村民主管理制度的实施过程中，要构建公民权利与基层公共权力之间的在"沟通与协商"基础上的和谐运行机制，必须保证基层公共权力与公民协商体系与机制的建立健全，而农村民主管理中的公民协商本身就是对基层民主的群众性、有序性、自治性及参与性的充分体现。[1] 长期以来，在我国农村基层民主建设和发展过程中，由于基层公共权力对基层群众自治的过度干预和控制，导致在农村民主管理中，虽然有民主协商行为，但尚未形成公民协商民主的概念与机制。对此，应高度重视国家基层公共权力与农民民主权利"沟通与协商"的平衡性实现过程中公民协商民主对基层和谐民主运行机制构建和发展的综合性效应。所谓公民协商民主，就是公民在农村民主管理中的开放的公共领域，就公共事务和公益事业进行公开的意见交流、表达及协商讨论，以达成符合大家共同利益为核心内容的共识及决策的形成的民主形式，这种民主形式已经发展为现代基层民主运行的普遍形式。[2] 这种公民协商民主形式对于经济与社会的平衡发展、社会利益的协调、社会矛盾的化解及社会团结的促进等方面具有重要现实意义，反映在农村民主管理制度的实施过程中，在国家基层公共权力运行过程中，不能仅重视其传输的单方性，还要高度重视基层党委、政府与农村基层社会的平衡与协调，加强与农民民主权利实现之间的对话、

---

① [美]詹姆斯·博曼：《公共协商：多元主义、复杂性与民主》，黄相怀译，中央编译出版社2006年版，第21—62页。

② [南非]毛里西奥·帕瑟林·登特里维斯主编：《作为公共协商的民主——新的视角》，王英津等译，中央编译出版社2006年版，第1—28页。

沟通与协商，实现国家基层公共权力与农民民主权利之间动态的平衡与良性互动，在农村基层社会中形成基层党委、政府、社会与民众的多方有机互动机制，全方位提升农村民主管理中基层社会的和谐度。

农村民主管理制度实施过程中的公民协商民主与其他层面的民主形式不同在于，其是一种直接民主形式，具有直接性和大众性。在农村民主管理中加强公民协商民主的运行是一个系统工程，不能只重视形式上的单方面运行，要在充分发挥其对基层民主和谐社会的价值和功能的基础上，搞好公民协商民主所需的农村经济体系、政治体系、文化体系及社会体系等综合性的配套性建设，这样才有利于公民协商民主与农村基层和谐社会的和谐运行，避免农村基层民主内卷化现象的出现。要实现这一目标，关键是加强农村基层社会和政治建设，走有序推进的渐进式发展道路，具体而言，在农村民主管理制度实施过程中，基层党委和政府在与农民民主权利沟通与协商的过程中，重点要做好以下方面的工作：

首先，在深化基层自治的基础上，协调基层党委与农村基层社会之间的关系，为农村民主管理制度的顺利实施营造良好的组织基础条件。基层党委是基层社会的核心领导力量，在长期的基层公共权力传输的过程中，基层党组织常常凭借自上而下的政治资源，作为国家管理社会末梢，实际上常由基层社会的领导力量演变为管理力量，这种角色的变化不利于基层自治的充分发展，导致了农村民主管理过程中农民民主权利与基层党组织之间的矛盾与冲突，既不利于基层党组织自身角色正确定位和功能的有效发挥，也不利于农村民主管理中基层社会自治及农民民主权利的实现。为此，一方面迫切需要加强基层党组织运行的法治化，农村民主管理作为国家乡村治理的一项制度安排，不仅是国家相关法律法规赋予农民的权利，更是农民公平地参与农村民主管理实现自己的合法权益的法制保障，为此要围绕农民的自治权利构建相应的社会保障和救济机制，这样才不至于村民自治权利被悬置。① 这就要求通过对基层自治相关法律法规的完善，重点是对《中国共产党基层组织工作条例》《村民委员会选举法》《村民委员会组织法》等与农村基层权力运行紧密联系的几部法律法规在实施程序等方面的完善，科学地构建农村基层公共权力关系，促使基层公共权力

---

① 徐勇：《村民自治的深化：权利保障与社区重建——新世纪依赖中国村民自治发展的走向》，《学习与探索》2005 年第 4 期。

在法律层面得到规范合理的运行。另一方面农村基层党组织要积极通过自身的政治影响力参与和推动农村民主管理中的基层自治，也有利于其在农村基层群众自治中汲取丰富的民主性和制度性资源。①

其次，在整合基层民主、规范民主运行基础上构建基层公共权力运行的协调性与系统性，为农村民主管理制度的顺利实施营造良好的体制环境条件。在农村民主管理制度实施的基层民主空间，存在多样性的基层民主生活样态，主要表现为制度性民主生活、创新性民主生活及维权性民主生活等，为避免这些民主生活之间的冲突与矛盾，必须对此进行整合，使之有层次性、秩序性及规范性。为此，要让基层民主管理中的群众自治真正发挥作用，还需要在基层公共权力的运行中将基层党建、基层自治、基层治理与基层法治统一起来，在构建基层公共权力运行的协调性及系统性基础上规范基层民主有序运行。

最后，在建立健全公议体系的基础上，大力发展基层协商民主，为农村民主管理制度的顺利实施奠定良好的民众基础。基层公共权力有效运行的民众基础在于通过农村民主管理制度实施过程中在协商民主基础上形成的广泛的公众参与，要实现这一目标，就需要在农村民主管理中，公共事务参与领域及公益事业决策领域的全面有效开放，这两个领域的开放，既是基层协商民主的动力机制，又是民众的有效参与运行机制的实践基础。其中公益事业决策领域的开放要求国家基层政权将其对公共事务的决策权及公益事业的利益表达和商议权让渡给民众，使民众能与基层公共权力进行广泛的协商，充分地表达其意见与要求，这实际上体现了国家基层公共权力与农民民主权利"沟通与协商"的平衡性。公共事务参与领域的开放则是基于农村民主管理制度的有效落实和运行。这两个领域的开放有利于在有组织、有规划的基础上形成公议体系，这个公议体系的建立不仅有利于协调基层群众自治与基层政权之间的冲突，也有利于整合农村民主管理中基层社会的各种民主生活，也有利于促进基层协商民主的大力发展，从而为农村民主管理制度的顺利实施奠定良好的民众基础，在国家基层公共权力传输的过程中实现国家基层公共权力与农民民主权利"沟通与协商"的平衡。

---

① 林尚立：《基层组织：执政能力与和谐社会建设的战略资源》，《理论前沿》2006 年第 9 期。

（四）重视农村民主管理制度实施中制度运行的单一性，忽视与相关制度并行实施的协调性与统一性

以村民自治为主要内容的农村民主管理制度是我国农村经济体制改革后国家与社会权力关系制度化调整的结果，这种制度化调整实质是国家对农村基层治理权力格局中多元主体之间结构性张力的一种调适，其初衷是在农村基层民主治理中各治理主体实现制度性的合作、协调与统一，最终实现农村基层民主管理中的"善治"目标。但是在农村民主管理制度的实施过程中，却出现了一些制度实施运行的困境，常常重视农村基层民主管理中制度运行的单一性，注重突出某一治理主体的功能和作用，而忽视了农村民主管理制度实施中各制度实施主体的协商共治，忽视了各治理主体在协商参与机制基础上的制度性合作关系的建构和完善，从而没有很好地实现相关制度并行实施的协调性与统一性，导致农村民主管理制度的运行未能很好地达到预期的理想与目标。

事实上，在"国家政权建设"这一理论框架下来审视我国农村基层政治的特点和发展历程，我国农村基层民主政治建设主要经历了四个主要的发展阶段：传统时期乡绅主导的自治体制；晚清民国时期的混合体制；新中国成立后的人民公社体制；乡政村治体制。在传统时期，对中国乡村社会的治理主要是由国家政权和社会权威的合力来实现的，国家政权对农村基层社会的治理更多地体现为形式上的意义，实际上，老百姓与官府之间的关系大多主要体现在纳粮与涉讼两个方面。[1] 国家在县以下对农村基层社会的统治和管理主要是通过由族长、乡绅和地方名流等组成的地方精英来实现的，这种治理方式从国家公共权力运行中制度的单一性的层面来保证国家对农村社会的控制和管理。晚清民国时期，国家行政权力深入农村基层社会，不断地加强了对农村社会的管理能力，农民的民主权益和经济利益不断地受到削弱而得不到相应的保障，在强化国家公共权力制度单一性传输过程中不断地建立起来由"经纪体制"[2] 和"现代官僚体制"混合而成的官僚政治体制，在通常情况下，这两种体制系统基本上互相联

---

[1] 《梁漱溟全集》第3卷，山东人民出版社1990年版，第158页。
[2] 高默波：《书写历史：高家村》，《读书》2001年第1期。

系，各司其职，没有管辖权意义上的互相纠缠。① 在乡村基层社会的治理中，制度运行的单一性特征是比较突出的。1949 年新中国成立后，中国共产党将现代"政党运动"与乡村政权的建设结合起来对农村社会进行治理，基于自身强大的动员能力，通过自上而下地开展人民公社化运动，围绕农村土地关系改革，在乡村社会权力重组的基础上，将国家政权直接延伸到了农村社会的最基层——行政村的村庄内部，形成了国家同构社会的局面。② 通过在农村民主管理制度实施中制度的单一性运行，自上而下地建立起了国家基层公共权力运行中严格的支配体系，将农民完全整合到了国家政治体系里面。人民公社体制作为最有效的农村基层社会的治理方式，由于其在农村民主管理实践中重视制度运行的单一性，虽然使农村社会旧的"经纪体制"瓦解，确保国家的方针、政策及农村基层社会治理理念等通过自上而下的国家基层公共权力运行系统贯彻到农村基层社会，同时也有力地保证了农村基层社会的稳定，③ 但这种制度的运行使得国家基层政权组织直接嵌入农村基层组织，农村处在国家政权的直接严密控制之中，表现出了比较强烈的"全能主义政治"倾向。④ 这种单一的农村基层民主管理制度运行机制直接导致了工农、城乡之间发展的不均衡，使得经济和社会领域的二元结构出现和形成，伴随着这种二元结构的成型和固化，其消极功能日渐显现，主要体现为：不仅制约了农村生产力的发展，极大地压抑了农民的积极性；而且也限制了城市自身及其工业化的发展，在整个国民经济畸形发展的进程中未能使国家步入良性循环的健康发展轨道。由此可见，人民公社是一个特别强调原则的时代，其核心是要求人们不折不扣地服从上级的路线方针和政策，按照党的教导办事。⑤ 据此可以看到，人民公社这种制度在农村基层社会的治理中，在制度的单一性运行中过分重视和依赖国家政治权力、政治运动及意识形态的功能，而忽视了在农村基层社会治理中多种制度并行实施以充分调动起农民的民主管理能

---

　　① 张静：《基层政权——乡村制度诸问题》，浙江人民出版社 2000 年版，第 26—27 页。

　　② 沈延生、张守礼：《自治抑或行政：中国乡治的回顾与展望》，载徐勇主编《中国农村研究》（2002 年卷），中国社会科学出版社 2003 年版，第 136 页。

　　③ 高默波：《书写历史：高家村》，《读书》2001 年第 1 期。

　　④ 邹谠：《二十世纪的中国政治——从宏观历史与微观行动视角看》，牛津大学出版社 1994 年版，第 69 页。

　　⑤ 张乐天：《告别理想——人民公社制度研究》，东方出版中心 1998 年版，第 435 页。

力的重要性。

由此，20 世纪 70 年代末，家庭联产承包责任制的推行直接动摇了人民公社制度的土地产权基础，此后在广大的农村全面展开的各项经济改革不断地赋予农民更多自由活动空间及自由流动资源。① 国家开始打破原有人民公社管理体制下的稳定秩序，开始实行"乡政村治"体制，对农村社会的管理方式主要从两个层面开始了转变：一是以乡镇政府代替人民公社体制；二是以村民自治取代农村的生产队体制。在这种体制下，集体经济不再像人民公社时期那样对农村经济生活起决定性作用，广大农民开始逐步地、自主性地管控自身的生产行为及经济行为。伴随着农村经济体制和结构的深刻变迁及农村多元化利益主体的出现，农村基层社会的治理结构也开始出现了变化，由于政社分开，农村基层社会的微观体制和社会方面发生了重大变化，在家庭经营体制巩固的同时，村民自治制度得以建立并迅速发展，利益多元化之后的农村基层社会和农民开始自下而上地寻求农村权力结构的改变，以使其决定自身事务权力的诉求与其改变后的经济地位相适应。同时国家基层政权为重树其作为基层政权的合法性，以减轻其在农村经济社会体制变迁后面临的基层治理压力，也在自上而下地探求农村治理机构的改革路径。但是，国家治理农村的县乡管理体制却并没有随着农村经济和社会的发展变化而发生相应的变革，相反，其与农村经济社会发展和全面建设小康社会的目标存在着尖锐的冲突。② 吉登斯指出，现代民族国家的产生，要实现其造就一个边界明确、社会控制严密、国家行政力量对社会进行全面渗透的目标，加强国家对社区的全面监控就是其形成基础。③ 由此，在以村民自治制度为主要内容的农村民主管理制度实施过程中，开始出现了重视制度运行的单一性，忽视了与农村基层治理相关制度并行实施的协调性与统一性，这在一定程度上制约了我国农村基层社会合作治理的路径优化及基层民主发展空间的拓展。

事实上，农村民主管理制度实施过程中这种矛盾和困境局面的出现，

---

① 孙立平等：《改革以来中国社会结构的变迁》，《中国社会科学》1994 年第 2 期。

② 徐勇：《精乡扩镇、乡派镇治：乡级治理体制的结构性改革》，《江西社会科学》2004 年第 1 期。

③ ［英］吉登斯：《民族——国家与暴力》，胡宗泽等译，生活·读书·新知三联书店 1998 年版，第 146—147 页。

其根源在于农村基层治理中，与农村民主管理相关的各权力主体之间在其制度实施中的结构张力所致。以乡镇政府为代表的国家和以农民为代表的农村基层社会之间的权力与权利互动是我国农村基层治理各权力主体之间关系的重要范畴，须知，国家行政与乡村自治作为两个不同的治理系统和理论概念，发展到现在，两者实际上已经相互融合，成为一体。① 关于农村民主管理自身的制度设计及学界对农村民主管理制度的实施、拓展空间及运行机制、路径的思考等，其实质都是随着经济制度变革在我国农村基层治理转型背景下，在国家与社会关系视野下对农村基层治理实践尤其是农村民主管理制度的运行机制的考量和设计。在国家与社会关系框架下来思考我国农村民主管理制度实施中各相关制度实施主体之间的权力与权利关系，可以发现，在农村民主管理制度实施中，各相关制度所涉权力主体之间的利益冲突与结构张力，是导致在农村民主管理制度实施中重视制度运行的单一性而忽视各相关制度并行协调实施的关键因素。

在农村民主管理制度实施中，之所以出现各相关制度之间的矛盾与冲突，其原因是多元的，在农村基层民主管理制度实施中涉及的各制度所涉权力主体之间的相互关系，主要体现在以乡镇政府为代表的国家基层公共权力与以农民为代表的农村基层社会公共权力之间的冲突与互动，由此导致在农村基层社会民主管理实践中的多重利益分歧与结构张力。这些矛盾主要表现在以下方面：

首先，表现为以乡镇政府为代表的国家基层公共行政权力与以村委会为代表的社会公共权力之间的矛盾与冲突。其根源是在农村民主管理制度实施中重视国家基层行政管理制度单一性运行，根据《村民委员会组织法》的规定，乡镇政府与村委会之间在工作层面是指导与被指导、协助与被协助的关系，而不是直接的领导与被领导关系。然而，在农村民主管理实践中，乡镇政府却经常将各种村级自治管理组织作为自己的下级单位，尤其是在农村税费改革之前，国家为了实现对农村社会的汲取而大量地依靠乡镇政府来实现。② 即便是在税费改革之后，多元化的权力与利益

---

① 沈延生、张守信：《自治抑或行政：中国乡治的回顾与展望》，载徐勇主编《中国农村研究》（2002 年卷）2003 年版，第 74 页。

② 周飞舟：《从汲取型政权到"悬浮型"政权——税费改革对国家与农民关系之影响》，《社会学研究》2006 年第 3 期。

格局之下面对加强农村基层党组织及基层政权建设的需要，国家行政权力对农村自治权力的影响从未放松过。从农村民主管理角度来看，由于乡镇政府把持着农村发展所需要的大部分资源，造成农村民主管理中各种自治组织与乡镇政府之间存在事实上的行政依附关系，即便在面对基层行政权力组织制度单一性运行中的越位和侵权时，也只能被动或主动地接受与服从，与农村民主管理制度实施要求实现的自治理想状态相距甚远。

其次，表现为农村基层社会民主管理实践中各民主管理自治组织主体之间的矛盾与冲突。从制度设计上来说，在农村民主管理实践中，各村级民主管理自治组织的主体管理机构都是由村民选举产生，对该组织内的所有村民负责。如以村民自治的自治组织制度设计为例，村委会组织由全体村民选举产生，对村民负责，但是《村民委员会组织法》在赋予村委会自治地位的同时，还将许多国家的职权，诸如宣传国家宪法、法律、法规及政策，协助乡镇府开展工作及教育村民履行国家相关法律规定的义务等赋予了村委会，导致了村委会实际上并不是单纯的自治组织，而是具有准政权的性质。① 同时，在农村民主管理领域，还存在政治性、经济性及其他基层自主性组织，这些自治性组织的目标主要是更好地实现农民的政治、经济利益或完成某种社会保障功能，侧重于实现组织的非政府、非营利性、公益性或互助性等功能目标的实现。但是，在农村民主管理制度实施中由于常常偏重制度运行的单一性，忽视了与相关制度并行实施的协调性与统一性，使得在农村基层民主管理中很多自治性组织的发展面临很多问题，很多自治性组织内、外部管理经验欠缺，缺乏建构农村基层社会自治性组织的良好体制机制；农村基层社会自治性组织建设与基层政权和基层民主建设相脱离，不能形成合作共赢关系；在农村基层社会自治性组织发展中一方面存在政府过度干预现象，使得基层社会自治组织行政化，另一方面又由于政府缺乏支持性政策和措施，使得农村许多基层自治性组织处于放任自流等不理想的发展状态，难以发挥其对农村基层社会政治、经济发展的重要推动作用。为此，我们必须认真思考，针对农村民主管理制度实施中面临的这些矛盾与冲突，创新农村基层社会自治组织管理及运行体制，实现在农村民主管理制度实施中各自治组织之间良性的协调与统

① 吴理财：《村民自治与国家重建》，《经济社会体制比较研究》2002 年第 4 期。

一性。

最后，表现为农村基层社会民主管理实践中各民主管理自治组织主体与各自治组织成员之间的矛盾与冲突。从制度设计上来说，农村民主管理中各自治组织的授权与合法性来源是基于各自治组织成员的委托、投票与信任。自治组织成员在投票之后理所当然地认为各民主管理自治组织应当代表、维护他们的利益。但事实上，许多自治组织在承担政府职能的同时，与国家基层公共权力存在一定程度的依附关系，一旦国家与社会的利益发生分歧和矛盾时，许多民主管理自治组织就会表现出"准行政化"的特征。这就使得自治组织制度与组织成员之间产生矛盾与冲突，于是，在农村民主管理制度实施过程中，组织成员对民主管理自治组织的日常管理活动就会质疑、抵触，乃至不合作，这就导致农村民主管理制度实施运行中出现了一些异化现象，一些地方在农村民主管理过程中，与基层乡镇政府主流意愿相背离的人可能被推选为各自治组织的负责人，而有的地方在农村民主管理实施过程中，出现了由初级形态的农村社会自治向初级形态的地方自治的回归，产生了一种新形势下的所谓的"绅治"。[1] 由于这其中很关键的一个因素在于在农村民主管理制度实施过程中忽视了与相关制度并行实施的协调性与统一性，使得村民对"准政府"化的各民主管理自治组织出现了上述反应。与此同时，伴随着新"绅治"的重要组成部分的经济能人及民意领袖等不断地在农村民主管理中发挥重要作用，一些家族势力及农村黑恶势力等也开始抬头并逐步地参与到农村的民主管理实践中来，这与农村民主管理制度实施的理想状态相距甚远。究其根源，一方面是由于农村民主管理制度在实施过程中，客观上没有重视国家基层公共权力与农村基层社会村民自治权力之间的制度性平衡，另一方面也在于在农村民主管理制度实施过程中忽视了与相关制度并行实施的协调性与统一性，而重视制度运行的单一性。因此，我们必须对此进行深刻的反思并作出新的制度运行设计，以此克服农村民主管理制度运行中由于制度运行的单一性所体现出的各种内在矛盾和问题，结合法治国家对基层公共权力与农村社会村民自治权力的要求，重视国家基层公共权力在农村民主管理领域的制度化建构，以及对农村民主管理中各自治组织所实施制度之间

---

① 沈延生：《村政的兴衰与重建》，《战略与管理》1998 年第 6 期。

的协调性与统一性的制度化关怀与指导，从而使得农村民主管理制度的实施步入良性循环的轨道和达到理想的实施效果。

对此，应立足于国家与社会和谐互动的视野框架来透视我国农村基层治理场域，在农村基层自治权力主体多元化的背景下，通过各权力主体合作共治的治理思路来实现农村民主管理中的"善治"。实际上，就是要在农村民主管理制度的实施过程中，不仅重视制度运行的单一性，也要重视农村民主管理各相关制度运行的协调性与统一性，在制度运行多元化过程中，要重视各制度实施的权力主体之间的协调与统一，避免相互之间的矛盾与冲突。在农村民主管理制度运行中涉及的制度权力主体主要包括：其一，以乡镇政府为代表的国家基层公共权力主体。作为国家在农村的行政末梢，乡镇政府掌握着农村基层社会民主管理领域很大一部分资源及其配置，这也表明，以"村民自治"为主要内容的农村民主管理制度其实质是法治国家建设进程中自上而下开展的对农村基层社会治理的制度安排，因此，在农村民主管理制度实施中，不可能独立于国家宏观的民主化、现代化及法治化进程而展开，乡镇政府代表的国家基层公共权力仍然是在农村民主管理领域扮演重要角色的制度权力主体。其二，村党支部。按照《中国共产党农村基层组织工作条例》的规定，村党支部是农村基层社会治理中各种组织和各项工作的领导核心。其实质是国家基层公共权力在农村基层社会的延伸，实践中，村党支部往往体现和代表的是国家基层政府的利益和治理意图。尽管客观上村级层面的政治性与政权性事务并不多，大量的事务属于村民自治的农村民主管理的社会权力范畴，因此，如何在农村民主管理制度实施中，从制度层面规范和协调好村党支部的领导核心地位，是农村基层社会治理实践中的重要内容。其三，村委会。村委会在农村民主管理中所处的地位十分重要，村委会不仅是村民利益的组织代表和农村民主管理制度的重要现实载体，而且在我国农村基层民主管理的权力格局中，村委会处于国家与社会之间的过渡与缓冲地带，往往具有自治与行政的双重职责。同时村委会的自治实践不但决定和影响着农村基层社会的治理绩效，而且还能为更高层次的竞争性民主提供一个循序渐进的扩张平台及基层民主操作技术的扩散机制。其四，其他权力主体。在农村民主管理领域，随着农村经济社会体制的改革与发展，乡村权力格局变迁过程中国家权力的相对退出与社会自治性的相对发育，使农村逐渐出现了多元化的利益主体，农村基层社会出现的各种形式的利益组织依托其权力主体不断地通过制度化的渠道和途径使其利益诉求得到表达和实现，甚至在一定程度上对公共政策施加影响，主要包括家族势力、经济能人及各种类型的经济组织等，这些构成了农村民主管理制度实施中的其他权力主体，这些权力主体已经成为农村民主管理领域制度实施的重要基础和组成部分，对我国农村基层社会治理进程的影响也在与日俱增。

对此，面对农村民主管理制度实施过程中的多元化的制度权力主体格局，建构起多元治理主体间的制度性合作关系，是实现农村善治的制度发展方向。笔者认为，应在充分吸取我国农村基层协商治理传统经验及西方协商民主理念的有益之处的基础上，逐步建立健全农村基层社会民主管理的协商机制，以有效地协调和统一农村民主管理制度实施过程中各相关制度施行主体之间的关系，促使各相关制度并行实施，增进公共利益及村民各自合法权益的最大程度实现，以不断地实现和完善农村民主管理中多元治理主体间制度性合作关系，从而有效克服在农村民主管理制度实施中偏重制度运行的单一性对农村民主管理"善治"目标实现所带来的负面影响。结合农村民主管理制度实施的实际情况，可以从以下方面着手来予以改进和完善。

首先，转变观念意识，树立协商治理理念，摒弃命令与竞争的治理理念，为农村民主管理领域各制度并行实施奠定思想基础条件。长期以来，在农村基层社会的纵向治理过程中，行政命令性的治理理念比较浓厚，围绕农村村级治理，各行政层级主要是通过行政命令对农村基层社会进行所谓的民主管理，这种管理不仅损害了基层公共权力及自治组织的权威性和合法性，而且也使公共政策的执行效力和效果不能很好地达到理想状态。从村级民主管理的横向结构来看，村级各自治组织之间在民主管理的实践中更多地体现为互相竞争状态，且这种状态表现出极强的互不信任，村级党组织、村委会及体制外自治组织在农村民主管理实践中的相互竞争与不合作的状态在我国农村基层社会治理的实践中普遍存在。要改变这种现象，就必须将协商治理理念引入农村基层民主管理的纵向和横向治理结构中，将民主管理中各权力主体置于公共利益框架下，通过协商机制来实现其利益表达诉求、利益纠纷的解决及利益满足的获得。具体而言，在纵向的民主管理实践中，国家基层公共权力组织，诸如县及乡镇一级基层公共权力机构在农村民主管理实践中多与村级权力主体协商沟通，尊重其自治权，尽可能淡化行政命令的治理理念。在横向的民主管理实践中，各自治权力主体之间也要加强协商与交流，避免相互之间因"官本位"意识而导致的不良竞争现象，而更多地就公共利益实现的最大化加强村级公共事务的协商治理。

其次，要理顺农村民主管理实践中各治理主体之间的关系，构建各自治组织管理制度并行实施的制度化路径。其一，通过立法与政治体制改革逐步改变乡镇党委、政府等基层公共权力对农村民主管理领域社会自治权力的过度入侵的现状，规范基层公共权力的职责权限范围，将其对农村基层民主管理领域治理资源的制度化分配严格地限定在公共事务和公共服务领域，同时，广泛地通过乡镇人大监督、综合新闻媒体、网络舆论、信访制度等构建立体化的对基层公共权力的监督体系，以此实现国家基层公共权力与农村基层社会权力之间的和谐互动。其二，以加强村委会建设为突破口，以制度建设规范和保障农村民主管理领域的治理空间和治理资源，实现农村自治领域社会权力的独立性和自主性。其三，进一步明确和规范农村民主管理各自治组织的职能和运作程序及各自治组织之间的相互关系，同时规范和处理好各自治组织与体制内组织的关系，既要避免体制内各自治组织出现"准政府"的趋势，也要避免体制外各自治组织出现"行政化"的趋势。致力于通过制度保障农村基层社会各自治组织成员的合法权益及自治权力的最大程度实现。

最后，要进一步创新农村民主管理制度协商治理机制，逐步建立健全扎实有效的各制度实施主体协商参与村级治理的形式。农村基层社会各自治组织之间合作及协商共治理念，都要通过协商治理的具体形式来实现。针对目前各种基层治理形式存在的问题，要避免表面化的基层治理中的参与监督机制形式，诸如"上墙制度""监督举报制度"等，以及在村级事务治理中的"事后告知"与"事后监督"等治理形式，构建起实质性的各自治组织协商共治参与村级治理的形式，这种形式既要能充分地收集和体现村民自治意愿和意见，又要能在治理过程中全面地表达其利益诉求，还要能充分地体现协商共治的理念。

第六章 农村民主管理制度法治保障的宏观进路

一 动力机制

农村民主管理制度的法治保障是一个相对独立的法治子系统。国家依法治国理念与方略在农村基层民主政治领域的体现和贯彻落实，农村民主管理制度的法治保障是实现这一目标的关键及重要内容。而要实现农村民主管理制度的法治保障，不仅需要一个内容结构安排科学合理的静态农村民主管理法律制度体系，而且需要一个与农村民主管理法律制度有机衔接、融合与高效运行的动态的农村民主管理制度法治保障机制。两者之间相互联系、相互渗透、相互衔接、相辅相成，才能全面有效地共同维护和实现农村民主管理制度法治保障的价值与目标。在国家法治统一原则的指导下，严格遵循法治的科学系统化运作规律与要求，农村民主管理制度的法治保障的动力机制必将是一个由内部动力机制和外部动力机制构成的有机统一动力机制系统。从应然层面看，农村民主管理制度法治保障的内部动力机制主要是一个由关于农村民主管理制度科学立法、严格执法、公正司法及自觉守法与有效开展实现法治监督等诸多环节相互支持和有机联系的内部动力机制系统。从实然层面看，农村民主管理制度法治保障的外部动力机制的地位和作用则日益突出和重要，农村民主管理制度法治保障动力机制系统的实际运行不仅受到该系统的内部动力机制的推动和影响，而且还受到该系统的外部动力机制系统的制约和影响。要确保农村民主管理制度法治保障的有效运行和实现，必须双管齐下，内外部结合，多方面努力，力图建立一种在农村民主管理制度法治保障内部动力机制科学合理基础上，辅之以在农村民主管理制度法治保障经济、政治、文化等方面支持有力、协调有序的外部动力机制，两者协同并进，融合共生，才能形成一个科学高效、稳定有序的农村民主管理制度法治保障的动力机制系统，真正实现农村民主管理制度法治保障的预期价值和目标。

对此，笔者拟以马克思主义社会发展动力理论为基础，对农村民主管理制度法治保障的动力机制进行分析，认为，随着中国特色社会主义新农村在经济、政治、文化及社会等方面的全面发展，农村民主管理制度的建立健全及有效运行也必然受到上述诸多因素的影响，这也揭示了农村民主管理制度法治保障的动力机制主要是由经济、政治及文化等动力机制要素所构成的一个全面系统的动力机制系统。深入、系统地对农村民主管理制度法治保障动力机制进行全面分析，不仅有助于农村民主管理制度法治化建设的顺利进行，也有助于农村民主管理制度法治保障的科学实现。

（一）经济动力机制

经济动力机制是农村民主管理制度法治保障的根本内生动力。从根本上讲，农村民主管理制度法治保障的水平主要取决于其所依存的农村社会物质生活条件。农村民主管理制度的法治保障进程也取决于农村市场经济法治的水平，农村市场经济的发展是农村民主管理制度法治保障的根本的内生动力。没有农村市场经济的发展，农村民主管理制度法治保障的经济基础就不稳固，其发展的动力基础就不足。从此意义上讲，只有不断地深化农村市场经济改革与发展，农村民主管理制度的法治保障才会取得持久的内生驱动力。

农村经济发展不仅是社会主义新农村建设的中心环节，也是农村民主管理制度法治保障的中心与根本。只有不断发展农村市场经济，广大农民日益发展的物质与精神需求才会得到满足，农村民主管理制度的法治保障才会有坚实的物质基础。农村民主管理制度法治保障的动力机制是个社会系统工程，在坚持以农村经济建设为中心的同时，必须充分考虑到农村民主管理制度法治保障过程中农民的合理需要、农村科技发展水平及农村土地制度的改革与发展等多种经济动力机制因素的有机联系与融合，确保农村经济、政治及文化等方面在农村民主管理制度的法治保障中能够得以规范有序、全面协调地发展。

首先，在农村民主管理制度法治保障的经济动力机制中，广大农民的科学合理的需要是重要的原动力。马克思认为，人类行为的本源性动力在于人的需要与满足需要的相互紧密联系的不可分割性、内容构成的多层面性、广泛性及发展的无限性。① 可见，具体到农村民主管理制度法治保障的视域中，其经济动力机制的运行是一个复杂的系统，但是农村民主管理制度实施和运用的主要主体——广大农民群众自身的各种复杂的需要则是最基本的原动力。广大农民群众的需要是经济动力机制的起源与发端，须知，需要是马克思主义社会学关于社会运行机制首要的基本的范畴。② 农民是农村民主管理制度的重要实施主体，也是农村民主管理制度法治保障的具体实践者与直接受益人。因此，广大农民群众参与建设农村民主管理制度的努力程度，不仅决定着农村民主管理制度的建立健全与良性实施水平，而且也决定着农村民主管理制度法治保障的进程与水平。由此，在农村民主管理制度法治保障过程中，最大限度地调动起广大农民的积极性，最广泛地发动农民群众的自主创新性参与，提高广大农民群众在农村经济事务民主管理中的自主发展能力，这些都是农村民主管理制度法治保障经济动力机制的重要力量源泉。同时，在农村民主管理制度法治保障过程中，要高度关注与重视广大农民群众在农村民主管理中需要的广泛性，不仅重视农民生存与安全的基本需求，而且要关注广大农民在农村民主管理中的受尊重及自我实现的情感、归属感等有关社会经济、政治、文化精神及社会权益等方面的发展需要。与此相应的，广大农民群众在农村民主管理过程中其发展需要的无限性也必须得到重视，因为这其中寄托和包含了他们对农村经济社会发展美好生活的向往与追求。可见，广大农民群众在经济、政治及文化等方面的需求，是农村民主管理制度法治保障经济动力机制系统的原动力。

其次，农村科技生产力的发展不仅是农村经济社会发展的第一生产力，是社会主义新农村建设的最重要的动力，而且也是农村民主管理制度法治保障经济动力机制中的关键性技术因素。发展生产是社会主义新农村建设的首要要求，而科学技术在农村社会生产力发展中是关键性的动力要素，具体到农村民主管理制度法治保障的经济动力机制视域中，则是要在

---

① 杨信礼：《社会动力发展机制的结构、功能与运行过程》，《广东社会科学》2002 年第 6 期。

② 郑杭生、李强等：《社会运行导论——有中国特色的社会学基本理论的一种探索》，中国人民大学出版社 1993 年版，第 117 页。

农村民主管理的过程中通过法治保障的力量实现现代农业的充分发展和农民科学文化素质的全面提高。

最后，农村土地制度的不断改革与完善是农村民主管理制度法治保障经济动力机制系统中的长效动力机制。在我国农村，土地是与广大农民的生存条件及生活环境紧密相关的生产资料要素。自改革开放以来，我国农村土地经营制度经过改革，从包产到户、包干到户等小范围试行，到大规模开展农村土地基本经营制度的推行，经历了一个不断改革完善的过程。1978—1981 年，家庭联产承包经营开始在农村逐步推行，这不仅有效克服了传统农村土地经营制度的弊端，也极大地调动起了广大农民群众的生产积极性，使粮食产量极大提高。随着农村劳动力外出流动的逐步加强，农民的传统生活方式开始发生变化，先前主要依靠土地经营致富的路径也开始随着农民经营其他副业方式的增加发生了改变，与此同时，农村规模经济发展的滞后也使农业生产效率的提高受到了制约，在这样的情形下，农民的增收也开始变得缓慢，由此对农村土地承包经营流转的需求也开始变得迫切而必要。为此，中共十七届三中全会制定颁布了《关于推进农村改革发展若干重大问题的决定》，确定了要逐步建立健全农村土地承包经营权流转市场，鼓励农民以多种方式流转经营农村土地承包经营权，这种土地制度的推行，有效提高了土地利用率，降低了农民种地成本，也有效地使广大农民在劳动积极性提高的同时实现了增收。有了经济基础的改善和好的发展势头，广大农民参与各种村级公共事务民主管理的积极性就越高涨，农村民主管理制度的建立健全与有效实施也就有了更好的经济动力基础，从这个意义上讲，农村土地制度的不断改革与完善是农村民主管理制度法治保障经济动力机制系统中重要的长效动力机制要素。

实际上，从 20 世纪 80 年代开始的中国农村经济体制改革，虽然在很大程度上促进了农业经济的快速发展，但是农村经济体制改革并未从根本上解决农村市场经济发展中面临的诸多实质性问题，比如农村民主管理制度的全面完善、农业资源权利归属的合理化、农产品流通的市场化、农业收入分配的公平化及国家有关农村发展的宏观调控制度的法治化等与农村民主管理制度密切相关的问题都需要在农村经济发展的基础上得到法治层面的有力保障。但是中国农村经济的发展水平尚处于由农耕经济阶段的农耕文明向农村市场经济阶段的农村商业文明发展的过渡阶段。① 农村市场经济的发展对农村民主管理制度法治保障的内在需求与驱动力尚有较大的空间，有待进一步深化与发展。有鉴于此，必须大力开展农村经济体制改革，重点围绕农村民主管理制度及与其紧密相关的农村土地制度、农村土地经营及流通制度、农业收入分配制度及农民社会保障制度、国家有关农村民主管理的宏观调控及管理体制等着手进行，努力通过农村市场经济发展与农村民主管理制度法治保障的有效结合与积极互动，在积极促进与推动农村市场经济发展的同时，最大限度地积聚与完善农村民主管理制度法治保障的内在经济动力机制。与此同时，我国自2001年11月正式加入世界贸易组织以后，总体上讲我国市场经济建设与经济法治建设水平基本达到了以自由市场与经济法治为宗旨的世界贸易组织的准入条件。这一进程必然促进中国市场经济在各个领域改革的压力与力度不断增强，反映在农村民主管理制度改革与发展领域，必然涉及农村市场经济发展与农村民主管理制度法治保障同步加强与完善的互动过程。作为一种经济动力机制，农村市场经济的发展不仅能以其自身固有的系列原则与优点促进农村民主管理制度的法治化建设，而且能够为农村民主管理制度的法治保障提供必要而有力的物质条件。同时，农村市场经济的发展也有利于在克服传统农耕文明缺陷的基础上催生农村商业文明的形成和发展，在此基础上为农村民主管理制度法治保障提供法治土壤。总之，作为根本的内生动力，农村市场经济的发展不仅有效地增强了农村民主管理制度法治保障的内生驱动力，而且也有利于促进农村民主管理制度法治保障的良性有序运行。

(二) 政治动力机制

政治动力机制是农村民主管理制度法治保障的主导驱动力。所谓政治动力，有学者认为从政治变量的角度看，主要包括两个基本要素，一是国家政府能力要素，二是人民的社会民主化参与要素。② 有学者曾提出过双轨制的中国社会结构模式理论，其主要观点认为中国的政治治理

---

① 陈文曲、周春梅：《影响农村法制建设的若干因素及其对策》，《湖南公安高等专科学校学报》2001年第3期。

② ［美］阿尔蒙德：《发展中的政治与经济》，载［美］塞缪尔·亨廷顿等著、罗荣渠主编《现代化：理论与历史经验的再探讨》，上海译文出版社1993年版，第113页。

主要有两种治理模式，一种是自上而下的治理结构，一种是自下而上的治理结构。① 也有学者对政治机制及其动力结构的概念提出自己的见解，认为就政治机制而言，其主要指的是一个政治系统里各构成要素之间相互联系与作用的制约关系及其功能；同时认为政治机制的动力结构主要分为两个部分，一是内在动力机制结构，主要是自下而上的通过政治行为主体对政治利益的追求所激发的动力机制；一是外在动力机制结构，这主要是自上而下的行政压力动力机制，这两个部分共同构成了政治机制的动力结构。② 具体到中国特色社会主义新农村建设背景下农村民主管理制度的法治保障的政治动力机制层面，国家基层政府自上而下的行政治理形成的主导力量是农村民主管理制度法治保障主要的政治动力机制。同时，农村基层民主管理制度是当前广大农村农民在追求其政治利益中自发产生和形成的最有效、使用最广泛的方法与路径。由此，农村基层民主管理与自治制度的发展与完善也是我国农村民主管理制度法制保障的重要政治动力机制。

　　长期以来，由于历史与体制的因素，我国农村呈现出普遍性的整体性滞后发展现象。这主要表现为广大农村生产力不发达，经济发展水平不高，这导致农民收入普遍不高，同时农村基础设施发展相对落后，公共服务体系不完善，广大农村的文化、卫生、教育及科技等社会事业发展整体水平不高。因此，在这样的基础上，为了加快社会主义新农村的建设，大力加强农村民主管理制度这样的软件建设，是非常重要且必要的，同时加强农村民主管理制度的法治保障仅靠农村现有的民众与各种自治组织的力量是不够的，必须通过国家基层政府的领导力量，以及国家基层政府对广大农村社会的广泛动员能力这样的政治动力机制的支持。

　　这主要是因为国家基层政府不仅是农村民主管理制度法治保障的主要政治主导力量，而且也是社会主义新农村建设的主要主导力量，其政治主导力量是其他力量无法比拟的，加之国家基层政府拥有对农村民主管理制度法治保障充足的可分配资源及其公共政策权威性支撑资源。通过国家在

---

　　① 费孝通：《中国乡村社会结构与经济》，载王铭铭主编《中国人类学评论》第 2 辑，赵旭东、秦志杰译，世界图书出版公司 2007 年版，第 1—20 页。

　　② 文晓明、王立新：《社会主义民主政治运行机制研究》，人民出版社 2004 年版，第 39—40 页。

农村社会的基层政府的组织和主导，有利于调动和引导广大农民群众积极地参与到农村民主管理制度法治保障中去。同时，通过基层政府的组织和引导，调动起广大农民群众参与社会主义新农村建设的积极性，通过农村基础设施的改造和完善，农村公共服务产品供给的增加，大力发展农村的各项社会事业，这些都需要国家在农村的各级基层政府的大力支持，只有这些发展了，农村民主管理制度的法制保障才具有坚实的基础，可见，国家基层政府的政治参与是农村民主管理制度法治保障的重要政治动力机制和主导驱动力。

（三）文化动力机制

文化动力机制是农村民主管理制度法治保障的关键驱动力。文化主要是通过人的价值观念、思维方式及情感态度等来实现对社会发展的动力功能和作用的。文化作为社会主义农村民主管理制度建构的重要组成部分，其产生于农村经济与农村基层民主政治的发展，也必然反作用于农村经济基础与农村基层民主政治，成为农村经济、政治与社会发展的重要精神动力，对于作为农村上层建筑建设的农村民主管理制度的法治保障，农村文化动力机制也必然成为其关键的驱动力。从文化动力的发生及其性质、特征等定义来理解文化动力的含义，我们可以看到文化动力主要包括四个结构层次，一是智力因素，主要内容包括人力资源开发及科技教育；二是精神力量，内容主要由人生观、价值观及世界观为核心的社会道德体系转化而来；三是文化网络，主要由各种信息传播及设施组成；四是优秀文化，主要通过直接与间接形式融汇到农村市场经济与现代化发展进程之中。

具体到农村民主管理制度法治保障的动力机制领域，笔者认为其文化动力机制主要包括农民的文化素质、农民对农村民主管理制度的文化认同以及农民的法律意识等要素。对此，笔者认为农村民主管理制度法治保障的文化动力机制主要体现为农民对农村民主管理制度法治保障的法律文化认同。所谓文化认同，主要是指人们对共同文化的确认，这种共同文化存在于人们之间或者个人与群体之间。其依据主要体现为事业共同的文化符号、秉承共同的文化理念、遵循共同的文化思维模式与行为规范。文化固有的基本功能在于认同，从确认与赞同或承认与接受这个角度而言，文化认同可理解为认同的核心。① 农村民主管理制度法治保障最强大的精神动力来自广大农民对于农村民主管理制度法治保障的文化认同的形成及以此为基础而产生的正确而坚定的法律意识信仰与价值取向，也就是农民对于农村民主管理制度法治保障的内涵、发展规律及基本趋势的洞察及以此为基础的对农村民主管理制度未来发展的一种预期。主要是通过法治文化的传导作用内化为农民的思想与心理，从而形成一种理想与信仰，使之成为广大农民的精神支柱与追求，有效地激发广大农民在农村民主管理制度法治保障中的劳动热情、团队协作意识、奉献精神及创造才能。

广大农民对农村民主管理制度法治保障的普遍认同将构成推进农村民主管理制度法治保障的关键驱动力的文化动力机制。对于农村法治的社会认同，主要取决于广大农民对农村民主管理制度的普遍参与及农村民主管理制度在保护农民权益方面所发挥的主导作用。从农村民主管理制度的现实状况来看，虽然历经长时期的建设与发展，取得了较好的成绩，但是，一个很重要的问题是农村民主管理中的平等参与问题未能很好地得到解决与体现，农村民主管理制度的法治保障未能成为广大农民在农村民主管理中正当合法权益保护的主导手段和首要选择。为此，为加强作为农村民主管理制度法治保障关键驱动力的文化动力机制，我们应从以下几个方面采取切实有力的措施，以不断地强化和完善农村民主管理制度法治保障的文化动力机制，确保农村民主管理制度法治保障的良性发展与有序运行。

首先，树立正确的农村法治文化观。在农村民主管理制度的实施过程中，在广大农村居民的思想观念深处，尤其是一些农村村级公共事务组织管理者，普遍存在对于法治理解的偏差。认为农村法治，包括农村民主管理制度的建立健全及实施，其主要的目标在于通过法律治理农村和管理村民，广大农民是农村依法治理的重要客体，这种法治文化观念的存在与流行，对于农村民主管理制度的实施及其法治保障是个重要的文化机制障碍，不仅造成广大农民对于农村民主管理制度法治保障的漠视，而且也使得农村法治正确的文化观念难以在广大农民内心深处扎根并得到普遍的文化认同，这在一定程度上也不利于农村社会稳定的民主管理局面的完全形成。实际上，对于农村民主管理制度实施法治保障，是国家依法治国方略

---

① 崔建新：《文化认同及其根源》，《北京师范大学学报》（社会科学版）2004 年第 4 期。

在广大农村基层社会具体实施的一种深刻的实践和体现，其实质内容主要是按照《宪法》及《村民委员会组织法》等国家有关农村基层民主政治发展的基本法律的规定及要求，对农村各项村级公共社会事务进行各种形式和途径的管理，以在农村民主管理制度的实施过程中逐步实现农村经济、政治、文化及社会生活的制度化、规范化与法治化。可见，在农村民主管理制度法治保障的文化动力机制中，其主体是广大农民群众，客体是农村基层民主管理中各项经济、政治、文化及社会性公共事务，其关键在于实现各项农村民主管理制度实施的法治化运行与保障。其终极目标是要确保农村各项村级公共事务管理的制度化、规范化与法治化，实现各项农村民主管理工作的法治保障。正确的农村法治文化观的深层意蕴应理解为通过农村民主管理制度的实施实现农村社会经济发展、法治昌明及农村社会稳定有序，保障广大农民的各项合法权益。对此，在文化动力机制中，应努力树立正确的农村法治文化观念，以从根本上消除农村民主管理制度法治保障文化动力机制中影响和阻碍农村法治社会文化认同的思想障碍。

　　其次，消除立法观念在农村民主管理制度法治保障里存在的认识误区，确保广大农民群众在农村民主管理中的平等主体资格和地位。指导思想与法治观念的正确性不仅是法律的精神与灵魂，而且也是立法科学完备的先决条件。从农村民主管理制度的实施来看，在农村民主管理制度法治保障的实施主体与客体中，普遍存在认识误区，主要体现为广大农民在农村公共事务民主管理中的平等参与问题未能得到很好的体现和保证，由此导致广大农民群众在农村民主管理中的主体地位缺乏公平与公正的对待，其正当合法的权益未能得到相关法律的有效保障，这也使得农村民主管理制度法治保障的关键驱动力乏力。当然，这与国家现行的立法体制与决策体制存在的局限性有关，农民很少能参与国家有关农村的政策、法律及法规的制定，同时在这些法律法规制定修改时农民阶层也缺乏强有力的发言人与代言人，从而使得广大农民在参与农村民主管理中的法治保障境况鲜被重视。① 这就使得广大农民在农村民主管理中应该享有的诸多基本权利，比如劳动权、受教育权、选举权及社会保障权等在实践中被忽视或不能获得与社会其他阶层同等的保护。比如，从《劳动法》第 2 条的相关

---

① 夏循祥：《我国农村法制建设的突出问题及其解决》，《中南大学学报》2003 年第 4 期。

规定来看，广大农村劳动者的有关劳动的基本权利未能得到有效的保障，其第 2 条规定，在中国境内的国家机关、企事业组织、个体经济组织、社会团体及与之形成劳动关系的劳动者适用本法。从《教育法》的相关规定来看，教育资源在城乡的配置存在不均衡的现象，这也导致广大农民群众受教育的水平相对不均衡，使得农村民主管理制度法治保障的文化动力机制发展受到负面影响。同时，农民的选举权及社会保障权等方面的立法也存在类似的问题。这使得广大农民群众常常感到其合法权利被"相对剥夺"，进而在思想深处对农村法治难以有强有力的文化认同感，因此，在农村民主管理制度的实施及其法治保障领域，要让广大农民群众的法治文化观念真正内化为习惯也面临文化动力机制的贫困。对此，笔者认为应从多方面采取积极有效的措施，重点通过农村立法消除认识误区；通过农村民主管理相关法律法规的制定与完善，城乡差别的消除及广大农民群众在农村民主管理中平等权利主体资格和地位的法治保障等措施，不断地提高广大农民对农村民主管理制度的法治文化的认同水平，完善和强化农村民主管理制度法治保障的文化动力机制，使其成为农村民主管理制度法治保障的持续强劲的关键驱动力。

再次，不断地提高广大农民群众的法律意识，这是加强农村民主管理制度法治保障文化动力机制的核心。农村民主管理制度法治保障的主体是广大农民群众，要让农村民主管理制度的法治保障获得农村社会普遍的法治文化认同，必须加强其文化动力机制，而其核心是广大农民群众法律意识的提高。长期以来，广大农民群众法律意识与法律素质普遍不高，其传统法律意识受中国传统文化的影响深厚，主要局限于"欠债还钱，杀人偿命"的范畴，缺乏现代法治文化观念，这与现代农村民主管理制度的实施及其法治保障所要求的法治文化的基本要求相距甚远，不仅是我国农村法治建设面临的现实困境，也是农村民主管理制度法治保障在文化动力机制方面存在的核心障碍。虽然新中国成立以后，部分农民通过自学法律提高了自己的法律文化和素质，应该肯定的是在国家基层政府的主导下，"送法下乡"开展了大量的普法宣传工作，广大农民的法律意识整体上有了较好的提高，但是，仍然距离社会主义新农村建设的理想要求有较大的差距。结合农村社会农民法律水平的现状，应将农村民主管理制度的法治保障上升到国家农村法治建设及依法治国的层面，充分挖掘农村本土资源，培育和完善农村民主管理制度法治保障的内生文化动力机制，对现行农村普法体制及其运行的实效进行深刻的反思。应多途径地开展农村法律的宣传，促使广大农村民众改变传统法律认知中以生命和财产为核心内容的局限性。在农村普法活动中，紧紧围绕农村市场经济与农民权益保障主题，从农村民主管理制度法治保障的整体需要出发，在广大农民法治教育与法律意识的培育中，按照由点到面、由简到繁、由远及近、确保实效的思路，做好农村民主管理制度法治教育的整体规划工作，持续、深入地开展农村法治教育学习，宣传教育活动，不断地提高农民的法律意识水平，夯实农村民主管理制度法治保障的文化动力机制的主体文化基础。

最后，不断地完善农民在民主管理中纠纷解决法律意识。农村民主管理制度法治保障的目标不仅要实现对各农村民主管理主体合法权益的正确保护，而且要充分发挥法治解决农村民主管理中各种矛盾与冲突的作用，在为广大农民提供法律救济时使其树立起纠纷解决法律意识，这也是农村民主管理制度法治保障文化动力机制的重要组成内容。在法治传统比较缺乏的我国农村，国家法与农村习惯法长期处于矛盾与冲突之中，未能实现良性的互动，在农村民主管理制度实施中，农民之间的各种纠纷与冲突也往往通过道德、习俗及宗教等非法律途径予以解决，法律并不是村民解决纠纷的优先选择，法律解决纠纷的积极作用未能被大多数村民所理解与接受，他们通常认为选择法律途径解决纠纷在许多时候并不能达到理想的结果与效果，同时因为其没有人情味还使得人们往往背负沉重的物质或精神压力。为此，为进一步强化农村民主管理制度法治保障的文化动力机制，笔者认为应高度重视农民的纠纷解决法律意识的培养，正确地引导广大农民认识到法律的公开性、稳定性与强制性在农村民主管理中解决各种纠纷的优势与主导作用，这是其他社会规则所不具有的。毕竟，作为农村民主管理制度法治保障文化动力机制的重要内生机制，农民纠纷解决法律意识的培养不仅事关农村民主管理制度的完善与实施，而且对于农村法治建设进程的推动也具有非常重要的意义。当然，在这个过程中，我们也必须清醒地认识到，在农村民主管理中发生的纠纷与冲突并不都是法律问题，有些是关系到村民在农村社区、熟人社会生存与发展的社会问题，农民纠纷解决非法律手段向法律手段的过渡，必将经历一个渐进的不断发展的过程。

(四) 制度动力机制

制度动力机制是农村民主管理制度法治保障的核心驱动力。制度动力机制主要表现为农村各种基层民主与自治制度的发展与完善，这是农村民主管理制度法治保障的核心驱动力。民主与法治是相互依存、相互联系及相互渗透的。加强农村民主管理制度的法治保障必须有坚实的基层民主政治基础，农村基层民主政治制度的发展与完善不仅是农村民主管理制度法治保障的制度动力机制，也是农村民主管理制度法治保障的核心驱动力。

伴随着 20 世纪 70 年代末以来的我国农村社会经济体制改革与农村社会的变迁发展，村民自治作为一种新型的基层民主政治制度，开始成为广大农村社会推行民主政治的基本途径及主要选择。村民自治制度有利于促进农村政治文明建设，有利于农村基层直接民主的扩大。经过不断的探索与发展，作为现阶段我国农村基层民主政治建设的突破口与起点，村民自治制度不仅是中国特色社会主义新农村建设的重要政治保证，而且也是农村民主管理制度法治保障的制度动力机制。村民自治制度的最终目标是要在农村民主管理中真正实现广大农民群众的当家作主，切实调动起广大农民群众建设中国特色社会主义新农村的积极性，农村民主管理制度法治保障的终极目标也是要让广大农民群众在农村民主管理中实现村民自治，在农村各种公共事务的民主管理中，将事关农民切身利益的各种公共事务交由广大农民群众依法民主协商、集体决策，实现对农民合法权益的法治保障。可见，通过大量的实践验证，已被确立为我国基层民主政治制度的村民自治制度，不仅符合我国农村民主管理制度发展的现状与实际，也与农村民主管理制度法治保障的目标与宗旨是相符合的。

党的十七大报告对社会主义民主政治的发展进行了全面的部署与安排，特别指出将发展基层民主，保障广大人民享有更多切实的民主权利作为社会主义政治建设的基础性工程重点推进。当前，管理民主已经成为中国特色社会主义新农村建设与发展的基本要求与重要内容，这不仅为村民自治制度的大力发展创造了良好的政治机遇与社会环境，也为农村民主管理制度的法治保障提供了有力的制度动力机制。

村民自治制度作为农村民主管理制度的重要组成部分，其在农村民主管理的实践中主要包括"四个民主"，即民主选举、民主决策、民主管理与民主监督。这四个民主之间是紧密联系、相互促进、不可分割的整体，民主选举是前提，民主决策是根本，民主管理是关键，民主监督是保障。在对村民自治制度施行经验总结的基础上，我们发现，村民自治制度不仅是农村民主管理制度建设的根本，而且也是农村民主管理制度法治化建设与法治保障的制度动力机制。为强化这一制度动力机制，重点是要围绕"四个民主"建设，在农村民主管理制度的法治化建设中，着力推进村民自治的规范化、制度化与法治化，概括归纳起来，农村民主管理制度法治保障的这一制度动力机制的加强与完善，亟须从以下几方面努力：

首先，完善农村基层民主选举制度，这是农村民主管理制度法治保障的基础制度动力机制。农村基层民主管理中的选举制度主要指的是村民就村委会组成人员进行直接选举的相关权利与制度。从法治保障的视角分析，广大村民在农村民主管理中的选举权与被选举权是受《宪法》保障的一项基本政治权利，其权利的行使与保障对于每个村民在农村民主管理中真实地表达其政治意愿，推举能够代表自己利益的合法代表，有效参与农村民主管理中的政治生活具有重要的意义。我国《村民委员会组织法》第 2 条规定，村民委员会是基层群众性自治组织，在这个自治组织里，广大村民实行自我管理、自我教育与自我服务。对于广大村民来说，在农村民主管理中，按照公平、公正及公开的原则，严格遵循法律规定，定期通过直接选举，将真正思想好、素质高、全心全意为群众办实事的人选为各自治组织的管理人员，不仅是其最大的政治利益的直接体现，也是农村民主管理制度法治保障的主要目的所在。由此可见，农村民主管理中的民主选举制度的健全与科学完备水平，是农村民主管理制度法制保障制度动力机制的重要基础。为此，在长期试行的基础上，九届全国人大常委会五次会议于 1998 年正式通过出台了《村民委员会组织法》，2010 年又进行了全面的修订，这不仅有利于保障广大农民群众在农村民主管理中的合法权益，推进基层民主政治有序健康发展，对于农村民主管理制度的法治保障也是重要的基础制度动力机制。

其次，完善农村基层民主决策与管理制度。这是农村民主管理制度法治保障的根本与关键制度动力机制。在农村民主管理制度法治保障过程中，农村基层群众性自治组织的民主产生是农村民主管理制度法治保障得以产生的前提，也是农村民主管理制度实施过程中对农村公共事务实行科学决策和民主管理的根本与关键，从此意义上讲，这也是农村民主管理制度法治保障制度机制的根本与关键。结合我国广大农村的实际情况，在农村民主管理中，为确保广大村民的合法利益不受侵犯，有效防止各农村公共事务组织管理者少数人在村级公共事务中的决策与管理的随意性及其可能对广大村民重大利益造成的损害，必须充分发挥民主决策及民主管理制度的积极作用，在农村民主管理中建立健全以村民会议为主要形式的多数人民主决策与管理的制度动力机制。其重点是村级提留款项的收缴与使用、村干部误工补贴享受的人数及标准、村办公益事业需要村民负担的事务以及村土地承包等涉及广大村民利益的重要村级公共事务、事项，均须通过村民代表会议讨论按照多数人的意见实现民主决策与民主管理。同时，结合各地农村民主管理制度实施的实际情况，在农村民主管理制度法治保障的制度动力机制完善过程中，按照国家有关农村民主管理的方针政策及相关法律法规的相关规定，特别是结合《村民委员会组织法》相关具体与详细的规定，为进一步加强自我管理、自我教育与自我服务，广大村民应就农村民主管理中有关经济管理、社会治安、村风民俗及婚姻家庭与计划生育等方面的公共管理事务在民主决策与民主管理的基础上建立健全相关的自治章程与村规民约，理顺相关农村民主管理制度所涉及组织之间的关系与工作程序机制，切实发挥民主决策与民主管理制度作为农村民主管理制度法治保障中的根本与关键制度动力机制的功能与作用。

最后，完善农村基层民主监督制度。这是农村民主管理制度法治保障制度动机机制的保障。农村基层民主管理制度的实施需要广大村民的有效监督与制约。在农村民主管理制度法治保障过程中，立足于农村民主管理制度实施的实际情况，也必须加强农村民主监督制度，重点以农村公共事务民主管理中的村务公开、民主评议及各村级公共事务组织定期报告工作为主要内容，切实保障农村民主管理制度的有效实施，推进农村民主管理制度法治保障的制度化及规范化，强化农村民主管理制度法治保障制度动力机制的保障机制。在制度动力保障机制中，尤其应重视村级公共事务民主管理中的村务公开，以接受广大村民的监督，根据《村民委员会组织法》的相关规定，涉及村级公共事务的重大事项及广大农民群众普遍关心的问题，都应当及时公开，接受村民监督，主要包括：农村民主管理中村民会议讨论的事项及其实施情况、国家计划生育政策在农村的落实情况、各种救灾救济款物的发放情况及其他关系到广大村民利益的事项等。在各种村级公共事务的公开过程中，应切实保证所公布内容的真实性、及时性，特别是村级财务公开，要求每六个月至少要公布一次，以接受广大村民的民主监督。同时，在农村民主管理制度法治保障的制度动力机制中，村民会议的制度保障机制的功能和作用也要充分地予以发挥。各村级公共事务民主管理委员会应向村民会议负责并报告工作，其每年的工作报告都要接受村民会议的审议，其成员的工作每年也要接受村民会议的评议，以切实加强民主监督在农村民主管理制度法治保障的制度动力机制中的保障作用。

（五）环境动力机制

环境动力机制是农村民主管理制度法治保障的外部驱动力。农村民主管理制度的法治保障的有效运行，除了加强农村民主管理制度自身建设，还应加强农村民主管理制度相关的外部法治系统的建设与完善，强化作为农村民主管理制度法治保障外部驱动力的环境动力机制。自改革开放以来，与农村民主管理制度法治建设相关的农村法治建设取得了较好的成绩，初步形成了以《农业法》为核心内容的农村法律体系，国家先后制定和颁布了《农业技术推广法》及《乡镇企业法》等一系列有关农村法治的法律和行政法规。[①] 这不仅有力地推动和促进了农村经济和生产的发展，也为农村民主管理制度的法治保障创造了良好的外部法治环境，成为农村民主管理制度法治保障的重要的外部驱动力。

农村民主管理制度法治保障的环境动力机制，总体上看距离农村法治建设的理想目标有一定的距离，尤其是有关农业与农村的立法、执法及司法等方面的建设都有待进一步加强和完善，结合农村民主管理制度法治保障外部环境建设的实际情况，笔者认为应重点从以下几方面予以完善：

首先，完善农村立法工作，建立健全适应农村民主管理制度法治保障改革与发展所需要的农村法律制度体系，是农村民主管理制度法治保障环境动力机制的基础。农村法治建设总的工作目标是围绕中国特色社会主义农业法律体系，制定、完善、规范有关农村经济、政治、社会生活的相关法律法规，使农村社会生活各方面的工作能做到有法可依、有法必依、执法必严、违法必究，要努力将在农村改革与发展实践中成熟有效的方针政

---

① 《人民日报》评论员：《依法保障农村改革发展和稳定》，《人民日报》1999 年 6 月 12 日第 1 版。

策和经验上升为国家层面的法律法规予以确立和保障。① 据此，应结合农村市场经济发展的全面转型期，逐步建立健全国家对农业发展积极开展的有关支持、保障、调控及服务体系等方面的法律法规。② 其主要内容应主要包括以下方面：在稳定家庭联产承包责任制为主的基础上，建立健全农业经营体制改革方面的法律法规；以农村集体土地和其他财产产权制度的明确为中心，建立健全农村土地承包法律制度；以深化农村市场流通体制改革为中心，建立健全农村市场化方面的法律法规；以农村民主管理制度法治保障外部宽松环境构建为中心，建立健全农村经济管理体制改革方面的法律法规。

　　其次，完善农村行政执法体制的环境，是农村民主管理制度法治保障环境动力机制的关键。众所周知，法律的实施是个综合机制，由多个法治环节构成，主要包括执法、司法及守法等环节要素。农村法律制度体系的实际运行和实现，不仅取决于国家和社会的积极推动，而且还依赖于农村基层政府在农村的行政执法水平。结合农村法治运行的实际情况，围绕农村民主管理制度法治保障外部环境动力机制的建立健全，应重点从以下方面努力：一是要建立健全农村民主管理制度法治保障相关的农村行政执法队伍，构建和完善科学有效的农村民主管理行政执法体制；二是强化农村民主管理制度行政执法各级组织者的领导责任，构建和完善科学有效的农村民主管理行政执法组织；三是强化农村民主管理制度行政执法检查与监督工作，构建和完善科学有效的农村民主管理行政执法监督体制。

　　再次，构建农村公正司法环境，是农村民主管理制度法治保障环境动力机制的重心。在农村民主管理制度法治保障过程中，司法是广大农民及时有效维护自己合法权益的关键防线，司法的这种防范与保障功能又紧密围绕农村民主管理制度法治保障本身的公正性、及时性与有效性。公正性是农村司法活动的重要价值评判标准，要重视在农村民主管理过程中实体与程序规范运行的公正性。因为程序公正是法律公平正义的根本保障，其主要途径是通过诉讼程序的公正予以实现。③ 在农村民主管理制度实施过

---

① 江泽民：《大力加强农村法制建设》，《人民日报》1999 年 6 月 12 日第 1 版。

② 孙佑海：《论市场经济条件下的农业和农村法治建设》，《中国法学》1994 年第 2 期。

③ ［日］谷口安平：《程序的正义与诉讼》，王亚新等译，中国政法大学出版社 1996 年版，第 17 页。

程中，当广大农民的合法权益受到侵害时，对司法的有效性和及时性的期望是其基本要求。特别是在农村村级经济性事务的民主管理过程中，农民的合法权益受到侵犯的事例较多，对此，特别要求加强农村公正司法环境的构建，这不仅是农村民主管理制度法治保障的重要环境动力机制，也是提高农村民主管理制度法治保障实效性的重要体现。

最后，积极开展全方位的农村法律服务，是农村民主管理制度法治保障环境动力机制的保证。在农村管理制度的法治保障中，必然涉及为广大农村提供相关法律法规普及服务等"送法下乡"工作，这既是农村民主管理制度自身法治建设的需要，也是农村民主管理制度法治保障的环境动力机制的基本保证。考虑到我国农村社区分布的地理位置情况，一般可以考虑以乡镇为基础在农村集贸市场及经济基础发展比较好的行政村建立法律服务专业性分支机构。在一些经济不发达的农村地区，可以通过农村连片法律服务中心的建立来实现法律服务工作。在此基础上，进一步加强农村法律服务的改革与发展工作，一是努力提高农村法律服务的质量，二是加强农村法律服务专业队伍的组织与建设工作。特别是在农村经济性、社会性公共事务的民主管理过程中，对那些可能借助法律名义坑农、骗农的领域重点加强法律宣传和服务工作，切实为农村民主管理制度的法治保障提供环境动力机制的外部有力保证。

二　基本原则

原则是行动的具体指导，是行动方向和绩效的直接影响因素。农村民主管理制度法治保障的原则就是农村民主管理制度法治化建设及保障路径选择的基本依据和行为指导，它以实现农村民主管理制度法治保障的目标诉求——和谐有序的农村民主管理秩序为依据来思考和设计，结合农村民主管理制度法治保障的现状，笔者认为，农村民主管理制度法治保障的基本原则主要由以人为本原则、权利保障原则、法治均衡原则、民主参与原则及服务社会原则组成。

（一）以人为本原则

以人为本，每个人都能实现自由与全面的发展是马克思主义鲜明的价值理念与目标，具体到农村民主管理制度法制保障领域，就是要实现最广大农民群众的根本利益。作为农业大国，我国70%的人口都是农村人口。农民不仅是我国现代化进程中的弱势群体，而且也是我国目前最大的社会阶层。所以，以人为本，最基本的要求就是以中国最广大的农民的核心利益为本。以人为本，具体到农村民主管理制度中，就是强调农村民主管理一切工作的出发点和落脚点放在农民的利益上，不断满足广大农民群众的民主政治愿景和需要，以实现广大农民的全面发展为追求目标，在农村民主管理中做到一切为了农民，为了一切农民。

众所周知，以人为本的思想理念有其深厚的历史思想文化渊源，在理论层面，古今中外许多学者都提出过人本理念。在我国西汉时期，刘向在《管子·霸言》中指出："夫霸王之所指也，以人为本。本理则国固，本乱则国危。"[1] 荀子则主张，人最为天下贵。在西方，对以人文本理念进行阐释的思想家和哲学家也屡见不鲜，有学者指出，人是万物的尺度。[2] 马克思唯物史观则主张人民群众以其无穷的智慧和力量，不仅创造了历史，也是社会向前发展与进步的内在动力，社会发展的终极目标也必然体现为人的自由与全面发展。联合国教科文组织在20世纪70年代也提出以人为核心的发展思想。

新中国成立后，在党的正确领导下，以人为本思想在各个层面也得到了不断发展。毛泽东曾主张："世间一切事物中，人是第一可宝贵的。"[3] 事实上，中国共产党首先必须代表最广大的农民群众的根本利益，同时实现、发展、维护好最广大农民群众的根本利益，带领广大农民群众过上小康生活。自改革开放以来，党和政府也始终坚持以人为本，在坚持发展必须为了人民，依靠农民，由人民共享的同时，高度重视"三农"问题，出台了大量的惠农政策，这使得农村的生产力得到极大的解放和发展，大部分农村地区的"三农"问题得到很好的解决。但是，由于农民增收及农业综合生产能力长效机制的滞后，城乡二元经济结构没有得到根本解决，导致一些地区"三农"问题没有得到根本的改观，同时一些农村地

---

①　《管子》（第2册），商务印书馆1936年版，第8页。

②　［古希腊］柏拉图：《泰阿泰德智术之师》，严群译，商务印书馆1963年版，第118页。

③　《毛泽东选集》第4卷，人民出版社1991年版，第1512页。

区社会事业及精神文明建设相对发展滞后。① 随着国家改革发展逐步进入关键时期，农村经济体制改革的深入推进，农村社会结构也发生了深刻的变化，农村的利益格局也发生了深刻的调整，与此同时如何通过农村民主管理制度的有效实施解决村民之间围绕各种村级公共事务民主管理而产生的矛盾与冲突，则是农村基层民主政治建设与发展不容忽视的关键问题，在农村民主管理制度法治保障中，坚持以人为本的理念，有利于促进广大农民思想观念的变化，也有利于克服农村社会发展中动荡与不稳定因素，促进农村生产力的进一步发展，确保农民的各种合法权益。

伴随着农村社会主义现代化进程的不断加快发展，与农村经济基础相适应的农村基层民主政治建设也面临着新旧问题交替发展的密集期，对此，在坚持农村民主管理制度法治保障的同时，必须坚持以人为本的理念，紧密依靠广大农民群众，密切联系农民群众，② 在随时听取广大农民群众的呼声及充分了解其情绪的基础上，以广大农民群众利益为重，形成和汇聚农村基层民主管理制度法治建设中的强大民众基础力量，以顺利完成农村民主管理中的各项事务。

2005 年，在省部级主要领导干部构建社会主义和谐社会能力专题研讨班的讲话中，胡锦涛总书记指出，在中国这样一个由农民占多数的国家，广大农民的安居乐业水平是和谐社会构建的重要影响因素，只有广大农民的素质提高了，生活水平提高了，农村安定祥和的局面才会形成，才会形成和谐社会建设的牢固基础。③ 讲话深刻地表达了以人为本价值取向的根本条件是"以农民为本"。中共中央《关于构建社会主义和谐社会若干重大问题的决议》也指出，坚持以人为本是构建社会主义和谐社会的重要原则之一。要始终坚持把党和国家一切工作的出发点和落脚点放在人民群众的利益上，不断满足人民群众日益增长的物质文化需求，实现、维护及发展好人民群众的根本利益。做到发展为了人民，发展依靠人民，发

---

① 蒋和平、朱晓峰等：《社会主义新农村建设的理论与实践》，人民出版社 2007 年版，第 1 页。

② 邓小平：《党和国家领导制度的改革》，载《邓小平文选》第 2 卷，人民出版社 1994 年版，第 342 页。

③ 胡锦涛：《在中共中央举办的省部级主要领导干部提高构建社会主义和谐社会能力专题研讨班开班式上的讲话》，《人民日报》2005 年 2 月 19 日第 1 版。

展成果与人民共享，以此促进人民全面发展的实现。[①] 与此同时，党的十六届五中全会通过的《关于制定国民经济和社会发展第十一个五年规划的建议》提出了社会主义新农村建设的重大历史任务，任务中指出新农村建设要以人为本，实现生产发展、生活宽裕、乡风文明、村容整洁及管理民主。在这之中，管理民主是以人为本实现的政治保证，而加强农村民主管理制度的法治保障是实现管理民主的制度保障。建设农村民主管理制度的目标也是为广大农民群众日益增长的物质文化需求提供有力的基层政治制度保障，最终提高广大农民的素质，实现全体农民的共同富裕。

由此可见，以人为本思想在我国农村社会发展中的传承与演变深刻地说明了农村社会发展的动力还是来自广大农民自身。农村社会发展的根本目的还是要实现农民的发展，广大农民既是农村社会存在和发展的前提，又是农村社会发展的目的，农村社会发展的程度最终是通过农民的发展程度来予以衡量的。这种以人为本的思想反映在农村民主管理层面，从法治的视角看，农村民主管理制度的实施和保障需要得到各个层面的关照和支持。从农村基层自治层面看，在农村民主管理制度的实施过程中，必须以法治的手段保障农民在农村民主管理中的主体地位，以农民为本，维护和保障农民的各项合法权益，满足农民对各项基本公共服务的需求。从农村基层政府的层面看，在农村民主管理制度的建立健全和实施过程中，将农民放在农村基层社会民主发展的核心地位，将农村社会进步和发展的立足点落在广大农民身上，在农村民主管理过程中重视和突出农民群众才是农村民主管理公共事务的影响的有生力量，也是农村民主管理决策的有机组成部分，更是与农村公共管理事务组织者一起为农村社会提供公共服务的有力合作者。[②] 从国家层面来讲，要通过法治力量将以人为本的理念体现为指导基层政府参与农村民主管理行政行为的最高指南。由是观之，加强农村民主管理制度的法治保障必然要体现农民的主人翁地位，在农村民主管理中将农民的根本利益和农民全面发展的实现作为农村民主管理制度实施的出发点、目标和根本标准。这不仅有利于促使广大农村社会的农民共

---

① 《中共中央关于构建社会主义和谐社会若干重大问题的决定》，《人民日报》2006 年 10月 12 日第 1 版。

② ［美］约翰·克莱顿·托马斯：《公共决策中的公民参与：公共管理者的新技能与新决策》，孙伯瑛译，中国人民大学出版社 2005 年版，第 111 页。

享国家改革发展和现代文明的成果，也有利于通过法治的力量调动农民在农村民主管理中的主观能动性和客观的积极性，充分发挥农民的智慧促进农村民主管理水平的提高，最终建成和谐社会主义新农村。

历史证明，中国新民主主义革命和社会主义革命的主力军是广大农民群众，中国乡村社会发展的根本动力是农民群众。可见，坚持将以人为本作为农村民主管理制度法治保障的基本原则不仅是农村社会历史发展的正确选择，也是现实农村社会基层民主政治建设发展的客观要求。新中国成立后，广大农民先后开创了农村家庭联产承包责任制、村民自治及乡镇企业等农村经济政治发展的新体制和新形式，有力地解放和发展了农村社会生产力。由此，在农村民主管理制度的法治保障中，也必须充分发挥农民的智慧和力量，充分尊重农民的主动性和积极性，在加强农村民主管理制度的法治化建设过程中，摒弃在农村民主管理中将农民视为需要教育与改造的管制对象这个错误的思想观念，深刻地认识到农民在农村民主管理制度法治保障中的主体地位和角色，认识到农民才是推动农村基层民主政治发展的根本动力之源，伴随着乡村社会治理变革和转型发展，必须高度重视法治的力量，确保广大农民在农村民主管理制度实施过程中的主体性地位和功能的发挥，促使农村民主管理制度的制度化、法治化和程序化，切实推动我国农村基层民主政治发展。

（二）权利保障原则

对制度的法治保障的价值主体是人，从此意义上讲，在社会主义新农村建设中对农村民主管理制度进行法治保障，其核心就是对农民合法权利的保障。权利的价值，不仅是在一般意义上对于公民个人的静态权利保障问题，而且在动态意义上也包括公民个人在国家社会的现代化过程中的不断发展与完善权利的保障问题。[①] 这也是与广大农民群众在社会主义农村民主管理制度实施中的身份与地位相适应的，农民具有国家公民与以从事农业劳动为基础的劳动者的双重身份，这种双重身份使得其权利与其身份及法律上所享有的地位是紧密联系的。从法理上讲，广大农民作为社会主义国家公民不但享有宪法所赋予的各项权利，而且作为农民也享有国家有

---

① 程燎原、王人博：《赢得神圣——权利及其救济通论》，山东人民出版社 1993 年版，第448—449 页。

关农村、农业及农民等基本法律法规所规定的权利。在农村民主管理过程中加强对农民的权利保障不仅有利于坚定其崇尚法律治理的信心和决心，而且这也是权利自身发展的时代性与全球化的客观要求。社会主义法治国家建设的目标主要是实现公民权利与自由的普遍化与平等化，权利、自由及公平正日益成为社会主义市场经济发展的核心恒定法则，农村民主管理制度的建立健全与实施所追求的价值目标也主要表现为对广大农民群众各种合法权利的保障。

具体到农村民主管理制度法治保障原则中，权利保障原则的实现是个全面的内容体系。一是在农村民主管理制度相关立法的价值追求上，要求按照"公平优先，效率兼顾"原则，加强在农村民主管理过程中对广大农民群众平等权利的保障，确保广大农民与城市社区的居民在经济、政治、文化、教育及社会保障等方面享有平等的发展机会与起点，实现真正的平等权。二是要不断地建立健全以农民权利保障为主导和主要内容的农村民主管理法律制度体系。与农村民主管理制度的建立健全相适应，农村法律制度体系的涵盖范围是非常广泛的，不仅有宏观性的有关农业宏观调控发展、农业生产经营等方面的法律制度体系，而且还包括微观的有关农业生产要素、农村科技教育发展、农村收益分配机制及农村集体经济财产分配等方面的法律制度体系。有了上述有关农业、农村相关法律制度体系的建立健全，才使得主要围绕农民权利发展的农村民主管理制度的建立健全有了严密而强有力的法治保障，不仅在农村民主管理过程中促进各项农业工作的生产和经营得以安全地进行，也使得在农村民主管理制度实施过程中以广大农民合法权利为主要内容的各项村级公共社会事业的发展能得到法治的刚性保障。三是农村民主管理过程中要不断地建立健全与广大农民积极性权利、政治性权利及各种社会性权利保障相关的法律制度体系，同时还要不断建立健全上述农民权利的救济法律机制，确保广大农民的合法权利能得到法治的最有力保障。

（三）法治均衡原则

法治的内容主要限制立法权，防止行政权被滥用，保护个人及团体的各种权利与自由，追求法律面前人人平等，从国家治理层面意义上讲，法治原则不仅要求政府首先要服从法律制度，不能不顾法律及为了自身利益重新制定法律，从而有力地维护和执行法律，确保正常法律秩序的实现。① 从基层公共治理的视域看，法治的意义主要体现在以下方面：一是它是公共政治管理的最高准则，所有的政府官员和公民在法律面前人人平等，且必须依法办事；二是它的直接目标是通过规范公民的行为来实现对公共事务的有效管理，确保正常社会生活秩序的维持；三是它的最终目标在于确保公民自由、平等及其他政治权利的实现。法治是相对于人治而言的，其核心内容在于规范公民的行为及制约政府的行为。② 因此，在农村民主管理制度法治保障转型与变革过程中，法治原则要求基层政府、农村基层党组织、农村各民主管理组织及农民个体等主体在农村民主管理过程中都应以宪法及法律为最高准则来协调农村民主管理过程中各不同主体之间的利益关系，确保在农村民主管理过程中各治理及民主管理主体特别是基层政府公共权力的运行主体能遵照相关法律法规行动，实现对农村公共事务的依法管理，使农村民主管理各主体在法治的框架内运行，接受相关法律法规的监督与制约。

在农村民主管理中，法治原则也是实现农民权利保障，促进农村社会和谐发展的有力保障。在农村民主管理制度的实施过程中，实施法治原则意义重大。一方面有利于规范基层政府及其公务人员对农村实施民主管理的行为，确保政府公信力，增强农民对国家在农村的基层政府组织的认同度与信任感，提高国家基层政府组织在农村民主管理中实施公共行政的透明度。传统的基层政府对农村公共事务的管理具有较强的"人治"色彩，一些基层政府组织及其基层干部在农村公共事务实施治理过程中法制意识淡薄，主观随意性较强，通常以个人意志来取代公共意志，导致在农村民主管理制度的实施过程中有法不依及违法不究的现象时常发生，这不仅导致基层政府公信力受到损害，也使得大量坑农害农的事件中干群关系紧张，增加了农村民主管理制度实施过程中农村社会秩序的不稳定因素。另一方面，有利于规范农村各公共事务民主管理组织的民主管理行为。在农村公共事务的民主管理过程中，各种宗族关系和派系力量的存在，使得农

---

① ［英］戴维·M. 沃克：《牛津法律大辞典》，邓正来等译，光明日报出版社 1989 年版，第 790 页。

② 俞可平：《社会公平与善治是建设和谐社会的两大基石》，《中国特色社会主义研究》2005 年第 1 期。

村公共事务的民主管理中出现了各种不公平公正的现象。亚里士多德曾经在回答"由最好的以人或由最好的法律治理哪一方面较为有利"这一问题时，非常明确肯定地认为法治应当优于人治。① 可见，在农村民主管理制度实施过程中坚持以法治为原则，有利于农民合法权益的保护及实现农村社会的和谐发展。

（四）民主参与原则

民主作为一个政治名词源于古希腊，由希腊文"demos"和"kratia"组成，其中"demos"意为人民或地区，"kratia"意为权力或统治的意思，其基本的含义主要指的是人民进行统治和治理。② 其核心的价值要义体现为主权在民，有学者认为，只有当统治者和被统治者的关系服从于国家服务于民，政府是为人民而存在的原则时，民主制度才有存在的可能。③ 具体到我国，社会主义民主归根到底是人民当家作主。由此，我们深刻地认识到民主治理原则是国家政治的必然要求，这反映在农村民主管理制度的法治保障领域，民主参与原则也是国家基层民主政治建设与发展的必然要求。

在农村民主管理制度的实施与保障过程中奉行"民主参与"原则，是指在农村民主管理制度实施过程中要充分尊重广大农民群众在农村公共事务民主管理中的主体地位，使他们以农村社会主人公的身份和地位参与到农村民主管理中去，全面保障他们对农村公共事务民主管理的参与权、知情权、决策权及监督权等基本民主权利，在农村民主管理过程中全面、充分地实现农村公共事务管理的公开化与透明化。须知，广泛的民主参与原则必须包括两个必要的基本条件，一是完全的公开性，二是一切职务经过选举，离开了公开性来谈论民主参与是惘然的。④ 由此，在农村民主管理制度实施的法治保障过程中遵循民主参与原则，不仅有利于广大农民群众合法权益的全面维护和基本权利的实现，而且也有利于规范农村基层政

---

① ［古希腊］亚里士多德：《政治学》，吴寿彭译，商务印书馆1983年版，第167页。

② 《中国大百科全书·政治学》，中国大百科全书出版社1992年版，第251页。

③ ［美］乔·萨托利：《民主新论》，冯克利、阎克文等译，东方出版社1993年版，第38页。

④ 《列宁全集》第5卷，人民出版社1956年版，第448页。

府公共权力及农村公共事务民主管理自治组织的自治权力的规范行使和阳光运行，在有效防止公共权力和自治权力滥用的同时为农村社会的和谐发展奠定有力的群众基础。

（五）服务社会原则

随着民主政治的进步与发展，突出和强调服务不仅成为现代行政管理的本质要求，而且现代行政管理的实质和核心要义也在于利用公众赋予的公共权力为公众利益服务。[①] 在农村基层民主政治建设与发展的视域中，无论是农村民主管理制度的建立健全与良性实施及社会主义和谐新农村建设的深入开展与推进，都必须以高质量与高效的公共服务为基本的保障。所谓服务社会的原则，指的是在农村民主管理制度实施的法治保障中，始终坚持以为广大农民群众及农村社会提供优质高效的公共服务作为农村民主管理制度实施及其法治保障的根本出发点与落脚点。

我国农村社会基层民主政治建设与发展的现状也决定了我国农村民主管理制度实施与法治保障也必须坚持以服务社会为基本原则。服务社会原则主要应体现和反映为在农村民主管理制度的实施过程中实现农村社会公共服务的公正化与公共化。面对当前农村民主管理过程中农村社会利益主体的多元化发展态势，要实现农村民主管理公共服务供给的公共化，就是要根据对农村公共事务进行民主管理的实际需求，将广大人民群众的真实意愿作为公共服务提供的导向，努力避免以农村基层政府公共权力及农村公共事务民主管理自治权力的主导者的意志和偏好予以提供服务的传统公共服务方式，也竭力制止农村公共服务私人化倾向的出现。要实现农村社会公共服务的公正化，就是要在农村民主管理过程中使农村社会不同的利益群体都能获得平等的公共服务机会，尤其是农村社会存在的弱势边缘群体，实现农村社会公共服务的公正化也是农村和谐社会的本质要求所在。

从农村民主管理制度实施的现实状况来看，当前农村民主管理公共服务的供给存在总量不足及供给不平衡等问题，具体说来这主要体现在以下方面：一是农村公共服务有效供给不足。主要反映为农村公共事务管理的基础设施落后，科技文化及社会保障供给缺失与不足；二是农村公共服务

---

① 彭国甫：《县级政府管理模式创新研究》，湖南人民出版社 2005 年版，第 100 页。

无效供给相对过剩，这主要表现为农村基层政府公共权力在农村公共服务供给过程中围绕所谓的政绩工程所提供的公共服务产品在一定程度上与广大农民的真实意愿相违背而存在的问题。当然，上述问题的产生，原因是多方面的，其中有农村基层政府公共权力运行失范的因素，也有农村公共事务管理自治组织主体交叉，职责划分不明晰的因素，还有广大农民群众在农村公共事务民主管理中深度参与及话语权的缺失等因素。因此，这些问题的存在不仅成为农村民主管理制度有效实施的障碍性因素，也正在不断地发展与演变成为农村和谐社会建设的难点与焦点问题，所以，重视和坚持服务社会的原则，不仅有助于农村民主管理制度的建立健全及良性实施，而且也是加强农村民主管理制度法治保障的关键所在。

三　农村民主管理制度宏观法治保障机制的建构

（一）建立健全农民权利保障法治意识的培育机制

农村民主管理制度的重要法治内涵是保护村民在农村事务民主管理中的各项权利，现代民主法治的建设历程清楚地表明这样的法理思想：一是法律构造的基本材料必须体现权利的精神理念，一部法律在立法内容民主方面的基本要求是必须始终坚持"以权利为核心"的基本原则。① 二是没有对权利法治保障理念的敬畏之心，也就不会有对法律的认真对待的态度。② 我国社会主义法治国家建设的权利核心理念与价值准则在立法中的集中表现和要求是能够集中地表达和实现人民利益的法律才是最高的法律。由此，笔者认为农村民主管理制度实施法治保障的核心要构建起农民权利保障法治意识的培育机制，只有这样的宏观保障机制的建立健全，村民在农村民主管理中的各项自治权利才有实现的可能。在农民诸多的自治权利中，民主选举权的实现是农村民主管理制度的法治保障的关键基础与重要的前提条件，因为正如有学者所说的那样，选举只是决定政策由谁来

---

① ［美］弗里德曼：《法律制度》，李琼英、林欣译，中国政法大学出版社 1994 年版，第226 页。

② ［美］罗纳德·德沃金：《认真对待权利》，信春鹰、吴玉章译，上海三联书店 2008 年版，第 205 页。

制定，但选举本身并不制定政策；选举只是决定相应的争端由谁来解决，但是选举自身并不能对争端进行解决。① 可见民主选举权在村民权利体系法治意识的培育机制中具有非常重要的地位与作用，这也是民主管理制度宏观法治保障机制建设的核心与关键问题。因为，农民在民主管理中的诸多权利之间是互相影响与互相制约的，必须着力构建起农民的民主选举权、民主决策权、民主管理权及民主监督权等民主权利配套协调发展的培育机制，只有这种宏观法治保障机制的形成才能使农民的其他诸多重要保障性权利得以进一步发展和实现。为此，笔者建议在我国现有乡村关系的法治语境下，采取措施对农村民主管理的法治环境不断地进行优化，由政府主导推进型路径下，在对农村民主管理制度理性安排实施的过程中，大力培养村民民主管理权利保障法治意识，从而建立健全民主权利保障法治意识的培育机制。结合实践，重点从这样几个方面着手开展进行：一是要树立"以人为本"的法治理念，重点围绕法律与农民的生产和生活方式、法律与农民的习惯思维和传统道德之间的相互关系，在农村地区大力开展各种普法活动，以此树立农民全面自由发展的理念，在普法的过程中，通过对农民长时期的法律文化熏陶，以此培育农民的法治意识，并使这种意识成为广大农民指导自己在农村民主管理过程中行为的主流意识。二是着力于农民的民主法治意识养成机制，这种机制构建的核心就是使农民的合法权益能够得到最大程度的实现。通过向农民宣传农村常用法律知识，增强其依法办事和参与村务民主管理能力，切实培养其民主议事的意识和能力，逐步引导农民走纠纷解决法治化道路，孕育法治精神。三是要建立健全农民民主权利保障体系法治意识培育机制的组织、干部基础。可以采取有力措施通过对广大农村村干部的法治教育和培训来夯实这个基础。

（二）建立健全农村民主管理外部法治保障机制

在现有乡村关系法治语境下，"乡政村治"治理格局的弊端日益显现，乡村之间关系传统的"任务—动员—命令"的行政逻辑日渐难以为继。这表明农村民主管理制度法治化建设面临的传统行政模式及该模式赖

---

① ［美］乔·萨托利：《民主新论》，冯克利、阎克文等译，上海人民出版社2009年版，第122页。

以运行的政治文化基础都发生了重要变化，在此背景下，笔者认为应规范与改善乡村权力运行模式，逐步完善以农村基层政府行政能力的法治运行为中心的农村民主管理外部法治机制建设，使村组织与国家政权之间的关系由"政治支配行政"转向"法律规制行政"，根据现代民主法治精神理念及和原则对传统乡村行政运转机制进行根本性改造或施以重构，在基层民主政治发展的基础上，使基层行政权力与农村村民自治中的民主管理权利通过法治化的途径实现更加全面、紧密的结合与平衡，以农村民主管理制度的法治化建设来提升和保障国家意志在村民自治中贯彻和实现。据此，首先，应重新规范乡村之间的法律关系。根据《村民委员会组织法》第4条的规定，乡、民族乡、镇的人民政府不得干预依法属于村民自治范围内的事项，只是对村民委员会这种自治组织的工作给予指导、支持和帮助。从这个规定看，乡村关系应然地不存在科层化的行政隶属关系，但是实践中乡镇政府往往以"指导"为名领导着村委会，形成了事实上的命令与服从的上下级关系，这很大程度上影响了农村民主管理制度的法治化建设，据此笔者建议在条件成熟的时候，国家可以认真考虑制定一部基本法律——《乡村关系法》，对农村基层人民政府与村民委员会之间的关系用具体的法律条文予以明确规范，为农村民主管理制度的法治保障创造有利的外部法治环境，或者在实践中贯彻落实《村民委员会组织法》第4条的法律规定，实现法律规定的乡村关系的法治状态。其次，对乡村权力关系的内容进行法治规范，明确乡镇政府对村民委员会的指导主要是进行政治指导，强调农村基层政府对村民委员会的监督主要是对村委会认真贯彻执行国家文件、政策和法律情况的监督。最后，逐步实现传统单一的事前性权力行使方式向事中性及事后性权力的全方位覆盖的权力运行方式，重点对农村民主管理制度运行中出现的问题进行纠正和解决。如此，方可为农村民主管理制度的法治化建设构建良好的以乡村权力关系"限权与服务"为中心内容的外部法治环境，有利于在"限权中"促使依法行政成为乡村行政主体的首要观念和自觉行动；有利于转变乡镇政府施政的方式由非强制性的服务行政逐步取代强制性的管制行政；有利于正当性法律程序观念在乡村行政过程中逐步贯彻和实现；有利于构建新型的乡镇行政法制监督体系，为农村民主管理制度的法治化建设创造有力的外部法治环境。

（三）建立健全农村民主选举法治保障机制

在农村民主管理制度的宏观法治保障机制建设中，农村基层民主选举法治保障机制的建立健全不仅是村民自治得以实现的前提和基础，而且也是农村民主管理制度宏观法治保障的基础与核心机制。① 农村基层民主选举应重点建立健全体现直接选举、公正有序的制度机制。在法治意义上看，农村民主管理法治化建设与农村民主选举之间是一个良性的动态的互动发展过程，一方面，农村民主选举的实践基础主要体现在农村民主管理中；另一方面，村级民主选举制度的不断完善是农村民主管理制度法治化建设实现的重要体现和保证。2010 年《村民委员会组织法》的修订，关于农村民主选举方面的规定，虽然增加的条数不多，修改后的新法即从第10—20 条总共有 10 条的内容，相较于旧法从第 11—16 条共计有 6 条的内容，修改后的《村民委员会组织法》在原来的基础上只是增加了 4 条内容，但是围绕民主选举所完善的内容却比较丰富，主要包括以下七个方面：完善村民选举委员会的规定；选民登记的内容增加了；对村委会成员候选人的资格条件通过间接和直接的方式进行了规定；增加了委托投票的规定；完善了对破坏村委会选举违法行为的规定；完善了罢免和补选村委会成员的程序；补充增加了村委会产生之后新旧两届进行工作移交的规定。② 修订后的《村民委员会组织法》只是进一步完善了民主选举的制度规范与法治保障，但是并不意味着村级民主选举制度就达到了完美的境界，事实上《村民委员会组织法》修订前，从我国村民自治制度运行 20余年的实践情况看，一些地区之所以在民主选举上方面存在问题，与村民民主选举相配套的法治保障机制尚未真正确立是其中的一个重要原因，这导致农村民主管理中村民选举权难以真正实现。因此，《村民委员会组织法》修订后，为避免类似问题出现，从制度建设的法治保障需求出发，建立健全村级民主选举制度的法治保障是非常必要的，这也是农村基层民主选举过程中"民主"和"有序"要求能真正实现的关键举措。具体而言，笔者认为应考虑重点从以下方面着手：第一，加强对修订后《村民

---

① 赵秀玲：《村民自治通论》，中国社会科学出版社 2004 年版，第 364 页。

② 唐鸣、赵鲲鹏：《村委会组织法的修订所取得的进步》，《社会主义研究》2011 年第 1期。

委员会组织法》的普法宣传工作，强化法治观念，让广大的村民了解民主选举的相关法律规定，真正认识到参与民主选举是在行使自己的一项基本政治权利，这也有利于不断增强农民在农村民主管理中的主人翁的法治意识。第二，各地方根据新的《村民委员会组织法》，加快制定结合各地方实际情况的实施条例及相关规章制度，特别是在地方村级民主选举实施条例和规章制度的制定之中，重点从以下方面对相关的内容给予完善：对候选人选民的资格标准给以明确统一；对村民在选举中的诸多权利如何实施保障要进行明确规定；对农村民主管理中的直接选举的操作步骤与组织程序进行细化规定；加强选举监控；对选举过程环节与选举结果进行检查验收等。第三，完善司法救济制度体系。可以通过从民事诉讼与行政诉讼两个层面来构建村民选举权的救济制度体系，对于基层行政权干预村民选举权的行为，可以考虑将其纳入行政诉讼案件予以解决，对其他侵犯选举权的行为可通过立法、司法解释的形式对民事诉讼中有关选举资格诉讼的适用范围进行扩大。可以考虑以行政法规制行政权干预村民民主选举行为，将这一类案件纳入行政诉讼受案范围，并明确规定行政权非法干预选举权的后果与责任。对那些扰乱村民民主选举并由此造成严重后果的危害行为应考虑在刑法破坏选举罪的相关规定中扩大其适用范围，以刑罚威慑贿选、胁迫等在实践中出现的违背村民自治意愿的行为等。

（四）建立健全农村民主管理内部法治保障机制

修订后的《村民委员会组织法》，对于农村民主议事与决策制度的完善主要体现在村民会议、村民代表会议及村民小组会议这三个方面；对于民主管理和民主监督制度的完善主要体现在从村务公开、村务监督机构、民主评议制度、村务档案制度、村委会成员任期和离任经济责任审计等方面给予了完善。① 但是对于农村民主管理内部在民主决策的法治载体、民主管理的规范法治内容及民主监督的法治客体等方面的法治保障机制，应从"程序与实践"的角度进一步完善相关的法治规范与约束机制。要推进农村民主管理制度内部法治保障建设，就必须坚持以下方面的内容为出发点，即民主参与范围的有序扩大、村务信息公开的持续推进、村级议

---

① 唐鸣、赵鲲鹏：《村委会组织法的修订所取得的进步》，《社会主义研究》2011 年第 1 期。

事协商制度的不断健全、民主管理权力监督的深入强化等。这样有利于加强程序保障下民主管理实践的不断推进和拓展，切实实现村级事务决策、管理和监督的民主。为此，各地区尤其是各省级人大常委会在贯彻落实《村民委员会组织法》的实践中，着手制定上述法律的实施条例与办法时，应结合各地方存在的问题，实事求是地围绕程序与实践层面重点对农村民主管理内部需求性制度进行完善与创新，这些内部需求性制度主要包括民主管理、决策及民主监督等方面的内容，当这些内部需求性制度发展到一定阶段，积累了比较丰富的实践成功经验之后，国家再通过法治层面给予更完整的制度供给将之上升为国家层面的法律条文。[①] 为此，就需要从以下方面努力，通过对农村民主管理内部法治保障机制方面的建设，进而实现更高层次的目标：第一，进一步对民主决策的法治载体进行完善，重点是建立健全农村民主管理诸多村务会议决策制度的法治保障机制，尤其是围绕村民会议、村民代表会议及村民议事的决策制度机制，特别是在重大村务的具体决策过程中要有民主、公开和透明的运作程序和实践决策机制。第二，不断丰富民主管理的法治内容，重点围绕农村民主管理中"三自"（指的是自我管理、服务与教育）系列制度法治保障机制的建立与完善，尤其对农村制定的各种村规民约、各种村民自治章程里有关村民的各种权利规范应有具体的保障机制，实现村民对各村级事务的自治民主管理，确保村民在"三自"方面的权利主要通过完善民主选举、决策、管理和监督等方面的制度保障机制予以实现，同时这种民主管理是以实践遵守宪法和法律规定的法定义务为前提的，属于自己的事务村民才享有民主管理和自治权。第三，民主监督的重点是要建立和完善村务公开和政务公开的制度机制，构建范围全面、广泛的民主监督法治客体，以村务公开、财务公开、群众评议、民主罢免为主要模式监督实践，让群众广泛参与讨论和决定基层公共事务和公益事业等。

（五）建立健全农村民主管理制度运行法治保障机制

在法治国家建设的进程中，农村民主管理制度在法治轨道上的运行效果没有达到理想的要求，原因是多方面的，从经济基础来看，主要是农村

---

① 雷志松：《民主建设与农村经济社会发展》，《经济问题探索》2002 年第 7 期。

地区经济社会发展水平不高，从上层建筑层面来看，反映在法治方面，主要是与农村民主管理制度法治运行相适应的系列执法监督及司法救济制度的缺失与缺位，这也表明了农村民主管理制度法治运行保障机制所存在的不足，这必然造成村民在农村民主管理过程中诸多自治权利受到侵犯时缺乏有力的法治保障，也使得农村民主管理制度的法治化运行面临诸多困境。

据此，笔者认为应重点从农村基层民主政治建设在法治化建设方面的需求出发，从深刻把握与理解法治国家建设与基层民主政治之间的相互关系出发，从我国现有乡村关系法治语境下的实际出发，从以下几个方面着手建立健全农村民主管理制度运行法治保障机制：一是对国家在农村地区的行政权与村民自治权之间的权力边界进行明确界定，根据现行《村民委员会组织法》关于政府权力与村民自治权的相关规定，对基层行政权对农村民主内部合法自治事项的非法干预行为作出法治层面的清晰界定与责任追究。二是扩大《行政诉讼法》有关行政诉讼的受案范围，当村民在农村民主管理中的自治权被国家基层行政权侵犯时，应当从法律上赋予村民及村委会行政诉讼原告资格，同时建立健全农村民主管理自治权行政诉讼救济制度。三是建立健全村民民主选举的诉讼救济制度。可以考虑在现行《民事诉讼法》中增加"选举诉讼"的内容，扩大民事诉讼的受案范围，把农村民主管理中围绕基层民主选举所发生的有关选民资格等方面的矛盾纠纷纳入民事诉讼中，通过司法途径保障农村基层民主选举的合法秩序及村民在农村民主管理中包括选举权与被选举权的各项民主管理权利。

第七章　农村民主管理制度法治
保障的具体路径

　　法治作为治国方式的一种，法治的内涵也在不断地发展和丰富之中，伴随着历史实践的不断演变与发展，法治的内涵也不断地被赋予了新的时代内容。因此，法治的含义是动态的、不断发展的，学术界也难以对其概念进行固定永恒的界定。古希腊哲学家亚里士多德曾经对法治的含义进行了自己的理解和论述，他认为，法治应当包含两层主要的含义，一是已经制定成立的法律获得普遍的服从，二是被大家普遍服从的法律自身应当是被制定得比较良好的法律。① 同时，法治也被认为是一个非常重要的概念，主要是指立法、行政、司法等重要权威机构都要服从表达法律各种特性的诸如正义、道德、公平及合理诉讼等原则，这些原则里包含有对个人价值观念和尊严的至高无上的尊重。② 我国古代虽然有法治的提法，但是与现代法治的意蕴相距甚远。与西方国家相比较，我国法治化进程起步较晚，是在改革开放以后，学术界、实务界及普通公众开始在对中国传统"人治"反思的基础上，开始关注法治并对法治提出了各种各样的理解。在充分吸收西方法治思想精髓来丰富和完善中国法治的同时，也深刻地意识到中国法治不能等同于西方法治，中国法治发展也不能以西方法治标准模式予以衡量。正如有学者指出，以法律西方化为主导的法治现代化不立足于中国法治发展的根基就会陷入海市蜃楼的境地，同时，以理论西化为基调的中国法学不立足自己的话语主体性就会陷入浮光掠影、昙花一现的局面。③ 1997 年党的十五大报告明确将"依法治国，建设社会主义法治国

---

① ［古希腊］亚里士多德：《政治学》，吴寿彭译，商务印书馆 1965 年版，第 167—168 页。
② ［英］沃克：《牛津法律大辞典》，李双元等译，法律出版社 2003 年版，第 790 页。
③ 高鸿钧：《现代法治的出路》，清华大学出版社 2003 年版，第 9 页。

家"作为奋斗目标和治国方略。并在 1999 年宪法修正案中将此写进了宪法。① 从国家治理的视角，立足于中国特色社会主义理论与实践建设的成就，党的十五大报告对法治作了比较权威的解释，指出，所谓依法治国，就是在党的领导下，广大人民群众依照宪法和法律对国家事务及经济文化事业、社会事务等进行各种途径和形式的管理，以逐步实现社会主义民主的制度化与法律化，使制度和法律能够实现刚性化，不因领导人的改变而改变，也不因领导人的看法和注意力的改变而改变，确保国家各项工作在法治的轨道上依法进行。② 可见，对公民权利进行全面保障及对国家权力进行有效制约是社会主义法治的理想状态。

反映在农村民主管理制度领域，也比较深刻地说明了这一点。农村民主管理制度法治保障的本质也就是农民的民主权利问题，涉及广大农民的生存权与发展权，对公民权利的保障始终是法治保障的核心价值理念。从公民权利保障的历史发展中可以清晰地看到这一点，从希腊开始，希腊人不仅创造了人类制度文明的辉煌篇章，同时从希腊继承的关于人和社会某种概念的理论中，③ 权利概念经过罗马人的不断发展，逐步将权利观念发展成为权利的制度实践，公民的私人权利逐步被看作是国家权利的最高准则。④ 近代以来，经过法国、美国等国家革命的洗礼及众多启蒙思想家的努力论述与阐释，特别是一系列权利文本和法案的制定与颁布，诸如1789 年法国的《人权与公民权利宣言》、1791 年法国宪法、1776 年美国的《独立宣言》及 1787 年美国宪法等，这些有关公民权利的文本与法案的普及不断地使权利的概念深入人心，逐步地使人们认识到权利与权力是紧密联系的，不仅国家的权力之间是相互平等和独立的，而且公民的权利也是平等及不可让渡的。⑤ 发展到当代，对公民的权利保障逐步发展为法律的权利本位，这不仅体现在公民权利的来源方面，而且深刻地体现在公民权利的概念、正当性及保护程序等方面，而且公民权利法治保障的范围、领域及程序等方面都得到了极大的发展。由此可见，公民权利的发展

---

① 在《宪法》第 5 条增加一款，作为第一款，规定"中华人民共和国实行依法治国，建设社会主义法治国家"。

② 《江泽民文选》第 2 卷，人民出版社 2006 年版，第 8 页。

③ ［法］克洛德·德尔玛：《欧洲文明》，郑鹿年译，上海人民出版社 1988 年版，第 3 页。

④ ［英］梅英：《古代法》，沈景一译，商务印书馆 1959 年版，第 102 页。

⑤ ［美］H. S. 康马杰：《美国精神》，南木等译，光明日报出版社 1988 年版，第 457 页。

与法治保障的历史是同步的，不仅公民的权利是如此，组织的权利也是这样，一个共同的认识就是首先应将公民或组织的权利上升为法律权利，才能得到国家层面的有效保障。

在农村民主管理制度的视域中，其法治保障的要义在于将广大农民的权利价值通过法律形成一个制度化的体系，以使得广大农民在农村民主管理中有关各村级公共事务及事关农民合法权益的决策、执行实现民主化、科学化、程序化、制度化及法治化。避免在农村民主管理中因为一些自治组织管理者个人的主观决断带来的偏私、随意性及擅断而侵犯了广大农民合法权益中所蕴含的自由、公正、秩序及民主等价值。将广大农民在民主管理中的个人权利通过民主化的程序上升为国家层面保护的法律权利，又通过民主程序制定相关的法律对侵犯农民权利的行为进行制裁，以实现法治的价值在农村民主管理制度实施中的实现，通过民主程序将农民的权利意志上升为国家意志，再通过良性法律的实施和保障以实现农村民主管理制度的良性实施及实施过程中农民权利与国家权力的协调与平衡。一方面，广大农民在农村民主管理中使自己的应有权利能得到有力的保障；另一方面，在农村民主管理中保障广大农民的合法权益也是国家在农村的基层管理组织应尽的职责和义务，这也是农村民主管理组织能在农村有效实施农村民主管理制度的合法性基础所在。须知，农村民主管理制度的法治保障问题既关系到农民的权利保障，也关系到对国家在农村的基层管理组织进行权力制约以促使其尽忠职责的问题。

法治不仅是农村社会关系与社会利益的协调器，而且在确保农村民主管理制度的良性实施方面也具有其他社会手段不可替代的功能。同时，在现代社会，权利保障和权力制约最有效、长久及稳固的机制是法治，农村民主管理制度最终也必须有赖于法治的保障才能实现其健全及良性实施。法治对农村民主管理制度的保障要通过立法、执法及司法等诸多环节予以完成。立法机关通过民主立法、科学立法，从立法的高度明确农村民主管理制度应该具备的内容，为农村民主管理制度的建立健全提供有力的法治保障。执法机构确立权利理念和执政为民的意识，依法行政，使有关农村民主管理制度的立法在农村民主管理的实践中能得以有效贯彻落实，使广大农民在农村民主管理中的各项合法权益能获得切实的保障。国家在农村的各级司法机关通过公正司法，履行在农村民主管理中对农民各项合法权益合理再分配的监督职能，对广大农民在农村民主管理中所受到的侵害及损害提供及时有效的法律救济，最大限度地维护农村社会的公平正义，以有效地保障农村民主管理制度在农村社会的良性实施和最终实现。

由此，农村民主管理制度的法治保障即是指通过法治的方式保障农村民主管理制度，主要是通过科学、民主立法，依法行政及公正司法等环节与路径，来确保农村民主管理制度的建立健全及良性实施，使其最终在中国广大农村社会得以真正实现。

一　立法保障

农村民主管理源于农民在中国农村社会的广泛实践，但是农村民主管理制度规范必须统一于国家的立法，农村民主管理制度需要国家立法的规范与保障。这种立法规范与保障能为农村民主管理制度的建立健全与良性实施提供规范化的指引，主要表现为它规定了农村民管理主体在法律上享有的权利和行为模式，规定了农村民主管理主体如何行使权利，对农村民主管理中的合法与不合法行为进行了规范和界定，对农村民主管理主体行为所涉及的各种社会关系如何处理也进行了相应的规范。在法治国家建设视野下，农村民主管理制度只有以国家层面的以宪法为统领的系列法律法规及规章制度等形式予以确立为具体的制度，从而以法律的强制力保障农村民主管理制度的建立健全及良性实施。只有从国家立法层面明确农村民主管理相关制度和具体规范，才能将涉及中国广大农村地区及广大农民民主管理自治权的国家基层政治体制中的各种关系明确理顺。由于我国各地农村经济、政治及文化发展的不均衡，在一定时期内农村民主管理活动中尚需各地区因地制宜探索制定符合本地实际的具体规章制度规范，以确保农村民主管理活动的有序开展。但是从农村民主管理国家立法现状来看，亟须加以完善，重构农村民主管理法律体系，以完善农村民主管理法律制度，保障农村民主管理活动在有法律规制保障的现代民主规则下顺利有序发展，不断培养广大农民的契约精神和法治意识，促使广大农民在农村民主管理中自觉形成依法管理的习惯，这不仅是农村民主管理制度法治化建设的必然趋势和发展要求，也是建设社会主义法治国家在广大农村社会的法治基础要求。

以村民自治为主要内容的农村民主管理制度是根据国家相关法律制度安排的农村基层民主管理形式。近年来，广大农民在农村基层民主管理的实践中，其自治权利和直接民主权利的享有不仅日益广泛，而且这些权利的行使也得到了比较完备的法治保障，其立法保障主要表现为三个层面：一是国家层面的立法保障，主要包括《宪法》里的相关规定、《村民委员会组织法》及民政部制定的相关行政法规与文件；二是地方层面的立法保障，主要包括省（直辖市、自治区）、地区（市）、县（市、区）及乡镇等层面制定的相关法规、政策及文件等；三是村级层面的法治保障，主要包括村民自治章程及村规民约等。① 在这些农村民主管理制度的法治保障里，主要包括实体性制度及程序性制度两个方面的内容。实体性制度主要是对广大农民在农村民主管理各方面的自治权的赋予与保障。程序性制度主要是解决和保障村民对村级事务民主管理自治权的行使问题。事实上，农村民主管理实践在一定程度上实现了制度化，已经形成了一套比较规范的运作程序，这主要体现为村民自治制度、村民民主选举及其程序制度、村务公开制度、村民大会制度、村民代表大会制度及村民民主评议制度等。这其中，除了国家层面的立法保障具有同一性外，各地区有关农村民主管理的地方性法规及相关制度建设都具有比较明显的差异性及地方特色，这不仅体现了各地农村从本地民主管理实践出发的因地制宜的特点，而且这也是农村民主管理具有不断向前发展的活力和生机的重要原因之一。

实践证明，农村民主管理制度实施过程的实质是一个法律实施的过程，必须以相关的法律法规作为行动的依据和向导，才能有效地保障其有效运行并最终得以实现。目前，我国农村民主管理制度的法治保障主要体现为一个自上而下的层级的体系，主要包括宪法保障、基本法律保障、行政法规和部门规章保障、地方法规保障及农村基层规章制度的保障等各个层面。

（一）宪法层面的立法保障

为农村民主管理制度提供根本的法律基础和保障的是《宪法》第 2 条的规定，我国《宪法》第 2 条规定，中华人民共和国的一切权力属于人民。同时，《宪法》第 111 条的两款规定也明确指出，城市和农村按照

---

① 徐勇：《中国农村村民自治》，华中师范大学出版社 1997 年版，第 53 页。

居住地区设立的居民委员会或者村民委员会是基层群众性自治组织。这明确了农村民主管理基层群众性自治制度的性质与任务。该条也规定，居民委员会、村民委员会的主任、副主任和委员由居民选举。居民委员会、村民委员会同基层政权的相互关系由法律规定。该条也对村民委员会、居民委员会的组织机构的设立及职能进行了规定，居民委员会、村民委员会设人民调解、治安保卫、公共卫生等委员会，办理本居住地区的公共事务和公益事业，调解民间纠纷，协助维持社会治安，并且向人民政府反映群众的意见、建议及提出建议。可见，上述规定为农村民主管理中的基层群众性自治组织的存在、发展及有关基本法律、法规的制定提供了宪法依据，对农村民主管理中村委会等自治组织的建立及实行民主管理中的村民自治提供了最直接、最权威、最重要的国家根本大法保障。

自我国广大农村开展以村民自治为主要内容的农村民主管理制度以来，逐步形成了一个从中央到地方、到农村基层群众自治组织的制度框架，以宪法为基础，以《村民委员会组织法》为主要内容、以行政法规与部门规章、地方性法规与规章及其他规范性文件为补充的法律体系。其内容主要涵盖了农村民主管理中各自治组织、职能及相关村级事务民主管理等方面的内容，为农村民主管理活动的有序开展、农村民主管理活动逐步实现规范化、制度化及法治化，提供了相应的法律与制度保障。但是，从总体上审视我国的农村民主管理制度法治建设的发展历程及现有的法律制度体系，尚存在一些问题。

反映在宪法层面，农村民主管理制度的宪法保障有待进一步的发展与完善。现行《宪法》中没有对农村民主管理及农村民主管理自治组织的定义，也没有对农村民主管理制度重要组成内容的村民自治及村委会的定义，且现行《宪法》把有关村民自治的相关内容与《宪法》第五节中的"地方各级人民代表大会和地方各级人民政府"放在一起，须知，村委会与居委会并不是国家一级政权机构和组织，显然，这种立法规定形式容易使人误读村民自治及农村民主管理制度，也在一定程度上混淆了村民自治的性质，也使得农村民主管理制度的宪法保障可能流于形式。作为中国自治制度的一种自治形式，农村民主管理制度是在中国农村基层民主政治建设与发展的长期实践中产生的，具有比较鲜明的法律特征，从此意义上讲，其与民族区域自治制度及特别行政区自治制度等中国自治制度各有特征，不宜相提并论。基于此，笔者建议，在条件成熟时，可考虑将农村民主管理制度与民族区域自治制度及特别行政区自治制度的法律特征在《宪法》中予以区别，以更好地明确农村民主管理制度的法律性质，也更有利于《宪法》明确肯定农村民主管理中的村民自治权。

为此，结合农村民主管理制度的实际发展情况，在宪法层面对其予以完善可以考虑从以下几个方面着手：

首先，对农村民主管理中农民自治权的基本含义和范围进行明确的界定。

根据现行的《宪法》的相关规定，以村民自治制度为主要内容的农村民主管理制度的法律体系框架有待从宪法层面予以规范，特别是有关农村民主管理制度的一些基本概念、基本的原则没有明晰和具体化。就农村民主管理中的村民委员会来讲，在现行《宪法》第111条里面主要表现为一项比较简略的条款，主要表明了五个方面的主要内容：一是对村委会的性质进行了规定。村民委员会是基层群众性自治组织。二是对村委会组成人员的产生方式进行了规定，规定由选举产生。三是规定村委会与农村基层政权的相互关系由法律予以规定。四是对村委会的组织机构进行了规定，规定村委会主要是由人民调解、治安保卫、公共卫生等委员会组成。五是对村委会的职责进行了规定。规定村委会的职责主要就是对本地区的公共事务和公益事业进行办理，调解民间纠纷，协助维护社会治安，并且向人民政府反映群众的意见、要求和提出建议。

但是实际上，现行《宪法》对于农村民主管理中村民自治权及村民如何行使自治权并没有具体明确的规定。根据《宪法》制定实施的《村民委员会组织法》及现行的农村基层民主政治体制，实际上，农村民主管理中的重要自治组织——村民委员会长期被作为"乡政村治"的代理组织，将国家农村基层政权组织对农村的系列管理职能委托给村委会等自治组织去执行，这与《宪法》里的相关规定是不相吻合的，有悖于《宪法》关于村民自治的立法精神与理念。要真正实现农村民主管理，实现村民自治，其核心要义在于实现和落实村民自治权，并将此与国家在农村基层的行政权区别开来。对此，应在《宪法》里对农村民主管理中的村民自治权予以明确规定。农村民主管理的核心是在农村民主管理中村民实现自己管理自己，享受真正的民主，实现对村级事务民主管理的全方位自治，包括产权、财务、人事、教育、管理及服务等方面的自治。在农村民主管理中，全体村民将其对村级事务民主管理的自治权依法授权给农村民主管理中的自治组织行使，在农村民主管理中广大村民的个体民主管理权利才会转化为一种对农村村级事务管理的公共权力，这样的话，村民对农村村级公共事务的民主管理权才会依法体现为农村村级公共事务管理自治组织的公共管理权利，以此集中与集合广大村民对村级事务民主管理的意志和利益，有效地协调农村民主管理中个体村民与集体的村级公共事务民主管理组织之间管理与被管理的关系。

其次，在农村民主管理中，国家机关无授权即无权力与法律无明文禁止村民即有自治权等基本准则应在《宪法》中予以明确。

国家在农村的基层政权机关对农村村级事务，应当按照国家宪法、行政法及其他基本法律依职权进行管理，但是在实践中，存在国家农村基层政权将这种管理职能转嫁给农村民主管理中的各种村级事务管理自治组织的现象，比如转嫁给村委会，而且管理费用的负担也转嫁给这些农村事务民主管理自治组织，这些费用变相由村民在规定税费负担外再以本该用于办理公益事业的提留统筹收入予以转移负担。农村民主管理中的村民自治权本质上是一种社会性权利，有别于社团性的权力，应重视以村民自治权为核心内容建立健全有利于村民自治权实现的各种组织机构及制度，以与现行的以村委会为核心的农村民主管理自治组织机构及相关民主管理制度相适应和配套，共同推进农村民主管理制度的法治保障。对此，笔者建议应立足于现行《宪法》的相关规定，以修正案的方式，对国家在农村的基层政权机关对村政的管理与农村民主管理中村民自治的关系与界限在立法上予以明确，重点应对农村民主管理中的村民自治权与国家立法权、行政权及司法权等之间的相互关系，特别是对农村民主管理中《村民委员会组织法》《村民委员会选举法》及村规民约、村民自治章程等的基本原则、程序、效力及保障等予以明确规定，尤其应重视确立国家基层政权机关无授权即无权力与法律无明文禁止村民即有自治权的基本准则。

最后，村民在农村民主管理中的自治权实现的基本方式应在《宪法》中明确予以确立。

村民在农村民主管理中自治权是指在国家法律规定范围内，其共同行使对村级公共事务民主管理的议事权、管理权、决策权及监督权等自治权，这些自治权实现的方式笔者认为比较理想的应为社会自治契约，这种基本方式应在宪法中明确予以确立。村民在农村民主管理中的自治权的具体行使范围是非常广泛的，主要包括以下方面：（1）村民纠纷的调解与处理；（2）村里治安的治理与防范；（3）村级公共卫生事务；（4）农民直接向集体经济组织缴纳的村提留和乡镇统筹费的收缴与使用；（5）村里享受误工补贴的补贴标准及人数的确定与统计；（6）村级所得收益的使用与安排；（7）村办学校及村建道路等村级公益事业的立项建设与经费筹集；（8）村级公益事业的立项与承包工作；（9）村里土地、山林等集体资源的承包经营事务；（10）村民宅基地的申请与使用事宜；（11）涉及村民利益的其他民主管理自治事项等。

　　农村民主管理中村民自治权的行使主要是通过社会自治契约的形式予以实现，其实现的现实基础主要是依靠广大村民的自觉与自愿，一般不涉及国家强制力的介入问题。我国基层的乡镇行政权的行使则相反，它是国家管制社会力量的集中体现，主要是依靠国家强制力为基础和后盾予以推行的管理权。但是，农村民主管理制度作为一种制度化的民主形式，其中所包含的村民自治的主体、内容、具体组织形式及其运作程序，都必须依据和遵循国家相关法律制度的安排，集中表达和体现国家在农村民主管理中的意志和利益。这也是由农村民主管理制度的性质所决定的。首先，农村民主管理制度必须服从和服务于国家在农村的基层政权的组织领导及其权威，农村民主管理制度的实施及相关民主管理活动的开展也必须在法治的轨道上运转和运行，不可偏离。其次，农村民主管理制度的建立健全与实施也必须与国家在农村的政策、文件的贯彻落实相适应与协调，而不能与之相抵触与排斥。因为农民不仅是在农村居住地的农民，也是国家的公民，有遵守国家法律的基本义务。最后，在农村民主管理中，村民依照自己制定的自治章程与村规民约等制度文件开展村级公共事务的民主管理活动，必须遵守国家在农村民主管理方面的基本法律原则与规定。农村民主管理中的村民自治权与国家基层政权对农村事务实施管理的行政权之间的关系应当在《宪法》中予以明确规定。在实践中，也必须协调和处理好农村民主管理中村民自治权与国家基层行政管理权的相互关系，不能将两者随意割裂开来，要做到村里自治事务由广大村民通过民主管理实现村民自治，而村里的外部政务性事务则由国家基层政权机构的行政权予以有效的管理与协调，这样，才有利于农村民主管理制度在法治的轨道上实现良性的运行，从而实现农村社会的协调健康发展。

　　当然，最终是要确立农村民主管理制度的宪法地位与保障。以村民自治为主要内容的农村民主管理制度是国家法律体系中的基层民主法制建设实践，也作为一项政治原则与政治制度在我国农村长期坚持与实行，从目前在全国农村的普遍推行来看，也有力地推进了基层民主政治与农村法治建设。但是，作为一种法律制度体系的存在，其建立、形成与发展有一个循序渐进、不断完善的过程，在这当中，做好宪法层面的立法设计和保障是根本和关键。须知，体现农村民主管理的法律权威，根本上还是要体现宪法的权威，因为宪法权威才是法律之核心权威。虽然现行《宪法》第111条规定，我国的基层群众性自治组织是城市与农村居住地区设立的居民委员会与村民委员会。从这个规定来看，其所指主体主要是指的是村民自治组织，而不是村民自治与农村民主管理本身。对此，在《宪法》中应明确以村民自治为主要内容的农村民主管理这一制度与相关原则。当然，农村民主管理包含着各种村级公共事务民主管理自治组织，这些村民自治组织是建立在农村民主管理基础上的。在《宪法》中予以明确，这就为农村民主管理制度的建立健全及良性实施提供了宪法依据及法律保障，也能以宪法的权威来推动农村民主管理制度的发展。

（二）基本法律层面的立法保障

从立法层次来看，农村民主管理制度的立法在有了宪法层次的立法依据和保障以后，就应该逐步着手从国家基本法律层面制定农村民主管理基本法律，结合农村民主管理制度建设的实际情况，可以先考虑从《农村民主管理法》开始，对农村民主管理制度从基本法律层面加强立法保障。目前我国《宪法》里面没有农村民主管理的相关概念，《村民委员会组织法》第1条规定，为了保障农村村民实行自治，由村民依法办理自己的事情，发展农村基层民主，维护村民的合法权益，促进社会主义新农村建设，根据宪法，制定本法。从这条规定来看，主要是对农村民主管理中的自治组织——村民委员会的立法宗旨和依据的描述，但是这并不等于就有了农村民主管理法，对此，有学者曾经指出，现阶段我国的现有的村民自治制度体系是以村民自治组织法为起点并由此而予以展开的，并不是以村民自治为起点并围绕这一原则而由此展开的。由此村民自治组织法突出和体现的是村民自治组织，虽然其在一定程度上体现和贯彻了村民自治的精神与宗旨，但是，这并不是村民自治本身。加之村民自治的原则精神不够突出，导致在实践中一些地方和农村制定的相关民主管理法规与制度，在体现与贯彻实施村民自治的原则方面并不能做到充分有效。① 须知，农村民主管理制度作为国家确定的一项农村基层民主政治制度，要充分地发挥其在农村基层民主政治建设与发展中的作用，必须得到国家基本法律层面的支持与保障。现有的《村民委员会组织法》并不等于农村民主管理法，现有法律提出农村实行自治在实践中也主要体现为法律原则，并不是法律全部。要真正建立健全农村民主管理制度并确保其在实践中能得到良性有效实施，应当从国家基本法律层面加强其立法建设，应当制定《农村民主管理法》。通过国家基本法律层面的农村民主管理的立法建设与保障，才能使农村民主管理制度在实践中有权威，做到有法可依并确保农村民主管理制度依法健康有序地推进。同时，必须深刻认识到，以农村民主管理为核心内容的相关基本法律的制定及农村民主管理制度相关立法，是一个有机联系、密不可分的有机联系整体。既要加强农村民主管理制度本身层面的相关立法，同时也要进一步建立健全与农村民主管理制度实施相关的、与农村、农业及农民发展紧密相关的经济性、政治性、文化性及其他社会性基本法律的建设。

从立法技术层面而言，首先应立足于现有的《村民委员会组织法》的进一步修订与完善，在此基础上适时开展《农村民主管理法》的制定与完善工作，同时相应地开展和加强与农村民主管理制度紧密相关的有关农村法治建设的其他基本法律的立法建设与完善工作。这应该是一个有步骤、分阶段，逐步实施和完善的过程。

1. 继续修订和完善《村民委员会组织法》。

对现行《村民委员会组织法》不断地给予修订、规范及完善，以不断地解决国家基本法律迟滞于村民自治的实践现状从而给农村民主管理所带来的诸多困境。我国现行《宪法》自从 1982 年实施至今，以村民自治为主要内容的农村基层民主政治已经发展了 30 余年，总体上看，取得了比较显著的成绩。我国农村基层民主管理所取得的巨大成绩都是伴随着《村民委员会组织法》的不断修订与完善所取得的。1987 年国家开始试行《村民委员会组织法》，这部法律在农村基层民主管理自治过程中经历了 10 余年的施行与实践，其在贯彻宪法有关农村基层群众自治制度、规范

---

① 徐勇：《中国农村村民自治》，华中师范大学出版社 1997 年版，第 75 页。

农村基层村民自治及促进农村基层民主政治法治等方面均发挥了非常重要的功能。但是，随着农村基层民主管理不断发展完善的要求，试行的《村民委员会组织法》已然在某些方面滞后于村民自治发展的实践现状。为此，全国人大常委会于1998年在全面多方广泛征求意见的基础上，正式修订通过了《村民委员会组织法》，与先前的试行《村民委员会组织法》相比较，这部法律在实体内容与程序内容方面都更加趋于完善，但是由于法律自身所具有的滞后性缺陷，再加上国家经济、政治、社会及文化的不断迅速发展，农村基层民主管理也不断地出现很多新情况、新问题，这使得1998年修订通过的《村民委员会组织法》在积极推进农村基层民主及村民自治过程中也开始出现了与农村民主管理现实发展不相适应的地方，为此学术理论界与实务界的许多专家、学者也纷纷开展了系列研究，积极撰文要求对1998年的《村民委员会组织法》进行修订，以使其在实体内容与程序内容等方面更能适应村民自治不断发展及农村基层民主管理建设不断加强的实践现实发展的客观需要。为此，十一届全国人大常委会十七次会议于2010年10月28日审议通过了对《村民委员会组织法》的修订，修订后《村民委员会组织法》在内容与结构方面都较之以前有了很大的变化，可以说是在以前《村民委员会组织法》的基础上取得了重大而且比较全面的进步。[①]重点修订完善了以下几个方面的内容：一是进一步完善了《村民委员会组织法》的立法宗旨的规定；二是对村委会地位与职责进行了完善；三是对村委会成员的选举与罢免程序作了完善；四是更加完善了民主议事与决策制度；五是对民主管理和民主监督制度进行了更加详细的规范与完善。

　　《村民委员会组织法》经过修订以后，虽然其所取得的进步是全面的，涉及农村民主管理过程中民主管理、民主决策、民主选举及民主监督等方面的内容。但是，为有效防止法律自身所具有的缺陷对其实施所产生的负面影响，笔者认为在继续修订和完善《村民委员会组织法》的基础上，还必须重视《村民委员会组织法》的实施性法规的配套制定。虽然《村民委员会组织法》在内容与结构等方面已作了重大的修订与完善，但是对于可操作性比较强的主要由国务院及民政部所制定的行政法规、行政

---

　　① 唐鸣、赵鲲鹏：《村委会组织法的修订所取得的进步》，《社会主义研究》2011年第1期。

规章等也必须予以高度的重视，确保《村民委员会组织法》实施性法规的及时跟进与落实到位。现行《村民委员会组织法》虽然在内容条款方面较之以前作了更加全面具体的规定，但是它毕竟是属于面向全国农村普遍适用的一部基本法律，总体上属于原则性、方向性及规范性的宏观规定，其在"哪些可以做"的方面规定得比较详细，但是，对于"怎样做"的相关规定则不是那么具体，当然，这本身也符合国家基本法律规定的性质与要求。与此相适应的是，从立法惯例及基本法律体系自身的要求出发，一部基本法律制定通过以后，还要求国家相关行政机关制定颁行相应的实施细则。从《村民委员会组织法》的实施来看，还必须从以下两个方面着手努力：一是必须为《村民委员会组织法》的实施制定更加全面具体的操作性更强的实施性规范；二是要求为相关地方行政机关制定相应的实施细则确立基本权限及其权限行使范围。由此可见，制定和完善《村民委员会组织法》的实施细则不仅是对《村民委员会组织法》的进一步补充与完善，而且也是进一步健全与完善《村民委员会组织法》的法律体系，这不仅有利于《村民委员会组织法》在全国范围内的统一有效实施，而且还有利于全国各地农村民主管理及村民自治的均衡发展。由此，根据我国现行《村民委员会组织法》实施发展的需要，在不断修订和完善《村民委员会组织法》的基础上，迫切需要从国家层面加强立法活动，特别是国务院及民政部制定与完善《村民委员会组织法》的实施细则及实施条例，以此不断地补充与完善现行《村民委员会组织法》，使其更能适应我国农村基层民主管理及农村基层民主政治不断向前发展的需要。

2. 适时开展《农村民主管理法》的立法建设与完善。

作为国家基本法律的《农村民主管理法》的制定是一项比较复杂的立法工作，需要在全面调研的基础上，循序渐进地完成。这个基本法律应明确规定农村民主管理制度的性质、农村民主管理中各村级公共事务自治组织的性质、资格及成立条件、自治事务的范围界定等，同时必须对农村民主管理中各村级公共事务自治组织成员资格、自治组织会议及各自治组织代表会议的组成、议事规则等予以明确规定。对农村民主管理中各自治组织的代议机构及其常设机构，对农村民主管理中经济性、政治性、文化性及社会性等各类自治组织与国家在农村的各种基层权力机关之间的关系要予以明确的规范与界定，尤其是对农村民主管理中行使村民自治权的常设组织机构比如村民委员会的设立、组成、机构、运行、选举、议事及相关责任等，除了在《村民委员会组织法》中予以进一步修订与完善外，还需在《农村民主管理法》中予以体现和规范。在《农村民主管理法》的制定和完善中，应重点思考和完善以下方面的内容：

（1）必须以《宪法》作为《农村民主管理法》的立法依据。

如前所述，为制定好《农村民主管理法》，应先确立其在《宪法》中的立法依据，对我国现行《宪法》中有关基层群众性组织的相关规定予以完善，以制定相应的《农村民主管理法》。建议在国家对《宪法》进行完善时，将现有相关条文修改为，国家实行农村民主管理，农村民主管理的有关制度由国家基本法律专门规定，农村民主管理的执行机构及村民委员会应依法设立、组织、运行，村民委员会是村民实现农村民主管理的常设机构。

（2）对《农村民主管理法》的性质和地位予以明确规定。

应明确规定《农村民主管理法》是村民在村级公共事务民主管理中实现其村民自治权的基本法律。在对各类村级公共事务实施农村民主管理的村民的自治权由法律予以明确的界定，主要包括村民民主管理经济权、政治权、文化权及其他社会性权利，重点是农村民主管理中的选举权与被选举权、村级公共事务民主管理中的决策权、表决权、监督权、批评建议权及申诉控告权等政治性权利。在村民积极性权利方面，要重点关注与明确村民在村级公共事务自治组织中的成员权、村级公共资源的共享权、农村基本生活保障权及农地使用权等。

这里尤其要重视的是农村民主管理中各村级公共事务自治组织中村民自治权的赋予与落实。通过这种自治权的实现，确保农民在农村民主管理中能够获得长期稳定的收入来源及支配形式，将广大农民在农村民主管理中的象征性权利改造成为真正的实际权利。各村级公共事务民主管理自治组织及其成员的自治权的相关具体内容可以由其他相应的单行法律法规予以规定和完善。

同时《农村民主管理法》对村民在农村民主管理中的自治权与国家在农村的行政管理权的相互关系要予以明确规范与界定。村民在农村民主管理中的自治权是一种社会权利，主要是广大村民依法对村级公共事务实施民主管理的一种自治权，国家在农村的基层政权机关比如乡镇政权对农村非自治性的公共事务进行依法管理是国家赋予的行政管理权，其行使不能干预村民自治权。同时，由农村基层政权机关行使的行政管理权，非经广大农村各村级公共事务民主管理自治组织成员自愿与同意，不得推给农村民主管理的常设机构行使和履行。

（3）加强农村民主管理的基本制度和议事组织的立法完善。

建立健全农村民主管理制度，确保其良性实施，实现民主管理，需要相关的村级公共事务民主管理组织机构，负责落实村民自治权，真正实现对村级公共事务的民主管理，在农村民主管理基本法律的制定和完善中，应当具体详细地对以下几方面的内容进行规定和规范。

一是有关农村民主管理中村级公共事务民主管理组织会议的性质。

从以往《村民委员会组织法》实施的过程来看，村级重大事务决策与管理领域存在的问题比较突出，主要表现在一些农村在村级公共重大事务的民主管理中，决策没有程序，办事没有规范，存在少数人对村级事务决策权垄断的现象，一些农民群众对此存在强烈的不满情绪。① 可见在《农村民主管理法》中专门规定村级公共事务民主管理组织会议及组织代表会议的性质、组织形式、会议决策机制及监督机制等是非常必要的。

《农村民主管理法》中应用专章具体规定村级公共事务民主管理组织成员会议，这种村民会议是村民对村级公共事务进行民主管理的最高决策和议事机构，也是深入体现和具体落实农村民主管理中村民自治权的基本制度和议事组织。同时对村级公共事务民主管理组织成员会议与农村民主管理的常设机构村民委员会的具体关系要进行明确、具体的规范。从运行机制上看，村级公共事务民主管理组织成员会议是会议形式，村民委员会是常设机构；从权利产生的关系看，是权利委托与受托的关系；从工作职能关系看，是一种决策与执行的关系。

二是村级公共事务民主管理组织成员会议的运行规则。

在《农村民主管理法》中可以考虑按照如下的思路来设计村级公共事务民主管理组织成员会议的运行规则。（1）村级公共事务民主管理组织成员会议由本村年满18周岁的村民组成；而村级公共事务民主管理组织成员资格由相关法律规定，凡是在本村常住达到1年以上（含1年）的公民，有权参加本村村级公共事务民主管理组织成员会议，具有本村村

---

① 詹成付：《加快村民自治配套法规建设的步伐》，《乡镇论坛》2001年第12期。

民资格；凡是离开本村到外地常住达 1 年（不包含 1 年）以上的村民，有权参加当地所在村级公共事务民主管理组织成员会议，但不能参加原村级公共事务民主管理组织成员会议。村民在某地常住的标准以在当地办理暂住证的时间或者村民在当地租房自住时间，或者村民在当地自建自住房屋或者购买自住房屋居住的时间为主要依据，在上述情况中，户籍只是作为一种主要的辅助参考依据。（2）村级公共事务民主管理组织成员会议可考虑每半年举行一次会议，在农闲时节举行，由 1/10 及其以上的组织成员提议，应当举行村级公共事务民主管理组织成员会议。（3）参加村级公共事务民主管理组织成员会议的村民应该达到有资格参加会议成员的 1/2 以上（包含 1/2），召开村级公共事务民主管理组织成员会议应当提前 1 个月公告，如果参加会议的村民达不到 1/2，则应当再次进行公告，至少推迟 10 天召开，在经过再次公告以后，出席村级公共事务民主管理组织成员会议的村民应当达到有资格参加村民会议人员的 1/3 以上。（4）有资格参加村级公共事务民主管理组织成员会议的村民如果没有时间参加会议，可以委托其他村民代表其行使表决权，但是一个村民只能接受 3 名以下（包含 3 名）的村民的委托，村级公共事务民主管理组织成员会议应当对委托人与被委托人的身份进行审核，委托人与被委托人依法应当接受审核。（5）村级公共事务民主管理组织成员会议在遵守宪法、法律及国家政策的相关原则下，对本组织所涉及相关村级公共事务具有最高决策权，会议所作决定，应当经过参加投票人的过半数同意。（6）村级公共事务民主管理组织成员会议可以考虑由农村民主管理的常设机构——村民委员会主任来主持，如果主任不能行使主持人职责时，经过主任委托，可以由村民委员会副主任主持；如果主任不行使委托职责，可以由村级公共事务民主管理组织会议讨论决定推举 1 人主持。如果村级公共事务民主管理组织会议议程和内容是关于其成员罢免或者弹劾的，则可以由村级公共事务民主管理组织会议推举一位村民担任主持人。（7）关于村级公共事务民主管理组织会议议事方式方面的规定。村级公共事务民主管理组织会议议事可采取民主决策方式，村民在会议上依法享有平等发言权、提案权、质询权及表决权，村级公共事务民主管理组织任何成员不得对村民的上述权利予以剥夺或者限制。但是村级公共事务民主管理组织成员在行使上述权利时，也必须遵守国家相关法律。各类村级公共事务民主管理组织委员会也应当根据各组织的实际情况制定相应的议事规则和细则，以保证村级公共事务民主管理组织会议议事的民主、公平、合法及有效性等理念和精神的体现和实现。

三是村级公共事务民主管理组织会议的职权规定。

在《农村民主管理法》中应对村级公共事务民主管理组织会议的职权进行详细的规定。其职权主要包括决策权、监督权、罢免权及相关规章制度的制定权等。具体而言，主要包括以下方面的内容：（1）听取和审议村级公共事务民主管理组织委员会及其常设机构村民委员会的工作报告、财务收支情况报告等；（2）审议并决定村级公共事务民主管理组织及其常设机构有关建设规划、经济社会发展规划及年度工作计划，以及其他有关村级公共事务及公益事业的重大事项等；（3）审议决定本村有关集体经济项目及村级公益事业项目的立项及承包方案，审查并决定村级公共事务民主管理组织集体经济收益的开支使用情况；（4）审查决定村集体土地及村民宅基地的使用及发放等；（5）对村级公共事务民主管理组织委员会成员的工作进行评议，并对村享受补贴人员及标准进行讨论和决定；（6）对乡镇级统筹款的收缴办法、村级提留款的收取及村级兴办公益事业经费的筹集办法等进行审议决定；（7）对村级公共事务民主管理组织及其常设机构组织成员进行弹劾、罢免及补选；（8）对村级公共事务民主管理组织自治章程、村规民约及有关财务管理等规章制度进行讨论制定；（9）对村级公共事务民主管理组织认为应当由其决定的其他事项进行审议、讨论和决定等。

四是有关村级公共事务民主管理组织成员代表会议及村民家户代表会议的性质、组成及职权的规范与界定。

在农村民主管理的实践中，有关村级各级各类公共事务如果都要通过村级公共事务民主管理组织成员会议来决定，在现实中是比较困难的，也不太可行。对此，根据农村民主管理的精神理念，笔者认为，农村民主管理中村民对村级公共事务的民主管理所体现的直接民主，其核心要义在于实现村民对村级公共事务民主管理的自主权。比如，村民在村委会选举中所享有的直接选举权与被选举权、村民对各类村级公共事务相关规章制度的创制权及村民在村级公共事务民主管理中对不利于村民合法权益维护和实现事宜的否决权等。从农村民主管理的实践来看，事实上，也不是所有的村级公共事务都要召开村级公共事务民主管理组织全体成员会议来予以讨论和表决。结合《农村民主管理法》基本法律的立法定位来看，村级公共事务民主管理组织成员代表会议是村级公共事务民主管理组织成员会议的特殊形式。笔者认为村级公共事务民主管理组织成员代表会议、户代表会议与村级公共事务民主管理组织成员会议的关系是多元的、多重的，首先从功能上看，它们是互补性的关系，村级公共事务民主管理组织成员代表会议、户代表会议是村民的代议机构，从权利产生的角度分析，它们是权利受托与委托的关系。在村级公共事务民主管理组织成员会议闭会期间，村级公共事务民主管理组织成员代表会议、户代表会议是行使村级公共事务民主管理组织成员会议所赋予的决策权与监督权的另一种会议形式，它们可以对村级公共事务民主管理组织及其常设机构——村民委员会的工作及其成员的行为依法进行有效的监督。

对此，在《农村民主管理法》中，应对此相关问题予以明确规定。建议一个行政村，村民人数超过 500 人的或者村民居住比较分散的村，由村民推选代表，组成村级公共事务民主管理组织成员代表会议。该会议的代表由村民民主选举产生，代表中应有适当名额的妇女代表，在多民族居住地区，人数比较少的民族应当有代表参加。代表人数应不少于有选举权村民人数的 1/5，这其中，农村民主管理常设机构——村民委员会的成员不能兼任村级公共事务民主管理组织成员代表会议的代表，以此保证代表的广泛性及在对村级公共事务民主管理决策中实现权力制衡；居住在该村的各级人民代表大会代表应列席相关会议，但这些代表没有表决权，以使农村民主管理中真正实现村民自治。

村级公共事务民主管理组织成员代表会议根据村民会议的授权或者依据其他相关国家基本法律依法行使下列职权：（1）对重大村级公共事务进行决定；（2）对村级公共事务民主管理组织常设机构——村民委员会成员进行监督和弹劾；（3）对村级公共事务民主管理组织的工作计划及财务收支情况报告等进行审议与批准；（4）对自治章程、村规民约等草案进行讨论并决定是否将其提交给村民会议讨论；（5）对各级各类村级公共事务民主管理组织及其常设机构——村民委员会的工作进行监督等。

村级公共事务民主管理组织成员代表会议议事过程中应当遵守国家相关法律，其对村级公共事务的决议应当由参加会议的代表过半数表决通过，同时其会议的决定不得与村级公共事务民主管理组织成员会议的决定与决议相抵触，也不得超越授权对一些村级公共事务进行讨论与表决。村级公共事务民主管理组织成员代表会议的人员必须依据与符合民主原则，由该组织全体村民通过选举产生。① 村级公共事务民主管理组织成员代表会议一般由农村民主管理常设机构村民委员会负责召集和主持，当涉及对村委会成员进行弹劾的会议时，其有关会议的议程与会议内容由各村级公共事务民主管理组织成员代表会议推选主席、副主席进行召集和主持。

此外，在《农村民主管理法》中应设专章对村户代表会议进行明确规定，在农村民主管理中，为使其更趋于和接近直接民主形式，在涉及对相关村级公共事务进行民主管理时，应考虑由涉及该公共事务的相关村户每户派一名代表参加户代表会议。同时应允许各村通过召开村民全体会议以决定是由村级公共事务民主管理组织成员代表会议还是村户代表会议来实现村民会议在闭会期间对相关村级公共事务实施民主管理的职能。

五是建立健全农村民主管理中村民对村级公共事务民主管理自治权利的可诉性机制。

在一定程度上讲，公民诉权赋予范围的大小反映了一个国家法治发展的程度。从法理上讲，公民任何权利一旦受到侵犯，被侵犯人就有通过司法途径获得救济的权利。但是，在现实生活中，由于一国法治发展水平的差异以及经济发展水平的制约，公民诉权范围也是非常有限的。在农村民主管理制度领域，如果村民的自治权受到侵犯不能获得司法机关有效救济和保护的话，其自治权就会陷入落空的境地。对此，在《农村民主管理法》中，必须加强对村民在公共事务民主管理中自治权利的保护，建立健全村民的诉权机制。

在《农村民主管理法》中，可以借鉴《农村土地承包法》里的相关规定，《农村土地承包法》于 2003 年 3 月 1 日起施行，其中第四章主要是解决"争议的解决与法律责任"，在该章中第 51 条与第 52 条重点围绕农民在土地承包方面的诉权机制的保障进行了详细的规定，从中可以看到，农民在土地承包经营方面的权利的救济与保障是一个多层级的体系，第51 条第 1 款规定，"因土地承包经营发生纠纷的，双方当事人可以通过协商解决，也可以请求村民委员会、乡（镇）人民政府等调解解决"。如果这种权利救济方式不能解决问题，紧接着第 51 条第 2 款又对此进行了详细的规定，"当事人不愿协商、调解或者协商、调解不成的，可以向农村

---

① 王振耀、白益华主编：《乡镇政权与村委会建设》，中国社会科学出版社 1996 年版，第133—136 页。

土地承包仲裁机构申请仲裁，也可以直接向人民法院起诉"。第 52 条又对上述相关规定进行了进一步的补充和完善，规定"当事人对农村土地承包仲裁机构的仲裁裁决不服的，可以在收到裁决书之日起 30 日内向人民法院起诉。逾期不起诉的，裁决书即发生法律效力"。可见，对村民在农村土地承包方面权利的司法救济的相关法律规定是比较完善和有力的。

有鉴于此，根据现代法理的基本精神，结合农村民主管理制度实施的实际情况，在《农村民主管理法》中，对村民在村级公共事务民主管理方面的诉权机制进行规范和完善时，宜重点围绕以下方面着手：一是对村民在农村民主管理中的选举权与被选举权方面的司法救济权的规范与界定；二是赋予村民对农村民主管理的常设机构村民委员会及其成员损害村民利益及村级公共利益行为的诉权；三是赋予村民对参加村级公共事务民主管理组织会议及参加其代表会议的司法救济权；四是赋予村级公共事务民主管理者对民主管理中个别村民不服从管理及违反村规民约等行为的直接处罚权及诉权；等等。

3. 加强与《农村民主管理法》相配套的其他基本法律的立法建设与完善。

《农村民主管理法》作为广大农村村民实施村民自治的基本法律，需要与其他相关村级公共事务民主管理基本法律的配套，比如规定农村民主管理中村民自治的常设机构的法律——《村委会组织法》，同时还要与其他规范和体现村民经济性、文化性及社会性合法权益的基本法律一起共同对农村民主管理制度加以规范和保障。同时，与农业、农村及农民利益紧密相关的基本法律也应完善。

从整体上看，就农业和农村法治建设现状看，我国初步形成了以《农业法》为核心的农业法律体系框架，先后制定和颁布了一系列有关农村与农业发展的法律法规和系列政策，有力地规范和促进了农村经济的发展，这也为农村民主管理制度的法治建设创造了良好的基础与外部环境，但是农村法治建设的发展与农村的现实发展相比较，尚存在诸多的问题与差距，这主要表现在以下几个方面：

一是有关农业、农村及农民"三农"方面的相关立法尚未制定出来，处于空白状态，如《农民权益保护法》《农村社会保障法》及《农民协会法》等。有些相关的基本法律虽然已经制定，但是与之相关的配套规定明显滞后，不相适应。比如，我国长期以来的农村改革的重点和中心是农业发展，但是有关农业发展的基本法律——《农业法》直到 1993 年 7 月才由八届全国人民代表大会常务委员会二次会议通过出台。而有关农村村民自治的重要基本法律——《村民委员会组织法》则直到 1998 年 11 月才由九届全国人民代表大会常务委员会五次会议通过出台。由此看来，在我国农村的改革发展历程中，长期以来缺乏有效的法律规范与制约，偏重于政策调节，这显然不利于农村经济社会的持续有效的改革与发展，同时也不利于农村基层民主政治的发展。

二是已有的相关立法具有较强的计划经济体制色彩。自改革开放以来，农村的经济社会制度虽然发生了许多根本性的变化，但是有关农村、农民及农业发展的相关立法相对滞后。已有的相关"三农"问题的法律法规是基于计划经济体制的经济发展背景，当时制定的主要功能在于实现政府意图与权力的表达，偏重农民对政府必须承担的义务性内容的设计，从而导致农民的合法权益常常被忽视甚至被排斥。在很长一段时间内，国家相关立法机关及政府行政部门也未能根据国家及农村经济社会发展的实际情况对旧有的相关法律法规予以清理和修正。这导致现在农村经济、政治、文化及社会发展各领域的不协调发展，体现在农村民主管理制度发展领域，其滞后性也是显而易见的。

三是现有有关农村、农业及农民的立法层级比较低。总体上看，相关法律法规缺乏较高的法律效力，主要停留在行政法规、地方法规及部门规章这个层次上面，而且在其执行过程中，相关法律法规的政策性比较强，加之由于国家在农村的相关政策变化发展的速度比较快，导致在实践中其规范性及可操作性在整体上的效果也不明显。从而使得地方政府在有关农村发展的相关问题上，常常以政策代替相关基本法律法规，而且存在变通执行的现象，反映在农村民主管理制度领域，这显然对其法治化建设是极为不利的，对此应采取有效措施予以积极的完善和发展。

四是现有相关立法对农民的合法权益的重视程度欠佳。这其中有计划经济体制的原因，在相关立法中，常常比较重视对国家行政权力予以明确，但是对农民的相关合法权益的保护则关注不够，比如相关农业立法大都比较重视农民在农业生产经营中的义务的履行，但是对农民在其中应享有的相关权利却着墨不多。与此同时，在相关农业执法中，也常出现对农民合法权益保护力度不够的现象。以《农村土地管理法》为例，在承包土地方面，重点规定了农民违约以后应承担的责任，而对村委会征用农民承包土地以后的赔偿责任则未予以相应的规定，从而在事实上使合同双方地位不平等，也在实践中导致部分农民对土地承包及其合同失去信心，因为他们认为这在事实上，合同双方的地位是不平等的。

对此，应以农民合法权益保护为中心，加强与《农村民主管理法》相配套的其他基本法律的立法建设与完善。

一是以《村民委员会组织法》为基础，完善农村经济基本法律体系。

农村经济发展是农村基层民主政治发展的基础和根本。为更好地在农村民主管理中保护好村民的合法权益，必须加快农村经济的全面发展，促进农村两个文明的建设，发展农村基层民主，建设社会主义新农村，这不仅是《村民委员会组织法》的立法宗旨的主要内容，同时《村民委员会组织法》也提出了有关农村经济发展方面的重要内容，据此，笔者认为这也是加强与《农村民主管理法》相配套的其他基本法律的立法建设与完善的重要立法依据，农村经济基本法律体系的建立完善应重点围绕以下方面的内容展开：（1）重视国家双层经营体制的维护与发展，这种体制继续坚持以国家承包经营为基础，实行统分结合，同时在土地使用权方面加强规范；（2）加强对集体经济组织、村民、各类承包经营户、联户及合伙的合法的财产权及其他各种事关村民合法的权益的规范与保障；（3）规范农村存在的形式多元化的合作经济及其他各种经济组织；（4）规范农村经济发展中存在的农业投资与农业信贷；（5）规范与保障农产品交易、购销以及各类农产品的价格；（6）加强对农业自然资源及农村环境保护的规范与保障；（7）规范农村税费及农民提留统筹；（8）重视加强农业科技、教育及文化等方面的规范与保障；等等。围绕上述重点内容，笔者建议国家应适时出台一系列不仅能适应社会主义市场经济发展规律，也能有效规范、理顺农村民主管理中有关农业生产及再生产活动中各种经济管理与协作关系的法律法规，在此基础上，逐步构建起相对完善的农村经济法律体系。

建立健全与《农村民主管理法》相配套的农村基本经济法律的主要目的在于推进农村经济的持续发展及保护广大村民的合法权益，为农村民主管理制度的建立健全及良性实施创造优良的外部经济环境，也为《农村民主管理法》的制定和完善提供有力的支撑与辅助。在建立健全以推进农村经济发展及村民合法权益保护为主要核心内容的农村经济法律体系过程中，笔者认为还应高度重视相关执法机制的完善。有关农村经济发展的许多法律规范不仅要依靠国家相关基层行政部门予以有力的实施，同时要对在农村经济发展过程中存在的相关农业执法部门违法执法及存在的加重农民负担的现象予以高度的重视，特别要重视农村经济发展过程中执法监督机制的建立健全，以通过国家有关农村经济发展相关基本法律的制定与执行，确保农村经济的持续健康发展及伴随经济发展的农村基层民主政治发展过程中，广大村民在村级事务民主管理过程中各种合法权益的有效保障，通过《农村民主管理法》及与之紧密相关的农村基本解决法律的建立健全与实施，使农村民主管理制度的建立健全及良性实施过程中做到有法可依，有法可循，实现国家"三农"问题解决的法治化，实现依法治农、依法兴农、村民依法民主管理，真正建立起农村民主管理制度的立法保障体系。

二是以《农业法》为基础，完善农村其他基本法律体系。

从国外农业发展的经验来看，在工业化发展过程中，一些发达国家或地区，为了有效防止农业发展的衰退，缩小农业与国家其他产业发展之间的差距，缩小农民与其他社会阶层之间收入的差距，有效促进农业产业结构发展的合理化以及实现工农产品比价的合理化，提高国家对农业的财政支持以及实现对农业发展的保护力度，助推国家工业化的实现以及实现国家城乡一体化发展战略，一般都建立健全了有关农业发展的立法体系及有关农业的严格的执法体系，以促使农业发展的法治化，这对于农业的迅速发展起到了重要的促进与法治保障作用。

从我国的实际发展状况来看，国家的法治建设虽然从新中国成立以来有了很大的发展并取得了比较丰硕的成就，而且围绕中国特色社会主义法治国家建设逐步构建起了一个相对比较完整的国家法律体系，但是，在广大的农村地区，农业立法与执法的发展却相对落后，广大农民在实践中遵循和借助的大多是传统的行为规范与风俗习惯和惯例。从立法层面看，这主要表现在以下方面：

首先，从中央立法层面看。自改革开放以来，相较于市场经济的立法发展，有关农业、农村及农民方面的立法活动始终是我国社会主义法治建设中比较薄弱的环节。这是导致我国农业法律法规发展不健全的主要因素。导致在一些农业发展领域无法可依的现象普遍存在，不仅在农村民主管理领域，在一些有关农业发展全局的诸如农业投入、农民利益及农业科技等方面的重大问题的发展也缺乏有效的法治保障机制。如前所述，即便是已有的农业和农村发展的相关基本法律规范，也普遍存在政策性强而规范性差及义务性规范多而权利性规范相对较少等突出问题。总体上看，我国有关农业的立法质量有待进一步提高。以我国农业发展的根本法律——《农业法》为例，其虽然于 1993 年 7 月制定出台，2002 年 12 月 28 日九届全国人民代表大会常务委员会三十一次会议对其进行了修订，2009 年 8 月 27 日十一届全国人民代表大会常务委员会十次会议《关于修改部分法律的决定》对《农业法》进行了第一次修正，2012 年 12 月 28 日十一届全国人民代表大会常务委员会三十次会议《关于修改〈中华人民共和国农业法〉的决定》，这是对《农业法》进行的第二次修正，但是由于其相关规定存在比较原则与笼统的特点，导致在农村经济社会发展的实践中，仍然有许多农民根本没有听说过有《农业法》。由此，相较于中国特色社会主义农村改革与发展的迫切需要和现实紧迫性，我国的农业立法已经呈现出一种功能欠缺与滞后，这显然不适应农村经济社会的全面发展，也不利于以农村民主管理制度为主要内容的基层民主政治的发展与完善。

其次，从地方立法层面看，各级地方国家机关制定的地方性法规及规章也不尽理想，突出问题主要表现在以下方面：一是法规内容涵盖面比较窄，存在盲区与事实上的无法可依的现象。二是条文原则笼统，基本上是对基本法的重复，没有根据本地区的实际情况因地制宜地制定具体细则，导致其在客观上难以操作，难以落实。根据我国的立法体制，地方性的法规规章属于实施性立法与执行性立法，重在实现法律与可操作性，其主要目的在于对国家规定的原则进行细化。三是一些地方性法规、规章不符合基本法规定的原则，有的甚至直接与基本法精神相违背。上述问题与现象的存在，不仅在一定程度上破坏了法制发展的统一性，而且为基本法律的实施造成了诸多困难。

基于此，为了农村经济社会的健康持续发展，为农村基层民主政治发展创造良好的环境，笔者认为应在制定、完善及规范农村经济、政治与社会生活等方面的法律法规的基础上，尽快建立健全农业基本法律体系。在开展农业立法的过程中，应充分学习与借鉴国外先进有益的东西，同时要立足于我国的国情与农村经济社会发展的实际情况。要努力将在农村改革与建设的实践中经过验证行之有效的或者经过实践验证已经成熟了的方针政策通过科学的立法技术上升为国家基本法律，使农村经济社会发展中各方面都能做到有法可依、有法必依、执法必严及违法必究。与此同时，要积极着手对一些过时且不符合农村经济社会各项工作发展要求的相关法律法规进行清理，为农村经济社会健康发展扫清障碍。据此，笔者认为宜从以下几方面开展好农业立法有关工作：

第一，将发展成熟了的政策通过法律形式将其具体化、条文化及定型化。政策是党和国家在农村地区为实现一定的政治目标及完成一定任务而制定的政治决策，其与国家基本法律在阶级属性、经济基础、指导思想及基本原则和生活目标等方面都具有共性，两者的区别主要表现在形式上。因此，政策一旦通过法律形式的固化，它就可以具有法律的明确性、稳定性及强制性，以利于运用国家强制力保证法律化的政策在农村地区的贯彻执行。同时，极力促使党和国家的有关农业政策上升为国家法律，还具有以下积极作用：一是有利于制约和减少政府行政行为在农村地区的随意性与盲目性，通过法律手段的运用实现对农业的支持与保护，进而推进农业的全面发展。二是有利于党和国家在农村发展中的经济、政治手段通过法律手段表现出来，从而具有更高的权威性。三是有利于通过法律手段的作用，实现党和国家在农村地区发展中的经济手段与政治手段的有效运用与协调发展，共同发挥两者的作用，促进农村地区的全面发展。

第二，重视对传统立法思维模式的改变与改造。具体而言，要着力改变封闭式的传统立法思路，极力实现现代的开放式的农业立法思路，这种开放式的立法思路是立足于中国农村社会发展的现实国情及在充分借鉴和吸收国外发达国家和地区先进的农业法律立法经验和立法技术的基础之上的。在借鉴过程中，重点内容应包括以下方面：一是将农业在国民经济发展中的基础地位和作用通过法律形式予以明确。二是围绕农业基本法，重视配套基本法律的建设。三是重视农业立法的层次性及相关实施细则的制定与完善。四是注重立法的实用性与可操作性。五是要高度重视农业法治的统一性与时代发展的相适应性。六是重视参照国际惯例，在开放式农业立法的过程中要力图使其与世界农业发展的潮流相适应与吻合。总之，在大力借鉴国外发达国家和地区先进农业立法经验的同时，根据我国的国情及农村地区发展的农情积极开展全方位、多层次的农业立法，使我国农业法律体系尽快建立健全。这不仅有利于我国农村地区经济持续发展与繁荣，也有利于为农村民主管理制度的法治化建设创造有利的法治环境条件和经济基础条件。

（三）行政法规和部门规章层面的立法保障

为了农村民主管理制度的有序良性实施及健康发展，国务院先后制定了一系列行政法规，国务院办公厅和民政部先后制定了一系列行政规章，重点围绕农村民主管理中如何做好有关农村工作及村民自治等工作提出了具体的要求及具有可操作性的制度规范。

1. 国务院制定的行政法规

国务院制定的行政法规主要有：①国务院在1991年制定发布的《关于加强农村基层政权建设工作的通知》；②国务院于1991年12月7日颁布的《农民承担费用和劳务管理条例》，主要是围绕农村民主治理与管理中产生的一些矛盾而制定的；③国务院于1995年4月20日发布的《关于重申家庭联产承包责任制和统分结合的双层经营要保持长期稳定的通知》；④国务院于1996年12月30日发布的《关于切实做好减轻农民负担工作的决定》；⑤国务院于2007年1月29日发布的《关于积极发展现代农业扎实推进社会主义新农村建设的若干意见》；等等。

2. 国务院办公厅制定的行政规章与文件

主要有：①国务院办公厅于1992年7月23日发布的《关于进一步做好农民承担费用和劳务监督管理工作》，主要是解决农民负担过重的问题；②国务院于1993年联合中共中央办公厅发布的《关于切实减轻农民负担的紧急通知》；③国务院于1998年4月18日联合中共中央办公厅发布的《关于在农村普遍实行村务公开和民主管理制度的通知》；④国务院办公厅于2004年6月22日联合中共中央办公厅发布的《关于健全和完善村务公开和民主管理制度的意见》；⑤国务院办公厅于2006年11月13日联合中共中央办公厅发布的《关于加强农村基层党风廉政建设的意见》；⑥国务院办公厅于2009年4月24日联合中共中央办公厅发布的《关于加强和改进村民委员会选举工作的通知》；等等。

3. 民政部制定的行政规章和文件

主要有：①民政部于1988年发布的《关于贯彻执行〈村民委员会组织法（试行）〉》的通知；②民政部于1990年制定发布的《关于在全国农村开展村民自治示范活动的通知》；③民政部于1994年制定发布的《全国农村村民自治示范活动指导纲要（试行）》；④民政部于1995年2月27日发布的《关于进一步加强村民委员会建设工作的通知》；⑤民政部于

1996 年 2 月 8 日发布的《关于做好村民委员会换届选举工作的通知》；等等。从上述民政部制定发布的相关行政规章和文件来看，主要是围绕《村民委员会组织法》的贯彻与实施所提出的深入的具体要求，以指导各地村民自治主管机构——民政部门如何在农村民主管理中贯彻实施《村民委员会组织法》，督促其认真履行职责，积极主动开展工作，扎实有效地推进村民自治等工作，为农村民主管理制度的建立健全及有序实施创造良好的基础法治环境和条件。

4. 其他相关行政规章及文件

主要有：农业部联合监察部于 1997 年 12 月 16 日发布的《村集体经济组织财务公开暂行规定》；中共中央于 1999 年 2 月 13 日发布的《中国共产党农村基层组织工作条例》；中共中央农业经济工作委员会于 2000 年 7 月 6 日发布的《村级范围内筹资筹劳管理暂行规定》；中共中央 2003 年 6 月 23 日修订发布的《中国共产党农村基层组织工作条例》；中共中央农业经济工作委员会于 2003 年 12 月 4 日发布的《农业部、民政部、财政部、审计署关于推动农村集体财务管理和监督经常化规范化制度化的意见》；中共中央农业经济工作委员会于 2005 年 7 月 11 日发布的《农业部、监察部、国务院纠风办关于做好村干部任期和离任经济责任专项审计的通知》；等等。

（四）地方性法规、规章层面的立法保障

为配合对农村民主管理制度的建立健全及有效实施，在对村级公共事务民主管理中，地方性法规、规章的法治保障主要表现在对《村民委员会组织法》的配套贯彻实施。根据《村民委员会组织法》第六章第 39 条关于地方人大的保证职责方面的规定，地方各级人大和县级以上地方各级人大常委会在本行政区域内保证本法的实施，保障村民依法行使自治权利。第 40 条规定，省、自治区、直辖市的人民代表大会常务委员会根据本法，结合本行政区域的实际情况，制定实施办法。该条主要是对贯彻村民自治的配套地方性法规实施办法的制定进行了相应的规定。据此，从 1988 年 6 月《村民委员会组织法（试行）》生效以来，1998 年 11 月 4 日九届全国人大常委会五次会议对《村民委员会组织法》进行了修订并正式公布实施，随后，国家大部分省级人大常委会根据该法的相关规定，相继制定了本地区的实施办法。据相关部门统计，截至 2002 年 8 月，全国

有 28 各省、自治区、直辖市制定了《村民委员会组织法》的实施办法，有 25 个省、自治区、直辖市制定了村委会选举办法。这其中，有 22 个省级行政区包括：北京、广东、河北、辽宁、山东、江苏、浙江、安徽、湖北、湖南、上海、福建、海南、云南、贵州、陕西、甘肃、宁夏、黑龙江、新疆、天津及重庆根据《村民委员会组织法》的相关规定依法完成了两个地方性法规的制定工作。吉林、青海、西藏 3 个省、自治区依法完成了村委会选举办法的制定工作。山西、河南、江西、四川、广西、内蒙古等 6 个省、自治区采取"二合一"的方式完成了《村民委员会组织法》的配套性实施办法的地方性法规的制定工作，即是说将村委会选举办法放在实施办法的形式来予以完成。① 但是，在地方性法规、规章的配套制定工作中，大多数地方关于民主决策、民主管理及民主监督的地方性法规、规章比较薄弱，甚至是空白，由此可见，农村民主管理制度的配套法规建设面临的任务比较艰巨。

实行农村民主管理，制度建设是根本，法治是保障。从地方性法规、规章的角度加强农村民主管理制度的法治保障，意义重大。一方面，我国建设中国特色社会主义法治国家，法律制度体系是统一的，宪法与基本法是其他法规、规章制定的依据，这也是法规、规章的合法性基础所在。另一方面，在我国法律制度的层级结构中，地方性制度是从地方性法规、规章的相关具体规定发展而来。这主要是因为国家宪法、法律规定的制度只能是概括性的，我国幅员辽阔，民族多，人口众多，加之各地区实际情况各不相同，差别比较大。基于这种情况，要将宪法、法律有关农村民主管理的相关法律制度规定在全国各地贯彻落实好，就必然要求各地结合农村社会发展的实际情况，充分考虑行政区域内农村经济发展水平、自然地理环境、民族结构以及农村人口状况等因素，在法定的权限范围内制定地方性法规、规章。这不仅是我国两级多元的立法权结构体系所决定的立法现实的客观要求，也是我国农村民主管理制度法治建设发展的必然要求及在地方立法领域的反映。农村民主管理法律体系基本完善以后，基本上仍然是原则性的规定，也不能全面满足农村民主管理实际工作发展的要求。因此，要将农村民主管理制度贯彻落实好，必然要求各省、自治区、直辖市

---

① 潘嘉玮、周贤日：《村民自治与行政权的冲突》，中国人民大学出版社 2004 年版，第 238—239 页。

在立法权限范围内制定相应的配套法规、规章与之相适应。从一定程度上讲，农村民主管理配套法规、规章建设的水平与程度，在很大程度上决定着宪法、法律规定的农村民主管理制度落实的水平与程度，也在很大程度上决定着农村民主管理制度建设的规范化、制度化、程序化、法治化的发展水平，也在实践中和实际上决定着广大农民群众在农村民主管理中民主权利享有的水平和程度。从地方性法规、规章的立法保障视角看，农村民主管理制度在完善的过程中，应重点从以下五个方面着手，不断地予以发展与完善。

1. 精心完善各省级行政区《村民委员会组织法》的实施办法与选举办法。

在《村民委员会组织法》的地方性法规与规章的制定中，部分省级行政区域对《村民委员会组织法》实施办法及村委会选举办法两法采取"合二为一"或者只制定其中之一的做法与农村民主管理的立法要求相距甚远，简单的做法不仅不利于农村民主管理制度的实施，也不利于地方性法规的进一步发展，更不有利于农村民主管理地方性法规在条件成熟时发展为国家统一的基本法律。主要有以下几种理由：

一是农村民主管理中的"两个办法"是国家法定的地方立法任务。修订以后的《村民委员会组织法》要求各省级行政区不仅要制定实施办法，而且还要制定农村民主管理中村委会选举办法。而部分省级行政区仍然沿袭《村民委员会组织法（试行）》的规定，即要求只制定一个实施办法，这显然是与国家修订以后的《村民委员会组织法》的要求是不相符合的，同时一些省级行政区只制定实施办法的做法也与国家有关农村民主管理的基本立法精神和要求相违背。

二是从立法技术层面上讲，《村民委员会组织法》的实施办法是有关农村民主管理的实体性地方性法规，村委会选举办法是有关农村民主管理的程序性地方性法规。两者分别制定和实施是科学合理的，能较好地体现农村民主管理中村级公共事务民主管理的具体性。但是，一些省级行政区将两者合并在一起并以实施办法的形式产生，这不仅不利于村级事务民主管理的程序规范化，而且其操作性也不强，也不利于对村级事务民主管理实体性规定的贯彻落实。

三是从法规文本来看，《村民委员会组织法》的配套地方性法规采取"两个办法"合二为一的做法会使地方性法规文件篇章结构不合理，内容也会出现不协调的现象。比如，对选举办法规定得比较原则或者比较具体，都不利于《村民委员会组织法》的实施，规定过于原则的话，其对农村民主管理中的基层管理工作的规范指导作用难以有效发挥；如果规定得过于具体详细，则显得相关地方性法规内容繁杂，其他相关内容会出现不平衡、不协调的问题。

2. 建立健全有关村级重大公共事务民主决策及民主管理等方面经常性的民主活动的法律制度。

村民民主权利保障的重要性显示了立法的必要性。这其中涉及的村民的民主权利是多方面的，比如在村级公共事务民主管理中的选举权、被选举权、决策权、管理权及监督权等。农村民主管理的大量实践表明，村民对村级公共事务民主管理中的各项自治权只有全面落实到村级经济、政治及文化等各项事务中，落实到村级公共事务的日常决策、民主管理与民主监督等环节之中，落实到村民各项民主管理权利行使的实践之中时，农村民主管理制度的实施预期目标才能实现。现有的有关村民自治的国家基本法律《村民委员会组织法》对农村民主管理中涉及村级公共重大事务的民主决策、民主管理及民主监督等方面的相关内容只是作了比较原则性的规定，与上述内容的贯彻落实相配套的程序性规范有待进一步完善，加之对农村民主管理中的一些组织及这些组织相互之间的关系以及其在农村民主管理中的角色、职能定位等方面的具体规定比较欠缺，比如村支两委（村党支部与村民委员会）、乡镇农村基层管理组织与村级民主管理自治组织、农村民主管理组织与村民之间的相互关系及其在农村村级公共事务民主管理中的角色及其职能的具体定位等规定不清，如果遵循《村民委员会组织法》现有民主决策及民主管理等方面的相关规定，难以在农村民主管理实践中得以有效的实施与落实，也不利于农村民主管理制度的建立健全及良性有效实施，对此必须建立健全有关村级重大公共事务民主决策及民主管理等方面经常性的民主活动的法律制度。

基于此，在农村民主管理领域，虽然在村委会选举及村务公开等方面的立法有比较好的实践经验，而且其也正在逐步走向规范化、制度化、程序化及法治化，但是，在农村民主管理中，有关村级公共管理重大事务决策及民主管理的程序性与规范性问题日益突出，对此，应加强这方面的法治建设，对村级公共事务民主管理重大事务民主决策、民主管理及民主监督等方面的实践进行大量的调查研究，在条件成熟的地方，应着手制定地方性法规、规章，由点到线、由线到面，分阶段、有步骤地稳步实施和推进，最终上升为国家基本法律层面的制度建设，以全面推进农村民主管理制度的法治化建设。

3. 进一步完善村级公共事务民主管理中的村务公开制度。

村务公开是农村民主管理制度的重要内容之一，从目前省级行政立法机关制定村务公开实施办法的情况来看，存在的问题较多，一是数量非常少，只有很少的省级行政立法机关制定了实施办法，屈指可数；二是已经制定的村务公开实施办法在其内容及规范性等方面也存在诸多问题。必须从地方性法规、规章的层面加强村务公开方面的立法建设工作。

首先，村务公开是农村民主管理制度的重要内容之一，不仅涉及的内容广泛而丰富，而且也是广大村民群众最关心的事情。从地方性法规、规章建设的层面对村务公开专门展开立法建设工作，不仅有利于村务公开在农村民主管理中的可持续发展、规范性发展，也有利于农村民主管理制度的程序化、规范化、制度化及法治化建设。

其次，对村务公开进行立法建设有明确的法律依据。《村民委员会组织法》第30条规定，村民委员会实行村务公开制度。同时对村委会应当公开的内容事项进行了列举性的规定，内容涉及经济性、政治性、文化性及社会性等方面的事项，公开的重点主要集中在财务方面，主要体现在要求对政府拨付和社会捐赠财物的管理要公开，对各项国家补贴的资金、物资的管理要公开。同时国家有关农村的其他基本法律、法规、规章等对此也有相应的规定，主要体现在以下方面：一是《农业法》第73条主要是对筹资筹劳与财务公开等方面进行了规定，指出，农村集体经济组织或者村民委员会对凡是涉及农民利益的重要事项，都应当向农民公开，并定期公布财务账目，同时接受农民的监督。1998年4月18日中共中央、国务院办公厅联合发布了《关于在农村普遍实行村务公开和民主管理制度的通知》，第2条关于村务公开的内容和方法及第4条建立健全规章制度对村务公开作了比较详细的规定。2004年中共中央办公厅与国务院办公厅联合发布了《关于健全和完善村务公开和民主管理制度的意见》，第2条指出进一步健全村务公开制度，保障农民群众的知情权，从四个方面对此进行了比较详细的规定：村务公开内容的完善；村务公开形式的规范；村务公开监督小组的设立；对群众意见的听取与处理等。第4条规定进一步完善民主管理制度，保障农民群众的参与权，该条从推进村级事务的民主管理、建立村民委员会换届后的工作移交制度、村民民主理财制度建设的加强、农村集体财务收支审批程序的规范等方面对村务公开相关规定作了比较详细的规定。1997 年 12 月 16 日农业部、监察部联合发布的《村集体经济组织财务公开暂行规定》第 5 条对村集体经济组织财务公开的内容从财务计划、各项收入、各项支出、各项财产、债权债务及收益分配及农户承担的集资款、水费、电费、劳动积累工义务工及以资代劳等方面作了比较详细的规定。2003 年农业部、民政部、财政部、审计署联合发布了《关于推动农村集体财务管理和监督经常化规范化制度化的意见》及民政部 1997 年 1 月 2 日发布的《关于贯彻全国农村基层组织建设工作座谈会精神全面加强村民委员会建设的通知》等都对村务公开的相关内容进行了专门规定。可见，加强村务公开的法治建设其立法依据是非常充分、全面、明确的。据此，各省级行政区加强地方村务公开办法等规范、规章的制定是非常必要，也是完全可行的，这也有利于农村民主管理制度各项内容通过法治的手段能得以全面地贯彻落实。

最后，对村务公开进行立法具有较丰富的实践经验及相关的立法基础与借鉴。自 20 世纪 80 年代开展以来，村务公开作为村民自治制度的重要内容，在各地实践中先后进行了各种摸索和实践，特别是在中共中央办公厅、国务院办公厅于 1998 年 4 月 18 日联合发布《关于在农村普遍实行村务公开和民主管理制度的通知》以后，各地推行村务公开的力度和效度得到空前的提高，在大量的实践中也积累了许多成功的经验。这其中，河北与广东两省的立法机关制定颁布的村务公开地方性法规为各地开展相应的立法提供了比较成功的范例与样本。河北省人大常委会于 1999 年 5 月 27 日通过的《河北省村务公开条例》，是比较早的省级村务公开专门立法。广东省人大常委会于 2001 年 5 月 31 日通过的《广东省村务公开条例》，其基本内容虽然与《河北省村务公开条例》相近，但是其操作性更强，主要体现在以下方面：一是在对村民普遍关心并要求公开的其他事项规定的量化数据方面，广东省比河北省规定得具体明确，要求有 1/10 以上的村民或者 1/3 以上的村民代表公开即可。二是村民在村务公开后对公开的事项不同意的，在纠正和重新公布的量化数据的规定方面，广东省明确规定如果半数以上的村民对村务公开事项不同意，应当对此依法予以纠正并重新公布。三是广东省的村务公开条例对村务公开监督小组的成立进行了详细的规定，规定由 3—7 人组成，这些成员由村民会议或者村民代表会议推荐选举产生，并规定其任期与村委会成员的任期相同，同时明确规定村务公开监督小组成员不能由村委会成员及其近亲属担任；等等。

由此可见，《广东省村务公开条例》对村务公开制度的建立健全方面具有极强的示范性和借鉴性，其他省级相关立法机关应以此为参考，加快各地关于村民公开制度的地方性法规、规章的建设工作，以从基础性制度建设进一步完善农村民主管理制度的法治保障。

4. 建立健全《农村土地承包法》的配套地方性法规、规章，为农村民主管理制度的法治保障奠定基础性制度基础。

土地承包经营权不仅是农民得以维系其生产、生活的基础，也是国家赋予广大农民的法定基本权利，也是广大农民在农村民主管理中得以行使其村级公共事务管理自治权的物质基础和基础性制度基础。

全国九届人大常委会二十九次会议审议通过了《农村土地承包法》，并且于2003年3月1日起开始正式实施，这不仅标志着我国农村土地承包制度走上了法治化建设道路，也标志着广大农民的农村土地使用权通过法律形式得到了长期而有效的保障。这部基本法律的实施不仅有利于农村土地承包关系的长期稳定，而且也有利于广大农民的在农村土地承包中的基本权利从根本上得到有效的保护。但是，《农村土地承包法》总体上讲，相关规定还比较原则，而且土地承包在实践中随着农村经济社会的发展变化会出现一些新情况、新问题，对此，必须结合《农村土地承包法》的立法基本精神，对照相关法律规定，深入扎实地做好《农村土地承包法》的地方性法规、规章及相关配套制度的建立健全工作，以此有力地促进农村土地承包管理制度的制度化与法治化建设。

为什么要非常重视农民在农村土地承包中的权利保障呢？因为《农村土地承包法》的核心是依法赋予农民长期而有保障的土地使用权，以此确保农民在土地承包中行为规范。须知，在农村民主管理制度中，农村土地承包问题是影响其实施的非常重要的基础性制度问题，这个问题的解决程度关系到农村民主管理制度的法治保障水平。对此，应高度重视《农村土地承包法》的适用及其相关配套法规、规章的建立健全与贯彻落实。在这个过程中，省级立法机关制定完善《农村土地承包法》地方性法规、规章时，应重点重视以下方面内容的落实：一是重视和强调法律对农民土地使用权的保护；二是严禁在承包期内土地发包方对农民承包地的收回与调整；三是任何组织和个人不得对农民采取性别歧视，也不得非法剥夺和限制农民承包土地的权利；四是承包方依法对承包土地享有使用、收益及土地承包经营权流转的权利，也有权自主组织生产经营和处置产品；五是农民在其土地承包经营权受到侵犯时其有权获得相应的补偿，有权依法对侵害其承包权益的行为提出仲裁申请或向人民法院起诉，依法要求侵害人承担相应的民事责任甚至刑事责任。

与此同时，各级地方人民政府和农村集体经济组织及农村民主管理自治组织在农村民主管理过程中，必须尊重和维护农民的土地承包经营权，加强对农民土地承包和流转的指导、引导及依法治理。在农村民主管理过程中，不能对农民土地承包实行强迫流转，或者在不尊重农民的意愿基础上随意变更农村土地承包合同，从而使农民的土地承包权益受到侵害。为此，在农村民主管理过程中，为切实加强对农民土地及其相关权益的保障，加强《农村土地承包法》的配套地方性法规、规章建设，构建和完善全方位的我国农地使用权制度体系不失为一个比较好的选择与路径。

5. 建立健全县（市）级农村民主管理制度的具体规定。

为了使全国性的法律和省级的地方性法规、规章在农村民主管理的实践中能够得到进一步的贯彻落实，需要在县（市）级层面进一步加强农村民主管理制度的立法建设。县（市）级人大及其常委会结合本行政辖区内农村民主管理的实际情况，可以因地制宜制定本县、市的农村民主管理制度的具体规定。

据统计，全国目前共计有一百多个县（市）在农村民主管理中围绕《村民委员会组织法》的贯彻落实制定了相关的具体规定，其内容概括归纳起来，主要围绕以下几个方面：一是围绕农村基层民主选举中的一些具体实施细则的规定；二是围绕村委会选举后对村委会在任期内如何开展民主评议和民主监督的一些实施细则的具体规定；三是在农村民主管理中有关对村委会成员的罢免及村委会成员辞职等方面的实施细则的具体规定。

这些地方性具体规定使有关农村民主管理及农村基层民主政治发展的法规变得更为具体，更为符合各地农村民主管理的实际，因而也更具有可操作性。实际上，从县（市）级层面对农村民主管理制度法治建设的完善是对村民在农村民主管理中的村民自治权及其他相关民主权利更具体、更加切实有效的保障。因此，笔者建议对在农村基层民主管理的实践中经常对此加以总结提炼，将成熟的制度规范适时上升为更高层次的法律规范。同时，从农村民主管理制度法治建设的长远发展趋势来看，为了使农村民主管理制度法律体系更加规范化及权威化，重点应该加强国家层面的立法建设，使农村民主管理中的《村民自治法》《村民委员会组织法》及《村民委员会选举办法》等制度建设更加系统、规范及具体，从而逐步使给地方层面的地方性法规、规章、规定、文件等逐渐废止，以此最大限度地减少农村民主管理制度立法建设中存在的低层次重复浪费的现象，从而节约法治建设成本，最终使全国统一的农村民主管理法律切实树立起其在规范村民农村民主管理活动中的最高法律权威，确保其在农村民主管理实践活动中得以严格遵行。

（五）农村基层规章制度层面的立法保障

为了把国家的基本法律、地方性法规及规章转变为村民在农村民主管理中的具体行动，各地农村基层应该根据本地农村的实际情况，依据国家有关法律、法规规定，从规章制度等层面建立健全农村民主管理制度，加强农村民主管理制度的法治化建设及法治保障。

农村基层的农村民主管理制度建设主要包括以下两大类：一类是农村民主管理综合性的规章制度建设。这类规章制度建设的主要内容应包括规范农村民主管理中村民自治活动及民主管理中所涉及的各类村级公共事务的规章。这类规章制度建设应由村民会议或村民自治组织代表会议制定通过，在实践中可以具体采取三种形式：村民自治章程、村级公共事务规范化民主管理制度及村规民约。另一类是单项性规章制度建设。这类规章制度建设主要是指与农村民主管理中村民自治紧密相关的具有较强灵活性与针对性的各种专门性规定。与上述综合性规章制度相比较，单项性规章制度更为具体明确，具有较强的实用性与操作性，直接关系到农村民主管理的实际运作状态。这类规章制度建设又主要包括以下三种：一是有关农村民主管理的程序性规则；二是有关农村民主管理中各级各类村民自治组织的活动规则；三是各级各类村级公共事务民主管理制度实施规则。这些农村基层农村民主管理规章制度不仅充分保证了村民在农村民主管理中各种自治和民主权利的享有和行使，而且为农村基层民主管理活动提供了最为直接与具体的制度保障，极大地提高了农村民主管理制度的立法建设与法治保障水平。

这其中，必须做好村民自治章程与村规民约的科学制定与完善工作。中国共产党十五届中央委员会三次全体会议于 1998 年 10 月 14 日通过的

《关于农业和农村工作若干重大问题的决定》专门指出，抓好农村民主管理中的村民自治，根本在于加强制度建设，特别是村委会民主选举制度、民主议事制度、民主监督制度的建立健全。同时，民主议事制度的主要形式为村民会议或村民代表会议，民主监督制度的主要内容主要包括村务公开、民主评议及村委会定期报告工作等。具体到农村基层规章制度建设领域，村民自治章程及村规民约的制定与完善不仅涉及村民自治权直接落实，也涉及如何协调与平衡村民自治权与基层行政权的冲突。确保农村民主管理制度的良性发展亟须有与之相适应的农村基层制度的发展与完善。村民在农村民主管理中通过村民会议制定本村的自治章程及村规民约，这是村民依据相关的法律与规章制度，在对村级公共事务民主管理中，对涉及自己的公共事务进行自我管理的民主权利及民主参与制度。

村民自治章程与村规民约在农村民主管理制度中是两种不同的村级"习惯规范"。在这两种制度规范中，与村规民约相比较，村民自治章程是系统性比较强的涉及各种农村民主管理制度的典章式规范，其主要的功能在于实现农村民主管理活动的规范化、制度化及可操作性。与自治章程相比较，村规民约的主要功能是在农村民主管理过程中实现村里公序良俗的道德教化。可见，村民自治章程与村规民约这两种制度规范其内容侧重各不相同，功能也有区别。

在农村民主管理实践中，各地在贯彻落实《村民委员会组织法》的过程中，大多数的农村村级公共事务民主管理组织通常通过以村民自治章程或村规民约等制度规范来实现对村级公共事务的民主管理。但是，通过大量的实地调查，笔者发现许多地方制定的村民自治章程和村规民约法律存在冲突和矛盾。因此，为了更好地发挥村民自治章程与村规民约在农村民主管理中的功能和作用，其制定与完善不仅要符合国家相关法律、法规及政策的要求，而且要符合各地农村民主管理实践中的村情民意。制定与完善村民自治章程与村规民约时，应注意两者的联系与区别，在此基础上，明确各自的结构与内容，尽可能做到科学准确。

1. 村民自治章程与村规民约的联系与区别

村民自治章程与村规民约的联系主要体现在两者都属于农村基层民主管理制度建设范畴，都是村民在农村民主管理过程中依法实行民主管理、依法建制、依法治村，切实保障对村级公共事务实行自治的准则与行为规范。其在制度建设的目的、原则及程序等方面具有许多相同之处。但是两者在结构、内容及可操作性等方面存在诸多区别，主要体现在以下方面：

一是在结构形式方面，村民自治章程的规范和指引作用是比较明显的，比村规民约更显完备与规范。

二是在内容方面，村民自治章程不仅包括了村民之间的行为准则与规范，而且也包含了村级各公共事务自治组织之间关系的准则与规范，村里各种公共管理事务都可以在村民自治章程里面予以规定，涵盖了农村民主管理中村民自治活动的各个方面的内容。相较之下，村规民约偏重于对村级公共事务民主管理的某些方面给予肯定或否定性的规定，主要表现为"几要"与"几不要"，同时偏重于对公序良俗的宣教，总体上看，其内容结构比较单一与松散。

三是在可操作性方面，村民自治章程因其规定比较具体规范，各种违反章程的行为，通常都可以在其中找到相应的处理依据，故其可操作性比较强，相反，村规民约在这方面则显得比较弱。

2. 村民自治章程的结构与内容

村民自治章程的结构主要包括总则、分则及附则三部分，每部分下面存在三级形式，主要包括"章""节""条"。一般来说，总则为第一章，主要包含章程制定的依据、目的及其作用。分则一般包括三四章到七八章不等。但一般都包括"村民自治组织""社会秩序""经济管理""社会福利"及"监督机制"等章。在这些章中，内容也非常丰富，应尽可能考虑到农村民主管理的方方面面。

在"村民自治组织"一章中，其内容应详尽包括村级民主自治管理组织，比如村民会议、村民代表会议、村民委员会、村民委员会所属各工作委员会，以及村民自治小组的设立、产生、职责、任务、相互关系及其议事规则等。

在"社会秩序"一章中，其内容应对村级公共事务管理所涉及的社会秩序等方方面面的内容进行规范与调整，主要包括村里的社会治安、村风民俗、婚姻家庭、邻里关系、计划生育、户籍管理及民事调解等方面的内容。

在"经济管理"一章中，其内容应对村级积极性公共事务所涉及的内容进行全面的规范与调整。主要包括村办企业的发展、集体土地的管理、村级承包费的收取使用、村级财务管理、宅基地土地的审批等。

在"社会福利"一章中，应主要对村级公益事业的兴办、村民权利与义务、村民保险、村民养老、村级提留摊派款的减免、学生学习奖励办法及村民档案管理等进行详尽的规范与调整。

在"监督机制"一章中，应对村民及村级公共事务民主管理组织代表对村级公共事务民主管理组织的监督渠道、村务公开、村委会成员的评议等方面的内容进行详尽的规范与调整。

"附则"作为村民自治章程的最后一章，应对该章程的解释权归属、对章程处罚不服的救济途径、对章程何时由村民会议通过、何时生效执行等内容应予以详尽的规范与完善。

在这里应重点强调的是，通过实践调研，笔者发现一些地方的村民自治章程将"党组织建设"作为专章规定在章程里。这种做法是不太合理的，应予以修订和改正。因为，将党组织建设作为专章规定在章程里，不符合农村民主管理中村级党务、政务及村务相对独立的要求，也不符合村民自治的法理要求。同时，村民自治章程其性质是农村基层群众自治组织的活动章程，其重要任务是对农村民主管理中村民自治组织和村民的民主管理自治行为进行规范和规定，而不是规定其他内容。因此，将村级党组织建设作为专章在村民自治章程里予以规定的做法是不可取的，也是不正确的。

3. 村规民约的结构与主要内容

村规民约在农村民主管理中也是一种制度体系，它是村民在农村民主管理过程中根据党的方针政策及国家相关法律法规，结合本村的实际情况，为维护本村的政治性、文化性及社会性等公共性事务的有序开展，针对村里的社会秩序、社会公共道德、村风民俗及精神文明建设等方面所制定的对村民行为进行教化的一种管理制度。

村规民约具有村民契约性质。一般由三部分内容组成，主要包括名称、正文及结尾等部分。从结构上看，其名称一般是"××村村规民约"；基本结构主要采用条款式，即是第一条、第二条、第三条……；结尾部分主要是规定该村规民约何时通过及何时生效。从内容上看，村规民约主要包括两个方面的内容：一是规定村民应该怎样做的行为规范；二是对村民违反和破坏农村民主管理制度的处理条款，主要包括对违反制度的村民进行教育、批评及作出书面检查等内容。

由于各地区农村民主管理的实际情况千差万别，因此，在村规民约制定时，应做到因地制宜，不能千篇一律。但是为与社会主义新农村建设要求相适应，结合各地农村民主管理的实践，村规民约应该在以下方面具有一定的共同性。一是对村民在遵纪守法方面的要求，普遍应规定，热爱祖国、热爱社会主义、热爱中国共产党、热爱劳动及热爱科学等；二是对村民履行法定义务的要求，普遍应规定，村民应该依法履行义务，依法交粮、纳税、服兵役、实行计划生育、赡养老人、抚养教育未成年子女以及尊重妇女儿童等；三是对村民遵守公共道德的规范，普遍要求村民应维护农村社会公共秩序及公序良俗、不偷盗、不赌博、不打架斗殴，反对封建迷信等；四是对村民自身道德约束的规范，普遍要求村民应做到讲文明、讲礼貌、讲道德、尊老爱幼、团结互助，积极帮助五保户、困难户，文明用语等；五是对村民在维护村级公共卫生及公共环境保护方面的规定，普遍要求村民应讲卫生、不乱扔垃圾，搞好环境美化及绿化建设，参加各种村级公益活动；六是对村民在村里公共关系及利益的处理及维护方面的规范，普遍要求村民做到爱护公共财产、维护公共利益、正确处理邻里关系，提倡互谅互让；七是对村民违反村民民约的后果及处理办法的规定。

二　执法保障

（一）　农村民主管理制度执法保障的含义

所谓执法，最终是要达到法的实现，是指法的精神与要求在社会生活中被转化为现实，[①] 其与法的实施及法的实效不同，法的实施是要求人们施行法律，最终实现法从应然向实然状态过渡的整个过程及系列活动；法的实效主要是指人们实际施行法律的状态与程度，注重结果的体现，而法的实现最终是要将法实施的过程性与法的实效的结果性相结合的一个概念。[②] 由此，执法主要是指的是法的执行，有广义与狭义两种含义，从广义上理解的执法，主要是指的是一切国家行政、司法机关及其公职人员按照法定权限与程序实施法律的活动，狭义的执法则专门指的是国家行政机关及其公职人员依法行使管理职权、履行职责及实施法律的活动。

具体到农村民主管理制度领域的执法，笔者认为是广义上理解的概

---

① 葛洪义主编：《法理学》，中国政法大学出版社 1999 年版，第 365 页。
② 同上。

念，所谓农村民主管理制度的执法保障，主要指的是所有的国家基层行政、司法机关及其公职人员为了实现农村基层民主管理在国家法治意义上的目标，依照法定职权与程序，实施农村民主管理相关法律、法规、规章，对特定的农村民主管理相对人直接或间接依法采取措施并影响其权利义务的执法行为活动。通过执法，依法行使农村民主管理职权、履行农村民主管理职责，有效实施农村民主管理制度。由此，笔者认为农村民主管理制度的执法保障主要包括以下方面的内容：

1. 农村民主管理制度执法保障的主体具有国家法定性。

根据行政法学基本原理，现行的农村民主管理相关法律、法规及规章等将农村民主管理的执法权赋予了与"三农"紧密相关的相关行政管理机关。与农村、农业紧密相关的县级以下人民政府等行政管理机关具有法定的执法主体资格，农村民主管理制度执法保障的主体主要包括县级以下地方人民政府、农村基层行政管理机关及其所属的法律法规授权组织。同时，受机构与人员的限制，有关农村基层民主行政管理机关，由于其执法工作在农业方面的专业性、技术性比较强，因此，根据相关法律法规的授权，这些农村管理机构在某些特殊条件下，依据相关农村、农业法律法规的相关规定，也具备农村民主管理制度执法保障主体资格，在法定的职权范围内，行使行政执法权。

2. 农村民主制度的执法保障是确保农村基层行政管理执法机关贯彻实施农村民主管理制度在其法定职能履行方面的重要表现形式。

首先，执法保障的目的是切实保障有关农村民主管理的法律、法规与规章的立法精神与意图在农业、农村的政治民主管理过程中能得以贯彻与落实；其次，执法保障是代表国家在农村地区的基层行政机关对农村基层民主政治进行组织、管理及监督的一项重要权力；再次，执法保障充分体现了农村行政执法机关应当承担并应积极主动履行的职责；最后，有关国家机关必须在法定的授权范围内，遵循法定程序，其执法保障权严格限定在民主管理制度规定的权限之内。

3. 实施执法行为是国家相关行政机关在农村地区的一种外部具体行政行为。

这种行为反映在农村民主管理制度的执法领域，主要体现为在农村民主管理过程中以特定的人或事为对象实施的影响其权利义务的行政行为，这种行为具有单方意志性与国家强制性。其作出的相关行政强制措施及处罚决定不需相对人的请求或同意，在对违反农村民主管理制度相关行为进行执法时，仅依执法机关单方面的决定即可成立。这种处罚决定一旦依法作出，在送达相关处罚方以后即行生效，经履行法定程序依法予以撤销或者变更的除外。

（二）农村民主管理制度执法保障的特征

围绕农村民主管理制度所开展的执法保障不仅是我国农村基层民主政治法治化建设的重要领域，也是农村民主管理制度法治建设的重要组成部分，也是确保农村民主管理制度有效实施的基本方式。从法理学的角度分析，农村民主管理制度执法保障除具有国家权威性、执法保障主体的法定性、执法保障的国家强制性及执法保障的主动性和单方性等一般特征以外，它还具有自身鲜明的特征，归纳起来，主要表现在以下四个方面：

1. 农村民主管理制度执法保障涉及面广，面临的情况也比较复杂。

农村民主管理制度涉及农村经济性、政治性、文化性、社会性等村级公共事务的民主管理，其所涉及的农村民主管理事务领域比较广泛，加之村民对村级各类公共性事务的民主管理自主性比较大，且不受时间、地点及季节性的限制，总体上看，缺乏相对稳定的规律性，临时性及突发性等特征较为突出。这就决定了农村民主管理制度的执法保障涉及面广泛，也决定了农村民主管理制度执法保障所面临的情况是复杂多变的，这对农村民主管理制度的执法保障在应急性及机动性等方面提出了较高要求，与此相适应的，也必然要求建立一支执法保障队伍。

2. 农村民主管理制度的执法保障具有较强的专业性。

农村民主管理制度涉及农村经济性、政治性、文化性、社会性及其他方面的村级公共事务管理，其中与农业发展紧密相关的许多事务专业技术性比较强，例如对一些农业发展投入品（农药、兽药、饲料及饲料添加剂等）的监管，对一些事关野生动植物保护、农作物种子等及其检验检疫方面的执法凸显出具有较强的专业性。这就要求农村民主管理制度执法保障相关人员不仅要具有农村民主管理法律知识，还要熟悉相关专业技术知识，对相关人员在这方面的素质要求比较高而严格。

3. 农村民主管理制度执法保障所涉及的执法对象比较分散且总体上素质欠佳。

农村民主管理制度的实施主要靠广大的农民，而由于历史、地域及经济发展等原因，农村总体上的发展水平落后于城市，在这样的生产力发展基础上，广大村民接受教育水平总体上不高，农民总体上素质不高。农村民主管理制度在实施过程中，许多村级公共事务的民主管理又必须要通过广大村民自主决定，集体研究，民主决策。由于村民素质参差不齐，导致在对村级各种公共事务进行民主管理时时常发生矛盾冲突，一方面，要求迫切加强农村民主管理制度的执法保障；另一方面也显示出农村民主管理制度执法保障的一个独特而鲜明的特征，即其所涉及的主要执法对象比较分散且总体上素质欠佳。

4. 农村民主管理制度的执法保障与农民的合法权益保障及农村基层民主政治的发展紧密相关。

农村民主管理制度的执法保障涉及的事务领域非常广泛，农业生产安全、农产品质量等方面的民主管理制度的实施好坏与否，直接关系到广大村民切身的合法权益，特别是有关动植物产品、种子及其检疫方面的制度一旦错误实施，不仅会给农业生产带来损失，而且也会给农民群众造成直接经济损失。农产品质量方面的民主管理制度实施不好的话，也在对广大农民群众身体健康产生严重危害，并对社会产生负面消极的影响。同时，农村基层民主政治的建设与发展的衡量指标体系是丰富而多元的，关系到广大农民群众方方面面的合法权益的实现与保障。如上所述，农村民主管理制度的执法保障不仅关系到广大农民切身合法权益，也与农村基层民主政治的建设与发展密切相关。这就要求国家相关农村基层权力机关，特别是各级与农村民主管理密切联系的国家机关必须高度重视农村民主管理制度的执法保障问题，必须加强农村民主管理制度执法保障队伍建设，加大农村民主管理制度执法保障力度。

事实上，农村民主管理制度的执法保障不仅有其独有的特征，而且其执法保障也应确立与其性质与特征相适应的基本原则。在此基础上，针对农村民主管理制度执法保障存在的问题，宜全方位、多角度地从综合性的系统论视野下采取多方面的措施，切实加强农村民主管理制度的执法保障，大力提升农村民主管理制度的法治化建设与法治保障水平，有力推进农村基层民主政治建设与发展，为社会主义和谐新农村的建设奠定有力的法治基础条件和制度保障。

（三）　农村民主管理制度执法保障的基本原则

农村民主管理制度执法保障的基本原则具有规范性，是执法工作应当遵循的共同准则，应贯穿于执法全过程。与农村法治建设的要求相适应，农村民主管理制度执法机构的执法活动受到法律规定及基本法律原则的双重制约。合法性原则与合理性原则是农村民主管理执法的首要的两大基本原则。所谓合法性原则，就是要求执法机构按照法律的规定获得执法权，法定的执法主体必须依据法定权限与程序在法定的范围与限度内开展执法活动，必要时可以以行政合法性原则作为补充，但是其执法不得偏离或者超越法律。合理性原则要求执法机关在执法过程中对自由裁量权的使用要合理，总体上要做到客观、适度及符合常理，具体在执法保障过程中，要求执法机构的执法行为应当符合农村民主管理制度的立法精神与宗旨，以正当考虑为基础，既要符合常理，也要做到公平与公正的充分体现与结合。同时，在农村民主管理制度执法过程中，对相关违法行为进行行政处罚时，必须严格遵循处罚法定、处罚与教育相结合、公开、公正及权利救济等基本原则，这不仅是《行政处罚法》所规定的基本原则，也是农村民主管理制度执法基本原则中的重要组成部分，对此必须予以高度的重视。

（四）　农村民主管理制度执法的主要依据和主要领域

所谓农村民主管理制度的执法依据，主要是由国家和有关权力机关制定和认可的，并且由国家强制力保障实施的，农村基层行政执法机关及其农村行政执法人员据以作出相关执法行为的系列法律规范的总称。与其他领域的行政执法一样，农村民主管理制度的执法也应遵循这些法律规范，主要包括《行政处罚法》《行政诉讼法》及《行政复议法》，这些法律法规在农村民主管理制度的执法过程中，应当首先予以遵照和执行。

同时，《村民委员会组织法》为主要的执法依据，《宪法》《土地管理法》《农村土地承包法》《物权法》《人民调解法》《刑法》等法律法规里面涉及农村基层民主管理方面的相关法律条文等也是执法依据的重要补充。此外，与农村民主管理直接相关的法律法规、规章、党的文件及通知等也是农村民主管理制度执法的重要依据，这主要包括：《农民承担费用和劳务管理条例》《村集体经济组织财务公开暂行条例》《中共中央办公厅、国务院办公厅关于在农村普遍实行村务公开和民主管理制度的通知》《最高人民法院关于村民小组组长利用职务便利非法占有公共财物行为如何定性问题的批复》《村级范围内筹资筹劳管理暂行规定》《中国共产党农村基层组织工作条例》《农业部、民政部、财政部、审计署关于推进农村集体财务管理和监督经常化规范化制度化的意见》《中共中央办公厅、国务院办公厅关于健全和完善村务公开和民主管理制度的意见》《农业部、监察部、国务院纠风办关于做好村干部任期和离任经济责任专项审计的通知》《中共中央办公厅、国务院办公厅关于加强农村基层党风廉政建设的意见》《村民一事一议筹资筹劳管理办法》《中共中央、国务院关于积极发展现代农业、扎实推进社会主义新农村建设的若干意见》《中共中央办公厅、国务院办公厅关于加强和改进村民委员会选举工作的通知》等。

此外，与农村民主管理及农村基层民主政治发展紧密相关，也与农业、农村经济、政治、文化及社会发展密切联系的相关法律法规也是农村民主管理制度执法的重要依据。这主要包括以下几个部分的法律法规。一是以《农业法》为核心内容的，以《种子法》《畜牧法》《动物防疫法》《农业机械化促进法》《农产品质量安全法》等为重要补充的涉及农业、农村发展的法律法规。二是涉农性的行政法规，主要有：《植物新品种保护条例》《农药管理条例》《饲料和饲料添加剂管理条例》《兽药管理条例》《野生植物保护条例》《农业转基因生物安全管理条例》及《基本农田保护条例》等。三是包括有关"三农"问题发展的部门规章。四是一些地方性法规及政府部门规章等。事实上，一个比较完整的农业法律体系便是由上述法律、法规及规章等构成的，这不仅是农业行政执法的重要实体性法律依据，也是农村民主管理制度执法保障的重要实体性法律依据。

从上述法律法规的内容来看，其涉及的领域是非常广泛的，这也说明农村民主管理制度的执法保障领域是非常广泛而丰富的，具有领域宽、层次多、内容广等特点，一方面表明了农村民主管理制度发展对于解决"三农"问题的重要性，另一方面也表明了农村民主管理制度自身发展的深刻性与丰富性，以及农村民主管理制度执法保障的必要性与复杂性。对此，笔者认为必须对农村民主管理制度进行科学界定，结合其性质与特点，全面客观地确定农村民主管理制度执法保障的范围与领域，这不仅有利于农村民主管理制度自身的建立健全与良性实施发展，也有利于农村民主管理制度执法保障工作顺利开展。

归纳起来，农村民主管理制度的执法保障主要涉及以下领域：

一是农村民主管理制度领域，主要是对农村民主管理制度的实施及其村民的各项合法权益进行执法保障。农村民主管理制度涉及经济性、政治性、文化性及社会性等方面的制度规范，相应地涉及广大村民经济性、政治性、文化性及社会性权利的保障问题。

所谓经济性权利，从经济学的角度而言，是经济主体在收益获取及经济活动从事方面所享有的权利，或者是经济主体在经济利益取得与维护方面的资格。① 法治层面的经济权利主要是指各民事主体的财产权，主要包括物权、债权、继承权及知识产权。从宪法层面看，国家、集体及公民个人都享有公法上的财产所有权等经济性权利。有学者也提出，从理论上讲，基本经济权利在公法上主要表现为财产权与经济自由权两项基本权利。基本经济权利首先由宪法予以确定，并由行政法予以具体化，这项权利不仅是市场主体以行政对人身份参与经济行政活动所享有的权利，而且也有别于公法层面的民事权利。② 由此可见，联系农村民主管理领域，广大农村群众这一特殊群体的基本经济权利的保障，主要通过对经济性农村民主管理制度的执法保障予以实现，主要涉及对广大村民土地承包权、宅基地使用权、公平交易权、集体企业资产收益权等经济性权利的执法保障。

所谓政治性权利，学术界对此有颇多的表述和定义，有学者认为，政治权利指的是公民依法享有的在参与国家政治生活、国家管理及表达个人见解与意见等方面的政治性权利。③ 从法律意义上看，权利有着极其丰富广泛的内涵与外延，在《牛津法律大辞典》这部世界公认的最权威的法律辞典中，对权利一词的解释是最充分的，主要包括两层含义，一是正确与正当，二是某种资格的获取，主要通过对某人从法律规则层面授予其好处与利益，而且这种利益是受到法律公正地予以承认与保护的。④ 一些社

---

① 宋冬林、金成晓：《经济权利论》，《经济学家》1999 年第 4 期。

② 王克稳：《论市场主体的基本经济权利和行政法安排》，《中国法学》2001 年第 3 期。

③ 许崇德主编：《中华法学大辞典·宪法学卷》，中国检察出版社 1995 年版，第 788 页。

④ ［英］戴维·M. 沃克：《牛津法律大辞典》，邓正来等译，光明日报出版社 1988 年版，第 773 页。

会学学者认为公民的政治权利主要是公民参加政府管理及影响政府公共政策的权利。① 上述对政治权利及权利的界定和解读或者没能准确理解政治权利在宪法制度设计上的功能与本质，或者比较狭隘地理解了政治权利的功能。公民的政治权利应当是公民在政治生活参与及影响中作为自决、自主存在的权利在政治生活领域中的反映。② 笔者认为，公民的政治权利应是公民在各种政治活动中所享有的权利，其政治活动的内容则以一国现实政治生活的核心内容所辐射的范围为准。根据我国宪法及农民在农村民主管理中的政治活动的实践情况，在农村民主管理制度的执法保障领域，农民的政治性权利主要包括民主自治权（其自治权的主要权能包括民主选举、民主决策、民主管理及民主监督）、迁徙自由权、发展权及结社权等。这些政治性权利都要通过相应的农村民主管理制度的执法保障予以体现和实现，这也是农村民主管理制度执法保障的重要领域。

与社会性农村民主管理制度执法保障紧密相关的是农民的社会权利的保障。传统宪法学将公民的基本权利按照权利的性质划分为政治权利、人身权利与社会权利。③ 但各类权利包括的详细内容都是在各国立法的基础上进行具体归类的，根据我国宪法，公民的基本权利主要包括二十项。④ 有学者根据我国宪法及法学相关基本原理，将公民基本权利与自由主要划分为六大类，主要包括：生存权与发展权、人身自由、平等权、表达自由、参政权、精神自由，这些权利，前三项基本属于一般人格权的范畴，后三项权利则属于社会与政治权利的范畴。⑤ 笔者认为公民的权利是历史地形成的，具有分散复杂性，不仅有相互重合的权利，而且也有相互冲突的权利。对此，很难对公民的权利进行明确具体的分类，任何复杂详尽或者简单明了的权利分类都难免存在划分归属欠科学的现象。因此，笔者认为，宜按照人类活动性质对权利进行划分，公民的权利应当包括经济权利、政治权利、文化权利等，同时，也应深刻地认识到人身权是人类从事各种活动的基础。我国《宪法》第42—46条规定的公民的劳动权、休息

---

① 林嘉诚、朱宏源编著：《政治学辞典》，五南图书出版公司1990年版，第279页。

② 李琦：《公民政治权利的要素与结构》，《厦门大学学报》1997年第3期。

③ 何华辉：《比较宪法学》，武汉大学出版社1988年版，第206页。

④ 刘云升、任广浩：《农民权利及其法律保障研究》，中国社会科学出版社2004年版，第11页。

⑤ 谢鹏程：《公民的基本权利》，中国社会科学出版社1999年版，第37—38页。

权、受教育权及社会保障权，笔者认为连同现代社会人们高度关注的环境权，可以一并归为社会权利系统，这些权利都是将国家作为中心责任的主体。

与社会性农村民主管理制度相适应的广大农民的社会权利也主要包括劳动权、社会保障权、受教育权及环境权等具体权利。这不仅符合农村民主管理制度执法保障对农民基本权利保障的要求，也与国家宪法及其他基本法律法规对广大农民社会基本权利的规定是一致的，同时也符合人权发展的基本要求。联合国《世界人权宣言》第22条规定，每个人作为社会的一员，有权享受社会保障，有权享受其个人尊严和人格的自由发展所必需的经济、社会及文化发展方面各种权利的实现；第23条规定，人人都有权工作并享受失业保险；第25条规定，人人都有权获得最起码生活程度及其他社会保障的权利；第26条规定，人人都有受教育的权利。1966年联合国通过的《经济、社会和文化权利国际公约》将公民的社会权利的内容概括为公民享有工作、社会保障、健康、教育及家庭获得协助的权利等。农民作为公民的重要组成部分，其社会权利的内涵与外延也是极其丰富的，多途径加强农民的社会权利的保障也是非常重要的，而目前农民社会权利保障的现状不容乐观。对此，从加强农村民主管理制度的执法保障入手，既科学地明确了农村民主管理制度的执法领域，也有力地保障了广大农民的社会性权利。

二是与农村民主管理制度紧密相关的其他有关"三农"发展的领域。主要包括以下方面：一是农业生产资料及农业投入品生产经营的监督管理领域，这主要涉及与农村生产发展紧密相关的农药、种子、化肥、兽药、饲料及其添加剂、农业机械等农业生产资料及农业投入品等；二是农业生态环境资源保护的监督管理领域，主要涉及基本农田水利、森林资源、草原、国家与地方重点保护的野生动植物资源、渔业资源及渔业水域环境等；三是农业生产秩序的监督管理领域，主要涉及农机作业监理、渔港交通安全、渔业船舶安全等；四是农业及农产品质量安全方面的监督管理领域，主要涉及农产品质量安全、农业转基因生物安全及动植物检疫防疫监督等；五是农业知识产权保护领域的监督管理，主要涉及植物新品种的专利权等。

（五）农村民主管理制度执法体系框架

农村民主管理制度执法体系的基本框架应当包括以下方面的主要内容：农村民主管理制度执法保障的基本原则、执法主体、执法机构与人员、执法职权、执法行为、执法程序及执法监督。执法保障基本原则前文已述，下文笔者拟对其他方面的内容进行论述。

1. 农村民主管理制度执法主体

农村民主管理制度的执法主体一般应为适格的行政主体，根据行政法学基本理论，享有国家行政权力，在实施行政活动时以自己的名义，在行政法律关系中实施行政管理行为并且能独立承担法律责任的组织就是所谓行政主体。[①] 据此，农村民主管理制度执法的主体主要包括两类：一是国家在农村的行政管理机构。即中央和地方行政机关中具体管理农业、农村基层民主政治及农村经济发展等的职能部门。在中央层面主要包括农业部、国家林业局等，在地方层面主要包括地方人民政府主管农村经济发展各行各业的诸如种植业、畜牧业、渔业、林业、农业机械及饲料工业等与农业和农村经济发展相关的厅、局、委、办等行政管理机关。二是国家相关法律法规授权的相关行政管理机构。如享有植物检疫行政执法权的各级检疫机构，主要是根据《植物检疫条例》的授权执法。又如各级动物卫生监督机构，主要对动物及其产品防疫监督等开展执法，主要是根据《动物防疫法》的授权。享有渔政渔港监督管理行政执法权的各级渔政渔港监督机构，主要是根据《渔业法》的授权。

2. 农村民主管理制度执法机构及其人员

农村民主管理制度执法机构与国家在农村基层的行政执法主体紧密相连。一般来讲，农业行政执法主体在一定程度上承担了农村民主管理制度行政执法工作。设置规模比较大的农业行政执法主体，其对农村民主管理制度的行政执法工作，通常是由其专门的内设机构来具体承担。另外，根据《行政处罚法》及农村民主管理相关法律、法规、规章的规定，一个通行的做法是，一些执法机构将在自己执法权限范围之内的行政执法权委托给符合法定条件的相关农业管理机构行使。受委托的相关农业管理机构

---

① 张世信、周帆主编：《行政法学》，复旦大学出版社 2005 年版，第 53 页。

在实施农村民主管理执法行为时应当以委托机关的名义，在委托的职权范围内，行使行政执法权。比如，与农业生产等经济活动紧密相关的农机安全监理所，受同级农机（农业）行政管理部门的委托，其农业机械安全监理的行政执法权的行使即是以委托机关的名义作出的。根据国务院及其办公厅相关文件的明确要求，结合农村民主管理制度所涉及领域的实际情况，应该按照精简、统一、效能的原则对其行政执法机构进行相应的设置。①

与此相应的是，农村民主管理制度的执法人员，他们不仅是农村民主管理制度相关行政执法行为的直接实施者，也是农村民主管理制度执法体系中重要的有机组成部分。农村民主管理制度执法人员的素质在一定程度上衡量与决定着国家在农村相关行政执法的质量，这些综合素质所涉及的内容是多方面的，主要涉及政治思想品质、法律知识、法律意识、法治观念、文化知识与业务能力等方面。②

3. 农村民主管理制度执法职权

农村民主管理制度执法职权，指的是在农村民主管理制度的实施过程中，相关执法机关根据相关法律、法规及规章的规定，在农村民主管理制度所涉及的经济性、政治性、文化性及社会性等村级公共事务的民主管理领域，以及与农村、农业发展和农民切身利益相关的诸如农产品投入、农产品质量安全、农村生态资源环境保护、农业知识产权保护及农业安全生产等事务中行使的监督检查权、行政强制权及行政处罚权等。所谓监督检查权，是指执法机关对农村民主管理制度的履行主体执行相关制度及履行相关义务等方面所进行的单方面的强制了解权。所谓行政强制权，主要指的是农村民主管理制度相关行政执法机关及其执法人员在履行监督检查职责时，如果发现被检查组织及村民个人有违反农村民主管理制度的行为，为保证农村民主管理秩序而根据国家相关法律法规行使的强制执行权。在这方面，主要涉及农民经济性发展事务紧密相关的农业发展领域。所谓行

---

① 《国务院办公厅转发中央编办关于清理整顿行政执法队伍实行综合行政执法试点工作意见的通知》要求：要改变多头执法的状况，组建相对独立、集中统一的行政执法机构，要严格控制执法机构膨胀的势头，能够不设的不设，能够合设的合设；一个政府部门下设的多个行政执法机构，原则上归并为一个机构。在此基础上，重点在城市管理、文化市场管理、资源环境管理、农业管理、交通运输管理以及其他适合综合行政执法的领域，合并组建综合行政执法机构。

② 姜明安：《行政执法研究》，北京大学出版社2004年版，第34页。

政处罚权，主要是指农村民主管理制度相关执法机关对违法农村民主管理的相对人依法所行使的惩戒权及制裁权。[①]至于处罚的种类可以借鉴国家相关农业法律法规里所规定的农业行政处罚种类。

4. 农村民主管理制度执法行为

农村民主管理制度执法行为就是农村民主管理制度相关行政执法机关依据法定的职权与程序对违法农村民主管理秩序的特定相对人所实施的影响其权利义务的具体行政行为，其有效要件包括主体合法、内容合法及程序合法等。农村民主管理制度的执法行为规范与否，是关系到农村、农业行政执法体系完善与健全与否的重要衡量指标与构成要素。

5. 农村民主管理制度执法程序

农村民主管理制度执法程序主要地表现为一种行政执法程序，从这个意义上讲，其执法程序主要是指农村基层行政执法机关具体实施执法行为的方式与步骤以及系列行为过程，这些行为过程主要是由围绕上述方式与步骤所实现的时间与顺序等要素所构成的。[②]农村民主管理制度执法程序是一个多方面有机联系的整体，包括多项制度内容范畴，比如在执法过程中的身份表明、理由说明、告知义务、听证要求、开展辩论、及时公开、执法回避等。由于行政执法程序所具有的正义性、正当性等特征，其核心要求之一就是要求做到程序合法，这不仅是程序本身所具有的特征所提出的要求，而且有利于确保农村民主管理制度执法行为的确定性与合法性，进而有助于缓解执法主体与农村民主管理相对人之间的矛盾与冲突，有效预防执法权被滥用。同时，在这个过程中，必须正确地理解与处理好执法程序与执法行为之间的相互关系。就农村民主管理制度执法程序而言，其与执法行为是紧密联系的。

6. 农村民主管理制度的执法监督

对农村民主管理制度所开展的执法监督，主要是指享有监督权的农村基层国家机关，根据国家相关法律规范，对于农村民主管理行政执法主体实施的针对行政执法行为是否合法进行督促和监察，并对执法监督过程中所发现的相关违法行为进行纠正的系列活动的总称。依照现代行政法学的

---

① 冯军：《行政处罚法新论》，中国检察出版社 2003 年版，第 36 页。

② 农业部产业政策与法规司、中国农业经济法研究会编：《农业法概论》，中国农业出版社 2004 年版，第 382 页。

相关理论和精神理念，不存在不受监督的权力，在农村民主管理制度执法领域也是如此。孟德斯鸠在其《论法的精神》一书中曾经深刻地指出，作为一条万古不易的经验，一切有权力的人都容易滥用权力，而且大量的情况表明一直到遇到有界限的地方，这些有权力的人们才有可能中止使用其权力。① 可见，要有效预防与惩治农村执法中的不法行为，确保农村民主管理执法领域全面实现有法必依、执法必严、违法必究的法治要求，就必须建立起对农村民主管理制度执法的全方位的监督制约机制。

在我国，建立健全农村民主管理制度执法监督机制具有良好的基础，新中国成立以后，特别是自改革开放以后，我国社会主义法治建设不断发展与完备，具有中国特色社会主义的行政执法监督体系初步形成，这个体系是全方位、多元化的监督，主要包括国家权力机关监督、行政机关监督（政府内部监督）、司法机关监督及社会监督（新闻舆论媒体监督）等层面的监督机制。由此，从法理上讲，农村民主管理制度执法涉及行政管理权与监督权在农村基层的行使，这也必然要求相关国家机关对其进行监督与制约，以有效保障农村民主管理制度执法的合法与有效。农村民主管理制度执法监督也必然主要涉及上述四个方面的监督，而且建立健全及加强其执法监督意义重大，有利于在执法过程中不断地加强自我约束及行政执法意识和水平的提高，有利于及时地纠正违法不当的农村民主管理制度执法行为，最终有利于广大农民在农村民主管理中的各项合法权益得到更好更全面的实现与保障。

（六）农村民主管理制度执法保障所面临的主要问题

事实上，自1978年十一届三中全会以来的30余年间，国家已经围绕"三农"问题先后制定了调整农村各类社会关系的重要法律十余部，涉及农业及农村的相关行政法规40余部，制定的部门规章多达几百部，仅农业部制定的部门规章据不完全统计就多达340余部。同时，还先后围绕农业及农村各项工作制定了一系列的地方性法规，一个以《农业法》为核心的具有中国特色的农村及农业法律制度框架体系初步形成了，这其中也包括了以《村民委员会组织法》为核心内容的农村民主管理制度法律体

---

① ［法］孟德斯鸠：《论法的精神》，张雁琛译，商务印书馆1995年版，第104页。

系。总体上看，我国农村民主管理制度的法治建设取得了很大的进步，但是与国家的农村法治建设及社会主义法治国家的建设目标要求相比较，尚存在诸多问题，具体到农村民主管理制度执法领域，其存在的问题也不容忽视，必须予以认真分析，找准原因，积极地寻求有效的解决措施，切实推动农村民主管理制度的执法工作，进而促进农村民主管理制度法治化建设水平的全面提高。

1. 执法体系自身存在的问题

根据农村民主管理制度执法自身独有的特征，结合国家关于推进农村基层民主政治相关领域行政执法体制改革的要求，对照农村基层行政执法所承担的重大任务，目前农村民主管理制度执法体系在诸多方面存在问题，这些问题主要表现在以下几个方面：

（1）执法主体不够集中，比较分散。

在农村民主管理制度的执法主体的安排设置上，既有存在于农村基层行政管理机构内部的执法主体，也有存在于相邻或者相关的农村基层行政管理部门之中的执法主体，这就使得执法主体的设置上出现多元化与分散化的特点，从而可能导致在执法实践中出现多头执法与重复执法的现象发生。比如，就农村民主管理经济性发展事务方面的执法机构而言，在国务院层面，在农业生产前期、生产中期及后期管理等方面的有关农业方面的执法机构涉及的国务院相关部委（局）就多达 14 个之多，同时，在农村基层农村民主管理制度的执法机构也分散于基层政府多个部门之中。[①] 在农业行政执法权方面，国家有关农产品质量安全监管的执法主体就包括工商、质量技术监督、卫生及食品药品监督等政府部门。

与此同时，由于国家基层农业行政管理机关在设置上的分散性，加之上下级机关统一性的缺失，由此在农村基层民主管理领域出现了执法主体多元化现象。按照国家相关法律规定，民政部对国家基层政权设社区建设进行管理，民政部专设基层政权与社区建设司专门承担城乡基层群众自治建设和社区建设、社区服务体系建设、加强和改进城乡基层政权建设及推动基层民主政治建设的职责，同时省级、市（县）民政部门专门对农村基层民主管理进行管理，但是各地方对农村基层民主管理设置的相关执法

① 李军鹏：《新时期推进政府职能转变与机构改革的新思路》，《行政论坛》2007 年第 5 期。

机关比较分散且在名称等方面也不够统一。再比如在有关农村行政执法主体的设置方面，根据国家《农业法》的相关规定，农业包括种植业、林业、渔业及畜牧业等。但是在国家层面农业部是种植业、渔业、畜牧业及农业机械等的行政管理机关，国家林业局是林业的行政管理机关，这与《农业法》的相关规定是不统一的。同时，在省级、市级及县级层面农业行政管理机构的名称也不够统一，主要包括以下一些名称：农业工作委员会、农业厅（局）、农林厅、农牧厅（局）、渔业（海洋与渔业）局、畜牧局、林业厅（局）等，不仅名称迥异，而且执法主体的设置也主要是分散的。即便是综合性的农业管理行政机构农业工作委员会里面，也存在诸多的根据相关农业法律法规授权具有执法主体资格的机构，比如植物检验检疫站、森林植物检验检疫站、渔政站及动物卫生监督所等。上述执法主体分散不集中的状况对农村基层民主管理制度领域执法所带来的负面影响是多方面的：一是不能确保执法公正，因为执法主体的执法标准与执法力度不能有效统一；二是执法效率不高且执法成本高；三是执法主体的分散导致执法中部门保护主义现象存在。这些不仅不利于农村基层民主管理制度执法工作的顺利开展与推进，而且也不利于农村基层民主管理制度行政执法体系的建立健全。

（2）执法机构设置不够规范，比较混乱。

自20世纪90年代以来，每有农业法律法规出台，都会相应地明确或者设立一个相关的农业行政执法机构，加之农业行政执法主要受到农村基层农业行政管理机关及事业单位的框架设置的制约，导致了农村基层行政管理机关的多个机构都具有行政执法资格，这也是农村基层行政执法机构设置分散与混乱的一个比较突出的表现。比如涉及农村经济发展的农药、种子、化肥、畜牧兽药及各种动物饲料等进行执法检查时，通常都是由国家农村基层农业行政管理机关委托其所属的相关事业单位诸如种子管理站、植保站、农药检定所、兽药监察所及饲料站等单位行使农业行政执法权，其中一些委托执法缺乏相关法律法规及规章的明确规定，而且也不具备行政处罚法规定的法定委托条件。因此，这就导致了在执法过程中难以有效开展经常性执法，在执法中也难以形成执法合力，因为执法机关设置多头且比较分散，加之单个的执法机构执法人员数量相对比较少，因此在执法过程中常会开展一些突击运动式的执法检查活动。[①] 在农村民主管理制度的其他领域也存在这样的问题，这种执法机构设置的结果对农村民主管理制度执法领域所产生的负面影响是比较深刻的，不仅影响到农村基层行政执法的力度与效度，而且执法成本与执法效益不均衡，大案查不了，小案又抓不住，在执法过程中，运动式的执法会经常扰乱乡村正常的民主管理秩序和村民平静的生活。虽然近年来农业综合执法领域开展了一些试点工作，但是由于农村民主管理制度涉及的领域非常宽泛，加之各地方开展的综合执法工作不平衡，所以尚未能从根本上解决这个问题。

（3）执法职权明晰化不高，存在交叉现象。

农村民主管理制度在执法过程中存在职权交叉的现象，执法职权的明晰化程度不高。主要表现为在农村民主管理制度执法领域农业行政管理机关与其他相关行政机关之间以及农村基层行政管理机关内部之间存在职权交叉的现象。比如农村畜禽及食品卫生检疫执法时就会产生农业部门与卫生部门相关执法机构之间职权交叉的现象；农资管理执法时会产生农业部门与工商及质检等部门之间职权交叉的情况；在农业生产发展相关部门内部也会发生职权交叉的情况，主要表现在肥料与农药监管、农植物及森林植物检疫、兽药及渔药监管等机构之间在涉及农村经济性发展事务执法检查时会发生职权交叉，比如在对农林植物生长调节剂的经营行为进行管理时就会使得农药管理机构与农业土肥机构同时介入，农药管理机构主要是对农林植物生长过程中的抗病防虫等进行执法检查，农业土肥机构主要是对植物生长作用的促进等开展执法，一个方面的农村经济性事务有多个执法机构介入，执法过程中职权交叉的现象就不可避免。同时，这种职权交叉现象不仅不利于农村民主管理制度的顺利实施与开展，同时会在农村民主管理制度各相关领域人为地产生执法的"空白地带"及"密集地带"，因为对农村民主管理制度相关领域进行执法工作时，但凡有利益、好管的领域，多个相关执法机构势必会千方百计争着去管理，相反，难以管理的，无利可图的领域，各相关执法机构会漠不关心，互相推诿。这在制约农村民主管理制度建立健全与良性实施的同时，也不利于国家相关法律法规及规章制度的有效实施。

---

① 吴建华：《实行综合执法是深化农业行政执法体制改革的强然选择》，农业行政管理体制改革国际研讨会，北京，2003 年 11 月，第 69 页。

（4）执法人员素质参差不齐，总体上素质不高。

目前在农村民主管理制度执法领域中，农村基层行政执法人员多是一些农业技术干部出身的人员，这些执法人员文化程度不高，且普遍缺少与农村民主管理制度执法相关的法律知识和正规与系统的培训，因此法律素质与涵养不高，且大多存在"两多两少"的特征，即非法律专业与低学历的多，法律专业与高学历的少。① 在执法人员中，县级农村行政执法人员素质普遍不高的现象尤其应引起高度的重视，一是这部分执法人员缺乏执法经验，实际办案能力不高。二是一些执法人员自身执法信念较低，缺乏崇法、知法、守法及护法意识，在执法过程中难以坚持公正、公平与正义，且依法行政意识不强，执法过程中缺乏证据与程序意识，存在知法犯法、以权代法及徇私枉法等违法现象。加上在一些农村地区，由于人口长期缺少流动性，而居民在相互长期交往的基础上形成的宗族关系、血缘关系、地缘关系及一些家族势力，致使一些农村基层执法者因为各种人际关系的影响被迫作出违背公正的执法决定。三是一些执法者执法过程中会产生拉帮结派的现象，由于存在急功近利及唯利是图的思想观念，一些农村基层行政执法机关在对违反《村民委员会组织法》的贿选、伪造选票等违法行为进行曲解的基础上，努力去形成和强化乡镇—农村利益同盟，这也反映了执法者的素质问题。四是一些执法人员律己不严，始终认为自己是管理者而不是人民的服务者，所以在执法过程中会运用自己手中的执法权牟取私利，甚至暴力执法，更有甚者，一些执法部门公开招收一些社会闲杂人员帮助执法人员执法，以至于在执法过程中发生一些以暴制暴的情况及群体性事件，不利于维持农村民主管理的良好秩序维护，这在一定程度上反映了农村基层执法人员素质不高及自身纪律意识差，也比较严重地影响到了农村基层尤其是农村民主管理制度领域执法者的整体形象。解决这些问题，最根本、最有效的办法是国家农业基层相关行政管理机构加强对农村基层执法人员的系统培训，尤其是加强对执法人员相关法律法规知识的普及与培训力度，特别要培养对执法人员程序意识及对村民与相关执法对象的各项合法权益的尊重与保护。

_____

① 吴晗：《农业行政执法体系》，载李生、王乐君主编《农业基本法律问题研究》，中国工商出版社 2000 年版，第 70—76 页。

（5）执法行为未严格依法进行，存在不规范现象。

目前，在农村民主管理制度执法领域，由于国家缺乏自上而下统一规范的执法机构，高素质的执法队伍也比较缺乏，由此导致了农村基层民主管理制度领域的执法水平总体不高，农村民主管理制度的执法行为未能较好地严格依法进行，导致在执法过程中存在不规范的现象。以有关农业发展的相关执法领域为例，主要表现在以下方面：一是执法程序欠规范。农业部根据《行政处罚法》制定的行政规章《农业行政处罚程序规定》①，未能得到很好的执行，常被忽视，在执法过程中，一些农村基层行政执法人员常常是凭习惯执法，不严格遵照《农业行政处罚程序规定》执行，对一些相对人的行为在未经严格调查取证及未严格依据相关法律法规的情况下就采取了行政强制措施，即便采取了强制措施，应当履行告知义务的也没有履行，特别是对一些符合听证程序要求的执法案件，在当事人有申请听证的权利等方面未能认真履行告知义务，这些都是执法程序欠规范的主要表现。二是一些农村基层行政执法机构在执法过程中超越法定职权进行执法。比如有些农业行政执法机构不是根据《行政处罚法》规定的受委托组织，就开展执法活动，也有的执法机构没有以委托组织的名义执法，而是以自己机构的名义执法，有的执法机构在执法过程中的一些执法活动超出了法定职权范围。三是执法机构在执法过程中执法方式不规范，存在粗暴执法的现象。比如前些年被一些新闻媒体曝光的几起比较严重的农业行政执法违法及知法犯法现象。② 再比如在一些农村地区，渔政执法人员在执法过程中的粗暴执法行为诸如见死不救、故意伤害及非法毁掉农村渔民船只的行为，经过新闻媒体曝光以后，引起了高度关注和强烈反响，这从一个侧面也反映出农村基层行政执法行为的规范性存在问题。

（6）执法监督机制不够完善，存在不健全之处。

我国农村基层民主管理制度领域的执法总体上属于行政执法范畴，我国行政法治执法领域长期缺乏有效的监督制约机制，从宏观层面看，我国行政立法体系中缺乏行之有效的行政执法监督专门法律，这必然导致对行

---

① 农业部 1997 年 10 月 25 日发布《农业行政处罚程序规定》，并于 2006 年 4 月 13 日以农业部令第 63 号对《农业行政处罚程序规定》进行了全面修订。

② 陈云生：《农业行政执法问题研究（中）》，《广西政法管理干部学院学报》2000 年第 2 期。

政执法的监督主要是依靠内部制约，而这种制约在一定程度上流于形式，没有实质意义。主要原因是一些行政执法部门权力相对比较集中，行政调查权与行政处罚权集中在一个机构，自由裁量权过大，加上在农村基层民主管理制度领域，行政相对人的法律知识普遍缺乏，这就必然导致对农村基层执法人员的内部与外部监督形同虚设，缺乏有效监督，一些行政执法人员必然在执法过程中随心所欲，甚至于出现一些以权谋私等触犯国家相关法律法规的违法执法行为。从中观层面看，农村基层行政执法的监督体制机制不够完善。主要表现在以下方面：一是农村基层权力机关对农村基层的行政执法监督有待进一步完善。虽然在国家层面，全国人大常委会在有关农业基本法律的贯彻实施方面较好地发挥了检查、督促及改进的作用，主要表现为经常开展对《农业法》与《动物防疫法》等基本法律的执法检查方面。但是这种检查不是建立在农业领域执法监督的长效机制基础上的，它只是一种非常规性的有限的执法检查。二是农村基层行政执法层级监督及内部监督机制不够完善。农村基层行政管理部门内部监督总体上比较薄弱，特别是农村基层有关农业发展领域的法制工作机构不健全，虽然在国家级、省级、市级的农业行政管理机构都设置了法制工作机构，但是与农村基层民主管理紧密相关的县级农业行政管理机构中的法制机构的设置有待加强和完善。以某直辖市为例，在其10个区（县）的农业工作委员会中，成立了法制工作机构的只有2个，占全市的比例仅为20%，这必然导致一些区（县）的农业行政综合执法机构既要承担农村基层执法工作，又要肩负起农村基层行政管理机关法制工作机构的职责，势必使得国家基层农业行政管理机关对自身委托授权的执法监督流于形式，形同虚设。从微观层面看，在农村基层民主管理制度执法领域，对一些基层行政执法人员的职务犯罪的监督比较缺乏，这也是执法监督机制不够完善的重要表现。这也反映了农村基层的行政执法监督存在诸多的问题，一些地方政府及执法监督机构常对一些行政执法人员的职位犯罪行为轻描淡写，以工作过失等为借口予以包庇和袒护，一些行政管理机构甚至以单位集体的名义承担责任，导致对一些违法行政执法人员的查处因为职责分散最终不了了之，使得对基层行政执法人员的监督无法真正落到实处，这些对农村民主管理制度的实施无疑都是不利的因素。

2. 执法工作中存在的问题

在农村民主管理制度的执法工作中存在的问题主要表现在以下两个

方面：

（1）忽视广大村民合法权益的维护。

农村基层行政管理执法人员的思想道德基础和精神动力在于必须牢固树立"三为"执政观念，即在执法过程中始终要做到"情为民所系，权为民所用，利为民所谋"。与之相应的，农村基层民主管理行政执法人员最基本、最重要的职业素质在于树立和坚持执法为民的基本理念。但是，在农村基层执法过程中，却普遍存在忽视与漠视广大村民合法权益的现象，甚至有的执法人员对农民合法权益粗暴地践踏。在农村民主管理制度的实施过程中，一些农民由于自身素质的原因，对农村民主管理制度中所蕴含的国家相关法律精神及国家相关政策文件的理解与解读存在困难，农村基层执法人员理应多进行宣传教育、说服与劝导，但是一些执法人员片面地认为这些农民是"法盲"，是"刁民"，不是下大力气对这些农民进行疏导与开导教育，相反，为了单纯地追求执法结果，对在执法过程中遇到的问题和矛盾往往粗暴地采取强制手段和措施，没有按照执法程序来维护村民的合法权益，从而在执法过程中导致村民与执法人员的对立，也使得一些农民对执法工作产生了误解与敌视。

同时，在农村基层执法过程中，一些执法人员由于官僚主义及"官本位"思想和作风的存在，对在执法过程中合法权益受到侵犯的村民关心与关注不够，致使一些农民被迫求助于新闻媒体，甚至越级上访，这从一个方面深刻地说明了农村基层执法人员对广大农民合法权益的漠视。在一些地方，某些执法人员在执法过程中甚至无视农民的人格尊严与法律权利，存在肆意侵犯农民合法权益的极端事例。

（2）重视执法机构自身利益的保护。

与对村民合法权益的漠视相对应的是，在农村基层执法过程中，一些执法机构高度重视自身利益的最大化，使执法机构在执法过程中不断地成为利益主体。农村基层行政执法涉及的工作面非常宽泛，牵涉到农业、林业、畜牧业、渔业、水利、电力、教育及计划生育等部门。目前，我国农村民主管理制度领域的法律实施机制有待规范与健全，在这个转型过渡期，一些农村基层行政管理执法主体有时政务、事务、企业职能模糊不分，更有甚者，一些执法主体兼具执法、经营及农业技术推广等职能，在执法过程中违法执法、对一事重复处罚及多次处罚，这样的执法在侵犯农民合法权益的同时使得一些农村基层行政执法机构常常忽视了其所承担的服务农村社会、维护农村民主管理秩序及广大农民合法权益的职责，转而高度重视执法机构自身经济利益的获取与保护。比如，2004 年 8 月 6 日在辽宁阜新发生的"8·6"事件就是这方面非常典型而深刻的一个案件。[①] 事件的起源于一起农村基层行政执法事件，8 月 6 日晚 9 时许，辽宁阜新蒙古族自治县阜新镇动检站站长梁××接到该县沙拉镇动物检疫站电话，请求拦截一辆拉羊毛的农用三轮车。梁××遂找到阜新镇种牛场的包××、赵××和司机王××一起到该镇 101 国道对该辆三轮车进行拦截。直到当天晚上 10 时 15 分左右，梁××一行等 4 人发现一辆拉羊毛的农用三轮车途经该地开始向西行驶，梁××等人示意该辆农用三轮车停下接受检查，因该辆三轮车司机没有看到什么明显的执法标记，遂没有理会梁××等人的停车要求，驾驶车辆继续向西行驶。梁××等人就开始驾驶桑塔纳轿车尾随该辆三轮车从后面追赶，于当晚 10 时 30 分左右在 101 国道巴斯营子路段超过该车，随后，桑塔纳停靠在路边，梁××与包××两人下车从路边各自捡起一块石头迎面掷向正在向西快速行驶的农用三轮车。其中，包××掷出的一块石头击穿了这辆农用三轮车的挡风玻璃，狠狠地击到了坐在三轮车副驾驶座位的陈××的前胸，受伤者陈××系辽宁阜新师范专科学校应届毕业生，是该辆农用三轮车驾驶员的儿子，被石头击中的陈××在被送往医院途中死亡。

这起案件似乎是一个偶然事件，实际上与一些农村基层执法机构片面追求自身利益最大化紧密相关。事情发生的背景源于辽宁阜新蒙古族自治县在 2003 年 4 月发布了《阜新蒙古族自治县设立地区动物检疫中心站实施方案》，从后来一些调查机关的调查来看，这个方案的有关条款非常明显与《辽宁省畜禽产地检疫技术操作规程》等地方规章及《国务院办公厅关于治理向机动车辆乱收费和整顿道路站点的有关问题的通知》等行政规章有关规定不相符合，背道而驰，该县畜牧局等相关执法机构违规授予动物检疫中心站在路上的执法检查权。阜新蒙古族自治县畜牧局对动检站及各动检中心站的考核办法和县政府的收费返还政策，使得一些设置在基层的动检中心站由于受到利益驱动而违规执法，不仅导致在执法过程中出现的"三乱"现象，而且也严重地侵害了一些执法对象，主要是一些

---

① 蔡红鑫：《阜新处理 8·6 事件相关责任人》，东北新闻网（ttp://www.nen.com.cn/ 77994956827918336/20040824/1477121.shtml）。

村民的合法权益，也严重地损害了国家在农村基层的一些行政执法机构的整体形象。

由此可见，一旦国家一些农村基层执法机构变成了经济利益的主体以后，它们必然会在执法过程中去追求利益的最大化，这样在执法过程中本应是人民赋予执法机构的执法权力却变成了侵害农民的武器和工具，这显然不符合国家农村基层民主政治的发展要求，也不利于农村民主管理制度在广大农村领域的顺利实施，也必然会导致农村民主管理秩序的混乱。

3. 执法环境中存在的问题

与有中国特色的和谐社会主义新农村建设的要求相比较，农村民主管理制度面临的执法环境尚在农民的法律意识、农村的社会稳定、农村的社会保障及农村的法治教育等方面存在诸多的问题，对此，应从系统论的视角对此予以认真的分析，查找其原因，采取切实有效的措施，积极地为农村民主管理制度创造良好的执法环境和氛围。

（1）农村民主管理制度执法面临的文化环境问题。

这主要表现为广大农民与农村民主管理制度执法相关的法律意识淡薄。

一方面，传统的农耕文化制约及束缚了广大农民的法律意识与文化的培养与发展。我国农村社会长期实行的小农经济，与这种传统的经济发展方式紧密相关的是生产资料就是农村的土地，土地是农民的命根子，农民以土地耕种为基础开展的农业生产所具有的长周期性及相对的稳定性，使得广大农民在农村社会所进行的许多活动，甚至包括农村民主管理制度的建立健全及实施等基层民主政治活动或多或少都与土地紧密相关。在这种相对保守与封闭的农耕文化环境中，农村社会逐步形成了一个人人经常面对面的熟人社会，也开始形成了农民之间处理事务的一些乡土内部规则。这种基于内部自然生发形成的各种文化习惯及行事规则给农民们带来了各种便利，他们感到非常满足，不需要现代的法律意识，也就更谈不上什么法律文化。社会学的相关研究成果显示，即便在一些国家权力难以达到的农村乡土社会，那里也常常是秩序井然，丝毫也没有混乱无序的局面表现。① 同时，在现实农村社会的发展中，农村社会的民间文化、传统宗教

---

① 黄东霞：《实现依法治国必须提高农民的法律意识》，《行政与法》2002 年第 1 期。

信仰及农村传统社会组织也并没有随着农村社会工业化的快速发展而消失，相反，在一些农村地区，其生命力依然强盛。也正是这些传统农耕文化在农村社会相对封闭的文化发展环境中所表现出的强大生命力，使得广大农民排斥与抵触与农村民主管理制度紧密相关的现代法律制度及其法律文化，这也无形之中使农村民主管理制度执法所面临的文化环境深受农村社会传统农耕文化及其内在文化传统的制约与束缚，从另一个方面也表现出伴随着传统农业社会的农耕文化对广大农民的内在束缚力，以及对农村民主管理制度及其执法所产生的消极影响与阻碍。

另一方面，比较落后的农村经济发展水平也在很大程度上制约与阻碍了广大农民法律意识与文化的培育与发展。长期以来，我国农民习惯于直接或者间接从土地的收益中获得其生活的主要来源及对现实利益的最大享受。因此有田同耕、平均地权也成为其共同的愿望，在这种落后的农村经济发展水平下，农民一般不愿意也不希望有外力破坏他们传统的以土地为中心所建立起来习惯了的所谓美好生活方式及利益获取及享受，这也包括现代法律文化对农民的影响，落后的农村经济发展水平很自然地削弱了广大农民通过法律文化的汲取所获得利益的追求、向往及享受。因为，农民们始终有这样的意识，农业的生产技术及生活经验等都可以从老一辈手中传承下来并且能实现世代循环往复，即便在没有任何外部力量的影响下，他们的生产技术及生活经验也可以长期保持同一水平而不会有所下降。[①]这不仅是农村经济发展水平落后的重要思想根源，也是农村落后的经济发展水平在广大农民思想文化意识中的重要外在表现形式。很显然，基于这种落后的农村经济发展水平，广大农民既无主动接受现代法律文化与意识的动力，也无力通过法律手段去追求与实现自己的各种切身利益，也就缺乏现代的法律意识，自然也很难深刻地理解开展农村民主管理制度执法工作的重要意义。

（2）农村民主管理制度执法面临的政治环境问题。

这主要是指农村民主管理制度执法面临的农村社会存在不稳定因素。这主要表现在以下方面：

一是由于农民收支失去平衡引起的不稳定心理情绪而给农村社会带来

---

① 祁全明：《传统与利益：制约农民法律意识提高的互动因素》，《甘肃农业》2003 年第 5 期。

的不稳定因素。随着国家改革开放的不断纵深发展，特别是随着城镇一体化及统筹城乡发展战略的实施，总体上看，城乡居民的生活都得到了较大程度的改善，整个社会也正朝着社会主义和谐小康社会的方向稳步发展。但是，一些农村地区农民收入增长缓慢与农民负担相对过重的矛盾却日趋突出，虽然国家通过采取大量措施来缓解这些矛盾，比如取消农业税、对农村义务教育实施"两免一补"的政策，这虽然缓解了一些矛盾，但没有从根本上解决农民收支失衡的问题。这主要是由于两方面因素影响导致的，一方面是农村税费改革之前，传统负担过重的惯性深刻地影响着农民，使得相当部分的农民尚未从原来的债务负担中彻底解脱出来；另一方面是由于一些农村地区农业物资及生活用品价格的上涨在无形中加重了农民的负担，也在一定程度上抵消和平抑了农民的收入增长。正是这些因素的存在，使得一些农村地区农民收支不平衡，这不仅影响到广大农民参与农村民主管理的积极性，也无形中影响着农村社会的稳定，也对农村民主管理制度的执法带来了一定的负面影响。

二是农村社会传统的管理模式给农村社会带来的不稳定因素。受传统文化的影响，加之农村民主管理制度在农村地区整体的实施情况欠佳，这使得大部分农村地区社会管理主要遵循传统的管理模式。传统的管理模式以家长式、家族式及个人崇拜式等为主要内容。在这种管理模式下，农村社会的管理总体上显得专制有余，有序不足，加之在农村地区各方利益博弈，总体上农村社会的管理秩序未能按照农村民主管理制度实施的要求那样达到理想的状态。以村务公开为例，虽然提出和实施了很多年，但是执行效果并不令大部分村民满意，有相当多的村委会财务管理比较混乱，多年未建账目，甚至出现一些村组干部收支管理失控的现象。村民要求村务公开与村干部要求村务不公开的矛盾经常发生，甚至有相当多的农村村干部拒绝公开村务账目，这势必使村干部与村民之间产生严重的对立情绪，也严重地影响着农村社会的稳定，[①] 也给农村民主管理制度的执法工作带来消极影响。

（3）农村民主管理制度执法面临的社会环境问题。

这主要表现在农村民主管理制度执法面临的农村社会保障机制不健

---

① 祁全明：《传统与利益：制约农民法律意识提高的互动因素》，《甘肃农业》2003 年第 5 期。

全。一方面由于农村人口与家庭的发展变化趋势不断地对现有的农村社会保障机制功能产生弱化的效应。随着社会的发展，许多农民家庭开始出现了小型化家庭的发展趋势，空心家庭与空巢家庭的增长速度加快，家庭成员之间的独立性与流动性增强，同时，农村家庭里的老年人地位日趋下降，传统的家庭保障这种社会化程度较低的社会保障形式日趋式微，难以为继。在我国农村社会基本社会保障体系还没有全面建立起来之前，大部分农村地区已经步入了老龄社会的阶段。《中国 2003 年人口统计年鉴》的相关数据显示，截至 2002 年，我国农村社会 60 岁以上的老人占农村社会人口总数的比例达到 11.8%，65 岁以上的老人占农村社会总人口数的比例达到 8.17%。同时期，全国 60 岁以上的老人和 65 岁以上的老人占到全国总人口数的比例分别是 11.8% 和 8.163%，相较之下，城市的老龄化程度低于农村地区，这无形之中增大了农村社会保障体系建立的难度，[①] 这必然对农村的社会环境建设带来负面影响，也是影响农村民主管理制度执法的社会环境因素。

另一方面，现有的不健全的农村社会保障机制也不利于农村良好社会环境的构建与营造。一是农村社保基金运作的风险比较高，主要是因为农村社保基金的监管机制不够健全，透明度不高，时常发生对农村社保基金的挤占、挪用及贪污行为。二是在农村社会保障体系的建设过程中，农村基层政府缺乏连续性与稳定性的改革措施，急功近利地推行的一些措施不仅损害了农民的利益，而且导致了广大农民与基层政府及其相关职能部门之间的关系恶化，互信度低，这极大地打击了农民参与农村社会保障体系建设的积极性，并且存在恶性循环的发展势头。[②] 同时，现有的有关农民社会保障的法律制度仅局限于一些地方性法规与规章，而国家的基本法律及行政法规几乎没有对农民的社会保障进行详尽的规定，由此可见，农村的社会保障体系建设的法律支持力度是比较小的，相应的农民的社会保障权益也缺乏有力的法律救济。这些不仅不利于农村民主管理制度顺利实施良好所需的社会环境的形成，而且也不利于农村民主管理制度执法工作开展的重要社会环境因素。

---

① 国务院新闻办：《中国的社会保障状况和政策》（白皮书），中国网（http://www.china.com.cn/chinese/2004/Sep/653819.htm）。

② 张伟、安华：《中国农民的社会保障体系设计构想》，《中国知识经济》2004 年第 3 期。

（4）农村民主管理制度执法面临的法治环境问题。

这主要表现为农村民主管理制度执法面临的农村法治教育亟待完善。主要表现在以下两个方面：一是对开展农村法治教育认识上存在的误区。经过国家20余年大规模、全社会民众参与广泛的普法工作的开展，总体上看，一些基本的常用的法律法规知识已经被大部分干部群众学习掌握，基本完成了全国法制教育的普及工作。但是，也应该清醒地看到，法治教育工作在一些地方，特别是广大农村地区仍然存在诸多问题，需要进一步加强。但是，由于受到以往普法工作方式及普法工作模式的束缚，有相当多的农村地区基层普法工作机构不重视这项工作，普遍认为普法搞不搞得好无关紧要，只是软任务，浪费时间与精力。对此在组织领导等方面常常缺位，持轻视态度。这就使得当前的农村法治教育工作没有摆上基层政府相关机构的工作日程，形同虚设，这使得农村法治教育工作的进一步推进受到了严重的制约。

二是已经开展的农村法治教育在内容方面缺乏明确的针对性。相当部分的农村地区没有结合本地的实际情况，结合不同层次及不同对象而制订明确的普法工作计划，也没有根据不同时期及其发展阶段的特点来确定具体的学习内容。这就导致了大部分农村地区制订的普法工作计划及规划等普遍雷同，法治教育的内容普遍存在假、大、空、虚等现象，缺乏具体的针对性。

很显然，农村法治教育开展得好坏不仅关系到农民法律素质的提高，也关系到农村良好法治环境的营造与构建，更关系到农村民主管理制度的建立健全及其良性实施。具体到农村民主管理制度的执法领域，农村法治教育所面的问题也是其所面临的法治环境问题，对此，必须予以认真的分析与论证，切实提出有效的解决措施，为农村民主管理制度的执法工作的顺利开展创造良好的法治环境。

（七）完善农村民主管理制度执法保障的主要措施

农村民主管理制度执法保障的完善是一项综合系统工程。针对当前农村民主管理制度执法体系、执法工作及执法环境中存在的主要问题，应抓住重点，全方位、多途径、有系统地采取多种措施，主要立足于我国农村民主管理制度执法体系存在的突出问题，结合我国农村民主管理制度执法工作的实际情况，积极总结和借鉴各地执法工作的优良做法及先进经验，着力构建稳健、协调、高效及完善的农村民主管理制度的执法保障工作体系。

1. 全面完善优化农村民主管理制度的执法体系

农村民主管理制度执法体系具有丰富的内涵，须在农村基层行政管理机关在农村民主管理制度执法工作中的主体地位的强化、农村综合行政执法改革的推进、农村基层行政执法人员素质的提高、农村基层行政执法人员的规范等方面狠下功夫，以切实建立健全行为规范、职责明确、监督高效及保障有力的农村民主管理制度行政执法体制，努力培养和造就一支政治过硬、作风扎实、业务熟练及廉洁高效的农村民主管理制度专职执法队伍。

（1）着力强化农村基层行政管理机关在农村民主管理制度执法工作中的主体地位。

在农村基层行政执法领域存在的多个部门齐抓共管及多头执法现象，不仅影响了农村基层各领域正常的生产及经营秩序的开展及维护，而且在增大执法成本的同时，增加了农村基层行政管理相对人的负担，并且逐步产生了农村民主管理制度执法领域的真空与空白地带。这也使得农村基层民主管理各领域相关的违法行为不能及时得到处理，村民的合法权益不能得到及时的保障，不仅不利于农村民主管理制度的顺利实施，也不利于一些农村地区存在的"三农"问题的解决，更不符合农村民主管理制度领域执法权责一致原则的要求。因此，积极按照整体化管理的思路，有效统筹与合理配置农村基层行政管理机关的执法职权，切实强化农村基层行政管理机关在农村民主管理制度领域的执法职责，大力改革当前在农村民主管理制度领域存在的不合理的执法体制，强化农村基层行政管理机关在农村民主管理制度执法工作中的主体地位。[①]

加强农村基层行政管理机关在农村民主管理制度执法工作中的主体地位是十分必要及重要的，是农村民主管理制度所涉及各领域一体化发展的内在要求，是有效维护广大村民在农村民主管理过程中各项合法权益的客观要求。对此，必须在强化农村基层行政管理机关对履行农村民主管理制度领域执法职责紧迫性认识的基础上，对农村基层行政管理机关的执法职

---

① 李生等：《农业行政执法体制改革研究》，载农业部产业与政策法规司编《农村政策法规调查与研究（2003）》，中国农业出版社 2004 年版，第 437—440 页。

权进行有效的整合与合理的配置，切实加强农村基层行政管理机关的执法主体地位。

强化农村基层行政管理机关在农村民主管理制度执法工作中的主体地位，需遵循协调统一、权责一致的原则，严格按照对农村民主管理制度所涉及各事务发展领域进行一体化管理的思路，比如加强对农村民主管理制度经济性事务最为突出的农业领域产前、产中及产后的一体化管理就非常重要。依此，将当前农村民主管理制度执法工作领域中各相关基层行政管理机关及其职能部门的执法职权进行合理配置与有效整合。将与经济性农村民主管理制度紧密相关领域，比如与农业生产、经营紧密相关的执法职权归并到有关农业行政管理机关，将政治性、文化性及社会性等农村民主管理制度紧密相关的执法职权也分别归并到农村基层各相关行政管理机关及其职能部门，这样就有利于从整体上减少执法部门的数量，以建立健全具有分工合理、精干高效及权责明确等特征的农村民主管理制度行政执法体制。这也与党的十七大提出的加大国家机构整合力度，建立健全职能有机统一的大部门体制的改革思路是一致的。早在 2007 年 12 月，中共中央就已经开始思考进行大部门机构改革的思路，所谓大部门体制，就是为了降低行政管理成本，最大限度地克服和力戒现有政府职能部门职能交叉、多头管理及政出多门的现象，根据职能相近、业务趋同的事项相对集中的原则，对政府的机构部门设置进行改革，由一个部门统一进行管理，这是我国新时期行政管理体制改革发展的新趋势与新要求，也是 2008 年国家行政管理体制及政治体制改革的重点。[①] 为此，在国家机构设置层面，将农村领域所涉及的农业、林业、畜牧、渔业等各行业管理部门统一综合设置为农业行政管理机构，并且将上述农村发展相关领域的行政执法职权向农村相关行政管理机关进行集中与归口管理，在中央国务院层面建立大农业部，在各地方建立大农委，这不仅是农村基层行政管理领域贯彻落实十七大有关行政管理体制改革要求的具体体现，而且也是有效解决当前农村基层民主管理制度领域相关行政执法主体多元、执法职权比较分散的有效途径。

农村基层行政管理机关在经过有效配置与合理整合以后，其执法职权

---

① 周伟：《新一轮政府改革发力》，《半月谈》2008 年第 4 期。

应在明确统一的基础上覆盖整个农村民主管理制度领域，以与经济性农村民主管理制度紧密联系的农业领域为例，主要包括以下方面：一是农业生产投入品监管执法领域。这方面主要是由农村基层行政管理机关对各种农业生产投入产品诸如种子等在生产、经营及使用等环节实施全过程监管执法。这有利于将农业生产资料与农业的生产发展有机结合起来，以此促进两者在发展的过程中做到很好地协调一致与良性互动。这既有利于农村经济性民主管理制度的建立健全及良性实施，也为农村民主管理制度的全面发展奠定经济生产基础。二是农业生态环境资源保护监管执法领域。在这方面，主要是包括与农业生产发展紧密相关的林业、牧业、渔业等领域，国家与地方重点保护的各类野生动植物资源等领域的监管执法。农业生态环境资源的保护监管执法对执法人员在相关领域专业知识的要求比较高，因此必须大力强化相关农村基层农业行政管理机关在这个领域的执法职权。三是各类农产品质量安全监管执法领域。这方面主要涉及农产品质量、农业转基因生物及动植物检验检疫防疫监督等执法工作。尤其是全社会普遍高度关注的农产品质量安全，直接关系到农产品食用及公民人身安全，而传统农村基层农业相关行政机关的农产品执法职权主要局限在生产领域。如果将农产品的经营环节的执法监管职权归并到农村基层相关农业行政管理机关，则有利于这些机关充分发挥自身的技术优势对各种农产品产量及质量等方面采取积极有效的监控执法措施，不仅能有效避免其他部门在执法中只是孤立地处理单一发现的案件，而且有利于农村基层行政管理机关从整体上加强对农业生产、经营等环节的全过程监管，从而促进农业生产的健康发展。四是农业生产秩序等领域的监管执法工作。这主要涉及农机作业安全、渔业船舶安全及渔港交通安全等与农村农业发展紧密相关的农业生产秩序领域。五是农业知识产权保护监管执法领域。必须加强对植物新品种权的执法保障工作，但是目前我国农村基层农业领域知识产权保护的执法职权模糊、执法力度不大，对此必须加强对这一领域的执法监管工作，以此更好地促进农业新技术、新品种的有序使用，最大限度地保护农业知识产权权利人的合法权益和推进创新的积极性。但是与一般意义上的专利、实用新型等知识产权相比较，农业领域的植物新品种权等知识产权具有很强的农业技术性与专业性。

（2）积极推进农村综合行政执法改革。

加强农村民主管理制度领域的执法工作的一条重要途径在于推进农村

综合行政执法改革，自 1999 年开始，部分省、直辖市实行了农业行政综合执法改革的试点工作，从试点实践的情况来看，在农村民主管理领域推进综合行政执法工作非常必要也十分重要，有利于贯彻落实《农业法》《村民委员会组织法》等国家基本法律及国务院有关农村发展的相关法规、规章及文件的精神，有利于解决农村民主管理制度执法领域相关执法机构比较混乱的现象，有利于加强农村民主管理领域执法工作的正规化及规范化建设。

结合农村民主管理制度执法工作的性质与特点，根据国务院在农村开展综合行政执法工作的实践，我们发现积极推进农村综合行政执法改革工作的关键问题在于确定和落实好农村领域行政综合执法机构的设置模式问题。目前，国家相关法律尚未对此问题进行明确的规定，从整体上看还存在诸多的问题，有的地方仅仅停留在挂牌借人执法的层面，没有开展真正的综合执法；有的违背了国家《行政许可法》的相关规定及国务院关于"两个相对分开"的规定，随意扩大了农村行政综合执法机构的执法职权，将原本属于农业行政管理机关的行政许可权也一并行使了。针对上述存在的问题，应坚持从系统论的角度，按照统筹规划、上下贯通及左右协调的原则，积极审慎地探索农村行政综合执法机构设置模式的改革与发展工作，切实打下农村民主管理制度执法工作的坚实基础。笔者认为，行政综合执法机构设置改革应结合各地的实际情况，可综合考虑以下几种模式，因地制宜，择其善者而从之。

一是大综合执法机构模式。这种模式是参考城市地区管理及文化领域行政执法领域相对集中行政处罚权的一种方法，将农村管理制度所涉及的按照国家相关法律法规分别由农业行政管理机构、农村工商业管理机关、农村质量技术监督机关及国家在农村地区所设置的相关法律法规授权的机构所享有的行政执法权等集中起来，由一个农村行政综合执法机构统一行使，但是必须根据《行政处罚法》第 16 条[①]及各省级人民政府的相关行政规章的规定来设置这个机构。这个机构具备相对独立的行政执法主体资格。

[①]　《行政处罚法》第 16 条规定：国务院或者经国务院授权的省、自治区、直辖市人民政府可以决定一个行政机关行使有关行政机关的行政处罚权，但限制人身自由的行政处罚权只能由公安机关行使。

二是中综合执法机构模式。这种模式主要是将与农村民主管理制度领域紧密相关的植物检疫站、渔政站及动物卫生监督所等牌子增挂在农村行政综合执法机构，或者与综合执法机构合署办公，统一行使本级农村行政管理机构的行政执法权，统一组织开展农村民主管理制度及其所涉及各领域的行政执法工作。

三是小综合执法机构模式。这种模式主要是指农村行政综合执法机构统一行使本级农村行政管理机关所涉及的农村民主管理制度相关领域的相关行政执法权，其他的比如植物检疫、动物防疫监督及渔政等领域的执法，则由根据国家相关法律法规授权的动物卫生监督所、植物检疫站及渔政站等执法机构予以实施。

从目前部分省市开展的农村行政综合执法机构设置改革情况来看，普遍采取的是模式三。这种模式有利于解决农村行政管理执法中所存在的机关内部执法机构设置不规范、委托执法不规范等方面存在的问题，将国家原本分散委托给多个农村基层事业单位行使的行政执法权统一为一个综合执法机构来集中行使。但是，这种模式也存在另外的问题，不利于开展统一的农村行政执法工作，也不利于执法制度与执法标准的统一，在一些农村领域，存在多头执法的现象，特别是没有改变植物检疫、动物防疫监督及农村渔政执法等农村行政管理机关所属机构分散在外的现状。相较之下，模式二则能较好地解决模式三所存在的诸多问题，此种模式能有效地解决在模式三中所存在的多头执法的问题，有利于农村民主管理制度及其所涉及相关领域不同专业条块的执法制度与执法标准的统一，有利于农村基层行政执法活动部署安排的有序统一性，有利于在执法活动中形成农村民主管理制度执法工作的合力。在这种模式下，农村基层相关行政执法主体不进行调整，相关行政处罚决定仍然以相关法律法规授权组织的名义实施。与模式二、三相比较，模式一应该是一种理想的模式，它能较好地彻底解决目前农村基层民主管理制度发展领域所存在的相关执法主体多元及执法机构分散的突出问题，通过农村行政综合执法机构统一行使由原农村农业行政管理机关、农村基层其他领域相关行政机关及根据国家相关法律法规授权组织在各自所管辖领域所享有的行政执法权。但是，也有学者认为集中统一行使行政处罚权与国际通行的行政法治相关制度及其发展理念的契合度不高，与国家现代行政法治的基本要求也不相吻合。① 再者，农村基层领域的行政处罚权的相对集中行使涉及多个执法主体的调整，在现行的国家行政管理体制下，必然会面临不小的阻力与压力，若操之过急，则更不利于农村基层各领域行政综合执法体制的上下贯通及左右协调格局的形成，因此，在全国范围内普遍采用模式一的执法机构设置的客观条件及时机尚不成熟，建议先在一些符合条件及已经进行了试点的地区继续推进并进行相应的观察，不断地予以完善和总结，争取为后面进一步推广打下更加科学的基础。鉴于我国目前农村民主管理制度领域执法工作的实际情况，笔者建议宜先采取模式二这种执法机构的设置。

与此同时，在农村民主管理制度领域相关行政执法综合机构改革的过程中必须处理好各方面的关系。作为履行农村民主管理制度领域执法监管的一种重要方式，农村基层行政综合执法与农村行政许可等农村行政管理职能及农业领域开展的各类专业检测紧密相关。同时，农村行政综合执法机关作为农村基层行政管理机关专门从事农村行政执法工作的机关，也必须处理好与农村行政管理机关其他内设机构及上下级执法机构之间的关系。

一是要处理好农村民主管理制度执法工作与农村基层行政管理之间的关系。开展农村民主管理制度执法工作主要是依法对农村民主管理相对人履行义务情况进行检查，对农村民主管理制度实施过程中存在的违法行为实施相应的行政处罚，而农村基层行政管理重点是开展农业生产发展方面的行政管理，主要是研究和落实国家相关的农业政策、开展农村各行业指导和服务及实施农业行政许可的行为，两者紧密联系，既相互促进又各自有所侧重。农村行政综合执法机构不仅要开展农村民主管理制度领域的执法工作，而且要为农业行政许可等农业行政管理活动的有效实施提供相应的执法监管保证，农村基层行政管理机关的相关职能部门，如设置在各农村基层政府机构中的农业处、畜牧办、水产办、农机办等职能部门要充分发挥其专业技术方面的优势，支持农村行政综合执法机构行使执法职权。要坚持农村基层民主管理及其所涉及各领域的行政执法与行政管理的有效结合，以促进两者在信息沟通、信息共享及合力形成的基础上提高执法工

① 陆迎芳：《相对集中行政处罚权制度若干问题评析》，《行政法学研究》2004 年第 3 期。

作的整体效能。

二是要处理好农村基层行政综合执法与农村法治工作之间的关系。按照机构改革的思路，农村基层行政综合执法机构主要是开展农村民主管理制度及其所涉相关领域的具体的行政执法工作，同时受农村基层行政管理机关法制机构对其执法工作的指导和监督，农村基层行政管理机关法制工作机构主要负责农村基层执法体系建设和法制监督工作，承担农村基层行政管理相关领域行政复议和行政应诉等职责，负责同级农村行政综合执法机构执法过程中所产生的相关听证的主持工作。二者的关系是分工合作与协同配合。从目前一些地方已经成立的农村基层民主管理领域行政综合执法机构来看，其中很大一部分是与同级农村法制工作机构合署办公的，应当对其实行有效分离，按照运转有效、权力制衡的原则，完善独立的自上而下的农业法制工作体系，建立健全农村行政综合执法机构，健全二者的运行和监督机制，确保农村民主管理制度在广大农村得到全面、有效的贯彻实施。

三是要处理好农村基层行政综合执法机构与农村各类专业检测机构之间的关系。设立在农村基层的各种有关农村农业发展的法定检测机构能够为农村基层行政执法工作提供客观、公正的重要技术依托，农村行政综合执法机构将在执法过程中对所发现的有问题的相关产品送到这些专业检测机构进行检测，并根据检测报告作出相应的处理决定。为了保证农村基层行政执法的公正性，农村基层行政管理机关内部就不应再设立各类专业检测机构，也不与农村行政综合执法机构并行设立，应当将其剥离出去，作为独立的一种中介组织，在国家相关法律法规授权的范围内对执法工作中所发现的相关问题产品根据法定的技术标准作出独立的、法定的专业检验报告。

四是要处理好上下级农村行政综合执法机构之间的关系。根据目前国家相关法律法规的规定，农村基层民主管理制度及其所涉相关领域执法管辖权的划分原则主要是属地管辖和级别管辖，属地管辖的权限较为具体、明确，而级别管辖的权限划分比较模糊、笼统，在现实的农村基层行政执法工作中，大量的违法案件主要发生在县域层次，因此加强县级农村行政综合执法工作是整个农村基层行政执法工作体系中最关键的环节，对此笔者建议应当按照执法工作重心下移的要求，对各级农村行政执法机构的职权进行合理的划分：民政部农村基层行政综合执法机构（应高度重视及充分发挥基层政权和社区建设司、政策法规司及民间组织管理局等机构的相关行政执法功能。）应主要负责对全国农村民主管理制度领域行政执法队伍的指导、检查、督促及协调，省级和市级相关民政部门的相应行政综合执法机构应主要负责对下级农村民主管理制度领域行政综合执法机构的指导、督办、专项执法活动部署，对辖区内重大复杂以及不宜由下级执法机构管辖的案件进行处理，县级农村基层行政综合执法机构则主要对其辖区内农村民主管理制度实施的相对人具体开展经常性的执法检查活动，对违反农村民主管理制度的相关违法行为实施相应的行政处罚。同时，对与农村民主管理制度领域执法工作紧密相关的农村农业生产方面的执法工作机构改革来讲，应高度重视农业部及各级地方相关农村行政综合执法机构的功能和作用，可考虑在农业部设立全国性的农业行政综合执法机构，主要负责对全国农业行政执法队伍的指导、检查、督促和协调，省级和市级的农业行政综合执法机构应主要负责对下级农业行政综合执法机构的指导、督办、专项执法活动部署等工作，必要时负责处理辖区内存在的复杂、重大以及不适宜由下级行政执法机构来管辖的案件，县级农业行政综合执法机构应主要在其辖区内具体负责对农村基层农业生产发展领域的农业管理相对人开展经常性的执法检查工作，同时负责对在农业生产中存在的各种违法行为根据国家相关法律法规及规章的规定实施相应的行政处罚。

（3）狠抓农村基层行政执法人员素质的提高。

如前所述，农村民主管理制度及其相关领域的行政执法工作具有业务性、专业性、技术性及法律性，这势必对执法人员素质提出了比较高的要求，农村基层行政执法人员的素质与农村基层行政执法工作成效紧密相关。在这样的背景下，就要求广大农村基层执法人员不仅要有较高的法律水平及丰富的相关法律专业知识，而且还要比较全面地掌握与农村民主管理领域紧密相关的农业生产相关专业知识及技术措施，同时还要具备过硬的思想政治品德素质，有力地承担起维护广大农民在农村民主管理中各项合法权益，农村生产者的人身安全及食品安全等各项职责。对此，笔者认为，必须采取多方面切实有效的措施，着力培养和造就一支政治合格、业务精良、作风扎实、廉洁高效的农村基层行政执法专职队伍，全面提高农村基层行政执法人员的综合素质，是当前强化农村民主管理制度执法工作、促进农村民主管理制度及其相关领域行政执法体系改革与完善的重大任务。

第一，严格实行职业准入与资格管理制度。在农村基层行政综合执法机关的建立过程中，相关农村基层行政管理机关首先要严格把好执法人员的准入关口，按照科学合理的用人选拔机制，严格各项标准，在公平竞争中予以择优录用，必须对拟进执法人员的思想政治品质、文化水平、业务能力及相关法律专业素质等进行全面的考核。对招录进来的执法人员严格进行资格管理，切实执行农村基层行政执法人员资格考试和岗前培训制度，通过相应执法资格考试及上岗前培训的人才发放相关农村基层领域行政执法资格证件。对未通过执法资格考试及上岗前培训的，则不发放相关行政执法证件，不准在农村民主管理制度领域从事相关执法工作，确保从源头上提高农村基层行政执法人员的素质。

第二，对农村基层行政执法人员严格实行定期培训制度。在前述加强农村基层行政执法人员准入的基础上，建立健全执法人员的经常性定期培训制度，重点是对在岗的执法人员进行专业业务知识及相关法律知识的培训，以促进其知识的不断更新及综合执法能力的提高。我国目前农村、农业发展正处在重要的改革发展转型期，相关的农村、农业及农村基层民主政治发展所涉及的法律、法规和规章的立、改、废活动比较频繁，除加强对常规法律法规等相关法律知识培训，着力增强和提升执法人员法律观念、法治意识外，还要定期重点对执法人员开展国家新出台及新修订的相关法律、法规和规章的培训。另外，还要定期加强对农村基层行政执法人员的廉政与职业道德建设，其最终目标是要培养和促使执法人员牢固树立崇高的职业荣誉感及责任感，在执法工作中自觉地将维护广大农民的合法权益作为其执法工作的出发点与落脚点，将法律价值的实现及法律权威的维护作为其执法职业的人生取向及执法工作的价值目标。

第三，加强对农村基层行政执法专业法律人才的引进与培养。① 从国外农村基层行政执法队伍建设来看，专职法律专业人才在农村基层行政执法队伍中所占的比例大都比较高，这有利于确保农村基层行政执法的有序性与规范性。从我国农村基层行政执法队伍的实际情况来看，目前大部分执法人员都是由农村基层相关职能部门的农业专业技术人员兼任的，这些

---

① 陈云生：《农业行政执法问题研究（下）》，《广西政法管理干部学院学报》2000 年第 4 期。

执法人员在农业生产与技术方面的专业知识是比较丰富的，但是其与农村基层农村及农业发展等领域的执法工作相关的法律法规等专业的法律知识相对比较匮乏。基于这种情况，笔者建议加强对农村基层行政执法领域专业法律人才的引进与培养，可考虑从两个主要方面着手进行，一是选派现有的执法人员到专业的法律院校学习与进修，以丰富和拓展其法律专业知识；二是在农村基层行政执法人员的招录时，要重视一定比例的专业法律人才的引进。

（4）严格规范农村行政执法行为。

农村民主管理制度领域的执法工作的重要外在形式大量地表现为农村基层行政执法行为，这些执法行为的规范性不仅决定着农村民主管理制度执法工作功能和作用的发挥，而且也对农村基层行政管理机关执法威信及执法形象的树立起着很大的决定作用。从前述相关论证来看，农村基层行政执法行为规范性的基础和前提在于其执法主体及执法机构的规范化、法定化及执法人员素质的提高。农村基层行政执法行为规范的重要保障在于实现执法程序的规范、执法制度的建立健全、执法方式的改进及执法监督的强化等。为此，笔者认为要真正实现农村基层行政执法行为的规范性，宜从以下几方面采取积极有效的措施狠抓落实。

一是对农村基层行政执法行为程序要进行严格的规范。作为一种预定的行为约束，农村基层行政执法行为程序在防止农村基层行政执法职权行使的随意性，预防农村基层行政管理相对人合法权益受到非法侵害，保证农村基层行政执法行为合法有效，保障农村基层行政执法权力的权威及农村基层行政执法效率等方面具有重要的功能和作用。因此，必须深刻认识到加强农村基层行政执法程序的价值，[①] 树立起"重实体、重程序"的执法理念，切实对农村基层行政执法行为进行规范，改革与完善农村民主管理制度领域的行政执法工作，严格执行农村基层执法工作中的调查取证、内部工作协调、采取强制措施及实施处罚等规范程序。[②] 要在农村民主管理制度及其所涉相关领域的行政执法过程中，严格贯彻落实《村民委员会组织法》《行政处罚法》及《农业行政处罚程序规定》等相关法律法规的规定，在程序透明公开中坚持遵守对执法对象表明身份、告知权利及时

---

① 唐静：《关于规范行政执法程序的实践与思考》，《行政法制》2005年第4期。

② 黎昕：《加强和改善行政执法的若干思考》，《中共福建省委党校学报》2001年第6期。

限的遵守等规范程序。特别是对可以按照行政处罚一般程序进行处理的案件，一定按照相关法律法规的规定完成其规定的所有程序，主要包括立案登记、调查取证、处理建议提出、案件报批、事先告知、听取陈述及其申辩、制作送达处罚决定书等基本步骤，是对符合听证条件的案件，必须告知当事人有提出听证申请的权利，并且根据当事人的申请，按照法律的规定公开进行听证。

二是建立健全农村民主管理制度领域相关行政执法制度。尤其是对有关农业生产及其发展领域的基层行政执法管理制度的健全和完善，这是确保农村基层行政执法程序规范性及其有序性的重要保证。鉴于我国农村基层行政执法工作起步晚及管理不到位等现状，必须健全农村基层行政执法工作科学合理及有效运行等方面的机制与制度。特别是要建立健全以下方面的管理制度：①办案制度（主要包括案件受理制度、调查取证制度、听证制度、重大案件集体审查制度、移送和上报备案制度等）；②执法工作内部管理制度（主要包括证件管理制度、保密制度、财务管理制度、执法设施设备管理制度、文书档案管理制度等）；③农业行政执法公示制度；④执法过错责任追究制度；⑤执法评议考核制度等。

三是要加强对农村基层行政执法工作方式的改进与完善。农村基层民主管理制度领域的行政执法工作方式蕴含着特定的价值观念及道德评判标准。因此，在执法工作开展的过程中，一定要坚持以人为本的价值理念，充分尊重广大农民及居民等行政相对人及其利害关系人的人格尊严，全面保障行政相对人及其利害关系人的合法权益。[1] 严格执行民政部及农业部关于在农村基层行政执法工作中提出的相关工作要求，严格执法工作纪律，改进执法工作方式，杜绝在已有相关农村基层行政执法工作中所发现的部分行政执法人员执法方式粗暴简单的现象。

四是要着力地对农村基层行政执法监督工作进行强化。如前所述，加强监督工作，不仅对于规范农村基层行政执法行为，而且对于农村基层行政执法工作体系的改善和完善都具有极其重要的意义。目前我国农村基层行政执法监督的功能和作用发挥得还不够充分，笔者认为尚需对此进一步强化。一是加强对农村基层相关执法机构内部的监督工作，重点是建立健

---

① 肖金明：《论政府执法方式及其变革》，《行政法学研究》2004 年第 4 期。

全农村基层相关政府机构的行政复议职能，完善农村基层行政执法错案责任追究机制。① 建立健全案件审批制度，重大行政处罚决定上报备案制度，农村基层行政管理机关内部层级监督、纪检监督、法制监督及审计监督等方面的体制机制。及时查处在农村基层行政执法工作中所存在的违法行为，深入开展农村基层行政执法活动及执法案卷评比活动，切实推进农村基层行政执法工作的有序开展。二是要充分发挥外部监督对农村民主管理制度及其相关领域执法工作的功能和作用，这主要包括农村基层的人大监督及司法监督；全面充分地发动农村基层社会的各民主党派、各社会团体及其他社会组织的监督；充分地调动起广大农民群众对农村民主管理制度执法工作的监督；广泛地开展和动员社会舆论的监督等。

2. 全面改善农村民主管理制度的执法环境质量

（1）采取有力措施，全方位提高农民的法律意识，营造农村民主管制度执法的文化环境。

在这方面，主要应从以下方面采取积极的措施予以推进，一方面要积极提高农村民主管理制度的重要参与主体——广大农民的文化素质和水平，为其法律意识的培养和完善打造高水平的主体因素。2006年中共中央一号文件《关于推进社会主义新农村建设的若干意见》提出，要加快农村事业的发展，必须大力培育适应社会主义新农村建设需要的新型农民。这不仅是农村民主管理制度发展的客观要求，也是国家整体农村发展战略的客观需要。具体到农村民主管理制度执法的文化环境而言，就涉及如何培养好农民这个重要的法律主体，培养提高广大农民良好法律意识的一个重要前提条件是要全面提高其文化综合素质，主要包括：①培养广大农民良好的公民权利意识。农村民主管理制度的执法工作普遍要求农民要具有良好的守法意识，而其基础在于公民权利意识的提高。②提高农民的科学文化素质。为此必须在加强农村义务教育的基础上，积极开展多种形式的成人教育，通过农村科技推广学校、农村电大及农民夜校等载体，加强农民的科学文化教育，促使其实现由传统型向现代型农民的转型发展。③培养农民的现代化综合素质。主要包括农民适应社会发展的竞争意识、市场观念及现代文化价值观念等现代综合素质的培养，并将其与广大农民

---

① 王守宽、金红磊：《完善行政执法监督》，《行政法学研究》2004年第4期。

的现代法律意识的培养实现有机结合，因为农民法律意识和水平的提高不仅与其自身素质及其所在的社会环境紧密相关，而且农民法律意识的现代化的发展也是一个综合的社会系统工程。另一方面，要建立健全农民法律意识提高的根本制度保障。这就要求在完善农村民主管理制度及其相关法律法规的同时，努力实现农村社会发展各项工作的规范化、制度化及其法治化。围绕农村民主管理制度执法工作的开展，重点抓好以下几方面的工作：首先，加强涉农法律规范的制定、修订、完善与丰富，比如农业发展规划、农民社会保障及农民工发展等方面的法律规范，通过农村法制建设，实现农村民主管理制度执法工作有法可依，有章可循。其次，重视广大农村社会中普遍存在的村规民约的建设力度。要充分尊重广大农民对民间规则的信仰，以充分发挥其在农村民主管理制度执法工作中的积极作用。随着农村法治现代化的发展，农村社会普遍存在的许多民间规则会逐渐地淡出，但是这需要一个漫长的历史过程，在这个转型期，单纯地希望国家通过法治理念、普法运动及同一的司法程序等实现法律对农村社会的全面治理，是不现实的。于是，在这个转型期就必然产生国家法与农村社会的民间习惯法之间的冲突与博弈，在这个过程中，国家法会逐渐由强势转向变通与灵活，而农村社会的习俗规则等习惯法会逐步被广大农民认识到是陋俗，但是在农村法治建设过程中，其存在的积极因素理应受到高度的重视。① 民间习俗规则在农村社会具有较深厚的民众基础，充分发挥其对农村民主管理制度执法工作领域的积极作用，对相关领域立法及司法工作会起到积极的推动作用。在农村民主管理执法工作中，对这一文化传统应予以充分的考虑，结合广大农民的认同度、接受度及可执行力，根据农村社会习俗规则的特点，对其中的积极因素持包容的态度。因为，源自农村社会民间的制度事实，造就了广大农民对其的自觉遵循与自觉恪守，权利的保障是以主体对该权利的自觉认同为前提的，否则，再好的权利也只是一种制度性宣告与死的规则形式，而无法变成流动的制度事实与活动的实践经验。② 因此，具体到农村民主管理制度执法领域，只有充分发挥农村社会民间习俗规则的积极因素，才可能最大限度地化解国家法律与民间

---

① 范愉：《纠纷解决中的民间社会规范》，徐昕主编《民间法》第 6 卷，山东人民出版社2007 年版，第 31 页。

② 谢晖：《民间规范与人权保障》，《求是学刊》2004 年第 6 期。

习俗之间的矛盾与冲突,[①] 最终使得广大农民自觉地唤起对国家法的尊重与认同。其次，制定和完善合法合理的村规民约。在农村民主管理制度执法过程中，发现一些村规民约存在形式原则、内容简单、操作性不强等特征,[②] 为在执法工作中更好地维护农民的合法权益，必须加强村规民约的规范性建设。最后，要切实加强农村民主管理制度的法治化建设，尤其是县、乡镇层级的农村民主管理制度的法治化建设，加强农村社会各种非政府组织的法治化建设，确保农村基层社会民主管理的一整套法律、法规、规章及条例体系建设的完善，实现农村社会的有序发展，也使农村民主管理制度的执法工作有法可依。

（2）夯筑多重基础，确保农村基层社会政治稳定，巩固农村民主管理制度执法的政治环境。

一是采取积极的措施，加快农村经济的发展，实现农村经济基础的稳定。在社会主义新农村建设战略指导下，国家高度重视"三农"问题的解决。按照多予、少取、放活的指导方针，继续做好以下农村经济基础的改革与发展工作：统筹城乡税费制度、改革与完善农村土地财政金融制度、优化农村产业结构、规划整洁村庄建设制度、加强农村基础设施建设等，为社会主义新农村的发展打下坚实的物质基础，为农村基层社会的政治稳定奠定良好的经济基础。国家层面坚持对农村发展有长富之策，农村层面要有长富之路，在农民层面要做到有长富之能。[③] 国家在农村经济发展中要实现由"重农民之力"向"重农民之利"的转变，彻底摒弃与杜绝历史上曾经存在的重在向农民索取的政策与发展思路导向。只有农村经济真正发展了，农民的收入与财富在实质性的增长中与其他阶层的差距逐步缩小，共享改革开放与现代化的成果，才会实现民心稳定、民心思定，农村社会才能实现真正和谐的稳定。

二是要着力构建农村基层社会稳定的政治基础。

在我国现时期社会主义新农村的发展过程中，农村社会各阶层正处于急剧的分化、融合及重组之中，长期以来，作为社会弱势群体出现的农民

---

① 赵旭东：《权利与公正——乡土社会的纠纷解决与权威多元》，天津古籍出版社 2003 年版，第 7 页。

② 巫文勇：《加强我国农村法制建设与依法治国的战略选择》，《前沿》2005 年第 8 期。

③ 陈宏光：《让农民在良好法制环境中增强法律意识》，《江淮法治》2003 年第 6 期。

阶层与社会其他阶层在经济、政治、文化教育及社会等诸多方面存在的差距，在现实社会生活中大量地表现为地位、权利、能力及收入等方面的不平等。而且，在一些农村地区，农民阶层在社会经济发展中缺乏与自己经济政治地位相适应的组织，加之在遇到问题时又得不到农村基层政府及其相关职能部门的疏解、关怀、交流与指导，这些农民就会越来越被社会边缘化，最终可能会逐步发展成为影响农村社会稳定的隐患。对此，基层政府应采取各种措施，在现有农村民主管理制度的基础上，支持鼓励各地积极探索、建立与农村基层民主政治及农村市场经济发展相适应的农村民主管理组织体系，切实转变传统的"管制约束型"治理，实现广大农民的"民主自治"，着力改变农民在农村民主管理中其自治权利不断弱化的发展趋势，提高农民在农村基层民主管理中的地位及民主政治权利，扩大其在农村民主管理制度的参与范围及深度。在条件成熟的地方，根据农村民主管理制度的建立健全及实施情况，适度探索农民在乡镇及县级甚至更高层面的民主管理事务的选择与决策权力，以此做好农民参与国家民主政治事务的相关制度、政策的设计与完善，以期在切实维护广大农民合法权益的基础上实现法律面前人人平等，确保广大农民在农村民主管理制度执法工作中能够做到通过制度化及法律化的途径去实现自己的合理诉求，从而避免在农村民主管理中的各种矛盾与冲突，实现农村社会的和谐稳定及农村民主管理制度的顺利实施。

（3）构架多元体系，健全农村社会保障机制，夯实农村民主管理制度执法的社会环境。

农村民主管理制度执法工作的社会环境的创造主要体现在农村社会保障体制机制的建立健全方面。根据我国目前农村社会保障的实际情况。笔者建议从以下几方面着手进行：

首先，应着力构建多元化及多层次的农村社会保障体系。结合农村社会保障的实际情况，应对农民进行分类管理，主要分为失业农民、农民工、传统耕地农民等类别，根据这些类别分别构建农村社会保障项目，不能就农村社会而单纯地建设农村社会保障，而应当与城市社会保障一起共同发展，在此基础上构建起新型的农村社会保障体系。在上述分类的基础上，实行分类设项，分类管理。建立健全失地农民、农民工及传统以耕地为生的农民为主要对象的农村社会保障体系。第一，建立健全失地农民社会保障体系时，应严格按照或者参照城镇居民的标准设置相应的社会保障项目，主要包括最低生活保障、养老保险、医疗保险、教育和培训就业及法律援助等项目，同时应适度增加国家对这部分群体社会保障的转移支付，主要是因为失地农民失去了土地等基本生产资料以后，失去了生活及其保障的基础。第二，要重视对农民工社会保障体系的建立和完善。农民工具有高流动性、社会知识了解度比较低及边缘性等特点，国家应在认真贯彻落实《劳动法》的基础上，对其社会保障采取更灵活适用的方式，确保其基本权益的实现。第三，针对固定在农村从事土地耕作的农民的特点，国家在已有基础上应重点从农村社会救助体系、农村医疗保险制度、农村扶贫开发、农村福利建设、农村养老保险机制等方面加大相关政策与资金的支持与倾斜。当然，上述社会保障体系在实际的操作过程中是紧密联系、密不可分的，要协调处理好它们之间的相互关系，以共同服务和作用于农村和谐稳定的社会环境的营造。

其次，根据农村社会及农民自身的特点，在农民充分自愿的前提下，分步骤、分阶段地推进农村社会保障机制的构建。一是重点建立和完善农村最低生活保障制度。在实践中可以结合农村社会发展的实际情况，通过社会救助、扶贫开发等形式对这部分群体的生产与生活予以保障，这不仅有利于农村社会完善有效的社会保障机制的构建，而且也有利于农村小康社会及和谐社会的构建。二是着力建立健全农村养老及医疗保障制度。因为养老及医疗保险是社会保障体系的主要组成部分，而且是与农民联系最为紧密的社会保障，因此应将养老及医疗保险作为建设的主体，从优化农村民主管理制度执法社会环境的角度出发，逐步、适时及灵活多样地推进其建设与完善工作。三是在农村社会逐步建立健全生育、失业及工伤等社会保险项目。这不仅有利于丰富和完善农村社会最低保障及农村社会保障主体组成部分建设的基础，而且也是农村社会保障项目逐步走向完善的重要表征和体现。

（4）革新教育方法，切实加强农村法治教育，创新农村民主管制度执法的法治环境。

面对农村基层社会发展在新时期所具有的独特的时代特征，结合农村民主管理制度执法所面临的法治环境的要求，必须在现有农村法治教育的基础上，结合其所存在的问题，革新教育方法，从各个层面积极进行有效的探索，讲求实效，切实动员和调动起各方面的力量，扎实开展农村法治教育，为农村民主管理制度执法创造优良的农村法治环境。

　　首先，结合新时期农村社会法治教育开展的实际情况，认真探索开展农村法治教育的各种有效的方法，积极调动起各方面开展法治教育的积极性，总结经验，注重实效，结合农村法治教育的特征，要重点关注以下几个方面：一是要加强对农村基层政府机构领导干部的法治教育。领导干部不仅是公民的重要组成部分，而且也是其他公民学法用法的重要组织者，充分发挥其学法的积极性及对农村法治教育的带头、示范及主导作用，不仅有利于全体公民法律素质的提高，而且对于增强领导干部依法治国、依法履职等法治观念具有重要的作用。二是要通过农村法治教育，不断提高农村基层领导干部的综合法律素质，尤其是在依法决策、依法行政及依法管理等方面的能力，逐步转变其行政管理模式，由传统的倚重行政手段向重视法律手段进行管理转变。三是通过农村法治教育，在农村基层社会营造和形成学法与用法的高潮，在促使农村基层管理干部正确认识自己在农村法治教育中的地位、作用及影响的基础上，使我国广大农民群众法律素质在短时间内能有快速的发展与进步，为农村民主管理制度的法治化建设奠定有力的法治环境基础。

　　其次，要全面创新农村基层领导机关的法治教育，切实发挥其在农村法治环境创新中的组织基础作用。农村基层的行政机关及其工作人员集中体现着党和国家的意志，农村基层领导机关在农村法治教育中的自觉程度及模范带头作用，不仅关系到依法治国方略在广大农村社会的实现，而且也关系到农村基层领导机关在农民群众中的地位、威信及形象的树立。由此，通过加强对农村基层领导机关的法治教育，以扩大其在农村民主管理制度执法领域的辐射效应与积极示范功能，确保在农村民主管理制度执法工作中广大农村干部群众深刻认识到法律面前人人平等，在农村民主管理过程中做到有法可依、有法必依、执法必严、违法必究，确保各项执法工作在法治的轨道上运行，促进农村民主管理制度顺利实施，为全面推进社会主义新农村建设及实现社会主义和谐社会创造优良的农村法治环境。

三　司法保障

（一）农村民主管理制度司法保障的含义

　　从其概念的产生与起源看，司法始终与社会冲突的产生与解决紧密相关。司法最初的含义主要体现为一种纠纷解决形态与制度，以后随着社会解决的发展，在制度研究领域的不断拓展与深化，司法一词的内涵与外延不断地得到丰富与发展。具体到农村民主管理制度领域，其司法保障的含义不仅仅表现为一种独立的纠纷解决制度与形态，还包括各种形式多样的司法表现形式，主要是在农村民主管理制度的实施过程中，针对各种各种矛盾冲突的产生及其解决而展开的官方性的或者民间性的法律诉讼、司法调解、司法仲裁、法治教育及法律援助等一系列动态的农村民主管理制度的司法保障活动。

农村民主管理制度的司法保障其实质与核心在于实现在农村民主管理制度实施过程中对农民各项基本权利的公正、平等保护。对此，我国《宪法》第33条明确规定，中华人民共和国公民在法律面前一律平等。可见，平等权不仅是公民享有的一项基本权利，而且其所体现的基本的公正性观念，也是城乡社会弱势群体能够被平等对待的重要权利观念基础。农村民主管理制度及其相关的法律法规与规章等对农民的平等权的保护从总体上看是比较完善和有力的。但是，伴随着农村民主管理制度的实施，农民参与农村村级政治性公共事务民主管理的政治平等权、参与农村村级经济性公共事务民主管理的经济财产平等权及参与农村村级社会性公共事务民主管理的社会平等权等却面临着一些困境，这些问题的存在固然有其深层的法律保障体系方面的问题，但是也深刻地反映了农民的诸多权利伴随着农村民主管理制度的实施迫切需要来自司法层面的有力保障。

首先，农民在农村民主管理过程中对政治性村级公共事务民主管理所享有的政治平等权缺乏有力的司法保障。

选举权是农民政治权利的重要表现形式，在我国选举权的行使主要表现在全国人大及地方各级人大代表的选举方面。衡量选举权平等程度的一个关键因素就是城乡代表名额的分配。我国《选举法》对城市与农村每一个代表所代表的人口数进行了不同的规定，其中主要表现在直辖市、市及市辖区农村的每位人大代表所代表的人口数，应当多于市区每位代表所代表的人口数，同时具体规定了在农村每位代表所代表的人口数量与城市每位代表所代表的人口数的比例为4：1。由此可见，在人大代表中，农民代表的数额与其所代表的农民人口总数是极不相称的，加之许多非农民代表在人大中也代表农民，这就使得农民的民主权利不能得到很好的行使。同时，农民在现行的选举制度中由于缺乏平等的利益表达机制，导致其在诸多方面的合法权益不能得到有效的反映与代表。再从国家政治生活的重要组织人民政协来看，农民委员在社会各阶层中参与人民政协的比例偏低。与此，相较于工人、妇女等，农民没有统一的表达其集体利益的组织，即便是在城市里工作的农民，也很难参加与融入城市里的工会组织。可见，从宏观层面看，农民参与国家政治生活的渠道不够畅通，农民群体的利益表达机制失衡，农民的合法权益缺乏有效的法律保障。从微观层面看，反映在农村民主管理制度的领域，其境况也不容乐观，虽然农村民主管理制度在村民参与村级政治性事务方面规定了诸多的平等权利，但是在制度实施的过程中存在诸多问题，这些问题的一个重要根源在于农民在农村民主管理过程中对政治性村级公共事务民主管理所享有的政治平等权缺乏有力的司法保障。

其次，农民在农村民主管理过程中对经济性村级公共事务民主管理所享有的经济财产权缺乏有力的司法保障。

我国现行《宪法》第15条明文规定，国家实行社会主义市场经济。与此相应的是，经过多年的发展，伴随着社会主义市场经济体制的确立，我国经济建设取得的成就也引起了世界范围内的广泛关注。但是，城乡收入差距不断扩大的趋势也开始成为经济发展过程中必须面对的问题，这关系到广大农民经济财产权的实现与保障。这一方面是由于我国农村市场经济体制并未完全得以确立，在这样的情形下国有资产所获取的收益主要被城市民众所享有，广大农民的资源分配权利未能平等地实现与保护，加之国家在农业发展的国家资源的宏观分配方面极为不合理，导致国家在农业方面的收入比例与国家总预算相比较，其比例不高，致使广大农民缺乏参与市场公平竞争的动力基础；另一方面，因为诸多非经济因素的消极影响，农民难以获得平等交易的机会，始终在市场交易中处于不利地位。

反映在农村民主管理制度领域，农民对经济性村级公共事务民主管理所享有的经济财产权也面临诸多困境，加强对其司法保障尤为迫切。比如，农民在农村所享有的土地承包经营权，由于该项权利性质界定不够明确，加之国家长期是通过政策对此进行相应的调整，法律方面的保护缺乏相对的稳定性。广大农民在农村民主管理过程中产生了诸多土地权益纠纷，由于在此方面的司法保障存在不足，从而使广大农民的生产积极性受到很大的影响，无疑，这也是阻碍农村民主管理制度顺利实施的重要因素之一。虽然，我国现行《宪法》对农民的土地性权利给予了非常充分的保障，现行《宪法》第10条围绕土地制度作了五款内容的规定，其中第3款规定，国家为了公共利益的需要，可以依照法律规定对土地实行征收或者征用并给予补偿。第4款规定，任何组织或者个人不得侵占、买卖或者以其他形式非法转让土地。土地的使用权可以依照法律的规定转让。第5款规定，一切使用土地的组织和个人必须合理利用土地。现行《宪法》第13条围绕私有财产的保护规定了三款内容。其中第1款规定，公民合法的私有财产不受侵犯；第3款规定，国家为了公共利益的需要，可以依照法律规定对公民的私有财产实行征收或者征用并给予补偿。在现实中，随着国家统筹城乡发展战略的深入推进，在城镇一体化发展进程中，一些地方农民的土地被征用和侵占的现象时有发生，有的地方即便是通过合法手续征用的土地，原土地使用者也未能得到充分及时的补偿。同时，在农民私有财产权的保护方面，问题集中表现为城镇一体化发展过程中农民房屋的拆迁、农作物的毁损及农村道路修建过程中对农民所拥有财产的损失，对这些损失，有的农民得不到充分及时的补偿。

这些现象的存在，不仅影响了农村民主管理制度的顺利实施，也构成了农村民主管理制度在经济性村级公共事务方面的主要内容。广大农民的经济财产权得不到惯常路径有力保障时，就转而寻求农村民主管理制度的途径，而村民经济财产权的司法保障比较薄弱，由此导致广大农民在农村民主管理过程中对经济性村级公共事务民主管理所享有的经济财产权缺乏有力的司法保障。

最后，农民在农村民主管理过程中对社会性村级公共事务民主管理所享有的社会平等权缺乏有力的司法保障。

从逻辑上讲，权利是由诸多种概念构成的一个属概念，作为权利具体形式与内容表现的种概念与属概念一起共同组成了权利体系的基本框架。与社会平等权紧密相关的概念是社会保障权，通常是指公民在一定条件下通过法律途径从国家和社会所获取的物质帮助，这种权利的享有足以使其生活水平或生活质量得到基本的满足与维持。自进入20世纪以来，世界绝大部分国家将社会保障权普遍地予以制度化为公民的基本权利。例如德国的1919年《魏玛宪法》在其第二编德国人民之基本权利及义务的第五章中的经济生活部分，以第161条、第162条、第163条三个条文的内容规定了公民有权利从联邦生活获取保障的权利。① 1946 年《日本国宪法》在第 25 条中原则性地规定了，全体国民都享有最低限度的健康与文化生活的权利。联合国大会于 1948 年 12 月 10 日在其通过的《世界人权宣言》中明确地以第 22 条规定，作为社会成员的每一个人，有权拥有社会保障权，有权实现其个人尊严及人格发展所必需的经济、社会与文化方面的各种权利，这种权利的实现与享有是在依照各国组织与资源的情况通过国家努力与国际合作共同实现的。

与此同时，在我国《宪法》第 45 条也明确规定，中华人民共和国公民在年老、疾病或者丧失劳动能力的情况下，有从国家与社会获得物质帮助的权利。国家积极发展公民享受这些权利所需要的社会保险、社会救济与医疗卫生事业。第 33 条明确规定，国家尊重与保障人权。虽然各国对社会保障权有不同的表述，但是其基本特征都是国家为需要经济帮助的公民提供相应的救济。具体到农村民主管理制度领域，公民的社会保障权与农民的社会平等权紧密相关。这主要体现在农民的劳动权利受到法律特别是司法的保障的力度不够。一是在劳动就业的选择方面，一些用人单位在农民工的数量、所从事行业及工种等方面作了一些与城市居民就业方面不对等的规定，导致了在现实中农民在城市中大量地从事"脏、累、差、重"等工作，同时在劳动保护中也缺乏必要的保护措施，这与我国宪法及劳动法的相关规定不相符合。二是在社会保障权利方面，与城市居民相比较，农民所享有的社会救济也是比较薄弱与有限的。三是在教育权利的行使与实现方面，一些地区农村在教育经费的拨付、师资力量的配备及教育资源的选择等方面未能给予高度重视，致使农民的平等教育权的行使与实现受到一些制约。具体在农村民主管理过程中，农民在参与村级经济性公共事务的决策时，在面对上级部门摊派下来的经济性公共事务时，常常显得比较被动，这方面的社会平等权即便受到侵犯也不能得到司法方面的有力保障，这不仅凸显了农村民主管理制度实施过程中面临的困境，也反映了伴随农村民主管理制度的实施，对农民合法权利的司法保障的贫弱与不足。

---

① 何勤华主编：《外国法制史》，法律出版社 1999 年版，第 194 页。

（二）　加强农村民主管理制度司法保障的必要性

由此可知，加强农村民主管理制度的司法保障是与农民合法权利的保护是紧密相关、相互影响、相互渗透的。加强农村民主管理制度的司法保障，其实质与核心也就是加强农民权利的司法保护，在中国特色社会主义农村基层民主建设、农村市场经济发展、中国特色社会主义法治国家建设及农村全面小康社会建设等方面都具有重要的意义。

首先，加强农村民主管理制度的司法保障，有助于农民权利的保障与中国特色社会主义农村基层民主政治的建设与发展。

作为一种国家制度的民主，其含义是明确的，其是以多数人的权利与政治利益的保障为根本内容，将多数人的意志确定为国家的意志。然而，多数人统治的民主并不意味着管理者来自社会中的大多数成员，这就需要对民主管理的具体形式予以规范。《简明大不列颠百科全书》中对民主的释义中，将直接民主制与代议民主制规定为人类发展史上民主的两种主要的具体形式。所谓直接民主，主要是指全体公民根据多数裁决程序予以行使政治决定权的民主管理形式。所谓代议制民主，是指宪法规范范围内的某些个人或集体权利确保为多数公民所享有，为此确定的由公民选举出来的并能够代表他们向其负责的代表行使管理决定权的一种民主管理形式。①

对此，从宏观上讲，一个民主国家所采用的民主管理形式与该国的经济、政治、社会及历史基础紧密相关，甚至取决于该国国民的民主素质与权利意识水平。我国是社会主义国家，其本质在于人民当家作主，通过社会主义的民主制度行使管理国家权利。从国家层面讲，根据我国宪法的规定，人民是国家一切权力的拥有者，人民通过普选产生其代表，人民的权力通过各级人大予以行使，各级人大都在民主选举的基础上对人民负责并受其监督，国家行政机关及司法机关等都由人大产生，对其负责并受其监督。这种国家政权形式建立在民主集中制原则的基础上，不仅有利于调动起人民群众当家作主，管理社会事务的积极性与创造性，也有利于保障国家权力通过人民统一行使。但是人民代表机关行使的受人民委托的权力

①　《简明不列颠百科全书》第6卷，中国大百科全书出版社1986年版，第5页。

是有限的，政府受委托行使的社会管理公权力也是有限的。须知，人民只是将其权力的一部分通过其选举代表组成的代表机关及其代表机关转让给国家政府机关，大部分权力仍然被人民自己保留。这就为人民行使其自治管理权提供了有力的民主基础条件。一方面，人民可自主选择通过多种方式与途径随时参与国家管理；另一方面，人民可以自愿转让其部分权力给各种社会自治组织，使这些自治组织承担起部分社会公权力的行使及社会管理职责，这不仅是代议制民主范围逐步缩小并逐步转向直接民主发展的趋势，也是中国特色社会主义民主发展的方向。

具体到农村民主管理制度领域，这是中国特色社会主义传统农村基层民主制度向现代农村基层民主制度转型的典型试验。同时，建立健全农村基层自治组织及其民主管理制度，也是全面建设新型的中国特色社会主义农村基层民主政治的基础性工作与重要组成内容。这不仅有利于充分确立农民群众在农村基层治理中的主人翁地位，发挥其作用，更好地实现农民群众在农村基层民主政治生活中的直接参与性；而且有利于农民群众在民主管理中的民主素质得到逐步提高，在农村基层民主政治夯实的基础上，推动中国特色社会主义民主政治取得更大的进步。法国政治学家托克维尔在对美国政治制度进行考察时，就将其起点放置于乡镇一级组织上，并深刻地指出，倘若一个国家如果在没有乡镇一级组织的条件下，即便其可以建立自由的政府，也缺乏自由与自治的精神理念。①

由此可见，随着农村民主管理制度的建立健全，我国农村基层民主政治不断发展，在村民自治的组织管理方面，直选的范围会不断地在农村民主管理领域扩大，传统的组织管理体制会不断地得到矫正，真正实现村民就村级公共事务自己民主管理，使我国农村基层民主政治与中国特色社会主义民主政治实现良性协调互动，确保村民在农村民主管理过程中的权利通过农村基层司法保障予以实现。

其次，加强农村民主管理制度的司法保障，有助于农民权利的保障与中国特色社会主义农村市场经济的建设与发展。

市场经济的基本原则是权利平等与机会均等。马克思曾经指出，交换价值过程是在流通中发展起来的，这不仅是自由与平等得以产生的物质基

---

① ［法］托克维尔：《论美国的民主》（上卷），董果良译，商务印书馆1996年版，第66—67页。

础，也是自由与平等得以实现的现实基础，因此，必须尊重自由与平等在价值交换过程中的地位与作用。① 可见，频繁的贸易要求其参与的主体能够及时地在不受他人制约的情况下作出交易判断，实现双方充分的交易自由。只有建立在地位平等的基础上，交易主体才能实现对双方意志的相互尊重并在此基础上达成平等互利的协议。

与此相应的是，高效率的市场经济，能够实现社会资源特别是生产要素资源的最大限度的合理配置，实现商品生产与交易成本的最大限度的降低，实现社会资源浪费最大限度的减少。为此，必须建立健全统一的大市场与完全开放的充分的自由竞争机制。生产要素在市场范围内自由竞争的程度决定其生产成本降低的程度，由此，在某种特定生产要素利润等量基础上的机会平等，对于劳动力要素及其所有者而言，则意味着竞争某一岗位的同等机会对每个劳动者都是开放的。具体到农村市场经济发展视野下，广大农民要求市场能够给他们提供一个公平竞争的机会，特别是在农村的剩余劳动力群体，尤其需要在市场规律的作用下，将其合理配置到他们能够充分发挥其价值的地方，而不是再像原来那样，大量的农村剩余劳动力被束缚在农村土地上。

由于机会与权利平等原则在我国社会主义平等化的实践过程中长期被忽视与否定，导致了在农村市场经济发展中出现了两种不良的现象：一方面出现了低效率的平均主义，微观层面的实质平等也不能实现；另一方面，长期以来，在社会总财富有限基础上建立了一些隔离制度，诸如严格的户籍管理、粮油供应及劳动用工方面的隔离制度。这两方面的作用不仅导致城乡居民在权利方面不平等现象的出现，而且也在一定程度上制约与束缚了农村市场经济的进一步发展。

因此，从宏观层面而言，要实现城乡市场一体化，建立健全社会主义市场经济体制，就必须破除城乡之间存在的市场壁垒，取消工农产品之间的"剪刀差"，这就要求从国家层面重视农业基础地位的确立与强化，在优先发展农业的基础上，实现国家"重城镇"向"重农村"战略的转变，切实提高农业现代化水平。这不仅能有效激发农民生产经营的积极性，为社会提供必需的不仅仅是注重经济效益的农产品，而且对于农民公平交易

---

① 《马克思恩格斯全集》第36卷（下），人民出版社1974年版，第477页。

权也是一种有力的激励机制。

可见，根据社会主义市场经济的上述独特性质与要求，在农村民主管理制度领域，加强其司法保障，对于农民权利的保护有着重要的意义。

第一，有利于保障农民在农村民主管理过程中的经济性权利。这主要涉及农民在农村民主管理过程中的土地自主经营权。农民根据土地资源市场及农产品市场的变化，决定其留地耕种还是土地承包经营权的转让，这不仅有利于实现农民增收渠道的多元化，实现土地资源效益的最大化，还有利于实现农村土地经营的多元化。要实现这一目标，就必须确保农村民主管理制度的良性实施，也这有赖于农村民主管理制度的司法保障，多管齐下实现对农村征地规模的严格控制，在完善征地程序的基础上改革与完善不适应农村民主管理制度的征地制度，特别是在涉及经营性建设用地的征用方面，尤其要重视和发挥司法保障的功能和作用，以正确引导用地单位与农民在平等协商的基础上合理确定用地补偿标准，以减少在这方面的矛盾冲突与纠纷的发生，确保农民在农村民主管理过程中经济性权利的保护与实现。

第二，有利于保障农民在农村民主管理过程中的政治性性权利。这主要体现在对农民在民主管理过程中的结社自由及迁移自由权的保障。在农村民主管理过程中，广大农民可以根据自身的实际情况，采取多种合作方式，在农户之间围绕技术与资源进行互补性合作，以缓和与解决农业土地细碎化发展与农业资金短缺之间存在的矛盾与冲突；可以组织农民与本地的龙头企业合作，在取得规模与范围经济发展的基础上实现农民的专业化与规模化经营，在分工进一步发展的基础上有利于减少市场风险，实现农民利益的增加。同时，有利于拓展农民的择业空间与范围，在延长农业发展链条基础上实现农业的纵向一体化发展。另外，通过结社自由权利的保障，有利于农民在公共投资、信息服务提供及农业科技的传播与推广等方面实现深度的合作，确保广大农民潜在利益的增进。

在迁徙自由权的保障方面，有利于保障农民在农村民主管理过程中的迁徙自由权利。劳动力在市场经济体制下与其他商品一样，主要是通过价格机制、供求规律及市场竞争机制等要素的协同作用使其实现最有效的配置与利用。须知，当一个人的工资水平被市场竞争决定及人们能自由选择职业的时候，人们就会努力地发挥自己的才干，追求最适合自己发展的机会、工作环境及条件等。在农村民主管理制度实施过程中，农民会根据自己的实际情况选择合适的用武之地，特别是在国家统筹城乡战略发展背景下，随着中国广大农村地区乡镇企业的发展，农民在农村民主管理过程中根据自己的条件在不同地区之间迁徙流动，这不仅有利于降低农村地区劳动力交易成本，使农村各地区性的劳动力市场之间的差别逐步缩小，也有利于促使广大农民在农村民主管理中的政治性权利在农村民主管理制度的司法保障中得以实现。

第三，有利于保障农民在农村民主管理过程中的社会性权利。这主要体现在农民的社会保障权利及环境权等方面权利的保障。我国在加入世界贸易组织以后，由于国外部分农产品的冲击与影响，我国一些农村地区部分农民的生活面临一定的困难。为此在农村民主管理制度实施过程中，必然要求加强对农民的社会性权利的保护，同时也要加强对这些权利的司法保障，在此基础上，进一步建立健全农村地区的社会保障体系，为广大农村地区的农民劳动者提供劳动、养老、医疗及最低生活保障，切实解决其在社会性权利保障方面的后顾之忧。同时，在农村民主管理中，伴随着农村市场经济的发展，还必须处理好农村经济发展与农村环境保护方面的问题，特别是重视农民的环境权在农村民主管理中的保护与实现，切实推动农村各项事业在民主管理过程中的协调发展。通过上述对广大农民社会性权利的保护，调动起广大农民积极参与农村基层民主管理的积极性，推动农村民主管理制度的顺利实施与不断地健全，进而促进农村基层民主政治的发展。

再次，加强农村民主管理制度的司法保障，有助于农民权利的保障与中国特色社会主义法治国家的建设与发展。

公民权利的保障是法治实现的基本条件，法治的实现是为了公民权利的更好保障。须知，公民个人自由权利的保护是法治社会价值体现及其存在要义。人们所享有的自由、财产及生命的维护及保障也是法治社会产生与发展的原动力所在，同时，权利本位思想指导下的依法行政及公正司法也是近代以来法治发展的精义所在。

对社会主体独立人格尊重的缺失是中国传统社会的主要特征，在这种对个人权利不尊重及奴化教育推行的基础上，人们的社会人格普遍显现出对王权的敬畏并且不知道王之上允许有法进行制约。可见，中国传统文化中的轻视法治的基础是现代法治建设的束缚与障碍，这从另一个方面也说明了加强对农民合法权利的保障及农村民主管理制度司法保障的必要性与紧迫性。

一是法治国家建设的首要任务是制定出完善的符合广大人民意志的良法。法治的前提条件在于加强立法，这不仅是法律得以遵守与执行的前提，这也是良法制定被高度重视的意义所在。法律如果不能充分体现广大人民的意志与利益的话，那么在理论上不仅会被视作法治国家建设的阻碍因素，在实践中也不会被广大人民群众自觉地予以遵守，从此意义上讲，制定良法的重要基础在与广泛的立法民主，包括来自宏观层面的国家立法民主及微观层面的基层立法民主。

二是严格的执法与公正的司法保障是法治国家建设的关键。我国是社会主义国家，人民是国家权力的所有者与行使者，但是人民主要是通过选出自己的代表组成国家的权力机关来行使其权力，国家各级权力机关再根据相关的原则产生出各级执法权及司法权行使的机关及其工作人员。从这个意义上讲，法治国家建设中执法及司法工作人员的素质高低就决定着相应的执法权及司法权的严格执行程度及水平。从逻辑上讲，国家执法机关及司法机关的执法权及司法权均源自人民的授权，其执法者及司法者从法理上讲也是由人民间接选举出来的公务人员。确保这些公务人员的任免机制及对其的监督机制的科学性，确保广大人民群众在这方面民主权利的充分行使，从而使行政执法及司法领域存在的消极腐败等问题能得到有效的预防及遏制。

与此相应的是，在我国农村的法治建设中，也存在一些行政执法及司法领域的消极不作为现象。要解决这些问题，非常重要的解决路径是广大农民在宪法上的权利切实予以落实，尤其要确保广大农民在农村民主管理中选举权的行使，使农村各村级公共事务的管理者代表广大农民利益实施积极有效的民主管理，建立健全农村民主管理制度，确保农村民主管理制度在农村基层民主政治发展中的基础能动作用的发挥，同时农村法治社会的建设也有赖于农村民主管理制度的有效实施，要实现这些目标，加强对农村民主管理制度的司法保障是一条非常有效的路径。

三是有效的法律监督有利于法治国家的建设。法治与人治的本质区别在于人民的权利是否能够有效制约执政者的权力。法治国家建设要求国家权力的所有者接受授予其权力的民众的监督，实行依法行政。法治秩序的建立主要是通过保障公民对国家机关及其工作人员职务行为进行有效监督的权利得以实现，我国《宪法》第 41 条专门对公民的监督权进行了规定，公民对于任何国家机关和国家工作人员，有提出批评与建议的权利，对于任何国家机关及其工作人员的违法失职行为，有提出申诉、控告或者检举的权利，这其中主要包括通过人民代表大会对各级政府、人民法院及人民检察院的工作的常规性监督。纵观人类法治发展的历史，当公权力机构及其成员不严格自律，存在以权谋私及损害公众利益等行为时，在加强各权力机构互相制约的同时，还必须借助于民众强有力的监督，这就必须使得赋予公民的宪法监督权在实践中得以实现。这反映在农村民主管理制度领域，加强对其司法保障，其实质就是要保障农民被宪法赋予的监督权的行使，确保农民合法权益实现的同时促进农村民主管理制度的良性实施，这也是加强农村法治建设关键所在。

四是农村法治建设的基础在于广大农民的自觉守法意识的培养。自觉守法意识的培养在法治国家建设中的地位是非常重要的，每个人都坚持守法，社会就会有法治秩序的保障，特别是一个国家和社会的主体人群的守法意识的培养与形成更是法治国家建设的基础与保证。农民在我国社会中是重要的主体，自然地，广大农民自觉守法意识的培养与形成也是法治国家建设的关键环节与因素，更是确保农村民主管理制度实施及农村法治顺利建设的关键。

但是，要使广大农民群众自觉遵守法律，必须确保这些法律是制定完善的良法，具体到国家层面，是要制定完善与农民群众切身利益紧密相关的基本法律，在农村微观层面，就是要建立健全农村民主管理制度等，这些法律制度都必须充分地体现广大农民群众的切身利益，保护其各种合法权益。要确保这些法律被广大农民群众熟悉和知晓，在他们心目中树立起神圣的权威，对其能够产生一种来自内心法律信仰的自然认同与归属感，亲身体验到法律是他们的保护神。正如伯尔曼所说的那样，一部法律，除非人们觉得是属于他们的法律，否则是不会予以尊重的。① 对此，必须将农民地位及权利的保护作为农村民主管理制度及其司法保障的基本出发点及归宿，通过农村民主管理制度的建立完善及其司法保障集中体现与实现广大农民意志与利益的同时，也为其权利救济提供有效途径和可靠手段。

最后，加强农村民主管理制度的司法保障，有助于农民权利的保障与

---

① ［美］伯尔曼：《法律与宗教》，梁治平译，生活·读书·新知三联书店 1991 年版，第60 页。

中国特色社会主义农村小康社会的全面建设与发展。

　　建设中国特色社会主义农村小康社会的重点和难点在于农村、农民及农业的发展，在建设过程中，其核心在于农民经济性、政治性及社会性等权利的保护与实现，农村小康社会各项指标能否实现，关键在于农民上述各项权利能否充分行使。党的十三届八中全会对于农村小康问题曾经有过比较全面的论述，要使广大农民的生活实现小康，而且物质生活要达到比较丰裕，精神生活比较充实，居住环境得到改善，健康水平得到提高，公益事业及社会治安都能实现良好的水平，经过努力，在 2000 年年末，全国小康实现程度达到 96% 左右。但是，从目前来看，根据十六大报告中提出的全面建设小康社会中的"更加"目标，即实现经济更加发展、民主更加健全、科技更加进步、文化更加繁荣、社会更加和谐及人民生活更加殷实，农村全面小康社会建设的最终建成主要体现在经济、政治及社会等方面的全面发展。但是对于农村全面小康社会建设量化标准，相对或者绝对的角度都缺乏一个比较完整与科学的指标体系。有学者根据国民生产总值指标及消费结构指标等经济指标提出了我国 2020 年的发展目标。总体上看，根据人均 GDP 达到 800—4000 美元这个范围，我国目前大部分地区已经进入了小康社会的行列，但是距离高水平的小康社会标准还有很大的差距。结合我国的人口因素，人均 GDP 在 2020 年要达到 3000 美元的水平的话，我国 GDP 总量还需要 4 倍的增长量。如根据恩格尔系数40%—50% 为小康社会的话，全面小康社会建设应该努力使恩格尔系数在40% 以下，根据这个标准指数范围，我国距全面建成小康社会尚有很大的的差距。[①]

　　由上可知，根据经济发展的指标，要实现中国特色社会主义农村小康社会的全面建设与发展，必须加强对农村民主管理制度的司法保障，实现对广大农民在经济政治等方面各项权利的全面保障，以此激发广大农民的生产积极性，共同推进农村社会的进步与发展。

（三）农村民主管理制度司法保障的特征

　　事实上，农村民主管理制度司法保障是与城市民主管理制度司法保障

---

① 张存玲等：《小康社会指标初探》，《农村经济》2003 年第 5 期。

相对应的一个概念，主要是指围绕农村民主管理制度在农村地区设置的司法机关及其他司法机构或者相关组织的性质、任务、权利义务、活动原则及工作制度等方面各种规范的总称。这其中，司法机关主要指的是国家基层审判机关及检察机关，其他司法机关及相关组织则主要指的是国家设置在农村地区基层的侦查机关、司法行政机关、相关仲裁机关、法律援助机关及公证组织、律师组织、法律服务组织及各种人民调解组织等。与此相应的，农村民主管理制度的司法保障不但包括国家基层审判及检察等司法制度的保障，而且还包括国家基层仲裁、法律援助、法律服务、律师、人民调解等司法制度的保障。[①]

在我国，农村地区设置的审判机关主要包括县、市（县级）、自治县及部分市辖区人民法院及其派出机构（人民法庭），其中县县、市（县级）、自治县及部分市辖区人民法院是我国的基层人民法院，其主要设置有立案庭、民事审判庭、行政审判庭、审判监督庭及执行庭等，其人员组成严格按照《人民法院组织法》构成。人民法庭的设立主要是由基层人民法院根据地区、人口及案件等综合情况予以设定，人民法庭的职权主要是对辖区内一般的民事案件及轻微的刑事案件予以审判，对人民调解委员会的工作予以指导，在辖区内进行法制宣传，对人民的来信及来访进行处理和接待。

县、市（县级）、自治县及部分市辖区的人民检察院构成了农村地区的检察机关。在提请本级人民代表大会常委会批准的情况下，县级人民检察院可以根据工作需要在一些工矿区、农垦区及林区等地方设立相应的派出机构。我国基层人民检察院主要包括公诉科、侦查监督科、监所检查科、控告申诉检察科、民事行政检察科、职务犯罪预防科、反贪贿赂局及反侵权渎职局等工作机构。

县、市（县级）、自治县的公安局及部分市辖区的公安分局及其派出机构——派出所是国家设置在农村地区的基层侦查机关。我国基层公安机关主要包括县、县级市、自治县公安局及市辖区公安分局，同时，按照林业、农垦等行业系统设立的公安部门也是我国基层公安部门的组成部分。根据我国《刑事诉讼法》相关规定，基层公安机关对其辖区内的刑事案

---

①　谭世贵主编：《中国司法制度》，法律出版社 2008 年版，第 5—6 页。

件有权进行立案侦查，派出所作为基层公安机关的派出机构，其在案件侦查中所收集到的证据也是诉讼证据的重要来源。

我国基层司法行政机关主要包括设置在农村地区的县、县级市、自治县及部分市辖区司法局及其派出机构——司法所。基层司法行政机关大都设有法律援助中心、律师事务所及公证处。其派出机构大多设置在基层乡镇人民政府，一般都配备了专职的司法助理员。这些机构不但是上级司法行政机关的派出机构，也是基层乡镇政府负责司法行政事务的具体职能机构。一般来说，目前大多农村基层乡镇司法所（办公室）及司法助理员的职责主要包括以下方面：一是参与辖区社会治安的综合治理；二是开展开展法律知识的宣传与普及工作；三是组织开展辖区内的人民调解工作；四是代表基层乡镇政府处理辖区内重大疑难的各种民间纠纷。同时，一些基层乡镇政府还设置有农村基层法律服务所及司法调解中心。①

与我国城市民主管理的司法保障相比较而言，虽然其与农村民主管理制度的司法保障都属于社会主义统一司法保障制度的重要组成部分，虽然两者在性质、目的、功能及诉讼程序等方面具有相同之处，但是两者在主体属性、适用范围及纠纷解决方式等方面却存在诸多不同之处，归纳起来，农村民主管理制度的司法保障具有以下 6 个方面的特征：

1. 司法保障主体具有基层性

作为农村民主管理制度司法保障主体的司法机关、其他司法机构或者组织大都设置在我国基层，主要是我国广大农村地区的基层审判机关及其派出机构、基层公安机关及其派出机构、基层检察机关及其派出机构、基层司法行政机关及其派出机构，以及县级法律援助中心、公证机关、律师事务所、乡镇司法调解中心、乡镇法律服务所等服务于广大农村地区的基层司法组织。由此可见，这些农村民主管理制度司法保障的主体具有鲜明的基层性，加之它们在我国司法机关、机构及组织体系中所占数量最大，所占比例最高，这对于在农村民主管理制度的司法保障过程中，最大限度地促进我国广大农村社会的公平与正义具有广泛性、直接性及基础性的作用。

2. 司法保障范围具有广泛性

这主要指的是司法保障的适用地域范围具有广泛性，农村民主管理制

---

① 谭世贵：《我国农村司法制度的初步研究》，《法学杂志》2009 年第 10 期。

度的司法保障主要适用于我国广大农村地区，在我国，农村地区主要是指进行农业、林业、牧业及渔业生产的地区，其范围主要局限在农村基层乡镇及自然村等地区，直辖市、省辖市、县级市等所在地的城区不在这个范围。

3. 司法保障范围具有特定性

这主要指的是司法保障适用的行业范围具有特定性。农村民主管理制度司法保障主要适用于农业及由县城所在地区以外的乡镇企业发展的工业与相关服务业，但是不包括直辖市、省辖市、县级市等所在地的工业与服务业。

4. 司法保障范围具有特殊性

这主要指的是司法保障适用的对象范围具有特殊性。农村民主管理制度的司法保障主要适用的对象包括农村民主管理的参与及实施主体，主要限制在农村地区从事民主管理的农村居民及与此紧密相关的农业与农村等所谓"三农"这个范围，国家公职人员及城市居民等非农人员不在这个适用范围之内。农村进城务工人员与城市居民之间围绕民主管理所发生的纠纷，应当属于城市民主管理制度的司法保障范围。

5. 司法保障方式具有多样性

在我国农村民主管理过程中，农民之间所发生的纠纷大多是围绕婚姻、家庭、财产、债权债务、相邻权等发生的各种各样的民事纠纷，或者是围绕遗弃、伤害、打架斗殴及非法占有财产等发生的刑事案件，但是这些刑事案件都是属于比较轻微的。由此，对这些在农村民主管理过程中所发生的多种多样的纠纷，国家对其司法保障也具有多样性。比如，对这些简单、轻微的民事及刑事纠纷等，一般都可选择由村级民主管理组织协调处理，或者由村级治保委员会进行调解，或者由基层人民调解委员会组织调解，或者由乡镇司法调解中心主持进行调解，或者由纠纷双方共同委托律师或者法律服务所的工作人员组织调解。

6. 司法保障程序具有简易性

在农村民主管理制度的司法保障过程中，如果纠纷双方当事人在上述解决方式下都不能达成解决协议的话，其中一方当事人起诉到基层法院或者基层人民法庭以后，相应的司法机关在解决这些纠纷的时候，负责审判的工作人员一般对于这些事实清楚、情节轻微及案情简单的纠纷通常都采用简易程序进行审判。但是，在审判之前，双方当事人可以在庭外达成和解协议，一旦达成和解协议以后，起诉方可以撤回起诉，同时向基层法院或者乡镇基层人民法庭提交撤回起诉书。在法庭庭审过程中，也可以由审判人员居中主持双方当事人调解，通过调解方式结案。通过上述调解和庭外和解方式都不能达成调解协议的，则由基层法院或基层人民法庭以判决方式结案，在审理过程中，一般都适用简易程序对此进行审判，这也深刻地体现出农村民主管理制度司法保障程序的简易性，这种简易性特征有利于降低农民的诉讼成本，极大地提高司法效率，从而便利人民群众的生产与生活。

可见，在农村民主管理制度的建立健全过程中，不仅涉及社会主义新农村发展中经济、政治、文化及社会发展中的方方面面，同时在农村民主管理制度的实施过程中，要确保上述方面的各项制度顺利实现，必须加强农村民主管理制度的司法保障。这其中的因素比较多，传统的农村民主管理制度的实施保障以政策治理为主，其他治理方式为辅。新时期，在建设中国特色社会主义新农村及社会主义法治国家的背景下，农村民主管理制度实施的传统保障方式的缺陷已然显现。相较之下，面对新时期农村社会民主管理比较复杂的社会背景与社会形态，法治保障的方式具有较为独特的优越性，这主要是因为法律规范在制约性、导向性、预见性、调节性及保障性方面的特点及有效的功能性，而且司法方式能为农村民主管理制度的实施提供更加稳定的行为规则的保障。首先，从农村民主管理制度实施所面临的农村社会产业结构及农村社会阶层来看，在农村民主管理制度的实施过程中，农民相较于其他社会产业结构及社会阶层而言，总体上看，属于比较弱势的群体，在农村民主管理制度的司法保障中，加强对农民权利的适度倾斜性的司法保护不仅是法治国家建设的题中之义，也是从我国农村社会发展国情出发的农村基层司法建设的立足点与长远的发展目标。其次，在农村民主管理制度的立法、执法及司法等保障环节中，司法保障不仅是对农民合法权利予以保护的最后环节，而且还是在农村民主管理过程中将农民的法律性权益转化为现实性权利的终极关怀与保障。即便农村民主管理制度对农民权利规定得非常完备与全面，也必须对其受到侵犯以后进行有效的救济与恢复，根据无救济即无权利的原则，加强对农村民主管理中的农民权利最有效与终极性的保护便是对农村民主管理制度实施司法保障。从此意义上讲，不断地建立健全农村地区的国家基层司法机关，尤其是基层司法组织职能与机制体制的改革与完善，提高其在社会主义新农村建设中的治理与服务水平，各方协同形成合力，不仅有利于农村民主管理制度的建立健全与良性实施，而且有助于促进农村地区经济社会的全面发展。

（四）农村民主管理制度司法保障存在的主要问题

总体上看，通过对农村民主管理制度的司法保障较为全面的检视，其现状发展中其具有的面向基层性、服务对象的"三农"特性及保障程序的简便高效性等优点是值得肯定的。但是，与社会主义新农村建设对农村民主管理制度司法保障的目标要求相比较，还存在诸多的问题，不仅制约了农村民主管理制度的有效实施及其司法保障功能的有效发挥，而且在一定程度上阻碍了农村基层民主政治的进一步发展。归纳起来，农村民主管理制度的司法保障主要存在以下方面的问题：

1. 现有围绕农村民主管理的以农业发展为中心的农村法律制度体系不够健全

完备的以农业发展为中心的农村法律制度体系是农村司法机关解决相关纠纷的基础与前提条件，也是确保农村民主管理制度实施的根本保证。伴随着社会主义新农村建设的快速发展，围绕农村民主管理的相关纠纷无论是在数量还是类型方面都发生了诸多变化。逐步由传统的比较单纯的家庭纠纷（主要包括离婚、赡养及抚养权等纠纷）转向现代的比较复杂的社会纠纷（诸如农村民间借贷、人身损害赔偿、工资讨要及工伤抚恤等），特别是城乡一体化进程中，伴随着农村集体土地的征用及农民房屋宅基地的拆迁补偿等问题，一些涉地纠纷及群体性事件时有发生。近年来，虽然国家司法机关围绕上述问题颁布了一些司法解释，诸如 2005 年最高人民法院出台了《关于审理涉及农村土地承包纠纷案件适用法律问题的解释》及 2008 年最高人民法院出台了《关于为推进农村改革发展提供司法保障和法律服务的若干意见》等，这尽管有力地促进和保障了农村民主管理制度司法保障的稳步发展，但是面对农村民主管理过程中不断出现的一些新型矛盾及纠纷，现有的相关法律制度对这些问题的处理仍然缺乏明确的界定。因此，从农村民主管理制度法治建设及其司法保障的总体要求看，必须不断地建立健全以农业发展为中心的农村法律制度体系，在不断推进农村民主管理制度法治化建设的同时，也不断地提高其司法保障的力度与水平。

2. 现有的农村基层司法保障硬件资源建设不够完善

这主要表现在以下几个方面：

一是农村基层司法机构的设置不够健全。目前，我国除国家基层检察机关以外，其他国家司法机构，诸如基层法院、基层公安机关、基层司法行政机关等在农村乡镇基本均设置有相应的派出机构。由此造成的问题是，在农村司法诉讼中，对于人民法庭一审比较轻微的公诉案件时，没有对应的基层人民检察院派出机构辅之以提起相应的公诉，通常是基层检察机关临时派人从县城到农村乡镇的人民法庭支持公诉，这对广大农村地区，特别是交通不便的偏远山区，不仅使诉讼效率降低，间接增加了农村诉讼成本，而且使农民负担增加的同时也在一定程度上影响了农业和农村的良性发展。与此同时，作为国家的法律监督机关，由于其农村乡镇派出机构的缺失，由此形成了法律监督在我国广大农村地区的真空地带，国家法律监督无法对我国乡镇基层政权组织及农村民主管理中各村级自治组织实现全覆盖，由此也必然会在农村司法领域产生腐败及有失公正的现象，也势必会使一些农民群众对国家基层司法机关及其公信力产生不信任或者怀疑的态度，特别是在一些农村地区，基层检察机关的法律监督缺失，导致国家乡镇基层政权机关及村委会等村级自治组织的管理人员在农村民主管理过程中，出现了侵犯农民合法权益及个别国家工作人员利用职务上的便利在农村集体土地征地拆迁等工作中侵吞征地补偿款等腐败现象，无形中使国家基层政权机关的形象受到了损害，也使得一些农村地区干群关系对立，甚至出现了集体上访乃至冲击农村地区国家基层政权机关的事件。

二是国家基层人民法院在农村乡镇地区的派出机构的硬件建设有待加强。有些农村地区乡镇人民法庭缺乏基本的办公保障，办公用房及办案法庭等基础设施方面的建设比较滞后，条件比较差。尤其是社会主义新农村建设过程中，随着国家城乡一体化发展战略的深入推进，一些地方进行撤乡并镇工作，相应的一些乡镇的基层人民法庭的设置未能进行及时的调整，这给一些发生了纠纷而想通过司法途径解决的农民群众无形中带来了困难。

三是国家县级司法局机关的派出机构——乡镇司法所的基础设施建设也有待进一步加强。国家原则上在农村地区每一个乡（镇）都设置了司法所，其在农村地区肩负法制宣传、法律服务、法律援助及人民调解等职责与职能，不仅是农村法治建设的重要推动力量，而且也是农村民主管理制度的重要司法保障力量。但是，由于财政经费保障方面面临困难，近些年来，一些乡镇司法所的硬件基础设施比较差，现有的办公用房及交通工具、电子设备等不能充分满足其基本的公务所需。

3. 现有的农村基层司法保障软件资源建设比较欠缺

这主要表现为农村基层司法机构及其运行机制的整合性方面有待进一步完善。从传统法理意义视角而言，根据不告不理的司法原则，坚持以法律为准绳、以事实为根据的社会主义法治基本制度，突出和重视法院的审判职能，充分体现和尊重司法权的中立性与被动性特征，这不仅体现了现代性的法律认知理念，也有利于法治统一性原则在国家范围内的普遍适用。但是，在我国农村民主管理司法保障的实践中，广大农民所面对和生活的是一个彼此比较熟悉的乡土社会，在这样的乡土社会中，熟人之间的事情不需要法律，即便通过法律处理，乡风习俗、乡规民约等民间习惯法也是村民首先选择的具有较强规范性的法律范畴。[①] 同时，村民对于依照国家法及民间习惯法处理解决的结果的可接受程度是不同的，这就必须兼顾国家法与民间习惯法积极作用的共同发挥，由此要求国家农村基层司法机构及其运行机制必须围绕农村民主管理制度司法保障进行有机的整合，以便在加强农村基层司法保障软件资源建设的基础上促进农村民主管理制度司法保障机构的实质性整合，以形成合力，共同加强农村民主管理制度的司法保障。尤其是国家在农村乡镇地区设置的基层人民法庭、基层司法所、基层法律服务所及民间调解组织等基层司法机构要加强其运行机制的整合，努力建构内部和谐的农村纠纷冲突解决的有效司法保障机制。在这个过程中，特别是农村乡镇基层人民法庭在处理村民纠纷冲突过程中，应有效平衡国家法与民间习惯法之间的冲突与矛盾，做到国家司法判决与民间调解的有效运用协调，实现农村民主管理制度司法保障的司法为民的目标。作为国家基层司法行政机关，农村乡镇基层司法所应突出其行政权的主动性特征，积极发挥其在农村地区民间纠纷冲突矛盾解决方面的化解与防范职能，加强对乡村两级人民调解委员会的业务指导功能，努力实现在农村民主管理纠纷解决过程中"小事不出村，大事不出乡"的司法保障目标。围绕上述目标的实现，农村基层人民法庭、基层司法所等机构还需

---

① 费孝通：《乡土中国与乡土重建》，时代风云出版社1993年版，第110页。

与农村法律服务所及各村级民间调解组织加强横向的合作，在整合协同中形成农村民主管理制度司法保障的合力，切实为社会主义新农村建设提供法制保障。

4. 现有农村司法保障对象的主体法律素质整体欠佳

法律意识不仅是人们对有关法律事件和现象的观点及情感的总和，而且是社会意识的一种主要表现形式。其内容主要包括对于法律本质及作用的认识、对现有法律的评价、要求及解释，对自己权利与义务的认知及对某种法律行为合法性的评判等。所谓农民的法律意识指的是农民对自身合法权益、权利受到侵犯的救济方式及对国家相关法律的认知与判断等方面的总和。自改革开放以来，相较于对婚姻家庭关系中义务性规范认知的深刻性而言，我国农民对于现代法律的相关名称、自己的法定权利及相邻权、合同意识等权利性法律规范的认知水平不高，有待进一步提高。①

农民在相关纠纷解决机制方面，普遍存在着对相关诉讼的厌恶与畏惧心理。有关问卷调查表明，农民在发生纠纷以后的解决途径的选择上的情况是这样的：主张选择通过法律诉讼解决的占 6.59%，选择通过上访途径解决的占 7.55%，选择通过村里长者居中调解的占 17.22%，选择私下协商解决的占 21.29%，选择通过乡镇领导居中调解的占 22.94%，选择通过农村基层公安机关派出机构解决的占 25.53%，选择通过村级组织管理者居中调解的占 60.71%。② 从中我们可以看到，在农村民主管理过程中司法保障面临的尴尬困境，虽然从表面上看农民不愿意选择司法途径解决纠纷是因为诉讼费用的问题，但是从深层次看，主要还是因为我国农民的法律素质整体欠佳，这一方面表现为农民简单地认为农村基层机构应当主动积极地采取措施查清各种纠纷冲突事实，都希望有利的判决向自身倾斜，如果满足不了农民的要求和愿望，他们普遍会认为司法不公正，并由此产生怨恨情绪；另一方面大部分农民的法律知识基本上是空白，对于农村基层司法程序、司法解决纠纷冲突的方式及农村司法理念等相关知识基本不懂，对于农村基层司法诉讼中的举证责任及证据意识等更是迷茫。由此，我们必须正视农村司法保障的对象主体法律素质的现状，探究其存在

---

① 韦留柱：《农民法律意识的调查与分析——以河南农村为例》，《安徽农业科学》2008 年第 17 期。

② 唐鸣、陈荣卓：《农村法律和社会问题研究》，法律出版社 2008 年版，第 194 页。

问题的原因，采取积极的措施改革与完善。

　　5. 现有农村民主管理制度的准司法保障途径不够完备

　　这主要表现为在农村民主管理过程中，围绕相关纠纷冲突的解决，农村在获得优质法律服务、法律援助及司法救助等方面的司法保障途径不够完善。由于我国东部与西部，沿海与内地，农村与城市经济社会发展不平衡，导致在上层建筑领域发展不平衡，以律师职业发展为例，优秀的律师及规模比较大的律师事务所等均主要集中分布在经济政治文化等比较发达的上海、北京及深圳等地区。而经济发展相对比较落后的西部广大农村地区则出现相反的情况，这必然导致我国农村地区的法律服务水平和质量下降，截至 2007 年，我国仍有 206 个县没有 1 名律师。[1] 与此同时，由于一些农村基层县级财政状况不理想，在财政预算方面投入法律援助领域的非常少，大多数农村地区法律援助经费比较缺乏，这无形中导致农民难以获得与城市居民同等的法律援助，必然对其司法正义的追求和实现产生障碍，也势必影响到农村民主管理制度司法保障的水平。与此同时，贫困农民在国家法律援助制度的支持下实现了其能够运用法律维护其合法权益的可能性，但是仅仅有司法援助是不够的，因为进入司法诉讼程序以后，较高的诉讼费用也使得一些经济困难的农民不得不放弃司法诉讼。因此，必须建立健全国家在农村地区的司法救助制度，所谓司法救助，主要是指在民事、行政诉讼中，人民法院对经济确有困难的诉讼当事人，为减轻其负担，可以通过提供缓交、减交及免交诉讼费用等救济措施，以保证其能够正常参加诉讼，依法维护其合法权益。[2] 根据目前最高人民法院的相关规定及司法解释，可以申请司法救助的种类多达十四种，但是农民申请司法救助的种类不仅少，而且条件及申请程序也比较烦琐，加之国家在农村地区基层法院对农村民主管理制度司法保障的重视程度不够，导致农民在一般情况下难以获得国家的司法救助，致使国家司法救助这种准司法保障途径在农村地区形同虚设。对此，笔者认为应当建立健全有效的农民司法救助制度。

---

　　[1]　郭春涛：《我国律师及律师业发展调研报告》，《中国司法》2007 年第 7 期。

　　[2]　王廷勇：《农村普法教育存在的主要问题及对策》，《辽宁行政学院学报》2004 年第 3 期。

（五）农村民主管理制度司法保障存在问题的原因分析

我国农村民主管理制度司法保障存在的上述诸多问题，既有经济、政治与社会层面的原因，也有深刻的文化思想的因素，归纳起来，造成上述问题的原因主要有以下方面：

1. 历史层面：历史文化传统与农民群体法律意识的积弊与禁锢

我国是一个优良民主与法制传统比较缺失的具有几千年封建社会历史的国家。在长期的封建社会发展历史过程中，传统儒家学说及其思想理念是其主要的思想根基，在这种思想文化传统的长期影响下，我国农村社会逐步形成了重人治而轻法治、重和为贵而轻诉讼、重息讼而厌恶诉讼、重权力而轻权利等思想观念，在这样的思想文化观念的长期影响下，加之国家城乡发展的二元结构，城乡社会逐步形成了不同的法治发展环境与条件，农村社会逐步形成了以"乡风、民俗及人情"等为主要文化内核的习惯法，以至于到后来这些民间习惯法在实施过程中，其所发挥的功能和作用在一定程度上排斥甚至部分消减了国家法在农村地区实施的功能和作用。新中国成立以后，在变化了的农村社会历史文化发展条件下，以一种传承、积淀及整合了数千年来传统生活形态为主要内容的乡土习俗社会的印迹在一些农村地区依然存在甚至比较清晰可辨。① 对此，我们必须正视和直面农村历史文化传统发展的现实，也必须高度关注和重视在此传统文化基础上所形成的广大农村地区农民法律意识普遍淡薄的现状。因为农村地区农民法律意识普遍淡薄，由此导致广大农民在农村民主管理过程中，当其面对所产生的纠纷与矛盾冲突时，大部分农民解决这些问题时所依据的主要是以传统历史文化为基础的乡土习俗与民族习惯法，这由此导致习惯法与国家法的法律权威之间产生了比较强烈的矛盾冲突，在农村民主管理制度的实施过程中，这些因为农民法律意识薄弱因素所导致的纠纷解决方式也在一定程度上影响和制约着农村民主管理制度司法保障功能及作用的有效发挥。

2. 经济层面：农民在民主管理中的维权成本偏高

在农村民主管理过程中所发生的各种矛盾纠纷，大部分农民首先选择

---

① ［法］卢梭：《社会契约论》，何兆武译，商务印书馆1980年版，第59页。

的是通过村里年长者或者村干部及乡镇干部居中调解解决，而不愿意通过司法途径解决，尽管这些纠纷通过司法途径解决相较于其他方式解决具有较高的权威性、公正性及终局性。但是基于经济因素的主要考虑，加之现实生活中所发生的一些司法不公正及司法判决执行难等现象造成的负面影响，就使得通过乡村精英及国家基层乡镇政府的调解来解决村民之间矛盾纠纷自然地成了广大农民群众的首要选择，当然，纠纷的调解解决机制在解决农民纠纷中的积极功能和作用也是不可忽视的。但是，立足于农村民主管理制度的法治化建设及其保障发展目标，应着力于稳定而长远的农村纠纷解决机制的构建，这种纠纷解决机制应致力于司法保障机制的建立健全，这种机制构建的关键与核心要素在于解决好农民诉讼成本高及诉讼外调解机制的规范化问题。根据农村民主管理制度司法保障的现状，基于经济因素的制约，宜首先建立健全动态的农村纠纷防范与化解网络机制，这种网络机制应主要由农村基层人民法庭、乡镇司法所、乡镇法律服务所及乡镇政府及各村级调解组织等机构共同组成，不断将其建设成为在农村民主管理制度司法保障过程中各种纠纷与矛盾冲突调解与治理的重要支撑力量。其次，应不断地加强农村基层司法改革，应重点围绕国家基层法院审判方式改革、法官在诉讼过程中的释明权的扩展及司法服务职能的有效延伸等方面进行。始终要确保这样的理念的树立：在农村民主管理过程中所发生的纠纷与冲突，广大农民们能够通过较低成本及比较便捷的途径获取国家司法权的有力保障，这种司法权保障的获得使得广大农民有充分的理由认为司法途径才是最有效合理的纠纷解决途径。

3. 政治层面：国家基层政府对基层司法保障资源建设投入不足

相较于经济体制改革，自改革开放以来，我国政治体制改革的发展相对滞后。由于国家层面的司法制度改革发展相对比较缓慢，加之对于政治稳定的重点关注，导致长期以来，我国农村司法制度的改革与发展显得更加缓慢，由此导致一些问题长期积累而得不到有效的解决。再由于我国处于社会转型的急剧发展时期，大量的农民工进城，导致一些城市社区各种矛盾与问题丛生，一时间，党和政府不得不将大量的时间和精力投入到城市社区的管理中，同时，由于一些党政领导认为城市发展的政绩观与个人发展的前途紧密相连，由此，高度重视城市社区发展中存在的问题的解决，而轻视与忽视了农村民主管理过程中村民之间发生的纠纷的解决，使得农村司法制度的发展一度滞后。国家改革开放 30 多年来，总体上经济快速发展，国家财力不断增强，但国家投入到农村地区的资源分配不均衡，导致农村地区在司法资源的配置方面参差不齐，投入不足，这主要表现在以下方面：一是农村司法资源配置合理性欠佳。一些基层法庭、乡镇司法所的工作人员由于农村地区生活环境及待遇的原因，使其作为农村基层司法主体难以获得职业神圣及荣誉感这方面的职业体验，导致在一些农村地区基层法律职业群体流失乃至于断层。二是农村基层司法机构硬件设施普遍落后。这主要表现在农村基层人民法庭的布局不尽合理，办公场所及交通设备配置比较简陋、落后，一些农村基层人民法庭办公信息系统现代化建设比较落后。

4. 文化层面：农村基层法治教育的缺失

传统的农村法治教育主要依靠原始的法制宣传方式完成，比如通过编辑墙板报、发放法律宣传材料、悬挂法制宣传标语、送法下乡、定期在一些农村场镇开展法律咨询活动等。农村乡镇司法所本应是农村法治宣传教育的主要开展机构，但是缺乏长效的宣传平台与工作机制。农村普法教育应当重视广大农民群众作为农村法治教育的主体地位，重点加强与农民群众生产及生活紧密相关的法律法规知识的宣传教育，让广大农民群众对自己的合法权益有比较清晰的了解，使其成为与自己切身利益紧密相关法律知识的理解者与明白人，知道自己权益受到侵害时的救济途径。但是，一些农村基层人民法庭在相关农民纠纷案件解决的过程中，片面地强调与重视庭外和解，忽视了庭审过程在农村法治教育中的重要地位与功能的发挥，这无疑在很大程度上制约了农村法治教育的发展与进步。

（六）完善农村民主管理制度司法保障的措施

在全面深入分析和系统检视农村民主管理制度司法保障基本内涵、重要意义、面临的主要困境及其原因等问题的基础上，应结合农村民主管理制度实施过程中司法保障方面的实际情况，以农民权利的司法保护为核心内容，从原则到具体的措施等维度采取积极有效的措施对农村民主管理制度的司法保障予以完善。

1. 科学确立农村民主管理制度司法保障的原则

（1）确立立足农村民主管理实际，适度超前的原则。

加强与完善农村民主管理制度的司法保障，必须立足于我国广大农村民主管理的实际情况，既要与城市居民民主管理制度司法保障有所区别，又要适应城乡一体化进程中社会主义新农村建设与发展的需要。因此，在这个过程中，基于农村民主管理过程中所发生的各种纠纷与城市居民民主管理过程中所发生的各种纠纷的区别，不能生硬地将城市居民民主管理的司法保障模式移植到农村民主管理制度的司法保障中；基于广大农民群众在民主管理中所发生的各种纠纷的熟人社会环境，也不能简单地将国外相关国家农村民主管理制度的司法保障模式移植到我国农村地区。与此同时，从法理上讲，每一项科学合理制度的制定与实施，其对人类社会的发展与进步具有较强的引导与推动作用。有鉴于此，农村民主管理司法保障的改革与完善也必须遵循适度超前的原则，不仅有利于加强对农村民主管理过程各种纠纷的事前预防，也有利于农村民主管理过程中各种纠纷的事中与事后控制与解决，从而有利于农村民主管理制度的良性实施，促进农村基层民主政治的健康发展及社会主义新农村建设的顺利推进。

（2）确立有利于农村司法公正、高效、权威实现的原则。

党的十七大明确提出了我国司法改革的主要目标是构建公正、高效及权威的社会主义司法制度。据此，农村民主管理制度司法保障的改革与完善也应遵循该目标进行。公正是农村民主管理制度司法保障存在的基础。公正不仅是司法工作的恒定主题，而且也是司法工作的生命与灵魂所在。高效是农村民主管理制度司法保障的质量保证。高效原则要求能促使司法机构及其工作人员有时效观念，不仅要在规定的时间内办结案件，而且要求在办案过程中要做到司法资源的节约、诉讼成本的降低，采取多种措施减少当事人的诉累。司法权威是农村民主管理制度司法保障公正与效率实现的内在要求与根本保证。该原则不仅要求农村基层司法机构及其工作人员要在清正廉洁及获得农民群众信赖与支持的基础上确保其司法权威与公信力，而且要保证其在农村民主管理过程中对相关纠纷诉讼的司法裁判的稳定性及其能得到有效的执行。

（3）确立有利于农村基层民主与民生协调发展的原则。

在我国，国家的主人是广大人民群众，人民是国家的权力所有者，人民依照宪法与法律规定的路径与形式对国家事务进行管理。基于此，农村民主管理制度司法保障改革与完善应当从有利于农村基层民主发展的原则出发，以最大限度地调动起广大农民群众在民主管理的基础上更好地参与与监督农村基层司法活动的积极性。同时，在农村基层民主发展的基础上，应坚持农村民主管理制度司法保障改革与完善的民生原则，在传统及现行的基于农村基层司法的相对独立性、权威性及农村基层司法权力的制衡性等为主要内容的农村基层司法民主法治的基础上，还应坚持农村基层司法民生性的发展方向，笔者认为，在现代农村社会民主管理的发展过程中，农村民主管理制度的司法保障应该最大限度地实现与满足农民群众的需求，应以最大限度地以广大农民群众司法正义的实现为出发点与归宿。① 这就必然要求农村民主管理制度司法保障改革与发展必须坚持农村基层民主与民生协调发展的原则，努力实现农村民主管理制度司法保障形象的亲和力、司法保障权力的高协调性、司法保障方式的便民性及司法保障服务的全面性及可操作性等发展目标。

（4）确立国家适度干预与农村基层自治相结合的原则。

根据国家《村民委员会组织法》第2条规定的相关精神，在农村民主管理过程中，各类基层群众自治组织主要是基于村民自我管理、自我教育及自我服务目标基础上围绕相关村级自治性事务实行民主选举、民主决策、民主管理及民主监督等形式多样的高度自治组织。从中可以看到，在农村民主管理过程中，农村基层自治为主要的原则，各村级民主管理组织有权对相关村级公共事务及公益事业独立办理，在民间纠纷调解、社会治安维护及村民意见、要求、建议等反映等方面享有较高的自治权。但是，随着农村经济社会的快速发展，特别是在社会主义新农村建设过程中，围绕农村基础设施建设、农村支农惠农资金的分配审批管理及发放、农村集体土地的开发征用与补偿、农村公共服务产品的供给等领域，不时发生农民合法权益被侵犯的违法现象，有些领域甚至发生了比较严重的职务犯罪行为，这些问题仅仅依靠农村各村级民主管理组织的自治已经难以得到有效解决，必须寻求国家公权力组织的救济，特别是国家基层司法权力的介入与适度干预。为此，在农村民主管理制度司法保障改革与完善过程中，确立国家适度干预与农村基层自治相结合的原则就显得尤为必要与迫切。

2. 加强农村民主管理制度司法保障的硬件设施建设

农村民主管理制度的实施离不开稳定有序和谐的农村社会环境与农村法治环境。这些环境的造就离不开国家在农村基层的司法行政机关等

---

① 左卫民：《十字路口的中国司法改革：反思与前瞻》，《现代法学》2008年第6期。

基础硬件设施的完善。结合目前国家在农村的基层制度所涉及的司法机构设置的内涵，在已有的农村基层司法机构设施的基础上，笔者认为还应加强以下几方面的农村民主管理制度的基层司法保障基础机构设施建设。

一是在国家基层乡镇行政机关建立健全国家基层检察机关派出机构。

在我国农村基层公安机关、审判机关及司法行政机关都在乡镇等国家基层行政机关设置了相应的派出机构的基础上，建议国家的县级基层检察机关（主要包括县、县级市、自治县及部分市辖区）设立乡镇检察所，以与上述基层司法机关的派出机构相适应与协调，设置的原则是一个乡（镇）设置一个检察所，也可以在相近与相邻的人口比较少的乡镇设置一个共同的检察所。有了这些农村民主管理制度司法保障的硬件设施，还必须建立与完善其相应的职权，这些职权主要涵盖以下方面的内容：其一，对农村民主管理自治组织中的管理者（比如在村民委员会里任职的所谓"村官"们）利用其职务上的便利所施行的犯罪案件有权进行立案侦查。其二，在其职权范围内自行侦查终结的案件，有权依法向同级人民法庭提起并出庭支持公诉。其三，在农村基层的民事、刑事及行政诉讼中有权对同级的基层乡镇公安派出机构、乡镇人民法庭及乡镇司法所等机关所开展的立案侦查、审判及执行活动实施监督。其四，对在农村民主管理中农民合法权益被侵犯以后没有人提起诉讼的案件，有权依法向同级人民法庭提起相应的民事及行政等公益诉讼。其五，在其所开展的法律监督及农村基层相关职务犯罪案件的侦查过程中，对其发现的在农村民主管理中所存在的相关问题有权提出相关的检察建议并督促其整改落实。

二是建立健全基层人民法院在农村基层的巡回法庭机构。

在农村民主管理过程中，为方便有关纠纷双方当事人参加诉讼，不影响相关当事人生产与生活，同时有利于发挥农村民主管理制度司法保障机关的公开教育与社会效应，笔者建议在完善《人民法院组织法》的基础上，在县级人民法院及其派出机构中建立相应的巡回法庭，这些法庭定期或不定期地到纠纷发生地或者纠纷当事人所在地就相关的民事、刑事及行政诉讼案件进行公开的审判。与此同时，在各行政村选拔一些年长、有一定文化基础及在当地农村比较有威望的村民为巡回法庭的人民陪审员，当基层人民法院或者人民法庭到相关乡镇的行政村开展巡回审判时，这些陪审员有权参加到相关案件的审判过程中，也有权协助巡回法庭审判人员做好相关自诉类刑事案件及其他民事案件的庭前及判决前的调解工作。这不仅有利于促进农村民主管理过程中司法保障民主功能的发展，而且有利于广大村民对农村民主管理制度司法保障的监督作用的发挥，以推动农村民主管理制度在强有力的司法保障中得以实现良性实施，促进农村基层民主政治的健康发展。

三是加大投入对农村的基层司法单位的基础设施进行改造与完善。

结合农村基层司法机构的实际情况，国家在农村的基层政府应重点加强基层人民法庭及基层司法所等机构的基础设施建设。应围绕上述基层司法机构的办公场地、交通车辆、办公设备及计算机网络等方面的基础设施建设不断地加大投入力度。在此基础上，应不断地提高农村基层司法队伍的待遇水平，建立健全农村基层法庭司法队伍定期轮岗制度，以确保农村基层司法队伍的连续性与稳定性。同时，应不断地理顺县级司法局及基层乡镇司法所的管理体制，保障司法所基本队伍的编制，逐步通过学历提升、培训等方式提高现有工作人员的素质，与国家公务员招录制度逐步接轨，建立农村基层司法队伍工作的职业准入制度。

3. 建立健全农村民主管理的司法保障制度体系

农村民主管理制度的司法保障制度体系涉及方方面面，有制度内与制度外的制度保障体系，也有宏观的、微观的制度保障体系。农村民主管理制度的司法保障制度体系，笔者认为主要包括以下几方面的完善：

一是应建立健全农村民主管理中的村级民主管理委员会的法律顾问制度。

自 1989 年开始，国家逐步推行的律师顾问制度及公职律师制度主要覆盖在城市地区，很少波及农村地区。比如 1989 年 12 月《关于律师担任政府法律顾问的若干规定》、1992 年 6 月《关于律师担任企业法律顾问的若干规定》及 2002 年 10 月《关于开展公职律师试点工作的意见》颁布施行以后，国家开始了公职律师在相关省级政府及中央有关部委的试点工作。[①] 但是，法律顾问及律师公职制度并没有在广大的农村地区得以施

---

① 截至 2008 年，司法部已经在中国证监会、中国民航总局、全国妇联及全国总工会等中央单位及 950 多个地方政府部门开展了公职律师试点工作，公职律师数量已经达到 2649 人。参见陈菲《司法部：我国律师事务所 1.3 万多家，律师 14 万多人》，北大法律信息网（http//www. gov. ch/jrzg/2008 - 04/15/content - 945618htm）。

行，广大农民并没有享受到这种公共服务。根据《中共中央、国务院关于推进社会主义新农村建设的若干意见》，国家要求全面落实科学发展观、实现城乡经济的统筹发展、工业反哺农业及城市支持农村的方针，以此协调推进农村地区经济、政治、文化及社会的全面发展。中共十八届三中全会在《中共中央关于全面深化改革若干重大问题的决定》中指出，要普遍建立法律顾问制度。完善规范性文件、重大决策合法性审查机制。建立科学的法治建设指标体系与考核标准。健全法规、规章、规范性文件备案审查制度。健全社会普法教育机制，增强全民法治观念。由此，结合农村民主管理制度司法保障的目的与意义，笔者建议应抓住时机在农村基层民主管理中建立健全村级民主管理组织法律顾问制度，这项制度可以考虑与国家推行实施的大学生村干部计划结合起来予以实施，在招录大学生村干部时，优先考虑通过国家统一司法考试的大学生，然后将这些大学生选任为农村村级民主管理组织的法律顾问，这不仅有利于广大农民在农村民主管理中的各项合法权益得到有效及时的法律服务与保障，而且也使得广大农村村级民主管理组织能得到国家法律服务的有力支持。这不仅能深刻地实现国家工业反哺农业、城市支持农村政策的目的，而且有利于在城乡一体化进程中推进农村民主管理制度的司法保障。

二是建立健全农村基层乡镇公安司法人员的任职交流与地域回避制度。

农村基层公安司法工作人员主要包括农村民主管理引发的诉讼中的相关侦查、检察及审判人员。目前，我国农村基层公安司法工作人员的任职回避与诉讼回避制度已经建立，所谓任职回避制度，主要指的是农村基层公安、司法人员的选任不允许有相关规定的亲属关系的人在规定范围的农村基层公检法及其他部门任职；所谓诉讼回避制度，主要指的是农村基层民主管理所涉及的相关案件中，如果其与案件或者其所涉相关当事人存在某种特殊关系的话，就不得参与相关案件的相关司法活动，以避免影响案件处理的公正性。但是，与任职回避与诉讼回避制度相比较，我国农村基层公安司法人员的地域回避制度则是空白，尚未建立健全。所谓地域回避制度，又叫籍贯回避制度，主要是指在农村基层国家相关机构任职的具有特定职务的公安司法工作人员在任职地点的选择上应该避开自己的籍贯地点，特别是农村基层乡镇一级的基层公安司法工作人员在自己的籍贯地任职的话，因为各种错综复杂的人际关系或者族际关系（主要包括家族、宗族及亲族等），可能导致在相关案件的处理过程中发生司法不公正及腐败等现象。因此，笔者建议，为了确保农村民主管理制度司法保障的独立性、公正性及廉洁性，切实减少或者避免农村民主管理中的关系、人情及金钱等案件，应该通过司法保障的形式建立健全农村基层乡镇公安司法工作人员任职的地域回避制度。

与此同时，与建立健全农村基层乡镇公安司法工作人员任职的地域回避制度相适应，笔者建议应当建立健全农村基层乡镇司法人员的任职交流制度。事实上，国家层面的任职交流制度开展较早，早在 2008 年 2 月，国家就开展了自新中国成立以来规模最大的省级司法官员的异地交流任职活动，全国累计有 26 名省级法院院长及省级检察长开展了异地交流轮岗活动，这不仅是国家基于广大民众对司法公正诉求的回应而采取的有力措施，而且在实践中也有力地减少或者避免了司法官员一地长期任职所产生的消极懈怠、裙带关系等有碍司法公正的负面现象的发生。与此相对的是，长期以来，国家忽视了农村基层乡镇司法人员的任职交流制度，为此，笔者建议在乡镇司法人员之间、乡镇司法人员与国家基层法院及检察院所属的司法人员之间也应当大力地推进异地任职交流轮岗制度，以加强对农村民主管理制度的司法保障，有效地遏制农村基层司法腐败现象的发生。具体而言，可以尝试在以下方面着手进行：一是在农村基层乡镇司法机构同一岗位任职年限不得超过 8 年，超过 8 年的，必须异地进行交流任职；二是新提拔担任农村基层乡镇的司法所所长、人民法庭庭长、检察所所长，原则上应当交流任职；三是农村基层司法管理干部异地交流任职的方式应当多元化，一般可以采取"法""检"等不同岗位轮岗任职、农村基层乡镇之间交流任职等方式。

三是建立健全农村基层司法人员选任制度。

从国家层面看，我国《法官法》与《检察官法》对法官与检察官的选任已经有了具体明确的规定。但是对于农村基层司法工作人员的选任制度缺乏具体明确的规定，尤其是关于农村基层司法工作人员的整体综合素质的要求方面，尚缺少有效的制度举措。为此，笔者建议结合我国农村民主管理制度司法保障的实际情况，可以考虑首先从以下几方面着手建立健全健全农村基层司法人员选任制度。

首先，逐步建立健全从优秀律师中选任农村基层法官及检察官制度。

国际上，许多国家都采取了从律师中选任法官及检察官的做法。① 这不仅是因为这些司法工作人员具有基层工作的丰富经验，而且也是许多国家农村基层司法实践成功的证明。据此，笔者建议，我国在条件成熟时也可以考虑建立农村基层司法干部从优秀律师中选任的制度。具体措施设想是：每年由省级人力资源和社会劳动保障主管部门、省级人民法院及省级人民检察院三方商定后公布各地方基层县级司法部门需要从律师中选任基层法官、检察官的指标名额，然后有意愿的律师自己申请，报经所属的律师事务所推荐，再由省级人力资源和社会劳动保障部门、省级人民法院及省级人民检察院三方联合省级律师协会共同组成考评委员会，对报名的律师按照相关规定和标准进行认真的考察评议，进行投票，最终确定入选名单，然后向全社会公示，在经过公示没有异议以后，将相关入选律师名单提交给其拟所任职的县级法院及检察院，而后由其提请同级人大常委会任命。当然，这里需要明确强调的是，入选的律师原则上要求必须执业达到 5 年以上，而且是优秀律师，同时，其任职限于县级及以下国家基层司法机关（包括乡镇人民法庭、检察所等）。这不仅有利于促进国家律师事业的健康发展及律师队伍的不断壮大，有利于广大青年律师的政治发展与法律职业素养的不断提高；也有利于农村基层司法人员整体素质的提高，有利于加强农村民主管理制度的司法组织保障，从而最终使广大农村地区的公平与正义得到有力的司法保障。

其次，逐步建立健全国家基层司法人员的逐级晋升制度。在借鉴西方国家法官与检察官从优秀律师中选任制度的同时，笔者认为还应当考虑逐步建立健全国家司法人员逐级晋升制度。在我国，有着高校法学专业毕业生直接进入法检系统工作的长期传统，实践证明，这样的传统存在的弊端比较多。按照逐级晋升制度，一个法学专业本科生在参加国家司法考试及公务员考试成绩合格后被录用为法官与检察官的，首先只能到国家基层法

---

① 肖扬主编：《当代司法体制》，中国政法大学出版社 1998 年版，第 2、31 页。比如在新加坡，要求担任法官的必须是大学法律专业毕业生，并且在任律师达 7 年之后方有资格担任法官。国家最高法院法官则要求必须具有 10—20 年的律师或者基层法官经历。在巴西，则要求担任初审法官的人必须具有长期的基层司法实践经验及丰富的法律知识，其中担任联邦最高法院的大法官的则要求必须具有 10—20 年的律师或者法官经历。在日本，则要求要担任高等法院法官职务的，要求必须具有 10 年以上的助理法官、简易法院法官、检察官、律师及法学教授等职务经历。

院与检察院任职工作，以 5 年为一个考核年限，考核优秀者可以选择到中级人民法院及同级人民检察院工作，再经过 5 年工作以后，经过考核优秀者才有资格被选到省级法院及同级检察院任职工作。同时，要求在省级法院或者检察院工作年限达到 10 年以后，经过考核合格以后，获得优秀者才有资格被选到最高法院与检察院工作。这样的话，假定一个大学毕业生 24 岁开始担任国家基层法官或者检察官，则最快要在 29 岁才有资格进入中级人民法院或者同级检察院工作，到了 34 岁才有资格进入省级法院或者同级检察院工作，到了 44 岁才有资格进入最高法院或者检察院任职工作。建立健全逐级晋升制度有着诸多方面的积极意义。有利于国家司法工作人员受到各层级岗位的训练，以扎实有效提高其工作水平与工作经验，为司法公正打下坚实的基础；有利于促使国家基层司法工作人员不断地加强学习，提高其自身的综合素质与工作水平，从而为农村基层司法工作人员整体素质的提高奠定有力的制度保障，这也从组织基础的层面加强了农村民主管理制度的司法保障。

四是改革与完善适应农村基层法律职业人才需求的司法考试制度。

由于经济发展水平及工作环境与待遇的问题，我国农村地区，尤其是广大西部农村地区各类人才在引进与留任方面都出现了不同程度的困境，也由此导致人才比较短缺的现象，农村地区的法律人才也是如此。有些省份诸如云南、内蒙古等农村基层法律职业人员短缺现象比较突出，有时基层法院、检察院等机构的年缺员额在千人以上。为了缓解这些突出的问题，国家围绕司法考试制度的实施，也采取了两个方面的主要措施，即放宽司法考试报考条件，主要是在少数民族地区与国家级贫困县把司法考试的报考条件放宽到法律专科毕业；降分录取，其中 2002—2004 年国家西部地区司法考试的合格线下降 5 分，2005—2008 年每一科试卷总分提高到 150 分，共计 4 科，总分为 600 分以后，下降 30 分录取通过。但是，即便如此，西部农村地区考生司法考试的通过率仍然比东部沿海发达地区要低。这必然影响到广大农村地区司法队伍建设及司法工作的稳定与有序。有鉴于此，有关专家提出了"统一考试、分区划线"的建议。虽然上述建议都有其合理之处，但是在一定程度上与国家司法考试的统一性与公正性及国家法治的权威性与统一性要求存在不相适应的地方。为此，笔者建议改革与完善适应农村基层法律职业人才需求的司法考试制度。结合我国农村地区司法人才队伍建设的实际情况，可以考虑在国家司法考试中实施全国统一降分制度，促使中东部地区法律人才向西部地区流动，促使城市法律人才向农村地区流动。具体做法是：在现在国家司法考试总分600分的基础上，360分为通过线，达到这个分数线的就发给国家司法考试一类合格证书；同时国家在合格线基础上统一下降30分，考分达到330分的也为通过，但是所发的司法考试为二类合格证书。然后规定两类合格证书的适用地域范围，一类司法考试合格证书可以在全国通用，二类司法考试合格证书只能在西部12个省、直辖市、自治区及中东部地区乡镇级地域内适用。笔者认为，采取这样的措施，不仅从根本上保证了国家司法考试的公平性与统一性，又从政策上激励城市及中东部地区的法律人才向西部农村地区流动，从而实现国家农村地区基层司法人才队伍的良性发展，为农村民主管理制度司法保障提供有力的人才队伍基础。

五是改革与完善农村地区诉讼费用制度。

国务院早在2006年12月8日颁布的《诉讼费用交纳办法》中就对我国先前的诉讼费用制度进行了比较深度的改革。虽然该办法对诉讼费用的缴纳标准进行了全国范围的统一规定，但是在对于城市与农村的诉讼费用缴纳标准没有进行明确的区分，只是在该办法第45条中提道："……农村特困定期救济对象、农村五保供养对象……"当事人可以申请司法救助，人民法院根据其申请准予免交相关诉讼费用。国务院这个关于诉讼费用缴纳标准的统一规定，笔者认为没有考虑到我国城乡经济发展存在的实际差别。事实上，我国2000年的城乡收入差距比值为2.79，2008年为3.31，如果考虑到可比性等相关因素，城乡收入的实际差距达到4—6倍的幅度。从每100户家庭电脑的拥有数量来看，截至2008年，城镇地区的拥有量比农村地区高出10倍左右，高达59.3台。① 由此表明，我国农村地区与城镇地区的居民收入差距比较大，在这样的情况下，就必须对农村地区所发生的相关诉讼费用的缴纳标准进行改变与完善，不能按照城市地区的标准进行缴纳，应当根据农村地区经济发展的实际情况适度降低相关诉讼费用的缴纳标准。改革与完善农村地区诉讼费用制度不仅有利于城乡地区在司法领域差距的逐步缩小与社会公平的逐步实现，也有利于农民群众在农村民主管理的过程中更好地得到国家的司法救济，最大限度地实

---

① 魏后凯：《社科院专家称中国城乡收入差距约达4到6》，中国新闻网（http://www.chinanews.com.cn/cj/cj-gncj/news/2009/06–15/1734339.shtml）。

现司法正义，确保农村民主管理制度司法保障的理想实现。

4. 构建农村民主管理制度司法保障综合系统

农村民主管理制度司法保障的核心与实质要义在于实现对农民合法权利的司法保护。除上述应加强微观的农村民主管理制度司法保障基础设施建设及中观的基本制度体系建设以外，还应从加强宏观的司法保障综合系统建设。农村民主管理制度司法保障综合系统是一个具有丰富内涵的系列制度体系组合。笔者认为主要应从以下三个方面入手进行：

一是建立健全农村基层行政诉讼制度。

党的十八大报告指出，要进一步深化司法体制改革，不断完善中国特色社会主义司法制度，确保国家司法机关独立行使司法权。中共十八届三中全会在《中共中央关于全面深化改革若干重大问题的决定》中指出，不仅要确保依法独立公开行使审判权与检察权，而且还要不断地建立健全司法权力运行机制。2013 年 12 月 31 日，十二届全国人大六次会议初步审议了《行政诉讼法修正案（草案）》。这些都深刻地表明建立健全农村基层行政诉讼制度的重要性，对此，笔者认为应认真地对农村地区行政诉讼制度存在的问题进行梳理与反思，采取积极有效的措施予以解决，不断地健全与完善农村行政诉讼制度，这是构建农村民主管理制度司法保障综合系统的前提与基础条件。

须知，权利必须有救济方成其为权利。如果没有完善的救济措施与办法，不提供权利受到侵害时救济的法定程序，国家宪法和法律规定的公民权利只能是一纸空文，公民的权利最终难以得到有效保障，也影响宪法与法律的权威，如此在农村民主管理制度实施的实践中，势必影响到公民权利的及时有效保护，极有可能导致公民权利救济偏离法治轨道，长此以往，容易形成恶性循环，公民权利司法保障难以有效落实。公民权利救济形式主要包括调解、申诉、仲裁、行政复议、诉讼等。法治国家建设非常重视权利救济的最终手段及人权保障终极救济功能的采取与发挥，诉讼是公民权利救济终极手段的优先选择，司法在人权保障终极救济功能方面的国家职能应得到充分的彰显与发挥。

广大农民普遍是社会的弱势群体，其权利容易受到来自各方面的侵犯。农民权利总体上讲，在国家立法层面有待宪法及国家相关基本法律的进一步完善。事实上，不仅国家宪法、法律中缺乏对农民权利的全面保护，而且农民权利受到侵犯时也难以获得国家司法的保障。特别是当农民的权利受到国家在农村地区的基层行政机关侵犯时，其权利救济难度会不断增大，当农民提起行政诉讼维权时，由于传统行政诉讼中存在的立案、审理及执行等方面的障碍，农民维权更是举步维艰。对此，必须对农村民主管理过程中农民权利的司法救济途径——行政诉讼中存在的问题进行认真的分析，采取有效措施，切实保护农民的合法权益，加强农村民主管理制度的司法保障。

（1）现行农村行政诉讼制度存在的主要问题。

一是行政诉讼意识困境。农民普遍存在"老百姓不能与政府对抗"的意识，一旦发生农民与基层政府发生纠纷与诉讼，大部分农民不能正确地认识自己在纠纷与诉讼中的主体地位，从而也就不能正确看待自己在农村基层行政诉讼中的优势地位，相反，广大农民习惯于或者被迫服从于农村基层行政权力。而农村基层行政机关，由于长期的"官本位"思想意识作祟，习惯于从政府的立场与利益出发，致力于对农民的训教，工作重点是培养顺从听话的民众，难以理顺农民权利与政府权力之间的法律关系，对人性化的政府、有限政府、责任政府等基本概念的认识是模糊的，更谈不上对上述政府理念及内涵的正确认识。[①]

二是行政诉讼体制困境。首先，农村行政诉讼对农民的权利提供直接的司法救济。对于农村基层国家行政机关而言，农村行政诉讼活动有利于在一定程度上测试和检验其所开展行政行动的合法性，并且据此对其行政活动开展监督，以促进其依法行政。然而，在我国目前的政治体制之下，司法权对于行政权在一定程度上具有依赖性，从人力、财力及物力的安排支配，到一些相对比较重大的案件的审理，法院的司法独立地位很难实现，总是受到其他国家机构的制约，从而导致司法管辖权不能形成对行政权力的有效制约，独立审判很难实现。其次，我国目前缺乏有效的违宪审查机制，导致在行政诉讼中对一些农村基层行政机关制定侵犯农民权利的存在违宪可能的行政规范性文件等抽象行政行为，目前还无法找到合法有效的法律解决方案。此外，在一些行政诉讼中，农民的安全没有有效的司法保障，一方面，国家农村基层行政机关不依法履行诉讼义务，致使农民在诉讼程序中的合法权利难以有效充分实现；另一方面，行政诉讼后，一

---

① 陈端洪：《对峙——从行政诉讼看中国宪政的出路》，《中外法学》1995 年第 4 期。

些行政机关指责报复农民，导致一些农民产生恐惧、畏缩心理。近年来，全国各地因农民负担过重，导致农民与村委会及农村基层乡镇政府之间所发生的纠纷一直难以通过合法正当的行政诉讼予以有效解决，充分反映了农村基层行政诉讼体制障碍对农村民主管理制度司法保障的负面影响。

三是行政诉讼程序困境。农民面对的程序性困境反映在行政诉讼领域，主要体现在以下方面：一是在立案方面的困难。目前农村行政诉讼中，最大的障碍是农民提起的诉讼人民法院要么不予立案，要么模棱两可，既不予以立案，也不作出不立案的裁定。常使得农民在行政诉讼中处于"无处告状"的境地。二是在受案范围方面的障碍。目前我国《行政诉讼法》所规定的受案范围主要局限于行政机关所作出的具体行政行为，对行政机关作出的抽象行政行为提起诉讼法院则不予受理。事实上，围绕农村民主管理过程中"官民"矛盾所发生的大量行政诉讼，诸如对村级事务的自治管理权、劳动权、集体土地征用拆迁补偿权、受教育权等农民权利受到侵犯通常是由于基层行政机关所实施的抽象行政行为比如制定实施发布的各种各样的指示、命令及办法等所引起的，而现行的行政诉讼受案范围的限制常使得农民的合法权益受到侵犯时无法得到及时有效的司法救济。三是农村基层行政诉讼在被告方面所面临的困境。比如在农村集体土地的征用过程中，围绕经济补偿所发生的各种矛盾纠纷，大量是由于村委会侵犯了农民的土地合法权益所引起的，而根据我国目前的《行政诉讼法》，村委会是不是适格的行政诉讼的被告成为所面临的矛盾和焦点问题。四是在行政诉讼的审理过程中，被告的主要负责人不但不出庭，也拒不出示相关证据，更有甚者采取各种手段威逼或者引诱原告撤诉，导致农民在行政诉讼过程中面临诸多障碍。五是行政诉讼判决以后执行面临困难。在一些行政诉讼案件中，即使农民胜诉，其司法判决也得不到有效执行。

四是行政诉讼成本困境。我国农村经济发展的总体水平不高，农民收入还很低，许多农民想提起行政诉讼的原因，主要是因为农村基层政府或有关自治管理组织非法增加了农民负担，或侵犯了其财产权利。诉讼成本高则是广大农民不想提起行政诉讼的一大原因。加之诸多非法律因素的影响无形中增加了农民的诉讼成本。由此，通过各种权衡利弊，精于算计的农民往往选择后退忍让或者通过其他诉讼外途径寻求权利的救济。

（2）完善农村基层行政诉讼的主要措施。

首先，完善司法体制改革。司法独立必须实现进而维护司法公正。一是地方党委和政府必须在宪法规定的范围内行事。任何国家机构行使司法监督权，必须通过合法程序进行，而不是通过其他途径干预司法。二是必须逐步实现司法机关在人、财、物等方面的独立，特别是要摆脱地方政府的财政控制。三是逐步建立健全违宪审查制度，当地方政府制定实施了对农民宪法性权利存在侵犯现象的规范性文件时，允许农民起诉并由国家违宪审查机构予以审查修正。四是要推进法院判决书的执行体制改革，加大执行力度，以彻底解决行政诉讼被告拒绝履行判决的难题。尤其是要通过《行政诉讼法》的修改追究拒不执行判决的行政机关主要责任人的责任，行政机关拒不执行判决应视为其主要责任人个人对国家司法机关的对抗，而不是其所在的行政机构对国家司法机关的抗拒。这也符合我国行政机关行政首长负责制的要求，必须追究个人的领导责任，以寻求解决农村基层行政诉讼中判决执行难的根本办法。

其次，完善行政诉讼程序改革。在申请立案环节，农村集体土地征用补偿、农民房屋拆迁补偿等方面的行政诉讼，有的案件诉讼标的额比较大，诉讼费用偏高，对一些农民而言，提起行政诉讼的负担过重，必须应其要求为农民减负，在缓交及免交诉讼费用方面给以及时保障，使其能够顺利立案，以保证其行政诉讼权的正常行使。在受案范围方面，必须着力解决3种情况下案件的可诉性问题：一是农民在农村民主管理中的自治管理权受到侵害的案件；二是涉及农民相关负担的案件；三是涉及农村集体土地使用权的案件。

对于村民自治权受到侵害的案件，建议对现行的《村民委员会组织法》和《行政诉讼法》进行相应的修改和完善，以克服现行《村民委员会组织法》对村民自治权受到侵犯时相关司法救济措施缺乏的缺陷。明确规定在农村民主管理活动中，相关管理机构或者组织实施了行政干预或行政不作为对农民的合法权益造成侵害的，或者村级民主管理组织所制定的乡规民约、自治章程等规范性文件违反了国家相关法律法规的规定的，村民可以据此向当地基层法院直接提起行政诉讼。通过基层法院履行其司法职责及时制止基层行政机关对村民民主管理活动的非法行政干预，促使其认真履行职责，基层法院机关对相关规范性文件进行认真的审查，对各种村级民主管理规范性文件要进行认真的审查，无效的要及时以司法裁定的形式予以宣布。同时，要明确各村级民主管理组织在农村基层行政诉讼中的被告地位，当村委会等村级民主管理组织在民主管理过程中存在侵犯村民合法权益行为及不作为时，准许村民以村级民主管理组织为被告向基层法院提起行政诉讼，以切实加强农村民主管理制度的司法保障，实现对广大村民合法权益的保护。

涉及农民负担类的案件，大多数是由于农村基层政府所制定的相关文件引起的，根据我国《行政诉讼法》第 12 条的规定，对于公民、法人及其他组织对行政法规、规章或者行政机关制定、发布的具有普遍约束力的决定、命令等提起诉讼，人民法院不予受理。虽然，一些基层法院也处理过涉及农民负担案件，但是一般在处理过程中将诉讼的受案范围局限于农村基层行政机关所实施的相关文件，而没有将农村基层政府机关制定相关文件的行为纳入诉讼受案范围，学理上讲，农村基层行政机关制定相关文件的行为是抽象行政行为。这种传统处理方式，不仅不利于农村民主管理制度的司法保障，不利于农民合法权益的司法保护，也使得农村基层政府的施政难以得到有力的司法监督。对此，笔者认为，应对农村基层政府制定涉及农民负担文件的行为界定为具体行政行为，纳入行政诉讼的受案范围，而不是作为抽象行政行为对待，不予立案。其理由主要在于农村基层政府制定的相关涉农文件等不是具有普遍约束力的行政决定及命令范畴，通常其适用对象只是其所管辖的农村地区部分人、大部分人或者所有人。就涉及农民负担的文件来看，一般是基层政府对辖区内农民一年所应负担的村提留和乡统筹费的统计汇总，或者是就本年度该辖区内修桥建路等村级公共基础设施建设项目而向农民摊派、集资所作出的相关规定，这些文件一般适用于该文件出台时已确定的可统计的农民，一般是按确定的具体人数并规定每人所应负担的具体数额而进行的统计。根据最高人民法院于 2000 年 3 月 10 日做出了关于执行《〈中华人民共和国行政诉讼法〉若干问题的解释》，上述行为符合最高人民法院关于具体行政行为的构成要件中人与事双特定这一规定，因此应该属于具体行政行为范畴，应纳入行政诉讼范畴。①

对于农村集体土地使用权属引发的纠纷与争议的解决，应在不同的情

---

① 余辛文：《关于农民负担的行政诉讼案件的几个问题》，《法学研究》1997 年第 2 期。

况下对此加以区分，对于不涉及所有农村集体土地承包人权益的个别村民的土地合同纠纷，原则上属于民事合同纠纷，应按照民事诉讼程序予以解决，如果农村基层政府违反了《农村土地承包法》的相关规定，通过制定文件的形式以强制手段迫使农民接受不合理的土地承包文件的，则是农村基层政府实施的具体行政行为侵犯了村民的合法权益，基层人民法院则应当按行政诉讼程序予以受理和审结。与此同时，如果农村基层政府或者村级民主管理组织，诸如村委会等没有根据国家有关农村集体土地征用、拆迁补偿及农村村民宅基地征用补偿发放相关规定而制定的各种办法、命令乃至规定等，村民如认为其侵犯了自己的合法权益，也可以向人民法院提起行政诉讼予以解决。

最后，建立健全集团行政诉讼制度。目前我国《行政诉讼法》没有对集团诉讼相关的规定。只是在现行《民事诉讼法》第 54 条及第 55 条中规定了代表人诉讼，这种诉讼类似于英美法系中集团诉讼的代表人诉讼，即是说具有众多人数的双方或者一方当事人具有相同或者共同的法律利益，但是由于人数众多的问题，不可能共同出庭进行诉讼，这种情况下可以选择由其代表出庭应诉。事实上，在农村民主管理过程中，在农民自治管理权受到侵害、农民负担纠纷及土地使用权纠纷等案件中，有许多是群体性的纠纷。通过借鉴民事诉讼中的代表人诉讼制度，以此基础上不断地建立健全行政集团诉讼制度，以有效解决农村民主管理过程中众多群体性行政纠纷，无疑具有重大的现实意义与深刻的理论价值。同时，我国最高人民法院《关于贯彻执行〈中华人民共和国行政诉讼法〉若干问题的意见》中，第 114 条中明确指出，人民法院在对行政诉讼案件进行审理过程中，如果《行政诉讼法》没有相关规定的，可以参照民事诉讼相关规定对行政诉讼进行审理。显然，这为解决农村民主管理过程中农民群体性行政纠纷适用集团诉讼提供了法理上的诉讼程序法依据。

二是强化与完善农村基层人民法庭的功能。

我国人民法庭的发展历史应从抗日战争及人民解放战争时期开始起算。抗日根据地及人民解放区专门建立了专门及巡回法庭，主要是为了实现两个方便：方便人民群众打官司，方便人民法院对案件的审理。新中国成立之后，人民法庭的建设取得了长足的发展与进步。主要经历了以下阶段的标志性发展：1953 年，国家举行了第二届全国司法工作会议，当时会议决议指出，要求人民法庭分步普遍建立在全国县级人民法院层级上。

1954 年，国家在《人民法院组织法》中对此作了进一步的规定，为了进一步加强基层人民法院的审判力量，可以根据其所在地区人口及案件受理的实际情况，逐步设置一定数量的人民法庭，以此补充和完善基层人民法院的组织机构。1963 年，最高人民法院颁布施行了《人民法庭工作暂行办法（草案）》，但是由于"文化大革命"十年动乱，严重地破坏了人民法庭的建设与发展。1979 年，在全国五届人民代表大会二次会议上，制定颁行了新版的《人民法院组织法》，其中第 20 条对于人民法庭的设立、地位及主要职能作了如下规定："基层人民法院根据地区、人口和案件情况可以设立若干人民法庭。人民法庭是基层人民法院组成部分，它的判决和裁定就是基层人民法院的判决和裁定。"1999 年，最高人民法院制定实施了《关于人民法庭若干问题的规定》，其中第 2 条与第 3 条对于人民法庭的设置等问题进行了比较详细的规定，第 2 条规定，为便利当事人进行诉讼和人民法院审判案件，基层人民法院根据需要，可设立人民法庭。第 3 条规定，人民法庭根据地区大小、人口多少、案件数量和经济发展状况等情况设置，不受行政区划的限制。

据统计，截至 2004 年 4 月，全国共计有 12075 个人民法院，[①]人民法庭在农村司法审判工作及农民的权利保护中发挥了巨大的作用。然而，由于客观条件和主观认识偏差方面的原因，人民法庭建设还存在着不少问题。

（1）农村基层人民法庭的功能出现逐步削弱的倾向。

近年来，人民法院改革的主要内容是如何实现其标准化、规范化等，这对于提高基层人民法庭的功能起到了积极作用。但是农村地区的人民法庭功能已经显示出减弱的现象，这主要表现在以下几个方面：第一，基层人民法庭缺乏立案职能，农村基层案件的立案与执行都统一由基层法院立案庭与执行庭完成，人民法庭只是行使一个合议庭的职能，由于缺乏立案的职责与功能，这增加了农民诉讼的成本，特别是在一些偏远的交通不便的农村地区，农民在诉讼中的经济负担更重，人民法庭也不能为农民提供便利的司法服务。二是实现人民法院审判规范化、标准化，对诉讼中的各种形式要求的过分强调。原先在人民法庭巡回就地办案也逐渐要求实现规

---

① 赵刚：《弘扬求真务实精神大兴调查研究之风为基层法院建设提供科学的决策依据》，中国法院网（www. chinacourt. org/public/detail. php）。

范化，这使得人民法庭审判工作开始脱离农村与农民的实际，人民法庭传统的方便群众、方便诉讼的"两便"原则也失去了其原有的实际意义。三是有些地方人民法庭审判权过于泛化，使得人民法庭变成了基层法院的事实分院。这导致发生在人民法庭所辖的行政区域内的刑事自诉、民事、经济纠纷案件等都由人民法庭审理，加重了人民法庭的负担，其在审理中的程序简便、时间高效等特点不利于保证案件审理质量，由于对人民法庭职能认识上的错误，导致司法改革中出现了错误倾向。

（2）人民法院的独立地位难以保障。

作为人民法院的派出机构，人民法庭应该是独立于其他机关的一个审判组织。"人民法庭依法审判案件，不受行政机关、团体和个人的干涉。"然而，事实上，人民法庭审判工作的独立性相对于整个法院系统更难以得到保障，人民法庭与乡镇党委、政府的关系在部分地区没有规范认识到位，导致人民法庭的工作经常被一些乡镇党委、政府干预，有的法庭由于经费不足，需要当地政府在经费上给予支持，一些乡镇党委、政府便把人民法庭当作自己的下属机构，任意指使，分派一些与审判无关的任务，如催收"三提五统"、计划生育工作等，既加重了人民法庭的工作量，又损害了人民法庭的司法权威，背离了人民法庭的基本职能，违背了人民法庭独立审判的原则，从而亦使得农民受到侵犯的权利难以得到司法救济。

（3）人民法庭的设置还不尽合理。

目前许多法庭是以行政区域划分为基础，按"一乡一庭"设置。经过人民法庭撤并改革，大部分地区的法庭设置是合理的。但是还有一部分地区法庭的设置不符合当地的实际情况，有些地方片面地将考核人民法庭建设的质量标准确定为人民法庭设置的数量，有的地方法庭布局还不太合理，势必造成基层法院有限的人力、财力、物力的分散。

（4）人民法庭人员业务素质有待提高。

我国法官的业务素质和道德素质偏低的问题，一直困扰着司法工作的有效开展，这也是司法改革的内在动因。人民法庭的法官是最基层的法律工作者，就目前的状况来看，中、高级法院的法官素质尚不"达标"，人民法庭的法官更谈不上多高的专业素质，因此难以做到公正司法。由此甚至违法违纪，严重损害了法庭和法官的形象。

（5）人民法庭建设装备与经费不足。

通过法庭撤并，人民法庭的建设装备水平得到了进一步提高。但是，在建筑面积、审判设施、交通工具等方面有的地区还很落后，不能满足审判工作和干警生活的正常需要，一定程度上影响了法庭的正常审判工作。

我国人民法庭的建设在近几年取得了较大的发展，正规化、制度化、规模化成为人民法庭改革的基本方向，并取得了一定的成效。然而，在人民法庭建设方面，仍存在着一些错误的认识，必须加以澄清，否则很可能背离人民法庭制度的初衷。人民法庭是在我国一定历史发展阶段特有的产物。人民法庭不是基层人民法院的必设机构，也不是国家一级审判机关。人民法庭的设立与我国农村地区人口众多、经济欠发达、文化较落后、交通不便等实际情况有着紧密的关系。因此，人民法庭建设要从农村经济文化发展不平衡等实际情况出发，创造性地开展工作。要坚持实事求是原则，不搞一刀切，根据案件数量、人口多少、辖区范围大小、经济文化发展状况等综合情况，决定人民法庭的设置。要坚持"两便"原则，即便利当事人进行诉讼、便利人民法院进行审判，这是我们设置人民法庭的目的，否则人民法庭就丧失了存在的价值。

基于上述认识，加强人民法庭建设应明确以下几点：

第一，要强化人民法庭的各项职能。

人民法庭的基本职能包括：审理民事、刑事自诉案件，有条件的地方可以对经济案件开展审理；办理本庭审理案件的执行事项；指导人民调解委员会的工作；办理基层人民法院交办的其他事项。人民法庭的地位和作用，主要是通过其审判职能来维护和提高的。人民法庭要及时调处民事、经济案件，尤其对那些容易激化矛盾、影响生产与安定的民事案件。并注意审判工作中的新情况、新问题，维护农民的合法权益。加强人民法庭对自诉案件的审理，只要符合《刑事诉讼法》规定的，应该由人民法院受理的轻微刑事案件，人民法庭就应该及时受理，不能把构成犯罪的要件作为立案标准。在刑事自诉案件的审理中，人民法庭要强调自诉人的举证，正确区分罪与非罪、罪轻与罪重的界限。人民法庭通过审判活动，促进综合治理，并通过公开审判、宣传栏、公告栏等形式开展法制宣传教育。与此同时，人民法庭通过对基层调解组织的指导，帮助人民调解员解决纠纷，提高其素质。

第二，在统一立案模式下实行立案机制上的"双轨制"。

赋予人民法庭适度的立案审查权，坚持"两便"原则，人民法庭在受理案件上实行立案"双轨制"，即是说在农村地区，农民群众可以选择到人民法院立案，也可以选择到人民法庭起诉，人民法院对起诉的案件经过审查对于不适宜由法院审理的案件转交给人民法庭审理，人民法庭对于受理的案件经过审查如果认为不适宜由其审理的，转交给基层人民法院予以审理。

第三，坚持以独任制为主的审判组织形式。

对于简单民事案件要按照简易程序由法官进行独任审理，这有利于人力、物力在审判中的减少投入，也符合《民事诉讼法》对审判组织形式在人民法庭审理案件方面的特别规定性，既实现了审判资源的节约，也使诉讼效率得以提高。在这一过程中，需要防止片面强调案件审理的规范性而导致案件审理程序过于繁杂，从而背离了人民法庭审理简易案件的独任制规律与特征的实现。

第四，改革人民法庭审判机制。

首先，在选择人民法庭审判程序、形式时，允许人民法庭采用非规范化的形式办案，简洁明快地处理纠纷，这样符合人民法庭面向农村和农民设立的实际情况，会在很大程度上缓解人民法庭由于人员配置方面的局限和民间各类纠纷不断增多造成的审判工作的压力。其次，重视巡回就地办案审判形式在人民法庭案件审理中的广泛应用，这有利于司法权威在农村地区的树立。但对人民法庭的审理工作而言，必须根据案件的实际情况因案制宜，不能一概而论，也不宜在案件审判形式上"一刀切"。最后要充分适用调解结案方式。人民法庭在审理民商事案件过程中，应当树立调解工作与裁判工作并重的意识。一方面，对于事实基本清楚的案件，根据自愿和合法的原则进行调解，力争以调解的方式结案。对于有些判决后可能激化矛盾的，判决前更应注意调解，必要时可会同有关单位、基层组织一起做调解工作。另一方面，对于调解不成的，应当依法、及时做出判决。在人民法庭建设方面，重视调解制度的充分运用，调解制度在农民司法纠纷解决中的广泛采用，有利于推动农村经济发展，使人民法庭对案件的处理取得最佳的社会效果。

第五，完善人民法庭的管理。

这不仅是构建人民法庭新工作机制的重要内容与制度保障，也是实现人民法庭审理工作规范运转的基础工作。一是健全与完善人民法庭内部各项规章制度，实现规章制度在人民法庭内部管理中的全覆盖。二是重视人民法庭案件审理监督机制建设的规范化。重点实现人民法庭审判管理及案件审理质量的监督机制，积极拓宽社会监督渠道。三是加强人民法庭法官队伍职业化建设。以提高法官队伍的综合素质为核心，重点从队伍建设、思想素质、职业道德等方面加强人民法庭的队伍建设，着力人民法庭良好职业道德与审判工作作风的建设，切实发挥人民法庭在人民群众的合法权益保护及与人民群众密切联系方面的桥梁与纽带作用。

三是改革与创新乡镇司法所的职能。

司法所的创立与发展，既是基层司法行政工作改革和发展的基本要求，又顺应了扩大改革开放、促进经济发展、维护社会稳定的客观需要，乡镇司法所的工作为推进依法治国、建设社会主义法治国家奠定了坚实基础。乡镇司法所建设的问题，关系到农村的民主与法制建设进程，关系到依法治国基本方略的贯彻实施。乡镇司法所在农村民主与法制建设中具有举足轻重的地位和作用。

（1）乡镇司法所的功能。

乡镇司法所在农村的法制建设和农民权利保障方面发挥着重要的功能。总体而言，乡镇司法所的职能主要可概括为：基层政府信法行政的参谋职能、社会主义法制的宣传职能、基层法律服务的管理职能、民事经济关系的调解职能、民间纠纷激化的预防功能。

①促进基层政府依法行政。

改革开放以来，农村管理体制发生了深刻的变革，与之相适应，必须有新的工作方法，而一些乡镇干部思想观念没有及时转变，仍沿袭过去行政命令的办法来开展工作，由此引发了各类矛盾。乡镇司法所作为基层政府在法律服务方面的助手，为乡镇领导当参谋，可有效促进基层政府依法行政，实现决策的科学化、民主化、法治化。司法所根据法律法规，就涉及面比较广、经常性工作辅助乡镇政府制定细化的规章制度、乡规民约，约束干部群众，落实农村的依法治理，实现乡镇政府的依法决策。

②有利于农村法制教育的深入开展。

乡镇司法所的重要职能之一是在农村地区大力开展法制宣传教育。随着依法治国方略的实施，法治化进程不断加快，农村的法制建设成为法治国家能否实现的关键因素之一。普法是农村法制建设的基础，司法所在农村法制宣传教育方面扮演着重要的角色。司法所的法制宣传教育活动具有很强的针对性和实用性，应围绕农村中心工作和农民所需，采用多种形式，利用多种渠道，广泛开展法制宣传教育活动，使农民做到学法、知法、用法，法律意识逐步强化。

③提供及时有效的法律服务。

随着农村经济发展水平的不断提高，经济交往活动的增多，农民法律意识的不断成长，农民对法律的需求也不断增多，农民需要及时有效的法律服务。法律服务工作在广大农村地区的重要载体就是基层司法所及基层法律服务机构。

④有利于农村民主管理中各种民间纠纷的及时调处。

面对农村地区日益复杂的民事纠纷，农村司法所是农村地区对农民在民主管理中各种复杂纠纷进行调解处理的主要职能部门。根据乡镇司法所的指导，基层人民调解日益规范，也有利于农村民主管理制度在乡镇司法所的保障中能顺利实施。

⑤对农村地区的社会治安综合治理直接进行参与。

随着农村市场经济的发展，农村地区的社会矛盾与不安定因素会增多，农村基层司法所的设置及职能的发挥和行使有利于对这些社会不安定因素进行及时的化解与有效的预防。农村司法所同时对农村地区的解除劳教人员进行帮扶教育工作，有利于从思想、心理及物质等方面对这些人群做好稳定工作，有利于农村社会的秩序稳定和民主管理的有序开展。

（2）乡镇司法所建设中存在的主要问题。

①在思想观念方面存在着认识的误区。

一些农村地区的基层管理者对于农村基层司法所在维护社会稳定、促进基层法制建设和经济发展方面的作用缺乏正确的认识，片面地重视经济发展，忽视农村地区社会稳定与民主管理的有序环境的创造，因而在司法所的建设问题上，在人员编制、设施、设备和其他费用方面不能给出很好的解决方案，从而难以在农村地区有效开展相关工作。这一理念不仅阻碍了农村基层司法行政工作的发展，也抑制了农村乡镇司法所的建设进程。

②管理机制与职能模糊不清。

有些农村地区，基层司法所的上级管理机关没有将司法所的各项工作纳入自己检查督导的范围。这导致一些农村地区乡镇司法所的工作人员对自己的职责及业务不清楚，致使农村地区司法所的工作常常成为基层乡镇其他工作系统中例行检查的附属。这必然在一定程度上使农村基层司法所的职能发生异化，这反映在农村民主管理过程中，司法所在施行对农村民主管理制度的保障职能时也存在一些管理比较混乱的现象。

③组织机构人员不健全。

自 20 世纪 90 年代初司法所在乡镇地区设立以来，一些农村地区的司法所在机构设置、人员编制等方面的问题尚未得到根本解决，组织机构也不健全。一些司法所长期以来所长兼任司法助理员，业务骨干缺乏，即便是司法所所长也常常表现出专职与在职模糊不清，缺乏相应的法律保障，专职编制偏少。司法所队伍的文化程度总体上不高，这不仅难以适应当前农村民主管理过程中日益繁杂的司法行政业务，也不利于农村基层司法对农村民主管理制度司法保障工作的顺利开展。

④财政保障机制不完善。

一些地方政府财政困难，导致长期缺乏必要的司法所业务开展所需的财政投入，通信工具、交通工具及办公设备也比较差，这与农村司法所在农村民主管理中的职能与地位是极不相称的。再加上一些农村地区司法所工作人员岗位津贴不落实，大大降低其工作积极性，从而限制了司法所对农村民主管理制度的司法保障功能。

（3）社会主义市场经济体制的确立和农村社会经济的发展，给基层司法行政工作职能带来了深刻变化。

经国务院批准的司法部的机构改革方案，表明国务院已经肯定了农村地区一线的基层司法所在农村民主管理指导工作中的重要行政职能，司法所是农村基层司法体制和司法行政的基层组织，是指导基层民主管理的组织者和实践者，直接面对群众，为社会各界提供法律服务。一是乡镇司法所由传统的对农村地区矛盾纠纷的调解功能转化为全方位的司法行政工作。20 世纪 80 年代初，司法助理员工作内容主要是从事乡镇人民调解，民事纠纷的类型也不是很复杂，主要是邻里纠纷、家庭纠纷。但是发展到现在，基层司法行政工作已全面覆盖社会治理，涉及 8 种社会治安综合治理方面的职能，也大大增加了工作的复杂性。二是工作方式主要从依靠行政手段解决争议转型到根据法律手段调解纠纷轨道上来。三是工作范围发生了变化，从过去封闭的范围，转向开放的工作范围。随着大量流动人口的增加，司法工作的复杂性也在增加。四是工作对象发生了变化，从过去专门对老百姓进行管理到现在的对"官民"实行依法共同管理的转变，这对司法工作人员的素质提出了更高的要求。

针对当前乡镇司法所面临的一些问题以及新形势的发展变化，应进一步强化司法所的功能，推进乡镇司法所建设。

①充分发挥乡镇司法所的职能。

强化调节器功能，发挥其化解民间纠纷主渠道作用。积极探索建立和化解基层矛盾的新机制，认真履行司法所主管人民调解的职能，广泛开展纠纷排查、专项治理和联防联调活动，依法调解纠纷，防止矛盾激化，促进农村基层社会治安秩序好转。强化组织协调功能，发挥普法在依法治理中的作用。在基层全民普法活动中，乡镇司法所应充分发挥组织、协调作用，大力普及宣传国家的法律法规，积极推进农村基层依法治理。强化管理教育功能，发挥安置帮教作用。安置帮教工作在健全完善"提前介入、回归接茬、安置扶持、帮教服务"四个工作体系的基础上，在安置帮教机构网络化、回归接茬制度化、安置就业市场化等方面争取取得新进展。强化指导监督功能，发挥法律服务作用。不断强化司法所行政管理职能，司法所充分发挥指导监督作用，积极引导基层法律服务所开展各项活动，指导基层法律服务工作者积极为农村和农民提供优质高效的法律服务。

②强化规范化管理司法所。

对乡镇司法所的内部管理和运作应该按标准化方式进行，建立健全工作纪律、财务管理、评价等制度，完善职责分工。建立健全对突发、易激化事件的预警和快速反应机制，建立健全民间纠纷排查制度。理顺县级司法局和乡镇政府对司法所的管理体制，建议由这两个上级机关对司法所实行双重管理，重点以乡镇政府对司法所的管理为主。乡镇政府对司法所统一管理并将其作为内设机构。建立健全司法所的职权与目标考核工作制度，完善提高司法工作人员的综合素质的措施等。

③提高司法所人员素质。

主要包括政治素质和业务素质。司法所人员既要有较高的政治素质和政策水平，同时要注意提高业务素质，要熟悉和掌握与其履行职能有关的法律法规，尤其是与农村、农业、农民方面的法律法规。

④改善司法所的硬件基础设施条件。

司法局和乡镇政府要对司法所的硬件建设在计划制订、目标明确及责任落实方面高度重视，完善司法办公设施，从而稳定司法队伍，树立司法形象，促进司法发展，使农村发展和农民权益保护在更大程度上得到司法所的支持。

四是建立健全农村法律援助制度。

"法律面前人人平等"的内涵之一就是获得法律帮助权的平等。我们说"农民打官司太难了"无非有这么几个原因：一是立法有漏洞，未对一些涉农案件规定诉讼程序，使农民无处诉。二是可诉讼的案件因农民的法律知识欠缺，不知诉。三是因无支付能力以寻求有偿的法律服务，不敢诉也诉不起。后两个问题只能通过无偿的法律援助予以解决。

（1）法律援助的内涵。

法律援助制度是指，律师及基层法律工作者等法律服务人员在国家设立的法律援助机构的指导和协调下，为经济上特别困难或案件特殊的当事人在收费方面给予减、免基础上提供法律帮助的一项法律制度。

法律援助的宗旨是公民合法权益的保护通过法律援助来实现；法律援助的对象是因经济困难无力支付法律服务费用的人或者是为了自身合法权益的维护迫切需要获得法律服务的特殊案件的当事人；法律援助的内容是向法律援助对象提供法律服务，包括刑事辩护、民事代理、公证证明、法律咨询等；法律援助对象不论涉及诉讼案件还是非诉讼法律事务都可以申请法律援助。

（2）农村法律援助的现状。

1994 年，我国的法律援助制度开始发端，由司法部确定在一些大中城市开展试点工作。1996 年的《刑事诉讼法》《律师法》均确立了法律援助制度在我国法律体系中的地位。1997 年以来最高人民法院、最高人民检察院、司法部相继发布了《关于刑事法律援助工作的联合通知》《关于开展法律援助工作的通知》《关于开展公证法律援助工作的通知》《关于民事法律援助工作若干问题的联合通知》和《关于在刑事诉讼活动中开展法律援助工作的联合通知》。《法律援助条例》于 2003 年 9 月开始生效。法律援助在法制化、规范化的轨道上初步得到推行。在制度的建设过程中，采取从中央到地方，按照现有行政区划，与法院的设置相对应，设立政府法律援助机构，形成了中央、省级、地级、县级的四级法律援助机构体系构架。一大批的法律援助志愿者，在各级法律援助机构的组织和指导下参与了具体的法律援助工作。

据不完全统计，近 5 年，各级法律援助机构组织律师、公证员、基层法律服务工作者共支持法律援助案件 50 多万件，接待咨询 400 多万件。一大批经济困难的妇女、儿童、残疾人、老年人、下岗职工因得到法律援助而维护了自己的合法权益，受援对象达 60 万人。

对农民进行法律援助是同时并行发展的，地方司法和行政当局采取积极的措施，为广大农民工提供法律援助，帮助农民工解决纠纷，维护农民工的合法权益。然而，法律援助机构和法律援助需要资金支持，在广大农村地区，第一个主要的问题是法律援助工作者短缺，由于城市和农村发展不协调，目前我国的法律专业人士主要集中在城市，广大农村地区很难成立法律援助机构，即使建立了法律援助中心也不能保证援助工作的有效开展。其次是援助资金短缺，因为农村经济相对落后，一些农村地区政府财政能力相对较弱，难以提供资金支持。

（3）农村法律援助落后局面的改善措施。

①对现有的法律援助体系实施调整。

在目前的四级法律援助机构中，承担农民法律援助任务只有县级法律援助中心。由于县级行政区域内，专门的法律人才有限，而且他们不仅业务素质不高，业务量也不足，大大限制了他们提供无偿援助的能力。加之多数县级财政偏紧，难以提供必要的法律援助资金。因此建议在省、市两级法律援助中心内部设立农民法律援助机构，除了承担一些县级法律援助中心无法完成的法律援助任务之外，还对下级法律援助中心开展相关业务进行指导。司法部法律援助中心内部设立专门的农民法律援助机构，负责对农民法律援助业务进行全国范围内的协调、指导。另外专门为农民建立一个法律援助机构，为他们提供法律咨询、起草法律文件、非诉讼调解、法律性指导意见等方面的法律援助，并为经济落后地区贫困的农民进行刑事辩护、民事诉讼及行政诉讼代理等方面提供法律援助。

②政府和社会共建法律援助。

私人团体法律援助来自国外，一种以英美国家为代表，主要由政府资助的独立进行法律援助的律师协会完成，国家法律援助仅限于指导原则和财政支持，仅适用于对特殊群体的法律援助。另一种以瑞典等北欧国家为代表，法律援助制度纳入国家福利制度体系，由国家设立专门的组织机构，雇用专门人员进行法律援助工作，其法律援助面向全社会开放。在这种制度下，法律援助作为国家责任的法律原则得到充分体现，但会引起比较大的国家财政压力[1]。

目前，我国已经通过了国家的法律援助为基础的法律援助模式，坚持

---

[1] 韩小兵、严奉姬、陈徐奉：《中国农民法律援助机制初探》，搜狐财经网（http//www.business.sohu.com）。

政府主导、全社会参与的原则，在国家资金比较紧的情况下，应鼓励社会团体和其他组织，以及法律界的援助提供慈善捐款。也应该允许社会团体或者其他组织设立法律援助机构，开展法律援助活动。为此《法律援助条例》第7条规定："国家鼓励社会对法律援助活动提供捐助。"第8条规定："国家支持和鼓励社会团体、事业单位等社会组织利用自身资源为经济困难的公民提供法律援助。"

③正确引导、大力扶持农民自发设立法律援助组织。

农民自己组织成立各种形式的专业合作组织，比如农民维权组织等，这是农村民主管理发展过程中必然出现的现象。只要这些农民组织活动的原则是不违背宪法和法律，就应该大力支持。它可以成为党的方针政策的宣传载体，推动国家法律知识在农村地区深入普及，同时也成为农民和基层管理机构之间的对话载体，保护农民合法权益。目前，在一些农村地区，已经出现了旨在保护自己的利益，对农民不合理负担进行申诉表达的自治组织，如"农民维权协会""减负维权会"等，其本质上也是一种法律援助机构。在符合法定要求，并履行法定程序的情况下，应允许农民成立自己的法律援助组织。

随着中国法律援助制度的不断完善，法律援助农民的范围将逐步扩大。而接受援助的事项不仅仅局限于现在的赔偿与法庭辩护等两个主要方面的内容，最终将被纳入法律援助的范围的还有有关农民负担方面的事项、农民自主经营权被分割的案件、农民土地承包经营权受到侵害的案件及农民选举权被分割等方面的案件。

五是建立健全农民司法救助制度。

仅仅只有法律援助这是不够的，进入诉讼程序后，高昂的诉讼费用也往往使很多农民不得不放弃诉讼，因此需要公正的司法救助制度，帮助贫困农民。司法救助是指人民法院在民事诉讼、行政诉讼中，通过对当事人缓交、减免诉讼费用的救济措施，以减少或免除确有困难的当事人的经济负担，以确保其能够正常参加诉讼，以维护其合法权益。按照最高法院的相关规定，可以申请14个不同类型的司法救助，但涉及农民司法救助的情形不仅少，而且条件相当苛刻，申请过程相当烦琐，再加上一些基层人民法院藐视或者轻视农民的利益，一般情况下农民很难得到公正的司法救助。因此，应采取有力的措施建立健全农民司法救助制度。

（1）增加农民诉诸司法救助的相关规定，并采取切实有效的救济措施，对涉及农民根本利益的诉讼采取减、缓乃至于免交诉讼费的措施，使农民获得司法救助的条件明确化，使真正贫穷的农民得到司法救助的及时救济。此外，尤其要避免司法系统的司法救助行为成为一些不法分子滥用权力进行权力寻租的一种手段，在具体的司法救助实践中，由于各种各样的人情关系的存在，一些法官放宽了适用条件，导致司法救助中存在一些违规行为。应该加强对相关司法工作人员的严格要求及警示教育，及时发现、阻止司法人员的类似行为并给予严肃处理。

（2）司法系统加大宣传，特别是在偏远的农村地区，必须通过各种手段确保广大农民知道司法救助制度以及相关的各种条件。

（3）法院要进一步健全和完善司法救助有关制度，注意加强与法律援助制度相关规定的衔接与调适、协同、合作，加强与已实施法律援助机构的沟通联系，极力对可能获取司法救助的农民实施双重审查，在实施形式审查之后应当给予已经获得了法律援助的诉讼当事人直接的司法救助。

（4）各级政府要加大资金支持，以确保法院不受影响，以确保法院办公经费的正常开支和使用。

第八章 结语：共识、歧见与后续研究的方向与重点

国内外学术界围绕中国农村民主管理的相关理论与实践问题所取得的系列研究成果，不仅为我国农村民主管理制度建设在理论与实践层面的纵深研究提供了良好的理论基础与实践条件，而且也是本书研究得以开展的重要理论资源及实证经验的支撑。从整体上看，学术界从历史、现实及制度建设等角度对我国农村民主管理制度的基本理论与相关实践问题所展开的研究，虽然在某些方面达成了一些基本的共识，但是仍然存在多方面的争论与歧见，这不仅是学术界对农村民主管理制度得以展开进一步研究的基础，也是本书后续研究的方向与重点、难点问题之所在。

一 对我国农村民主管理实践及其制度发展的评价

虽然村民自治制度和由此引发的被称为"草根民主"的农村基层民主管理在我国农村实施已有 30 余年的历史，但是，人们对于农村基层民主产生发展的原因、存在的价值和实践成效的评价仍存在不同的观点。归纳起来主要表现为以下几种：一是认为作为基层直接民主的有效形式，村民自治是我国政治体制改革最深入的一个领域，它从根本上改变了我国社会普遍存在的自上而下的授权方式，将一种自下而上的农村社会公共权力产生的方式用制度确定下来，体现了法治和民主精神，是现阶段我国农村基层民主政治建设的起点和突破口。二是认为作为全社会政治改革的最末端的一个环节，乡村治理改革很难产生推动全社会政治变革的力量，因此，村民自治只是一场发展后果尚难以预料的乡村政治动员令，而不是我国农村基层民主政治发展的起点。三是认为在农村实行的基层民主目前还主要是由国家政府主导的一种还权与民、自上而下推行的恩赐式的有限民

主，而不是农民真正的发自内心的对政治权利的渴望，事实上，在农村基层民主管理过程中相当一部分农民关注自己的经济利益更甚于其政治利益。上述学界关于农村基层民主管理和村民自治认识上的分歧并不仅仅是单纯的学理之争，也直接和间接地影响到以农村民主管理为中心的民主政治的实践及其制度发展的方向。

二　关于农村民主管理制度建设的基本定位

在不同的学科语境视域下，民主管理具有不同的含义。具体到农村民主管理制度建设领域范畴，围绕农村民主管理的制度发展定位问题，相关学者主要围绕以下方面的内容展开了学术争鸣：一是将农村民主管理制度建设定位于农民基于其民主权利基础上的参与机制层面予以研究。持这种观点的学者的研究思路主要是对新中国成立以来我国农村民主管理的经验进行总结的基础上，由此推演出自己的观点，认为农民在农村民主管理中民主权利的实现，必须通过参与农村民主管理制度的实践，不能仅仅将农民民主管理权利的实现停留在空洞的口头宣传上。二将农村民主管理制度的建设定位于其目标与宗旨的确立层面予以研究。其主要的学术思想是农民应在农村民主管理过程中实现对重要村务问题的全员参与，要保证多数人与少数人的意见在民主管理中均能得到尊重、表达与体现。三是将农村民主管理制度的建设定位于"四个民主"层面予以研究，[①] 其主要观点认为农村民主管理过程中"四个民主"之间的关系是非常紧密的。四是将农村民主管理制度建设定位于村民自治层面予以研究。其主要的学术观点认为，村民自治是农村民主管理制度建设的重要组织形式载体。学者们普遍认为，制度的核心要义体现在其对各种行为主体依法办事的制约，这反映在国家基层民主层面，制度的核心精神就是要求对人民群众与人民政府的行为合法性进行制度规范，这种对行为合法性的制度规范是现代法治国家建设得以实现的重要制度基础。具体到农村民主管理制度建设的制度定位问题，学术界有以下几种观点：一是主张农村民主管理制度法治建设是个多维的关系范畴。应重视国家基层司法机关在农村民主管理制度建设中

---

① 　陈金钊：《法治与民主的时代课题——中国农村基层民主法制建设理论研讨会综述》，《山东法学》1999 年第 4 期。

的积极作为，重点是围绕农村民主管理过程中各种冲突与纠纷解决的法治路径的采用及其常态化、机制化，将村民之间、村民及其所在的自治组织与国家基层政权机关之间的冲突纠纷通过国家司法程序在农村地区的实施予以解决，因为这符合法治国家在制度方面的规则要求，不仅要求国家权力机关制定的法律有至上的地位，而且也要求国家其他机关依法制定的各种规章制度得到全面遵守。二是主张将农村民主管理的制度建设定位于村务公开层面予以研究，有研究者对于村务公开的内容、实施程序及监督监督机制、村务公开的功能与意义等都进行了详细的论述。三是将农村民主管理的制度建设定位于农村民主管理法律体系的建立健全层面予以研究。主张农村民主管理制度法律体系建设的核心在于实现对农民合法权益的全面保护，实现的文化基础在于农民权利的不断增强，实现的路径在于农村民主管理法律常识的大力普及。

三　关于农村民主管理制度建设中需处理的几对矛盾

农村民主管理制度建设的实践中存在诸多矛盾，对这些矛盾要进行认真的梳理，对其进行学理研究上的扬弃，在吸收其积极性的基础上实现农村民主管理制度的发展。具体而言，这些矛盾主要体现在以下方面：一是有关农村民主管理制度法治化建设过程中，国家层面的法律资源与乡土社会的传统制度资源之间的矛盾与冲突。有学者在研究的过程中指出，农村民主管理制度在农村地区的法治化缺乏物质支持、政治保障及文化基础，其原因是多元化的，根本因素在于农村市场经济发展水平不高，缺乏民主管理精神内核的传统权力体系对农村民主管理制度法治化的排斥是其政治基础缺乏的表征，义务本位的传统法文化观念对现代重权利的法文化观念的抵制是其文化基础贫瘠的根源。正是基于上述矛盾原因的发掘，农村民主管理制度法治化建设在农村社会的实现就迫切要求加强乡土社会传统管理制度与现代农村社会理想制度之间的沟通。要实现这两者在矛盾解决基础上的深度融合，其中可能的发展路径是多方面的，根本措施在于对农村经济体制进行根本性的改造，实现农村社会传统的自然经济向市场经济的根本性转变；将农村民主管理制度的核心理念定位于民主管理，由此在农村地区大力开展以以人为本为核心价值理念的现代法治启蒙教育。在农村民主管理制度法治化建设中，乡规民约与国家法之间的矛盾冲突与互动关系问题也是学术研究中必须面对的重要理论问题。有学者认为对这种矛盾问题不能全盘否定，要采取辩证的观点分析对待，在农村民主管理制度实施实践中，乡规民约在一定程度上对国家法在某些方面有着积极的促进与补充作用。但是也必须正确看待这种矛盾所存在的消极负面影响，比如一些乡规民约对国家法律及其精神的规避与违背。所以我们主张在农村民主管理制度法治化建设过程中，应该实现乡规民约与国家法之间的良性互动，既要重视国家法对乡规民约的渗透与改造，也要高度重视乡规民约对国家法的必要补充，充分挖掘乡规民约中与现代法律文化内核相适应的文化资源，在互利互补中逐步实现乡规民约的现代化法治改造。同时，学术界也对农村民主管理制度建设与发展中的其他矛盾范畴给予了高度的关注，比如，农民群众相对薄弱的法制意识与日益完备的农村民主管理制度体系之间的矛盾、发展落后的农村现实与农村民主管理制度先进内容之间的矛盾、农村民主管理制度资源缺乏的现实与农村民主管理制度体系理想之间的矛盾。对于上述矛盾问题的解决措施，学术界已有的研究思路主要集中表现在以下方面：应致力于农村社会转型发展时期所表现出来的各种矛盾的根源问题进行解决；努力培育农民的现代法治意识；优化农村社会本土法治资源配置；在农村民主管理过程中加强对农民合法权益的保护；积极推进农村产业化发展，实现农村社会关系发展的均衡格局等。

四 关于农村民主管理制度建设的具体措施

针对农村民主管理制度建设的具体措施，学界也围绕不同角度从多个方面进行了一系列相关研究。一是主张加强农村民主管理制度建设的最重要举措在于完善村民自治制度。这其中主要的原因在于，现行的《村民委员会组织法》在可操作性不强等方面存在不足，加之我国农村地区经济发展不均衡，对此应该对《村民委员会组织法》继续进行完善，各地方在制定配套性实施条例与细则时应该结合各地方农村民主管理的实际情况创新性地予以完成，而不能简单机械照搬照抄。同时应不断完善农村基层民主选举的办法与监督机制，规范乡级政府与农村自治组织之间的关系，并将此内容的完善作为《村民委员会组织法》实施过程中的重要补充。二是主张将严格村级干部的选举标准作为农村民主管理制度实施的关键内容之一，并对我国农村村干部的选拔标准的历史演变过程进行了梳理，新中国成立后一段时间的村干部选拔标准主要是贫，人民公社时期的选拔标准主要是"红"，改革开放以后时期村干部选拔主要是能人标准，现在对村干部的选拔标准主要体现为德才兼备，"德"是首要的，"才"是辅助标准。三是主张运用法治方法纠正农村民主管理过程中的违法行为，这是健全农村民主管理制度的核心。四是主张通过完善农村调解机制来促进农村民主管理制度建设。考虑到在新形势下，农村民主管理制度建设对农村社会所发生的纠纷调解提出了新的要求，对此，主张对农村地区传统的人民调解制度进行改造与完善，应重视法律调解方法与其他非法律调节方法的并行协调运用，努力使纠纷冲突的调解向制度化、程序化、法治化的方向的发展。

五 关于农村民主管理制度建设的其他理论问题

围绕农村民主管理制度发展的方向问题，学者们各有各的观点。基于国家与社会的二元关系结构模式发展的角度将中国的农民划分为国家农民与社会农民，国家农民是强国家弱社会的二元关系模式下的产物，社会农民则是弱国家强社会关系模式下的产物，主要表征是实行农民自主治理。有学者指出，国家农民向社会农民的转型发展是当前中国农村改革的实质内容之一，农民的社会化发展必将对传统的自给自足的农村自然经济造成严重的冲击，但是农民的社会化也有利于夯实与筑牢农村民主管理制度发展的社会基础。社会农民主张农民充分的自治，对于国家介入到农民不能自己实行治理的区域界限，则应该从法律层面予以规范界定。与此同时，伴随着农民社会治理的深入发展，农民的人权意识及人权结构也必然在农村经济、政治、文化及社会的全面发展过程中得到提高与改善。对于农村民主管理的主体，学术界也有不同的声音。有主张应严格区分农村民主管理与农村民主管理制度的主体，这是两个不同的概念范畴。有的则坚持认为农村民主管理与农村民主管理制度两者的主体是一致的。对于农村民主管理制度的研究方法，学术界观点不一。有的认为应该树立综合型的课题研究方法思维，单凭某一学科领域的研究方法难以有效开展农村民主管理制度的研究。有的片面地认为如果偏重于制度层面的农村民主管理研究，只要这种制度能与法治发展思路相适应，就可以在政府的主导下实现农村民主管理制度的理想。但是笔者认为，现在的问题是，国家自上而下的推进过程路径与自下而上的社会演进型路径对法治国家建设所采取的制度措施是不均衡的，反映在农村民主管理制度领域，要想从法治层面对其展开深入研究，就必须在自下而上的社会演进型路径中充分挖掘农村民主管理制度发展的来自乡土社会的动力资源，必须对农村社会优秀传统文化进行深度的挖掘，深入地探讨农村民主管理制度在经济、政治、文化及伦理等方面的生发基础。这显然不是单一学科所能解决的问题。因此，对农村民主管理制度开展多学科研究，有着十分重要的意义。

　　总之，虽然学术界围绕我国农村民主管理制度相关问题所展开的理论与实证研究，对一些问题达成了共识，但是，仍存在一些争议与分歧，这为农村民主管理制度的进一步深入研究提出了新的问题。这些问题主要包括农村民主管理制度的理论分析问题、改革实践问题、制度建设问题、法治建设问题及政策分析问题等。值得提及的是，当下我国农村民主管理及其制度建设问题是在现代化背景下发生与发展的。在传统中国社会，与行政不下乡体制相对应的是皇权不下县体制，即正式的国家行政机关的职能不能深入地延伸到农村乡土社会，因此也不可能对乡村社会日常生活进行全面渗透。[1] 这实质上表明国家行政权力在农村基层社会是虚无缥缈的，有名无实。[2] 在农村乡土社会重构基础上进行的现代性整合是中国特色社会主义民主政治建设过程中的重点与难点之一。这不仅因为现代国家与传统国家的根本区别，而且因为现代国家权力构建的过程具有双向互动性，主要表现在为了实现在社会的国家化基础上国家的全面整合，国家权力必然要求通过具有科层制性质的组织模式实现对社会各个领域的理性化渗透与扩张，这也包括农村社会领域，以此不断地实现这种渗透与扩张的合法性，从而在这种合法性基础上构建起与以主权在民原则为主要内容的民主制度相适应的政治认同机制。[3] 事实上，回顾历史，我国现代国家的建构发端于中华民国时期，那个时期由于外国的侵入，导致国家主权四分五

---

[1]　徐勇：《现代国家的建构与村民自治的成长——对中国村民自治发生与发展的一种阐释》，《学习与探索》2006 年第 6 期。

[2]　费孝通：《乡土中国生育制度》，北京大学出版社 1998 年版，第 63 页。

[3]　[美] 杜赞奇：《从民族国家拯救历史——民族主义话语与中国近现代史研究》，王宪明译，社会科学文献出版社 2003 年版，第 86 页。

裂，不具有完整性，全国也缺乏统一的权威的中央国家行政机关，更谈不上现代国家的建构。发展到国民党治理时期，虽然国家政权开始下乡，但是广大农民在国家政权下乡的过程中不仅其合法权益没有得到根本的保障，相反，在国家基层政权建设中失去了许多合法的权益，实际上是受到了当时国家基层政权机关的剥削与掠夺，从而产生了所谓的"政权内卷化"现象。① 1949 年新中国成立以后，我国现代国家的建构才逐步提上了议事日程，但是，由于诸多因素的影响，新中国成立后相当长一段时间现代国家的建设发展是极不均衡的。事实上出现了民族—国家的建构进程远远快于民主—国家的建构进程的现象，实际上在民族—国家建设时期，尚未建立健全起确保国家政治体系持续良性运行的一整套民主制度。历史证明，民主—国家的建构与民族—国家的建构相辅相成，紧密联系，缺少任何一方的构建，另一方的发展也必然缺乏稳固的基础。由此，在 1976 年"文化大革命"结束以后，邓小平曾经指出，没有民主不仅没有社会主义，而且也没有社会主义的现代化，② 进而更带有根本性、全局性、稳定性和长期性的问题是领导制度、组织制度等问题。③ 从此也就开始提出了现代国家政治体制改革和中国特色社会主义民主政治建设的任务。④

　　伴随着现代国家的建构，对乡村社会的治理要求实现纵向与横向的交错发展，所谓纵向的发展就是要求将国家权力无一遗漏地渗透到国家领土的各个地域部分；所谓横向的发展就是要求实现各阶层各领域的社会成员能够通过各种自治行使自己合法的公民权利，充分地通过组织反映和表达自己的要求和意见。可见，这是在现代国家建构中所出现的对乡村社会治理的双向发展趋势，这种发展趋势必然要求国家权力延伸到乡村社会，实现农村基层社会各种自治组织的持续生长与发展，这反映在现代国家治理结构层面，就必然要求实现国家权力"纵向到底""横向到边"。⑤ 反映在农村民主管理制度建设领域，这也是农村民主管理中国家基层政权与农

---

① 杜赞奇：《文化、权力与国家——1900—1942 年的华北农村》，王福明译，江苏人民出版社 1995 年版，第 240 页。

② 《邓小平文选》第 2 卷，人民出版社 1994 年版，第 168 页。

③ 同上书，第 333 页。

④ 徐勇：《"回归国家"与现代国家的建构》，《东南学术》2006 年第 4 期。

⑤ 徐勇：《现代国家的建构与村民自治的成长——对中国村民自治发生与发展的一种阐释》，《学习与探索》2006 年第 6 期。

村基层社会各种自治组织合作的具体要求与体现。在这个发展的过程中，随着以国家名义出现的越来越多的公共事务进入农村社会，将国家权力实现"纵向到底"也是历史发展的必然趋势，特别是随着国家于 2006 年全面取消了农业税以后，"工业反哺农业""城市支持乡村"及实现城乡基本公共服务均等化发展战略目标逐步在我国开始实施，这些基本公共服务主要包括将社会保障、公共文化、公共卫生、义务教育、优抚救助、基本医疗、基础设施、公共安全等服务在农村地区全面实现。[1] 在这个发展过程中，伴随着国家对农村社会基层治理的不断民主化及农村民主管理制度在国家范围内的全面推广，将国家权力实现"横向到边"也就具有了实现的社会基础。须知，与我国农村社会联系紧密的国家政权机关是乡镇政府，随着乡镇基层政府依法行政水平与能力的不断提高，国家权力在农村社会的运行愈加民主化，这也就不断地优化了农村民主管理制度生长与发展的环境。同时，作为农村民主管理制度参与的重要主体，农民的政治参与水平与程度也决定了将国家权力"横向到边"的实现程度。依据农民理性行动、聚合心理学的相关理论假设，如果没有能够让农民获取现实利益的情况出现，他们宁可保持现状，也不愿意实施相应的革命行动去获得现实利益。这其中的一个基本理论假定就是，在有农民参与的为了农村个人或者农村社会某些问题的解决的有组织的革命运动中，无一不是在某些革命组织提供的相应的利益刺激下农民们对此所作出的一种尝试。[2] 更有学者指出，农民之所以不仅是潜在的革命者，而且也是保守的政治因素，主要是因为对现实的利益的获取是农民奋斗的具体目标，这种目标的实现满足与否是决定农民参与或者退出相关的政治活动的决定性因素。[3] 可见，影响农民政治参与的一个关键性因素是其对现实利益的诉求实现与否。具体到农村民主管理制度领域，农民政治参与的主要内容就是为了表达其合法的利益诉求，以此为国家各级政府制定相关政策提供参照借鉴；积极参加农村社会民主管理中的各种村级自治组织，通过民主选举、民主

---

[1]　项继权：《基本公共服务均等化：政策目标与制度保障》，《华中师范大学学报》（人文社会科学版）2008 年第 1 期。

[2]　［美］米格代尔：《农民、政治与革命——第三世界政治与社会变革的压力》，李玉琪、袁宁译，中央编译出版社 1996 年版，第 195—196 页。

[3]　［美］塞缪尔·亨廷顿、琼·纳尔逊：《变化社会中的政治秩序》，王冠华、刘为译，上海世纪出版集团 2007 年版，第 345 页。

决策、民主管理、民主监督等自治权的行使，确保其经济、政治、文化、社会等各方面的合法权益能够顺利得以实现。为此，充分保证农民在农村民主管理中制度化的政治参与、全面发挥农村社会各村级自治组织在农村民主管理政治参与中的作用、廓清村民民主管理权利的边界，这不仅是农村民主管理中农民法治参与的现实路径，也是农村民主管理制度法治运行与保障的重要基础。

由是观之，中国在整个 20 世纪一直都致力于解决"农村乡土社会重构基础上的现代性整合"这一中国特色社会主义民主政治建设进程之中的难题。这也是我们研究中国农村民主管理变迁及制度走向的基本背景。21 世纪以来，党的十七大明确要求，把发展基层民主"作为发展社会主义民主政治的基础性工程重点推进"，并将基层民主制度与人民代表大会制度、多党合作和政治协商制度、民族区域自治制度等并列在一起，使之成为"坚持中国特色社会主义政治发展道路"的重要方面，其根本目的就是希望通过发展基层民主，依法保障和落实人民当家作主的权利，最大限度地减少不和谐因素、增加和谐因素，为社会主义现代化建设服务。此后，党的十七届三中全会通过的《中共中央关于推进农村改革发展若干重大问题的决定》对我国基层民主制度中涉及人口数量最多、范围最广的农村民主管理制度，进行了更加系统、全面的阐述。党的十八大在全面建成小康社会和全面深化改革开放的目标中明确提出，要加快推进社会主义民主政治制度化、规范化、程序化，从各层次、各领域扩大公民有序政治参与，实现国家各项工作法治化。在坚持走中国特色社会主义政治发展道路和推进政治体制改革中也明确指出要完善基层民主制度，在城乡社区治理中，要健全基层党组织领导的充满活力的基层群众自治组织，发挥各类组织的协同作用，实现政府管理与基层民主有机结合。要全面推进依法治国，法治是治国理政的基本方式，要推进科学立法、严格执法及公正司法。党的十八届三中全会通过的《中共中央关于全面深化改革若干重大问题的决定》更进一步对加强社会主义民主政治制度建设提出了明确的要求，特别是要坚持和完善基层群众自治制度，更加注重健全民主制度。要求丰富民主形式，发展基层民主，畅通民主渠道，健全基层选举、议事、公开、述职、问责等机制。要求促进群众在城乡社区治理、基层公共事务及公益事业中依法自我管理、自我服务、自我教育及自我监督。进而明确提出要推进法治中国建设的目标，必须坚持依法治国、依法执政及依法行政共同推进，坚持法治国家、法治政府及法治社会一体化建设。这表明在改革开放30余年制度探索和经验积累的基础上，农村民主管理制度建设将更加重视民主质量的提升。其中，"扩大有序参与、推进信息公开、健全议事协商、强化权力监督"被明确列为当前发展农村基层民主的重点。除此以外，关于农村民主管理制度的阐述，还包含着一些保障制度健康发展的制度设计。这些内容共同构成了一个逻辑严密、较为完善的制度体系。其中最重要的问题包括中国农村民主管理制度建设中如何完善与农民政治参与积极性不断提高相适应的乡镇治理机制、健全村党组织领导的充满活力的村民自治机制、推进以保障农民权益为主要内容的农村依法治理机制、构建以完善社会自治功能为导向的农村社会组织机制等，以及中国农村民主管理制度建设中如何处理好乡镇行政管理与村民自治的有机衔接与良性互动、坚持农村基层党组织领导与健全农村民主管理制度的良性互动、健全农村民主管理制度与促进农村经济社会又好又快发展的良性互动、健全农村民主管理制度与增强农村物质保障能力建设的良性互动等问题。这也是本书后续研究的主要内容和重点难点。

参 考 文 献

一　经典著作类

[1]《马克思恩格斯选集》第1—4卷，人民出版社2012年版。

[2]《马克思恩格斯全集》第1—6卷，人民出版社2008年版。

[3]《马克思恩格斯文集》第1—7卷，人民出版社2009年版。

[4]《列宁选集》第1—4卷，人民出版社1995年版。

[5]《斯大林选集》（上下册），人民出版社1979年版。

[6]《毛泽东选集》第1—4卷，人民出版社2003年版。

[7]《毛泽东文集》第1—8卷，人民出版社1999年版。

[8]《邓小平文选》第1—2卷，人民出版社1994年版。

[9]《邓小平文选》第3卷，人民出版社1993年版。

[10]《江泽民文选》第1—3卷，人民出版社2006年版。

[11]［德］马克思：《资本论》第1卷，人民出版社1963年版。

[12]［德］马克思：《1844年经济学—哲学手稿》，人民出版社2000年版。

二　中文著作类

[1]《当代中国农业合作化》编辑室：《建国以来农业合作化史料汇编》，中共党史出版社1992年版。

[2]蔡定剑：《中国选举状况的报告》，法律出版社2002年版。

[3]曹锦清等：《当代浙江北村的社会文化变迁》，上海远东出版社2001年版。

[4]陈红太：《当代中国政府体系与政治研究法》，经济日报出版社2002年版。

[5]陈吉元、胡必亮主编：《当代中国的村庄经济与村落文化》，山

西经济出版社 1998 年版。

［6］陈吉元主编：《中国农村社会经济变迁》，山西经济出版社 1992 年版。

［7］陈家刚：《协商民主》，生活·读书·新知三联书店 2004 年版。

［8］陈锡文：《中国农村改革：回顾与展望》，天津人民出版社 1993 年版。

［9］陈浙闽主编：《村民自治的理论与实践》，天津人民出版社 2000 年版。

［10］程燎原、王人博：《赢得神圣——权利及其救济通论》，山东人民出版社 1993 年版。

［11］程同顺：《中国农民组织化研究初探》，天津人民出版社 2003 年版。

［12］程同顺：《当代中国农村政治发展研究》，天津人民出版社 2000 年版。

［13］邓正来：《国家与市民社会——中国市民社会研究》，四川人民出版社 1989 年版。

［14］邓正来：《市民社会理论的研究》，中国政法大学出版社 2002 年版。

［15］杜润生主编：《当代中国的农业合作制》，当代中国出版社 2002 年版。

［16］杜润生主编：《中国农村改革决策纪事》，中央文献出版社 1999 年版。

［17］付子堂：《法律功能论》，中国政法大学出版社 1999 年版。

［18］高民政主编：《中国政府与政治》，黄河出版社 1993 年版。

［19］国务院研究室课题组编：《农村·市场·政府》，中国农业出版社 1994 年版。

［20］何增科：《基层民主和地方治理创新》，中央编译出版社 2004 年版。

［21］贺雪峰：《乡村治理的社会基础》，中国社会科学出版社 2003 年版。

［22］黄辉祥：《村民自治的生长：国家建构与社会发展》，西北大学出版社 2008 年版。

［23］徐勇、吴毅主编：《乡土中国的民主选举——农村村民委员会选举研究文集》，华中师范大学出版社 2001 年版。

［24］强世功：《法制与治理——国家转型中的法律》，中国政法大学出版社 2003 年版。

［25］秦晖等：《田园诗与狂想曲：关中模式与前近代社会的再认识》，中央编译出版社 1996 年版。

［26］唐鸣、陈荣卓：《农村法律和社会问题探究》，法律出版社 2008 年版。

［27］唐鸣、俞良早：《共产党执政与社会主义建设》，人民出版社 2008 年版。

［28］唐鸣：《村委会选举法律问题研究》，中国社会科学出版社 2004 年版。

［29］王禹：《村民选举法律问题研究》，北京大学出版社 2002 年版。

［30］王禹：《我国村民自治研究》，北京大学出版社 2004 年版。

［31］徐勇、徐增阳：《流动中的乡村治理——对农民流动的政治社会学分析》，中国社会科学出版社 2003 年版。

［32］徐勇：《非均衡的中国政治：城市与乡村比较》，中国广播电视出版社 1992 年版。

［33］徐勇：《乡村治理与中国政治》，中国社会科学出版社 2002 年版。

［34］徐勇：《中国农村村民自治》，华中师范大学出版社 1979 年版。

［35］徐勇主编：《乡土中国的民主选举——农村村民委员会选举研究文集》，华中师范大学出版社 2001 年版。

［36］赵秀玲：《村民自治通论》，中国社会科学出版社 2004 年版。

［37］张晓山：《走向市场：农村的制度变迁与组织创新》，经济管理出版社 1996 年版。

［38］詹成付：《乡村政治若干问题研究》，西北大学出版社 2004 年版。

［39］温铁军：《三农问题与世纪反思》，生活·读书·新知三联书店 2005 年版。

［40］潘维、贺雪峰：《社会主义新农村建设的理论与实践》，中国经济出版社 2006 年版。

［41］费孝通：《乡土中国生育制度》，北京大学出版社 1998 年版。

［42］蒋和平、朱晓峰：《社会主义新农村建设的理论与实践》，人民出版社 2007 年版。

［43］张千帆：《新农村建设的制度保障》，法律出版社 2007 年版。

［44］贺雪峰：《什么农村，什么问题》，法律出版社 2008 年版。

［45］范愉：《非诉讼纠纷解决机制研究》，中国人民大学出版社 2000 年版。

［46］范愉：《ADR 的原理与实务》，厦门大学出版社 2002 年版。

［47］范愉：《非诉讼程序（ADR）教程》，中国人民大学出版社 2002 年版。

［48］范愉：《多元化纠纷解决机制》，厦门大学出版社 2005 年版。

［49］徐昕：《纠纷解决与社会和谐》，法律出版社 2006 年版。

［50］徐昕：《迈向社会和谐的纠纷解决》，中国检察出版社 2008 年版。

［51］何兵：《现代社会的纠纷解决》，法律出版社 2003 年版。

［52］贺雪峰：《乡村的前途》，山东人民出版社 2007 年版。

［53］靳江好、王郅强：《和谐社会建设与社会矛盾调节机制研究》，人民出版社 2008 年版。

［54］严军兴：《多元化农村纠纷处理机制研究》，法律出版社 2008 年版。

［55］高建民：《当代中国农民与农村经济社会矛盾分析》，中国经济出版社 2009 年版。

［56］平川：《危机管理》，当代世界出版社 2005 年版。

［57］赵震江：《法律社会学》，北京大学出版社 1998 年版。

［58］李祖军：《民事诉讼目的论》，法律出版社 2000 年版。

［59］卞耀武：《中华人民共和国土地管理法释义》，法律出版社 1998 年版。

［60］蒋和平、朱晓峰等：《社会主义新农村建设的理论与实践》，人民出版社 2007 年版。

［61］王金柱：《构建和谐社会中的效率与公平》，湖南人民出版社 2007 年版。

［62］公丕祥：《纠纷的有效解决——和谐社会视野下的思考》，人民

法院出版社 2007 年版。

　　［63］卢福营等：《冲突与协调：乡村治理中的博弈》，上海交通大学出版社 2006 年版。

　　［64］史德宝：《纠纷解决：多元调解的方法与策略》，中国法制出版社 2008 年版。

　　［65］唐鸣、陈荣卓：《农村法律服务、行动与表达》，法律出版社 2009 年版。

　　［66］《毛泽东选集》第 1 卷，人民出版社 1991 年版。

　　［67］《邓小平文选》第 3 卷，人民出版社 1993 年版。

　　［68］《中国共产党第十七次全国代表大会文件汇编》，人民出版社 2007 年版。

　　［69］宋连胜等：《马克思主义中国化研究》，吉林大学出版社 2007 年版。

　　［70］宋连胜等：《中国共产党与社会主义民主政治发展研究》，吉林大学出版社 2007 年版。

　　［71］韦森：《社会制序的经济分析导论》，上海三联书店 2001 年版。

　　［72］梁漱溟：《中国文化要义》，学林出版社 1987 年版。

　　［73］梁漱溟：《东西文化及其哲学》，商务印书馆 1999 年版。

　　［74］金耀基：《从传统到现代》，中国人民大学出版社 1999 年版。

　　［75］费孝通：《乡土中国》，北京出版社 2009 年版。

　　［76］王春阁等：《民主政治建设与执政能力研究》，吉林大学出版社 2007 年版。

　　［77］杨光斌主编：《政治学导论》，中国人民大学出版社 2001 年版。

　　［78］边燕杰主编：《市场转型与社会分层》，生活·读书·新知三联书店 2002 年版。

　　［79］包亚明主编：《文化资本与社会炼金术》，上海人民出版社 1997 年版。

　　［80］蔡文辉：《社会变迁》，三民书局 1983 年版。

　　［81］程虹：《制度变迁的周期——一个一般理论及其对中国改革的研究》，人民出版社 2000 年版。

　　［82］方福前：《公共选择理论——政治的经济学》，中国人民大学出版社 2000 年版。

［83］ 樊纲:《渐进式改革的政治经济学分析》,上海远东出版社 1996 年版。

［84］ 高尚全:《九年来的中国经济体制改革》,人民出版社 1989 年版。

［85］ 卢现祥:《西方新制度经济学》,中国发展出版社 2003 年版。

［86］ 厉以宁:《社会主义政治经济学》,商务印书馆 1986 年版。

［87］ 张奇仔:《社会资本论》,社会科学文献出版社 1999 年版。

［88］ 张宇燕:《经济发展与制度选择》,中国人民大学出版社 1993 年版。

［89］ 张维达主编:《社会主义市场经济导论》,中国财政经济出版社 1993 年版。

［90］ 高放:《中国政治体制改革的心声》,重庆出版社 2006 年版。

［91］ 谭健:《中国政治体制改革论》,光明日报出版社 1989 年版。

［92］ 董郁玉等编:《政治中国》,今日中国出版社 1998 年版。

［93］ 王沪宁:《比较政治分析》,上海人民出版社 1987 年版。

［94］ 王沪宁:《当代西方政治学分析》,四川人民出版社 1988 年版。

［95］ 王沪宁:《美国反对美国》,上海人民出版社 1989 年版。

［96］ 竺乾威主编:《公共行政学》,复旦大学出版社 2000 年版。

［97］ 唐士其:《国家与社会的关系》,北京大学出版社 1998 年版。

［98］ 张文显:《法理学》,北京大学出版社 1999 年版。

［99］ 张静主编:《国家与社会》,浙江人民出版社 1998 年版。

［100］ 蔡文辉:《社会变迁》,三民书局 1983 年版。

［101］ 王振耀等:《中国农村村民委员会的法律制度》,中国社会出版社 1996 年版。

［102］ 卢风:《享乐与生存》,广东教育出版社 2000 年版。

［103］ 苏力:《法治及其本土资源》,中国政法大学出版社 1996 年版。

［104］ 苏力:《制度是如何形成的》(增订版),北京大学出版社 2007 年版。

［105］ 孙国华主编:《人权:走向自由的标尺》,山东人民出版社 1993 年版。

［106］ 孙达人:《中国农民变迁论:试探我国历史发展周期》,中央

编译出版社 1996 年版。

[107] 孙立平：《重建社会：转型社会的秩序再造》，社会科学文献出版社 2009 年版。

[108] 孙立平：《转型与断裂：改革以来中国社会结构的变迁》，清华大学出版社 2004 年版。

[109] 刘祖云：《从传统到现代：当代中国社会转型研究》，湖北人民出版社 2000 年版。

三　中文论文类

[1] 白呈明：《对村民自治权的法律救济的思考》，《求实》2003 年第 9 期。

[2] 白永秀：《税费改革对乡镇政府职能及存在合理性的影响》，《经济社会体制比较》2007 年第 3 期。

[3] 蔡林慧：《乡镇政府管理失灵的纠补》，《湖南师范大学社会科学学报》2005 年第 6 期。

[4] 曹传柳：《户籍管理一元化选民资格怎么定》，《乡镇论坛》2004 年第 2 期。

[5] 陈国华：《发达地区农村基层民主管理体制的新探索》，《中共中央党校学报》2006 年第 6 期。

[6] 陈华栋：《建国以来我国乡镇政府机构沿革及角色演变研究》，《社会科学战线》2007 年第 2 期。

[7] 陈朋：《对当前乡镇政府改革的冷思考——基于中部地区三省的调查与分析》，《调研世界》2006 年第 9 期。

[8] 程又中、陈伟东：《国家与农民：公共产品供给角色与功能定位》，《华中师范大学学报》2006 年第 2 期。

[9] 崔永军：《"乡政村治"：一项关于农村治理结构与乡镇政府职能转变的个案研究》，《社会科学战线》2006 年第 4 期。

[10] 崔智友：《中国村民自治的法学思考》，《中国社会科学》2001 年第 3 期。

[11] 党国英：《如何认识村民自治中的"贿选"问题》，《中国社会导刊》2002 年第 11 期。

[12] 邓泉国：《农村村民自治与城市居民自治兴起的背景与动因比

较》，《当代世界与社会主义》2008年第1期。

[13] 董江爱：《村民代表会议的制度化：直接民主理念的实现》，《马克思主义与现实》2005年第1期。

[14] 何包钢、王春光：《中国乡村协商民主：个案研究》，《社会学研究》2007年第2期。

[15] 何增科：《渐进政治改革与民主的转型》，《北京行政学院学报》2004年第3期。

[16] 贺雪峰：《农民价值观的类型及相互关系——对当前中国农村严重伦理危机的讨论》，《开放时代》2008年第3期。

[17] 贾登勋、迟方旭：《村民自治权的私法救济———种考察视野和研究范式的转换》，《河北法学》2006年第5期。

[18] 贾探民、杜双田：《试论市场经济体制下的市场农业》，《农业科研经济管理》2003年第3期。

[19] 景跃进：《村民自治与中国特色的民主政治之路》，《天津社会科学》2002年第1期。

[20] 林尚立：《协商政治：对中国民主政治发展的一种思考》，《学术月刊》2003年第4期。

[21] 刘奇：《免征农业税背景下的乡村社会治理》，《改革》2005年第7期。

[22] 刘潇潇：《"新农村"背景下农村法治的法哲学解读——方法论的检讨与重整》，《河北法学》2006年第8期。

[23] 卢福营：《尝试制度创新促进民主监督——对航埠镇"两监督一赔偿"制度的分析》，《山东科技大学学报》2003年第4期。

[24] 马明华：《村民自治权及其法律救济探析——以法社会学为视角》，《河南省政法管理干部学院学报》2003年第4期。

[25] 乔中国、李敏：《加强农村法治建设的必要性述要》，《理论探索》2007年第3期。

[26] 唐鸣、陈荣卓：《村委会组织法修改：问题探讨和立法建议》，《社会科学研究》2006年第6期。

[27] 唐鸣、陈荣卓：《农村法律服务研究：已有的进路及可能的拓展》，《社会科学战线》2007年第3期。

[28] 唐鸣、陈荣卓：《农民工参加工伤保险亟待解决的几个问

题——兼析省级实施〈工伤保险条例〉办法中的相关规定》,《华中师范大学学报》2006 年第 6 期。

　［29］唐鸣、陈荣卓:《农民工法律地位的界定及考察路径——一条从抽象到具体的研究思路》,《浙江大学学报》2006 年第 5 期。

　［30］唐鸣、陈荣卓:《完善村民自治法律体系:总体思路与具体构想》,《中州学刊》2007 年第 5 期。

　［31］唐鸣、杨正喜:《关于村委会成员候选人资格条件问题的争论之综述》,《中州学刊》2005 年第 2 期。

　［32］唐鸣、杨正喜:《论农民工的社会保障权》,《中南民族大学学报》2006 年第 5 期。

　［33］唐鸣:《关于村民会议几个问题的法律探讨》,《江汉论坛》2005 年第 10 期。

　［34］唐鸣:《关于村委会成员候选人资格条件问题的思考》,《华中师范大学学报》2005 年第 4 期。

　［35］唐鸣:《关于村委会选举选民登记的几个法律问题——对省级村委会选举法规一个方面内容的比较与评析》,《华中师范大学学报》2004 年第 1 期。

　［36］唐鸣:《关于完善村民自治法律体系的两个基本问题》,《法商研究》2006 年第 2 期。

　［37］伍玉功:《农村法治建设的三个冲突与出路》,《求索》2007 年第 6 期。

　［38］项继权:《"后税改时代"的村务公开与民主管理——对湖北及若干省市的调查与分析》,《中国农村观察》2006 年第 2 期。

　［39］项继权:《短缺财政下的乡村政治发展——兼论中国乡村民主的生成逻辑》,《中国农村观察》2002 年第 3 期。

　［40］徐勇:《村民自治:中国宪政制度的创新》,《中共党史研究》2003 年第 1 期。

　［41］徐勇:《县政、乡派、村治:乡村治理的结构性转换》,《江苏社会科学》2002 年第 2 期。

　［42］徐勇:《现代国家的建构与村民自治的成长》,《学习与探索》2006 年第 6 期。

　［43］徐勇:《"回归国家"与现代国家的建构》,《东南学术》2006

年第 4 期。

［44］徐勇：《现代国家建构与农业财政的终结》,《华南师范大学学报》2006 年第 2 期。

［45］徐勇：《村民自治的成长：行政放权与社会发育》,《华中师范大学学报》2005 年第 2 期。

［46］徐勇：《"行政下乡"：动员、任务与命令》,《华中师范大学学报》2007 年第 5 期。

［47］徐勇：《"政党下乡"：现代国家对乡土的整合》,《学术月刊》2007 年第 8 期。

［48］于建嵘：《20 世纪中国农会制度的变迁及启迪》,《福建师范大学学报》2003 年第 5 期。

［49］于建嵘：《当代中国农民维权组织的发育与成长——基于衡阳农民协会的实证研究》,《中国农村观察》2005 年第 2 期。

［50］于建嵘：《当前农民维权活动的一个解释框架》,《社会学研究》2004 年第 2 期。

［51］张学亮：《依法治国与农村法律信仰危机》,《长白学刊》2002 年第 6 期。

［52］郑永年：《政治改革与中国国家建设》,《战略与管理》2001 年第 2 期。

［53］陈荣卓、唐鸣：《中国农村民主管理机制：形成机理与逻辑整合》,《社会科学》2011 年第 7 期。

［54］陈荣卓、杨正喜：《农村民主管理的扩展：乡镇治理中的政府与民众互动机制建构》,《当代世界与社会主义》2010 年第 3 期。

［55］刘义强：《构建以社会自治功能为导向的农村社会组织机制》,《东南学术》2009 年第 1 期。

［56］宋俭、丁俊萍：《中国特色社会主义宪政建设的历程及启示》,《教学与研究》2004 年第 10 期。

［57］王卓君：《渐进宪政的民主、法治和人权保障：以行政法为主线》,《中国法学》2004 年第 5 期。

［58］何平：《政治文明与当代中国宪政制度的演进》,《江淮论坛》2004 年第 5 期。

［59］李伟清：《宪政与人权保护》,《上海财经大学学报》2004 年第

5 期。

　　［60］周叶中、邓联繁：《政治文明的宪政维度》，《时代法学》2004年第 1 期。

　　［61］邓建华、刘雄飞：《宪政的理论基础探源》，《时代法学》2004年第 2 期。

　　［62］武秀英：《宪政——政治文明的基础及精髓》，《理论研究》2004 年第 7 期。

　　［63］范进学：《宪法演进模式之比较》，《法学论坛》2004 年第 3 期。

　　［64］郑琼现：《也论宪法的标准》，《法学评论》2005 年第 2 期。

　　［65］秦前红、叶海波：《宪法修正与宪政民主观的确立》，《法学评论》2005 年第 2 期。

　　［66］莫纪宏：《1978 年宪法在人权保障中的主要特征及其作用》，《河南省政法管理干部学院学报》2005 年第 2 期。

　　［67］彭红杰：《论中国程序宪政新理念》，《内蒙古社会科学》2005 年第 2 期。

　　［68］莫纪宏：《依法治国与依宪执政》，《学习时报》2005 年第 4 期。

　　［69］张福刚：《社会转型时期宪法的特征》，《湖北省社会主义学院学报》2004 年第 3 期。

　　［70］马传刚：《关于 1982 年宪法修改的经济原因》，《湖北省社会主义学院学报》2004 年第 3 期。

　　［71］殷啸虎：《过渡时期理论与 1954 年宪法》，《政法论坛》2004 年第 6 期。

　　［72］李津燕：《宪政时代的国家权力与公民权利》，《理论前沿》2004 年第 23 期。

　　［73］郑宏彩：《宪法产生之思想基础探究》，《法学杂志》2004 年增刊上。

　　［74］上官莉娜、戴激涛：《论宪法信仰的价值及其树立》，《武汉大学学报》2004 年第 6 期。

　　［75］谢彦章：《试论邓小平制宪思想》，《法学杂志》2004 年增刊上。

［76］袁兵喜：《论政治文明建设与人权保障》，《贵州师范大学学报》2004年第6期。

［77］唐志国：《保障人权与中国宪政发展关系的论说》，《西藏民族学院学报》2004年第6期。

［78］殷啸虎、王建文：《村民自治主体的法律分析》，《河南省政法管理干部学院学报》2004年第6期。

［79］米良、曾圣稷：《越南国家宪政制度概述》，《云南大学学报》2004年第6期。

［80］王明华、那述宇：《政治文明建构的观念性障碍》，《西南民族大学学报》2005年第1期。

［81］赵林记：《政治学视野中的新制度主义解析》，《中共成都市委党校学报》2005年第5期。

［82］崔巍：《民主宪政模式选择与当代中国社会民主化进程》，《东南大学学报》（哲社版）2005年第6期。

［83］范铁中：《中西政治制度比较视野下的政治文明建设》，《江西师范大学学报》（哲社版）2005年第5期。

［84］曾小华：《中国古代政治制度的独特类型及其特征》，《中共浙江省委党校学报》2005年第6期。

［85］于建嵘：《土地问题已成为农民维权抗争的焦点——关于当前我国农村社会形势的一项专题调研》，《调研世界》2005年第3期。

［86］陈柏峰：《新农村建设要关注非物质性产品供给》，《调研世界》2006年第7期。

［87］陈娴灵：《当前农村涉地纠纷及其调解原则——以新农村建设为视角》，《湖北社会科学》2008年第3期。

［88］赵春兰、周兴宥：《新农村建设中农村纠纷及其非讼化解决机制》，《法治研究》2008年第3期。

［89］陆福兴：《完善新农村建设中的矛盾化解机制》，《湖南公安高等专科学校学报》2006年第6期。

［90］王燕、张军亮：《城乡结构下农村特有的纠纷解决机制探析》，《法治视野》2008年第7期。

［91］王珂珂：《ADR视野下的农村民事纠纷解决机制研究》，《现代农业》2007年第7期。

[92] 邵华:《当前农村系统内纠纷解决机制的完善》,《甘肃社会科学》2008 年第 5 期。

[93] 汤唯:《农村多元纠纷解决机制的法理模型》,《淮阴师范学院学报》2008 年第 4 期。

[94] 赵春兰、周兴宥:《新农村建设中农村纠纷及其非讼化解决机制》,《法治研究》2008 年第 3 期。

[95] 韦书觉:《方法与问题:以农村民事纠纷的分析为例》,《河池学院学报》2005 年第 6 期。

[96] 赵海荣、马同强:《村容整洁与社会主义新农村建设》,《信阳农业高等专科学校学报》2009 年第 1 期。

[97] 韩东、雷海亮:《当前纠纷解决的困境与突破》,《社科纵横》2007 年第 12 期。

[98] 宋靖:《新农村法治进程中多元纠纷解决机制建设的模式》,《福建行政学院学报》2009 年第 3 期。

[99] 杨伟东:《关于我国纠纷解决机制的思考》,《行政法学研究》2006 年第 3 期。

[100] 唐莹莹:《"一元钱诉讼"与纠纷解决机制》,《法律适用》2004 年第 2 期。

[101] 赵高旺:《论法治社会中司法的限度及多元化纠纷解决机制的合理框架》,《青岛行政学院学报》2006 年第 4 期。

[102] 董磊明:《村庄纠纷调解机制的研究路径》,《学习与探索》2006 年第 1 期。

[103] 徐胜萍、孙迎娣:《民间调解与和谐社会的构建》,《思想战线》2007 年第 4 期。

[104] 王晓红:《新农村建设条件下人民调解制度的重构》,《内蒙古农业大学学报》2008 年第 2 期。

[105] 何文燕:《转型时期农村经济纠纷的社会控制》,《湖南公安高等专科学校学报》2001 年第 1 期。

[106] 张元:《我国仲裁裁决效力阻却制度的缺陷及其完善》,《法律适用》2005 年第 1 期。

[107] 王晓虹:《新农村建设条件下人民调解制度的重构》,《内蒙古农业大学学报》(社会科学版)2008 年第 2 期。

［108］宁杰:《ADR 热的冷思考》,《法律适用》2005 年第 2 期。

［109］王振清:《多元化纠纷解决机制与纠纷解决资源》,《法律适用》2005 年第 2 期。

［110］刘永红、王安平:《构建多元化纠纷解决机制的法律思考》,《西华师范大学学报》(哲学社会科学版) 2009 年第 1 期。

［111］吴卫军、范燕萍:《现状与走向:和谐社会纠纷解决体系的构建》,《四川师范大学学报》(社会科学版) 2008 年第 2 期。

［112］柯阳友、高玉珍:《诉讼内外纠纷解决机制的分流、协调与整合》,《河北法学》2006 年第 6 期。

［113］白钢:《中国村民自治法制建设平议》,《中国社会科学》1998 年第 3 期。

［114］金太军等:《近年来的中国农村政治研究》,《政治学研究》1999 年第 4 期。

［115］金太军等:《走出对村民自治的认识误区》,《探索与争鸣》1999 年第 8 期。

［116］金太军:《乡政村治格局下的村民自治——乡镇政府与村委会之间的制约关系分析》,《社会主义研究》2000 年第 4 期。

［117］金太军等:《新农村建设视角下的乡镇机构改革》,《长白学刊》2007 年第 2 期。

［118］贺雪峰:《论理想村级组织的制度基础》,《政治学研究》1998 年第 3 期。

［119］贺雪峰:《村民自治的功能及其合理性》,《社会主义研究》1999 年第 6 期。

［120］贺雪峰:《当前村民自治研究中需要澄清的若干问题》,《中国农村观察》2000 年第 2 期。

［121］贺雪峰:《农民负担的症结与现状》,《管理世界》2002 年第 3 期。

［122］陈荷夫:《我国民主政治建设的坚实基础——论村民委员会的性质、地位及其与乡镇基层政权的关系》,《政治学研究》1989 年第 6 期。

［123］杨爱民:《中国农村基层民主政治建设的创举——关于村民代表会议制度的思考》,《政治学研究》1996 年第 2 期。

［124］徐增阳:《村民自治的发展趋势》,《政治学研究》2006 年第

2 期。

　　［125］征汉文:《健全村民自治制度 推进基层民主建设——全国"基层民主建设理论研讨会"综述》,《政治学研究》1999 年第 3 期。

　　［126］张静:《国家政权建设与乡村自治单位——问题与回顾》,《开放时代》2001 年第 9 期。

　　·［127］吴毅:《跨世纪的课题:中国农村改革、发展与稳定中国农村改革与发展学术研讨会综述》,《社会主义研究》1996 年第 1 期。

　　［128］吴毅:《村民自治的成长:国家进入与社区内生——对全国村民自治示范第一村及所在县的个案分析》,《政治学研究》1998 年第 3 期。

　　［129］丁煌等:《论乡镇政府行为选择的优化——以乡镇政府和乡村制度环境的互动为视角》,《政治学研究》2006 年第 4 期。

　　［130］萧楼等:《互构村庄:权力转换机制与村庄治理结构》,《开放时代》2001 年第 3 期。

　　［131］张厚安:《中国农村村民自治现状评估和问题探讨》,《乡镇论坛》1996 年第 6 期。

　　［132］卢福营:《村民自治发展面临的矛盾与问题》,《天津社会科学》2009 年第 6 期。

　　［133］徐勇:《论乡镇管理与村民自治的有机衔接》,《华中师范大学学报》1997 年第 1 期。

　　［134］徐勇:《村干部的双重角色:代理人与当家人》,《二十一世纪》(香港)1997 年第 8 期。

　　［135］刘喜堂:《论我国乡村社区权力结构》,《政治学研究》1997年第 1 期。

　　［136］邱泽奇:《乡镇政府的经济活动分析》,《二十一世纪》(香港)1998 年第 4 期。

　　［137］邱乘光:《农村基层的权力结构及其运行机制——对黑龙江省昌五镇一个案研究》,《中国社会科学》1998 年第 5 期。

　　［138］唐鸣:《对农村基层政治关系中两个问题的探讨》,《社会主义研究》1996 年第 2 期。

　　［139］黄蓉生:《发展社会主义政治文明基本问题的思考》,《政治学研究》2009 年第 1 期。

　　［140］李龙:《论中国特色社会主义民主政治的根本原则——"坚持

党的领导、人民当家作主、依法治国有机统一"初探》,《政治学研究》2008 年第 5 期。

［141］郑慧等:《深化政治体制改革,坚定不移地走中国特色社会主》,《政治学研究》2008 年第 6 期。

［142］王宗礼:《试论人民民主的理论和实践》,《政治学研究》2008 年第 4 期。

［143］辛世俊:《以人为本:中国特色社会主义理论体系的政治诉求》,《政治学研究》2008 年第 4 期。

［144］林南等:《社会资源和关系的力量:职业地位获得中的结构性因素》,《国外社会科学》1999 年第 4 期。

［145］孙立平:《总体性资本与转型期精英形成》,《浙江学刊》2002 年第 3 期。

［146］杨善华等:《中国农村社会转型中社区秩序的重建:制度背景下的"农户—社区"动结构考察》,《社会学研究》1996 年第 5 期。

［147］周天勇:《建设一个民主和法治的现代化中国》,《民主与科学》2008 年第 1 期。

［148］辛鸣:《细节中的政治文明》,《中国改革》2008 年第 2 期。

［149］李君如:《怎样看待当前中国政治体制改革和民主政治发展的走势》,《前线》2008 年第 4 期。

［150］赵景刚:《十余年来的中国政治体制改革研究述评》,《理论参考》2007 年第 9 期。

［151］黄宗良:《有限的集权 有序的民主——推进政治体制改革的一种思路》,《理论参考》2007 年第 9 期。

［152］郭台辉等:《笔谈:以民主政治为目标推进政治体制改革》,《理论参考》2007 年第 9 期。

［153］耿洪彬:《改革开放以来党内基层民主建设的经验及启示》,《长白学刊》2009 年第 2 期。

［154］张保磊:《基层政府在基层民主建设中的角色定位》,《重庆科技学院学报》2009 年第 3 期。

［155］贾凌民:《加强绩效管理 深化政府改革》,《中国行政管理》2009 年第 3 期。

［156］张迁:《坚定推进政府改革》,《瞭望》2009 年第 5 期。

［157］林蔚：《激发为人民服务的内心动力》，《瞭望》2008 年第 1 期。

［158］范炜烽：《当代西方政府管理改革价值选择对中国政府改革的启示》，《求实》2008 年第 12 期。

［159］陈胜勇等：《民主的社会基础：利普塞特政治发展理论解读》，《浙江大学学报》2009 年第 3 期。

［160］张宏：《浅析亨廷顿政治发展理论》，《东南大学学报》2008 年第 2 期。

［161］吴海燕等：《中国政治体制改革前瞻性思考》，《北方经济》2007 年第 2 期。

［162］田恒国：《宪政视阈下的中国政治建设和政治体制改革》，《理论参考》2007 年第 9 期。

四　中文译著类

［1］［丹麦］奥勒·诺格德：《经济制度和民主改革》，孙友晋等译，上海人民出版社 2007 年版。

［2］［美］V. 奥斯特罗姆、D. 菲尼、H. 皮希特编：《制度分析与发展的反思——问题与抉择》，王诚译，商务印书馆 2001 年版。

［3］［美］弗朗西斯·福山：《信任：社会美德与创造经济繁荣》，彭志华译，海南出版社 2001 年版。

［4］［美］罗伯特·D. 帕特南：《使民主运转起来：现代意大利的公民传统》，王列、赖海榕译，江西人民出版社 2001 年版。

［5］［美］迈克尔·麦金尼斯：《多中心治道与发展》，毛寿龙译，上海三联书店 2000 年版。

［6］［美］托克维尔：《论美国的民主》，董果良译，商务印书馆 1988 年版。

［7］［美］罗伯特·达尔：《多元主义民主的困境——自治与控制》，周军华译，吉林人民出版社 2006 年版。

［8］［美］西达·斯考切波：《国家与社会革命》，何俊志译，上海人民出版社 2007 年版。

［9］［英］阿米·古特曼等：《结社：理论与实践》，吴玉章等译，生活·读书·新知三联书店 2006 年版。

［10］［法］卢梭:《社会契约论》，何兆武译，商务印书馆 2003年版。

［11］［英］霍布斯:《利维坦》，黎思复等译，商务印书馆 1997年版。

［12］［英］洛克:《政府论》，叶启芳等译，商务印书馆 1964 年版。

［13］［英］亚当·斯密:《国富论》，郭大力等译，商务印书馆 1974年版。

［14］［英］亚当·斯密:《道德情操论》，谢祖钧译，陕西人民出版2004 年版。

［15］［法］爱弥尔·涂尔干:《宗教生活的基本形式》，渠东等译，上海人民出版社 1999 年版。

［16］［德］马克斯·韦伯:《经济与社会》，林荣远译，商务印书馆1997 年版。

［17］［法］托克维尔:《论美国的民主》，董果良译，商务印书馆1997 年版。

［18］［美］罗伯特·诺齐克:《无政府、国家与乌托邦》，何怀宏等译，中国社会科学出版社 1991 年版。

［19］［美］罗伯特·达尔:《论民主》，李柏光译，商务印书馆 1999年版。

［20］［美］约瑟夫·熊彼特:《资本主义、社会主义与民主》，吴良健译，商务印书馆 1999 年版。

［21］［美］查尔斯·林德布洛姆:《政治与市场》，王逸舟译，上海三联书店 1992 年版。

［22］［美］文森特·奥斯特罗姆:《美国公共行政的思想危机》，王建勋译，上海三联书店 1999 年版。

［23］［美］约翰·罗尔斯:《正义论》，何怀宏等译，中国社会科学出版社 1998 年版。

［24］［美］康芒斯:《制度经济学》，于树生译，商务印书馆 1962年版。

［25］［英］F. A. 哈耶克:《哈耶克论文集》，邓正来译，首都经济贸易大学出版社 2001 年版。

［26］［英］F. A. 哈耶克:《致命的自负》，冯克利等译，中国社会

科学出版社 2000 年版。

　　[27]［英］F. A. 哈耶克：《个人主义与经济秩序》，邓正来译，生活·读书·新知三联书店 2003 年版。

　　[28]［美］道格拉斯·C. 诺思：《经济史中的结构与变迁》，陈郁等译，上海人民出版社 1994 年版。

　　[29]［美］丹尼尔·贝尔：《后工业社会的来临》，彭强译，新华出版社 1997 年版。

　　[30]［美］詹姆斯·布坎南：《同意的计算》，陈光金译，中国社会科学出版社 2000 年版。

　　[31]［美］布坎南：《经济学家应该做什么》，罗根基等译，西南财经大学出版社 1988 年版。

　　[32]［美］J. M. 布坎南：《自由、市场和国家》，吴良健等译，北京经济学院出版社 1989 年版。

　　[33]［美］丹尼斯·C. 缪勒：《公共选择理论》，杨春学等译，中国社会科学出版社 1999 年版。

　　[34]［美］加里·S. 贝尔：《人类行为的经济分析》，王业宇等译，上海人民出版社 1995 年版。

　　[35]［美］曼瑟尔·奥尔森：《国家兴衰探源》著，吕应中等译，商务印书馆 1993 年版。

　　[36]［美］曼瑟尔·奥尔森：《集体行动的逻辑》，郭宇峰等译，上海三联书店、上海人民出版社 1995 年版。

　　[37]［美］詹姆斯·S. 科尔曼：《社会理论的基础》，邓方译，社会科学文献出版社 1999 年版。

　　[38]［美］乔纳森·特纳：《社会学理论的结构》（第 6 版），邱泽奇译，华夏出版社 2001 年版。

　　[39]［美］舒尔茨：《人力投资——人口质量经济学》，贾湛、施炜等译，华夏出版社 1990 年版。

　　[40]［美］兹比格涅夫·布热津斯基：《大失控与大混乱》，潘嘉玢等译，中国社会科学出版社 1994 年版。

　　[41]［美］林南：《社会资本——关于社会结构与行动的理论》，张磊译，上海人民出版社 2005 年版。

　　[42]［德］柯武刚、史漫飞：《制度经济学》，韩朝华译，商务印书

馆 2003 年版。

［43］［德］哈贝马斯：《交往行动理论》，洪佩郁等译，重庆出版社 1994 年版。

［44］［美］布赖恩·贝利：《比较城市化：20 世纪的不同道路》，顾朝林等译，商务印书馆 2008 年版。

［45］［美］盖尔·约翰逊：《经济发展中的农业、农村、农民问题》，林毅夫等编译，商务印书馆 2004 年版。

［46］［美］罗伯托·昂格尔：《现代社会中的法律》，吴玉章、周汉华译，译林出版社 2001 年版。

［47］［美］道格拉斯·C. 诺思：《制度、制度变迁与经济绩效》，杭行译，格致出版社、上海三联书店、上海人民出版社 2008 年版。

［48］［美］Y. 巴泽尔：《产权的经济分析》，费方域、段毅才译，上海人民出版社 1997 年版。

［49］［美］罗尔斯·庞德：《普通法的精神》，唐前宏、廖湘文、高雪原译，法律出版社 2000 年版。

［50］［美］罗尔斯·庞德：《法理学》，邓正来译，中国政法大学出版社 2004 年版。

［51］［美］曼瑟·奥尔森：《权力与繁荣》，苏长和、嵇飞译，上海人民出版社 2005 年版。

［52］［美］R. M. 昂格尔：《现代社会中的法律》，吴玉章、周汉华译，译林出版社 2001 年版。

［53］［美］道格拉斯·G. 拜尔等：《法律的博弈分析》，严旭阳译，法律出版社 1999 年版。

［54］［美］布莱克：《法律的运作行为》，唐越、苏力译，中国政法大学出版社 1994 年版。

［55］［美］詹姆斯·C. 斯科特：《农民的道义经济学：东南亚的反叛与生存》，程立显、刘建等译，译林出版社 2001 年版。

［56］［美］马若孟：《中国农民经济：河北和山东的农业发展 (1890—1949 年)》，史建云译，江苏人民出版社 1999 年版。

［57］［美］大卫·D. 弗里德曼：《法律制度》，李琼英、林欣译，中国政法大学出版社 1994 年版。

［58］［美］戴维·波普诺：《社会学》（第 10 版），李强等译，中国

人民大学出版社 1999 年版。

　　[59]［美］米格代尔:《农民、政治与革命:第三世界政治与社会变革的压力》,李玉琪、袁宁译,中央编译出版社 1996 年版。

　　[60]［美］塔尔科特·帕森斯:《社会行动的结构》,张明德等译,译林出版社 2003 年版。

　　[61]［英］弗里德里希·冯·哈耶克:《自由秩序原理》,邓正来译,生活·读书·新知三联书店 1997 年版。

　　[62]［英］亨利·斯坦利·贝内特:《英国庄园生活:1150—1400年农民生活状况研究》,龙秀清、孙立田、赵文君译,上海人民出版社2005 年版。

　　[63]［英］爱德华·威斯特:《论资本用于土地》,李宗正译,商务印书馆 1992 年版。

　　[64]［英］戴维·米勒、韦农·波格丹诺主编:《布莱克维尔政治学百科全书》,邓正来译,中国政法大学出版社 1992 年版。

　　[65]［澳］杰佛瑞·布伦南、［美］詹姆斯·M. 布坎南:《宪政经济学》,冯克利等译,中国社会科学出版社 2004 年版。

　　[66]［德］马克斯·韦伯:《社会科学方法论》,韩水法译,中央编译出版社 1999 年版。

　　[67]［德］马克斯·韦伯:《社会学的基本概念》,胡景北译,上海人民出版社 2000 年版。

　　[68]［德］马克斯·韦伯:《支配社会学》,康乐、简惠美译,广西师范大学出版社 2004 年版。

　　[69]［法］H. 孟德拉斯:《农民的终结》,李培林译,中国社会科学出版社 1991 年版。

　　[70]［俄］A. 恰亚诺夫:《农民经济组织》,萧正洪译,中央编译出版社 1996 年版。

　　[71]［比］伊利亚·普里戈金:《确定性的终结:时间、混沌与新自然法则》,湛敏译,上海科技教育出版社 1998 年版。

　　[72]［荷］何·皮特:《谁是中国土地的拥有者:制度变迁、产权和社会冲突》,林韵然译,社会科学文献出版社 2008 年版。

　　[73]［日］青木昌彦:《比较制度分析》,周黎安译,上海远东出版社 2001 年版。

五 外文文献类

［1］ O'Brien, Kevin, Li Lianjiang, "Accommodating 'Democracy' in a One-Party-State: Introducing Village Elections in China", *The China Quarterly*, 2000, No. 162: 465—489.

［2］ O'Brien, Kevin, "Implementing Political Reform in China's Villages.", *Australian Journal of Chinese Affairs*, 1994, 32: 33—60.

［3］ Dahl, R. A. , *Polyarchy: Participation and Opposition*, New Haven, CT: Yale University Press, 1971.

［4］ Feng, Y. , "Democracy, political stability and economic growth", *British Journal of Political Science*, 1997, 27 (3): 391—418.

［5］ Lipset, S. M. , "Some social requisites of democracy: economic development and political legitimacy", *American Political Science Review*, 1959, 53 (2): 74—81.

［6］ Oi, Jean, "Economic development, stability and democratic village self-governance", *China Review*, 1996, pp. 126—144.

［7］ Epstein, A. , "Village election in China: experimenting with democracy", In Joint Economic Committee, Congress of the United States (Ed.), *China's Economic Future*, M. E. Sharpe, New York, 1997, pp. 412—430.

［8］ Li Lianjiang, "The politics of introducing township elections in rural China", *The China Quarterly*, 2002, No. 171: 711—730.

［9］ Zhaohui Hong, "Three disconnects and China's rural election: A case study of Hailian village", *Communist and Post-Communist Studies*, 2006, 39: 25—37.

［10］ Bowles, S. , Gintis, H. , *Democracy and Capitalism: Property, Community, and the Contradictions of Modern Social Thought*, New York: Basic Books, 1987.

［11］ Vanesa Pesqué-Cela, Ran Tao, Yongdong Liu, Laixiang Sun, "Challenging, complementing or assuming 'the Mandate of Heaven'? Political distrust and the rise of self-governing social organizations in rural China", *Journal of Comparative Economics* (Impact Factor: 1. 03). 01/2009; 37 (1):

151—168.

[12] Mette Halskov Hansen, 2008. "Frontier People: Han Settlers in Minority Areas of China", C. Hurst, Publishers, Limited, 2005—267.

[13] White, Gordon, Jude Howell, Shang Xiaoyuan, *In Search of Civil Society Market Reform and Social Change in Contemporary China*, Oxford: Clarendon Press, 1996.

[14] Oi, Jean, *State and Peasant in Contemporary China: the Political Economy of Village Government*, Berkeley: University of California Press, 1989.

后　记

　　本书是在我博士论文的基础上修改而成的。回顾自己的博士生涯，不禁感慨万千，一个年届不惑的人出来读博，个中滋味可能只有亲历者本人知道，他人未必会有如此深切的体会。上有老，下有小，承受着来自方方面面的压力，读书之路注定是不平坦的，也不会是一帆风顺的。当时一进入华中师范大学政治学研究院，我就暗下决心，一定要刻苦学习，在导师指导下早日定下博士论文研究课题，能够按时顺利地毕业。博一第一学期也是在唐老师的指导下，参与了其主持的国家社科基金重大招标项目的研究，写了几篇农村民主管理制度方面的论文，最初也没有想到这与自己后面的博士论文有关。现在看来，我的博士论文写作实际上从博一就已经着手进行了，只是没有想到后面越写越艰难，一不小心，花去了四年的时间。为什么最终选择从事农村民主管理制度方面的研究？想来，还是与自己出生在农村有关，还是为了让自己能更好地记住那始终魂牵梦萦于脑海深处的"乡愁"。

　　我生性驽钝，天分不高，靠着勤奋用功读了几年书，唐鸣老师不因我的悟性不高而放弃对我的指导，而是认真负责，因材施教，耐心细致，循循善诱，帮助我克服一道道难关。恩师唐鸣治学严谨求实，一丝不苟，考虑问题周密细致，在学问上有很深的造诣；做事雷厉风行，不但讲求效率，而且更注重质量。这些可贵的治学品质，也是值得我终生学习的。唐老师对学生严格要求，使我受益匪浅。在论文写作过程中，从选题到开题，从收集材料到动笔写作，以及在写作的各个阶段，唐老师都多次给予精心指导，提出宝贵的修改意见，倾注了大量心血。可以说，我的每一点成绩的取得，都与唐老师的关怀和指导是分不开的。所以，在书稿修改完毕提交付梓之际，我首先要对唐老师真诚发自肺腑地道一声：感谢您，唐老师！

　　在政治学研究院几年的学习生活中，我有幸还得到了其他各位导师的提携和关爱。他们是徐勇教授、俞思念教授、陈伟东教授、聂运麟教授、程又中教授、项继权教授、吴理财教授、邓大才教授、鲁卫群教授、胡宗山教授、王建国副教授等各位导师，他们在学术上都有很高的成就，在为人上却又虚怀若谷，平易近人，诲人不倦。我得到了各位导师的谆谆教导，并从他们身上学到了很多治学和为人的道理。感谢各位导师对我的关爱和给予我在治学方面的谆谆教诲！

在博士论文开题报告过程中，我得到了华中师范大学政治学研究院程又中教授、俞思念教授、陈伟东教授及王建国副教授等专家学者的指导。他们对我的开题报告在相关概念的界定、论文题目的确定、研究内容的架构及资料的收集等方面都提出了很好的意见与建议。在此，我对他们表示衷心的感谢。

在论文写作过程中，我于2012年11月11—12日参加了由华中师范大学农村研究院主办的2012年全国博士生学术论坛暨"现代化进程中的农村与农民问题研究"学术研讨会，并被安排到"农村政治"分论坛就我提交的论文《协商民主理论视野下我国农村民主管理制度的完善》进行交流发言。在论文交流过程中，我得到了参加该论坛的华中师范大学农村研究院徐勇教授、李海金副教授、郝亚光副教授及华中师范大学管理学院徐增阳教授的指导。特别是在交流过程中，我曾就我博士论文写作过程中遇到的困惑问题之一（村民自治中"四个民主"之一的"民主管理"与农村民主管理制度之间有何联系与区别？）专门请教了徐勇教授，徐老师耐心细致地进行了解答，解决了我在论文写作过程中一直困扰我的诸多问题，使我有一种茅塞顿开的感觉，在此，我对他们表示最诚挚的谢意。

在博士论文答辩过程中，也有幸得到了中南财经政法大学何捷一教授，湖北大学郭大俊教授，华中师范大学政治学研究院聂运麟教授、俞思念教授、吴晋生教授等专家学者的指导，在答辩过程中，他们对论文存在的问题提出了很好的意见与建议，使我深受启发与教育，在此一并表示感谢。

政治学研究院的陈荣卓副教授及武汉理工大学文法学院的张丽琴教授在学业上也给了我许多的帮助，与我有过多次的交流，在学位论文写作上给予我许多便利，我对此深表谢意！

在攻读博士学位的学习过程中，政治学研究院办公室的赵琳老师、郑先梅老师等也都曾给我很多帮助，日常的烦琐事务也给他们添了不少麻烦，在此向她们表示诚挚的感谢！

感谢政治学研究院资料室邵云华老师、王静老师，她们为我查阅图书资料及相关数据提供了很多的方便，她们总是态度和蔼，热心服务，不厌其烦，也正因为她们无私的帮助，才能使我的论文写作能够顺利进行。

在本书的写作过程中，我参考了学界前辈与同人大量的学术期刊论文、学术著作等文献资料，在书中可能有借鉴、有引用、有启发、有感悟，在注释和参考文献中也可能有遗漏之处，在此对他们表示真诚的谢意和深深的敬意。没有学界前辈与同人相关研究的基础与支持，我也不可能完成该书的撰写，这也让我真真切切体会到了"站在巨人的肩膀上"开展学术研究的伟大之处。

感谢同学尤琳、刘琳娜、石子伟、万君、乔海彬、丁越峰、李哲、董少平、周华平等在求学路上的相互勉励，使我在极度困境中没有丧失信心！

感谢妻子刘玲利！多年来都是她一个人在家带孩子，努力支撑着家，也很辛苦。没有她的支持与付出，我要想顺利完成学业和出版学术著作也是很难的。

感谢父母和兄弟姐妹以及其他亲友们多年来在我求学道路上给予我的一贯的支持和帮助！他们期待的眼神是我不断前行的动力，他们是我的精神支柱和永远的爱。

还要感谢工作单位长江师范学院对我的扶持和帮助！长江师范学院的领导们高瞻远瞩，政策开明，鼓励教职工追求上进，对在外读书的职工从政策上给予关怀与照顾，帮助我们在生活上渡过难关。感谢的人还有很多，在此不能一一列举，只能永远铭记在心。

由于本人学术功底比较薄弱，加之本书修改与完善的时间比较仓促，使得本书在内容结构、相关观点及论证材料等方面可能还存在诸多缺憾与不足之处。由于资料收集及篇幅等方面的原因，对于原本构思过程中拟完成的"农村民主管理制度法治保障的历史发展"及"农村民主管理制度法治保障的模式比较"等部分尚未能按照理想目标完成，对此，我感到很自责与遗憾，这也有待我在后续的研究中努力去完成。同时，书中在语句修饰和文字处理等方面可能还存在不尽如人意之处。在漫长的研究过程中，我也深深地感到，农村民主管理制度研究是个系统工程，该领域的研究博大精深，有许多问题等待我们去发掘和解答，在这个学术领域，在学界前辈已有研究的基础上,我仅仅是凭借自己点滴的学识做了一些初步的探索。在此,我恳请学界专家、学者提出宝贵的意见与建议!相信有你们的支持与帮助,我会在学术研究道路上取得更大的进步!

胡建华

2015 年 9 月谨识于涪州